JOURNAL

DU

MARQUIS DE DANGEAU

AVEC LES ADDITIONS

DU DUC DE SAINT-SIMON

TYPOGRAPHIE DE H. FIRMIN DIDOT. — MESNIL (EURE).

JOURNAL
DU
MARQUIS DE DANGEAU

PUBLIÉ EN ENTIER POUR LA PREMIÈRE FOIS

PAR

MM. SOULIÉ, DUSSIEUX, DE CHENNEVIÈRES, MANTZ,
DE MONTAIGLON

AVEC LES

ADDITIONS INÉDITES

DU

DUC DE SAINT-SIMON

PUBLIÉES

PAR M. FEUILLET DE CONCHES

TOME DIXIÈME
1704. — 1705

FIRMIN DIDOT FRÈRES, FILS ET Cⁱᴱ, LIBRAIRES
IMPRIMEURS DE L'INSTITUT DE FRANCE
RUE JACOB, Nº 56

1857

JOURNAL
DU
MARQUIS DE DANGEAU
AVEC LES ADDITIONS
DU DUC DE SAINT-SIMON.

ANNÉE 1704.

Jeudi 1ᵉʳ mai, jour de l'Ascension, à Marly. — Le roi, après son dîner à Versailles, alla voir madame la duchesse de Bourgogne; ensuite il entendit vêpres avec toute la maison royale, et puis revint chez madame la duchesse de Bourgogne lui dire adieu. Il arriva ici sur les six heures; Monseigneur y arriva un peu après lui. — Le roi donna le matin à M. le duc de Beauvilliers 500,000 livres de brevet de retenue sur sa charge de premier gentilhomme de sa chambre. Le roi a amené ici M. de Cauvisson, qui n'y étoit jamais venu. — M. le prince de Talmond avoit été pris durant la semaine sainte, entre Mons et Bruxelles; il montra un passe-port qu'il avoit au commandant du parti hollandois qui l'avoit pris et qui prétendoit que son passe-port n'étoit pas bon; ils convinrent de s'en rapporter au jugement de MM. les États Généraux et en attendant l'officier laissa M. de Talmond retourner à Bruxelles, qui donna un billet par lequel il s'engageoit de se rendre à la Haye pour y être prisonnier, et de donner 4,000 livres à l'officier qui l'avoit pris en cas que le passe-port fût jugé n'être pas bon, et depuis quelques jours on a eu nouvelle que les

États Généraux avoient jugé le passe-port bon ; ainsi il est en liberté et ne lui en coûtera rien.

Vendredi 2, à Marly. — Le roi, après son dîner, courut le cerf dans son parc ; Monseigneur, monseigneur le duc de Berry et Madame étoient à la chasse. Monseigneur le duc de Bourgogne alla à Versailles voir madame la duchesse de Bourgogne, qui a toutes les après-dînées de la musique dans sa chambre, et deux de ses dames du palais la veillent les soirs pour l'endormir. — Il arriva un courrier de M. de Vendôme. Un détachement de l'armée ennemie, qui est à Ostiglia, commandé par M. Davia, avoit passé le Mincio, et marchoit, disoit-on, droit au fort de Fuentes, dans lequel ils prétendoient avoir quelque intelligence. M. de Vaudemont les a fait suivre, et on les a joints sur les frontières de la Valteline. On les a battus; on leur a pris cent cinquante chevaux. Les Valtelins, chez qui ils se sont retirés, ne nous ont point empêché de les poursuivre, et, au contraire, tous les peuples de ce pays-là crioient : Vive le roi d'Espagne Philippe V ! — M. de Coigny assemble l'armée qu'il doit commander ; elle doit camper dimanche entre Sarrebourg et Phalsbourg. On ne doute pas qu'il n'ait bientôt ordre de joindre M. de Tallard. — Le duc de Gesvres est à l'extrémité ; il a reçu tous ses sacrements ; il ne laissera rien de vacant que le gouvernement de Paris. Le duc de Tresmes, son fils, a les survivances de premier gentilhomme de la chambre, de capitaine de Monceaux et d'une petite lieutenance de roi en Normandie.

Samedi 3, à Versailles. — Le roi après dîner, à Marly, fut longtemps enfermé avec le P. de la Chaise, et puis se promena toute l'après-dînée dans ses jardins jusqu'à la nuit ; en arrivant ici il alla chez madame la duchesse de Bourgogne, qui n'a point encore été si bien depuis qu'elle garde le lit. Monseigneur vint ici de Marly, sur les cinq heures, voir madame la duchesse de Bourgogne, et puis alla à Meudon, où il demeurera jusqu'à jeudi. — Il arriva hier un courrier de M. le maréchal de Tessé; ses lettres sont du 29. Sa santé ne se rétablit point, et on croit qu'il sera obligé de demander son congé pour revenir prendre l'air natal. — Il arriva le soir un courrier du maréchal de Villeroy, qui assemble son armée; elle doit camper en front de bandière le 5 de ce mois. — Le roi a donné au marquis du Thil un des régiments d'infanterie qui furent levés l'année passée, et qui vaque par la mort de M. de Kerouart. — Je fus élu à Paris à l'Académie des sciences, en la place de M. le marquis de l'Hôpital, mort il y a deux mois, et M. le président de Lamoignon fut élu à l'Académie des inscriptions, en la place du duc d'Aumont, mort depuis un mois; on n'est point reçu à ces places jusqu'à ce qu'on en ait rendu compte au roi et que S. M. n'approuve le choix.

Dimanche 4, à Versailles. — Le roi donna plusieurs audiences après midi, et ne sortit que sur les cinq heures pour s'aller promener à Trianon. — M. le duc de Mantoue doit arriver vendredi à Paris. S. M., qui veut le recevoir magnifiquement, a fait meubler le Luxembourg des plus beaux meubles de la couronne, et l'on y tient déjà des tables pour les officiers et les gens de la suite de M. de Mantoue qui sont arrivés. Il est arrivé à Charleville, d'où il partira mercredi en chaise de poste; il sera *incognito* ici, et on ne laissera pas de lui rendre de grands honneurs. — Le général Renschild a encore battu le roi de Pologne après un combat même assez opiniâtre; cette dernière affaire s'est passée auprès de Lublin. — Le roi a donné au chevalier de Béthune, fils du feu marquis de Béthune le chevalier de l'Ordre, une commission de mestre de camp de cavalerie, quoiqu'il n'eût jamais servi en France; il demande à être dans un des régiments que nous avons en Bavière. Il a été colonel d'infanterie dans l'armée de Pologne, et puis il a commandé les mousquetaires du roi de Pologne, et a quitté ce service, voyant le roi de Pologne dans des intérêts fort opposés à ceux de France.

Lundi 5, à Versailles. — Le roi se fit saigner par précaution; ce fut Maréchal qui le saigna pour la première fois. Il tint le conseil dans son lit et se leva à midi pour aller à la messe. L'après-dînée il alla chez madame la duchesse de Bourgogne et y demeura pendant toute la musique. — Trente-cinq fanatiques se sont venus rendre au maréchal de Villars avec leurs armes, et l'ont assuré que plusieurs de leurs camarades prendroient le même parti si on leur accordoit l'amnistie; le maréchal de Villars les a fort bien traités et les a renvoyés dans leur village. — Le roi, qui est fort content du cardinal Ottobon, qui s'est déclaré hautement pour la France, lui donne une pension de 10,000 écus; le cardinal Ottobon avoit pris ce parti-là sans rien demander. — Tous les officiers généraux de l'armée de Flandre qui étoient encore ici ont pris congé du roi. — Les ministres étrangers qui sont à Paris ont nouvelle que le duc de Schomberg a écrit à la princesse de Danemark que tout ce que l'amirante avoit fait espérer n'avoit eu nul fondement; que personne ne branloit en Espagne; il mande même que tout leur manque en Portugal, et que les troupes angloises et hollandoises y périront si on ne les rappelle promptement.

Mardi 6, à Versailles. — Le roi dîna de bonne heure, entra chez madame la duchesse de Bourgogne après son dîner et puis alla se promener à Marly. Monseigneur, qui est à Meudon, courut le loup, qui le mena fort loin, et il ne revint de sa chasse qu'à huit heures. — M. le duc de Lorraine a envoyé un courrier à Madame; il lui mande que madame la duchesse de Lorraine, en revenant de la chasse, a fait une furieuse chute, son cheval s'étant abattu sous elle; qu'elle a le bras démis, et qu'on craint même que le petit os ne soit cassé. Le courrier arriva hier au soir, et Madame est fort en peine. — L'abbé Boileau mourut ces jours passés à Paris; il étoit de l'Académie françoise; ainsi voilà deux places vacantes, celle de M. de Meaux et la sienne. Il avoit une abbaye en Touraine, d'un médiocre revenu, mais fort jolie. — Les dernières lettres de M. de Bavière sont écrites d'une maison de campagne qu'il a auprès de Munich; il mande que les troupes de France sont bien vêtues, bien armées et la cavalerie bien montée. Les escadrons sont de cent chevaux et les moindres bataillons de trois cents hommes; ces lettres sont vieilles, car elles ne sont que du 8 avril. Le roi envoie à cet électeur, par M. de Monasterol, une épée de diamants très-magnifique.

Mercredi 7, à Versailles. — Le roi prit médecine et tint conseil l'après-dînée, comme il fait toujours quand il a pris médecine. Monseigneur vint de Meudon pour être au conseil. Madame la duchesse de Bourgogne fut saignée à midi; son mal de dents lui avoit donné un peu de fièvre, et elle avoit mal passé les dernières nuits. — M. de Chamillart entra chez le roi à onze heures du matin; il lui porta des lettres de M. de Vendôme, venues par un courrier de renvoi parti la nuit du 30 au 1er. M. de Vendôme mande au roi qu'il passera le Pô la nuit du 5 au 6, sur trois ponts qu'il a fait faire à Casal, et marchera droit pour attaquer M. de Savoie, qui est campé entre Trin et Crescentin. M. de Vendôme a trente mille hommes de bonnes troupes et toute sa cavalerie bien montée. M. de Savoie peut avoir vingt-sept mille hommes, en comptant les troupes de l'empereur, et huit ou dix bataillons de Piémontois de nouvelle levée. — M. l'électeur de Cologne est parti de Namur pour aller à Mons et de là à Tournay, où il demeurera pendant toute cette campagne; il a une nombreuse suite avec lui, qui incommodoit fort pour les logements dans Namur, où nous sommes obligés d'avoir des troupes.

Jeudi 8, à Versailles. — Le roi alla l'après-dînée à Marly, d'où il ne revint qu'à la nuit. Messeigneurs les ducs de Bourgogne et de Berry allèrent dîner à Meudon avec monseigneur le Dauphin. Madame la duchesse de

Bourgogne est beaucoup mieux depuis sa saignée et a fort bien passé la nuit. — M. le comte de Toulouse est embarqué à Brest ; il est à la rade de Berthaume, où il attendra pour se mettre à la voile que les vaisseaux qu'on arme à Rochefort l'aient joint ; un de ces vaisseaux-là a échoué, mais on en a sauvé les équipages et le canon ; on espère même pouvoir sauver le corps du vaisseau. — Il arriva hier au soir un courrier de milord Berwick, qui a fait une furieuse diligence, car il est venu de la frontière de Portugal ici en sept jours ; les lettres du milord sont du 1er au matin. Il mande au roi que le lendemain les troupes de France et d'Espagne camperoient en front de bandière dans le pays ennemi. S. M. C., qui étoit demeurée à Placencia, vint se mettre à la tête de l'armée et marchera droit à Portalègre, qui est une place mal fortifiée entre le Tage et la Guadiana, assez près d'Elvas. Les troupes portugaises sont en mauvais état ; il n'y a point de chevaux pour monter la cavalerie angloise et hollandoise. Le roi d'Espagne prend un homme dans chaque compagnie de son infanterie dont il veut composer un régiment des gardes, dont il fait colonel le comte d'Aguilar.

Vendredi 9, à Versailles. — Le roi alla tirer l'après-dînée. Monseigneur revint le soir de Meudon. Avant que d'aller à la chasse, le roi fut assez longtemps enfermé avec le P. de la Chaise, comme il a accoutumé de faire la veille des jours qu'il doit faire ses dévotions. Il alla trois fois dans l'après-dînée chez madame la duchesse de Bourgogne, qui n'avoit pas bien passé la nuit et qui a quelque petite émotion. — M. le duc de Mantoue arriva à Paris à onze heures du matin ; il sera toujours ici *incognito* sous le nom de marquis de San-Salvador. Il a été charmé de se voir dans le beau palais du Luxembourg, qu'il a trouvé bien magnifiquement meublé. Il verra le roi lundi en particulier, et on lui prête l'appartement de M. le comte de Toulouse, où il descendra. Le roi ne s'est point expliqué encore avec l'introducteur des ambassadeurs de la manière dont il le recevra. — Le marquis de la Fare achète pour son fils, qui est enseigne colonel du régiment du Roi, le régiment de Gâtinois ; il en donne 42,000 livres à M. de Poudens, qui en est colonel. — Le roi a pris les logements du duc de Gramont, de madame de Grancey, de l'abbé de Grancey et de l'abbé de Vaubrun pour y mettre des dames et des officiers qui seront auprès de l'enfant dont madame la duchesse de Bourgogne doit accoucher. — Madame eut des nouvelles sûres que madame la duchesse de Lorraine n'a eu que le bras démis. Il est fort bien remis ; il n'y a rien de cassé, et elle n'a plus de douleur.

Samedi 10, *à Versailles*. — Le roi fit ses dévotions et toucha beaucoup de malades ; l'après-dînée il alla à vêpres avec toute la maison royale ; ensuite il travailla avec le P. de la Chaise et fit la distribution des bénéfices vacants, et sur les cinq heures il monta en carrosse et alla à Trianon, où il se promena jusqu'à la nuit. Madame la duchesse de Bourgogne avoit mal passé la nuit, elle eut même un peu de fièvre tout le jour, et on lui eût fait prendre du quinquina si la fièvre n'eût fort diminué le soir. — Le roi a donné à M. l'évêque de Toul* l'évêché de Meaux ; cet évêque étoit fort brouillé avec M. de Lorraine, à qui ce changement-là fera grand plaisir. Le roi donne l'évêché de Toul à l'abbé de Caylus, un de ses aumôniers ; l'abbaye de Savigny en Lyonnois, qui vaut 10 ou 12,000 livres de rente, à l'abbé de Tessé, fils du maréchal ; le prieuré du Plessis en Normandie à l'abbé de Tallard, fils du maréchal : il vaut à peu près 12,000 livres de rente ; l'abbaye de Cherbourg en Normandie à l'abbé de Gacé, fils du lieutenant général : cette abbaye ne vaut que 4 ou 5,000 livres ; l'abbaye de Beaulieu en Touraine à l'abbé Quinot, précepteur des enfants de M. de Beauvilliers : ce duc est gouverneur de Loches, dont cette abbaye est proche ; elle ne vaut que 2,000 livres de rente.

* M. de Toul, fils du vieux Bissy, commandant en Lorraine, dont il a déjà été parlé (1) à propos de la prophétie de son père sur lui, qu'il accomplit si bien, et qui s'est tant fait connoître avant et depuis qu'il est devenu cardinal, avoit de grands démêlés avec M. de Lorraine, duquel, comme évêque diocésain, il avoit imaginé de prétendre un fauteuil devant lui. L'aigreur s'y mit; disputes sur la juridiction séculière. M. de Toul envoya un agent à Rome, et en conçut de telles espérances de tirer un chapeau de ces querelles qu'il refusa l'archevêché de Bordeaux avec une opiniâtreté que rien ne put vaincre. Il en fit tant enfin que M. de Lorraine n'y pouvant plus durer, et M. de Toul lui-même se trouvant engagé outre mesure, et espérant tout des dispositions de Rome, des jésuites et des manéges que la proximité de Meaux le laisseroit en liberté de mettre en usage, il fit le sacrifice au roi de l'accepter, et à madame de Maintenon, auprès de laquelle il avoit su s'introduire, de s'approcher de la cour, où il ne fut pas longtemps oisif.

Dimanche 11, jour de la Pentecôte, à Versailles. — Le roi, après son lever, tint chapitre des chevaliers de l'Ordre, où les preuves de l'abbé d'Estrées furent admises; ensuite on alla à la chapelle entendre la grande messe, où officia M. l'archevêque d'Aix, prélat associé à l'Ordre. Après dîner, le roi entendit le sermon de l'abbé de la Croix, un de ses chapelains, et vêpres ensuite. A six heures il entendit le salut, passa au retour chez madame la duchesse de Bourgogne, et puis alla chez madame de Maintenon travailler avec M. de Chamillart. — Mélac mourut hier subitement à Paris (2); le roi lui donnoit en pensions ou pour les appointements du gouvernement de Landau 12,000 écus par an. — Un peu avant que le roi entrât chez madame de Maintenon, il arriva un courrier de M. de Vendôme; ses lettres sont du 4 au soir, mais le courrier n'est parti que le 5 au matin. M. de Vendôme devoit, la nuit du 5 au 6, faire passer toutes ses troupes à

---

(1) Tome VI, page 287.
(2) « M. de Mélac, s'étant allé promener samedi à cheval sur le rempart, revenu chez lui, cria: *Aux voleurs*, et tomba roide mort dans sa cour. » (*Lettre de la marquise d'Huxelles*, du 12 mai.)

Casal sur trois ponts. Il a présentement cinquante-quatre bataillons et soixante-treize escadrons, et toutes troupes de France; il pourroit encore les augmenter de sept ou huit mille hommes, qui sont proches de Casal, s'il en avoit besoin. M. de Savoie s'est avancé et s'est campé sur une petite rivière qui s'appelle la Sture, entre Balzola et Villa-Nova; cette petite rivière est parallèle au Pô et se jette dans la Secchia. Il a rassemblé toutes les garnisons qu'il avoit dans ses places, où il n'a laissé que des milices. Il fait courre le bruit dans son armée qu'il veut défendre le passage de cette petite rivière; mais on croit ici qu'il pourroit bien avoir le dessein de défendre le passage du Pô. Entre le Pô et la Sture il y a une plaine d'environ demi-lieue. M. de Vendôme envoie au roi l'extrait d'une lettre de M. le grand prieur, qui mande une action bien extraordinaire de deux compagnies de grenadiers du régiment de Solre, que le roi nous conta à son petit coucher. Ces grenadiers étoient dans une mauvaise maison, à la Concorde, dont la ville a été toute rasée depuis un mois; la garnison de la Mirandole sortit de cette place, où on ne laissa que fort peu de monde, et ils vinrent attaquer ces deux compagnies de grenadiers. Ne pouvant les emporter, ils firent venir une pièce de canon, qui eut bientôt percé la maison; nos grenadiers avoient résolu, s'ils étoient forcés, de se retirer dans la cave et de s'y défendre la baïonnette au bout du fusil; mais ils ne furent pas réduits à cette extrémité-là, car M. de Vaudrey, maréchal de camp, marcha à leur secours, et dès que les ennemis virent des troupes qui s'approchoient ils se retirèrent précipitamment. Nos grenadiers sortirent sur eux, les poursuivirent jusqu'à la vue de la Mirandole, et prirent la pièce de canon. Le grand prieur met dans sa lettre qu'on ne peut pas donner trop de louanges aux officiers et aux soldats de ces deux compagnies, qui, durant cette action, firent cinq ou six sorties sur les ennemis et les repoussèrent toujours. — Monseigneur et messeigneurs les ducs de Bourgogne et de Berry firent leurs dévotions. Madame la duchesse de Bourgogne n'eut point de fièvre et fut fort gaie.

Lundi 12, *à Versailles.* — Le roi, à deux heures et demie, reçut M. de Mantoue* dans le cabinet où il tient son conseil; il n'y eut point de cérémonie. Ce prince est *incognito* en France sous le nom de marquis de San-Salvador. On fit entrer dans la cour les carrosses qui l'amenèrent, qui sont des carrosses de deuil, où on a fait mettre simplement ses chiffres. On le fit descendre à l'appartement de M. le comte de Toulouse, où on lui avoit préparé toutes sortes de rafraîchissements. De cet appartement il vint par le petit degré dans le petit appartement du roi. S. M. se tint toujours debout et découvert et n'avança point quand M. de Mantoue arriva. Le roi le laissa parler assez longtemps sans que nous entendissions ce qu'il disoit, car il parloit fort bas (1); ensuite le roi lui ré-

---

(1) « M. le duc de Mantoue dit au roi : Sire, je n'ai jamais rien tant souhaité en ma vie que le bonheur dont je jouis aujourd'hui ; je m'en trouve si pénétré en ce moment que si j'étois obligé de m'en retourner en Italie tout à l'heure, après avoir eu l'honneur de me présenter à Votre Majesté, je croirois encore mon voyage trop bien employé, et je serois ravi de l'avoir fait. — Monsieur, lui répondit le roi, j'ai fort souhaité aussi de vous voir pour vous remercier moi-même de toutes les obligations que je vous ai. Vous avez exposé, pour me faire plaisir, et vos États et vos intérêts, et j'en suis si reconnoissant que je crains de ne pas vivre assez pour vous en témoigner à mon gré toute ma reconnoissance. — Sire, répliqua M. de Mantoue, je ne sais pas de quel mérite peut être tout ce que j'ai fait, mais je puis assurer Votre Majesté que je ne m'en suis jamais repenti, et que je ne voudrois être à le faire que pour le faire encore mieux. — Monsieur, repartit le roi, j'y saurai répondre, et ma reconnoissance ne se borne pas à moi seul. Voilà monsieur le Dauphin, monsieur le duc de Bourgogne et monsieur le duc de Berry qui savent sur cela mes sentiments et qui les partagent : ils vous témoigneront tous la même reconnoissance dans tous les temps.

« M. de Mantoue répondit avec beaucoup d'esprit à tout ce que lui dit Sa Majesté, qui lui parla ensuite des mouvements qui s'étoient faits du côté du Piémont depuis son départ et qui lui fit une belle peinture de la situation où étoient les armées en ce pays-là. Le roi s'en expliqua avec tant d'ordre, de netteté et d'intelligence que ceux qui sont le plus accoutumés à l'admirer furent charmés de l'entendre.

pondit et fort haut et fort distinctement, afin que lui, qui n'entend le françois qu'avec peine, et tous les gens de sa suite qu'on avoit laissés entrer pussent entendre clairement tout ce que S. M. disoit. Le discours fut le plus obligeant et le plus gracieux qu'aucun prince puisse entendre d'un si grand roi. Ensuite S. M. lui nomma Monseigneur, messeigneurs les ducs de Bourgogne et de Berry, M. le duc d'Orléans, M. le Duc, M. le prince de Conty et M. du Maine, qui étoient à ses côtés, et puis M. de San-Salvador demanda à S. M. la permission de lui présenter les principaux officiers de sa maison qui l'ont suivi en France, dont les deux plus considérables sont les marquis d'Elfian et Strozzi. Quand ils eurent tous fait la révérence au roi, S. M. dit à M. de San-Salvador qu'il le vouloit mener chez madame la duchesse de Bourgogne, qui est toujours au lit; ils sortirent par la porte qui donne du petit cabinet dans la galerie, qu'ils traversèrent, et par le salon qui est au bout de la galerie, ils entrèrent chez madame la duchesse de Bourgogne, où il y avoit beaucoup de dames parées; ils demeurèrent dans la ruelle du lit de madame la duchesse de Bourgogne, où la conversation fut encore plus gracieuse, s'il se peut, de la part du roi que dans son cabinet. Tous ceux qui avoient été à l'audience chez le roi entrèrent chez madame la duchesse

---

« Rien ne devant être plus curieux que ce qui s'est passé dans cette entrevue, plusieurs personnes de la cour ont mis en usage plusieurs moyens pour le savoir, et voici ce que j'ai appris de ce qui leur a été rapporté. Il étoit deux heures et demie lorsque M. de Mantoue entra dans le cabinet du roi. S. M. lui dit d'abord que toute l'Europe avoit vu ce qu'il avoit fait pour lui et pour le roi son petit-fils, en soutenant la bonne cause, et ce qu'il avoit risqué. Ce prince ajouta qu'il n'en perdroit jamais la mémoire, qu'il en conserveroit une reconnoissance dont il lui donneroit des marques en toutes les occasions, et qu'il avoit pu remarquer à l'empressement et à la foule du peuple qu'il avoit trouvé à son arrivée qu'on le regardoit ici comme un bon ami. Il ajouta que, dans la situation où étoient les affaires, il paroissoit devoir être accablé, mais qu'il espéroit que Dieu, qui connoissoit le fond de son cœur et ses intentions, le protégeroit toujours. » (*Mercure* de mai, page 322 à 326.)

de Bourgogne; il n'y avoit de François que ceux qui ont les entrées. Les Italiens qui avoient suivi M. de San-Salvador entrèrent tous; on y demeura près d'un quart d'heure, et ensuite le roi remena M. de San-Salvador dans son cabinet, après lui avoir fait voir toute la galerie et les deux salons. La conversation recommença encore dans le cabinet; le roi parla toujours avec beaucoup de grâce et de bonté, n'épargnant pas même le mot de reconnoissance. M. de Mantoue s'en retourna à Paris charmé de la personne du roi et de toutes les honnêtetés qu'il en a reçues, qui ont surpassé son attente, et ceux qui l'avoient suivi ont été ravis de voir leur maître si bien traité; car, quoi qu'il ait fait pour le service du roi, ils ne s'attendoient point à des traitements si gracieux et si pleins d'amitié.

* L'*incognito* étrange et tout neuf que feu Monsieur avoit procuré à M. de Lorraine, venant faire son hommage du duché de Bar, fut un exemple pour M. de Mantoue, qui avoit livré sa place et son État au roi de si bonne grâce. On peut juger des conséquences de pareilles condescendances; on en verra qui surprendront.

Mardi 13, à Versailles. — Le roi travailla l'après-dînée avec M. de Pontchartrain jusqu'à quatre heures; il n'y travaille d'ordinaire que le soir chez madame de Maintenon; il alla ensuite tirer. Monseigneur alla l'après-dînée se promener à Meudon avec madame la princesse de Conty. Messeigneurs les ducs de Bourgogne et de Berry allèrent jouer au mail. — Le duc d'Albe eut la confirmation d'une nouvelle que nous avons reçue hier de Cadix, que la flotte du vif argent y étoit arrivée fort heureusement, quoique les vaisseaux anglois et hollandois croisassent devant cette place; on assure que cette flotte est riche de huit millions d'écus, dont il y en a près de la moitié pour le roi d'Espagne. — Il arriva le matin un courrier de M. de Vendôme, qui mande au roi qu'il avoit passé le Pô le 6; que ce même jour M. de Savoie avoit quitté son poste et s'étoit retiré, voyant nos troupes marcher droit à lui, ce qui a fort surpris et affligé notre armée, qui croyoit donner sûrement une bataille. On ne comprend pas bien pourquoi M. de Savoie s'étoit avancé deux jours auparavant pour se retirer si vite. M. de Vendôme n'avoit point dérobé sa marche; il passa le Pô en plein jour. Il mande à la fin de sa lettre qu'il va suivre les ennemis pour tâcher de les combattre, persuadé qu'ils ne tiendront pas contre l'armée du roi. Barbezières enfin a été mis en liberté et a joint M. de Vendôme à Casal.

Mercredi 14, à Marly. — Le roi, après son dîner à Versailles, alla chez madame la duchesse de Bourgogne, qui avoit bien passé la nuit. Ensuite S. M. travailla avec M. de Chamillart jusqu'à cinq heures, et puis alla encore dire adieu à madame la duchesse de Bourgogne, et à six heures il arriva ici. Monseigneur y arriva un peu après lui avec madame la princesse de Conty. Monseigneur le duc de Bourgogne demeura jusqu'à huit heures avec madame la duchesse de Bourgogne, où il y eut musique; elle se porta parfaitement bien toute la journée, et on ne doute point qu'elle n'accouche à terme. — Le roi a donné à M. de Saint-Germain-Beaupré, pour son fils aîné, l'agrément du régiment de Rassé, que le lieutenant-colonel du régiment de Villeroy avoit eu il y a quelques mois; mais l'affaire n'avoit pu se finir. Les deux cadets de M. de Saint-Germain-Beaupré sont déjà colonels; le chevalier a un régiment d'infanterie depuis deux ans, et l'autre, qui avoit été enseigne des mousquetaires du roi d'Espagne, a une commission de colonel dans les troupes d'Espagne qui sont en Flandre. — Le marquis de Buly, sous-lieutenant de la gendarmerie, achète de madame de Pracomtal le gouvernement de Menin 142,000 livres; il est estropié, mais il espère pourtant pouvoir resservir, et le roi lui conserve son rang de colonel. Il vend sa sous-lieutenance au marquis de Meinière, enseigne dans le même corps et dont il a épousé la mère. — L'abbé de Caylus a supplié le roi de trouver bon qu'il n'acceptât pas l'évêché de Toul, se soumettant pourtant à la volonté de S. M., qui a approuvé ses raisons et a été content de sa conduite.

Jeudi 15, *à Marly*. — Le roi se promena tout le matin et toute l'après-dînée dans ses jardins. Monseigneur courut le loup à Lotie. Le soir il n'y eut point de musique, quoique Monseigneur y aille toujours, et il a été bien aise que les musiciens demeurassent à Versailles pour madame la duchesse de Bourgogne, qui les a tous les soirs durant les voyages que le roi fait à Marly depuis qu'elle garde le lit. — M. le maréchal de Tallard devoit commencer à faire passer le Rhin à ses troupes le 14, une partie à Huningen ou à Neubourg, et l'autre partie à Strasbourg. On a entièrement fait raser la ville de Neubourg. M. le maréchal de Villeroy devoit être campé le 12 en front de bandière; toutes les nouvelles qu'on a des ennemis de ce côté-là portent que milord Marlborough, avec les troupes angloises qui ne sont pas si nombreuses que l'année passée, marche vers Coblentz, comme s'il vouloit faire quelque entreprise sur la Moselle, ou pour tâcher de faire revenir de ce côté-là le corps du comte de Coigny, qui étoit campé le 10 à Saverne, attendant les ordres de M. de Tallard. — M. le comte de Toulouse écrit du 9, de la rade de Berthaume, et commençoit à faire appareiller ce jour-là pour mettre à la voile. — Le maréchal de Château-Renaud met ses deux fils aînés, qui sont encore fort jeunes, dans le service de la mer, et le roi a fait l'aîné enseigne de vaisseau sans le faire passer dans les gardes-marine, disant que le père avoit servi assez longtemps dans la marine pour que son fils aîné fût dispensé de la règle commune.

Vendredi 16, *à Marly*. — Le roi alla l'après-dînée à Saint-Germain voir le roi et la reine d'Angleterre. — Il arriva le matin un courrier de M. le maréchal de Villeroy. M. de Chamillart, qui étoit à l'Étang, vint ici apporter les lettres, et l'on fit repartir le courrier sur-le-champ. M. le maréchal de Villeroy étoit campé le 14 à Montenac. Le duc de Marlborough étoit arrivé à Maestricht; leur détachement pour la Moselle n'étoit pas encore fait. — Il arriva le soir un courrier de M. de Vendôme; voici sa lettre du 9 de mai, du camp de Sainte-Marie : Je partis de Villa-Nova avant-hier à la pointe du jour pour poursuivre les ennemis qu'on m'avoit assuré d'être auprès de Trin; mais je trouvai qu'ils m'avoient déjà prévenu et avoient décampé avec précipitation la nuit d'auparavant. Je rencontrai seulement une arrière-garde composée de quinze cents chevaux et de quatre à cinq cents hommes de pied; je la fis attaquer par les dragons et la cavalerie de notre avant-garde, qui la poussèrent deux lieues durant avec toute la vigueur possible; elle auroit été taillée en pièces s'ils n'avoient eu la précaution de poster de temps en temps de l'infanterie dans des lieux où notre cavalerie ne pouvoit la forcer, et l'éloignement de notre infanterie déroba cette arrière-garde à une défaite entière, et leur donna le temps de se sauver à la faveur d'un bois. Nous leur avons tué ou blessé plus de quatre cents hommes et fait beaucoup de prisonniers, du nombre desquels est M. de Vaubonne avec quatre autres officiers. Nous avons pris deux étendards, et nous n'avons perdu dans cette occasion que cinquante hommes, tant tués que blessés. Nous sommes présentement les maîtres de Trin, que les ennemis ont abandonné avec beaucoup de grains, farines et autres munitions qu'ils n'ont pas eu le temps d'emporter. Les ennemis sont présentement campés le cul au Pô et la droite à Crescentin, où ils se retranchent.

Samedi 17, à Versailles. — Le roi, à son lever, à Marly, reçut la lettre de M. de Berwick que voici :

Du camp de Salvatierra, le 8 de mai.

« Hier au matin, Salvatierra fut investie par M. le comte d'Aguilar et par M. de Thouy. L'infanterie arriva l'après-dînée auprès de la place. S. M. Catholique y arriva sur le midi, après avoir visité la place et reconnu son camp. L'armée consiste en vingt bataillons et vingt escadrons. M. de Jeoffreville devoit arriver sur le midi à Almeïda, avec dix-sept escadrons, pour reconnoître ce qui se passe de ce côté-là et ensuite rejoindre l'armée du roi. M. de Tzerclaes, avec douze bataillons et trente escadrons, marche ce matin de Codezira pour aller camper entre Aronches et Portalègre. M. le duc de Hijar devoit aussi entrer en Portugal du côté de la Galice, ainsi que M. de Villa d'Arias, avec douze cents chevaux et quelque infanterie du côté d'Andalousie; cette place-ci n'est pas si mauvaise qu'on la disoit, mais il faut espérer que quand on pourra mettre du canon en batterie le gouverneur sera obligé de se rendre; il n'y a nulle nouvelle que les ennemis s'assemblent. Dans l'instant Salvatierra capitule et se rend à discrétion; il y a dix compagnies d'infanterie. J'espère de prendre demain Segura. »

Le roi, se promenant dans son jardin à midi auprès d'un pavillon des globes, vit arriver un écuyer de M. de Chamillart et un homme botté qui le suivoit; on ne douta pas que ce ne fût un courrier. Ce courrier étoit le marquis de Saint-Pierre, aide de camp du maréchal de Villars, qui lui apportoit la nouvelle de la réduction des fanatiques[*]. Voici le détail de cette nouvelle : M. de Menou, brigadier, ayant battu les fanatiques dans une petite rencontre où ils avoient eu trente ou quarante hommes tués, Cavalier, leur chef, envoya à M. de la Lande lui demander une conversation sur parole, donnant la sienne pareillement. M. de la Lande alla au lieu du rendez-vous, qu'il trouva en quelque état de défense, et quand il entra dans les barrières il trouva les fanatiques, cavalerie et infanterie, sous les armes, que l'infanterie lui présenta quand il vint à passer. Le résultat de la conversation fut que Cavalier demandoit pardon au roi et amnistie pour lui, pour Roland, un des chefs, et pour Catinat, un de ses officiers, comme aussi pour quatre cents hommes qu'ils avoient avec eux, suppliant S. M. de leur accorder une route et un passe-port pour sortir du royaume avec quatre cents hommes dont ils donneroient les noms; que le roi permettroit à tous ceux de leur parti qui voudroient sortir du royaume d'en sortir à leurs dépens; que S. M. permettroit à ceux qui voudroient vendre leurs biens de les vendre, et qu'elle pardonneroit à ceux de leur parti qui se trouveroient prisonniers*. — Il arriva un courrier de Brest. M. le comte de Toulouse mit à la voile le 14 au matin, et le soir on ne voyoit plus ses vaisseaux. — Il arriva un courrier de M. de Tallard, parti d'auprès de Fribourg le 15. Ce maréchal avoit détaché ce jour-là Zurlauben avec deux mille chevaux et trois mille hommes de pied pour faire son avant-garde et se saisir des postes du Holgraf et du Torner, où l'on ne croit pas trouver les ennemis. Il ne paroît pas qu'ils songent à nous défendre le passage, qu'on regarde comme sûr présentement. M. l'électeur de Bavière doit être le 16 à Donesching, où M. de Tallard compte de le joindre le 17. Cet électeur n'a trouvé nulle résistance en son chemin; les ennemis avoient abandonné tous les retranchements qu'ils avoient faits depuis le lac de Constance jusqu'au Danube, et ces retranchements étoient même très-mauvais, quoiqu'ils y travaillassent depuis longtemps. Le prince de Bade est toujours à Aschaffembourg, malade, et on assure qu'il ne veut point servir cette campagne. M. de Coigny, avec les troupes qu'il commande, devoit joindre le soir M. de Tallard sous Fribourg, où il demeurera pendant que M. de Tallard passera les montagnes, afin que nous ne soyons point inquiétés par les derrières dans notre marche; tout est disposé à merveille, quand les ennemis voudroient s'y opposer, ce à quoi ils ne songent pas. Le comte de Thungen, qui les commande en l'absence du prince de Bade, est à Rottweil sur le Necker. — On n'a jamais reçu tant de bonnes nouvelles en un jour, et pour comble de bonheur madame la duchesse de Bourgogne se porte à la perfection. Le roi lui a conté tout ce qu'ont apporté les courriers, mais on ne lui parle point des nouvelles qui regardent M. de Savoie.

* Cette réduction des fanatiques étoit encore éloignée. Le public digéra plus difficilement que la cour la conférence de Cavalier, leur chef, avec le maréchal de Villars.

Dimanche 18, *à Versailles.* — Outre le conseil que le roi tint le matin à son ordinaire, il travailla l'après-dînée avec M. de Chamillart jusqu'à cinq heures, et puis alla se promener à Trianon. Il travailla encore le soir chez madame de Maintenon avec M. de Chamillart, comme il fait tous les dimanches. — Pendant que le roi étoit le matin au conseil, il arriva un courrier de M. de la Houssaye, à qui M. de Tallard avoit fait écrire par M. de Surville pour le prier d'envoyer un courrier à la cour porter la nouvelle que M. de Zurlauben avoit passé le Holgraf et étoit arrivé sur le Torner, qui n'est plus qu'à cinq lieues de Donesching ; il n'a trouvé ni ennemis ni retranchements en son chemin. M. de Tallard le suit avec toutes ses troupes, l'artillerie et les bagages tiennent cinq lieues de chemin et marchent sans aucun embarras. Il ne paroît pas une troupe des ennemis ni un paysan armé depuis que M. de Tallard est en Alsace ; il n'a pas été quatre jours sans avoir des nouvelles de M. de Bavière. — Monseigneur alla le soir se promener au Désert avec madame la Duchesse. — M. le duc d'Orléans donne 25,000 livres à la Fare, pour lui aider à payer le régiment qu'il achète pour son fils, et outre cela il lui fait avancer 12,000 livres sur les appointements de sa charge. M. le duc d'Orléans ne veut quasi pas que cela soit su, pour éviter les louanges que ce procédé-là mérite.

Lundi 19, *à Versailles.* — Le roi travailla l'après-dînée avec M. Pelletier, et puis alla tirer. Monseigneur alla dîner à Meudon avec madame la Duchesse. Madame la duchesse de Bourgogne continue à se mieux porter; le roi y va trois fois par jour. — Il arriva un courrier de M. de Vendôme, qui mande que M. le duc de Savoie a sa droite à Crescentin, sa gauche en tirant vers la Doria Baltea, le derrière au Pô et un marais impraticable à sa tête. M. de Vendôme, ne le pouvant attaquer dans ce poste, fait faire un pont sur le Pô entre Trin et Crescentin; il établit à la tête de ce pont une bonne redoute avec du canon, et tirera par là aisément ses fourrages; il a sa droite à Fontanet et sa gauche au Pô. M. de Savoie, par le poste où il est, couvrant Verue et Ivrée, M. de Vendôme ne peut faire présentement de siége que celui de Verceil. — Le roi a donné une pension de 2,000 livres à mademoiselle de Busca, fille du lieutenant général. — M. le duc de la Force avoit levé, il y a deux ans, un régiment d'infanterie, et comme ce duc ne sert point, il l'a donné à son cadet, à qui le roi en a bien voulu accorder l'agrément. — La Queue*, capitaine de cavalerie dans le régiment du chevalier de Bouzoles, a obtenu une commission de mestre de camp que M. de Vendôme a demandée pour lui; ce régiment sert dans son armée. — L'abbé de Polignac fut choisi pour remplir la place de M. de Meaux à l'Académie françoise, et le roi approuva le choix.

* Ce la Queue étoit un gentilhomme accommodé, seigneur de la Queue, à six lieues de Versailles, qui avoit épousé une fille du roi et d'une comédienne, qui n'a point été reconnue et que Bontemps, avant sa mort, avoit mariée pour que cela ne parût point, mais la Queue sachant bien qui il épousoit. Elle ne sortoit point de sa campagne à la Queue, et s'y montroit même fort peu. On dit qu'elle ressembloit fort au roi en fort laid, et qu'elle ne regardoit pas sans jalousie et sans douleur l'état de madame d'Orléans et de mesdames la Duchesse et princesse de Conty, qu'elle ne voyoit jamais. L'un et l'autre sont morts et sans aucune fortune.

Mardi 20, *à Versailles.* — Le roi travailla l'après-dînée avec M. de Pontchartrain jusqu'à quatre heures. — Il arriva un courrier de M. le maréchal de Villeroy, parti du 18. M. de Marlborough a marché avec les troupes angloises et une partie de celles de Hollande pour aller, à ce qu'on croit, du côté de la Moselle, où nous n'avons plus de troupes, M. de Coigny ayant quitté ce pays-là pour aller joindre M. de Tallard. M. de Villeroy, qui ne veut pas que les ennemis puissent réussir dans la moindre entreprise, va passer la Meuse de son côté; il a moins de chemin à faire que M. de Marlborough pour arriver sur la Moselle. Il mène cinquante bataillons et plus de soixante escadrons, et laisse le reste de ses troupes sous le commandement d'Artagnan, le gouverneur d'Arras, pour se joindre à M. le marquis de Bedmar. — Il arriva un courrier de M. de Tallard, parti le 17 au matin du Torner. Ce maréchal mande au roi qu'il joindra le soir M. l'électeur de Bavière à Donesching; les quinze mille hommes de recrues y arriveront le 18, et tous les bagages y arriveront le 20, tout comme M. de Tallard l'avoit projeté. Il ne s'est trompé en rien du tout de ce qu'il avoit proposé de faire, et il ne lui est arrivé pas un accident dans sa marche, où tant de gens croyoient qu'il y auroit des difficultés presque insurmontables. — Il arriva le soir un courrier de M. de Villars; nous saurons demain les nouvelles qu'il apporte.

Mercredi 21, à Versailles. — Le roi se trouva un peu enroué le matin; il ne laissa pas d'aller l'après-dînée se promener à Marly; le vent a un peu augmenté cette incommodité. Madame la duchesse de Bourgogne, qui entre, à ce qu'on croit, dans son neuf, mais qui ne peut plus sortir du lit, a souhaité de faire ses dévotions; elle s'est confessée ce soir pour communier demain à son réveil. — Le courrier de M. de Villars qui arriva hier au soir a apporté la nouvelle que Cavalier l'étoit venu trouver, se remettant entièrement à la miséricorde du roi et ne demandant plus de conditions. Quatre cents hommes qui étoient avec lui ont apporté leurs armes, suppliant le roi de les employer dans ses troupes. On les a mis dans le bourg de Calvisson, où on leur fournit tout ce qu'il leur faut pour leur subsistance. Roland, avec sa troupe, se soumet aussi sans conditions, priant seulement le roi de leur donner occasion de réparer leur faute en les remettant dans son service. Il étoit arrivé un malheur le jour auparavant que Roland sût que Cavalier avoit demandé l'amnistie pour eux tous ; cent hommes détachés du régiment de...... avoient attaqué la troupe de Roland, qui étoit de cinq cents hommes ; nos cent soldats avoient été battus et tués avec le lieutenant colonel et trois capitaines de ce régiment. Le roi a renvoyé le courrier à M. de Villars et lui donne tout pouvoir de conclure avec les fanatiques qui promettent de devenir bons sujets.

Jeudi 22, jour de la fête de Dieu, à Versailles. — Le roi s'est trouvé un peu enrhumé ce matin et a entendu la messe dans la chapelle. Il n'a point été à la paroisse à la procession ; Monseigneur a fait cette fonction-là en sa place. Madame la duchesse de Bourgogne, qui se porte toujours fort bien, a voulu, entrant dans son neuvième mois, faire ses dévotions ; elle a communié à sept heures dans son lit ; elle a entendu deux messes, et puis s'est rendormie. Le roi, après le salut, a été fort longtemps chez elle ; il est enchiffrené plutôt qu'enrhumé. — On a eu nouvelle que les mécontents ont enfin pris Agria, et qu'ils sont encore dans l'île de Schut, d'où on n'a pas pu les chasser. — M. le duc de Gramont écrit de Bayonne du 15 ; madame des Ursins y devoit arriver le 17 et dit qu'elle veut venir ici. — Madame de Polignac donne 50,000 livres au roi ; on lui en place 35,000 à la maison de ville, les 15,000 restant avec 65,000 livres qui lui étoient dues de son mariage font 80,000 livres, dont on lui donne 8,000 livres de rente à vie, savoir : 4,000 livres pour elle, et 4,000 livres pour son mari, et cela au denier dix ; c'est une très-bonne affaire pour gens qui comme eux n'ont point d'enfants.

Vendredi 23, à Versailles. — Saint-Victor, aide de camp de M. de Bavière, est arrivé ce matin. Il partit lundi de

Donesching, et revint avec M. de Tallard jusqu'au Torner; il assure le roi que toutes les troupes sont plus que complètes; on a mis la cavalerie à quarante maîtres par compagnie; il ne manque pas un homme, pas un cheval ni pas un fusil dans cette armée. M. de Tallard a passé la journée du 18 avec M. de Bavière; il y seroit demeuré plus longtemps avec ses troupes sans que les vivres qu'avoit amenés M. de Bavière se sont trouvés pourris; il a fallu, à cause de cela, que l'armée se séparât. On dit que M. de Tallard va faire le siége de Fribourg, et que M. de Bavière va marcher à Rottweil, où les ennemis se sont assemblés; ils ne sont que vingt-deux mille hommes au plus. M. de Bavière a plus de quarante mille hommes avec lui; il n'y a pas un malade dans son armée. — M. de Mantoue est venu ici à midi; il est entré d'abord dans le jardin; il a presque tout vu le côté gauche. A deux heures il est entré dans l'appartement de M. le comte de Toulouse, où il a trouvé toutes sortes de rafraîchissements; ensuite il est monté dans le cabinet du roi, où il n'y avoit que M. de Torcy. Après son audience il a achevé de voir les jardins, et ensuite s'en est retourné à Paris (1).

---

(1) « Le 23 de ce mois M. le duc de Mantoue retourna à Versailles ; ce prince y arriva sur le midi; il descendit dans l'appartement de M. le comte de Toulouse, où M. le marquis de Torcy le vint aussitôt trouver; il eut une courte conversation avec ce ministre. Les roulettes l'attendoient à la porte de l'appartement de M. le comte de Toulouse du côté du jardin : ce que l'on appelle roulettes sont des fauteuils dans lesquels on se promène dans les jardins; ils sont suspendus et tirés par un Suisse; mais comme ils sont poussés par deux autres Suisses, ils vont aussi vite qu'on les veut faire aller. M. le duc de Mantoue monta dans une de ces roulettes, et les plus considérables personnes de sa suite montèrent dans dix-neuf autres. Il fut suivi par beaucoup de monde à pied, mais qui n'entra que sous ses auspices ou par le moyen de gens de sa maison, toutes les portes du petit parc ayant été interdites dès le matin à toutes autres personnes. On le mena dans tous les bosquets qui sont à gauche jusqu'à l'Apollon, et ce prince rentra avant deux heures dans l'appartement de M. le comte de Toulouse et fut conduit, comme la première fois par les derrières, dans le cabinet du roi, qui sortoit de table et qui étoit seul avec M. le marquis de Torcy. Il eut une conversation seul avec S. M. qu

Le roi, après avoir entendu le salut, alla se promener à Trianon. Monseigneur alla dîner à Meudon avec madame la princesse de Conty, et après dîner à Paris à l'opéra; au sortir de l'opéra Monseigneur alla coucher à Meudon, où il demeurera quelques jours; madame la princesse de Conty revint ici.

Samedi 24, à Versailles. — Le roi, après son dîner, demeura assez longtemps chez madame la duchesse de Bourgogne, et puis alla se promener à Marly, d'où il ne revint qu'à la nuit. Monseigneur courut le loup dans son parc de Meudon; le loup sauta les murailles du parc et mena Monseigneur fort loin. Madame la duchesse de Bourgogne eut un peu de fièvre la nuit, mais elle passa la journée fort doucement. — Le vieux comte de Grancey, qui avoit été fait lieutenant général avant la paix des Pyrénées et puis aide de camp du roi à la campagne de Hollande, en 1672, est mort chez lui en Normandie, où il étoit retiré depuis longtemps. Il avoit quatre-vingts ans passés. Il étoit père de Médavy et du marquis de Grancey; il s'étoit remarié pour la quatrième fois il n'y a que six semaines. — Il arriva le soir un courrier de M. le maréchal de Villeroy, parti de Marche en Famine le 23 au matin. Ce maréchal fait marcher son armée en quatre corps différents vers la Moselle : le premier de ces corps est commandé par M. de Biron, maréchal de camp; le second, par M. de Roquelaure, lieutenant général; le troisième est mené par M. le maréchal en personne; et le

---

dura près de trois quarts d'heure, et M. de Torcy y fut présent. Il retourna ensuite dans l'appartement de M. le comte de Toulouse, mais par la galerie, le grand appartement et le bel escalier. Il y trouva une collation fort propre de fruits seulement, de pâtisseries, de confitures sèches, de toutes sortes de vins et de différentes liqueurs. Cette collation fut servie par les gens de M. Blouin. M. le duc de Mantoue remonta ensuite dans sa roulette et alla voir tous les bosquets qui sont du côté droit; il trouva dans le premier monseigneur le duc de Bourgogne, qui l'y reçut, et ne passa pas outre. Ce prince remonta en carrosse à six heures. » (*Mercure* de mai, pages 413 à 416.)

quatrième est commandé par M. de Luxembourg, lieutenant général. La Croix, qu'on avoit dit qui étoit allé en Languedoc, est plus avancé dans le pays pour donner des nouvelles de la marche de M. de Marlborough, qui marche encore vers la Moselle, mais qui reviendra en Flandre, à ce qu'on croit, dès qu'il aura appris le passage de M. de Tallard. — Madame de Ventadour prêta son serment de gouvernante des enfants de France; il y a dans ses provisions : « Pour servir conjoinctement avec la maréchale de la Mothe, sa mère; » le mot de survivance y est aussi; le roi lui augmente sa pension de 12,000 livres, elle en avoit déjà 8,000.

Dimanche 25, *à Versailles*. — Le roi, après son dîner, vint chez madame la duchesse de Bourgogne à son ordinaire; il travailla ensuite avec M. de Chamillart, et puis alla à cinq heures entendre le salut à Saint-Cyr. Après le salut il se promena beaucoup dans la maison et dans les jardins, où il vit toutes les demoiselles de Saint-Cyr dansant dans les jardins, chaque classe dans une allée différente, et plusieurs troupes séparées à chaque classe; il en sortit par la petite porte du jardin, où il avoit fait venir ses carrosses, et emmena avec lui madame de Maintenon, madame la princesse d'Harcourt et madame de Dangeau. — On apprit par une lettre de M. de Vaudemont* la mort du prince Thomas, son fils, qui commandoit l'armée de l'empereur qui est à Ostiglia. M. de Vaudemont écrit à M. de Chamillart : « Mon misérable fils est mort à Ostiglia en quatre jours de maladie. » Il arriva un courrier de M. de la Feuillade, parti de Grenoble le 23. On croit en ce pays-là qu'on va faire le siége de Suze. M. le maréchal de Tessé** se porte mieux et compte de pouvoir partir de Grenoble à la fin du mois pour revenir ici.

---

* M. de Vaudemont, gouverneur de Milanez, de Charles II, pour l'empereur et le roi Guillaume son ami intime, et lui personnellement mal avec le roi qu'il n'avoit jamais servi, resté gouverneur de Milanez en reconnoissant Philippe V, et général d'armée, pour les deux couronnes, d'un corps séparé, ou conjointement avec le général du roi, et avoir dans ce même Milanez son fils unique général en chef d'une armée impériale, qui depuis cette guerre avoit toujours servi l'empereur en Milanez dans les premiers emplois [*sic*].

** Avec le même liant et pliant que le maréchal de Tessé s'étoit rencontré en Italie avec M. de Vendôme, quoi que lui eût dit le roi là-dessus, il fit la navette avec la Feuillade au gré de Chamillart, puis le malade, et enfin demanda son congé quand il en fut temps, pour faire cueillir à ce gendre bien-aimé le fruit de ses complaisances, pour le porter peu à peu et comme naturellement à commander une armée et faire des exploits sans que le roi s'en pût dédire. Cela s'appelle, comme disoit le vieux maréchal de Villeroy, tenir le pot de chambre au ministre. On le lui verra enfin renverser sur la tête ce même pot de chambre, et de la même main, comme disoit le même maréchal qu'il falloit faire aux ministres hors de place, ou comme Tessé fit aux ministres bien ébranlés, et les culbuter.

Lundi 26, *à Versailles*. — Le roi, en sortant de son dîner, alla chez madame la duchesse de Bourgogne, et puis à sa chapelle neuve qu'on bâtit; on y dépense 200,000 livres cette année; elle ne sera achevée qu'à la fin de 1706. S. M. ensuite travailla avec M. Pelletier, alla au salut, et puis à Trianon, où il se promena jusqu'à la nuit. — Il arriva hier au soir un courrier de M. de Tallard, qui est campé sous Brisach, au même endroit où il étoit quand monseigneur le duc de Bourgogne en fit le siége l'année passée. M. de Coigny demeurera avec lui, et ne fait pas repasser le Rhin à son armée, comme on l'avoit dit il y a quelques jours. — Madame la princesse des Ursins, qui devoit arriver à Bayonne le 17, pour venir ensuite droit ici, recevra des ordres en chemin de s'en aller droit à Rome, et le courrier qui lui porte cet ordre est déjà parti. — M. de Marlborough continue sa marche vers la Moselle; on compte dans son armée qu'il sera le 28 à Vitlich, et M. le maréchal de Villeroy, qui étoit le 23 à Marche en Famine et qui est bien averti de tous les mouvements des ennemis, doit être le 28 à Luxembourg, où l'intendant de Metz a ordre de se rendre ce jour-là.

Mardi 27, *à Versailles.* — Le roi alla l'après-dînée à Marly, d'où il ne revint qu'à la nuit. Monseigneur donna hier à Meudon un grand dîner à M. de Mantoue; messeigneurs les ducs de Bourgogne et de Berry y allèrent d'ici. M. le duc d'Orléans, madame la princesse de Conty, M. le prince de Conty, plusieurs dames, quelques courtisans et les deux principaux officiers de M. de Mantoue étoient à la table de Monseigneur. M. de Mantoue fut de fort bonne compagnie et loua fort la beauté de la duchesse d'Aumont. Il dit à Monseigneur, en lui présentant le marquis Delfian, qu'il avoit eu le bonheur de sacrifier son fils pour le service du roi. Monseigneur le promena l'après-dînée dans ses jardins, dont il parut charmé, et on a été très-content de tout ce qu'il a fait et dit. — On eut le soir, par l'ordinaire d'Espagne, des lettres de M. de Châteauneuf, qui est encore à Madrid. Il mande que S. M. C., depuis la prise de Salvaterra, s'étoit encore rendu maître de quatre petites villes ou châteaux, où il y avoit garnison de Portugais, qui ont tous été faits prisonniers de guerre; ces places qu'on a prises sont : Seguera, Pegna-Garcia, Zebredo et Idanha-Nueva, toutes places à la droite du Tage. Il mande qu'elles se sont toutes rendues à discrétion, hormis Idanha-Nueva, qui fut emportée l'épée à la main. La ville, qui étoit fort jolie et assez riche, a été entièrement pillée, et le butin en a été assez considérable.

Mercredi 28, *à Versailles.* — Le roi travailla longtemps l'après-dînée avec M. de Chamillart, alla ensuite au salut, et puis se promena à Trianon. Au retour de sa promenade, pendant qu'il étoit chez madame la duchesse de Bourgogne, M. de Chamillart lui manda qu'il étoit arrivé un courrier de M. le maréchal de Villeroy, et qu'il avoit reçu aussi des lettres du duc de Berwick, et le roi lui fit dire de lui apporter toutes ces dépêches chez madame de Maintenon. — Monseigneur revint de Meudon, où il étoit depuis vendredi. — La lettre du duc de Berwick est du 14, du camp entre Zebredo et Idanha-Nueva, et contient en substance que le marquis de Richebourg fut détaché le 9 pour aller prendre Segura, qui se rendit à discrétion comme Salvaterra; la garnison, qui étoit de cinq cents hommes, a été envoyée en Castille. Le 10, le comte d'Aguilar marcha à Pena-Garcia, qui se rendit pareillement, mais la plupart des soldats de la garnison se sauvèrent dans les montagnes; le gouverneur fut pris. Le même jour les ennemis abandonnèrent Zebredo, et nos gens y entrèrent. Le 12 l'armée vint camper ici, et le 13 M. de Salazar, lieutenant général, prit Idanha-Nueva; la ville fut pillée, et le château se rendit sans coup férir. On a nouvelle que les ennemis ne s'assemblent ni dans la Beyra ni dans l'Allentéjo. — Le maréchal de Villeroy écrit de Bastogne du 27 que les ennemis étoient à la Tour Blanche près de Coblentz, où ils ont eu avis que M. de Tallard avoit passé la Montagne Noire, ce qui pourroit bien faire changer leur dessein. M. le maréchal alloit camper ce jour-là à Bondorf, mais le gros de ses troupes ne s'éloignera pas tant de la Meuse.

Jeudi 29, *à Versailles.* — Le roi à dix heures monta en carrosse avec Monseigneur, messeigneurs les ducs de Bourgogne et de Berry, Madame, M. le duc d'Orléans et madame la duchesse d'Orléans; il alla à l'église de la paroisse, conduisit le saint-sacrement jusqu'au reposoir, le reconduisit à la paroisse, où il entendit la grande messe. Madame la duchesse de Bourgogne entendit la messe dans son lit à huit heures du matin. L'après-dînée S. M. travailla avec M. de Pontchartrain jusqu'à l'heure du salut, et régla tout ce qui regarde toutes les nouvelles charges qu'on crée dans la marine, dont on en tirera près de trois millions Avant que le roi s'enfermât avec M. de Pontchartrain, il avoit donné une longue audience à M. le premier président. — Le roi a ordonné à M. de Vendôme de faire rendre la justice dans Trin au nom de M. de Mantoue, et de l'y faire jouir de tous les droits de souveraineté. Trin est du Montferrat, mais il fut cédé à M. de Savoie par le traité de Querasque en 1633; mais comme ce traité n'étoit fait qu'entre l'empereur et le roi, et que le duc de Mantoue n'y avoit point consenti, il avoit toujours ses prétentions sur cette place. — M. de Châteauneuf mande à M. de Torcy que les Espagnols ont encore pris trois places en Portugal, Idanha-Velha, qui ne s'est point défendue; Asmarinas, dont la garnison a été prise à discrétion; et Monte-Santo, qui s'est défendu et dont la garnison a été passée au fil de l'épée. Le roi d'Espagne envoie douze cents prisonniers à Pampelune; ce sera un grand plaisir et un spectacle agréable pour les peuples d'Espagne.

Vendredi 30, *à Versailles.* — Le roi alla l'après-dînée à Marly, où il se promena jusqu'à la nuit; avant que d'y aller il avoit demeuré assez longtemps chez madame la duchesse de Bourgogne. Monseigneur alla joindre le roi à Marly et s'y promena quelque temps avec lui. — Il arriva un courrier de M. le maréchal de Villeroy, parti d'Arlon le 28; ce maréchal mande au roi qu'il a eu des nouvelles que milord Marlborough avoit fait passer le Rhin à son armée sur le pont de bateaux qui est à Coblentz le 26 et le 27, et que tous les avis qu'on a, c'est que ces troupes vont marcher vers le haut Rhin. On raisonne différemment sur cette marche; bien des gens croient qu'ils veulent effectivement aller en Allemagne pour secourir l'empereur ou l'empire, dont les affaires ne sont pas en bon état; d'autres croient que ce milord ne fait cette marche que pour attirer M. le maréchal de Villeroy de ces côtés-là et l'éloigner de la Flandre, et qu'il fera embarquer son infanterie à Coblentz, où ils ont amassé une grande quantité de bateaux, et par là ils se porteroient en Flandre, et ils pourroient faire quelque entreprise du côté de la mer longtemps avantque nos troupes y pussent arriver. M. le maréchal de Villeroy, dans ce doute, laisse une partie de ses troupes assez près de la Meuse, afin qu'elles pussent rejoindre M. de Bedmar en peu de temps, et avec le reste de ses troupes il marchera sur la Moselle, et plus loin si les ennemis remontent le Rhin.

Samedi 31, *à Versailles.* — Le roi travailla quelque temps avec M. de Chamillart l'après-dînée, et puis alla tirer. Monseigneur courut le loup. Madame la duchesse de Bourgogne a beaucoup dormi cette nuit, et elle n'avoit d'autre incommodité dans sa grossesse que l'insomnie. — Il arriva un courrier de M. de Vendôme, qui mande que le Pô, étant extraordinairement enflé, avoit emporté un moulin au-dessus de Crescentin, que ce moulin avoit brisé le pont que M. de Savoie avoit fait pour communiquer à Verue, que les bateaux de ce pont rompu avoient rompu aussi le pont que nous avions au-dessus de Trin, et qu'enfin tous ces bateaux s'étoient rassemblés au pont que nous avions à Casal. Nous avions profité à cela des bateaux de M. de Savoie, mais il faudra quelques jours pour raccommoder notre pont. — On mande de Toulon que Duquesne-Monier en étoit parti avec six vaisseaux pour aller à Cadix joindre M. le comte de Toulouse, qui en a déjà vingt-cinq. On arme encore d'autres vaisseaux dans la Méditerranée. — On écrit de l'armée de M. de Bavière qu'il étoit à Effingen le 20, que le prince Louis de Bade avoit joint le 18 le comte de Thungen, et que le 19 les armées ennemies et les nôtres avoient marché se côtoyant toute la journée à la portée du mousquet, et avoient campé ce jour-là fort près les unes des autres; il n'y avoit qu'un ruisseau qui les séparoit. — M. le duc de Mantoue vint ici l'après-dînée et vit le chenil et les écuries du roi; il alla ensuite voir la Ménagerie et Trianon.

Dimanche 1ᵉʳ *juin, à Versailles.* — Le roi travailla longtemps l'après-dînée avec M. de Chamillart, et puis alla se promener à Trianon. — Le roi nous dit à son dîner que Saint-Mauris, lieutenant général et très-estimé, étoit mort, et nous sûmes le soir que le roi avoit donné son gouvernement, qui est celui de Neuf-Brisach, à la Lande, lieutenant général, qui sert en Languedoc. Le roi a donné aussi le gouvernement de Saint-Quentin, qui vaquoit depuis assez longtemps, à Barbezières, lieutenant général dans l'armée de M. de Vendôme et qui vient de souffrir une longue et cruelle prison. — Le marquis de Rivarole*, Piémontois, est mort à Paris; il y avoit déjà longtemps qu'il étoit hors de service. Il étoit grand-croix de l'ordre de Saint-Louis; il y a 2,000 écus de pension attachés aux grands-croix. Bezons a eu cette place; il étoit commandeur de cet ordre à 4,000 livres de pension. On fait monter en sa place Laumont, qui commande dans Dunkerque, et l'on fait monter à la commanderie de Laumont, qui étoit de 1,000 écus, Gasquet, qui étoit brigadier d'infanterie, autrefois lieutenant colonel de Champagne, et qui n'étoit que simple chevalier de l'ordre. — Madame la duchesse de Verneuil est à l'extrémité; elle a quatre-vingt-deux ans passés. Elle avoit eu de son premier mariage avec le duc de Sully le feu duc de Sully, chevalier de l'ordre du Saint-Esprit, et madame la comtesse du Lude; elle n'avoit point eu d'enfants de son mariage avec M. de Verneuil.

* C'étoit un Piémontois de qualité, mécontent de son pays, que M. de Louvois avoit attiré jeune au service de France, où il avoit perdu une jambe et étoit devenu lieutenant général. Il étoit très-bon officier et d'une valeur brillante. Sa jambe de bois fut emportée d'un coup de canon à Nerwinde : « La peste des sots, s'écria-t-il dans la commotion du coup. Ils seront bien attrapés; ils ne savent pas que j'en ai une autre dans mon coffre. » Il avoit été grand-croix de Saint-Lazare, lorsque M. de Louvois en fit étant vicaire général de cet ordre, tandis que le roi en fut grand maître, et quand le roi cessa de l'être et qu'il établit l'ordre de Saint-Louis les grands-croix qui restoient de Saint-Lazare, dont étoit Rivarole, le furent de Saint-Louis. Avec sa jambe de bois il étoit un des plus forts à jouer à la paume.

Lundi 2, à Versailles. — Le roi alla l'après-dînée à

Marly; il va tous les jours trois fois chez madame la duchesse de Bourgogne, qui commence à se bien porter. Messeigneurs les ducs de Bourgogne et de Berry se sont mis depuis quelques jours à courre la bague et les têtes ; M. le duc d'Orléans les a courues l'après-dînée avec eux. — Il arriva le matin un courrier de M. de Tallard, qui a fait repasser le Rhin à son armée, et il s'est avancé à Landau pour avoir plus tôt des nouvelles de M. de Marlborough, qu'on croit qui vient à Mayence ; cette marche des ennemis change fort les projets. M. le maréchal de Villeroy a fait passer la Moselle à une partie de ses troupes entre Trèves et Thionville, et ils se sont fort concertés, M. de Tallard et lui, sur ce qu'ils ont à faire. — Il arriva un courrier de Catalogne ; M. de Chamillart vint porter les dépêches au roi, qui étoit chez madame de Maintenon et travailloit avec M. Pelletier. Aussitôt que M. de Chamillart eut travaillé avec le roi, S. M. envoya querir M. de Pontchartrain, qui revint après le souper du roi lui porter les lettres qu'il lui avoit ordonné d'écrire à M. le comte de Toulouse et à Langeron, qui commande les vaisseaux que nous avons en Provence. Le roi, à son petit coucher, nous dit les nouvelles qu'avoit apportées ce courrier, qui sont que les ennemis, avec trente vaisseaux de guerre et six brûlots, sont entrés dans la Méditerranée. Ils ont sur ces vaisseaux cinq mille hommes de troupes de débarquement, que le prince de Darmstadt commande ; ces vaisseaux sont devant Barcelone, où M. le prince de Darmstadt prétend avoir de grandes intelligences. Le roi compte que M. l'amiral aura suivi les ennemis dans la Méditerranée, et il aura trente-un vaisseaux quand il y aura joint les six qui sont à Cadix.

Mardi 3, à Versailles. — Le roi travailla l'après-dînée jusqu'à six heures et demie avec M. de Chamillart, et puis alla se promener à Trianon. — On eut des lettres hier de M. de Villars, qui portent que les fanatiques qui s'étoient soumis s'étoient encore jetés dans la rébellion sous les ordres du lieutenant de Cavalier, qui leur avoit persuadé que Cavalier les trahissoit; ils se sont jetés dans les bois. M. de Villars y marche, et Cavalier est avec lui. Il a cinquante hommes qui sont rentrés dans leur devoir, et l'on compte que cette dernière sédition sera bientôt apaisée. — Il est arrivé ce matin un courrier de M. de la Feuillade, qui investit Suze le 29. Il a fait sommer la ville, qui fait mine de vouloir se défendre. Il comptoit d'en être maître dans deux jours, et on espère l'être du château quand notre canon et nos mortiers seront en batterie. — Don Isidoro Casado, envoyé du roi d'Espagne auprès de M. de Mantoue, et que S. M. C. a fait marquis de Montéléon, eut ces jours passés audience du roi, qui est très-content des services qu'il a rendus à son maître, et que M. le cardinal d'Estrées a fort fait valoir en ce pays-ci. Le roi lui donne ordre de retourner auprès du roi d'Espagne, et on dit même qu'il est chargé d'affaires d'importance et qui marquent la confiance qu'on a en lui.

Mercredi 4, à Versailles. — Le roi travailla l'après-dînée avec M. de Chamillart, et puis alla tirer. — Il arriva le matin un courrier de Flandre. Les ennemis que commande M. d'Owerkerke étoient sortis de leurs retranchements sous Maëstricht pour s'approcher de nos lignes. M. de Bedmar, averti de leurs mouvements, a marché à eux; ils se sont retirés fort vite et sont rentrés dans leur camp. — M. de Chamillart, qui avoit couché à l'Étang, entra le soir chez madame de Maintenon pour montrer au roi des lettres du duc de Berwick, du 21 du mois passé, qu'il a reçues par l'ordinaire et qui apprennent le détail de la prise de Monte-Santo. Cette place, que les Portugais croyoient imprenable et où tous les habitants du pays avoient réfugié leurs effets, a été emportée après une très-médiocre résistance. On mande qu'elle est meilleure que Montmélian; nous y avons eu quatre-vingts hommes tués ou blessés. Nous marchions le lendemain à Castelbranco, après avoir encore pris deux ou trois petites villes ou bourgs, qui se sont rendus à discrétion. On croit que Castelbranco se défendra mieux; il y a quatre bataillons hollandois dans cette place. Le roi d'Espagne se préparoit à passer le Tage un peu au-dessus de Villa-Velha, pour marcher à Portalègre. M. de Tzerclaës est de ce côté-là, et a déjà étendu ses contributions bien loin sans que ses partis aient trouvé aucunes troupes ennemies.

Jeudi 5, à Versailles. — Le roi, en allant à la messe, vit dans la galerie un envoyé de Tripoli qui lui amène douze beaux chevaux de son pays; le roi en a donné huit, et les quatre autres ont été achetés par le consul de France. A midi le roi monta en carrosse avec madame de Maintenon et quelques dames et alla dîner à Marly; il s'y promena tout le jour et ne revint ici qu'à la nuit. — Sur les sept heures il arriva un courrier de M. le comte de Toulouse, parti le 26 de Cadix; ce prince le 25 arriva à la rade de cette place, où ayant appris que les ennemis étoient entrés dans la Méditerranée, il alloit y entrer aussi pour les suivre. Il n'avoit avec lui que vingt-trois vaisseaux. Le courrier dit qu'on voyoit paroître les deux vaisseaux partis de Dunkerque, qui ont passé par le nord d'Écosse et qui ne l'avoient pas pu joindre à Brest. Il n'a point trouvé à Cadix les six vaisseaux partis de Toulon que du Quesne lui amenoit; mais on a nouvelle qu'ils sont à Alicante, où il les trouvera. Ce courrier a passé par l'armée d'Espagne. Il est arrivé un courrier qui a apporté la nouvelle de la prise de Castelbranco, qui s'est assez mal défendue; il y avoit dedans quatre bataillons hollandois, qui en étoient sortis avant la capitulation. Le duc de Berwick, qui l'avoit prévu, s'étoit avancé avec toute la cavalerie à l'endroit seul par où ils se pouvoient retirer; il les a enveloppés, et après une très-médiocre résistance il les a pris sans qu'il s'en soit sauvé un seul, tous leurs officiers à leur tête.

Vendredi 6, à Versailles. — Le roi sortit sur les cinq heures pour aller tirer, et vit au bout de son jardin les douze chevaux barbes qu'on lui amena hier de Tripoli. — On fit hier à Paris, à l'abbaye Saint-Germain, le service de M. le cardinal de Furstemberg, qui fut très-magnifique; l'abbé le Prévost prononça l'oraison funèbre, et, quoique nouveau prédicateur, il fut applaudi. — Hier, sur les cinq heures du soir, mourut à Paris madame la duchesse de Verneuil*. Le roi en prendra le deuil dimanche, et le portera quinze jours. — Il est arrivé ce soir un courrier de M. de la Feuillade, qui mande que la ville de Suze s'est rendue; le gouverneur du château se défendra mieux apparemment. M. de Savoie a fait avancer sur une hauteur, auprès de cette place, cinq bataillons et six cents dragons, qui pourront nous incommoder fort durant ce siége. — On mande de Mantoue que des Essarts, mestre de camp réformé dans le régiment d'Esclainvilliers, avoit enlevé plusieurs chevaux et presque tous les bestiaux de la garnison de la Mirandole, mais qu'étant allé reconnoître une cassine, où il y avoit quelque infanterie, il y avoit été tué. Saint-Frémont a jeté un pont sur le Panaro vers son embouchure à Bondeno, ce qui coupe à la garnison de la Mirandole toute communication avec le Ferrarois.

* Ces mémoires, qui, page 30, parlent de la famille de la duchesse de Verneuil, à l'occasion de son extrémité, devoient ajouter qu'elle étoit seconde fille du chancelier Séguier et avec lui dans son carrosse quand il courut tant de péril d'être tué aux barricades de Paris et que le maréchal de la Meilleraye l'alla délivrer. Sa sœur aînée avoit épousé le marquis de Coislin en premières noces, dont elle eut le duc, le cardinal et le chevalier de Coislin, et par amour, en secondes noces, le marquis de Laval, cadet de M. de Bois-Dauphin, dont elle eut la maréchale de Rochefort. Cette madame de Laval dit à la mort de madame de Verneuil, qui avoit quatre-vingt-deux ou trois ans, qu'elle avoit toujours bien cru que sa sœur mourroit jeune, parce qu'elle aimoit trop à faire des remèdes. Cette bonne femme n'en faisoit jamais, et poussa sa carrière bien plus loin. Elle appeloit cela mourir jeune pour se

consoler d'être elle-même plus vieille. On ne fit quoi que ce fût du tout, aux obsèques de madame de Verneuil, qui sentît bâtardise ni principauté du sang. Il n'y eut que le deuil de la cour et rien autre.

Samedi 7, *à Versailles*. — Le roi étant l'après-dînée chez madame la duchesse de Bourgogne, Blouin lui vint dire que Bontemps avoit quelque chose à lui dire dans le salon qu'il ne devoit dire qu'à S. M. Le roi, qui savoit que Monseigneur et monseigneur le duc de Berry étoient à la chasse du loup, où Bontemps les avoit suivis, ne douta point qu'il n'y fût arrivé quelque accident, mais ne voulant point troubler madame la duchesse de Bourgogne, il ne marqua point son inquiétude, alla parler à Bontemps dans le salon, et puis se remit au chevet du lit de madame la duchesse de Bourgogne et dit simplement : « Le duc de Berry s'est un peu blessé à la chasse, mais ce n'est rien. » La vérité étoit que ce prince avoit fait une fort rude chute, s'étoit démis l'épaule droite et étoit un peu blessé au visage. Il revenoit dans la chaise de Monseigneur ; on le fit ensuite monter dans son carrosse ; mais comme il revenoit de deux lieues d'ici et qu'on le faisoit marcher fort lentement, parce que l'ébranlement du carrosse lui faisoit beaucoup de mal, il ne put arriver ici qu'à cinq heures. Le roi et toute la cour l'attendoient dans la galerie devant son appartement. Il salua tout le monde d'un air gai et ne parut point troublé de son accident. On le portoit en chaise dans le degré et voulut mettre pied à terre voyant le roi. Quand il fut dans sa chambre, il dit aux chirurgiens qu'ils ne s'embarrassassent point, qu'il s'attendoit à souffrir de grandes douleurs. Maréchal, aidé de plusieurs autres chirurgiens, lui remit l'épaule fort vite et fort adroitement, sans que le prince jetât le moindre cri. Le roi, qui étoit demeuré dans le cabinet de M. de Beauvilliers, entra dans la chambre de monseigneur le duc de Berry dès que l'opération fut finie, et loua fort sa fermeté et sa patience. On le saigna ensuite, et il n'y a rien du tout à craindre; ce qu'il avoit au visage n'est rien. — On eut nouvelle le matin que le prince de Darmstadt avoit fait mettre pied à terre à l'infanterie qu'il avoit sur ses vaisseaux, et qu'il bombardoit Barcelone; il n'y a personne dans la ville ni dans tout le pays qui ait branlé. M. de Velasco, vice-roi de Catalogne, répond de la fidélité des peuples de la province et des habitants de la ville, et quelques rendus qui sont venus assurent que les ennemis feront rembarquer leur infanterie le lendemain et se remettront à la voile. — M. le maréchal de Villeroy étoit à Sarrelouis le 3; il y devoit séjourner le 4. Il doit s'aboucher avec M. de Tallard le 6 entre Landau et les Deux-Ponts. Par les avis qu'ils ont de la marc de M. de Marlborough, ils le croient arrivé à Francfort. — Le roi, après être sorti de chez monseigneur le duc de Berry, monta en carrosse avec mesdames de Maintenon, la maréchale de Noailles, d'Heudicourt et de Dangeau.

Dimanche 8, à Versailles. — Le roi travailla l'après-dînée avec M. de Chamillart, et puis alla tirer. Monseigneur le duc de Berry fut saigné le matin et se porte fort bien. Madame la duchesse de Bourgogne, qui est dans son neuf sûrement, commença à se lever et se tint sur un lit de repos dans le salon de la galerie, dont on a fait un cabinet pour son appartement pendant qu'elle sera en couches. Tout le peuple qui se promenoit dans le jardin la voyoit à la fenêtre. — Le roi donna à M. de la Vrillière 400,000 livres de brevet de retenue sur sa charge de secrétaire d'État. — Il arriva hier au soir un courrier du duc de Berwick, par qui on apprend le détail de ce qu'avoit apporté le courrier de M. le comte de Toulouse des progrès du roi d'Espagne en Portugal; voici une copie de la lettre du duc de Berwick:

<small>Du camp de Villa-Velha, le 28 mai.</small>

Le 22 M. de Thouy arriva avec son détachement devant Castelbranco, et le lendemain 23, après qu'on eut

mis du canon en batterie, la ville et le château se rendirent à discrétion ; il y avoit cent Hollandois dedans et quelques milices portugaises. Nous n'avons perdu à ce petit siége qu'une vingtaine de soldats tués ou blessés ; le pauvre M. Robert, ingénieur et brigadier, y a reçu une blessure dont il est mort depuis. Il y avoit dans cette ville une assez grosse quantité de farine, de celle qui étoit venue d'Angleterre et de Hollande dans des tonneaux, quelques armes et plusieurs tentes, parmi lesquelles se trouvent celles de la suite du roi de Portugal. Sur l'approche de M. de Thouy à Castelbranco, M. Fagel, qui étoit avec quatre bataillons hollandois et quelque cavalerie à Ascaliedas, à trois lieues de là, se retira deux lieues plus en arrière à l'entrée de la grande montagne. Le 24 M. de Puységur fut détaché avec deux régiments de dragons et un de cavalerie pour aller à Villa-Velha recevoir les bateaux descendus d'Alcantara et destinés à y faire un pont. Le 26 je marchai avec la brigade de Berry cavalerie et celle de Barrois infanterie, pour aller reconnoître la situation du camp de M. Fagel, laquelle me paroissoit une des plus mauvaises, ses flancs étant entièrement découverts et le pays assez facile à en approcher ; mais comme pour aller à lui l'on étoit à découvert de deux lieues, je crus qu'il falloit le faire attaquer à la pointe du jour, n'y ayant point d'apparence que ces messieurs voulussent rester où ils étoient, ayant la montagne cinq cents pas derrière eux. Pour cet effet, M. de Thouy fut chargé de faire reconnoître les chemins et de marcher la nuit pour prendre leurs derrières et les attaquer à la pointe du jour. Je m'en allai camper à Villa-Velha, où l'on commençoit la construction du pont de bateaux. Le lendemain M. de Thouy marcha aux ennemis avec une brigade espagnole d'infanterie, les bataillons de Médoc et du Gast, Belle-Affaire et Miromesnil et quelques détachements de cavalerie. Il marcha droit aux ennemis, qui, quoique mal postés, l'attendirent de pied ferme à la tête de leur camp. On les prit par la droite et par la gauche, et, après une décharge qui nous coûta très-peu, la plupart de leur infanterie mit les armes bas, et l'on en prit six cents avec quasi tous les officiers. M. de Thouy poursuivit avec sa cavalerie et quelques grenadiers la cavalerie des ennemis jusqu'à un lieu nommé Zebrero di Formosa, où étoient deux autres bataillons hollandois, lesquels se dispersèrent dans l'instant et s'enfuirent au travers des montagnes; l'on en a pris quelques-uns, le général Fagel a pensé être pris. Nous n'avons perdu dans cette affaire que vingt hommes tués ou blessés.

Lundi 9, à Versailles. — Le roi alla se promener à Marly. Monseigneur alla dès hier coucher à Meudon, où il demeurera jusqu'à vendredi. Madame la duchesse de Bourgogne continue à se lever les après-dînées; Monseigneur le duc de Berry se lève aussi. — Il arriva hier trois courriers de Provence, par lesquels on apprit que la flotte ennemie paroissoit sur les côtes; elle étoit à la hauteur de Saint-Tropez. On croit qu'il n'y a que vingt-cinq ou vingt-six vaisseaux de guerre, et l'on croit que leur dessein est d'aller débarquer à Villefranche l'infanterie qu'ils ont sur leurs vaisseaux. On a nouvelle que la flotte de M. le comte de Toulouse a paru à la hauteur de Carthagène; il doit être joint à Alicante par les six vaisseaux de du Quesne. — M. le grand prieur a pris les chiavichelles de Serravalle qui sont au-devant d'Ostiglia, mais il n'a point attaqué les tours de Serravalle, qui sont dans un marais assez impraticable. — On a nouvelle que M. de Marlborough a passé le Mein entre Francfort et Mayence. Il marche dans le Bergstras et devoit aller passer le Necker à Ladebourg. Il doit être suivi encore par un détachement des troupes hollandoises. — Il est arrivé un courrier de M. de Vauvré, intendant de la marine en Provence; il mande que la flotte ennemie, commandée par l'amiral Rook, étoit près des îles d'Hyères;

il assure qu'ils n'ont tout au plus que vingt-sept vaisseaux.

Mardi 10, *à Versailles.* — Le roi travailla l'après-dînée avec M. de Pontchartrain, et puis alla se promener à Meudon, où Monseigneur lui fit voir tous les ouvrages nouveaux qu'il y a faits. — On eut le matin des lettres de M. de la Feuillade du 6. Il s'est rendu maître des retranchements que les ennemis avoient sur la montagne qu'on appelle la Brunette; il n'y a plus à prendre que la redoute de Catinat, que M. de la Feuillade espère emporter dans trois jours; après quoi on fera le siége du château de Suze à son aise et sûrement, car on ne peut secourir la place que par le côté de la Brunette. On a tué quatre cents hommes aux ennemis, presque tous à coups de canon. Il nous est venu cinq cents déserteurs des bataillons que M. de Savoie avoit envoyés pour renforcer la garnison de Suze. M. de Schalembourg, colonel allemand, et son frère ont été tués, et le frère de Santenas a été tué aussi. — Il arriva le soir un courrier de M. de Vendôme, qui a investi Verceil le 6 de ce mois avec trente-neuf bataillons et soixante escadrons; ainsi M. de Savoie est attaqué de deux côtés. — L'Académie a élu hier M. le marquis de Tréville*; M. l'abbé de Clérembault, qui en est chancelier, vint le soir en rendre compte au roi et lui demander son agrément; le roi lui répondit que cette place ne convenoit point à un homme aussi retiré que M. de Tréville et qu'ainsi il falloit que l'Académie procédât au choix d'un autre sujet.

---

* Troisvilles, que par corruption on appeloit Tréville, étoit un gentilhomme de Béarn qui avoit beaucoup d'esprit et de lecture et un esprit galant et fort agréable. Il débuta fort agréablement dans le monde et à la cour, où des dames du plus haut parage et de beaucoup d'esprit le recueillirent fort et peut-être plus que de raison. La guerre, où son père commandoit les mousquetaires, ne lui fut pas si favorable que la cour, et on l'accusa de n'y pas être si propre. Il s'en dégoûta bientôt, mais pour se jeter dans une grande dévotion. Celle du fameux Port-Royal étoit celle des gens d'esprit; il tourna de ce côté-là et se retira tout à fait. Il persévéra plusieurs années, puis alla revoir son pays. Il s'y dissipa, et se livra à son retour à des devoirs qui devinrent un soulagement de la solitude. Le pied lui glissa parmi les toilettes qu'il fréquenta : de dévot il devint philosophe, et dans cette philosophie on lui reprocha de l'épicurien. Il se remit à faire des vers, à donner des repas recherchés, à exceller par un bon goût difficile à atteindre. Ses remords et ses anciens amis de piété l'y rappeloient par intervalle, et sa vie dégénéra en haut et bas, en quartiers de relâchement et de régularité, et le tout en une sorte de problème, qui, sans l'esprit qui le soutenoit et le faisoit désirer, l'eût tout à fait déshonoré et rendu ridicule. Ses dernières années furent plus réglées et plus pénitentes, et répondirent moins mal au commencement de sa dévotion. Ce qu'il conserva dans tous les temps fut l'abandon de la cour, auquel il joignoit souvent la satire, qui lui attira ce refus du roi pour l'Académie, foible vengeance, mais qu'il ne put se refuser, faute de trouver son homme mieux à sa portée. Cette satire et Port-Royal, qui toutefois étoit bien éloigné de l'approuver, étoient chacun plus qu'il ne falloit pour se plonger dans la disgrâce ; mais ce qui seul y auroit suffi, c'étoit la profession de ne jamais voir le roi. Cela seul étoit un crime non de lèse-majesté, mais, ce qui étoit bien pis, de lèse-personne de Louis XIV, qu'il étoit acharné à venger.

Mercredi 11, *à Versailles.* — Le roi prit médecine, comme il la prend tous les mois par précaution, et tint son conseil l'après-dînée. Monseigneur le duc de Berry vint l'après-dînée chez madame la duchesse de Bourgogne ; il ne se sent plus de sa chute. — On a découvert une petite conspiration dans Barcelone, qui apparemment avoit obligé M. de Darmstadt d'approcher de cette ville-là avec la flotte ennemie ; cette conspiration n'étoit composée que de trois hommes, qui lui devoient livrer une des portes de la ville. Un de ces trois hommes étoit né sujet du roi et avoit voulu livrer Perpignan aux Espagnols pendant que nous étions en guerre avec eux. Le vice-roi s'est saisi de ces trois personnes, et on en fera prompte justice dès qu'on aura tiré d'eux le détail de cette conspiration. — Il arriva le soir un courrier de M. de Tallard, qui apporte des dépêches de ce maréchal et du maréchal de Villeroy après leur entrevue. Ce sont apparemment les projets de ce qu'ils jugent à propos de faire, sur quoi ils attendent les derniers ordres du roi ;

leurs lettres sont du 8. Les troupes du maréchal de Villeroy doivent arriver le 11 à Landau et celles du maréchal de Tallard à Neustadt; ils avoient nouvelle que milord Marlborough étoit venu à Philipsbourg et que ses troupes étoient sur le Necker.

Jeudi 12, *à Versailles.* — Le roi partit à deux heures pour s'aller promener à Marly, d'où il ne revint qu'à la nuit. — M. le grand prieur mande qu'un lieutenant-colonel des ennemis et qui est un de leurs meilleurs ingénieurs s'est venu rendre, et lui a enseigné le moyen de prendre les tours de Serravalle; ce moyen lui a paru bon, et il en va tenter l'entreprise. Cet officier assure que l'armée des ennemis est si foible qu'ils n'ont pas trois mille hommes à Ostiglia, qu'ils ne sont point payés et que la garnison de la Mirandole n'a plus de vivres que pour deux mois. Les discours des rendus sont suspects, parce qu'ils veulent toujours dire des choses agréables; mais ceux-là sont si apparents qu'on les croit. — Les lettres de l'armée de M. le maréchal de Villeroy, venues par un courrier parti du 9, portent que la tête de cette armée étoit campée ce jour-là à Münchweiler et que dans trois jours elle seroit sous Landau, mais que les derniers corps de cette armée, commandés par M. de Gassion et par M. de Luxembourg, n'y arriveroient que le 16. On y a appris que M. de Marlborough avoit été à Philipsbourg le 6, mais qu'il en étoit reparti le 7 pour rejoindre son armée, qui marche vers Heilbronn à grandes journées. On dit que le prince Eugène est arrivé à Stuttgart et que même le roi des Romains doit partir incessamment de Vienne pour se mettre à la tête de cette armée. — Le roi et la reine d'Angleterre vinrent ici voir madame la duchesse de Bourgogne. — Le baron de Breteuil donna à M. de Mantoue une fête magnifique à sa maison de Charonne près de Paris (1).

---

(1) Voir les détails de cette fête dans le *Mercure* de juin, pages 204 à 212.

Vendredi 13, à Versailles. — Le roi ne sortit point de toute la journée; il devoit aller se promener à pied dans les jardins, mais la pluie l'en empêcha. — M. de Phélypeaux*, qui étoit notre ambassadeur à Turin, eut l'honneur de saluer le roi à son lever, qui lui donna une assez longue audience dans son cabinet avant la messe. Il se plaint fort des traitements qu'il a reçus de M. de Savoie pendant les six derniers mois qu'il a été en ce pays-là, où on le traitoit en prisonnier et non en ambassadeur. Il prétend qu'on lui refusoit les choses les plus nécessaires à la vie. Quand on le fit partir de Turin pour l'envoyer à Coni, où il fut encore plus étroitement gardé, il dit aux officiers qui le gardoient que sa consolation étoit qu'avant la fin de l'année le roi seroit maître de Turin, qu'il espéroit en être gouverneur et qu'il commenceroit à faire raser la maison où il avoit été arrêté et qu'il y feroit élever une pyramide, où il mettroit une inscription en plusieurs langues pour instruire la postérité des rigueurs avec lesquelles M. de Savoie avoit traité l'ambassadeur de France contre le droit des gens et contre l'équité et la raison; le roi nous raconta cela le soir. — Il arriva, durant le souper du roi, des lettres de M. de Villars et de M. de Basville, qui portent que Roland avoit envoyé deux de ses officiers pour demander l'amnistie comme on l'a accordée à Cavalier.

* Phélypeaux fit une relation de ce qui s'étoit passé à son égard depuis les premiers errements de la rupture, tout à fait curieuse et pleine d'esprit, où il ne ménagea ni M. de Savoie ni sa cour. Il en montra quelques copies, qui furent fort recherchées et qui mériteroient de l'être encore aujourd'hui comme alors. C'étoit un franc épicurien, de beaucoup d'esprit et de savoir, mais qui ne faisoit guère cas de personne, qui espéroit tout par son mérite et par l'appui de ceux de son nom qui étoient dans le ministère, mais qui demeura fort en arrière. Il étoit frère d'un évêque de Lodève, plus savant, plus spirituel, plus adroit et plus épicurien que lui, plus aisé encore que lui sur tout cela, dans sa taille, et qui par la faveur de son nom et de Basville menoit presque tout en Languedoc depuis les chutes du cardinal Bonzi, entretenoit chez lui une maîtresse, et cela jusqu'à sa mort d'une façon publique, et tout aussi librement ne se piquoit pas de croire en Dieu, et cela lui fut souffert quarante ans durant, car il mourut fort vieux, et ne sortoit guère de sa province.

Samedi 14, *à Versailles.* — Le roi alla l'après-dînée se promener à Marly. Monseigneur revint hier au soir de Meudon, et a couru le loup aujourd'hui à six lieues d'ici. — Toutes les nouvelles qu'on a d'Allemagne portent que toutes les affaires de Hongrie vont plus mal que jamais pour l'empereur. Le parti des mécontents grossit tous les jours; d'un autre côté, toute la Transylvanie est révoltée. Les ennemis conviennent de tous ces désordres et de la consternation où l'on est à Vienne. M. l'électeur de Bavière est avec toute son armée sous Ulm. Le prince Louis de Bade est de l'autre côté du Danube avec l'armée de l'empereur et de l'empire. Milord Marlborough est à Heilbronn, et fait marcher les Anglois à grandes journées; il en demeure beaucoup par les chemins. Ce général veut s'approcher du Danube, et il paroît que les ennemis qui se rassemblent tous en Allemagne ne songent qu'à accabler M. de Bavière, qui se croit cependant en état de leur résister. MM. les maréchaux de Villeroy et de Tallard, qui ont quatre-vingt-dix-sept bataillons et cent trente escadrons, seront bientôt en état de faire une diversion considérable, mais la difficulté des vivres au delà du Rhin ne laisse pas d'être embarrassante.

Dimanche 15, *à Versailles.* — Le roi travailla l'après-dînée avec M. de Chamillart, et alla ensuite se promener à Trianon. — Il arriva un courrier de Provence par lequel on apprend que le marquis de Roye, croisant avec ses galères pour apprendre des nouvelles des ennemis, découvrit une flotte, et après l'avoir vue de plus près il trouva que c'étoit quelques vaisseaux marchands françois escortés par deux vaisseaux de guerre. Il prit dans son petit voyage une barque ennemie, dans laquelle il a trouvé tous les signaux des ennemis, la route qu'ils ont faite et celles qu'ils doivent faire. On assure que M. le comte de Toulouse a été joint par les six vaisseaux de du Quesne qui ont été quelque temps à Alicante, mais on ne dit ni le lieu ni le jour de leur jonction. Les ennemis comptent que l'amiral Rook est entré dans la Méditerranée avec trente-cinq vaisseaux de guerre et qu'il y sera joint par dix autres vaisseaux qui croisent depuis longtemps dans cette mer-là. — Il y avoit eu quelques petits mouvements dans Passau, une partie de la garnison vouloit livrer la place aux Impériaux; le cardinal Lambert, qui est évêque de cette ville, y avoit pratiqué quelque intelligence, mais l'affaire a été découverte avant qu'ils pussent rien exécuter. M. l'électeur a fait punir les coupables et a changé toute la garnison.

Lundi 16, *à Versailles.* — Le roi alla l'après-dînée se promener à Marly; Monseigneur y alla trouver le roi. Madame la duchesse de Bourgogne continue à se bien porter; elle se lève tous les jours. — On eut des lettres de M. de la Feuillade par l'ordinaire que M. de Chamillart envoya au roi à Marly, par lesquelles il mandoit qu'après s'être rendu maître des retranchements de la Brunette il avoit attaqué la redoute de Catinat, que cinquante hommes qui y étoient en garnison s'étoient rendus à discrétion. M. le chevalier de Tessé arriva sur les sept heures, il apporta la nouvelle de la prise de Suze; le gouverneur, nommé Bernardi, fit battre la chamade le 12 à quatre heures du matin. M. de la Feuillade lui a accordé par la capitulation deux pièces de canon, l'une de douze et l'autre de quatre; la garnison sera conduite à Turin. Il n'y avoit point encore de brèche et il n'y en pouvoit point avoir de quelques jours. — M. l'amiral écrit de Toulon du 12 qu'il a vingt-neuf vaisseaux de guerre, que dans sa route il trouva le 8 la flotte ennemie, forte de quarante-cinq vaisseaux de guerre; comme il avoit le vent favorable, il est arrivé le 11 à Toulon, après avoir été trois jours en vue des ennemis; s'il avoit trouvé des vaisseaux à Toulon prêts à se joindre à lui, il auroit retourné aux ennemis, et afin de diligenter l'armement, le trésorier de la marine n'ayant pas tout l'argent nécessaire, il a donné 45,000 francs de son argent et son billet pour trouver 100,000 écus à Marseille et à Toulon. Les ennemis ont eu le vent sur lui le premier jour sans oser l'attaquer.

Mardi 17, *à Versailles.* — Le roi travailla l'après-dînée avec M. de Pontchartrain, et ne sortit que sur les six heures pour aller se promener à pied dans les jardins. Monseigneur courut le loup, et revint souper chez madame la princesse de Conty, comme il a accoutumé de faire les jours qu'il va à la chasse. Messeigneurs les ducs de Bourgogne et de Berry dînèrent dans l'antichambre de madame la duchesse de Bourgogne avec les dames du palais, et ils y ont toujours dîné comme cela depuis que cette princesse garde le lit. — Il arriva un courrier de M. de Vendôme, parti de devant Verceil le 12 au matin; la tranchée doit avoir été ouverte la nuit du 14 au 15. Il aura ce jour-là huit pièces de canon en batterie et par la suite il y en aura jusqu'à cinquante. M. de Vendôme mande au roi qu'il espère être bientôt maître de cette place, quoiqu'elle soit très-bonne et qu'il y ait dedans une très-grosse garnison. Tous les soldats qui en peuvent déserter viennent se rendre, surtout les nouveaux Suisses que M. de Savoie a levés. Ce duc est toujours campé sous Crescentin et n'est point en état de rien entreprendre pour nous troubler dans notre siége. — Quelques particuliers ont reçu des lettres de Nîmes qui portent que l'affaire des fanatiques n'est pas encore finie, mais on ne mande rien de semblable au roi.

Mercredi 18, *à Versailles.* — Le roi travailla jusqu'à cinq heures avec M. de Chamillart, et puis s'alla promener à Trianon. Monseigneur vint à six heures chez madame la duchesse de Bourgogne, où il y eut une petite musique dans son antichambre; elle l'entendit dans un fauteuil à côté de Monseigneur; on ne la laisse encore guères marcher, mais elle doit entendre dimanche la messe dans la chapelle. — On a nouvelle sûre que la flotte ennemie qui étoit dans la Manche sous l'amiral Schowel en étoit sortie pour aller en Portugal. — On eut par l'ordinaire des lettres du roi d'Espagne du 4. Il passa le Tage les derniers jours du mois de mai, et il arriva près de Portalègre le 2 de ce mois. Ils attendoient le 5 un grand convoi et leur artillerie pour commencer le siége de cette place, qui n'est pas fort bonne; il y a dedans un bataillon anglois et deux portugais. M. de Tzerclaës est près d'Aronchès, et eut le 3 une grande conférence avec le duc de Berwick. Un parti de nos troupes a battu un parti portugais qui étoit beaucoup plus fort que le nôtre. M. de Thouy a rejoint l'armée du roi d'Espagne et n'a laissé au delà du Tage que cinq bataillons et douze escadrons sous les ordres de M. de Ronquillo. Quelques Anglois du bataillon qui est dans Portalègre se sont déjà venus rendre et assurent que leurs camarades cherchent l'occasion d'en faire autant.

Jeudi 19, *à Versailles*. — Le roi alla l'après-dînée se promener à Marly. Monseigneur étoit parti à sept heures pour aller courre le loup dans la forêt de Marly; il n'y en trouva point, et étoit ici de retour dès dix heures du matin. — On eut des lettres de Suisse et de Genève qui portent que les mécontents de Hongrie, commandés par le comte Forgatsch, étoient entrés dans la Moravie avec trente mille hommes et ont entièrement défait un corps de troupes de l'empereur commandé par le général Ritschau, Danois. On lui a tué plus de deux mille hommes; il a été blessé et contraint de se retirer dans un château où on l'assiége; on a pris toute son artillerie et ses bagages; les troupes qu'il commandoit étoient composées de quatre mille Danois et de plus de six mille hommes des milices des pays héréditaires. Ces lettres ajoutent que le comte Antoine Esterhazy n'avoit point été pris, comme on l'avoit dit, mais qu'il avoit voulu suivre l'exemple du comte Forgatsch, son parent, et étoit venu, comme lui, se joindre aux mécontents; il est de même maison que le palatin de Hongrie, qui devient suspect à la cour de Vienne. — Il arriva deux courriers, l'un de M. le maréchal de Villeroy et l'autre de M. de Tallard; ils sont tous deux partis du 16; ils sont venus pour apporter des projets et recevoir des ordres de la cour. — L'abbé Abeille fut élu à l'Académie en la place de l'abbé Boileau.

Vendredi 20, *à Versailles.* — Le roi alla tirer l'après-dînée, et trouva à son retour madame la duchesse de Bourgogne qui jouoit au billard. — M. le comte de Brionne est parti pour aller à Lunéville tenir le fils de M. de Lorraine au nom du roi. La marraine est l'impératrice, et une des filles de M. de Lorraine la représentera. — Les Hollandois, malgré les pressantes instances de l'empereur et des Anglois, n'ont point voulu prolonger l'interdiction du commerce des lettres avec la France et l'Espagne, et il se rétablit, le roi y ayant bien voulu consentir. — On a eu des lettres du duc de Gramont; il devoit arriver à Madrid le 6 ou le 7. Madame la princesse des Ursins est enfin arrivée à Bayonne, où elle a reçu l'ordre du roi de s'en aller tout droit en Italie sans passer ici; elle a mandé qu'elle obéiroit, mais qu'elle étoit bien à plaindre de ne pouvoir venir ici se justifier. — Les nouvelles d'Angleterre portent que la reine Anne avoit voulu donner le régiment des gardes, vacant par la mort du comte de Rumney, au prince Georges, son mari, qui l'avoit refusé. Le comte de Nottingham s'est démis de la charge de secrétaire d'État; plusieurs gens à qui on l'avoit offerte l'ont refusée, mais enfin le sieur Harley, orateur de la chambre basse, l'a acceptée.

Samedi 21, *à Versailles.* — Le roi alla l'après-dînée se promener à Marly. Monseigneur alla à la forêt de Sénart pour courre le loup, et n'en trouva point; il fit seize lieues sans courre. — Il arriva hier un courrier de M. de la Feuillade; mais il ne l'envoie que pour recevoir des ordres. Les six bataillons que M. de Savoie avoit envoyés pour empêcher le siége de Suze et qu'on chassa de la Brunette sont encore à Veillane, et veulent tâcher de raccommoder ce poste. Il arriva aussi hier au soir un courrier de M. de Vendôme, parti le 15 au soir. La tranchée fut ouverte la nuit du 14 au 15. On fit un furieux travail sans que les assiégés s'en aperçussent; mais à la pointe du jour ils firent un furieux feu; c'est M. Deshayes, François, qui commande dans la place. L'attaque est du côté de la porte de Milan, et il y a déjà plusieurs batteries en état, dont une est au delà de la rivière, qui voit à revers dans le chemin couvert, et dont le canon tirera à ricochet. — On a eu la confirmation de la défaite du général Ritschau en Moravie; les gazettes de Hollande même en conviennent, mais elles tâchent à diminuer les succès des mécontents de Hongrie et les pertes de l'empereur. Les lettres qu'on a eues aujourd'hui portent que les Impériaux ont perdu plus de trois mille hommes à cette occasion.

Dimanche 22, à Versailles. — Le roi ne sortit qu'à six heures et alla se promener à Trianon. Madame la duchesse de Bourgogne alla avec Monseigneur entendre la messe à la chapelle, et le soir alla encore au salut. — M. de Legall, un de nos lieutenants généraux dans l'armée de M. de Marsin, arriva ici le matin; M. l'électeur de Bavière l'envoie pour rendre compte au roi de l'état des affaires en ce pays-là. Il a passé très-habilement, et on ne sauroit douter qu'il ne vienne pour des affaires importantes. Le roi, après son dîner, fut enfermé avec M. de Chamillart et avec lui, et on dépêcha un courrier aux maréchaux de Villeroy et de Tallard avec ordre de faire grande diligence. — Pendant que le roi dînoit dans sa chambre, M. de Torcy vint lui dire qu'il étoit arrivé un courrier du duc de Gramont, parti de Madrid le 13 au matin. Ce courrier apporte une lettre de M. de Châteauneuf, qui mande que Portalègre fut pris le 8; il y avoit dans la place un bataillon anglois, un vieux bataillon portugais et un de nouvelles levées ; cela faisoit en tout quinze cents hommes, qui se sont rendus à discrétion. Ce qui a hâté la reddition de cette place, c'est qu'un boulet rouge de notre canon a mis le feu à leur magasin de poudre. L'évêque de la ville est venu faire la capitulation avec le roi d'Espagne et a obtenu pour lui la permission de se retirer à Lisbonne et pour la ville de se racheter du pillage en donnant 50,000 écus. Le duc de Gramont, dans sa lettre, qui est du 13 au matin, ne dit pas un mot de la prise de Portalègre ; il devoit partir le lendemain pour aller joindre le roi d'Espagne à l'armée, et il mande des merveilles de la reine, de qui il avoit déjà eu trois audiences.

Lundi 23, *à Versailles.* — Le roi travailla l'après-dînée jusqu'à quatre heures avec M. Pelletier. Après le conseil du matin il avoit été enfermé avec M. de Chamillart et M. de Legall, qu'on fera repartir incessamment. — M. de Mantoue, qui avoit couché ici dans l'appartement de M. le comte de Toulouse, monta plusieurs chevaux à la grande écurie, et puis alla, après dîner, se promener à cheval dans les hauts de Marly. Il étoit venu dès hier voir tous les chevaux du roi, qui est son plus grand divertissement, et ensuite étoit venu souper chez moi, où il y avoit beaucoup de dames (1). — On mande de Languedoc que Roland

---

(1) « Le 22, M. le marquis de Dangeau donna à souper à M. le duc de Mantoue dans son appartement de Versailles. La table étoit de seize couverts ; il n'y eut que quatre hommes à table ; savoir, M. le duc de Mantoue, deux de ses principaux officiers et M. l'abbé de Polignac. Douze dames que M. le marquis de Dangeau avoit invitées occupèrent les douze places qui restèrent à remplir ; ces dames servirent d'un grand ornement à cette table, puisqu'elles avoient joint à leur beauté naturelle un grand nombre de pierreries et qu'elles étoient fort parées. M. le marquis de Dangeau tint une table de huit couverts dans un autre lieu. M. le duc de Mantoue fut régalé d'un récit de musique italienne de la composition de M. Couperin, qui fut chanté par mademoiselle Couperin, sa cousine ; les paroles étoient de M. le marquis de Dangeau, et elles furent fort applaudies. » (*Mercure* de juin, pages 306 à 308.)

fait toujours faire des propositions d'accommodement, et que M. le maréchal de Villars n'en vouloit point écouter d'autre que celle où ils s'étoient soumis, qui est d'accepter l'amnistie. Il vient toujours quelques-uns de ces fanatiques se rendre. — M. le duc d'Albe a reçu plusieurs lettres de Madrid par le courrier du duc de Gramont, qui portent toutes la prise de Portalègre, dont le comte de San-Istevan, fils du marquis de Villena, a apporté la nouvelle à la reine d'Espagne de la part du roi. On en a fait de grandes réjouissances dans Madrid. Il a apporté un petit journal de ce siége, qu'ils ont fait imprimer dans leur gazette; ainsi il n'y a plus à douter de ce siége, quoique le duc de Gramont n'en a point parlé, c'est qu'il n'en savoit rien.

Mardi 24, à Versailles. — Le roi ne sortit point de tout le jour; il fut fort longtemps chez madame la duchesse de Bourgogne, qui se porte toujours de mieux en mieux et qui n'attend que l'heure d'accoucher. Le roi, après son dîner, entrant chez madame la duchesse de Bourgogne à son ordinaire, me dit : « Je viens de vous donner un confrère. Phélypeaux m'a demandé une place de conseiller d'État d'épée; il m'a très-bien servi dans mes armées et dans les ambassades, et je lui ai accordé de bon cœur la grâce qu'il m'a demandée. » Je louai fort le choix de S. M., qui est assurément très-bon. Phélypeaux est galant homme, il a beaucoup d'esprit et est même très-savant. Cet emploi ne l'empêchera pas de servir à la guerre, et le roi l'envoie faire la campagne en qualité de lieutenant général dans les troupes que nous avons en Flandre aux ordres de M. de Bedmar. — Il arriva un courrier de M. de Vendôme, parti de devant Verceil le 19 au matin. Le siége va très-bien, nous n'étions plus ce jour-là qu'à cinquante toises de la contrescarpe; les assiégés voulurent le 17 faire une sortie sur les troupes d'Espagne qui étoient à notre tranchée de la droite; il avoit tant plu tout le jour et toute la nuit qu'un naviglio

qui traverse notre parallèle et qu'on traverse d'ordinaire
à pied sec étoit venu si plein d'eau qu'il formoit une
séparation impraticable entre nos deux tranchées ; mais
les Espagnols firent un si grand feu que les ennemis, qui
étoient venus en bon ordre, se retirèrent en grande confusion ; ils n'ont rien tenté depuis, et nous avons quarante
pièces de canon en batterie.

Mercredi 25, *à Versailles*. — Madame la duchesse de
Bourgogne passa bien la nuit, mais à huit heures du matin elle commença à sentir des douleurs qui augmentèrent
considérablement à une heure, et allèrent toujours en
redoublant jusqu'à cinq heures une minute et demie,
qu'elle accoucha heureusement d'un prince qu'on appellera le duc de Bretagne. Madame la duchesse de Bourgogne souffrit cruellement durant trois heures, et si le
travail eût été plus long, l'enfant auroit été en grand
danger. Clément, qui l'accouchoit, croit qu'il seroit mort
si l'accouchement eût tardé encore un quart d'heure.
Madame la duchesse de Bourgogne souffrit ses douleurs
avec une patience et un courage admirables, et Clément
croit qu'on doit la vie de l'enfant à la fermeté qu'eut la
mère. Le roi fut toujours au pied du lit de travail, et
madame de Maintenon au chevet. Monseigneur et toute
la maison royale, princes et princesses, étoient dans la
chambre, et monseigneur le duc de Bourgogne étoit demeuré dans le cabinet qui rend dans son antichambre,
où on lui venoit rendre compte à tout moment de tout
ce qui se passoit et d'où il ne pouvoit entendre les cris,
qui lui auroient trop fait de peine. Sitôt qu'elle fut accouchée, monseigneur le duc de Berry fendit la foule qui
étoit dans l'antichambre et alla porter la bonne nouvelle
à monseigneur le duc de Bourgogne, qui étoit d'autant
plus troublé qu'une heure auparavant on lui étoit venu
dire qu'elle venoit d'accoucher d'un prince, et cela, n'é-
tant pas vrai encore, lui avoit donné une fausse joie qui
se changea dans une profonde tristesse quand je vins lui

dire qu'elle n'étoit pas accouchée. Sitôt que le roi eut vu l'enfant, il alla dans la chapelle rendre grâces à Dieu; il revint ensuite chez madame la duchesse de Bourgogne, et parut à la porte de l'antichambre pour recevoir les compliments de toutes les dames qui y attendoient, de M. le nonce, du duc et de la duchesse d'Albe. Ensuite il rentra dans la chambre, et fit ondoyer le prince par M. le cardinal de Coislin, le curé de Versailles y assistant; on mit ensuite le prince entre les mains de madame la maréchale de la Mothe, qui se mit dans une chaise à porteurs du roi, le prince sur ses genoux, et le porta dans l'appartement du prince. M. de Noailles, capitaine des gardes, suivoit la chaise. Dès qu'on l'eut mis dans son appartement, M. de la Vrillière, secrétaire et greffier de l'ordre du Saint-Esprit, lui donna le cordon bleu. On choisit parmi les nourrices retenues madame Périn. Le roi, pendant ce temps-là, étoit chez madame la duchesse de Bourgogne, où arriva la reine d'Angleterre, qui n'avoit point voulu amener avec elle le roi son fils, ne croyant pas madame la duchesse de Bourgogne prête d'accoucher. Le roi fit partir le soir un courrier pour porter en Espagne la nouvelle de la naissance du duc de Bretagne (1).

---

(1) « Le 25 de ce mois, madame la duchesse de Bourgogne commença à sentir quelques douleurs qui augmentèrent un peu sur le midi; elles devinrent plus vives à une heure et demie, elles furent plus considérables sur les deux heures; et depuis trois jusqu'à cinq et un peu plus d'une minute, que cette princesse accoucha, elles furent très-aiguës et très-fréquentes. Elle en eut une sur les trois heures qui lui fit faire d'assez grands cris pour faire croire qu'elle étoit accouchée. Un de ses valets de chambre ayant entendu M. Clément prononcer distinctement ces mots : « Je le tiens, » crut qu'il parloit du prince dont il étoit persuadé que la princesse venoit d'accoucher; cependant M. Clément ne parloit que d'un carreau qu'il avoit demandé. Ce valet de chambre, animé par l'ardeur de son zèle, courut dans le petit appartement de monseigneur le duc de Bourgogne, où ce prince avoit résolu de demeurer pendant tout le temps que la princesse seroit en travail, et lui dit que madame la duchesse de Bourgogne étoit accouchée d'un prince. A l'instant toutes les chambres de l'appartement de madame la duchesse de Bourgogne, qui étoient remplies de monde, retentirent de cette grande nouvelle, qui se répandit aussitôt dans tout Versailles, où l'on alluma quantité de feux : on envoya promptement des ordres

Jeudi 26, à Versailles. — Le roi dina de bonne heure, et alla courre le cerf dans son parc de Marly. Monseigneur

---

pour les faire éteindre, mais il n'étoit plus temps d'arrêter plusieurs courriers qu'on avoit dépêchés à Paris pour porter la nouvelle de cet heureux accouchement. Avant que monseigneur le duc de Bourgogne fût détrompé, M. le duc d'Albe se jeta aux pieds de ce prince, pour qui il a une vénération particulière, et lui dit en embrassant ses genoux qu'après la joie qu'il avoit de le voir père il ne manqueroit rien à son bonheur s'il voyoit que le roi son maître le fût aussi. Monseigneur le duc de Bourgogne répondit à ce duc : Je sais, Monsieur, que votre joie répond bien à la nôtre ; c'est un jour bien heureux pour nous ; j'en souhaite un pareil au roi d'Espagne.

« On apprit dans ce moment-là que la joie que l'on sentoit étoit prématurée, ce qui donna beaucoup de chagrin ; mais enfin on l'oublia à cinq heures et plus d'une minute, que madame la duchesse de Bourgogne fut délivrée après avoir souffert ses douleurs avec une constance merveilleuse. Le roi demeura toujours auprès de cette princesse, ainsi que Monseigneur, tous les princes et princesses. M. Clément eut quelque inquiétude lorsque madame la duchesse de Bourgogne fut accouchée, parce que l'enfant ne crioit point ; ce qui causa un silence qui dura quelques moments. Le roi se baissa et demanda à l'oreille à M. Clément ce que c'étoit que l'enfant ; il répondit tout bas que c'étoit un garçon. S. M. lui demanda si elle pouvoit le déclarer. Madame la duchesse de Bourgogne, qui observoit le roi, prit la parole, et dit qu'elle connoissoit bien aux mouvements du visage de S. M. que c'étoit un garçon, et la vérité fut aussitôt déclarée tout haut dans la chambre. Le roi dit alors : Voilà le quatrième que Clément me donne ; à quoi M. Clément répondit qu'il espéroit encore lui donner les enfants du prince qui venoit de naître.

« Ce fut monseigneur le duc de Berry qui annonça cette nouvelle à monseigneur le duc de Bourgogne en l'embrassant. M. le nonce ordinaire fut le premier ministre étranger qui y fut introduit et qui par conséquent complimenta le premier S. M. sur cette heureuse naissance. M. le duc et madame la duchesse d'Albe entrèrent ensuite ; M. le duc d'Albe dit au roi que le bonheur de la France étoit une félicité pour l'Espagne, et qu'après la part qu'il prenoit à ce bonheur public rien ne le touchoit davantage que de le voir bisaïeul, Monseigneur aïeul et monseigneur le duc de Bourgogne père. Le roi lui répondit qu'il lui étoit obligé d'avoir de pareils sentiments, qu'il savoit qu'ils étoient sincères et qu'il étoit persuadé que ce bonheur seroit bien célébré en Espagne.

« Le roi alla à la porte de la chambre et fit des honnêtetés aux dames, qui étoient en grand nombre dans le grand cabinet, et reçut leurs compliments ; il y avoit une infinité de personnes de l'un et de l'autre sexe, et S. M. leur déclara qu'elle avoit donné au prince qui venoit de naître le nom de duc de Bretagne. Cependant l'on mit le jeune prince dans un lange et on le remit entre les mains de madame la maréchale de la Mothe, qui le porta auprès du feu. Il fut ensuite ondoyé par M. le cardinal de Coislin en présence du curé de Versailles, après quoi il fut emmaillotté par la garde de madame la duchesse de Bourgogne ; ce prince se trouva si grand et si fort qu'on fut obligé de lui mettre un bonnet du étoit à la chasse avec le roi, et S. M. alla ensuite à Marly, où elle se promena jusqu'à la nuit. Madame la duchesse

---

troisième âge, et qu'on eut beaucoup de peine à lui enfermer les bras. Madame la maréchale de la Mothe prit ensuite ce prince et le porta à monseigneur le duc de Bourgogne, qui le baisa; puis elle le porta à la porte de la chambre, où l'on fit venir la chaise et les porteurs du roi. Elle entra dedans, elle mit le prince sur ses genoux et le porta dans l'appartement qui lui étoit destiné. M. le maréchal de Noailles se chargea de l'y conduire, et monseigneur le duc de Bourgogne lui en marqua sa joie. On nomma alors un des exempts qui servent auprès du roi pour être auprès du prince et pour le servir alternativement avec ses camarades. Peu de temps après M. le marquis de la Vrillière, secrétaire greffier de l'ordre du Saint-Esprit, lui porta de la part du roi le cordon bleu et la croix de l'Ordre, que madame la maréchale de la Mothe lui mit.

« Aussitôt que madame la duchesse de Bourgogne fut accouchée, le roi envoya M. des Espinets, écuyer de la petite écurie, à la reine d'Angleterre, pour lui apprendre cette nouvelle, et il fit une si grande diligence que cette princesse arriva sur les six heures à Versailles.

« Le roi, s'étant acquitté de toutes les choses que je viens de vous marquer de la manière noble et aisée dont il remplit les plus pénibles devoirs de la royauté, dit qu'il devoit aller remercier le ciel de toutes les grâces qu'il répandoit sur lui tous les jours, et alla prier Dieu à la chapelle. Monseigneur le duc de Bourgogne s'y rendit aussi et y demeura en prière pendant trois quarts d'heure. Ce prince y avoit été seul fort longtemps le jour précédent, et l'on avoit remarqué qu'il ne vouloit pas être connu.

« Le roi tint conseil de ministres au sortir de la chapelle, rien ne pouvant déranger ce prince, qui ne remet jamais au lendemain les affaires qui regardent son État et auxquelles le jour est marqué pour y travailler. Il change seulement les heures lorsqu'il s'y trouve obligé par des affaires très-pressantes et qui ne peuvent être remises. Je ne puis m'empêcher de vous faire remarquer une chose qui n'est pas ordinaire à tous les souverains, qui fuient avec soin tous les spectacles douloureux et qui peuvent leur donner des idées de la mort et même la leur représenter. Le roi n'en a jamais usé de même, et on l'a vu en plusieurs occasions passer des journées et des nuits entières auprès des personnes mourantes qui le touchoient, et donner tous ses soins à ce qui pouvoit contribuer au rétablissement de leur santé et au salut de leurs âmes, donnant ses ordres pour toutes ces choses et faisant lui-même une partie de ce qui auroit pu être fait par d'autres. Ce prince a demeuré auprès de la reine sa mère, de la reine son épouse et de madame la Dauphine presque jusqu'au moment qu'elles ont rendu l'âme, et lorsque les deux dernières ont été sur le point de mettre des princes ou des princesses au monde, il ne les a point quittées pendant leurs plus vives douleurs, et l'on peut dire qu'il a toujours beaucoup contribué par ses soins et par sa présence au soulagement de ces mêmes douleurs.

« De quelque côté que l'on regarde ce prince, on ne trouvera rien dans ses actions qui ne soit digne d'admiration, et il s'en attire même par des endroits de Bourgogne est en aussi bon état qu'on le peut désirer le lendemain d'une couche. Le roi d'Angleterre vint à midi, et vit le roi et madame la duchesse de Bourgogne. — Le roi, Monseigneur et monseigneur le duc de Bourgogne ont donné part aux princes d'Italie de la naissance de monseigneur le duc de Bretagne, hormis à M. de Modène. Quelques gens croyoient que S. M. n'écriroit point à M. de Savoie, mais le roi a cru qu'il étoit plus noble de lui écrire pour le mettre encore plus dans son tort; on envoie la lettre à M. de Vendôme, qui la lui fera rendre. — Le roi a donné 1,000 écus d'augmentation de pension à M. de Legall; il en avoit déjà 1,000. — Le roi, après la messe, alla voir monseigneur le duc de Bretagne, et ensuite chez madame la duchesse de Bourgogne; on chanta à la messe le *Te Deum* pour la naissance du duc de Bretagne. — Il arriva hier un courrier de M. le grand prieur, qui assiége les tours de Serravalle; il a déjà pris la contrescarpe et compte de prendre ces tours deux jours après, après quoi il sera difficile aux ennemis de demeurer dans Ostiglia; Saint-Frémont a un pont au-dessous, sur le Pô, et l'on s'est saisi de quelques passages dans le pays des Vénitiens. On prétend par là avoir ôté toutes retraites aux troupes de l'empereur, et que la Mirandole se rendra sans être attaquée.

---

qui ne serviroient qu'à faire voir la foiblesse des autres hommes. Il sembloit qu'après l'accouchement de madame la duchesse de Bourgogne ce monarque ne dût penser qu'à son ressentiment contre M. le duc de Savoie : rien n'étoit plus vraisemblable, et il n'auroit suivi que les sentiments qui sont ordinaires au cœur humain dans de pareils cas; mais ce n'est pas sans sujet qu'on a donné le surnom de *Grand* à ce monarque, puisqu'il ne le dément en rien. Ce prince l'a fait voir en n'écoutant ni la foiblesse humaine ni la vengeance à l'égard de M. le duc de Savoie. Après l'accouchement de madame la duchesse de Bourgogne, le sentiment le plus général étoit que S. M. ne lui écrivît point pour lui en donner avis; cependant ce prince n'a suivi que les sentiments d'un héros chrétien et a fait voir qu'il l'est véritablement en écrivant à M. le duc de Savoie pour lui apprendre que madame la duchesse de Bourgogne est accouchée d'un prince. » (*Mercure* de juin, pages 386 à 400.)

Vendredi 27, à Versailles. — Le roi fut fort longtemps l'après-dînée chez madame la duchesse de Bourgogne, qui se porte très-bien. Monseigneur alla dîner à Meudon et coucher à Villeneuve Saint-Georges, pour courre le cerf le lendemain dans la forêt de Sénart. — On chanta à Paris le *Te Deum* pour la naissance du duc de Bretagne, et le feu de la Grève fut à neuf piliers, qui est le plus grand qu'on fasse; ils ne sont qu'à quatre aux réjouissances ordinaires; tous les habitants de Paris en ont fait d'extraordinaires. — La princesse des Ursins *, qui a reçu ordre à Bayonne de s'en aller droit à Rome, avoit envoyé un courrier ici pour demander la permission de venir au moins jusqu'à Orléans, où elle feroit venir de Paris les gens à qui elle avoit affaire; elle ajoutoit dans sa lettre qu'elle ne pourroit pas rentrer dans Rome pendant les grandes chaleurs. On lui a mandé de continuer son voyage par le droit chemin, et qu'elle pourroit demeurer à Aix quelque temps chez M. l'archevêque d'Aix, qui est son ancien ami et qui avoit présenté sa lettre au roi. — On a su par M. de Legall que Renneville **, autrefois lieutenant des gardes du corps et qu'on ne savoit ce qu'il étoit devenu, servoit en Bavière depuis trois mois. M. l'électeur l'a fait son aide de camp, et lui donne 400 livres par mois et sa table.

* Madame des Ursins ne perdoit point courage, avec une protectrice sûre comme madame de Maintenon et un agent aussi actif et aussi plein d'expérience et de ressources que l'archevêque d'Aix; on verra en elle jusqu'où peut aller l'art et la puissance des dames.

** Renneville étoit un très-bon officier, lieutenant des gardes du corps qui avoit joué toute sa vie et qui après avoir perdu tout ce qu'il avoit et tout ce qu'il n'avoit pas disparut (1), et fut plusieurs années sans que personne sût ce qu'il étoit devenu. Il se retrouva, comme on le voit, à la cour de Bavière, réceptade [*sic*] ordinaire de toutes sortes de gens perdus.

(1) Voir au 19 juin 1699, tome VII, page 100.

Samedi 28, *à Versailles.* — Le roi, avant son dîner, donna une petite audience à M. de Mantoue, qui s'en retourna ensuite à Paris; en sortant de table, le roi alla courre le cerf dans le parc de Marly, et puis alla se promener à Marly jusqu'à la nuit. Monseigneur, qui avoit couché à Villeneuve-Saint-Georges, courut le loup dans la forêt de Sénart, et vint ici d'assez bonne heure pour se promener dans les jardins. Madame la duchesse de Bourgogne eut un peu de fièvre et de migraine. — Il arriva un courrier d'Espagne; les lettres de l'armée sont du 17. Le roi catholique étoit campé entre Portalègre et Villa-Velha. Le roi de Portugal est à Santarem; il a envoyé quelques troupes dans la Beyra, qui ont repris par intelligence la ville de Mont-Santo, mais ils n'ont osé attaquer le château. Le duc de Berwick repasse le Tage pour marcher à eux. — M. le marquis de Vérac* est mort en ses terres de Poitou; il étoit lieutenant général de cette province et chevalier de l'Ordre. Il a un fils colonel de dragons et qui a quinze ou seize années de service, pour qui M. de la Rochefoucauld a demandé au roi la charge qu'avoit le père, et on ne doute point que le roi ne la lui accorde.

* On a vu que Marillac fut fait conseiller d'État, comme Vérac, homme de qualité d'ailleurs, devint chevalier de l'Ordre. Son nom étoit Saint-Georges, et son fils, dont il est parlé ici, devint lieutenant général et chevalier de l'Ordre en 1724.

Dimanche 29, *à Versailles.* — Le roi travailla longtemps l'après-dînée avec M. de Chamillart, et puis s'alla promener à Trianon. — Le courrier de M. de Chamillart qui partit d'ici le jour qu'arriva M. de Legall est revenu après avoir porté des ordres à MM. de Villeroy et de Tallard, qui se disposent à marcher. Les pluies excessives qu'il a fait en Alsace ont un peu fait souffrir nos armées. — M. de Chamlay a des nouvelles, par des correspondants qui lui en ont toujours mandé de véritables, que les mécontents de Hongrie, sous les ordres du comte Forgatsch, ont défait l'armée de l'empereur commandée par le général Heister, qu'il y a eu trois mille hommes tués sur la la place, qu'on avoit brûlé près de Vienne une maison dont l'empereur avoit fait sa ménagerie et que la consternation étoit plus grande que jamais à Vienne. — Il arriva un courrier de M. de Vendôme, parti du 23. Nous ne travaillons plus qu'à la demi-sape; les assiégés tirent beaucoup de canon et de mousqueterie, mais ils tuent peu de gens; notre tranchée, à la droite et à la gauche, est fort près du glacis. M. de Dreux, gendre de M. de Chamillart, étant allé reconnoître les postes le 21 au matin, parce qu'il devoit monter la tranchée le soir, reçut un coup de mousquet entre la paupière et la tempe, mais le coup fut si heureux que cela ne l'empêcha pas de monter la tranchée le soir même.

Lundi 30, *à Versailles.* — Le roi, sur les quatre heures, descendit dans la chapelle avec la reine d'Angleterre, qui étoit venue ici, et tinrent sur les fonts M. le comte de la Marche, fils de M. le prince de Conty. Ce jeune prince fut présenté au roi, il y a deux jours, pour la première fois de sa vie. Le roi d'Angleterre étoit venu ici avec la reine sa mère, et ils retournèrent à Saint-Germain après le baptême. — M. d'Herbigny, intendant à Rouen, donnant une fête chez lui en réjouissance de la naissance du duc de Bretagne, tomba en apoplexie, dont il est mort. L'abbé de Bérulle est mort aussi depuis quelques jours à Paris; il avoit plusieurs bénéfices, dont il n'y en avoit qu'un à la nomination du roi. — Un courrier de M. de Chamillart, qui étoit parti d'ici lundi, revint de l'armée de M. le maréchal de Villeroy. Quand il en est parti M. le maréchal de Tallard alloit se mettre en marche pour se rapprocher de Strasbourg, où il va passer le Rhin. On ne doute pas que ce ne soit pour joindre M. de Bavière, mais on ne dit point encore par où se fera cette jonction ni ce que fera l'armée de M. le maréchal de Villeroy.

Mardi 1ᵉʳ juillet, à Versailles. — Le roi alla se promener à Marly l'après-dînée. Monseigneur alla dîner à Meudon avec madame la Duchesse. Madame la duchesse de Bourgogne n'est plus incommodée de son lait; la fièvre, qui a été médiocre, est entièrement cessée. — On eut, il y a quelques jours, des nouvelles d'Espagne qui nous apprirent le détail de la prise de Portalègre, qui n'a tenu que trois heures; il y avoit dans la place cinq cent cinquante Anglois et onze cents Portugais, qui se sont rendus à discrétion. Depuis ce temps-là les Portugais se sont mis en mouvement, le roi de Portugal est venu à Santarem; le duc de Schomberg a assemblé quelques troupes à Estremos et marchoit du côté d'Elvas pour empêcher que nous n'en fissions le siége. Le général Fagel étoit à Abrantès, où ils craignent que nous ne fassions descendre le pont que nous avons à Villa-Velha; et un autre corps des ennemis étoit entré dans la Beyra, où ils avoient repris la ville de Mont-Santo, sans oser attaquer le château; ces nouvelles sont du 17, et il y a une lettre venue depuis qui porte que Jeoffreville a battu les troupes qui étoient dans la Beyra; mais ce dernier article a besoin de confirmation.

Mercredi 2, à Versailles. — Le roi travailla l'après-dînée avec M. de Chamillart, et puis alla tirer. Monseigneur alla courre le loup, le matin, dans la forêt de Livry, et revint coucher au château de Livry, qui se nommoit autrefois le Raincy. Madame la duchesse de Bourgogne se porte aussi bien qu'elle se peut porter n'étant accouchée que depuis huit jours. La duchesse du Lude couche dans sa chambre depuis qu'elle est accouchée; la dame d'honneur de la reine y couchoit en pareil cas, mais ni madame de Richelieu ni madame d'Arpajon n'y avoient point couché. — Il y a deux jours qu'il arriva un courrier de M. le grand prieur, qui avoit passé le Pô à Figuerolle et avoit surpris Visconti et le comte de Linange, qui avoient eu beaucoup de peine à se sauver; on leur a tué quelques gens et pris une partie de leur bagage. M. le grand prieur a laissé le marquis de Praslin pour achever le siége des tours de Serravalle, après quoi les ennemis ne pourront plus demeurer dans Ostiglia. — Le roi a donné au marquis de Vérac, colonel de dragons, la lieutenance générale de Poitou, qu'avoit le marquis de Vérac, son père, qui vient de mourir; cette charge vaut 10,000 livres de rente.

Jeudi 3, à Versailles. — Le roi alla tirer, et puis se revint promener à Trianon. Monseigneur dîna à Livry, puis revint ici, où il se promena à pied dans les jardins jusqu'à la nuit. Messeigneurs les ducs de Bourgogne et de Berry vont deux ou trois fois par jour voir monseigneur le duc de Bretagne, de qui MM. les nonces eurent audience lundi matin séparément. — Le moine Augustin, Génois, inventeur des canons qui tirent trois coups (1), a eu une pension du roi de 6,000 livres; le maréchal de Villeroy a plusieurs de ces canons-là dans son armée, qui ne pèsent pas plus que les autres de même calibre; ils ont été fondus dans la fonderie de Douai. — Monseigneur le duc de Bourgogne, voyant la comtesse de Roucy embarrassée pour envoyer de l'argent au comte de Roucy par un courrier qui alloit partir, lui envoya 400 pistoles, lui faisant même des excuses de n'en avoir pas davantage à lui offrir. — On a des avis sûrs que M. le prince Eugène est à Philipsbourg et qu'il commandera les troupes qui gardent les lignes de Stolhofen. L'armée de

---

(1) « On a fait à Douay l'épreuve de plusieurs de ces canons, qui ont été fondus l'hiver dernier. Chaque pièce porte trois boulets par trois âmes différentes et en triangle; ils ne s'écartent que de cinq ou six pieds sur huit cents pas de distance. Chaque pièce est aussi légère qu'une pièce ordinaire de même calibre, et n'est pas moins forte, selon l'épreuve qui en a été faite, à cause d'un alliage qui supplée à l'épaisseur. Ces pièces se chargent sans refouler et sans bourrage et plus promptement qu'un fusil, de manière que si elles peuvent résister au feu, et même il y a beaucoup d'apparence suivant l'épreuve qui en a été faite, elles seront d'un excellent usage. » (*Mercure* de mai, page 106.)

M. le maréchal de Tallard est en marche du 28, et doit avoir passé le Rhin à Kehl le 1ᵉʳ de ce mois.

Vendredi 4, à Versailles. — Le roi dîna de bonne heure et alla courre le cerf dans le parc de Marly, et alla ensuite se promener à Marly, d'où il ne revint ici qu'à la nuit. — Il arriva un courrier de M. le grand prieur, parti le 28 d'Ostiglia, que les ennemis ont abandonné; ils ont fait sauter les tours de Serravalle, qu'ils avoient minées à cette intention-là; ils ont brûlé tous les bateaux qu'ils avoient sur le Pô et ont repassé le Tartaro, le Canal Blanc et même l'Adige. On croit qu'ils s'en vont dans le Trentin, et M. le grand prieur se prépare à les suivre, pour les presser encore davantage de sortir d'Italie. — M. le maréchal de Villars croit l'affaire des fanatiques en état de finir promptement; ils se viennent rendre tous les jours par petites troupes. Cavalier est demeuré fidèle; on l'a fait partir avec cent trente hommes de ceux qui l'ont suivi pour aller au Neuf-Brisach; on lui a donné quelque argent, qui pourra se tourner en pension s'il persiste dans son devoir. — M. de la Feuillade est dans la vallée de Pragelas, et a séparé son armée en quatre corps pour réduire les Barbets. — M. de Legall et M. de Saint-Victor sont repartis pour aller rejoindre M. de Bavière; ils repasseront avec M. de Tallard.

Samedi 5, à Versailles. — Le roi travailla l'après-dînée avec M. de Chamillart, et puis alla se promener à Trianon. Monseigneur alla dîner à Meudon; il y demeurera jusqu'au premier voyage de Marly. — On eut des nouvelles de M. le maréchal de Tallard, qui a passé le Rhin au fort de Kehl le 1ᵉʳ de ce mois; il y doit séjourner deux jours. M. le maréchal de Villeroy le suivra dans peu de jours; ils ont pris presque toutes les troupes qui étoient avec le marquis de Coigny, qui demeurera en Alsace; on lui a laissé les treize bataillons suisses que M. le maréchal de Villeroy avoit amenés de Flandre et quelque cavalerie. — Le roi a nommé à l'intendance de Rouen M. Sanson, qui étoit à Soissons, et à l'intendance de Soissons M. d'Ormesson, qui étoit en Auvergne; l'intendance d'Auvergne n'est pas encore donnée, mais on croit qu'elle sera donnée à M. le Blanc*, jeune maître des requêtes, en bonne réputation dans le conseil. — M. de la Feuillade vouloit faire attaquer par M. de Lappara le château de Mirebouc, qui est le plus fort château qu'aient les Barbets, mais M. de Lappara lui a mandé que ce château seroit très-difficile à prendre; ainsi on ne l'attaquera point.

* C'est le Blanc qui fut longtemps secrétaire d'État dans la régence et dont il sera bien parlé en son temps.

Dimanche 6, à Versailles. — Le roi travailla l'après-dînée avec M. de Chamillart, et puis alla tirer. Monseigneur le duc de Berry est si bien guéri de son bras démis qu'il recommence à tirer à pied, mais il ne tire pas encore à cheval, et ne court ni le loup avec monseigneur ni le cerf avec le roi. — On eut hier des lettres de M. de Vendôme du 1er. Le siége de Verceil va toujours son train, et nous n'y perdons quasi personne. M. de Vendôme espère que le roi en sera maître le 15 de ce mois. Les assiégés font un grand feu de canon et de mousqueterie et ne blessent quasi personne. — Le dernier courrier arrivé d'Espagne dit que les Portugais ont repris le château de Mont-Santo; nous savions déjà qu'ils en avoient repris la ville. Ils se sont retirés dans les montagnes proches de Penamajor, sachant que le duc de Berwick avoit repassé le Tage à Villa-Velha pour marcher à eux. Ce courrier assure qu'il a trouvé en son chemin et proche de Nisa, où le roi d'Espagne étoit campé, un courrier qui portoit à S. M. Catholique la nouvelle que le matin de ce jour-là Castel de Vidé s'étoit rendue à discrétion, et qu'il y avoit dans cette place deux bataillons anglois et un portugais. Si cette nouvelle est vraie, on en aura bientôt la confirmation; et ce qui la fait croire, c'est que le roi d'Espagne avoit fait le détachement des troupes qui devoient attaquer cette place.

Lundi 7, à Versailles. — Le roi dîna de bonne heure, travailla l'après-dînée avec M. Pelletier, et puis s'alla promener à Marly. Madame la duchesse de Bourgogne se porte à merveille. On a renvoyé Clément à Paris, et la duchesse du Lude a cessé de coucher dans sa chambre. Messeigneurs les ducs de Bourgogne et de Berry allèrent souper à Saint-Germain chez la duchesse de Noailles; ils avoient dans leur carrosse mesdames de Cœuvres, de Mailly, d'O et du Châtelet; il y eut une illumination, et ils n'en revinrent qu'à une heure après minuit. — M. de Chamillart, avant que d'entrer le matin au conseil, présenta au roi M. le Blanc, maître des requêtes, à qui S. M. a donné l'intendance d'Auvergne; et M. de Viger, procureur général à Bordeaux, remercia S. M., qui lui a donné 20,000 écus de brevet de retenue sur sa charge; il en avoit déjà 10,000, si bien qu'il en a 30,000 présentement, et la charge ne lui en a coûté que 20,000. — Il arriva un courrier de M. le maréchal de Villeroy, parti du 4. Ce maréchal devoit passer le Rhin le 6 à Kehl. M. de Tallard devoit être le 5 à Valkirk, à l'entrée des vallées; on ne dit point encore s'il passera par celle de la Quinche ou par celle de Saint-Pierre. Ils avoient reçu des lettres de M. de Bavière du 26, qui leur mandoit qu'il étoit très-bien posté, qu'il ne craignoit point que les ennemis l'attaquassent, et M. de Marlborough avoit passé devant Ulm sans oser entreprendre d'en faire le siége. — Il arriva un courrier de M. de la Feuillade, qui a déjà réduit les vallées d'Angrogne et de Saint-Martin; les Barbets se sont défendus dans celle de....; on les y a forcés, le feu s'est pris par malheur à un bourg qu'ils défendoient; ils se sont retirés dans la vallée de Luzerne avec quelques réfugiés françois qui les avoient animés à se défendre. M. de la Feuillade a envoyé leur offrir, s'ils vouloient se mettre sous l'obéissance du roi, de rebâtir ce qui a été brûlé et de les dédommager de ce qu'ils y ont perdu. M. de Savoie fait marcher le marquis de Parère avec quelques troupes de ce côté-là pour tâcher de les empêcher de se soumettre au roi, et M. de la Feuillade rassemble les troupes qu'il avoit dispersées pour les réduire plus vite, et marchera ensuite à M. de Parère. Le roi, à la promenade, loua fort toute la conduite qu'a eue sur tout cela M. de la Feuillade. — On eut par l'ordinaire d'Espagne la confirmation de la prise de Castel de Vidé, comme le dernier courrier nous l'avoit dit. — Les ennemis en Flandre ont bombardé durant dix heures la ville de Bruges, et puis se sont retirés fort vite ; cette bombarderie leur coûtera plus qu'à nous, car ils n'ont brûlé que cinq ou six maisons.

Mardi 8, à Versailles. — Le roi travailla l'après-dînée avec M. de Pontchartrain, et puis alla se promener à Trianon. Messeigneurs les ducs de Bourgogne et de Berry allèrent dîner à Meudon avec Monseigneur. — M. le comte de Toulouse espère d'être incessamment en état de remettre à la mer ; il aura cinquante vaisseaux de guerre, bien des frégates, des brûlots et vingt-quatre galères. — On mande de Hollande que MM. les États-Généraux demandent qu'on fasse le procès à l'amiral Rook pour n'avoir pas, avec quarante-cinq vaisseaux, attaqué M. le comte de Toulouse, qui n'en avoit que vingt-neuf et qu'on a laissé rentrer tranquillement dans Toulon après avoir été trois jours en présence. — On ne doute plus d'un mariage de M. de Mantoue avec mademoiselle d'Elbeuf ; mais il ne s'achèvera et ne se déclarera même que quand M. de Mantoue sera prêt à partir de Paris. — Les lettres d'Espagne du 26 portent que l'armée du roi catholique dans l'Alentejo est de trente-deux bataillons et de quarante-huit escadrons depuis qu'il a été joint par M. de Villa d'Arias, qui lui a amené douze bataillons et douze escadrons ; le roi est toujours campé à Nisa ; Castel de Vidé se rendit le 25. L'armée que nous avons dans la Beyra sous M. de Ronquillo et M. de Thouy est de dix-huit bataillons et de trente-deux escadrons; l'armée des ennemis est toujours vers Penamajor, forte de douze mille hommes; ils ont environ trois mille hommes à Abrantès; nous avons démoli la ville de Castelbranco et fait sauter le château.

Mercredi 9, à Marly. — Le roi, après avoir dîné à Versailles, passa comme il a accoutumé de faire chez madame la duchesse de Bourgogne, et lui dit qu'il ne feroit plus de voyage à Marly qu'elle ne fût en état d'y venir; il en reviendra samedi. Il y a mené beaucoup de gens qui n'avoient pas accoutumé d'y venir, l'archevêque de Rouen, Phélypeaux, Coëtanfao et Busca, qui n'y étoit venu que quand il étoit officier dans les gardes du corps. Monseigneur, en revenant de Meudon, passa à Versailles pour voir madame la duchesse de Bourgogne, et puis vint ici seul dans sa berline. — M. le marquis de Souliers, de la maison de Forbin, achète la charge de chevalier d'honneur de Madame, des héritiers de M. de la Rongère, qui avoit 100,000 livres de brevet de retenue sur cette charge; mais elle n'a pas tant été vendue à beaucoup près. — On donne à Cavalier une commission de lieutenant-colonel, et 1,200 livres de pension; Roland ne s'accommode point encore. — Les ennemis ont fait embarquer à Nice, sur quelques frégates qu'ils y avoient, cinq cents Vaudois avec de l'argent, des munitions et des armes, pour tâcher de les faire passer en ce pays-là; mais M. le comte [de Toulouse] a envoyé six frégates pour leur donner la chasse, et nous avons des galères à Cette qui les empêcheront d'approcher de nos côtes.

Jeudi 10, à Marly. — Le roi, après son dîner, alla courre le cerf dans son parc. Monseigneur, monseigneur le duc de Bourgogne et Madame étoient à la chasse avec le roi. Monseigneur le duc de Bourgogne, après la chasse, alla à Versailles voir madame la duchesse de Bourgogne, et soupa chez madame de Mailly. — Il arriva un courrier de M. de Berwick. Le roi d'Espagne quitta l'armée le 1ᵉʳ du mois pour aller à Madrid, pendant que les troupes seront en quartier d'été. Il n'y avoit qu'un bataillon anglois dans Castel de Vidé et deux portugais. On leur a pris, depuis l'ouverture de la campagne, deux bataillons hollandois, deux anglois, quatre portugais et dix-huit compagnies franches. — Monseigneur le duc de Berry a suivi le roi à la chasse, et a même un peu galopé sans que cela lui fît de mal. — Outre les troupes destinées à passer avec M. de Tallard, on lui donne encore dix escadrons, dont est le régiment de la Vallière. [Des] gens de sa famille avoient demandé ici qu'il ne passât point, mais lui a écrit à M. Chamillart pour prier instamment qu'on le fît passer. — Les ennemis en Flandre avoient encore fait un mouvement pour s'approcher de nos lignes; mais le comte de Gacé y a marché, et les ennemis se sont retirés sans rien oser entreprendre.

Vendredi 11, à Marly. — Le roi se promena tout le matin dans ses jardins, et l'après-dînée il demeura chez madame de Maintenon jusqu'à six heures, et puis s'alla promener dans les jardins. Monseigneur se promena avec le roi; messeigneurs les ducs de Bourgogne et de Berry allèrent tirer, et puis monseigneur le duc de Berry alla à Versailles porter les faisandeaux qu'il avoit tués à madame la duchesse de Bourgogne. — Le bruit se répand dans Paris, par plusieurs lettres que des marchands ont reçues, que M. le prince de Bade et M. de Marlborough avec toutes leurs troupes ont attaqué un camp retranché sous Donawerth, où M. l'électeur de Bavière avoit laissé seize bataillons commandés par le comte d'Arco; qu'après un rude combat, qui a duré plus de quatre heures, les ennemis avoient forcé les retranchements, mais qu'ils y avoient perdu plus de quatre mille hommes; que le prince Louis de Bade y avoit été blessé, que le général Goor, qui y commandoit les Hollandois, le comte de Stirum et le comte de Thungen y avoient été tués et plusieurs autres officiers généraux de l'armée ennemie blessés; que malgré leur perte, qu'ils avouent avoir été fort considérable, ils ont fait des feux de joie à Francfort et dans les lignes de Stolhofen; cette affaire, à ce qu'on prétend, s'est passée le 2 de ce mois.

Samedi 12, *à Versailles*. — Le roi, après son dîner à Marly, alla courre le cerf dans son parc avec Monseigneur, monseigneur le duc de Berry et Madame. Il retourna ensuite à Marly, d'où il revint ici à huit heures et trouva madame la duchesse de Bourgogne en parfaite santé; mais elle ne se lève point encore. Monseigneur le duc de Bourgogne, après avoir dîné avec le roi à Marly, vint ici voir madame la duchesse de Bourgogne et monseigneur le duc de Bretagne. — Il arriva ici, à sept heures du soir, un courrier de M. de Vendôme, parti le 7 de devant Verceil; nous sommes logés sur trois angles de la contrescarpe, et les ennemis ont abandonné le chemin couvert. Ce siége se conduit fort sagement, et nous n'avons pas plus de deux cents hommes blessés depuis l'ouverture de la tranchée. On mande qu'il n'y a quasi point de jour qu'il ne déserte quarante ou cinquante hommes de la place. — Il arriva un courrier du duc de Gramont. Le roi d'Espagne quitta l'armée le 1er de ce mois pour retourner à Madrid. L'abbé d'Estrées en étoit parti quelques jours auparavant pour revenir en France.

Dimanche 13, *à Versailles*. — Le roi travailla l'après-dînée avec M. de Chamillart, et puis alla se promener à Trianon. — M. le maréchal de Villeroy étoit le 9 à Offembourg; le 8 il détacha le duc de Villeroy avec six cents grenadiers, quinze cents fusiliers et huit cents chevaux, pour se saisir des postes qui sont dans la vallée de la Quinche; il mène avec lui deux pièces de canon de vingt-quatre, en cas qu'il trouve quelques châteaux où les ennemis veuillent faire résistance. M. le maréchal de Tallard entra aussi le 9 dans la vallée de Saint-Pierre, et l'armée du maréchal de Villeroy pourra communiquer avec la sienne jusqu'à ce qu'elle soit hors du débouché des montagnes; il mène avec lui des vivres pour plus d'un mois. — M. le comte de Toulouse écrit du 8 qu'il croit pouvoir remettre à la mer le 16. Les dernières nouvelles qu'on a de la flotte ennemie sont qu'elle étoit encore à la hauteur d'Altea dans le royaume de Valence, et que, les vents d'ouest régnant toujours, ils ne pourroient sortir de la Méditerranée par ces vents-là. — D'Augicourt* est mort; il avoit 2,000 écus de pension du roi et 2,000 livres sur l'ordre de Saint-Louis. — Le roi donna 2,000 livres de pension à Chavigny**, qui est attaché à M. de Chamillart et qui l'avoit été à M. de Seignelay, M. de Louvois et à M. de Barbezieux, et ne les avoit quittés tous trois qu'à leur mort et sans faire sa fortune auprès d'eux.

* D'Augicourt étoit un gentilhomme de Picardie, d'esprit et de valeur, et qui, après avoir servi dans les troupes, fut connu par M. de Louvois qui se l'attacha et lui fit quitter son emploi pour le prendre chez lui, et s'en servir en beaucoup d'affaires secrètes et même à la guerre en différentes occasions. Il y fit très-bien ses affaires, et parvint à une grande confiance de M. de Louvois, qui le fit connoître au roi, avec lequel ces affaires secrètes lui donnèrent plusieurs entretiens et diverses occasions de lui rendre compte. La bourse alloit bien; mais ce métier, qui n'alloit pas à la brillante fortune, dégoûta à la fin un homme que la confiance de M. de Louvois et quelque part en celle du roi avoit rendu ambitieux et plein de soi-même, avec une humeur naturellement farouche. Il fut accusé de faire sa cour au roi aux dépens du ministre. Le fait est que M. de Louvois le chassa avec éclat, et s'en plaignit comme du plus ingrat, du plus faux et du plus indigne de tous les hommes, sans qu'il ait jamais rien articulé de particulier, sans que d'Augicourt se soit hasardé d'entrer en aucune autre justification autre que de dire vaguement qu'il l'avoit bien servi, mais qu'il n'y avoit pas moyen de durer avec lui; sans que le roi se soit formalisé ni entremis de cette rupture, sans qu'il ait cessé de le voir en particulier, de s'en servir en plusieurs choses secrètes, et sans lui avoir rien prescrit à l'égard de M. de Louvois, ni empêché de paroître publiquement à la

cour et partout. Il lui augmenta même ses bienfaits publiquement, mais mesurément, et en secret lui donnoit de l'argent et lui faisoit les petites grâces qu'il lui pouvoit faire, et outre les audiences secrètes d'Augicourt lui parloit assez souvent bas, comme tous les autres gens de la cour qui avoient à parler au roi en allant et venant, et il étoit toujours bien reçu et bien écouté. Il voyoit aussi madame de Maintenon en particulier, avec qui il étoit d'autant mieux qu'il étoit mal avec son maître; du reste haï, craint et méprisé comme sa conduite avec M. de Louvois le méritoit, qu'il soutint avec M. de Barbezieux et avec tous les Tellier, qui le détestoient et qui regardoient comme une mortification rude et continuelle, tant qu'ils existèrent, d'avoir sous leurs yeux d'Augicourt sur le pied où il étoit. Il n'entroit dans aucune maison de la cour que chez M. Livry et M. le Grand, où le jeu étoit ouvert toute la journée, et il étoit grand joueur et net, mais de mauvaise humeur. Il avoit aussi joué avec Monsieur, et jouoit aussi avec Monseigneur quand il y avoit du lansquenet public. On peut croire que cet homme fut une cruelle poire d'angoisse à Louvois les dernières années de sa vie, et à Barbezieux toute la sienne. Il ne fréquentoit aucuns des ministres en aucun temps ni des généraux d'armées.

** Pour Chavigny, c'étoit un fort honnête gentilhomme, respectueux, obligeant à tout le monde, que la pauvreté avoit attaché à M. de Seignelay, dont il portoit le sac chez le roi quand il y alloit travailler; à sa mort il passa successivement à MM. de Louvois, Barbezieux, Chamillart et Voisin pour la même fonction, qui tous en furent contents. Il étoit fort connu de tout le monde, et il étoit accueilli et estimé de chacun, sans se mêler de rien de pécuniaire ni de sérieux.

Lundi 14, à Versailles. — Le roi travailla jusqu'à cinq heures avec M. Pelletier, et puis alla se promener à Trianon. Monseigneur alla coucher à Villeneuve-Saint-Georges pour y courre le loup le lendemain. Messeigneurs les ducs de Bourgogne et de Berry partirent avant lui, voulant tirer toute l'après-dînée dans la forêt de Sénart, et couchèrent à Villeneuve-Saint-Georges. — Il arriva un courrier de M. le maréchal de Villeroy, qui était campé à Offembourg le 11. Le duc de Villeroy s'étoit avancé jusqu'à Haslak sans avoir rien trouvé dans la montagne; Saillant, maréchal de camp, est détaché avec lui; ils sont en état de joindre M. de Tallard s'il a besoin d'eux. Ce maréchal est à Hornberg, et n'a trouvé nulle difficulté à son passage ; les ennemis avoient laissé dans quelques postes de légères garnisons, qui se sont retirées à l'approche de nos troupes. On croit qu'avant que de joindre M. de Bavière on prendra Villingen et Rottweil. Les ennemis publient qu'ils ont remporté un grand avantage sur les Bavarois ; M. de Marlborough en a écrit aux États-Généraux, qui ont fait imprimer sa lettre, mais il ne dit aucunes circonstances qui puissent faire croire que nous ayons perdu beaucoup de monde à cette action ; cependant il est certain que depuis ce combat les ennemis sont maîtres de Donawerth.

Mardi 15, à Versailles. — Le roi travailla jusqu'à cinq heures et demie avec M. de Pontchartrain, et puis s'alla promener dans ses jardins. Le roi fait ôter toutes les statues qui étoient autour de la fontaine qu'on appelle la Galerie (1). Monseigneur, qui avoit couru le loup dans la forêt de Sénart, revint coucher à Meudon, où il demeurera quelques jours. Messeigneurs les ducs de Bourgogne et de Berry, après la chasse, revinrent ici. — On reçut beaucoup de lettres d'Allemagne qui content le combat de Donawerth bien différemment de ce que les ennemis l'ont publié. Ils y ont eu plus de cinq mille hommes tués et en ont eu encore davantage de blessés ; on ne dit point ce que M. de Bavière y a perdu de monde. On attend les éclaircissements sûrs de cette affaire, mais ces dernières lettres diminuent fort notre inquiétude. — Le roi a donné à M. de Gévaudan, maréchal de camp, la pension de 2,000 livres sur l'ordre de Saint-Louis qu'avoit d'Augicourt, et une pension de 500 écus sur le même ordre à M. de Séraucourt, aide-major du régi-

---

(1) « La Galerie ou salle des Antiques a été ainsi nommée parce qu'il y a vingt-quatre statues antiques, qui ont été restaurées par les Marsy. Les ailes de cette galerie sont formées par deux rangs de jets d'eau, par deux rangs de petits arbres et par deux rangs de statues. » (*Nouvelle description des châteaux et parcs de Versailles et de Marly* [par Piganiol de la Force]. 1re édition, 1701, page 290.)

ment des gardes. — Le roi a donné le régiment de cavalerie de Wils à. . . ., lieutenant-colonel du régiment de cavalerie de Villeroy, qui avait commission de colonel. — La duchesse de Guiche partit hier en chaise de poste d'ici pour aller à Strasbourg trouver son mari, qui y est dangereusement malade.

Mercredi 16, *à Versailles.* — Le roi prit médecine, et tint le conseil l'après-dînée qu'il auroit tenu le matin; Monseigneur vint de Meudon au conseil. Sur les cinq heures, pendant que le roi était encore au conseil, il arriva un courrier de M. de Puysieux, qui apporta une lettre de M. le maréchal de Marsin, par laquelle on apprit tout le détail de ce qui s'est passé à l'attaque des retranchements de Donawerth. Les ennemis y ont eu six mille hommes tués et huit mille blessés, presque tous leurs généraux et leurs colonels tués ou blessés; nous y avons perdu environ mille Bavarois et cinq ou six cents François. MM. de Listenois, l'un colonel de dragons, l'autre capitaine, ont été blessés légèrement; M. de Nettancourt, colonel d'infanterie, blessé dangereusement, et un lieutenant-colonel de dragons tué. M. le comte d'Arco, général des troupes de Bavière, qui commandoit dans ces retranchements, qui n'étoient point encore achevés, n'y a point été forcé; mais, après s'y être défendu depuis six heures du soir jusqu'à neuf, il se retira en bon ordre à Donawerth, qu'il abandonna le lendemain après en avoir retiré les effets les plus considérables, et repassa le Danube, et s'est mis à Rain, au delà du Lech, priant M. l'électeur de le laisser là avec les troupes qu'il avoit aux retranchements de Donawerth, et qu'il espéroit empêcher le passage de cette rivière aux ennemis, quoiqu'ils aient là toutes leurs forces ramassées.

Jeudi 17, *à Versailles.* — Le roi dîna de bonne heure et alla ensuite se promener à Marly. Messeigneurs les ducs de Bourgogne et de Berry allèrent dîner à Meudon avec Monseigneur. Madame la duchesse de Bourgogne se leva pour la première fois; on lui apporta hier monseigneur le duc de Bretagne, qu'elle n'avoit point vu depuis sa naissance. — Un des gens de M. de Listenois le colonel, qui étoit au combat de Donawerth, est venu trouver l'abbé de Listenois, son oncle, pour le prier de demander au roi son régiment pour son frère, en cas qu'il vienne à mourir de ses blessures, qui sont bien plus considérables qu'on n'avoit dit; il en a une qui lui perce le corps, et l'autre à la hanche fort dangereuse aussi. L'abbé de Listenois parla au roi le soir, et S. M. l'assura que, s'il avoit le malheur de perdre son neveu, il n'avoit point d'inquiétude à avoir pour le régiment. — Par les nouvelles qu'on a d'Angleterre, on apprend que les Anglois sont fort mécontents de milord Marlborough, d'avoir mené leurs troupes au fond de l'Allemagne, et ils ne parlent pas moins que de lui faire faire son procès au premier parlement. — Il arriva le soir un courrier de M. de la Feuillade; on ne sait point encore le détail de ce qu'il apporte; on sait seulement que M. de Monmège, nouveau colonel d'infanterie et parent de M. de la Feuillade, a été tué par une vedette des ennemis.

Vendredi 18, *à Versailles*. — Le roi travailla le matin avec le P. de la Chaise, comme il a accoutumé de faire tous les vendredis. S. M. dîna à midi et partit à une heure pour aller courre le cerf dans le parc de Marly. Messeigneurs les ducs de Bourgogne et de Berry étoient à la chasse avec le roi. — Le roi a donné à M. Forget, capitaine du vol du cabinet, la survivance de sa charge pour son fils. Je ne sais ce que vaut la charge, mais je sais bien que ce vol-là coûte au roi 20,000 livres par an. — M. le comte de Toulouse est prêt à mettre à la voile; ses vaisseaux sont déjà aux îles d'Hyères; mais, par malheur, il ne trouvera plus la flotte ennemie dans la Méditerranée, car on a nouvelle qu'elle avoit repassé le détroit le 26 du mois passé. — Le courrier de M. de la

Feuillade, qui arriva hier, nous apprit que ce général avoit donné quelque liberté aux soldats, qui ont un peu pillé la plaine de Piémont, et que les ennemis s'étoient retirés très à propos de. . . ., où il avoit pensé les surprendre. — L'ambassadeur de Venise a eu nouvelle que les Allemands, qui s'étoient retirés d'Ostiglia, avoient continué leur marche avec précipitation, et étoient entrés dans le Trentin en abandonnant Ostiglia; ils se retirèrent avec tant de diligence qu'ils laissèrent six drapeaux dans une chapelle qu'un de nos partis a apportés à M. le grand prieur.

Samedi 19, *à Versailles.* — Le roi travailla l'après-dînée avec M. de Chamillart, et puis sortit à pied par ses jardins, passa par la fontaine qu'on appelle la Galerie, dont il a fait ôter toutes les statues; ensuite il alla voir pêcher dans le canal; ses carrosses l'avoient attendu au bout du jardin, et, après la pêche, il alla se promener à Trianon. Monseigneur revint de Meudon, où il étoit depuis quelques jours. — Il est arrivé quatre courriers presque en même temps, un du duc de Berwick, qui ne parle que de la disposition qu'on a faite pour les quartiers d'été des troupes; on ne conserve quasi rien de tout ce qu'on a pris en Portugal; on rase les fortifications de Portalègre et de Castel-de-Vidé. Le courrier de M. de Vendôme nous apprend que le mineur fut attaché le 12, et en fut chassé par les assiégés. Le 13 on attacha deux autres mineurs, qui furent tués dans leurs trous, et le 14, quand le courrier est parti, il y en avoit un bien établi, et M. de Vendôme mande au roi qu'il a envie de prendre la garnison prisonnière de guerre, et que pour cela le siége durera peut-être quelques jours de plus. Menestrelles, colonel de Beaujolois, fut tué le 12, et, le même jour, le chevalier d'Imécourt, brigadier d'infanterie, fut blessé. Le courrier de M. de Bedmar dit que les ennemis font de grands mouvements, qu'ils assemblent des troupes sur la Meuse et qu'ils menacent d'attaquer

Namur, ce qu'on ne craint point ; peut-être tenteront-ils d'y jeter quelques bombes. Le quatrième courrier est de M. de Tallard, qui étoit campé le 16 entre Villingen et Rottweil ; il devoit le 17 attaquer Villingen.

Dimanche 20, à Versailles. — Le roi travailla l'après-dinée avec M. de Chamillart, et sur les cinq heures il alla tirer. — Un gentilhomme de M. de Monaco a apporté la nouvelle que le chevalier de Rouannois, capitaine de galères, avoit pris une tartane sur laquelle il y avoit cent cinquante réfugiés et en avoit coulé à fond une autre ; ces tartanes étoient parties de Nice il y a quelque temps, et M. de Savoie les avoit envoyées pour tâcher de descendre à quelque endroit de la côte de Languedoc et de joindre les fanatiques ; on a eu avis qu'une troisième tartane, qui avoit été séparée par la tempête des autres, avoit échoué sur les côtes de Catalogne, et qu'on y avoit pris quatre-vingts hommes. M. de Savoie en avoit fait partir quatre cents en tout, avec beaucoup de mousquets, qui sont sur un vaisseau qui n'est pas pris, mais qui ne sauroit arriver en Languedoc, où la garde se fait exactement sur les côtes ; les ennemis avoient fondé de grandes espérances sur ce secours qu'on envoyoit aux fanatiques. — Le roi a donné le régiment de Beaujolois à un capitaine de cavalerie, frère de Ménestrelles qui vient d'être tué à Verceil ; ils sont beaux-frères de Bezons. — Les troupes que commandoit le comte d'Arco à Donawerth ont rejoint M. l'électeur de Bavière à Augsbourg ; elles avoient demandé à défendre le passage du bas Lech à Rain, mais M. l'électeur a voulu avoir toutes ses troupes ensemble ; les ennemis, après avoir passé le Danube à Donawerth, jetèrent le 8 des ponts sur le Lech à Rain et sont entrés dans la Bavière, où ils font assez de désordres.

Lundi 21, à Versailles. — Le roi dîna à midi, et après avoir passé chez madame la duchesse de Bourgogne, comme il fait tous les jours depuis qu'elle garde le lit, il alla courre le cerf dans le parc de Marly, alla se déshabiller au château et se promena dans les jardins jusqu'à la nuit. Monseigneur et messeigneurs ses enfants étoient à la chasse avec le roi. Madame la duchesse de Bourgogne avoit eu une grande fluxion dans la tête les deux derniers jours; elle en est entièrement guérie et marche l'après-dînée dans son appartement sans qu'on la soutienne. — Il arriva un courrier de M. de Vendôme, parti du 17 au matin; la demi-lune fut prise la nuit du 15 au 16; on croyoit pouvoir attacher le mineur à la fausse braie du bastion de la gauche dès la nuit du 16; mais M. de Vendôme mande, par une apostille, qu'il ne pourra être attaché que la nuit du 17. On croit que la place sera rendue le 22. — Les Anglois rappellent le duc de Schomberg de Portugal; il avoit fort déclamé contre l'amirauté en présence du roi de Portugal et de l'archiduc, disant que sur des espérances sans aucun fondement il avoit embarqué la reine sa maîtresse à envoyer ses troupes en ce pays-là, qui y périssoient toutes sans y pouvoir rien faire. On envoie d'Angleterre pour commander en sa place milord Galloway, qui étoit retiré à la campagne; et le duc de Schomberg avoit demandé lui-même d'être rappelé, ne voulant pas, disoit-il, se déshonorer plus longtemps et voir périr les troupes qu'il commandoit.

Mardi 22, à Versailles. — Le roi, après avoir travaillé l'après-dînée avec M. de Pontchartrain, devoit s'aller promener dans ses jardins, mais il se sentit un petit mouvement de goutte au pied, qui l'empêcha de sortir. Monseigneur alla dîner à Meudon et n'en revint qu'à la nuit. — Il arriva plusieurs courriers, un de M. de Vendôme, qui mande du 18 que le mineur est attaché au bastion; on a pris dans la tranchée des Espagnols un homme sortant de la place, chargé de lettres en chiffres pour M. de Savoie. On n'a pas pu déchiffrer cette lettre à l'armée, on l'envoie ici; elle fut déchiffrée le soir; elle est du comte

Prela, qui commande dans la place sous M. Deshayes, qui est dangereusement malade; cette lettre porte qu'il n'y a plus que mille hommes dans la place en état de servir; que presque tous les officiers sont morts, blessés ou malades; que les brèches sont grandes au bastion, et qu'ils ne sont pas en état de soutenir le moindre assaut. Depuis avoir vu cette lettre, nous ne doutons pas ici que Verceil ne soit rendu; et si M. de Vendôme savoit l'état où sont les assiégés, il les prendroit prisonniers de guerre, comme il en avoit l'intention. On lui a renvoyé (à M. de Vendôme) la lettre déchiffrée par un courrier qui a ordre de faire diligence; mais la place aura capitulé avant que le courrier arrive. — Un courrier de M. de la Feuillade apporta la nouvelle qu'il avoit établi les contributions jusqu'à deux lieues de Turin; il a pris le château d'Osasque par delà Pignerol, où il y avoit cent cinquante hommes qui se sont rendus prisonniers de guerre. — M. le marquis de Bedmar mande que les ennemis, après avoir fait approcher beaucoup de troupes du côté de Namur, se sont tout d'un coup rabattus sur nos lignes, d'où ils ont été repoussés avec perte de trois ou quatre cents hommes. — M. de Tallard mande du 19 qu'il espère être maître de Villingen le lendemain; ce petit siége ne retarde point sa marche, parce que son convoi n'étoit pas encore arrivé; c'est le marquis de Hautefort qui commande au siége et qui a sous lui, pour maréchal de camp, le marquis du Châtelet. — M. le comte de Toulouse est aux îles d'Hyères avec toute sa flotte, n'attendant plus que le vent pour mettre à la voile. — M. de Tallard mande qu'un de ses partis a pris un courrier venant de l'armée du prince de Bade et escorté par trente dragons, chargé de plusieurs lettres angloises, allemandes et flamandes.

Mercredi 23, à Versailles. — Le roi passa fort bien la nuit; son petit ressentiment de goutte n'a point eu de suites. Il travailla longtemps l'après-dînée avec M. de Chamillart, et puis alla se promener dans cinq ou six bosquets de son jardin où il fait de grands changements. Monseigneur partit d'ici le matin, alla dîner à Saint-Maur avec M. le Duc et madame la Duchesse, et puis alla coucher à Villeneuve-Saint-Georges pour courre le lendemain dans la forêt de Sénart.— Dans le paquet qu'a intercepté M. de Tallard il y a des lettres adressées à M. de Stanhope, ambassadeur d'Angleterre en Hollande, qui portent qu'il n'y a plus aucune espérance d'accommodement avec M. de Bavière ni avec les mécontents de Hongrie; ces lettres portent aussi qu'ils ont perdu plus de cinq mille Anglois ou Hollandois au combat de Donawerth. — M. l'évêque d'Auxerre est mort depuis quelques jours; il étoit Colbert. Cet évêché vaut 40,000 livres de rente. — M. de Charmont, notre ambassadeur à Venise, revient; son temps est expiré, et nous n'y en enverrons point d'autres jusqu'à ce que la république ait donné satisfaction sur un décret dont nous nous plaignons, et l'ambassadeur de Venise qui est ici n'aura point d'audience publique et ne fera point son entrée que l'on n'ait fait ce que le roi désire.

Jeudi 24, à Versailles. — Le roi monta en carrosse à onze heures avec mesdames de Maintenon, de Noailles, d'Heudicourt et d'O. Il alla dîner à Marly, et, après son dîner, il alla à Saint-Germain voir le roi et la reine d'Angleterre, qui seront du voyage de Fontainebleau, et partiront huit jours après le roi. S. M. a fixé son départ au 11 septembre. Elle couchera à Sceaux et le lendemain à Fontainebleau. Monseigneur vint de Villeneuve-Saint-Georges après avoir couru le cerf dans la forêt de Sénart; il partira huit jours avant le roi pour Fontainebleau. — M. le maréchal de Villeroy a fait un détachement de son armée pour la Flandre, que commandera le marquis d'Alègre et qui est composé de dix bataillons et dix escadrons; il marche à Metz, et l'on embarquera l'infanterie pour faire plus de diligence et pour qu'elle soit moins fatiguée. Le prince de Birkenfeldt est le maréchal de camp détaché avec M. d'Alègre, et le régiment d'Alsace, qui est son régiment, est de ce détachement. — M. le prince Eugène, avec une grande partie des troupes qu'il avoit dans les lignes de Stolhofen, marche vers le Wurtemberg; on croit qu'il sera joint par un détachement de l'armée de M. de Bade et qu'ils voudroient tâcher de s'opposer à la jonction de M. de Tallard avec M. de Bavière.

Vendredi 25, *à Versailles.* — Le roi ne sortit que sur les six heures et alla se promener à Trianon. Madame la duchesse de Bourgogne se trouva fort incommodée d'une fluxion sur le visage. Madame de Maintenon, qui prenoit les eaux de Forges, eut un peu de fièvre la nuit, et a quitté les eaux. — Il arriva le soir fort tard un courrier de M. de Tallard, qui a été obligé de quitter le siége de Villingen sur les instances réitérées que M. de Bavière lui a fait faire de marcher droit à lui, les ennemis étant entrés dans son pays et y faisant de grands désordres; voici une copie d'une lettre de M. de Tallard sur ce sujet.

Du camp près Villingen, le 21 juillet.

Ayant reçu les ordres du roi pour passer dans le pays de Virtemberg, je m'y suis rendu avec tout ce qui y étoit nécessaire pour y faire des établissements; j'ai fait attaquer Villingen par un détachement dans ce dessein-là; mais des nouvelles réitérées de M. l'électeur de Bavière et de M. le maréchal de Marsin m'ayant appris que les ennemis avoient passé le Danube à Donawerth qu'ils avoient pris, passé le Lech à Rain dont ils s'étoient rendus maîtres en très-peu de jours, qu'enfin ils dirigeoient leur marche sur Munich, et S. A. S. me pressant de marcher à son secours, j'ai cru que Villingen, qui n'étoit plus bon pour le premier dessein qui m'avoit engagé à l'attaquer, qui étoit de s'établir dans le pays de Virtemberg, devenoit à charge pour le second, puisque j'étois obligé de m'éloigner et d'aller hors de portée de le soutenir, et qu'il ne falloit pas balancer à laisser cette entreprise imparfaite, que les différents changements qui sont arrivés en trois jours dans les armées voisines à droite et à gauche rendoient plutôt à charge qu'utile; et, après y avoir donné trente-six heures seulement depuis l'arrivée de mon arrière-garde, je marche sans l'avoir finie pour me mettre à portée de l'armée de M. le maréchal de Marsin. Je renvoie en Alsace tout ce que j'avois amené par rapport à un établissement, et ne songe qu'à conserver les vivres qui me seront nécessaires jusqu'aux lieux où je dois arriver, ce qui ne sera pas une affaire sans difficultés.

M. le maréchal de Tallard va marcher à Duttlingen, d'où il doit se rendre à Mösskirch et de là à Biberach, et M. le maréchal de Villeroy a détaché M. d'Antin avec deux brigades d'infanterie et quelque cavalerie pour ramener de devant Villingen ce dont M. le maréchal de Tallard n'a point de besoin pour la jonction, les desseins étant entièrement changés.

Samedi 26, *à Versailles.* — Le roi dîna de bonne heure et alla courre le cerf dans le parc de Marly, et, après la chasse, il alla se déshabiller au château et se promena dans les jardins jusqu'à la nuit. — M. le prince d'Elbeuf arriva ici sur les six heures, et M. de Chamillart le mena à Marly, où le roi étoit encore. On ne douta point, le voyant arriver, qu'il n'apportât la nouvelle de la prise de Verceil; et quand le roi fut de retour on en apprit toutes les particularités. La place commença à capituler le 19; M. de Vendôme leur fit dire qu'il falloit se rendre à discrétion, sinon qu'ils n'avoient qu'à se défendre, on alloit les attaquer. Le lendemain matin ils revinrent disant qu'on ne refusoit point de capitulation à de braves gens; après quelques pourparlers, ils convinrent de se rendre prisonniers de guerre, mais on leur accorda de sortir par la brèche, tambour battant et enseignes déployées; au bas de la brèche, ils posèrent les armes. Deshayes, le gouverneur, n'a point signé la capitulation, parce qu'il étoit dans son lit malade; mais il est prisonnier de guerre comme toute la garnison, où l'on compte qu'il y a encore près de cinq mille hommes, en comptant ce qui est dans les hôpitaux. M. de Vendôme enverra incessamment un courrier pour apporter les drapeaux et le détail de l'artillerie et des munitions qu'on a trouvées dans la place.

Dimanche 27, *à Versailles.* — Le roi travailla avec M. de Chamillart, et ne sortit qu'à six heures pour aller se promener à Trianon. Madame la duchesse de Bourgogne est beaucoup mieux de sa fluxion. — Il arriva un courrier de M. le comte de Toulouse, qui mit à la voile le 22 avec cinquante vaisseaux de ligne, bien des frégates, des brûlots et vingt-quatre galères. On a nouvelle que M. le prince Eugène est arrivé sur le Necker; il est campé à Rottweil avec une partie de ses troupes, et a séparé le reste en deux corps le long du Necker, deux lieues au-dessous de Rottweil. Il venoit là pour couvrir le Wurtemberg, persuadé avec raison que l'intention de M. de Tallard, en passant les montagnes, étoit de se tourner de ce côté-là. — On a reçu des lettres du duc de Gramont de Madrid du 27; le roi d'Espagne y est arrivé. On mande de ce pays-là que M. Orry en devoit partir incessamment pour venir ici rendre compte à la cour de sa conduite, et qu'il espère se pouvoir justifier de toutes les accusations qu'on a faites contre lui. — M. le grand prieur ne joindra pas encore sitôt M. de Vendôme, mais il lui envoie une partie des troupes qu'il avoit avec lui. — Les ennemis en Flandre ont passé la Meuse, et on ne doute plus qu'ils ne veuillent bombarder Namur.

Lundi 28, *à Versailles.* — Le roi travailla l'après-dînée avec M. Pelletier, et puis alla tirer. Madame la duchesse de Bourgogne est entièrement quitte de sa fluxion; elle a repris ses forces et ira mercredi entendre la messe à la chapelle. — Bontemps donna samedi un feu d'artifice à sa petite maison dans l'avenue dont le roi fut fort content;

il l'a même loué aujourd'hui sur une machine qu'il avoit inventée et qui réussit fort bien (1). — On mande de Languedoc que les fanatiques ont laissé faire la moisson sans commettre aucun désordre et qu'il en revient toujours quelques-uns qui acceptent l'amnistie. — Le roi a laissé à M. de Vendôme la liberté de faire raser Verceil ou de le conserver durant cette campagne, faisant miner les bastions, mais ne faisant point jouer les mines s'il juge que cette place puisse être utile à son service jusqu'à l'hiver. — Il étoit venu plusieurs lettres qui portoient que les Polonois avoient élu pour roi de Pologne Potocki, palatin de Kiovie et grand ami du prince Ragotski, mais ces nouvelles ne sont point confirmées; bien loin de cela, les derniers avis qu'on a de ce pays-là sont qu'on a élu Leczinski, palatin de Posnanie, et l'on croit cette élection véritable, parce qu'il est bon ami du roi de Suède.

Mardi 29, *à Versailles.* — Le roi travailla l'après-dînée avec M. de Pontchartrain, et s'alla promener ensuite à Trianon. Monseigneur alla coucher à Villeneuve-Saint-Georges; monseigneur le duc de Berry y alla avec lui. Madame la duchesse de Bourgogne donna audience aux ambassadeurs dans son lit et reçut leurs compliments sur la naissance de monseigneur le duc de Bretagne. — Dufresne, écuyer du maréchal de Villeroy, arriva ici. Il partit d'Offembourg dimanche 27. Un parti que le maréchal de Villeroy y avoit envoyé à M. de Tallard avoit rapporté de ses lettres de la nuit du 26 au 27; il étoit à Mösskirch et la tête de son armée, qui marche deux jours devant lui, avoit passé le défilé de Stokach et le marais de Pfulendorf. Ils avoient trouvé là quelques troupes de M. l'électeur qui apportoient de ses lettres et de celles du maréchal de Marsin, qui sont toujours campés sous

---

(1) Voir à l'appendice la description de la fête donnée par Bontemps.

Augsbourg entre le Lech et le Vertak avec une armée de quarante mille hommes. Les ennemis, qui sont beaucoup plus forts qu'eux, sont à Fridberg, qui n'est qu'à une lieue d'Augsbourg; mais ils ne craignent point d'être attaqués dans le poste où ils sont. La jonction de M. de Tallard avec M. l'électeur est sûre présentement; l'officier qui commandoit le parti du maréchal de Villeroy dit que le bruit est fort répandu dans l'armée de M. l'électeur que les ennemis ont déjà repassé le Lech et même le Danube.

Mercredi 30, à Versailles. — Le roi, après son dîner, donna audience à M. le duc de Mantoue, qui s'en retourna à Paris en sortant du cabinet du roi. S. M. travailla ensuite avec M. de Chamillart, et puis alla se promener à pied dans les jardins. Monseigneur, qui avoit couru le loup le matin dans la forêt de Sénart, revint manger à Meudon, où il demeurera jusqu'au premier voyage de Marly; monseigneur le duc de Berry, qui avoit couru le loup avec lui, revint ici le soir après avoir fait le retour de chasse avec Monseigneur son père. Madame la duchesse de Bourgogne alla entendre la messe en haut dans la chapelle, et y fut relevée par l'évêque de Senlis, son premier aumônier, avec les cérémonies de l'Église. — Buffet, valet de chambre de M. de Vendôme, arriva le soir après le souper du roi, et apporta vingt-six drapeaux des bataillons pris dans Verceil; ils n'avoient que deux drapeaux par bataillon. Il est sorti de la place trois mille trois cents hommes sous les armes, deux cent cinquante officiers et deux mille cinquante hommes blessés, qui sont dans les hôpitaux; il y avoit cinq cents cavaliers, mais il n'y avoit que deux cent cinquante chevaux, qui ont été distribués à la cavalerie. On a trouvé soixante et douze pièces de canon de fonte, dont il y en a plus de quarante de vingt-quatre livres de balles, deux cent soixante milliers de poudre, beaucoup d'affûts de rechange, dont nous avions besoin, une infinité de bombes, de grenades, de pots à feu et tout ce qui pouvoit servir à une belle défense. M. de Vendôme mande qu'avec les munitions qu'il a trouvées dans Verceil il peut entreprendre quel siége il plaira à S. M. Le courrier n'est parti que le 4, parce que la garnison n'est sortie que ce jour-là; on les envoie tous en diverses places du Milanez.

Jeudi 31, *à Versailles*. — Le roi dîna de bonne heure et alla courre le cerf dans la forêt de Marly; il alla changer d'habit au château et se promena dans les jardins jusqu'à la nuit. M. de Chamillart, qui avoit couché à l'Étang, vint au lever du roi, et lui apporta des lettres du marquis de Bedmar, qui mande que les ennemis ont bombardé Namur durant deux jours; ils y ont jeté trois mille bombes, qui n'ont brûlé que sept ou huit maisons et endommagé une centaine. Ils ont brûlé aussi deux magasins de fourrages, et se sont retirés après cette expédition, qui leur coûtera beaucoup plus qu'à nous; le dommage qu'ils ont fait à la ville n'est estimé qu'à 50,000 écus. — Par des lettres de M. de Châteauneuf, qui est à Madrid, on apprit que la flotte de l'amiral Schowel, composée de vingt-huit vaisseaux, dont il y en a dix-sept de ligne, a joint celle de l'amiral Rook sur les côtes de Portugal; ils ont ensuite voulu faire une tentative sur une petite île qui est auprès de Cadix, mais ils n'y ont pas réussi. M. de Châteauneuf mande qu'ils prenoient la route du détroit, comme s'ils vouloient entrer dans la Méditerranée. — On envoie les officiers qu'on a pris à Verceil dans les places du Milanez comme les soldats, mais ils y seront sur leur parole.

Vendredi 1ᵉʳ *août, à Versailles*. — Le roi, après son dîner, fut longtemps enfermé avec madame la duchesse de Bourgogne, et puis alla tirer dans son petit parc. — Il arriva un courrier du maréchal de Villeroy, parti d'Offembourg le 29. Voici une copie de la lettre de M. le maréchal de Tallard :

Du camp de Mösskirch, le 25.

L'armée vint camper le 22 entre Villingen et Duttlingen; le 23 elle passa le Danube; le 24 elle arriva ici, où elle séjourne aujourd'hui, parce que la marche de hier fut par un pays si difficile que l'arrière-garde n'est arrivée que ce matin. J'ai reçu dans ma marche plusieurs lettres de S. A. E. et de M. le maréchal de Marsin, qui m'apprennent que les ennemis ont remonté le Lech de l'autre côté de cette rivière et ne sont qu'à une lieue de Fridberg, qui est vis-à-vis d'Augsbourg; ils exercent toutes les cruautés et toutes les inhumanités possibles dans la Bavière; les partis de notre armée leur tuent et leur prennent beaucoup de monde. Ils ont fait faire de nouvelles propositions de paix à M. l'électeur, qui les a rejetées durement. L'on avoit dit que le prince Eugène s'étoit avancé dans le Virtemberg avec un gros détachement de son armée, auquel les troupes que conduit le général Thangen se devoient joindre, et que leur dessein étoit de se trouver sur le passage de cette armée pour l'empêcher d'arriver; mais jusqu'à présent je n'ai aucunes nouvelles d'eux, si ce n'est que ce que M. de Thungen a amené de l'armée du prince de Bade est derrière les petites Alpes, à sept ou huit lieues d'ici. J'espère être le 27 entre Ulm et Memmingen, et il y a lieu de se flatter que les ennemis seront obligés de quitter la Bavière.

Autre copie d'une lettre du même jour.

Nous allons demain 26 camper à Nuifra, après demain 27 à Berg près Munderkingen, le 28 à Demelfingen, entre Biberach et Ulm. Hier 24 M. de Marsin manda que M. de Bavière étoit toujours entre Rain et Augsbourg. Nous n'avons aucunes nouvelles ni du prince Eugène ni de Thungen, et nous marchons en gens qui n'avons pas peur d'eux.

Samedi 2, à Versailles. — Le roi courut le cerf dans le parc de Marly et demeura longtemps à la chasse malgré la pluie; il alla changer d'habit au château et ne revint ici qu'à huit heures. — M. le maréchal de Villars mande au roi que la flotte ennemie est rentrée dans la Méditerranée, mais on n'a point cette nouvelle par ailleurs. — Richerand, ingénieur, qui a conduit les travaux du siége de Verceil, est venu ici par ordre de M. de Vendôme pour proposer au roi une nouvelle entreprise, et l'on croit ici que M. de Vendôme a toujours envie de faire le siége de Verue malgré toutes les difficultés qu'il y peut avoir à ce siége, M. de Savoie étant à Crescentin. M. de la Feuillade est à Saint-Pierre, proche Pignerol; on croit qu'il s'approchera du Pô et qu'ils se joindront peut-être M. d'Albergotti et lui. — M. le marquis de Castel dos Rios, ambassadeur d'Espagne, a reçu ordre de Madrid de partir de France et de se rendre au commencement de septembre à Cadix pour passer à la vice-royauté de Pérou. La compagnie de l'assiento paye les dettes qu'il a faites à Paris, qui passent 50,000 écus, et il lui rendra le double de cette somme en arrivant à Portobello; c'est M. de Pontchartrain qui a fait cet accommodement-là avec eux par ordre du roi, et c'est la règle ordinaire de payer cent pour cent pour tous les risques qu'il y a à courre.

Dimanche 3, à Versailles. — Le roi, après son dîner, fut assez longtemps chez madame la duchesse de Bourgogne. Le roi s'enferma avec MM. de Chamillart, Pelletier et Richerand, qu'on renvoie incessamment en Piémont. Madame la duchesse de Bourgogne commença à se promener dans les jardins. — L'abbé de Polignac fut reçu hier à l'Académie à Paris et fit une très-belle harangue. — Monseigneur alla de Meudon courre le loup à Livry et y coucha. — On a saisi les revenus des abbayes de l'abbé de la Bourlie, qui, après être sorti du royaume, a demeuré longtemps à Genève et ensuite est allé trouver M. de Savoie, et s'étoit embarqué sur les bâtiments que ce prince envoyoit aux fanatiques. Cet abbé a encore porté la folie plus loin ; il a répandu des libelles dans le royaume, fort insolents et fort séditieux, où il prend la qualité de chef des mécontents et de l'armée des hauts alliés en France. On a surpris des lettres qu'il écrivoit au comte de la Bourlie*, son frère, autrefois colonel du régiment de Normandie et qui est présentement à la Conciergerie à Paris pour une grande violence qu'il a faite dans ses terres. Il exhorte ce frère-là par ses lettres, dans un temps où il n'étoit pas encore prisonnier, de venir se mettre à la tête de braves gens qui combattoient pour la liberté. Les réponses qu'on a vues du comte de la Bourlie marquent que le procédé de son frère lui faisoit horreur. On croit que ce malheureux abbé-là est sur les vaisseaux qui escortoient les tartanes sur lesquelles M. de Savoie envoyoit des fanatiques en France.

* La Bourlie étoit un gentilhomme de valeur et fort sage, qui avoit été attaché au duc de Saint-Simon, dont il eut même un don assez considérable dans les marais de Blaye, lorsque le duc les fit dessécher et partager en différentes métairies ; et ce bien en nature a passé à ses enfants, dont l'aîné l'a possédé longtemps et vendu à la fin de sa vie. La Bourlie en fut toujours reconnoissant dans sa fortune. Il devint sous-gouverneur du roi et gouverneur de Sedan. Guiscard, son fils, s'éleva bien plus haut ; il devint lieutenant général, gouverneur de Dinant et de Namur, chevalier du Saint-Esprit, ambassadeur, infiniment riche et beau-père du duc d'Aumont et grand-père de celui d'aujourd'hui. Ses deux frères ne prospérèrent pas de même. L'un eut le régiment de Normandie, qu'il quitta pour de fâcheuses affaires qu'il se fit. Il n'en eut pas de moins tristes dans sa province. C'étoit un homme d'une grande valeur, mais grand brigand et intraitable. Ce qui le mit à la Conciergerie fut un vol qui lui fut fait chez lui. Il soupçonna un valet, et de son autorité lui fit donner en sa présence une question bien plus cruelle que la justice ne la pratique. Il avoit de plus cent autres vilaines affaires sur le corps. L'autre frère avoit beaucoup de bénéfices, très-débauché et très-semblable à la Bourlie. Il finit par où l'on voit ici et tous deux misérablement, l'un en France, l'abbé en Angleterre, et dans le dernier mépris.

Lundi 4, à Versailles. — Le roi travailla avec M. Pelletier l'après-dînée, et sur le soir alla se promener dans ses jardins, quoiqu'il fît fort vilain temps. Monseigneur revint de Livry à Meudon. — M. de Nettancourt, qui avoit été blessé au combat de Donawerth, est mort de ses blessures; il étoit colonel d'un petit vieux régiment qui portoit son nom et que le roi a donné à M. de Mailly-la-Houssaye, qui avoit un nouveau régiment d'infanterie dans l'armée du maréchal de Marsin. M. des Marais, neveu de M. l'évêque de Chartres et colonel du régiment de la Fère, qui avoit été blessé au siége de Verceil, est mort aussi de ses blessures. — Le palatin de Posnanie, qu'on a élu roi de Pologne, a pris le nom de Stanislas II*. Le cardinal primat et le grand maréchal de la couronne se sont opposés à cette élection et ont protesté contre; mais le roi de Suède, fort des amis de ce palatin, lui a promis de soutenir son élection; ce nouveau roi n'a que vingt-huit ans. — Messeigneurs les ducs de Bourgogne et de Berry partirent d'ici de bonne heure avec une partie des dames du palais, et allèrent à l'abbaye de Saint-Germain à Paris, où M. le cardinal d'Estrées leur donna un souper magnifique. Les dehors de l'église et toute la maison étoient fort illuminés, et il y eut après souper un feu d'artifice superbe. Le roi avoit donné ordre à M. le cardinal d'Estrées de faire les mêmes honneurs à monseigneur le duc de Bourgogne que s'il y eût été lui-même en présence; la fête fut fort belle, et je crois qu'il en coûte bien 10,000 écus au cardinal.

* Si l'auteur des mémoires eût pu lire dans l'avenir, il se seroit plus étendu sur ce palatin Leczinski; et Châteauneuf, notre ambassadeur à la Porte en même temps que ce palatin l'étoit au même lieu de sa république et de son roi, Châteauneuf, dis-je, qui l'y précédoit de si loin, l'eût traité avec un grand respect; mais de telles profondeurs sont réservées à Dieu même, et il n'y a point de négromancien qui eût prédit que la fille de ce palatin tombé du trône dans l'exil et la pauvreté, par cela même, deviendroit reine de France et mère d'un Dauphin, en chassant l'infante d'Espagne, fille d'un grand roi fils de France, venue sur la foi des traités les plus solennels et les plus utiles et sur la si-

gnature d'un contrat de mariage célèbre, pour épouser le roi son cousin germain, tous deux enfants des deux frères, et sans qu'il y eût ni cause ni prétexte le plus léger.

Mardi 5, à Versailles. — Le roi travailla l'après-dînée avec M. de Pontchartrain, et puis alla tirer; mais il ne fut pas longtemps à la chasse, se trouvant un peu incommodé. Monseigneur revint de Meudon. — Il arriva un courrier de Flandre. Les ennemis avouent qu'ils ont perdu près de deux mille hommes à la bombarderie de Namur, et MM. les États-Généraux se plaignent fort de cette entreprise, qui leur coûte beaucoup d'argent et beaucoup d'hommes, et très-inutilement. — Le prince d'Elbeuf repartit ces jours passés pour retourner à l'armée de M. de Vendôme. Le roi lui a donné 15,000 livres pour son voyage. Son mariage avec mademoiselle d'Armagnac est entièrement réglé; le roi y est entré avec beaucoup de bonté, et les grâces qu'il leur fait et que nous ne savons point encore ont levé toutes les difficultés qu'il y avoit à la conclusion de cette affaire. — Le duc de Guiche est revenu de l'armée du maréchal de Villeroy en très-mauvaise santé; son mal paroît fort dangereux. Il est à sa petite maison de Puteaux près de Surênes. — M. de la Feuillade fait travailler à Sainte-Brigide; il auroit surpris une partie des troupes que commande le marquis de Parère s'ils n'avoient pas été avertis par des paysans, dont on a fait brûler les villages depuis. — On a reçu des lettres de M. le grand prieur, du 29; il se plaint fort de la conduite qu'ont les Vénitiens avec lui; il prétend qu'ils lui ont manqué de parole; il est en état de les en faire repentir, et il y va travailler.

Mercredi 6, à Marly. — Le roi se releva plusieurs fois la nuit; on n'entra dans sa chambre qu'à neuf heures et demie, et il entendit la messe dans son lit et tint son conseil dans sa chambre. L'après-dînée, il donna audience dans son cabinet à M. de Monasterol, que lui amena

M. de Torcy et qui étoit arrivé le matin chez ce ministre. M. de Chamillart travailla ensuite avec le roi après que M. de Monasterol et M. de Torcy furent sortis. M. de Monasterol partit d'Augsbourg le 28. Il dîna le 29 avec M. de Tallard à deux lieues d'Ulm. Ce général y étoit arrivé dès le 28, et il y séjournoit deux jours pour laisser reposer son armée. Il devoit se remettre en marche le 31 et comptoit de joindre M. l'électeur le 2 de ce mois. On ne dit point le sujet du voyage de M. de Monasterol ; mais, selon toutes les apparences, on a plus de sujet que jamais d'être content de M. l'électeur de Bavière. — Le roi partit à six heures de Versailles pour venir ici ; madame la duchesse de Bourgogne est du voyage ; on a fait pour elle un arc de triomphe par delà l'abreuvoir. On commença à illuminer à neuf heures, et il y eut un superbe feu d'artifice ; mais la pluie en diminua la beauté, et plus de la moitié de l'artifice ne put pas s'allumer ; durant le souper toute la musique du roi chanta des airs nouveaux, faits par Lalande, sur des paroles faites par Belloc en l'honneur de madame la duchesse de Bourgogne.

Jeudi 7, à Marly. — L'incommodité du roi dure encore ; cela ne l'empêcha pas de se promener un peu le soir, mais il n'osa sortir l'après-dînée. Il avoit préparé pour madame la duchesse de Bourgogne des présents magnifiques et galants qu'elle devoit trouver à chacun des douze pavillons, et ces présents lui auroient été faits par des dames qui l'auroient attendue à la porte de chaque pavillon. Le roi devoit mener madame la duchesse de Bourgogne dans son petit chariot, et elle n'avoit aucune connoissance de ce que le roi vouloit faire pour elle. Le roi, voyant l'après-dînée qu'il pleuvoit et d'ailleurs n'étant pas assuré de pouvoir faire toute la promenade, prit le parti de faire apporter tous ces présents chez madame de Maintenon et les fit là à madame la duchesse de Bourgogne, qui en fut fort touchée. Il y avoit des vers très-jolis qui accompagnoient chaque présent, et ces vers étoient de Belloc. Parmi les présents il y avoit deux cabarets, un d'or et un d'argent, travaillés à la perfection; un portrait de madame la duchesse de Bourgogne tenant monseigneur le duc de Bretagne sur ses genoux, avec une bordure magnifique; beaucoup de belles pièces d'étoffes de Perse, de la Chine et de France; une cave pour des essences, des robes de chambre toutes faites, des tabliers, des éventails, des parasols, un rouet de la Chine et des ballots de soie, parce qu'elle aime à filer; enfin le roi n'avoit rien oublié de tout ce qu'il croyoit qui lui pouvoit faire le plus de plaisir. — Le comte d'Albert arriva hier avec M. de Monasterol, et il vit le soir M. de Chamillart; il est chargé par S. A. E. d'aller à Madrid pour dire au roi d'Espagne les mêmes choses que Monasterol a dites ici au roi. M. l'électeur, qui a le pouvoir de faire des officiers généraux dans les troupes d'Espagne qui sont en Flandre, l'a fait maréchal de camp, et prie très-instamment S. M. C. de le faire servir en cette qualité dans ses armées en Portugal. — M. de Saint-Frémont, qui commande au blocus de la Mirandole, a fait faire à l'entour de cette place huit petits forts de terre qui la resserrent extrêmement. Les assiégés ont voulu attaquer les travailleurs à deux de ces forts-là et ont été repoussés avec perte; leurs déserteurs assurent qu'ils ont encore quinze cents hommes sous les armes et beaucoup de munitions de guerre et de bouche. La ville est fort peuplée, les rues fort serrées, et ils n'ont point de souterrain. Saint-Frémont va commencer à y jeter des bombes, qui y feront beaucoup de désordre.

Vendredi 8, à Marly. — Le roi fut encore assez incommodé la nuit, cela ne l'empêcha pas de se promener le matin et l'après-dînée, et même il fit maigre, quoi que lui pût dire M. Fagon. Madame la duchesse de Bourgogne et madame de Maintenon le suivirent l'après-dînée à la promenade, et il leur fit voir les globes avec tous les ornements qui les environnent et qui sont très-magnifiques. Monseigneur et monseigneur le duc de Berry coururent le cerf avec les chiens du roi dans la forêt de Saint-Germain et au retour Monseigneur fit manger avec lui les courtisans qui avoient eu l'honneur de le suivre à la chasse. Le soir il y eut musique, et il y en aura tous les jours, quoiqu'aux voyages un peu longs on a accoutumé de n'en avoir que de deux jours l'un. — Pendant que le roi étoit au globe terrestre, le roi nous apprit les nouvelles qu'il venoit de recevoir de M. le comte de Toulouse, qui lui mande de Barcelone, du 1er de ce mois, que la flotte des ennemis est entrée dans la Méditerranée du 17 juillet; les dernières nouvelles qu'il en a sont qu'elle étoit à la hauteur de Malaga, qu'il alloit mettre à la voile pour les chercher et tâcher à les combattre. L'arrivée de M. le comte de Toulouse a été très-nécessaire à Barcelone, où il y avoit beaucoup de dispositions à une révolte, et le vice-roi a fait mettre en prison beaucoup de gens qui étoient mal intentionnés. On ne sauroit douter que le dessein des ennemis, en entrant dans la Méditerranée, ne fût pour venir soutenir cette révolte.

Samedi 9, *à Marly*. — Le roi ne se leva qu'à neuf heures; mais son incommodité est considérablement diminuée, et il ne se releva qu'une fois la nuit. Il se promena à cinq heures du soir. Madame la duchesse de Bourgogne et madame de Maintenon étoient à sa promenade; Monseigneur se promena de son côté avec madame la princesse de Conty. Monseigneur le duc de Bourgogne, qui étoit allé tirer dans le parc, se blessa assez considérablement à la main, et sans son gant la pierre à fusil lui auroit coupé le tendon. Maréchal espère que ce ne sera rien. — Les ennemis en Flandre assiègent le fort Isabelle près de l'Écluse; c'est un fort que le maréchal de Boufflers avoit fait construire. Il n'est point revêtu, et il n'y a que quatre petits bastions; ainsi l'on compte que cela sera bientôt pris. — Le roi a rappelé le marquis de Varennes*, qui commandoit à Metz; cet emploi lui valoit 24,000 livres, et outre cela il étoit payé de ses appointements de lieutenant général toute l'année. On envoie à Metz, en sa place, le marquis de Refuge, qui commandoit en Franche-Comté depuis peu de temps (1). — M. le grand prieur, qui jusqu'ici avoit fort ménagé les Vénitiens, commence à fourrager dans leur pays et laisse un peu de liberté à ses soldats.

* Varennes étoit un fou glorieux et insociable, et avec de la valeur point homme de guerre, quoique maréchal de camp. Il étoit fort proche parent du maréchal d'Huxelles et de M. le premier écuyer Beringhen, qui le logeoit à Paris et lui faisoit sa cour pour sa succession, car il n'étoit point marié; et ces appuis, qui le rendoient si suffisant, n'avoient pu remédier à son insuffisance, qui l'arrêta tout court. Il avoit été pris comme un animal, et fait cent autres sottises dans ce commandement, où l'on ne put enfin le laisser. Il s'appeloit Nagu, et son grand-père avoit été chevalier du Saint-Esprit en 1633, on ne sait pas bien pourquoi, et gouverneur d'Aiguesmortes et maréchal de camp. On ne connoissoit point alors les lieutenauts généraux, et les maréchaux de camp étoient rares.

Dimanche 10, à Marly. — Le roi tint conseil le matin comme il a accoutumé de faire, et travailla l'après-dînée avec M. de Chamillart; il se promena ensuite jusqu'à la nuit. Madame la duchesse de Bourgogne et madame de Maintenon étoient à sa promenade. Monseigneur se promena de son côté avec madame la princesse de Conty. — Il arriva le soir un courrier du marquis de Bedmar; les ennemis ont pris le fort Isabelle. M. d'Alègre devoit

---

(1) « Vous connoissez M. le marquis de Varennes, et ce qu'il m'est; on le rappelle de Metz, où l'on a envoyé M. de Refuge. C'est sur ce qu'on lui suppose qu'il est incompatible, amoureux et qu'il n'a point été à confesse à Pâques. Cela le met au désespoir, et il s'en prend à un homme qui redouble ma peine à cause de M. le cardinal son oncle. Je ne sais encore ce que le roi aura la bonté de faire pour lui, mais nous sommes tous affligés de ce malheur, d'autant plus que les affaires sont mauvaises, et qu'il ne reste de trente-huit années de service qu'une ceinture faite par un éclat de boulet de canon. Il se dit que la résidence de Metz est très-épineuse. » (*Lettre de la marquise d'Huxelles, du 13 août.*)

joindre le 8 M. de Bedmar avec le détachement qu'il a amené de l'armée du maréchal de Villeroy. — Le roi a donné le régiment de la Fère, qu'avoit le comte des Marais, qui vient de mourir de ses blessures, au fils de M. de l'Isle, qui étoit capitaine de grenadiers du régiment de son père, qui sert de brigadier en Espagne et qui est neveu de M. de Chartres, comme l'étoit M. des Marais. — On mande de Lorraine que milord Carlingford y est mort; il étoit fort vieux et étoit fort attaché à l'empereur et avoit toutes les grandes charges de la cour de Lorraine. M. de Lorraine n'a point voulu donner ces charges au prince Camille, ne trouvant pas qu'elles convinssent à un prince de sa maison; mais il lui a donné 24,000 livres de pension, et a fait M. de Couvonges grand-maître de sa maison, qui étoit la plus considérable des charges qu'avoit milord Carlingford.

Lundi 11, *à Marly.* — Le roi, qui ne se sent plus de la petite incommodité qu'il eut ces jours passés, courut le cerf l'après-dînée; Monseigneur et Madame étoient à la chasse. Monseigneur le duc de Berry partit d'ici à onze heures, et alla tirer dans la plaine de Saint-Denis, où il tua lui seul deux cents pièces de gibier. — Il étoit arrivé la nuit un courrier de M. de la Feuillade, qui mande que le marquis de Parère étoit venu attaquer deux de nos bataillons retranchés à l'entrée de la vallée de Saint-Martin, qui se sont si bien défendus qu'après plusieurs attaques le marquis de Parère a été obligé de se retirer après avoir perdu beaucoup de monde. Le roi envoie à M. de Vendôme tous les officiers d'artillerie qui étoient avec M. de la Feuillade, et on lui fait passer par mer des ingénieurs, des mineurs, des sapeurs et beaucoup de munitions de guerre, dont il n'a pas encore assez malgré tout ce qu'il en a trouvé dans Verceil. M. de Savoie, fort mécontent de M. Deshayes, qui en étoit gouverneur, et du comte de Prela, qui commandoit sous lui dans la place, travaille à leur faire faire leur procès. — L'abbé Abeille fut reçu à l'Académie en la place de l'abbé Boileau; on fut très-content de sa harangue.

Mardi 12, *à Marly.* — Le roi travailla l'après-dînée avec M. de Pontchartrain, et le soir avec M. de Chamillart. Sur les six heures le roi et la reine d'Angleterre arrivèrent; le roi les reçut dans le jardin et les mena d'abord dans un endroit auprès du mail, où l'on avoit préparé une collation magnifique avec des buffets nouveaux de porcelaine et de cristal sur des tables de marbre blanc sans nappes. Le roi d'Angleterre, messeigneurs les ducs de Bourgogne et de Berry, les princesses et beaucoup de dames angloises et françoises étoient à table. La reine d'Angleterre ne s'y mit point, et le roi la mena au pavillon des globes, où le roi d'Angleterre et madame la duchesse de Bourgogne les rejoignirent après la collation, et achevèrent de faire le tour du jardin avec eux. Au retour de la promenade la reine alla chez madame de Maintenon pendant que le roi travailloit avec M. de Chamillart, et le roi d'Angleterre jouoit dans le salon. A l'entrée de la nuit les tambours, les trompettes, les timballes, les hautbois annoncèrent que le feu alloit commencer; l'arc de triomphe qu'on avoit élevé par delà l'abreuvoir, autour duquel étoit écrit : *Pour Adélaïde,* fut illuminé encore plus magnifiquement que le jour qu'on arriva ici; les bords de la pièce d'eau des cascades furent fort illuminés aussi; le temps étoit à souhait. On avoit laissé entrer dans les jardins une infinité de gens venus de Paris et qui n'embarrassoient point pour la vue. Les rois et la reine étoient dans des fauteuils à la porte du salon; les fusées commencèrent à neuf heures, et tout le feu fut le plus beau du monde, et on laissa brûler ensuite tout l'arc de triomphe. A neuf heures et demie on se mit à table, et durant le souper on chanta les vers qui avoient été faits pour madame la duchesse de Bourgogne et qu'on avoit déjà chantés dès le premier jour qu'on arriva ici. Après le souper le roi et la reine d'Angleterre retournèrent à Saint-Germain; la plupart des gens qui étoient venus de Paris pour le spectacle demeurèrent dans les jardins jusqu'à minuit. — M. de Vendôme mande par un courrier, parti du 7, qu'on travaille à la démolition de Verceil, où l'air est très-mauvais; la maladie se met dans nos troupes; il ne laissera que quatre bataillons dans la place, et doit marcher le 10 ou le 12 sur la Doria-Baltea. Il campera le premier jour de sa marche à Santhia. M. de Savoie, qui est toujours à Crescentin, a fait jeter des ponts sur la Doria, et dit qu'il veut disputer le passage de cette rivière à M. de Vendôme, ce qu'on ne croit pas qu'il ose faire.

Mercredi 13, *à Versailles*. — Le roi tint conseil le matin comme à son ordinaire, et travailla l'après-dînée avec M. de Chamillart. Monseigneur, après le conseil, alla dîner à Meudon et revint ici le soir. Le roi ne partit qu'à sept heures de Marly pour revenir ici. Il y a eu au voyage de Marly M. l'évêque de Senlis et M. le marquis de Souliers, chevalier d'honneur de Madame, qui n'y étoient jamais venus. [M. le duc] et madame la duchesse d'Orléans ont toujours été à Saint-Cloud durant ce voyage de Marly et sont revenus ici ce soir. — M. l'abbé d'Estrées, qui revient de l'ambassade d'Espagne, salua le roi et en fut très-bien reçu. Le comte d'Albert fit la révérence aussi; il espère que S. M. lui permettra d'aller servir en Espagne. — On a des lettres de M. le grand prieur, qui est encore à Isola della Scala; il a fait brûler cinq ou six villages des Vénitiens, en représailles de ce que les sujets de la république avoient laissé passer des troupes de l'empereur qui avoient pillé et ensuite brûlé deux villages du Mantouan, et au retour de cette expédition, en passant à Desenzano, qui est aux Vénitiens, ils avoient partagé avec les habitants du lieu leur pillage, puis s'étoient rembarqués sur le lac de Garde.

Jeudi 14, *à Versailles*. — Le roi, Monseigneur et toute la maison royale entendirent vêpres en haut dans la chapelle, après quoi le roi s'enferma avec le P. de la Chaise; il en sortit à six heures pour s'aller promener à pied dans les jardins. — L'ambassadeur de Venise vint ici, mais il n'eut point d'audience du roi; il ne vit que M. de Torcy. Il fit ses plaintes des villages qu'avoit fait brûler M. le grand prieur; mais il fut aisé de lui répondre, car la république s'est attirée cela par sa faute et montre trop de partialité pour l'empereur; cependant, voyant l'ambassadeur de France parti et que le roi ne leur en vouloit point renvoyer d'autre jusqu'à ce qu'ils eussent rétabli leurs franchises, ils s'y sont enfin résolus, ne voulant pas achever de se brouiller avec la France. — On eut des lettres de notre consul à Malaga, du 22 du mois passé, qui portent que l'amiral Rook et Schowel, qui se sont joints, ont soixante-deux vaisseaux de guerre comme tous les autres avis le portent; qu'ils avoient fait mettre pied à terre à deux mille hommes au cap des Moulins; qu'ils n'avoient pas été plus de demi-lieue avant dans les terres; qu'ils avoient brûlé beaucoup de moulins sur cette côte, où il y en a grand nombre; qu'ils s'étoient embarqués avec précipitation et qu'ils faisoient voile vers les côtes de Barbarie.

Vendredi 15, à Versailles. — Le roi fit ses dévotions à la chapelle et puis toucha quelques malades étrangers; Monseigneur et monseigneur le duc de Bourgogne firent aussi leurs dévotions. Il y eut vêpres l'après-dînée, où assista toute la maison royale, et après vêpres il y eut procession dans la cour, comme on fait tous les ans à pareil jour. Après la procession le roi s'enferma avec le P. de la Chaise, et fit la distribution des bénéfices; ensuite il alla au salut, et puis entra chez madame de Maintenon; il avoit eu quelque envie de se promener dans les jardins avec madame la duchesse de Bourgogne, mais le vilain temps les en empêcha. — Le roi donna l'évêché d'Auxerre à M. de Caylus, un de ses aumôniers, qu'il avoit nommé à l'évêché de Toul à la dernière distribution des bénéfices et qui avoit prié le roi de trouver bon qu'il ne l'acceptât pas par des raisons dont S. M. fut contente. L'évêché d'Oléron fut donné à l'abbé de Magny, doyen du chapitre de Saint-Martin à Tours. On donna une abbaye qui vaut environ 1,000 écus de rente à l'évêque de Dax. — La nourrice de monseigneur le duc de Bretagne s'étant trouvée malade, on a donné sa place à la dame Charpentier. — M. de Pontchartrain apporta au roi des lettres de Chateau-Renaud, qui mande que Guay-Trouin, capitaine de frégate, avoit pris un vaisseau anglois de cinquante canons et deux frégates qui escortoient une flotte de bâtiments marchands. L'action a été très-belle et très-louée.

Samedi 16, *à Versailles.* — Le roi alla l'après-dînée tirer et tua beaucoup de gibier. Monseigneur et monseigneur le duc de Bourgogne partirent à cinq heures du matin, allèrent courre le loup dans la forêt de Sénart et puis coucher à Saint-Maur, où ils demeureront jusqu'à mardi. Madame la duchesse de Bourgogne fit ses dévotions aux Récollets dans la tribune, et le soir monseigneur le duc de Bourgogne recommença à coucher chez elle. — Le roi a créé deux nouvelles charges d'intendant des finances, qui ont été données pour 400,000 livres chacune à MM. Guyet et Rebourg. M. Guyet est intendant à Lyon et beau-père du comte de Chamillart le brigadier. M. Rebourg est premier commis de M. de Chamillart et gardera son emploi. — Le roi a donné une augmentation de 4,000 livres de pension à M. d'Usson, lieutenant général; il en avoit déjà 2,000 et une de 1,000 écus comme commandeur de l'ordre de Saint-Louis; il est frère de M. de Bonrepaux. — M. l'évêque de Strasbourg a eu permission de faire couper dans une de ses abbayes pour 700,000 francs de bois, qui seront portés à la maison de ville et augmenteront le revenu de cette abbaye de 35,000 livres de rente.

Dimanche 17, *à Versailles.* — Le roi travailla l'après-dînée avec M. de Chamillart, et puis alla tirer. Monseigneur le duc de Bourgogne et madame la duchesse de Bourgogne allèrent au salut, et puis se promenèrent dans les jardins. — Il arriva un courrier de M. de Tallard, parti d'Augsbourg le 8; ce maréchal y arriva le 2, et son armée joignit le 4. Les ennemis, apprenant cette jonction, abandonnèrent Fridberg et le brûlèrent; ils en ont usé de même dans tout le pays des environs, et cela par ordre de leur général. Ils se retirent vers Neubourg, où ils ont un pont et où ils veulent repasser le Danube. M. le prince Eugène est arrivé à Donawerth; on dit qu'il a mené avec lui dix-neuf bataillons et trente escadrons; l'infanterie est presque toute des troupes de Brandebourg et de Danemark. M. l'électeur devoit marcher le 9 pour aller camper à Biberbach et marcher ensuite à Dilingen, pour y passer le Danube sur un pont qu'y fit faire M. de Turenne dans l'ancienne guerre et qui y a toujours subsisté depuis. M. le maréchal de Villeroy devoit décamper le 16 d'Offembourg et marcher à Oppenau, pour s'approcher des lignes de Stolhofen. Toutes les nouvelles d'Allemagne portent que la Transylvanie est entièrement révoltée, et qu'il ne reste plus que deux villes dans le parti de l'empereur.

Lundi 18, à Versailles. — Le roi courut le cerf dans la forêt de Marly, et puis alla se déshabiller au château et se promener dans les jardins jusqu'à la nuit. Madame la duchesse de Bourgogne prit médecine, et le soir elle alla chez madame de Maintenon comme à l'ordinaire, et après souper elle alla dans le cabinet du roi. Monseigneur le duc de Bourgogne se promena le soir dans les jardins. On a encore changé de nourrice à monseigneur le duc de Bretagne; on a pris la femme d'un garde de la porte, qui n'étoit pas une des retenues. — Le roi a donné l'intendance de Lyon qu'avoit M. Guyet à M. Trudaine, beau-frère de M. Voisin. — Le roi nous apprit le soir à son petit coucher la mort de madame l'abbesse de Fontevrault*, qu'il regrette extrêmement; c'étoit une fille de beaucoup d'esprit et de mérite (1). — On apprit le soir que la flotte ennemie, qui avoit pris la route du détroit, avoit fait mettre pied à terre à quelque infanterie qui avoit pris le château de Gibraltar, dans lequel les Espagnols n'avoient laissé que cinquante hommes; on ne sauroit s'imaginer le peu de précaution qu'ont les Espagnols. Quoique cette conquête soit peu importante, cela n'a pas laissé de déplaire ici.

* Cette abbesse de Fontevrault avoit plus d'esprit qu'aucun de sa famille, ce qui étoit beaucoup dire, et le même tour qu'eux et plus de beauté que madame de Montespan. Elle savoit beaucoup, et même de la théologie. Son père l'avoit coffrée fort jeune; avec peu de vocation, elle avoit fait de nécessité vertu, et devint une bonne religieuse et une meilleure abbesse, et adorée autant que révérée dans tout cet ordre, dont elle étoit chef. Elle avoit un esprit de gouvernement singulier, qui se jouoit du sien et qui auroit embrassé avec succès les plus grandes affaires. Elle en avoit eu qui l'avoient attirée à Paris dans le temps du plus grand règne de sa sœur, qui l'aimoit et la considéroit fort et qui la fit venir à la cour, où elle fit divers voyages et de longs séjours, et c'étoit un contraste assez rare de voir une abbesse dans les parties secrètes du roi et de sa maîtresse. Il goûtoit fort cette abbesse, à qui tout ce qu'il y avoit de plus élevé en rang, en place et crédit faisoit la cour et qui conserva presque une égale considération après l'éloignement de sa sœur. Sa nièce, qui lui succéda tout aussitôt par ces raisons et qui étoit religieuse de Fontevrault, auroit paru une merveille si elle n'avoit succédé à une tante si extraordinaire. Elle lui succéda toutefois en piété, en sage administration, en grande considération et dans l'amour et le respect de son ordre.

Mardi 19, *à Versailles.* — Le roi, après son dîner, alla chez madame la duchesse de Bourgogne, à qui la fièvre prit en sortant de la messe; elle avoit donné le matin audience aux deux nonces et à quelques ambas-

---

(1) « Madame l'abbesse de Fontevrault est morte en trois jours; c'est une perte, et madame de Montespan, qui a appris cette mauvaise nouvelle par le père général de l'Oratoire, son directeur, a réfugié sa douleur à l'ancien hôtel de Créquy, auprès de M. le duc et de madame la duchesse de Lesdiguières. » (*Lettre de la marquise d'Huxelles*, du 20 août.)

sadeurs; la fièvre prit par frisson, qui dura deux heures, et elle lui dura tout le jour. Le roi, en sortant de chez elle, alla travailler avec M. de Pontchartrain, et puis retourna chez elle. Cette fièvre a fait prendre le parti au roi de changer toutes les dispositions qu'il avoit faites pour le reste de la semaine; il manda à Monseigneur, qui est revenu de Saint-Maur à Meudon, qu'il n'iroit point y passer quelques jours comme il l'avoit résolu. Monseigneur reviendra ici demain de Meudon; il y avoit fait préparer un beau feu d'artifice, qui sera retardé, aussi bien que le feu que la ville de Paris devoit faire jeudi et où messeigneurs les ducs de Bourgogne et de Berry et madame la duchesse de Bourgogne devoient aller. Le roi alla sur les six heures se promener à pied dans ses jardins. — Il arriva un courrier de M. le maréchal de Villeroy, parti d'Oberkirk le 17. Son armée tient depuis Oberkirk jusqu'à Erlach, et n'est qu'à deux lieues des retranchements de Bill, où les ennemis n'ont que dix-sept bataillons et peu de cavalerie; c'est le comte de Nassau-Veilbourg qui les commande; on ne dit point si on les attaquera.

Mercredi 20, *à Versailles.* — Le roi donna audience l'après-dînée à M. de Mantoue, dont le mariage avec mademoiselle d'Elbeuf est entièrement réglé; mais on n'en dit point encore les conditions. S. M. alla ensuite se promener à Trianon, et le soir, chez madame de Maintenon, elle travailla avec M. de Chamillart. La fièvre avoit duré à madame la duchesse de Bourgogne toute la nuit, mais elle s'en trouva entièrement quitte à midi; on espère que ce sera une fièvre qui n'aura aucune suite, car madame la duchesse de Bourgogne fut tout le jour debout et est fort gaie. Monseigneur et monseigneur le duc de Berry revinrent de Meudon. — Quand la Touanne mourut sans avoir assez de bien pour payer ses créanciers, le roi se chargea d'acquitter toutes ses dettes; on trouva parmi ses effets une obligation de 60,000 écus que lui devoit le marquis de Béthune; le roi lui en quitta 40,000, et pour payer les 20,000 écus restant il a vendu son gouvernement d'Ardres à M. de Montmaur, qui a servi longtemps dans le régiment des gardes et qui lui en donne 60,000 livres.

Jeudi 21, *à Versailles.* — Le roi, en allant à la messe, nous dit qu'il avoit reçu de tristes nouvelles de l'armée de M. de Tallard; on ne sait encore cela que par un courrier du maréchal de Villeroy, à qui les ennemis qui sont aux lignes de Stolhofen ont envoyé un trompette chargé de plusieurs lettres d'officiers de nos troupes prisonniers, à qui on a permis d'écrire; presque toute l'infanterie de l'armée de Tallard a été tuée ou prise; vingt-six de nos bataillons se sont rendus prisonniers de guerre et les douze escadrons de dragons que nous avions là. On ne sait ce qu'est devenu M. le maréchal de Tallard, on le croit pris; mais comme il n'y a point de lettres de lui et qu'il y en a beaucoup de nos officiers prisonniers qui n'en disent rien, on craint encore plus pour lui que la prison. La bataille se donna le 13 et dura depuis huit heures du matin jusqu'à la nuit; on ne sait si M. de Bavière et M. de Marsin y étoient. Les lettres des prisonniers de Hochstett sont du 15; il y en a de MM. de Blansac, Montpeiroux, Hautefeuille, le chevalier de Croissy et de Dénonville. On ne sait aucun détail; on sait seulement que l'affaire est très-mauvaise et très-cruelle pour nous. M. de la Vallière, qui est pris aussi, mande que son frère, le chevalier, a été tué. Dénonville mande que Marsillac est tué. Blansac mande qu'il a vu, le matin de l'action, Nangis et le prince Charles, qui sont tous deux de l'armée de M. de Marsin, et c'est ce qui fait croire que l'armée de M. de Marsin a combattu aussi; mais dans toutes les autres lettres il n'y a rien qui le puisse faire croire, et pas un des officiers de cette armée-là n'est nommé parmi les prisonniers. Le roi soutient ce malheur-là avec toute la constance et la fermeté imaginables; on ne sauroit marquer plus de résignation à la volonté de Dieu et plus de force d'esprit; mais il ne comprend pas que vingt-six bataillons françois se soient rendus prisonniers de guerre. Le roi alla tirer l'après-dînée, après avoir donné une longue audience à l'abbé d'Estrées sur les affaires d'Espagne avec la même tranquillité que s'il n'eût pas reçu une funeste nouvelle. Les ennemis avouent qu'ils ont perdu dix mille hommes à cette bataille. — Madame la duchesse de Bourgogne passa toute la journée debout et n'eut aucun ressentiment de fièvre.

Vendredi 22, à Versailles. — Le roi, en se levant, lut tout haut une lettre de M. de Marsin, écrite du 16 de Villingen, sur l'Iller, à deux lieues d'Ulm; c'est au maréchal de Villeroy qu'il écrit. Il lui mande que son armée est en fort bon état, que tout ce qui s'est sauvé de l'armée du maréchal de Tallard l'a joint, que M. l'électeur de Bavière est avec lui, et que, se trouvant trop foibles pour résister aux ennemis en ce pays-là depuis la perte de la bataille, ils avoient résolu d'abandonner la Bavière et de se retirer sur le Rhin; que M. l'électeur vouloit suivre notre fortune jusqu'au bout; qu'ils marcheroient le 17 et viendroient en six jours à la hauteur de Villingen, où ils espéroient le trouver avec son armée. Le maréchal de Villeroy, ayant reçu cette lettre, s'est mis en marche sans attendre les ordres de la cour; on compte que la jonction se fera aujourd'hui ou demain. M. de Marsin ne mande aucun détail des morts ni des blessés; mais Dubois, capitaine de cavalerie, qui a apporté cette lettre au maréchal de Villeroy, a dit que Zurlauben, Blainville et Clérembault ont été tués; il nomme encore plusieurs autres officiers, à ce qu'on mande de l'armée du maréchal de Villeroy, où il est demeuré; mais comme il n'étoit point au combat, il ne peut qu'avoir ouï dire ces détails-là à Ulm, où il étoit et d'où on l'a fait partir. Ce qu'il y a de certain, c'est que nos trois armées ont combattu; que nous avons perdu trente-sept bataillons de l'armée de

M. de Tallard, dont il y en a eu onze taillés en pièces et vingt-six prisonniers de guerre. On ne sait point encore la manière dont ils se sont rendus ni ce qu'est devenu M. de Tallard ; on le croit prisonnier aussi, et on assure que son fils a été blessé à mort*. — Le roi alla l'après-dînée courre le cerf, et, quoiqu'il soit fort sensible à la mauvaise nouvelle, il n'y a nul changement à sa vie, nulle altération dans son visage ni dans ses discours. Le P. de la Chaise lui avoit préparé un discours de consolation, mais le roi l'a prévenu dès qu'ils ont été seuls ensemble, et ce bon père nous a dit que S. M. lui avoit parlé avec tant de piété, tant de résignation à la volonté de Dieu et avec tant de force et tant de courage qu'il ne lui a jamais paru si grand et si digne d'admiration ; il console les familles dont on dit qu'il y a eu des gens tués. — L'armée de M. de Marsin a combattu contre celle du prince Eugène et a toujours eu l'avantage ; il a pris même trois paires de timballes ; mais l'armée de M. de Tallard a été coupée et accablée par l'ennemi.

* Cette bataille, qui a été le commencement de nos grands maux et le fruit de nos généraux de goût et non de mérite, est la plus incroyable qui se soit vue depuis bien des siècles. Ce qui l'est davantage est la prodigieuse fortune que fit depuis, par la cour, celui qui la perdit, et qu'il commença de faire incontinent après, absent et prisonnier. Blansac et Dénonville, à la persuasion desquels il fit mettre les armes bas à vingt-six bataillons entiers et frais qu'il commandoit dans le village de Pleintheim, et quantité d'autres en furent perdus et ne servirent de leur vie ; Dénonville même fut cassé, et ne s'est guère montré depuis. Cette bataille est si connue et dans tous ses surprenants détails et dans ses surprenantes suites qu'il est difficile de n'y pas reconnoître la main immédiate de Dieu, qui aveugle ceux qu'il veut perdre, et qu'il est inutile de s'y étendre. On ne peut se lasser d'admirer que Clérembault, parvenu à être lieutenant général, se soit allé noyer dans le Danube de peur d'être tué, et que la maréchale sa mère, n'en entendant point parler, n'en eût jamais parlé non plus, pour ne pas troubler son froid et sa tranquillité naturelle.

Samedi 23, *à Versailles.* — Le roi donna le matin l'abbaye de Fontevrault à madame de Vivonne, qui étoit grande prieure de la maison; elle n'a pas quarante ans, mais il y en a vingt qu'elle est religieuse; elle est la cadette des filles du maréchal de Vivonne, nièce de la feue abbesse et de madame de Montespan.—Monseigneur alla à Meudon, où il demeurera jusqu'à ce que le roi y aille. — M. de la Vrillière reçut des lettres de M. de Basville, qui lui mande que Roland, principal chef des fanatiques, avoit donné rendez-vous à sa maîtresse dans le château de Castelnau auprès d'Uzès; que Parat, brigadier des troupes du roi, en ayant été averti, l'y avoit investi; que Roland avoit voulu se sauver avec sept ou huit de ses camarades; un de nos dragons l'a tué, et on a pris presque tous ceux qui l'avoient suivi dans le château. On a depuis fait brûler le corps de Roland et on a fait rouer ceux qu'on a pris en vie. — Dubois, que M. de Marsin envoya d'Ulm à M. le maréchal de Villeroy, compte parmi les gens tués à la bataille Courtebonne, lieutenant général, le comte de Verue, Maisoncelles et Chabanois, et parmi les blessés M. de Seignelay.

Dimanche 24, à Versailles. — Le roi travailla l'après-dînée avec M. de Chamillart, et puis alla tirer. — Il arriva un courrier de M. le maréchal de Villeroy, parti le 21 de Biberach, où M. d'Antin est venu de Hornberg lui apporter une lettre qu'il avoit reçue du maréchal de Marsin, qui écrit de Butteling du 20; [il n'a point été suivi par les ennemis; il doit séjourner un jour ou deux dans cet endroit, qui n'est éloigné de Villingen que de cinq lieues; il y sera joint par Chamarande, qui amène les troupes qu'on avoit laissées dans Augsbourg et dans Memmingen. M. de Marsin ne parle ni des morts, ni des blessés, ni des gens pris dans la bataille; il n'écrit que pour sa jonction avec M. le maréchal de Villeroy; M. l'électeur de Bavière est avec M. de Marsin. On n'a aucune nouvelle certaine de M. de Tallard que par une lettre que milord Marlborough écrit à la reine Anne, par laquelle il lui mande que ses troupes ont gagné une bataille complète et qu'il a dans son carrosse M. de Tallard et deux généraux françois. M. le prince de Bade n'étoit point à la bataille ; il assiégeoit Ingolstadt, qu'on croit pris.

Lundi 25, *à Versailles.* — Le roi, après avoir travaillé l'après-dînée avec M. Pelletier, alla tirer dans son parc ; il avoit donné audience le matin aux députés des états de Languedoc ; l'archevêque de Narbonne portoit la parole. Messeigneurs les ducs de Bourgogne et de Berry et madame la duchesse de Bourgogne allèrent à vêpres, et en sortant de la chapelle madame la duchesse de Bourgogne et M. de Berry allèrent à Meudon voir Monseigneur, firent collation avec lui et revinrent ici pour le souper du roi. Monseigneur le duc de Bourgogne avoit eu envie d'aller avec eux à Meudon, mais il demeura ici pour le salut. — On reçut des lettres du roi d'Espagne, qui mande que M. le comte de Toulouse, avec sa flotte, avoit passé à la hauteur d'Alicante. On avoit avis, par d'autres endroits, que cet amiral avoit passé près d'Yvice ; ainsi ces avis se rapportent ; il fait voile vers le détroit, où il auroit grande envie de trouver encore la flotte ennemie. — On a donné à M. Arnould, intendant général de la marine, la direction de la compagnie de l'assiento, qu'avoit M. des Aguets ; il y a 1,000 écus d'appointements à cet emploi. — Saint-Pol a remonté à la hauteur de Brest ; il rencontra quelques vaisseaux de guerre anglois ; il en a attaqué un plus fort que le sien et lui a donné la chasse. Ferrière, qui commandoit un autre vaisseau sous lui, en a pris un à l'abordage qui étoit plus fort que lui aussi ; mais en entrant dans le vaisseau qu'il a pris il a été tué et son frère dangereusement blessé. Le capitaine en second a amené le vaisseau pris à Brest.

Mardi 26, *à Versailles.* — Le roi travailla l'après-dînée avec M. de Pontchartrain, et puis alla tirer. MM. les nonces eurent le matin audience du roi, dans laquelle ils lui dirent tous deux ensemble que M. de Modène désavouoit son envoyé à Lisbonne d'avoir reconnu l'archiduc roi d'Espagne ; qu'il espéroit de la bonté de S. M. que le mauvais procédé de ce ministre ne nuiroit point à son maître, qui ne reconnoissoit point d'autre roi d'Espagne que Philippe V, et que les nonces à Madrid avoient ordre de dire la même chose au roi d'Espagne. — M. de Mulazzano, envoyé de Gênes, prit son audience de congé du roi. — On apprit la mort du cardinal Delfini*, qui étoit nonce en France il y a quelques années et qui y fut fait cardinal ; il vaque par sa mort un seizième chapeau, et l'on croit que le pape pourroit bien faire une promotion à Noël. — L'ordinaire d'Espagne arriva, et on apprit que le marquis de Villadarias, avec un assez gros corps de troupes, marchoit vers Gibraltar pour empêcher les ennemis de s'y établir, et que le marquis de Canales avoit été ôté du despacho, et qu'on avoit rendu son emploi à Rivas.

* Ce bon Delfini, étant ici nonce, alloit franchement à l'opéra et entretenoit une maîtresse. Le roi le souffrit quelque temps ; mais comme il étoit alors dans une grande dévotion pour lui et pour les autres, il lui en fit parler, et de sa part. Le nonce, s'en s'embarrasser, répondit qu'il étoit bien obligé au roi, mais qu'il n'avoit jamais songé à être cardinal par la France. Il continua comme s'il n'eût point été averti, fut cardinal en partant, et reçut des mains du roi sa barrette.

Mercredi 27, à Meudon. — Le roi travailla l'après-dînée à Versailles avec M. de Chamillart, et puis vint ici. Monseigneur le reçut sous les marronniers, et y fit venir toutes les calèches pour la promenade. Monseigneur le duc de Bourgogne, madame la duchesse de Bourgogne et monseigneur le duc de Berry étoient venus ensemble et étoient arrivés avant le roi. On se promena dans les jardins bas et hauts jusqu'à la nuit ; on vit commencer l'illumination avant que de rentrer dans le château ; la décoration étoit belle, grande et magnifique ; un peu avant neuf heures le feu commença, qui fut très-beau. Toutes les princesses sont du voyage ; il y a deux grandes tables comme à Marly. — On reçut le matin à Versailles, au lever du roi, des lettres de M. de Marsin et de plusieurs officiers de son armée du 21, qui sont venues par Huningen; on eut la confirmation de la mort de M. de Blainville* et du comte de Verue; on apprit aussi que Maisoncelles, major général de l'armée de Tallard, MM. d'Albarède, de Gassion, de Boucs, de Saint-Second avoient été tués. M. de Chamillart reçut des lettres de Courtebonne, qui, bien loin d'être mort, comme on l'avoit dit, n'est ni blessé ni prisonnier. M. de Marsin ramène avec lui deux mille sept cents soldats et plusieurs officiers de l'infanterie de M. de Tallard. Ricousse, notre envoyé auprès de M. l'électeur de Bavière, revient en litière; il a un coup au travers du corps; il mande à M. de Torcy qu'il croit que ce coup n'est pas dangereux. M. l'électeur a passé à Memmingen, où il a vu madame l'électrice et ses deux fils aînés; il ne les ramène point en France, comme on disoit; il les renvoie à Munich après lui avoir laissé des ordres de ce qu'elle avoit à faire. Nous avons mis quatre mille hommes dans Ulm, moitié troupes de France, moitié troupes de Bavière; on y a fait porter tous nos blessés qui n'ont pas pu suivre l'armée, et on a donné ordre à cette garnison de se rendre quand ils seront attaqués, en cas qu'on leur donne une bonne capitulation pour eux et pour les blessés; sinon de se défendre tout le plus qu'ils pourront. — Il arriva, durant la messe, à Versailles, un courrier de M. le maréchal de Villeroy; ses lettres sont du 24 au matin; il étoit à une lieue de Villingen et marchoit ce jour-là vers Donesching, où il devoit joindre le soir M. de Marsin; tous les gens de cette armée-là mandent que le pauvre Clérembault se noya dans le Danube après la bataille.

* Blainville étoit frère des duchesses de Chevreuse, de Beauvilliers et de Mortemart, qui en furent outrées. Il alloit au plus grand, et avec cette fine valeur de tous les Colbert, avoit toutes les parties de capitaine; au demeurant fort avant parmi les disciples de la Guyon. Marillac se formoit fort, étoit le fils unique de Marillac, et sans enfants de la sœur du duc de Beauvilliers, et un fort aimable caractère. Le comte de Verue étoit le mari de la fameuse maîtresse de M. de Savoie, dont il n'a point eu d'enfants dans le monde, et qui avec la fille qu'elle a eue de M. de Savoie acquit ici longtemps depuis un crédit de bricole et de richesses directes infinies. La Baume, fils aîné de Tallard, et nouveau marié sans enfants, qui mourut incontinent après de ses blessures, fut fort regretté.

Jeudi 28, *à Meudon*. — Le roi se promena le matin et l'après-dînée dans les jardins, et le soir il vit chez madame de Maintenon le feu que la ville de Paris donnoit à madame la duchesse de Bourgogne devant les galeries du Louvre sur l'eau. Messeigneurs les ducs de Bourgogne et de Berry et madame la duchesse de Bourgogne partirent d'ici après dîner et allèrent descendre à Paris, au Louvre, dans l'appartement de la reine, qu'on avoit fait meubler magnifiquement, et virent de dessus le balcon qui donne sur la rivière les combats des bateliers et tirer l'oie. Ils montèrent ensuite dans les appartements hauts et dans la grande galerie, puis descendirent pour voir le feu de la ville, qui fut magnifique et très-bien exécuté. Après le feu on servit le souper, qui étoit de deux tables de dix-huit couverts, où mangèrent toutes les dames qui avoient eu l'honneur de suivre madame la duchesse de Bourgogne; il y avoit deux autres grandes tables dans un autre endroit pour les courtisans; et tout cela servi par les officiers de madame la duchesse de Bourgogne. Après souper on remonta en carrosse, on passa par le Pont-Neuf, par le quai des Théatins, pour voir l'illumination des galeries du Louvre; le spectacle fut fort beau par le nombre infini de peuple; les gens considérables étoient ou dans les galeries du Louvre, ou dans les maisons du quai vis-à-vis, ou sur les échafauds dont les deux côtés de la rivière étoient bordés. On revint ici à minuit et demi; le roi étoit déjà couché. — Il arriva un courrier de Cadix venu pour des affaires particulières. M. de Pontchartrain, qui devoit venir travailler avec le roi l'après-dînée, apporta à S. M. une lettre que le duc de Gramont écrit par ce courrier, qui a passé à Madrid. La lettre est du 19; il mande que M. le comte de Toulouse étoit le 15 à la hauteur de Malaga, faisant toujours route vers le détroit. On compte que la flotte ennemie est encore à Gibraltar; s'ils y attendent M. le comte, nous entendrons bientôt parler apparemment d'un grand combat. — M. de Chamillart manda au roi le soir que M. de Silly étoit à Claye, qu'il viendroit demain; il étoit prisonnier avec M. de Tallard, et M. de Marlborough a trouvé bon que M. de Tallard l'envoyât ici au roi.

Vendredi 29, à Meudon. — Le roi se promena tout le matin et toute l'après-dînée dans les jardins; Monseigneur est toujours à cheval à côté de sa chaise dans les promenades. — M. de Chamillart arriva de l'Étang, et amena avec lui M. de Silly*, qui, comme prisonnier, n'a point d'épée; le roi, avant son dîner, fut enfermé longtemps avec eux. On apprit par lui que M. de Tallard étoit blessé d'un coup d'épée, qui n'est pas dangereux, et d'un coup de pistolet dans le bras, qui n'a fait qu'une grosse contusion; il a la fièvre, et on le mène à Hanau auprès de Francfort avec la plupart des officiers considérables qui sont demeurés aux Anglois. Ce milord a donné la moitié des prisonniers au prince Eugène, qui commande les troupes de l'empereur. Dès que la bataille fut gagnée, les ennemis mandèrent au prince de Bade qu'il n'avoit qu'à discontinuer le siége d'Ingolstadt, parce que, M. l'électeur ayant perdu la bataille, ces places ne songeroient plus à se défendre; on ne se loue pas de notre gendarmerie et de la cavalerie de M. de Tallard, qui n'ont pas combattu l'épée à la main, comme ils avoient accoutumé; ils ont tiré, et les ennemis, au contraire, qui tiroient toujours dans les autres combats, sont venus l'épée à la main; ils avoient quarante-huit escadrons plus que nous de ce côté-là. M. de Tallard a fait tout ce qu'un bon et brave

général pouvoit faire, et a été pris par M. de Benbourg, aide de camp du prince de Hesse, n'ayant pu rallier sa cavalerie. Les officiers de la gendarmerie ont payé de leurs personnes et sont tous demeurés, quoique leurs troupes les abandonnassent ; nous en avons eu beaucoup de tués et de pris. Dormoy, qui en étoit major ; le petit de Saint-Valery, fils unique ; Moncha, qui n'a que deux sœurs ; le cadet des enfants de Busca, le second fils du marquis d'Étampes, ont été tués. Plancy, qui commandoit une compagnie, est dangereusement blessé. Gassion n'est pas mort, il est dangereusement blessé. Je mettrai la liste des tués, blessés et prisonniers quand je l'aurai.
— Il arriva un courrier de M. de Vendôme, qui, ayant présentement tout ce qui lui est nécessaire pour un siége, marche à Ivrée ; la place doit être investie le 1er septembre.

* Silly, très-simple et plat gentilhomme de Normandie, vers Séez et Lisieux, étoit un homme parfaitement bien fait, d'infiniment d'esprit, d'une grande valeur, qui avoit de grandes parties de guerre, une ambition effrénée, et quoi que ce soit de ce qui en peut refréner les moyens ; l'esprit orné, et de l'éloquence, qui en le faisant très-bien parler, le faisoit trop s'écouter. C'étoit l'homme le plus propre à publier et à exténuer [sic] les fautes de Tallard : aussi n'en choisit-il point d'autre, et il y réussit par delà ses espérances, quoique le début le dût étourdir par le ridicule qu'on lui donna de paroître sans épée et par le dépit marqué avec lequel le roi lui commanda de la reprendre. Il retourna joindre Tallard en Angleterre, où ils se brouillèrent tellement que cela fut irréconciliable, apparemment sur choses qui ne faisoient honneur à l'un ni à l'autre, puisque leurs plus intimes amis n'ont jamais pu pénétrer rien d'approchant de la cause. Silly avoit eu le régiment d'Orléans, et étoit bien avec M. le duc d'Orléans. Il fit même quelque temps un peu de figure dans sa régence, mais avec une impertinence qui dégoûta. Il s'attacha à madame la Duchesse dans ce temps de faveur ; il mit le nez dans la compagnie des Indes et s'y enrichit, et s'attacha si bien à elle qu'entre tous les pieds plats que M. le Duc fit chevaliers de l'Ordre en 1724 elle y fourra Silly, dont le nom de Vipart dut être bien étonné d'une décoration si fort au-dessus de sa portée. Sa catastrophe fut le pot au lait, mais plus folle et plus funeste : elle mérite d'être racontée. Il cultiva Morville, ministre et secrétaire d'État des affaires étrangères, qui se piquoit d'esprit,

de savoir et de bien dire, et Morville se prit à son éloquence et à l'ornement de son esprit. Il lui confia même beaucoup de choses, et le consultoit avec une déférence qui tourna la tête à Silly. Son château en Espagne fut d'y aller ambassadeur, et d'y être fait grand par le crédit de Morville et la protection de madame la Duchesse, et à son retour d'être fait duc et pair et ministre d'État. Il se reput de ces idées jusqu'à ce que tout d'un coup M. le Duc fut remercié et Morville expulsé. Quelle chute pour Silly ! Toutefois il ne quitta point la partie, quoiqu'il eût désormais affaire, ainsi que toute la France, à M. le cardinal Fleury, qui eut le chapeau bientôt après, et à M. Chauvelin, deux visages pour lui entièrement nouveaux ; sa fiante [*sic*] opinion de soi-même l'empêcha donc de se désespérer. Il se mit à tâcher de s'en faire connoître, pour s'en faire goûter après et les subjuguer ensuite comme Morville ; mais ils avoient trop peu de loisir et lui trop peu d'accès. Il crut y suppléer et se le procurer par l'assiduité, et se mit à ne bouger de la porte du cardinal pour le voir entrer et sortir à toute heure. Cela dura plus d'un an. Enfin, soit que le cardinal fût averti, soit que la chose même lui devînt suspecte, il s'arrêta un jour à lui, en rentrant pour dîner, en présence d'une infinité de monde, et lui demanda fort poliment s'il avoit quelque chose à lui dire. Silly répondit que non avec force compliments. Le cardinal répliqua civilement, mais sèchement qu'il n'étoit pas accoutumé à voir des gens comme lui à sa porte, et qu'il le prioit de n'y plus venir quand il n'auroit point affaire à lui. Ce fut un coup de foudre, qui pénétra d'autant plus Silly que les spectateurs étoient nombreux et qu'il avoit compté circonvaller le cardinal par ses plus intimes amis. Il s'en alla dîner chez lui à la ville avec bien du monde qu'il avoit prié, et faisoit grande et délicate chère. Il y parut outré, et à la fin il éclata en plein dîner contre le cardinal à faire baisser les yeux à tout le monde. Il continua à se soulager de la sorte ; mais il sentoit bien qu'il ne faisoit par là que rengréger son mal. Il coula près d'un an de la sorte, puis s'en alla passer l'hiver chez lui et dit qu'il étoit malade, renvoya le peu de gens qui l'y venoient voir ; car ses nouveaux grands airs avoient déserté le voisinage. Il se mit au lit et y demeura plusieurs jours. Ses valets, qui ne lui voyoient aucun mal, se regardoient, son chirurgien surtout, qui entra depuis au duc de Lévis, et qui ne lui trouvoit point de fièvre. Enfin le dernier jour, s'étant levé un moment, il se recoucha et renvoya tous ses gens. Sur les six heures du soir, déjà inquiets de ce qu'il faisoit ainsi seul et sans rien prendre, ils entendirent quelque bruit dans les fossés plus pleins de boue que d'eau. Ils entrèrent et écoutèrent à la cheminée un peu de temps ; l'un sentit du vent de la fenêtre et la voulut aller fermer ; un autre leva doucement le rideau du lit, et tous deux furent épouvantés, l'un de ne trouver personne dans le lit, l'autre de voir la fenêtre ouverte, et les pantoufles au bas en dedans. Ils coururent aux fossés, le trouvèrent et le retirèrent palpitant encore et tombé de façon à gagner le bord s'il eût voulu; peu après il mourut entre leurs bras. Il étoit encore conseiller d'État d'épée, et avoit une sœur qu'il laissoit réellement mourir de faim, qui eut de quoi se consoler de sa mort. Il étoit devenu infiniment riche, et n'étoit point marié.

Samedi 30, *à Versailles.* — Le roi, après avoir dîné à Meudon, alla se promener à Marly et ne vint ici qu'à la nuit. Monseigneur demeura à Meudon. Monseigneur le duc de Bourgogne et madame la duchesse de Bourgogne revinrent ici tout droit. — Le chevalier de Livry arriva de l'armée de M. le maréchal de Villeroy, qui fut joint le 25 par M. l'électeur de Bavière et par M. de Marsin, qui ramènent du moins avec eux quarante mille hommes. On a appris plusieurs détails par le chevalier de Livry; Zurlauben, qu'on avoit dit blessé légèrement, l'est fort dangereusement et de plusieurs coups; il est demeuré à Ulm; M. de la Baume, fils de M. de Tallard, y est demeuré aussi; il est blessé au genou, mais l'os n'est pas cassé; on croit que la blessure sera longue, mais elle n'est pas mortelle. Le fils aîné du marquis de Béthune, qui étoit ambassadeur en Pologne, demeura sur le champ de bataille fort blessé sans qu'on le pût retirer; ainsi on le croit mort. — M. Orry* est revenu d'Espagne depuis quelques jours; il a vu les ministres et leur a parlé avec beaucoup d'esprit pour se justifier. Je ne sais s'il les a persuadés, mais il y a apparence qu'on ne le reverra pas en Espagne et qu'on n'est pas tout à fait content de la conduite qu'il a eue en ce pays-là. — M. de Tracy**, qui a été longtemps dans les gardes du roi et qui avoit été renfermé depuis, est mort; il avoit une pension de 2,000 francs sur l'ordre de Saint-Louis, que le roi a donnée à Davignon, aide-major de ses gardes.

* Orry, sans madame des Ursins, n'avoit pas beau jeu en Espagne, et l'auroit eu encore plus vilain ici s'il y avoit trouvé M. de Berwick de

retour. Il falloit ..... (1) Tessé qui y alloit et pour lui et pour sa protectrice, et hasarder du reste un voyage très-scabreux avec madame de Maintenon, protectrice secrète, et par son propre intérêt qu'elle y croyoit attaché, pour ne perdre pas le gouvernement de l'Espagne, dont madame des Ursins étoit venue à bout de la leurrer tant qu'elle-même l'auroit; de quoi ne venoit-on pas à bout.

** Ce malheureux Tracy étoit un des galants hommes de France en tous points: valeur, honneur, fidélité, vertu, esprit, ambition honnête, parties de guerre, actions brillantes, estime et amitié des généraux, bien avec le roi, mieux avec madame la princesse de Conty, avec Monseigneur, avec les dames. Il fut souffert fou et dangereux bien plus longtemps qu'on ne le devoit, à la cour et dans le monde, où il n'y avoit point de sûreté avec lui, par compassion et par regret; il en fit tant qu'on l'éloigna, et tant encore qu'on l'enferma. Il n'étoit point marié, et ne fut pas le premier de sa race attaqué de ce cruel malheur. C'étoit un gentilhomme peu riche, mais de fort bon lieu et bien fait.

Dimanche 31, *à Versailles*. — Le roi fut longtemps enfermé l'après-dînée avec M. de Mantoue; il le mena ensuite chez madame la duchesse de Bourgogne, et puis le ramena dans son cabinet. Le roi avoit mis à son côté une épée de diamants magnifiques; il dit à M. de Mantoue: « Je vous ai fait généralissime de mes armées en Italie, il est juste que je vous mette les armes à la main, » tira son épée de son côté et la lui donna. « Je suis persuadé, ajouta le roi, que vous la tirerez de bon cœur pour mon service. » M. de Mantoue est charmé des bontés de S. M. et viendra prendre congé d'elle durant le voyage de Marly.
— Le roi reçut les compliments de la ville de Paris, qui apportoit le scrutin des nouveaux échevins, comme cela se fait tous les ans. S. M. remercia le prévôt des marchands du beau feu d'artifice que la ville fit pour madame la duchesse de Bourgogne, et lui dit qu'elle et messeigneurs les ducs de Bourgogne et de Berry l'avoient trouvé parfaitement beau. Le roi sortit sur les six heures et alla se promener à Trianon. Monseigneur revint de

---

(1) Ce mot est resté en blanc.

Meudon, où il retournera demain, et ne reviendra plus ici qu'après le voyage de Fontainebleau. — Il arriva un courrier de M. le maréchal de Villeroy; les troupes que M. l'électeur de Bavière et M. de Marsin ramènent sont arrivées à Offembourg.

Lundi 1ᵉʳ septembre, à Versailles. — Le roi prit médecine; il ne tint point de conseil l'après-dînée, quoiqu'il en tienne toujours les jours qu'il se purge. — M. de Châteauneuf, qui étoit toujours demeuré à Madrid auprès de la reine d'Espagne depuis son ambassade de Portugal, en est revenu. La reine d'Espagne fait toujours de grandes instances en faveur de la princesse des Ursins; elle souhaitoit qu'on la renvoyât en Espagne, et elle demande qu'au moins on lui permette de revenir ici, afin qu'elle y puisse justifier sa conduite; mais le roi, qui n'en est pas content, refuse l'un et l'autre, et veut qu'elle retourne en Italie. LL. MM. CC. ont donné à son écuyer, qu'on appelle d'Aubigny, 2,000 ducats de pension et un logement dans Madrid. — Le marquis de Vervins* fut assassiné ces jours passés à Paris, devant la maison de madame de Miramion; il est blessé de plusieurs coups d'épée, dont on espère pourtant qu'il n'en mourra pas. Les assassins ont fort blessé aussi son cocher, qui le vouloit défendre. On accuse de cet assassinat l'abbé de Grandpré, son cousin germain, qui venoit de perdre son procès contre lui, et l'on n'en doute plus depuis qu'on a su qu'il étoit en fuite.

* Vervins étoit un garçon bien fait et d'esprit, qui avoit de la valeur et n'étoit pas sans talents, et fort agréablement dans le monde. Il prétendit être des anciens Cominges, et peut-être étoit-il vrai. Son père étoit premier maître d'hôtel du roi et gendre du maréchal Fabert. Il mourut jeune en 1663, un an après son beau-père, et laissa son fils enfant. Il se trouva cousin germain du duc d'Harcourt; gendre de la sœur de sa mère, et fort dans la liaison de M. le Duc. Il quitta de bonne heure le service et ne se maria point. Il fut plusieurs années dans le grand monde sans servir, puis sans cause se mit à faire de longs séjours à la campagne, et toujours fort accueilli quand il revenoit. Enfin, il se confina dans une de ses terres, où il vécut plusieurs années

tout seul, sans cause de retraite, de chagrin ni de pauvreté; car il étoit riche et aisé, et ce qui est fort étrange, sans sortir de son lit, quoiqu'il n'eût pas la moindre infirmité. En lui ouvrant son rideau on lui apportoit un ouvrage de tapisserie, où il travailloit tout le jour, et recommençoit le lendemain, dînoit et soupoit dans son lit, y faisoit ses affaires, le peu qu'il en avoit, et y voyoit le peu de gens qu'il ne pouvoit éconduire, et encore rarement, lisoit quelquefois, et tout cela sans donner la moindre marque d'égarement d'esprit. Il y mourut dans cette persévérance de vie.

Mardi 2, à Versailles. — Le roi donna audience à quelques ministres étrangers, et puis tint le chapitre des chevaliers de l'Ordre, dans lequel les preuves du marquis de Bedmar furent admises; nous étions ses commissaires, M. le maréchal de Boufflers et moi. L'après-dînée, S. M. travailla avec M. de Pontchartrain, et puis s'alla promener dans les jardins avec madame la duchesse de Bourgogne. — M. l'électeur de Bavière est arrivé à Strasbourg; il avoit espéré qu'une partie des troupes qu'il avoit laissées à Munich le joindroient à Dutlingen, avant qu'il repassât les montagnes, et il y avoit même séjourné quelques jours dans cette espérance-là; mais il n'en a eu aucunes nouvelles. Il n'a repassé avec lui de ses troupes que vingt-trois escadrons et cinq bataillons; nous avons eu à la bataille d'Hochstett des régiments d'infanterie, levés depuis deux ans, qui ont acquis beaucoup de réputation, entre autres celui de Chabrillant; le colonel et ses deux frères, capitaines dans ce régiment, y ont été tués; ils étoient tous trois cadets de leur maison et chevaliers de Malte. — Les officiers du régiment de Champagne, qui étoient de l'armée de M. de Marsin, se sont cotisés et ont envoyé 2,000 écus au régiment de Navarre, qui a été pris.

Mercredi 3, à Marly. — Le roi travailla l'après-dînée à Versailles avec M. de Chamillart, et puis vint ici, où il se promena jusqu'à la nuit. Monseigneur partit de Meudon pour aller coucher à Fontainebleau; monseigneur le duc de Berry et madame la princesse de Conty sont avec lui; M. le duc d'Orléans, M. le Duc et M. le prince de

Conty le doivent joindre incessamment. Madame la duchesse de Bourgogne partit de Versailles à trois heures, alla à Saint-Germain voir la reine et la princesse d'Angleterre, et, en arrivant ici, alla joindre le roi, qu'elle trouva à la promenade; monseigneur le duc de Bourgogne y étoit avec lui. Le roi a amené ici le marquis de Silly, qui n'y étoit jamais venu et de qui il apprend toujours quelque détail de ce qui s'est passé à Hochstett. — Il arriva le matin un courrier de M. le maréchal de Villeroy; ses lettres sont du 31. Il est campé sous Kehl, et a envoyé le marquis de Coigny avec les troupes qu'il commande camper sur les hauteurs de Weissembourg; le prince Eugène, qui est revenu dans les lignes de Stolhofen, faisant mine de vouloir passer le Rhin. — Le roi nous dit à sa promenade qu'il ne revenoit de la cavalerie de l'armée de Tallard que seize cents cavaliers à cheval et huit cents qui mènent par la bride leurs chevaux malades; la maladie sur les chevaux a été fort grande dans cette armée-là, et, depuis Ulm jusqu'à Kehl, on en a perdu plus de quinze cents en chemin.

Jeudi 4, à Marly. — Le roi, après son dîner, courut le cerf dans son parc; madame la duchesse de Bourgogne étoit avec lui dans sa calèche; Madame étoit dans une autre petite calèche. — Nous avons appris par M. de Silly, à qui M. de Marlborough l'a dit, que la reine Anne avoit envoyé ordre à Rook et à Schowel de chercher la flotte de France pour la combattre, et le roi ayant ordonné à M. le comte de Toulouse de chercher la flotte angloise, il y a apparence que nous entendrons bientôt parler d'un grand combat, d'autant plus que M. le comte le souhaite fort pour sa gloire particulière, et qu'il croit ses vaisseaux si bien armés que cela peut réparer l'inégalité du nombre. — Les ennemis n'avoient point de pain pour en donner à nos prisonniers, car ils en manquent souvent pour eux-mêmes. M. de Tallard, pour remédier à cela, a fait un traité avec le munitionnaire de Hollande, à qui M. de

Marlborough a ordonné de le faire au même prix que pour les troupes angloises; et M. de Tallard s'est obligé pour 50,000 écus, dont M. de Marlborough est caution.
— Le troisième fils de M. le prince d'Harcourt, qui étoit capitaine de cavalerie, a été pris à la bataille et est blessé considérablement.

Vendredi 5, à Marly. — Le roi fut longtemps enfermé avec le P. de la Chaise, et puis se promena dans ses jardins. Il nous montra à la promenade une lettre qu'il avoit reçue de Monseigneur, qui lui conte fort agréablement le détail des chasses qu'il fait à Fontainebleau, qui est le lieu du monde où il aime le mieux être. — On a reçu des lettres de Flandre qui marquent que le marquis de Bedmar a été contraint de revenir à Bruxelles, où il est très-malade, et ce seroit grand dommage, car il n'y a point d'Espagnol plus attaché à son maître et à la France ni dont on ait tant de lieu d'être content. — Le marquis de Coigny écrit du 31 de Lauterbourg; il mande qu'on ne sait rien encore de positif des ennemis, mais qu'ils tiennent leur pont de Philipsbourg en état, qu'il peut être rétabli en trois heures de temps. M. le prince de Bade est à son château de Rastadt, M. le prince Eugène et le milord Marlborough y sont avec lui; ils ont laissé leur armée auprès de Philipsbourg. Ils font courre le bruit qu'ils vont former le siége de Landau; mais la saison paroît bien avancée pour une pareille entreprise, et même leurs armées sont fort diminuées par la bataille et par les grandes marches.

Samedi 6, à Marly. — Le roi entretint longtemps le P. de la Chaise le matin, et il courut le cerf l'après-dînée. Madame la duchesse de Bourgogne étoit dans sa calèche, et Madame dans une autre petite calèche; on prit deux cerfs, et les deux chasses furent très-belles. M. de Torcy vint sur le midi à la promenade du roi et lui apporta trois lettres : une du roi d'Espagne, une de la reine et une du duc de Gramont au-dessus de laquelle il y a : « Au Roi, de qui la flotte poursuit vivement celle des ennemis après un combat qui a duré dix heures et qui a été furieux*. » Le dedans de la lettre explique plus en détail le fait dont voici ce que j'ai retenu, le roi ayant fait lire la lettre tout haut devant nous. Le gouverneur de Malaga fit partir le 27 un courrier par lequel il mandoit à LL. MM. CC. que, le 24, il y avoit eu un grand combat qui avoit duré depuis dix heures du matin jusqu'à huit heures; que les ennemis avoient toujours eu le vent sur nous; qu'ils n'avoient point voulu venir à l'abordage; que nous les avions mis en fuite; qu'ils se retiroient vers les côtes de Barbarie; que nous les suivions de près; que le vent nous étoit venu favorable après leur retraite; que trois petits bâtiments marchands, qui avoient vu le combat, assuroient qu'il y avoit huit vaisseaux ennemis entièrement démâtés et douze autres séparés de la flotte. Le roi et la reine d'Espagne écrivent des lettres plus pleines de reconnoissance que jamais.

* M. le comte de Toulouse mouroit d'envie de recommencer le lendemain. Relingue, blessé à mort, l'en pressa par une lettre; le maréchal de Coeuvres s'y étoit rendu; mais d'O, le Mentor de la flotte et contre l'avis duquel le comte de Toulouse avoit défense précise de faire quoi que ce soit, s'y opposa avec une froide, muette et suffisante opiniâtreté qui, comme son crédit auprès du roi et de madame de Maintenon, le dispensa, en mer comme à la cour, d'esprit et de raisons. On sut après que la seconde victoire auroit été plus sûre et plus aisée que la première, et que Gibraltar qui [a] tant et si vainement coûté depuis en auroit été le fruit. Le comte de Toulouse s'acquit un grand honneur en cette campagne, et son gouverneur y en perdit peu, parce qu'il en avoit peu à perdre en ce genre.

Dimanche 7, à Marly. — Le roi tint le conseil le matin comme à l'ordinaire, et alla tirer l'après-dînée après avoir travaillé avec M. de Chamillart. — La nouvelle qu'on reçut hier de la flotte, par la lettre du gouverneur de Malaga, fait espérer un grand et heureux événement; mais on n'en aura pas sitôt la nouvelle, puisque les ennemis se retirent à la côte de Barbarie. On prétend qu'ils

vont entre Oran et Mellila, qui sont deux places aux Espagnols; là Méditerranée fait là une manière de golfe, et nos galères pourroient nous être là d'une grande utilité.
— M. de la Baume, fils du maréchal de Tallard, est arrivé à Strasbourg; sa blessure ne va pas bien, et on le croit en grand danger. M. l'électeur est demeuré à Strasbourg, et MM. les maréchaux de Villeroy et de Marsin ont marché vers Hagnenau. Les ennemis font les démonstrations de gens qui voudroient passer le Rhin et venir droit à Landau; ils n'ont fait aucun détachement ni pour la Hongrie ni pour l'Italie. Ils n'ont point songé à attaquer Ulm; toutes leurs troupes sont ensemble. On a appris que M. de Gassion, lieutenant de gendarmerie, et M. de Bissy, mestre de camp de cavalerie, sont morts à Ulm de leurs blessures. On mande de Lorraine, à Madame, que le prince de Morbecque est mort aussi de ses blessures.

Lundi 8, à Marly. — Le roi travailla l'après-dînée avec M. Pelletier, et puis alla tirer. — Depuis deux jours il n'est arrivé aucun courrier d'aucune armée; on n'a su des nouvelles que par l'ordinaire. Les lettres d'Espagne portent qu'il y a de grands changements dans le conseil et que le comte de Monterey y est rentré; c'est le président de Castille qui a toute la confiance du roi et de la reine. Le roi ne rentrera point en campagne; on ne croit pas même que les troupes soient en état d'y entrer; nous avons beaucoup de soldats malades, et les hôpitaux sont fort dégarnis de tout ce qui leur seroit nécessaire. — On apprend par les lettres d'Angleterre que la reine Anne a enfin consenti que le parlement d'Écosse ne passât point d'acte pour la succession que tous les démêlés entre les Anglois et les Écossois ne fussent finis, et il est presque sûr que jamais les Anglois ne consentiront aux demandes des Écossois; cela est presque contre leurs intérêts, outre l'aversion naturelle qu'il y a entre ces deux nations. — M. le maréchal de Tallard doit être arrivé du 3 à Hanau.
— L'empereur a fait milord Marlborough prince de l'em-

pire et il lui donne un grade dans la guerre au-dessus même des feld-maréchaux; la reine Anne permet à ce milord d'accepter ces honneurs-là. — M. d'Avaux fut taillé à Paris pour la seconde fois; l'opération fut fort rude. — Le roi a donné à Tournefort, lieutenant de ses gardes, le gouvernement de Seyssel qu'avoit d'Ormoy; il vaut 1,000 écus de rente.

Mardi 9, à Marly. — Le roi, après la messe, monta en calèche avec madame la duchesse de Bourgogne, et alla courre le cerf; il revint dîner ici avant que la chasse fût finie. Monseigneur le duc de Bourgogne, qui ne court plus guères le cerf, alla tirer l'après-dînée. Sur les six heures le roi, la reine et la princesse d'Angleterre arrivèrent ici. Le roi, madame la duchesse de Bourgogne et toutes les princesses les allèrent recevoir dans le jardin. S. M. avoit travaillé toute l'après-dînée avec M. de Pontchartrain; il se promena longtemps avec LL. MM. BB., et puis il mena le roi d'Angleterre jouer dans le salon avec madame la duchesse de Bourgogne; il laissa la reine d'Angleterre avec madame de Maintenon, et puis s'enferma jusqu'au souper avec M. de Chamillart et M. de Druy, le lieutenant général, que M. de Marsin a envoyé ici, où il est arrivé dès ce matin. La princesse d'Angleterre soupa avec LL. MM.; elle étoit à la droite du roi son frère, monseigneur le duc de Bourgogne à la gauche du roi et Madame au-dessous de monseigneur le duc de Bourgogne. Madame la duchesse de Bourgogne, qui avoit la migraine bien forte, ne se mit point à table. Après le souper toute la cour d'Angleterre retourna à Saint-Germain, fort contente des honneurs qu'on avoit rendus à leur petite princesse. — M. de Druy partit de l'armée le 4 au soir; ce jour-là M. le maréchal de Villeroy étoit allé visiter Landau; toute son armée alloit camper sur la Quiesche, et M. de Marsin devoit joindre le lendemain avec la sienne. On a mis dans des quartiers séparés les débris de l'armée de M. de Tallard; la maladie est grande parmi les chevaux de cette petite armée. M. l'électeur de Bavière étoit encore à Strasbourg, résolu de joindre MM. les maréchaux si les ennemis passent le Rhin, comme il y a grande apparence. M. de Druy a trouvé, en passant à Strasbourg, le marquis de la Baume à l'extrémité, ce qui fera le comble du malheur de M. de Tallard. — Il arriva un courrier de M. de Vendôme, parti du 2 de devant Ivrée; nous y avons des batteries établies, et on a travaillé à des communications entre ces batteries; il y a sept bataillons dans cette place, qui n'est point circonvallée, et les ennemis ont mille chevaux au delà de la Doria. M. de Vendôme espère en peu de jours être maître de cette place. Il y a beaucoup de malades dans son armée; il en a détaché treize escadrons et un bataillon, qu'il envoie à M. le grand prieur.

Mercredi 10, à Marly. — Le roi vit M. de Mantoue, qui vint ici à deux heures; on croyoit que c'étoit pour prendre congé de S. M., mais il a souhaité d'avoir encore l'honneur de la voir quand il passera à Fontainebleau en s'en retournant en Italie; il doit partir pour cela de Paris à la fin du mois. Après l'audience S. M. travailla avec M. de Chamillart, et puis se promena dans ses jardins avec madame la duchesse de Bourgogne. Monseigneur le duc de Bourgogne partit d'ici le matin, alla dîner à Versailles chez madame la maréchale de la Mothe, et puis partit en chaise de poste pour Fontainebleau. — Il arriva le matin un courrier de M. le maréchal de Villeroy; ses lettres sont du 7. Il mande de Germesheim, où il est, que les ennemis commencent à passer le Rhin sur leur pont de Philipsbourg; toutes leurs troupes sont ensemble, et ils disent toujours qu'ils veulent faire le siége de Landau. — Il arriva un courrier de M. le grand prieur, qui est toujours à Isola della Scala; tous les démêlés que nous avions avec la république sont accommodés, et nous avons retiré les troupes que nous avions au château de Sanguinetto.

Jeudi 11, *à Sceaux*. — Le roi partit de Marly après son dîner; il avoit dans son carrosse madame la duchesse de Bourgogne, Madame, madame la duchesse d'Orléans, madame la Duchesse et la duchesse du Lude; il passa à Versailles, où il demeura une heure; il fit ses cassettes, et alla voir monseigneur le duc de Bretagne, et il arriva ici sur les cinq heures. Il monta dans un petit soufflet en arrivant, et madame la duchesse de Bourgogne dans un autre, qui fit mettre madame du Maine avec elle; ils se promenèrent jusqu'à la nuit. Madame la duchesse de Bourgogne joua ensuite au lansquenet avec les princesses, pendant que le roi fut enfermé chez madame de Maintenon avec M. de Pontchartrain. A neuf heures le roi entendit une musique italienne chantée par les musiciens de M. le duc d'Orléans; M. le duc de Nevers avoit fait les paroles, le roi en fut très-content; ensuite il y eut un petit concert d'instruments. — Il arriva le matin à Marly un courrier d'Espagne qui avoit des paquets du duc de Gramont pour M. de Torcy, qui les apporta au roi, qui étoit encore dans son cabinet; il y avoit des paquets aussi pour M. de Pontchartrain. Le roi fit revenir le courrier après être entré chez madame de Maintenon, et ouvrit les paquets de M. de Pontchartrain, qui étoit à Paris. Il y avoit une lettre du marquis de Roye pour sa femme, que le roi eut l'honnêteté de ne point ouvrir; dans ces paquets il y a une relation du duc de Turcis, qui commande les galères de Gênes qui sont au service du roi d'Espagne, et cette relation porte que M. de Villette, qui commandoit notre avant-garde, avoit défait celle des ennemis, qui étoit toute de vaisseaux hollandois; le vaisseau de M. de Villette (1) avoit un peu souffert d'une bombe qui

---

(1) Le dommage qu'avoit souffert M. de Villette par une bombe n'a pas été bien constant. On dit que ce fut un boulet de canon qui donna dans ce qu'on appelle les œuvres mortes, et qui fit tirer quelques mousquetons, et

y étoit tombée ; que, le 25 au matin, nous poursuivions encore la flotte ennemie ; que le vent nous étoit devenu favorable, mais qu'il étoit devenu si fort que M. le comte avoit été obligé d'envoyer ordre aux galères de retourner à Malaga ; ainsi on ne sait encore rien ni des détails ni de la suite du combat. M. le marquis de Roye mande à M. de Pontchartrain que de Relingue a eu la jambe emportée, que d'Herbault, intendant de la flotte, étoit dangereusement blessé au col, que d'Herbault, son frère, capitaine de vaisseau, avoit eu la jambe emportée, qu'ils s'étoient fait mettre sur les galères et étoient arrivés à Malaga, où nous avons établi notre hôpital.

Vendredi 12, *à Fontainebleau.* — Le roi partit à dix heures de Sceaux ; il vint dîner au Plessis et arriva ici à quatre heures. Monseigneur avoit couru le sanglier ici le matin, et le duc de la Roche-Guyon, qui étoit à la chasse avec lui, fut blessé au genou d'un coup de fusil chargé à balle, qui heureusement n'a fait qu'une grosse contusion ; ce coup lui a été tiré par un des officiers du vautrait, qui est au désespoir de ce malheur-là. — J'appris que Rigauville, qui a été longtemps sous-lieutenant des mousquetaires noirs et à qui le roi donna l'hiver passé le gouvernement de l'île de Ré, étoit mort dans son gouvernement. — Par les lettres qu'on reçut hier de Madrid, le roi d'Espagne prioit le roi de donner grâce à Gabaret, qu'il avoit envoyé servir sur la flotte et qui y a eu la jambe emportée. Gabaret avoit été longtemps

---

blessa plusieurs personnes. M. de Villette, qui commandoit l'avant-garde et qui avoit quinze vaisseaux ou environ, croyant son vaisseau hors de combat, au lieu de passer sur un autre vaisseau et d'envoyer seulement hors de la ligne le vaisseau endommagé, fit faire un mouvement à toute l'avant-garde qui la rendit inutile pour le combat et qui pouvoit être fort dangereux. Heureusement le général Schowel, qui vit le mouvement, crut que M. de Villette avoit dessein de l'attirer en avant et agissoit par ordre, ce qui fit qu'il n'osa profiter d'une faute aussi considérable. (*Note du duc de Luynes.*)

capitaine de vaisseau en France, mais il se battit en duel il y a deux ans et fut contraint de quitter le royaume ; le roi a mandé au roi d'Espagne qu'il n'y avoit rien qui lui pût faire accorder grâce pour un duel et qu'il n'y avoit pas songé en le lui demandant.

Samedi 13, *à Fontainebleau.* — Le roi courut le cerf l'après-dînée avec les chiens de M. du Maine. Madame la duchesse de Bourgogne étoit avec lui dans sa calèche ; Monseigneur et monseigneur le duc de Berry étoient à la chasse. Monseigneur le duc de Bourgogne alla tirer. Le soir il y eut comédie, qui devoit commencer à sept heures ; mais on n'y alla qu'à huit, parce qu'on voulut savoir les nouvelles qu'apportoit le chevalier de la Blandinière, aide-major de la marine, que M. le comte de Toulouse envoyoit au roi et que M. de Pontchartrain amena au roi chez madame de Maintenon sur les six heures et demie. M. le comte de Toulouse a eu tout l'avantage au combat qui fut donné le 24. Il y a donné beaucoup de marques de son courage ; il est loué généralement par tous les officiers ; mais nous n'avons pas laissé d'y perdre beaucoup de monde. Nous y avons eu quinze cents matelots ou soldats tués ou blessés ; nous y avons perdu M. le bailli de Lorraine, fils de M. le Grand, et Belle-Isle-Erard, chef d'escadre ; le marquis de Château-Renaud, capitaine de vaisseau, a eu la cuisse emportée ; le fils du maréchal de Château-Renaud, qui étoit sur le vaisseau de son cousin, y a été tué ; Ducasse, chef d'escadre, a été fort blessé ; le chevalier de Comminges, d'Alincourt, qui étoient sur le vaisseau de M. le comte, ont été blessés ; deux ou trois des pages de M. le comte de Toulouse ont été tués et quatre ou cinq blessés ; il y a beaucoup d'autres officiers encore tués ou blessés, sans compter de Relingue, lieutenant général, et les autres officiers que nous avons marqués avant-hier. Le roi, très-content du bon compte que lui a rendu la Blandinière, l'a fait capitaine.

Dimanche 14, *à Fontainebleau.* — J'appris la funeste

nouvelle que le duc de Montfort, mon gendre, avoit été tué (1).

Lundi 15, *à Fontainebleau.* — Le roi donne la charge de lieutenant des chevau-légers de la garde à M. le vidame d'Amiens, le seul fils qui reste à M. de Chevreuse, et il donnera 100,000 écus aux enfants du duc de Montfort; il a permission de vendre sa charge de sous-lieutenant, mais le roi a fixé le prix afin que Imécourt, le plus ancien des cornettes, y puisse monter sans qu'il lui en coûte rien; ainsi M. le vidame ne vendra que la cornette qu'avoit Imécourt. Il y avoit encore une cornette dans cette compagnie qu'avoit eue M. de Montfort et que le roi lui avoit laissée à vendre pour payer une petite partie de ses dettes; le roi l'a laissée encore à vendre pour payer une partie des créanciers.

Mardi 16, *à Fontainebleau.* — Le roi a donné beaucoup de charges vacantes dont voici la liste : Commissaire général de la cavalerie, à M. le marquis de la Vallière; la

---

(1) « Les ennemis ayant passé le Rhin à Philisbourg, on ne douta point qu'ils n'assiégeassent Landau, et M. le maréchal de Villeroy voulant, par une prévoyance ordinaire aux généraux qui savent faire leur métier, y faire entrer un convoi, quoique la place soit bien munie de toutes choses, M. le duc de Montfort lui demanda cette commission, et promit de l'exécuter avec deux cents maîtres, ce qui fut accordé à ses pressantes instances. Ce duc marcha aussitôt pour exécuter des ordres dont il avoit avec tant d'empressement souhaité d'être chargé; mais la tête du convoi commençant à entrer dans la ville, il vit paroître les hussards des ennemis et voulut marcher à eux : il les chargea et les poussa fort loin; mais il sauta dans une colonne de cavalerie dont plusieurs escadrons se détachèrent et repoussèrent notre cavalerie jusque dans les haies d'un village où M. de Montfort avoit laissé trente grenadiers à cheval, dont le tambour fit un si grand bruit que les ennemis crurent le village farci d'infanterie. Ils s'arrêtèrent vis-à-vis les haies, d'où notre cavalerie fit un grand feu, auquel les ennemis répondirent par un autre supérieur. M. le duc de Montfort y reçut un coup dans les reins qui ressortoit par le bas-ventre; il fut aussitôt pris que blessé, mais cinquante carabiniers, qui s'en aperçurent, firent demi-tour à droite, poussèrent les ennemis avec une valeur incroyable et reprirent M. le duc de Montfort, qui mourut à Landkandel, à onze heures du soir (le 13 septembre), regretté généralement de toute l'armée. » (*Mercure* de septembre, pages 430 à 433.)

majorité de la gendarmerie, à M. du Plessis-la-Corée; la compagnie des gendarmes de monseigneur le duc de Bourgogne, vacante par la mort de M. de Gassion, au marquis de Castelmoron; les deux sous-lieutenances dans la gendarmerie, à M. de Mérinville, mestre de camp de cavalerie, et à M. de Buzenval, capitaine au régiment des cuirassiers; l'enseigne des gendarmes de monseigneur le duc de Bourgogne, à M. de Marembac, major du régiment de cavalerie d'Anjou; les guidons dans la gendarmerie, à MM. de Saint-Abre, Crécy, Méré et Dumesnil; le régiment de cavalerie de Bousk, à M. de Massembak; le régiment du chevalier de Bissy, à M. d'Estagnol; le régiment de M. de la Vallière, à M. de Fontaine, mestre de camp réformé; le régiment de Languedoc, à M. d'Argelos, lieutenant-colonel; le régiment de Nivernois, au chevalier de Livry; celui du chevalier de Livry, au chevalier de Belsunce; la pension de 2,000 livres sur l'ordre de Saint-Louis, à M. de Rabutin, lieutenant-colonel de Sillery; le gouvernement de Béthune, à M. Dupuy-Vauban à condition de payer 8,000 livres par an à M. de Champigny; celui de l'île de Ré, à M. de Mennevillette, capitaine aux gardes. — M. le maréchal de Villeroy, n'étant point en état de soutenir Landau et d'empêcher le passage de la Quiesche, les ennemis étant la moitié plus forts que lui, a jeté dans Landau huit bataillons, outre la garnison, qui étoit déjà un régiment de cavalerie et un régiment de dragons, y a fait entrer de l'argent et tout ce qui y est nécessaire pour une longue défense. C'est Laubanie, lieutenant général, qui en est gouverneur et qui a sous lui deux brigadiers d'infanterie qui sont gens de réputation; et M. le maréchal de Villeroy s'est ensuite retiré avec son armée sous Haguenau. Il y a une grande mortalité sur notre cavalerie.

Mercredi 17, *à Fontainebleau.* — Le roi envoie M. le maréchal de Tessé pour commander l'armée d'Espagne. Il y avoit des embarras en ce pays-là sur le commandement, parce que le prince de Tzerclaës et M. le duc de Berwick étoient tous deux capitaines généraux; cette égalité de rang faisoit toujours des disputes entre eux, que le roi d'Espagne ne vouloit point régler, et il a prié le roi, lui-même, d'y envoyer un maréchal de France, qui commandera ses troupes aussi bien que celles du roi. Le maréchal de Tessé n'est pas trop en état, par sa mauvaise santé, de faire ce voyage; mais le roi a désiré pour son service qu'il marchât, et il partira dans quinze jours, et le duc de Berwick reviendra dès que M. de Tessé sera arrivé*. La duchesse de Berwick devoit partir de Saint-Germain ces jours-ci pour aller passer l'hiver avec son mari en Espagne, et on lui a mandé d'ici de ne point faire ce voyage pour deux raisons qu'on lui expliqueroit. — Madame de Châtillon, dame d'atours de Madame, se fit faire la grande opération; elle a choisi ce lieu ici pour se la faire faire, afin que Maréchal, premier chirurgien du roi, pût toujours être auprès d'elle. — Hier madame la comtesse d'Auvergne** mourut à Paris; elle avoit été longtemps huguenote; elle s'étoit convertie, et est morte comme une sainte.

* Le roi d'Espagne, sur qui la reine sa femme pouvoit tout, étoit outré du départ de madame des Ursins et d'Orry, son ministre. Il ne put souffrir les témoignages que M. de Berwick avoit rendus de l'infidélité de sa conduite et de l'effronterie de ses mensonges sur tout ce qu'il disoit prêt, où on ne trouvoit rien. Il fut donc sacrifié à Orry, comme l'abbé d'Estrées venoit de l'être à la princesse, et on prit un prétexte qui n'étoit point.

** La comtesse d'Auvergne s'appeloit Wassenaer, de noblesse hollandoise. Le comte d'Auvergne en étoit devenu si amoureux qu'il l'épousa presque aussitôt que sa femme fut morte. Il eut permission de l'amener à Paris, quoique protestante, dans l'espérance de la convertir. Elle réussit fort en ce pays-ci par une douceur, une politesse, une vertu et un maintien qui suppléoient à l'esprit, et tous les Bouillon eurent pour elle toute l'amitié possible et une considération véritable. Madame Chardon, femme d'un célèbre avocat, l'un et l'autre zélés huguenots, très-instruits, et tous deux parfaitement convertis, fit connoissance avec elle, et comme son zèle et son talent étoit de ramener à l'Église ceux qui se trouvoient dans les mêmes erreurs où elle avoit été, elle entreprit la conversion de la comtesse d'Auvergne, et réussit à faire d'une très-honnête et vertueuse femme une sainte. Cette madame Chardon l'étoit elle-même, et n'étoit appliquée qu'aux bonnes œuvres en tous genres. La comtesse d'Auvergne n'eut point d'enfants, et mourut peu après d'une hydropisie de vents, maladie fort rare et fort singulière.

Jeudi 18, *à Fontainebleau*. — Le roi eut des nouvelles de M. de Vendôme du 12. Il y a deux brèches à Ivrée, mais elles n'étoient point encore assez grandes pour qu'on pût tenter un assaut; on alloit attacher un nouveau mineur, après quoi la place ne tiendra pas longtemps. M. de Vendôme, qui veut prendre les troupes de la garnison prisonnières de guerre, a fait faire un pont sur la Doria et a fait passer de l'autre côté de cette rivière deux brigades d'infanterie, quelque cavalerie et quelques dragons, afin que, la place étant investie de ce côté-là comme de l'autre, la garnison ne pût se retirer. Les maladies qui étoient dans notre armée diminuent fort depuis que nos troupes sont campées sur des hauteurs, et il n'y a point de mortalité dans les chevaux. M. de la Feuillade a quitté Pignerol et Sainte-Brigide; il a laissé quelques troupes dans la Pérouse et marche avec huit bataillons et un régiment de dragons pour aller par la Tarentaise joindre M. de Vendôme après le siége d'Ivrée. — On eut nouvelle que Court, brigadier, avoit défait la plus considérable troupe des fanatiques que commandoit Ravanel; on leur a tué deux cent cinquante hommes, et on croit Ravanel mort.

Vendredi 19, *à Fontainebleau*. — Le roi reçut des lettres de M. le comte de Toulouse du 7 de ce mois et de devant Malaga, où ce prince étoit mouillé avec toute sa flotte. Il avoit appareillé pour retourner encore combattre les ennemis, qu'on croyoit à Gibraltar; mais dès qu'ils ont su que la flotte de France se mettoit en état de les venir combattre encore, ils sont rentrés dans l'Océan, après avoir laissé dans Gibraltar le prince de Darmstadt avec M. de la Corsane et deux mille hommes de leurs meilleures troupes. Le duc de Gramont, qui a envoyé le courrier, mande de Madrid du 8, du 9 et du 10, car sa lettre est de trois dates différentes, que le roi d'Espagne a ordonné à M. de Villadarias de faire le siége de Gibraltar (1), et

---

(1) La prise de Gibraltar ne coûta pas cher aux Anglois. Leur flotte s'étant approchée de la ville et l'ayant canonnée pendant longtemps et jeté ses bombes, le gouverneur se rendit sans qu'il y eût aucunes troupes de débarquées.

M. de Pointis, qui étoit grand homme de guerre et plein de valeur, fit une faute à ce siége qu'on ne peut presque pas croire. Il avoit treize vaisseaux et étoit dans le détroit même pour empêcher les convois. Longtemps après l'entreprise de M. de Villadarias (car le siége fut très-long, c'étoit dans le mois de septembre), un convoi des ennemis, escorté seulement de six vaisseaux, ne voyant point d'autres moyens de réussir que de hasarder de passer les nuits sous le feu de notre canon, d'autant plus que Gibraltar avoit un besoin très-pressant de l'arrivée du convoi, les Anglois prirent le parti de tout risquer. Un des officiers de M. de Pointis, ayant aperçu les vaisseaux ennemis, demanda permission de tirer. M. de Pointis ne le voulut jamais, quelques instances qu'on lui fît et quelque facilité qu'il y eût, à une pareille distance, que treize vaisseaux en missent six hors de combat.

M. de Visconti étoit chargé de cette entreprise, avec M. de Villadarias. M. le comte de Toulouse envoya M. de Gensien, aujourd'hui capitaine de vaisseau, pour s'informer de M. de Visconti si les ennemis avoient des magasins et pour savoir si les Espagnols avoient besoin de secours. M. de Visconti lui répondit que les Anglois n'avoient point eu de projet formé pour ce siége, que les circonstances les y avoient déterminés et qu'il n'y avoit point de magasins; que d'ailleurs les Espagnols n'avoient nul besoin des François, que lui, M. de Visconti, tenoit la place bloquée depuis le moment que le prince de Darmstadt s'en étoit rendu maître, et qu'ils avoient découvert par des paysans un chemin dans la montagne qui conduisoit jusqu'au sommet à Notre-Dame de la Garde, et qu'ils comptoient dans peu se rendre maîtres de la place. M. de Gensien fut même étonné de la confidence que lui faisoit M. de Visconti d'un projet dont le secret étoit si important. Ce projet ainsi prévu paroissoit devoir réussir si M. de Villadarias avoit agi de bonne foi, mais la façon dont il conduisit l'entreprise fit naître beaucoup de soupçons. M. de Villadarias confia cette entreprise à son neveu, qui étoit un jeune homme de dix-huit ans, mais il négligea de lui donner les munitions nécessaires. Ce jeune homme, étant arrivé à Notre-Dame de la Garde avec son détachement et voyant qu'il n'avoit point de munitions, fit demander de main en main de la poudre et des balles. Le bruit fut entendu par une sentinelle qui étoit à Notre-Dame de la Garde. La sentinelle cria : qui vive ! se voyant surpris et enveloppé, il demanda la vie sauve pour lui et pour le corps de garde ; quelques soldats du détachement ayant ré-

S. M. C. écrit à M. le comte de Toulouse pour le prier de donner à M. de Villadarias trois mille hommes des troupes qu'il a sur ses vaisseaux et tout le canon et toutes les munitions dont on peut avoir besoin pour ce siége; et M. le comte a mandé qu'il alloit s'approcher de Gibraltar pour exécuter tout ce que le roi d'Espagne souhaitoit. M. de Relingue et M. le marquis de Château-Renaud sont morts de leurs blessures, et on croit que M. d'Herbault, l'intendant, ne mourra point de la sienne. Dans le moment qu'il fut blessé et qu'il tomba aux pieds de M. le comte de Toulouse, on le crut si bien mort qu'on vouloit jeter son corps à la mer; mais M. le comte en empêcha, disant qu'il pouvoit avoir des papiers d'importance dans ses poches, et qu'on portât son corps dans sa chambre et qu'on le jetteroit après le combat (1).

Samedi 20, *à Fontainebleau*. — Le roi va tous les jours courre le cerf ou tirer. Il vit, le matin à son lever, Ricousse, qui étoit son envoyé auprès de M. de Bavière, et en lui parlant sur M. l'électeur S. M. marqua être bien affligée de la bataille d'Hochstett. Ricousse a laissé M. l'électeur à Metz; il s'en va en Flandre et demeurera quelques jours à Miramont avant que de s'aller établir à Bruxelles. —

---

pondu : point de quartier, la sentinelle tira et cria : alerte; la sentinelle fut tuée, mais l'entreprise fut manquée. C'est de M. de Gensien que je sais ce détail. Les Espagnols tentèrent encore, en 1726 ou 1727, de reprendre Gibraltar; mais la situation de cette place et les fortifications qu'on y avoit ajoutées rendirent leurs efforts inutiles.

On prétend que M. de Villadarias n'avoit pas intérêt que le siége finît si promptement, parce que l'argent pour le payement des troupes passoit par ses mains et qu'il y gagnoit des sommes immenses. (*Note du duc de Luynes*.)

(1) On mit M. d'Herbault dans une chambre comme mort. Le fait est vrai, tel qu'il est rapporté. Je l'ai fait conter à M. de Gensien, capitaine de vaisseau, qui étoit embarqué avec M. le comte de Toulouse. Un garde de la marine ayant entendu, après le combat, du bruit dans cette chambre et gratter à la porte, il trouva M. d'Herbault qui s'étoit relevé et qui lui dit : « Suis-je blessé? — Comment, Monsieur, lui dit le garde marine effrayé, vous êtes mort. » M. d'Herbault étoit assez bien de sa blessure, mais au bout de quinze jours il mourut d'un dévoiement. (*Note du duc de Luynes.*)

Par les nouvelles qu'on eut hier d'Espagne, on apprend que la perte des Anglois et des Hollandois, dans le combat naval, a été encore plus grande qu'on ne pensoit; ils avouent qu'ils y ont perdu six mille hommes, et les rendus qui sont venus assurent que Schowel, vice-amiral d'Angleterre, a été tué, et que le vaisseau du vice-amiral de Hollande a sauté. Ils se sont retirés avec précipitation dès le premier avis qu'ils ont eu que M. le comte de Toulouse appareilloit pour revenir sur eux; ils confessent qu'ils ont été bien battus. Le roi en fit chanter le *Te Deum* hier à Paris. — Il arriva hier un courrier de M. le maréchal de Villeroy, parti du 16 de Haguenau; ce courrier a passé par Strasbourg, où il a laissé le marquis de la Baume à l'extrémité. Le prince d'Épinoy y est aussi fort malade, on croit que c'est la petite vérole. On a fait de grandes incisions à M. le maréchal de Marsin, qui a eu un coup de pied de cheval à la jambe. M. de Villeroy ne doute plus que les ennemis n'assiègent Landau; on attend dans leur armée le roi des Romains, qui est parti de Vienne du 1er du mois. M. de Marlborough et le prince Eugène font travailler à des retranchements sur la Lauter, comme étoient ceux qu'ils y avoient déjà faits et que M. de Tallard détruisit au commencement de la campagne de l'année passée.

Dimanche 21, à Fontainebleau. — Le roi a fait brigadiers deux lieutenants-colonels qui ont très-bien fait leur devoir à la bataille d'Hochstett et qui sont prisonniers tous deux, Pionsac, lieutenant-colonel de Navarre, et Saint-Maurice, lieutenant-colonel du Royal. Le roi, mécontent de ce dernier régiment, l'a cassé; il en incorpore ce qui restera de soldats et d'officiers dont on n'aura point été mécontent dans le régiment de Chabrillant, dont le colonel a été tué dans cette occasion; il donne ce régiment à Saint-Maurice, qu'il vient de faire brigadier. Le roi casse aussi le régiment de Zurlauben, et récompensera Zurlauben, lieutenant général, qui en étoit colonel et qui s'est fort distingué dans la bataille; ce qui reste de ce régiment sera incorporé dans Greder. On casse aussi le régiment de Saint-Second, qu'on incorpore dans celui de Nice, et le régiment d'Albaret, dont le colonel a été tué, et on l'incorpore dans Mauroux; ces deux régiments avoient été levés en Savoie et étoient sur le pied d'étranger, mais ils valoient moins que celui de Zurlauben. — Il arriva un courrier du maréchal de Villeroy, parti de Haguenau le 18. Ce maréchal mande au roi que la tranchée n'étoit pas encore ouverte ce jour-là à Landau, et qu'on assuroit que le roi des Romains étoit arrivé. Toutes les fortifications de la place sont raccommodées, et même les écluses sont en meilleur état qu'elles n'étoient la première fois que les ennemis l'attaquèrent.

Lundi 22, à Fontainebleau. — Le roi, très-content de Seignier, lieutenant-colonel de Provence et brigadier, qui a eu le poignet cassé à la bataille d'Hochstett après y avoir fait des merveilles, l'a fait maréchal de camp. — M. le duc d'Orléans vouloit donner au fils cadet de M. le marquis d'Estampes le guidon de ses gendarmes qu'avoit son frère, qui a été tué à la bataille; mais le roi l'a trouvé trop jeune et a dit à M. le duc d'Orléans de le donner au frère aîné, qui est capitaine des chevaux dans le régiment de Fiennes, son beau-frère, qui sert en Espagne, et de ne le point faire revenir que les troupes ne fussent en quartier d'hiver en ce pays-là. — Reignac, maréchal de camp, qui commandoit dans Limbourg, où il fit une très-belle défense après laquelle il fut fait prisonnier de guerre et qui est revenu ici sur sa parole, vient d'être échangé, et le roi lui donne un cordon rouge de l'ordre de Saint-Louis, vacant par la mort de Guillerville, gouverneur de Bouillon; il y a 1,000 écus de pension attachés à ces cordons rouges; il avoit 2,000 livres de pension sur l'ordre, que S. M. a donnés à Lécussant, enseigne des mousquetaires noirs. — On a des nouvelles, par la Suisse, que la ville d'Ulm s'est rendue aux ennemis qui l'assiégeoient avec vingt mille hommes; la capitulation a été telle que nous la souhaitions; on renvoie les quatre bataillons françois qui y étoient, et tous nos blessés y pourront demeurer jusqu'à leur entière guérison et ceux qui sont en état de marcher reviendront avec les bataillons.

Mardi 23, *à Fontainebleau.* — Le roi et la reine d'Angleterre arrivèrent ici sur les six heures; ils avoient couché à Corbeil et étoient venus dîner à Melun. Le roi et toute la maison royale les reçurent au haut du degré de la cour en ovale qui va à la galerie de Diane, où sont les appartements de LL. MM. BB. Le roi mena la reine chez elle, causa quelque temps avec elle, et puis alla mener le roi d'Angleterre dans son appartement, qui touche à celui de la reine sa mère. La reine, qui s'étoit trouvée un peu incommodée en chemin, demeura à souper dans sa chambre, et le roi soupa avec le roi d'Angleterre et toute la maison royale, c'est-à-dire toutes les princesses; les princes du sang ne sont pas à ces repas-là. Le roi donne la main partout au roi d'Angleterre. — D'Argelos, à qui le roi venoit de donner le régiment de Languedoc, dont il avoit été longtemps lieutenant-colonel, est mort à Ulm de ses blessures, et le roi a donné ce régiment à Pionsac, lieutenant-colonel de Navarre et qu'il vient de faire brigadier. — M. de Coigny marche sur la Moselle avec les troupes qui ont été sous ses ordres toute cette campagne, et l'on envoie le comte de Roucy à Sarrebourg avec la gendarmerie et ce qui reste de troupes de l'armée de M. le maréchal de Tallard.

Mercredi 24, *à Fontainebleau.* — Les rois, la reine et la maison royale dînèrent en public Le roi devoit aller à la chasse, mais le vilain temps l'en empêcha. Le soir il y eut comédie; le roi d'Angleterre y alla, et monseigneur le duc de Bourgogne, qui n'y va quasi plus, y alla parce que le roi d'Angleterre y étoit. — On eut des lettres de M. le maréchal de Villeroy par l'ordinaire; ses lettres sont du 20. La tranchée n'étoit pas encore ouverte à Landau; les ennemis avoient fait une batterie de mortiers que les assiégés ont renversée dans une heure de temps à coups de canon. C'est le prince de Bade qui fait ce siége en attendant le roi des Romains, qu'on croit qui n'est pas encore arrivé. Milord Marlborough et le prince Eugène commandent l'armée d'observation qui est sur la Lauter. — Le pauvre marquis de la Baume mourut le 20 au matin à Strasbourg. M. de Roquelaure et le prince d'Épinoy y ont la petite vérole, et on mande qu'ils ne sont point en danger. — Le roi a donné à Dotane, ancien lieutenant-colonel, le régiment qu'avoit Mérinville, qui fut fait ces jours passés sous-lieutenant des gendarmes de monseigneur le duc de Bourgogne. — Le roi a permis à Buzenval, qu'il vient de faire sous-lieutenant des chevau-légers de monseigneur le duc de Bourgogne, de vendre une compagnie de cavalerie qu'il avoit dans un régiment royal qui est en Italie.

Jeudi 25, à Fontainebleau. — Le roi courut le cerf l'après-dînée ; madame la duchesse de Bourgogne étoit dans sa calèche avec lui. Le roi d'Angleterre, monseigneur le Dauphin et messeigneurs ses enfants étoient à cheval, et la chasse fut très-belle. — Il arriva un courrier de M. de Vendôme, parti de devant Ivrée le 18 ; la ville se rendit ce jour-là, et la garnison qui y étoit se retira dans le château et dans un ancien ouvrage qu'ils appellent la citadelle, qui n'est guères en état de se défendre ; le gouverneur s'est retiré dans le château, qui est un peu meilleur que la citadelle, mais qui est si petit qu'il y peut tenir fort peu de monde. Il a écrit une lettre à M. de Vendôme en termes fort soumis, dans laquelle il implore sa générosité pour les blessés et les malades qui sont demeurés dans la ville, et il l'assure que les bourgeois n'ont point pris les armes durant le siége. — Le roi Auguste, que le roi de Suède poursuivoit, a dérobé une marche, et, avec une diligence presque incroyable, est venu à Varsovie, qui est une ville tout ouverte, dans laquelle il a pensé surprendre le roi Stanislas, qui n'étoit pas en état de se défendre, non plus que le primat, qui s'est retiré à Lowicz. Les trois plénipotentiaires du roi de Suède et l'évêque de Posnanie, qui avoient proclamé le roi Stanislas, ont été pris dans le château.

Vendredi 26, à Fontainebleau. — Le roi devoit mener LL. MM. BB. à la chasse du sanglier dans les toiles ; mais le vilain temps qu'il fit la fit remettre au lendemain. Le roi passa toute l'après-dînée chez madame de Maintenon, où LL. MM. BB. vinrent. Le roi et le roi d'Angleterre virent de la tribune, qui est dans cet appartement, jouer au volant dans la grande pièce des Suisses ; les joueurs étoient messeigneurs les ducs de Berry et d'Orléans, secondés par de bons joueurs ; les rois y prirent plaisir et y furent plus d'une heure ; ensuite il y eut musique chez madame de Maintenon, et à huit heures il y eut appartement chez Monseigneur, où le roi d'Angleterre alla. On n'oublie rien de tout ce qu'on peut faire pour le divertir.

— On eut des lettres de M. de Villars, qui compte l'affaire des fanatiques entièrement finie ; quatre ou cinq de leurs chefs sont venus demander grâce, et on les envoie à Genève, où ils ont souhaité d'aller ; ils ne pouvoient pas demeurer en repos dans leur pays, craignant d'être assommés par les anciens catholiques après toutes les violences qu'ils y avoient faites. Il ne reste plus que quatre-vingts ou cent hommes dans les hautes Cévennes, séparés en petites troupes, et dont le commandant même entre en négociation. M. de Villars mande qu'il peut présentement retirer toutes ses troupes de ce pays-là ; il écrit pourtant qu'on y laissera quelques bataillons.

Samedi 27, à Fontainebleau. — Le roi mena l'après-dînée LL. MM. BB. à la chasse du sanglier dans les toiles.
— On eut des lettres de l'armée de Villeroy, par lesquelles on apprend que la tranchée est ouverte à Landau. MM. de Roquelaure et d'Épinoy ont la petite vérole et sont en grand danger. — Il arriva un courrier de M. le comte de

Toulouse, parti de Malaga le 15. Ce prince fait donner à M. de Villadarias tout ce qu'il a demandé pour faire le siége de Gibraltar. On débarquera trois mille hommes ; on lui donne cinquante pièces de gros canon, deux cent soixante milliers de poudre, des canonniers, des affûts de rechange et généralement tout ce qu'il a cru qui lui étoit nécessaire pour ce siége. M. de Villadarias est venu sur le vaisseau de M. le comte conférer avec lui sur cela. On prétend pouvoir commencer ce siége à la fin du mois ; les ennemis ont deux mille hommes dans la place. Le prince de Darmstadt y commandoit, et on croit qu'il en est sorti ; il avoit sous lui M. de la Corsane. M. le comte de Toulouse envoie dix vaisseaux et quelques frégates devant Gibraltar sous les ordres de Pointis, qui mettra pied à terre et servira de maréchal de camp à ce siége ; et dès qu'il sera commencé, comme il n'y a point à craindre que les ennemis y jettent aucun secours, nos vaisseaux iront à Cadix et entreront dans le Pontal, le parage n'étant pas bon devant Gibraltar. M. le comte remettra à la voile le 20 avec le reste de la flotte, pour retourner à Toulon, où il trouvera les ordres pour revenir ici.

Dimanche 28, à Fontainebleau. — Le roi alla tirer et mena le roi d'Angleterre tirer avec lui. La reine d'Angleterre passa presque toute la journée à la chapelle. Le soir il y eut appartement chez Monseigneur. Le roi d'Angleterre y joua au lansquenet. — Il arriva le matin un valet de M. d'Épinoy, qui venoit apporter la nouvelle de la mort de son maître. — Il arriva l'après-dînée un courrier de M. le maréchal de Villeroy, parti de Haguenau le 25 ; on entend un grand bruit de canon, le roi des Romains est arrivé ; on assure que milord Marlborough a ordre de sa maîtresse de retourner en Flandre avec les troupes qu'il avoit menées en Allemagne. M. de Roquelaure a été à l'extrémité et étoit hors de danger quand le courrier est parti. — Il arriva un courrier de M. de Vendôme, parti de devant Ivrée du 21. La tranchée fut ouverte au château le 20. M. de Crichbaume, colonel des troupes de l'empereur, commande dans la place ; M. Test, Savoyard, qui en est le gouverneur particulier, y est avec quelques officiers de distinction et six cents hommes choisis. Ils firent une sortie le 21 au matin assez vigoureuse, et ils furent repoussés encore plus vigoureusement par M. de Dreux, qui commandoit la tranchée et qui marcha à la tête des grenadiers. Nos batteries devoient commencer à tirer le lendemain, et on croit qu'à la fin du mois on sera maître de ce château ; il restera encore la citadelle à prendre, où ils ont mis le corps de leurs bataillons.

Lundi 29, à Fontainebleau. — Le roi courut le cerf l'après-dînée ; il en prit deux, et il étoit presque nuit quand il en revint. Madame la duchesse de Bourgogne étoit dans sa calèche avec lui. Le roi d'Angleterre revint si fatigué de la chasse qu'il ne put souper avec le roi. Le soir il y eut comédie. — Le roi a donné le régiment du marquis de la Baume à la Boulaye, lieutenant-colonel du régiment de Duras, ancien officier qui avoit commission de mestre de camp. — On eut la confirmation de la prise d'Ulm et de la capitulation suivant laquelle les quatre bataillons françois que nous y avions reviennent à Strasbourg avec tous les blessés que nous y avions été obligés d'y laisser après la bataille ; il n'y est demeuré que le pauvre M. de Zurlauben, qui est si mal de ses blessures qu'on n'a pas pu le transporter. — Les Moscovites ont enfin pris Nerva par assaut après un long siége. — Les mécontents de Hongrie, bien loin d'accepter les conditions que l'empereur leur a fait offrir, ont pris depuis peu Neutra, qui est une place assez considérable. Le prince Ragotzki a été élu et proclamé prince de Transylvanie, et il a depuis envoyé au Grand Seigneur pour lui demander sa protection et lui offrir de lui payer tribut comme son grand-père et son bisaïeul lui payoient.

Mardi 30, à Fontainebleau. — Le roi se trouva un peu incommodé la nuit, cela ne l'empêcha pas de manger en public, de tenir le matin son conseil comme à l'ordinaire et de travailler toute l'après-dînée. Le roi d'Angleterre fut un peu incommodé aussi, mais il mangea pourtant avec le roi et vit jouer au volant l'après-dînée. — Les lettres d'Espagne du 17 portent que le roi de Portugal et l'archiduc se sont avancés à Almeida, où ils assemblent leurs troupes; celles d'Espagne s'assemblent à Ciudad-Rodrigo, et comme ces places sont fort proches l'une de l'autre, il pourroit bien se passer quelque action considérable en ce pays-là. — M. le comte de San-Istevan de Gormas, fils aîné du marquis de Vilhéna, vice-roi de Naples, est arrivé ici pour faire des compliments au roi sur la naissance de monseigneur le duc de Bretagne, de la part du roi d'Espagne, en qualité d'envoyé extraordinaire; il n'a point encore eu son audience. On commencera dimanche à le défrayer pendant huit jours aux dépens du roi, traitements qu'on fait toujours aux envoyés extraordinaires d'Espagne. — M. de Mantoue arriva ici, il logea à la ville chez son envoyé; il dînera demain chez M. le Grand, aura audience du roi l'après-dînée, soupera chez M. de Torcy. Jeudi matin il verra encore le roi, ira dîner chez M. de Chamillart, et puis montera à cheval pour aller coucher à Nemours.

Mercredi 1ᵉʳ octobre, à Fontainebleau. — Le roi dormit fort tranquillement toute la nuit; son incommodité n'a eu aucune suite. Il devoit aller courre le cerf avec les chiens de M. le duc d'Orléans; mais comme il avoit beaucoup à travailler l'après-dînée, il remit la chasse à un autre jour. Monseigneur le duc de Bourgogne alla à la chasse avec M. le duc d'Orléans, et soupa avec lui au retour. Monseigneur se promena autour du canal avec madame la princesse de Conty; le roi d'Angleterre s'y promena aussi avec madame la duchesse de Bourgogne, et le soir ils allèrent à la comédie. Le roi, après avoir donné

l'après-dînée audience à M. de Mantoue, alla chez la reine d'Angleterre, où il fut assez longtemps avec elle.
— Jusques ici le clergé n'avoit payé les amortissements que pour les terres et les maisons; mais comme dans la plupart des coutumes du royaume les contrats de constitution sont regardés comme des immeubles, on fera payer aux ecclésiastiques l'amortissement pour les contrats de constitution comme pour les terres et les maisons, et on croit qu'on tirera du moins six millions de cette affaire; on en a encore fait plusieurs autres, et on compte que le tout produira plus de vingt millions, et qu'on trouvera gens qui feront de grosses avances là-dessus.

Jeudi 2, à Fontainebleau. — Le roi courut le cerf l'après-dînée et en prit trois bout à bout; madame la duchesse de Bourgogne étoit avec lui dans sa calèche. Le roi d'Angleterre revint après la première chasse; Monseigneur et messeigneurs ses enfants revinrent après la seconde. Le soir il y eut comédie. — Il arriva le matin un courrier de M. de la Feuillade, qui est entré dans le val d'Aoste après avoir pris le fort de la Tuile, qui en défendoit l'entrée, et avoir fait abandonner aux ennemis les retranchements qu'ils avoient faits, qui étoient très-bons. Ils avoient derrière ces retranchements deux mille hommes de milices, un bataillon de troupes réglées, et Cavalier y étoit en personne avec sa troupe. Le commandant de ce parti est un Savoyard qui s'appelle le marquis de Saint-Remy. Voilà M. de la Feuillade maître de toute cette vallée, et la ville d'Aoste a envoyé des députés au devant de lui. — Il arriva un courrier du duc de Berwick, qui a assemblé toutes les troupes de France à Ciudad-Rodrigo; il a passé la petite rivière qui étoit entre les ennemis et lui, et marche droit à eux; il se croit assez fort pour les attaquer. Le roi de Portugal et l'archiduc étoient à Almeida avec toutes leurs troupes, et on croit qu'il s'est déjà passé une action considérable en ce pays-là. — M. de Mantoue vit encore le roi le matin et partit ensuite après avoir dîné chez M. de Chamillart.

Vendredi 3, à Fontainebleau. — Le roi mena l'après-dînée la reine d'Angleterre aux toiles, où l'on prit beaucoup de sangliers. Le roi d'Angleterre avoit couru le loup avec Monseigneur, et ils vinrent ensemble joindre le roi aux toiles, et après la chasse le roi d'Angleterre remonta dans le carrosse du roi. — Il arriva le matin un courrier de M. le maréchal de Villeroy, parti du 30. Le gros canon des ennemis n'arriva que le 27 devant Landau, et ne fut en batterie que le 29 au soir. Le prince de Bade a renvoyé quelques troupes sur le bas du Danube aux ordres du comte de Thungen, parce que les Bavarois ont fait lever le blocus d'Ingolstadt après avoir tué douze cents hommes aux Impériaux. La garnison d'Ulm, composée de quatre bataillons françois et quatre bavarois, est arrivée à Strasbourg avec la plupart de nos blessés. Zurlauben y est resté. Quand la garnison est partie d'Ulm, on ne croyoit pas qu'il pût vivre deux jours. Argelos, qu'on avoit dit mort, y est demeuré, et ses blessures vont bien; on ne lui a point coupé le bras; il ne savoit pas encore que le roi lui avoit donné le régiment de Languedoc. Plancy y est demeuré, mais ses blessures ne sont point mortelles; elles sont à la tête, c'est pourquoi on n'a pas voulu le transporter. M. de Roquelaure étoit à l'extrémité le 29. Le duc de Villeroy écrit du 30 qu'il est un peu mieux, mais toujours en grand danger. Berville, un des Collandres, colonel du régiment colonel des dragons, a aussi la petite vérole.

Samedi 4, à Fontainebleau. — Le roi courut le cerf avec les chiens de M. le duc d'Orléans; madame la duchesse de Bourgogne étoit dans sa calèche. Le roi d'Angleterre, Monseigneur et messeigneurs ses enfants étoient à la chasse. Le soir il y eut comédie. — Il arriva un courrier de M. de la Feuillade, parti le 29 de la cité d'Aoste, où M. de la Feuillade a trouvé beaucoup de subsistances pour ses troupes; rien n'empêche présentement sa jonction avec M. de Vendôme. Cavalier, qu'on ne savoit point qui fût là, a pensé être pris, et, se trouvant trop pressé par un dragon qui le suivoit, il a abandonné son cheval et s'est jeté dans un précipice où on croit qu'il s'est tué. Si M. de la Feuillade avoit des bombes et du canon, il pourroit faire le siége du château de Bar; peut-être M. de Vendôme pourra-t-il lui en envoyer sans se donner la peine d'y aller lui-même. — On eut sur le soir des nouvelles de M. le comte de Toulouse; il étoit encore à Malaga, et ayant eu avis que la flotte de Smyrne étoit à la hauteur d'Alicante, escortée de quinze vaisseaux de guerre, il a mis à la voile pour aller au-devant de cette flotte, et a arboré le pavillon hollandois : cette flotte est riche de plus de vingt millions. — Le roi a donné à M. de Coëtenfao, sous-lieutenant des chevau-légers, 1,000 écus de pension.

Dimanche 5, à Fontainebleau. — Le roi mena le roi d'Angleterre tirer dans les parquets. Au retour de la chasse le roi alla chez la reine d'Angleterre, chez qui il fut assez longtemps, et puis S. M. donna une longue audience au maréchal de Tessé, qui prit congé de lui pour aller en Espagne; il emmène avec lui le marquis de Maulevrier*, son gendre, colonel du régiment de Navarre. — Le roi nous dit le matin en allant à la messe que le maréchal de Villeroy s'en alloit en Flandre et qu'il passeroit ici, où il arriveroit dans peu de jours. Ce maréchal a envoyé un courrier à la duchesse de Foix à Paris, pour lui porter la nouvelle que le duc de Roquelaure, son frère, étoit hors de péril. — On travaille à l'échange des prisonniers que les ennemis ont à nous de la bataille d'Hochstett, et on croit que cela sera réglé à la fin du mois. Les ennemis même pressent fort sur cela, et de rendre soldat pour soldat et officier pour officier à grade égal; si la garnison d'Ivrée est faite prisonnière de guerre, comme il y a tout lieu de l'espérer, M. de Vendôme ne leur voulant pas donner d'autre capitulation, nous aurons plus de prisonniers à eux qu'ils n'en ont à nous. — On attend incessamment l'arrivée de M. Desclos, mestre de camp et brigadier de cavalerie, que M. de Vendôme a choisi pour porter au roi la nouvelle de la prise du château et de la citadelle d'Ivrée; on ne doute pas que cela ne soit fait présentement.

* Maulevrier, fils du feu Maulevrier chevalier de l'Ordre, lieutenant général, et frère de M. Colbert et de M. de Croissy, étoit très-médiocrement bien fait, très-dangereusement fou et très-follement ambitieux ; de l'esprit, de la valeur et du langage. Il aima trop haut. Il fut aimé, et eut la patience, deux ans durant, de contrefaire l'extinction de voix, pour oser parler bas, et par conséquent oser tout dire. Son beau-père, qui vit aller le jeu trop loin, que d'autres étoient aimés, qu'il y avoit eu sur cela une scène terrible qu'il avoit écumée, et que son gendre, jaloux et forcené, avoit vomi des choses énormes tout bas depuis la tribune jusqu'à l'autre bout de la galerie, qui avoient pensé faire mourir et à tous moments évanouir ; que ce gendre se proposoit d'attaquer partout l'objet d'une jalousie à tout perdre, se résolut de le mener avec lui en le leurrant de toutes choses, dont Maulevrier, peut-être trop avancé à son gré, ne fut pas fâché ; mais la question fut qu'avec cette extinction de voix il n'avoit fait qu'un bout de campagne; que le climat d'Espagne ne paroissoit pas aller avec une poitrine donnée pour être en désordre, et qu'étant colonel de Navarre il étoit étrange de n'y pas servir. Fagon, aussi fin courtisan et aussi instruit de tout que bon médecin, fut la solution de tout. Le roi le croyoit comme un oracle ; il ordonna à Maulevrier l'Espagne pour son extinction de voix, comme à un malade les eaux, et prétendit qu'il lui étoit capital d'éviter l'hiver en France et de le passer en ces pays méridionaux.

Lundi 6, à Fontainebleau. — Le roi alla à midi chez le roi et la reine d'Angleterre, qui avoient dîné à onze heures. Le roi mena la reine à la messe comme à l'ordinaire et après la messe LL. MM. BB. montèrent en carrosse. Le roi les conduisit jusqu'à leurs carrosses; et ils allèrent coucher à Corbeil, pour arriver le lendemain à Saint-Germain. Le roi courut le cerf l'après-dînée ; madame la duchesse de Bourgogne étoit dans sa calèche. Le soir il y eut comédie. On avoit proposé au roi d'Angleterre de demeurer pour la chasse et pour la comédie et de partir d'ici après le souper du roi en chaise de poste pour aller coucher à Corbeil; mais il a cru, quelque envie qu'il en eût, qu'il étoit plus sage de ne pas quitter la reine sa mère. — On apprit que Zurlauben étoit mort à Ulm de ses blessures; le roi le regrette fort, et en a parlé très-honorablement. — On a nouvelle que le roi de Suède a pris, l'épée à la main, la ville de Léopold, capitale du palatinat de Russie; les habitants, pour se racheter du pillage, lui ont donné 300,000 écus; il y a pris six-vingts pièces de canon et il y a trouvé beaucoup d'effets qu'on y avoit réfugiés des provinces voisines, et il confisquera ceux qui appartiennent au roi Auguste ou à ses adhérents.

Mardi 7, à Fontainebleau. — Le roi donna audience le matin à un député de la ville d'Avignon, qui s'appelle le comte de Villefranche, qui est venu faire des compliments sur la naissance de monseigneur le duc de Bretagne. Cette ville est en possession de faire des compliments au roi sur les grands et heureux événements, et au-dessus de la lettre que leur envoyé présente il y a: *Au roi* tout court. L'après-dînée, S. M. alla tirer. Monseigneur courut le loup le matin; messeigneurs ses enfants étoient à la chasse avec lui. Madame la duchesse de Bourgogne alla l'après-dînée se promener autour du canal. — M. Desclos arriva, qui apporta au roi la nouvelle de la prise du château et de la citadelle d'Ivrée. Il y avoit dans ces deux postes onze bataillons, qui ont été faits prisonniers de guerre. Nous n'avons pas eu deux cents hommes tués à toute l'affaire d'Ivrée; et nous n'avons pas quatre cents blessés dans les hôpitaux. M. de Vendôme a encore envoyé à M. le grand prieur une brigade de cavalerie; il lui enverra aussi quelques bataillons, parce que le corps des ennemis qui est sous le comte de Linange se fortifie un peu, et nous voulons être les plus forts de ce côté-là.

Mercredi 8, à Fontainebleau. — Le roi prit médecine, et l'après-dînée il tint le conseil qu'il auroit tenu le matin. Monseigneur alla au conseil, et ne sortit point de tout le jour. Madame la duchesse de Bourgogne alla dîner chez madame la duchesse du Lude, où étoient madame de Maintenon et plusieurs dames. — L'arrivée de M. le maréchal de Villeroy ici a été retardée de quelques jours. — Le prince de Montauban*, frère cadet du prince de Guémené, est mort de maladie à une maison qu'il avoit auprès de Paris. La princesse de Montauban, sa femme, qui étoit séparée de corps et de biens avec lui, n'a eu que des filles de ce mariage, et elle profite de 10,000 livres de douaire. — Le roi a donné le gouvernement d'Ivrée à M. d'Arennes, maréchal de camp, qui étoit inspecteur de l'infanterie de ce pays-là; et le roi donne cette inspection à M. de Dreux, gendre de M. de Chamillart. — M. de Savoie avoit intelligence avec quelques bourgeois restés dans Verceil, qui avoient gagné des prisonniers qui travailloient à la démolition de cette place, et peu s'en est fallu qu'il n'ait surpris la place. Un lieutenant de la garnison a découvert l'entreprise; le roi l'a fait capitaine et lui a fait donner de l'argent.

* M. de Guémené et M. de Montauban étoient fils du duc de Montbazon, mort fou et grand nombre d'années enfermé à Liége, et d'une mère Schomberg, pas trop sage, quoique sœur du père de la célèbre duchesse de Liancourt. Madame de Montauban étoit Bautru, sœur du chevalier de Nogent, tué au passage du Rhin, beau-frère de M. de Lauzun et de madame de Rambures, femme du dernier de cette maison; elle étoit veuve de Rannes, qui étoit Argouges en son nom, officier général très-distingué et tué en Flandre. Sa vertu étoit moins que médiocre, sa passion pour le grand monde extrême; laide, bossue, mais de l'esprit comme un démon, et de même nature que celui des démons; anciennement fort connue du roi et de Monsieur par Bautru, son père, capitaine de la porte, qui par son esprit et sa hardiesse faisoit une figure avec ses vives plaisanteries. Du temps de ce premier mariage, la confusion n'étoit pas à beaucoup près telle qu'elle devint depuis ni telle en cette dernière époque que le roi l'a laissée, et si dans celle-ci c'étoit ordre merveilleux en comparaison d'aujourd'hui, madame de Rannes étoit donc exclue de bien des choses, et résolut pour cela seul de se remarier à quelqu'un qui l'affranchît, et donna gros à M. de Montauban pour l'épouser; mais ce fut bien pis. Madame de Soubise, par son utile beauté, avoit fait son mari prince par degrés, lui dont la première femme n'avoit jamais songé à être assise et étoit morte sans l'avoir été ni seulement prétendu. Le tabouret de madame de Soubise le fit donner à madame de Guémené, qui le prétendoit sur l'exemple de la belle Montbazon, à qui, avant la mort de son beau-père, la fameuse madame de Chevreuse, sa belle-sœur, l'avoit procuré par degrés, d'abord au Val-de-Grâce, puis au Louvre, mais à des heures de privance, enfin tout à fait; on le lui avoit ôté, puis rendu avant la mort de son beau-père, qui vécut très-vieux et ne se démit point de son duché. Ainsi madame de Guémené, au même cas avec le sien, passa sur la beauté de madame de Soubise; mais M. de Montauban n'avoit aucun rang. Monsieur, qui dès sa jeunesse aimoit madame de Montauban, et sûrement sans scandale, se mit en tête de la protéger, et lui et madame de Soubise arrachèrent enfin pour elle le tabouret que le roi disoit toujours que Monsieur lui avoit escroqué. Elle fut toujours des plus avant de sa cour, et ne tarda pas à se brouiller avec éclat avec son nouveau mari, dont elle n'ouït plus parler dans la suite et dont elle n'eut qu'une fille, qu'elle eut grand soin de coffrer. Sa vie fut également méchante et débauchée, et quoique Saint-Cloud fût le repaire d'espèces les plus décriées des deux sexes, le roi le reprochoit à Monsieur comme la honte et le scandale de Saint-Cloud, où Monsieur passoit tous ses étés avec une grosse cour. La Montauban alloit rarement à Versailles, qui n'étoit pas son terrain; puis tout à coup on la vit à Marly et à merveille avec le roi et avec madame de Maintenon, et, sans jouer la repentie sur aucun article, elle y tint bon le reste de la vie du roi, faisant peur et horreur à tout le monde. Elle persévéra aussi, à force d'argent, dont elle prenoit à toutes mains, dans sa débauche et dans ses noirceurs, avec du noir, du blanc, du rouge et je ne sais combien d'autres soutiens de décrépitude, qui la rendirent hideuse avec toute sa même effronterie, et mourut (1) dans une grande vieillesse aussi détestablement qu'elle avoit vécu.

Jeudi 9, à Fontainebleau. — Le roi courut le cerf; madame la duchesse de Bourgogne étoit avec lui dans sa calèche; Monseigneur et messeigneurs ses enfants étoient à la chasse. Le soir il y eut musique dans la galerie des Cerfs. Le roi ne va point à ces musiques publiques non plus qu'à la comédie. On chanta un opéra nouveau dont

---

(1) Le 10 décembre 1725.

les paroles sont de M. de Longepierre et la musique est d'un des musiciens de M. le duc d'Orléans. — On reçut des lettres du duc de Gramont du 22, qui sont venues par l'ordinaire. Il mande au roi qu'on a entendu sur les côtes d'Espagne, entre Malaga et Alicante, un grand bruit de canon, et ces avis-là étoient venus à Madrid par des lettres écrites de la côte et du 20, qui étoit le lendemain du jour que M. le comte avoit remis à la voile. — Le pape a écrit au cardinal Radzieiowiski, primat de Pologne, une lettre dans laquelle il le blâme fort d'avoir introduit des hérétiques dans son pays et de ce qu'il travaille à détrôner un roi catholique reconnu par le saint-siége, et lui ordonne de changer de conduite et de se rendre dans trois mois à Rome, sous peine de privation de ses dignités.

Vendredi 10, *à Fontainebleau.* — Le roi alla tirer l'après-dînée. Monseigneur alla à onze heures courre le loup et mena madame la duchesse de Bourgogne à la chasse, qu'elle fit tout entière dans une petite calèche avec des dames. — Il arriva le matin un courrier du maréchal de Villeroy, qu'on fit repartir le soir même; apparemment le retour de ce courrier-là à Haguenau éterminera le retour de ce maréchal; il mande que le siége de Landau va fort lentement et qu'on entend peu tirer de canon. La mortalité des chevaux est aussi grande présentement parmi les ennemis que parmi nos troupes. M. l'électeur de Bavière et M. l'électeur de Cologne ont été quelques jours ensemble. M. l'électeur de Bavière est allé à Bruxelles et l'électeur de Cologne à Lille. — Le marquis de Bedmar, à la recommandation du roi, a été nommé par le roi d'Espagne à la vice-royauté de Sicile. — Les armées d'Espagne et de Portugal sont entre les rivières d'Agueda et de Coa, fort près les unes des autres, et on mande que nos partis battent souvent ceux des ennemis.

Samedi 11, *à Fontainebleau.* — Le roi courut le cerf avec les chiens de M. le Duc; la chasse fut fort belle.

Madame la duchesse de Bourgogne étoit dans la calèche du roi et revint assez fatiguée; elle ne put même aller à la comédie avec Monseigneur ni souper avec le roi. Elle a été trois jours de suite à la chasse, et on croit que c'est trop pour une personne aussi délicate qu'elle. Elle se coucha à dix heures. — Il arriva un courrier de M. de Mauroy, maréchal de camp, que M. de Vendôme a chargé de faire le siége du bourg et du château de Bar ; ses lettres sont du 7. Il mande que le 6 il avoit détaché le prince Pio, colonel dans les troupes d'Espagne, avec son régiment et six compagnies de grenadiers, qui avoit descendu par des hauteurs dont on croyoit le chemin impraticable, et s'étoit rendu maître de tout le bourg en deçà et en delà le château ; qu'il attendoit deux pièces de canon de vingt-quatre, qui devoient arriver le soir, et qu'il espéroit être maître de ce château dans quatre jours; il a avec lui cinq bataillons et un régiment de dragons des troupes que M. de la Feuillade a amenées à M. de Vendôme. M. de la Feuillade a demeuré trois jours avec M. de Vendôme auprès de Bar, et puis est retourné à la cité d'Aoste, et de là il repassera en Savoie. M. de Vendôme est retourné à Ivrée. Trois bataillons de M. de Savoie étoient venus pour attaquer un poste où commandoit Bourgneuf, brigadier de dragons; il les a repoussés, a tué quelques soldats, et il en est venu plus de quatre cents se rendre à lui. On croit que M. de Vendôme va faire le siége de Verue, et pour cela qu'il tâchera à déposter M. de Savoie de son camp de Crescentin. Les Impériaux ont un corps de treize mille hommes auprès de Salo; ils ont passé par la Rocca d'Anfo, entre le lac de Garde et le lac d'Idro. M. de Vendôme envoie dix bataillons à M. le grand prieur, avec quoi il sera plus fort en infanterie que les ennemis. Il est déjà plus fort qu'eux en cavalerie; il est campé à Medoli, en deçà du Mincio. — M. de Villars mande que la troupe de Joannis s'est venue soumettre; ils étoient quarante-six et ont apporté leurs armes. Il ne reste plus dans tout le pays qu'une troupe environ de cette force-là, commandée par un nommé Roze, qui demande à capituler aussi. — Zurlauben avoit une pension de 500 écus, que le roi laisse à ses deux filles. — Le roi a donné une pension de 2,000 livres au président Payen, que S. M. a chargé de gouverner les abbayes de M. le grand prieur.

Dimanche 12, à Fontainebleau. — Le roi s'alla promener autour du canal avec madame la duchesse de Bourgogne; Monseigneur se promena aussi autour du canal avec madame la princesse de Conty. Le soir, dans la galerie des Cerfs, on chanta l'opéra nouveau. — On apprit le matin la mort du comte de Coigny*, qui commandoit les troupes que nous avons sur la Moselle. Le roi a donné ce soir ce commandement à M. le marquis d'Alègre. Le roi a fort regretté le comte de Coigny, dont il étoit très-content. — Après la promenade, le roi alla au salut, et il apprit en y allant la mort de M. de Duras; il étoit capitaine des gardes du corps, gouverneur de Franche-Comté, duc, doyen des maréchaux de France et chevalier de l'Ordre; il avoit près de quatre-vingts ans. — Le roi a donné à M. de Coadelet, lieutenant aux gardes, le gouvernement de Redon, en Bretagne, qu'avoit le marquis de Château-Renaud, tué à la bataille navale. — Il arriva un courrier de M. de Vendôme, qui apporta la nouvelle de la prise du château de Bar, qui se rendit le 7 au soir; on n'eût pas cru que ce siége eût fini si promptement; cependant le gouverneur et la garnison sont prisonniers de guerre; ce gouverneur est un Suisse nommé Reding qui avoit longtemps servi dans les troupes de France. Voilà la communication entièrement faite du duché d'Aost au marquisat d'Ivrée, et nous n'aurons plus besoin d'envoyer nos recrues par mer à l'armée d'Italie.

* Coigny s'appeloit Guillot, et prit des lettres patentes pour porter au lieu de ce nom, celui de Franquetot, d'une terre qu'il avoit achetée. Son père étoit un de ces braves que le cardinal Mazarin s'attacha éleva et qui eut par sa protection une compagnie de gendarmerie. Le père de celui-là et sa famille avoient du bien et croyoient leur fortune faite par des charges de procureur du roi et de lieutenants généraux des petites justices royales de basse Normandie. La même raison qui valut une compagnie de gendarmerie au père lui valut à la fin le château de Caen, que celui-ci tourna en gouvernement de la ville et du château. C'étoit un homme de bonne mine, très-brave homme, de la valeur, de la capacité et de l'assiduité à la guerre, beaucoup d'honneur, et un bien fort considérable, qui, dans le voisinage de Matignon, le tenta de se défaire d'une de ses filles pour rien. Cette alliance, qui rehaussa fort Coigny, lui valut ensuite toute la faveur de Chamillart, ami intime de Matignon, son beau-frère, et qui remit à flot Gacé, son autre beau-frère, et en fit à la fin un maréchal de France. Il en voulut faire un de lui, et s'il eût mieux su entendre le françois, il l'étoit. Chamillart, qui avoit défense de le lui écrire, lui offrit d'aller en Bavière quand le maréchal de Villars revint. Il refusa; Chamillart rechargea, et sua de l'encre pour lui faire comprendre, sans pourtant trahir le secret, qu'il seroit maréchal de France en arrivant en Bavière; mais il parloit à un sourd, et il écrivoit à un aveugle. Jamais il ne voulut quitter sa Moselle, et Marsin, qu'on envoya à son refus, en profita. Alors l'événement lui ouvrit les yeux et l'affligea avec tant d'amertume que, quoiqu'il fût en situation de réparer une si lourde faute, elle prit tellement sur sa santé qu'il ne put aller loin.

Lundi 13, à Fontainebleau. — Le roi courut le cerf; madame la duchesse de Bourgogne étoit avec lui; Monseigneur et messeigneurs ses enfants étoient à la chasse. Le roi, contre son ordinaire, ne tint point de conseil le matin; le soir S. M. travailla avec M. Pelletier, chez madame de Maintenon, et Monseigneur alla à la comédie. — Le roi, après son lever, fit entrer le maréchal de Boufflers* dans son cabinet; il lui dit qu'il l'avoit choisi pour son capitaine des gardes du corps et qu'il avoit choisi le duc de Guiche, son beau-frère, pour colonel du régiment des gardes en sa place; ce sera lui qui payera les 500,000 livres de brevet de retenue que M. de Duras avoit sur sa charge, et il vendra la charge de colonel général des dragons, dont il tirera presque toute cette somme. — Le roi donne à M. le maréchal de Tallard le gouvernement de Franche-Comté, sur lequel il n'y a aucun brevet de retenue et qui vaut plus de 20,000 écus de rente, et cela marque bien que le roi est content de lui. — Le roi donne à M. le comte de Duras, fils du maréchal qui vient de mourir, 20,000 livres de pension qu'avoit son père, et au duc de Quintin, neveu de ce maréchal et gendre de M. de Chamillart, le justaucorps à brevet qu'avoit son oncle. — M. le maréchal de Boufflers a demandé au roi pour M. de Flavacourt, qui n'est que sous-lieutenant aux gardes, l'agrément pour acheter la compagnie de Mennevillette; le roi la lui a accordée et lui donne à vendre une enseigne vacante dans ce régiment pour lui aider à payer la compagnie.

* Rien n'est pareil au trébuchet qui fut tendu au maréchal de Boufflers et dans lequel il tomba. Il avoit épousé la sœur du duc de Guiche qui avoit épousé, lui, la fille aînée du maréchal de Noailles, toute confite en cour et en dévotion, avec tout l'esprit et toutes les grâces possibles, qui lui avoient plus conquis madame de Maintenon que le mariage même de son frère avec sa nièce. Sa sainteté suréminente, mais affolée de son mari et de sa fortune, ne trouva point d'inconvénient à jeter son beau-frère dans le panneau, et la maladie assez longue de M. de Duras lui donna le temps de préparer toutes ses machines. Boufflers vivoit dans la dernière intimité avec elle et avec tous les Noailles, alors dans la plus haute faveur, et n'avoit garde de se défier d'eux sur sa charge, de bien loin la plus belle et la plus brillante de la cour. Ce fut eux pourtant et sa pieuse et douce belle-sœur qui la lui arrachèrent, et il ne le leur pardonna jamais. Le roi gagné le surprit par un compliment plein de tendresse, d'estime et de confiance sur lui mettre sa personne entre les mains, en le faisant capitaine des gardes, ne lui donna pas l'instant de réflexion, l'étourdit, le mit à ne savoir que répondre, et la chose avec lui n'étoit pas difficile, surtout de la part du roi, et tout de suite dispose de sa charge en faveur de son beau-frère, dont il lui fait accroire qu'il sera ravi. Le maréchal sortit du cabinet les larmes aux yeux, et ni lui ni sa femme ne s'en sont consolés de leur vie. Ils ont continué pour le dehors à vivre en famille comme devant, mais ç'a été tout. Le tour de passe-passe saisit toute la cour, mais il avoit réussi, et c'étoit tout faire. Ils eurent encore le front de lui faire demander le même brevet de retenue pour eux qu'il avoit, comme une suite du marché, et il ne crut pas devoir donner de scène en le refusant, aussi l'obtint-il du roi au premier mot qu'il lui en dit. Ce maréchal étoit d'autant plus aisé à tromper de la sorte qu'avec fort peu d'esprit c'étoit la candeur, la bonté, l'amitié, la fidélité, l'honneur et la vertu même, et qui n'étoit pas capable de soupçonner rien de contraire dans pas un de ceux qui le dupèrent si cruellement. Pour la Franche-Comté, cela fut incroyable aussi ; M. le duc d'Orléans ne se put tenir de dire fort plaisamment tout haut qu'il falloit bien donner quelque chose à ce pauvre homme ; qu'il avoit tout perdu.

Mardi 14, à Fontainebleau. — Le roi alla tirer l'après-dînée. Monseigneur et monseigneur le duc de Berry allèrent dès le matin courre le loup dans Champagne. Madame la duchesse de Bourgogne alla l'après-dînée à Moret, où madame de Maintenon avoit dîné, et en revint tête à tête avec elle dans le carrosse de madame de Maintenon. — M. d'Albergotti écrit du 3 que M. de Savoie avoit détaché un de ses officiers généraux pour surprendre la ville et le château d'Ast ; il a réussi à l'entreprise de la ville, où le commandant n'avoit laissé que trente hommes, n'étant pas un poste qui se pût défendre. Cinq ou six officiers, qui avoient négligé de se retirer dans le château la nuit, ont été pris ; les ennemis ont fait sommer le château, qui est très-mauvais aussi ; mais Cœur-de-Chêne, capitaine des grenadiers de Normandie, qui y commandoit, s'étant mis en état de se défendre, et étant avertis que Albergotti levoit ses quartiers pour y marcher, ils se sont retirés avec précipitation, et M. de Savoie, qui s'étoit avancé pour soutenir son détachement, est retourné à son camp de Crescentin. — M. de Mantoue* s'est marié à Nevers ; c'est son aumônier qui a fait la célébration du mariage sans que l'évêque, son grand vicaire ni le curé en eussent connoissance ; il leur fit demander après le mariage des certificats qu'ils ont refusé de lui donner. On a su cela ici par le curé de Nevers, qui en a écrit au P. de la Chaise ; mais M. de Mantoue ni madame d'Elbeuf n'en ont rien mandé.

* Les Mémoires ne disent pas tout. M. de Mantoue vouloit se remarier, mais de la main du roi, à une Françoise. Madame d'Armagnac, toujours alerte pour trouver une ressource à sa fille, fut aisément tentée de la grandeur de ce mariage, et se mit à y travailler de son mieux ; elle

compta sur la faveur de M. le Grand, et, pour cette fois, s'y trompa. Le roi, qui ne vouloit point de cette alliance lorraine, par rapport aux droits de M. de Lorraine, si lié à l'empereur, sur le Montferrat, qui seroit favorisé par M. de Mantoue, amoureux de sa femme, ne s'y porta point du tout, et mit en avant mademoiselle d'Enghien, qui a depuis épousé M. de Vendôme. M. le Prince y fit de son mieux; mais il n'y eut jamais moyen de vaincre la répugnance de M. de Mantoue, qui vouloit une belle femme et à son gré. Madame d'Elbeuf avoit une fille sage et parfaitement belle; M. de Mantoue fut tourné par ce Cazado, depuis marquis de Monteleon, et employé en Italie par le roi d'Espagne, et qui se trouvoit à Paris, et par un autre Italien, théatin défroqué, qui s'appeloit Primi, grand maître en intrigues et que le maréchal de Tessé fournit à madame d'Elbeuf; le roi le sut et imposa. Il chercha donc une quatrième dont la beauté et la naissance de tous côtés pût convenir à M. de Mantoue. Il songea à la duchesse de Lesdiguières, fille du maréchal de Duras, fort belle, faite en déesse, de grande mine et sans enfants, et encore fort jeune. Il en fit parler à M. de Mantoue, qui y consentit, pourvu qu'il la pût voir et qu'elle lui plût. Alors le roi fit parler à madame de Lesdiguières, qui refusa. Le roi tint bon et lui fit parler par sa famille et par ses amis, enfin par Torcy, qui lui représenta qu'au moins, étant sujette du roi, elle ne pouvoit lui refuser de se laisser voir à M. de Mantoue. Le débat fut long. Elle étoit dans sa première année de veuve; elle persista à refuser la visite, et, par excès de tourment, elle consentit d'aller à onze heures à la messe aux Minimes dans une chapelle dont on convint; que M. de Mantoue s'y trouveroit comme par hasard, et qu'en passant par devant lui elle lèveroit son voile en recevant sa révérence, et se laisseroit voir à lui un moment. Torcy avoit eu tant de peine à arracher cette complaisance qu'il n'osa pousser plus loin, et se flatta que le voile demeureroit levé pendant la messe, sans pourtant en avoir obtenu parole; mais point du tout; le rendez-vous s'exécuta, et M. de Mantoue ne la vit que le moment qu'elle avoit promis; mais ce moment suffit pour le déterminer et pour lui faire désirer la chose aussi fortement que le roi même la souhaitoit. M. le Prince, qui avoit aussi par la palatine, sa belle-mère, des prétentions sur la succession future de M. de Mantoue et qui par là ne vouloit point d'une Lorraine, fit dire à madame de Lesdiguières que, ne pouvant plus songer à ce mariage pour sa fille, il désiroit si passionnément le sien, comme de sa si proche parente, qu'il la conjuroit d'y vouloir entendre, et qu'il offroit en ce cas d'en faire lui-même la noce à Chantilly comme de sa propre fille; mais tout fut inutile. On employa domestiques, religieuses du couvent où elle avoit été élevée de Sainte-Marie de Saint-Jacques; en un mot tout fut remué. Elle ne put se résoudre à se confiner en Italie avec un homme à la vérité fort singulier, mais qui étoit souverain ; elle finit deux mois de persécution constante par une lettre qu'elle écrivit au roi, la plus sage et la plus respectueuse, la plus flatteuse même, par laquelle elle lui rendoit surtout grâces de l'avoir fait assurer qu'il ne la vouloit forcer que par ses désirs et non par son autorité, et qu'elle le conjuroit de lui permettre de préférer l'honneur d'être une de ses premières sujettes à celui de la souveraineté. Le roi fut vraiment touché de cette lettre, ne lui fit plus parler que pour l'assurer qu'il ne la presseroit plus et qu'il l'en estimoit davantage ; le rare est qu'il lui en sut gré toute sa vie, et qu'il l'a souvent répété, et qu'étant fort peu riche après l'avoir dû être infiniment par son mariage ce gré et cette estime n'ont jamais passé le discours. M. de Mantoue fut outré, et M. le Prince aussi ; madame d'Elbeuf, qui s'étoit ralentie, redoubla de jambes, mais elle reçut une défense du roi si positive qu'elle n'osa passer outre, et que, pour ne perdre pas aussi sa proie, elle trompa le roi, lui désobéit, lui débaucha pour ainsi dire M. de Mantoue et le paqueta à Nevers, où elle le vint joindre comme on le voit dans les Mémoires, et le suivit en Italie, n'osant revenir à Paris après ce mariage fait contre la défense du roi.

Mercredi 15, à Fontainebleau. — Le roi se promena autour du canal avec madame la duchesse de Bourgogne, Madame et madame la duchesse d'Orléans ; Monseigneur s'y promena avec monseigneur le duc de Bourgogne et madame la princesse de Conty. La meute de M. le Duc courut un cerf qui vint se faire prendre dans les fossés du Tibre : tout le monde étoit déjà revenu de la promenade. Monseigneur le duc de Bourgogne se mit dans le carrosse de madame de Dangeau, et madame la duchesse de Bourgogne dans celui de madame de Maintenon, et s'y en allèrent voir prendre le cerf. — Le maréchal de Villeroy arriva sur les huit heures, et fut assez longtemps avec le roi chez madame de Maintenon. Le duc de Villeroy, son fils, est revenu avec lui ; il doit repartir dans trois jours pour aller commander en Flandre, où M. l'électeur de Bavière souhaite fort de le voir arriver. — On eut le soir des lettres de M. le comte de Toulouse par un courrier parti du 29 des côtes d'Espagne. M. le comte a croisé huit jours des côtes d'Espagne aux côtes de Barbarie sans avoir eu la moindre connoissance d'aucun vaisseau ennemi, et tout ce qu'on avoit dit de la flotte de Smyrne se trouve faux; ce prince n'attend plus qu'un bon vent pour revenir à Toulon. On apprit que le marquis de Grignan, brigadier de cavalerie, qui s'étoit fort distingué à la bataille d'Hochstett, étoit mort de la petite vérole à Thionville.

Jeudi 16, *à Fontainebleau.* — Le roi courut le cerf seul dans sa petite calèche; Monseigneur et monseigneur le duc de Berry étoient à la chasse. — Le roi d'Espagne a envoyé une Toison d'or très-magnifique à M. le comte de Toulouse, et monseigneur le duc de Berry fera la cérémonie de le recevoir quand il sera de retour. — M. le maréchal de Villeroy partit de Haguenau le 11. M. de Marsin y étoit arrivé deux jours auparavant; il est en meilleure santé et pourra monter à cheval bientôt. Ils avoient eu des nouvelles du siége de Landau du jeudi 9. Les ennemis avoient pris le matin de ce jour-là la lunette de Mélac; mais, deux heures après, Laubanie la fit attaquer, la reprit et leur tua quatre ou cinq cents hommes. La maladie des chevaux commence à être forte dans l'armée ennemie, et la dyssenterie est parmi leurs soldats. — M. de Charmond, qui étoit ambassadeur à Venise, salua le roi, qui le reçut fort bien, et cela détruit tous les bruits qu'on avoit fait courir qu'on en est mécontent ici. — Comme l'affaire des fanatiques est entièrement finie, on en retire des troupes, et on laisse à la discrétion de M. de Villars d'en garder ce qu'il croira nécessaire pour le bien de la province.

Vendredi 17, *à Fontainebleau.* — Le roi, qui ne tient point de conseil les vendredis, fut enfermé quelque temps avec le P. de la Chaise, et puis travailla avec M. de Pontchartrain jusqu'à son dîner; il alla tirer l'après-dînée et travailla encore avec M. de Pontchartrain au retour, et quand M. de Pontchartrain eut fini, M. de Chamillart travailla avec le roi jusqu'à son souper. Monseigneur et messeigneurs ses enfants vouloient aller courre le loup;

OCTOBRE 1704.

ils n'en trouvèrent point, et ils allèrent courre le cerf avec les chiens de M. du Maine. Madame la duchesse de Bourgogne se promena autour du canal. — Le maréchal de Boufflers parla au roi pour le duc de Guiche, qui n'o soit demander un brevet de retenue sur la charge de colonel des gardes, et S. M. lui en accorda un de 500,000 livres. — Il arriva un courrier de M. de Marsin; les lettres sont du 14; il mande que le 12 les ennemis avoient encore attaqué et pris la lunette, et que Laubanie les en avoit encore rechassés; et voyant bien que les ennemis l'attaqueroient une troisième fois, il s'étoit préparé à la faire sauter, ce qui a réussi comme il l'avoit imaginé; et que les ennemis y avoient perdu beaucoup de monde. — On a des lettres du duc de Berwick du 8. Il mande que le 6 et le 7 les ennemis avoient fait des mouvements comme s'ils eussent voulu l'attaquer, mais qu'ils n'avoient osé le faire et qu'il croyoit qu'ils alloient se retirer vers Almeida, n'ayant plus de vivres dans leur camp.

Samedi 18, *à Fontainebleau.* — Le roi courut le cerf l'après-dînée; madame la duchesse de Bourgogne étoit dans sa calèche avec lui. Monseigneur courut le loup le matin. Messeigneurs les ducs de Bourgogne et de Berry allèrent tirer des sangliers. Le soir il y eut comédie. — Le soir le roi entretint longtemps M. le maréchal de Villeroy chez madame de Maintenon. Les quartiers d'hiver pour les troupes sont réglés, mais les armées ne se sépareront qu'après la fin du siége de Landau. — M. de Chamillart a fait marché avec des banquiers de Suisse pour dix mille chevaux qu'ils doivent fournir en novembre, décembre et janvier, par égale portion. Les chevaux pour les cavaliers leur seront payés 335 livres et les chevaux pour les dragons 275 livres. — M. le maréchal de Tallard et les officiers prisonniers qui sont avec lui seront menés à Bréda, et doivent être déjà partis de Hanau; on croit que la reine d'Angleterre veut qu'ils passent en Angleterre pour avoir le plaisir de faire voir des prisonniers considérables à la nation et contenir par cette joie-là les malintentionnés contre le milord Marlborough. — Le roi a donné le régiment de Grignan à Flèche, ancien officier, qui en étoit le lieutenant-colonel et qui eut l'année passée commission de mestre de camp et une pension. — Le roi donna un brevet de retenue de 100,000 livres à M. de Charmond sur sa charge de secrétaire du cabinet.

Dimanche 19, *à Fontainebleau* — Le roi alla à la promenade autour du canal avec madame la duchesse de Bourgogne; Monseigneur étoit dans son carrosse avec monseigneur le duc de Berry et madame la princesse de Conty. Monseigneur le duc de Bourgogne se promena à pied. — L'empereur propose des conditions d'accommodement si dures à madame l'électrice de Bavière que, bien loin de les accepter, elle fait lever de nouvelles troupes pour défendre son pays, et elle a mandé à M. l'électeur qu'elle espère avoir bientôt vingt mille hommes. — M. le maréchal de Tessé a eu permission, en allant en Espagne, de passer à Toulouse pour y voir la princesse des Ursins, qui n'en est pas encore partie*. — Il arriva à M. le duc d'Albe un courrier du roi d'Espagne, parti du 11; il mande que le roi de Portugal et l'archiduc, avec toutes leurs troupes ramassées, s'étoient approchés de l'armée du duc de Berwick comme pour l'attaquer, mais que ce duc s'étant présenté en bataille et ayant fait même avancer quelque cavalerie, ils s'étoient retirés en grande diligence et en grand désordre, et que, sans les ordres exprès qu'il avoit de ne rien hasarder, il les auroit attaqués avec grand avantage; ils se sont retirés dans les montagnes et à plus de quatre lieues de l'endroit où ils s'étoient avancés. M. de Villadarias a mandé à S. M. C. qu'il voyoit arriver les vaisseaux de M. de pointis devant Gibraltar, qu'ils alloient faire descendre les troupes, le canon et les munitions nécessaires pour ce siége, et qu'il espéroit pouvoir ouvrir la tranchée le 13 ou le 14.

* Madame des Ursins étoit allée de Bayonne à Toulouse fort lentement, pour montrer son obéissance à gagner le Languedoc et s'approcher de Marseille pour passer en Italie, et s'étoit arrêtée pour se reposer, toujours négociant et travaillant à n'aller pas plus loin. Ce premier point obtenu, elle espéra bien de tout le reste, et ne s'y trompa pas. Tessé, allant en Espagne, et fort attentif à y plaire, dans la vue de la grandesse, faisoit sa cour à madame des Ursins. Il savoit bien que cela ne déplaisoit pas à madame de Maintenon, et que rien ne l'avanceroit davantage auprès du roi, de la reine d'Espagne que la protection de leur favorite, qu'il s'entremit de servir ou de faire semblant dans son impuissance, et hasarda de demander la permission de passer à Toulouse. Le roi étoit un peu calmé sur elle, et y consentit, gagné par madame de Maintenon, pour rendre plus agréable en Espagne un homme dont il vouloit s'y servir ; et madame de Maintenon le procura pour pouvoir se servir de Tessé, pour donner à madame des Ursins des nouvelles de l'état où étoient ses affaires et de la conduite qu'elle avoit à y tenir, et ce voyage valut à Tessé la grandesse tout en arrivant.

Lundi 20, *à Fontainebleau.* — Le roi courut le cerf l'après-dînée ; madame la duchesse de Bourgogne étoit dans sa calèche ; Monseigneur et messeigneurs ses enfants étoient à la chasse. — Le maréchal de Villeroy repartit d'ici pour aller en Flandre. — D'Arifax, cornette des mousquetaires noirs, s'étoit cassé la jambe il y a quinze jours, et il en étoit bien guéri ; on l'a trouvé mort ce matin dans son lit. Le roi a donné sa charge à son frère, qui étoit premier maréchal des logis de cette compagnie. — Le roi a donné à M. de Cavoie le logement qu'avoit M. de Duras à Versailles, et à mesdemoiselles de Charolois et de Sens, filles de M. le Duc, le logement qu'avoit M. de Cavoie. — Valsemé, maréchal de camp, pris à la bataille d'Hochstett, a eu permission de revenir en France pour quelques jours ; il a salué le roi, dont il a été très-bien reçu. Il partit de Hanau le mercredi 8 de ce mois ; M. de Tallard en devoit partir quelques jours après pour aller à Aix-la-Chapelle, où M. de Marlborough a trouvé bon qu'il allât prendre les eaux. — Le roi a envoyé un intendant à l'armée d'Espagne, et a choisi pour cet emploi M. Mélian, maître des requêtes et intendant à Pau; il conservera cette intendance, comme M. de Bagnols conserve celle de Flandre et M. Bouchu celle de Dauphiné.

Mardi 21, à Fontainebleau. — Le roi jugea le matin, au conseil des finances, une affaire commencée il y a quatre ans, mais qui n'avoit pas encore été portée devant lui. M. Bouchu, intendant de Dauphiné, avoit prétendu traiter les terres nobles de cette province-là comme les terres roturières à peu près, et cela auroit produit une augmentation de revenu au roi et auroit fort incommodé la noblesse de cette province; le roi a décidé contre ses intérêts et en faveur de cette noblesse. — S. M. alla l'après-dînée à pied, dans l'allée royale, voir pêcher le grand étang qu'on avoit mis à sec; madame la duchesse de Bourgogne étoit avec lui. Monseigneur courut le matin un loup qui battit toute la forêt et qui ne fut pris que fort tard. Messeigneurs les ducs de Bourgogne et de Berry allèrent tuer des sangliers. — Il arriva le matin un courrier du duc de Gramont, qui mande que le roi de Portugal et l'archiduc avoient été fort mécontents de l'amirante, qui les avoit assurés que dès qu'ils seroient sur la frontière d'Espagne beaucoup d'Espagnols viendroient se rendre à eux, et il n'y en est pas venu un seul; il mande aussi que la tranchée devoit être ouverte devant Gibraltar le 11, et que Pointis y étoit arrivé le 7 avec treize vaisseaux, dont on débarquoit les troupes et l'artillerie. — M. de Villars mande que Larose, un des chefs des fanatiques, s'étoit venu rendre avec toute sa troupe; il ne reste plus que Ravanel, qui n'a pas vingt hommes avec lui. — Il arriva un courrier de M. de Vendôme, parti de devant Verue le 16. Voici la copie de la lettre qu'on écrit de là (1) :

---

(1) Cette lettre est en partie reproduite, avec quelques différences, dans le *Mercure* d'octobre, pages 409 à 411.

Au camp de Verue, le 16 octobre.

L'armée arriva ici le 14, et, en y arrivant, M. de Vendôme fit attaquer trois hauteurs à la demi-portée du fusil du retranchement de Guerbignan, et que les ennemis avoient négligé de retrancher, puisque, s'ils avoient seulement fait une redoute à mettre cinquante hommes sur chacune, ils nous auroient au moins retardé de cinq ou six jours (1). M. de Vendôme les trouva en arrivant occupées par les ennemis, qu'il en fit chasser à la vue de M. de Savoie et de toute sa cour (2). Dès que nos grenadiers furent maîtres de la hauteur, ils firent un si grand feu et sur les fuyards et sur M. de Savoie qu'ils l'obligèrent lui et les siens à rentrer à toutes jambes dans ses retranchements. Nous avons retranché les hauteurs que nous avons gagnées, et on n'attend plus que notre canon pour mettre la main à l'œuvre. Les ennemis firent hier matin un mouvement pour se rapprocher de leur pont; ils ont mis leur cavalerie tout sur le bord du Pô et leur infanterie en potence, la droite à Crescentin et la gauche à leur pont, sur lequel ils ont (3) toutes les nuits beaucoup de goudron. Ils ne sauroient faire le moindre mouvement dans leur camp qu'on ne le voie d'une hauteur qui est derrière chez M. de Vendôme, comme si on y étoit; c'est comme vous voyez bien un beau spectacle que de voir une place attaquée, investie de ce côté-ci du Pô par notre armée et soutenue de l'autre par celle des ennemis, laquelle, à la vérité, paroît foible, et on dit qu'il y a beaucoup de malades (4). Cette entreprise ne laisse pourtant pas d'être considé-

---

(1) Cette phrase est plus claire dans la version donnée par le *Mercure* : « On ne comprend pas pourquoi les ennemis ont négligé de fortifier ces hauteurs, puisqu'il est certain que, si on avoit fait une redoute sur chacune et que l'on y eût mis du monde, cela nous auroit au moins retardé de cinq ou six jours. »
(2) « Qui étoit hors des retranchements. » (*Mercure.*)
(3) « Ils brûlent. » (*Mercure.*)
(4) La citation du *Mercure* s'arrête ici.

rable, mais le succès en sera si avantageux pour les affaires du roi en Italie qu'il ne sauroit être mis en balance avec les difficultés qui pourroient s'y rencontrer; pourvu que le beau temps continue, il y a tout lieu d'espérer que tout ira bien et que tout le mois prochain nous rendra bon compte de cette expédition, qui seroit fort retardée s'il nous arrivoit des pluies. Ce pays-ci n'est assurément point praticable dès qu'il a plu, et sans le beau temps il n'y auroit pas eu moyen d'y mener du canon, qui encore n'y arrivera pas sans peine, quoique les chemins soient comme au fort de l'été. La subsistance pour la cavalerie ne sera pas aussi une chose bien facile, et on doit, pour épargner les fourrages, envoyer dans trois ou quatre jours la meilleure partie des équipages du côté d'Alexandrie, où M. de Vaudemont leur a assigné des quartiers dans lesquels on leur donnera du fourrage à un prix modique.

Mercredi 22, à Fontainebleau. — Le roi courut le cerf; madame la duchesse de Bourgogne étoit dans sa calèche, et à cinq heures le roi travailla avec M. de Chamillart. — On a des lettres de notre armée d'Allemagne qui portent qu'un officier des ennemis, qui s'est venu rendre, assure qu'ils ont déjà perdu au siège de Landau plus de cinq mille hommes, et ils sont encore à cinquante pas du glacis. Milord Marlborough a détaché un assez gros corps de troupes pour aller sur la Moselle. — Il arriva hier au soir un courrier de M. de Bavière, parti d'Anvers le 19. Il mande que le général des troupes de Hollande a détaché vingt bataillons et trente escadrons pour aller sur la Moselle, et que le bruit de l'armée ennemie est que ces troupes se doivent joindre à une partie de celles de Marlborough pour faire le siége de Traërbach. — M. de la Rablière est mort; il avoit quatre-vingt-six ans; il étoit lieutenant de roi de Lille, avec la qualité de commandant. Cet emploi lui valoit 10,000 livres de rente; il étoit gouverneur de Bouchain, qui lui en valoit 9,000; il étoit grand-croix de Saint-Louis, qui en vaut 6,000, et étoit un des plus anciens lieutenants généraux de France.

— M. de Montbron avoit obtenu du roi l'année passée qu'une pension de 2,000 écus, qu'il avoit comme ayant commandé les mousquetaires noirs, passât sur la tête de son fils; le fils est mort cette année, et le roi lui remet présentement cette pension sur la tête de madame de Montbron.

Jeudi 23, *à Sceaux*. — Le roi, après son lever à Fontainebleau, fit entrer M. le prince de Conty dans son cabinet, et lui dit qu'il lui donnoit 40,000 livres de pension pour M. le comte de la Marche, son fils, qui a neuf ans. Le roi lui dit même qu'il étoit honteux de lui donner si peu, mais qu'il falloit toujours commencer. M. le prince de Conty lui répondit que c'étoit plus qu'il n'eût osé lui demander, surtout en des temps aussi difficiles que celui-ci. Le roi dîna à dix heures à Fontainebleau, et en partit à onze; il avoit dans son carrosse madame la duchesse de Bourgogne; Monseigneur et Madame étoient au devant, madame la duchesse d'Orléans et madame la princesse de Conty aux portières; messeigneurs les ducs de Bourgogne et de Berry étoient partis du matin de Fontainebleau et étoient venus dîner ici. — Le roi donna hier au soir à Laubanie, gouverneur de Landau, la place de grand-croix de l'ordre de Saint-Louis qu'avoit la Rablière, et le cordon rouge qu'avoit Laubanie à Valsemé, maréchal de camp, qui s'est fort distingué à la bataille d'Hochstett. — Le roi arriva ici sur les quatre heures, se promena dans les jardins jusqu'à la nuit, fit abattre quantité d'arbres verts, et donna beaucoup de bons avis à M. du Maine pour l'embellissement de ses jardins. Au retour de sa promenade il y eut chez madame de Maintenon un concert de Descoteaux, Forcroy, Vizée et Buterne.

Vendredi 24, *à Sceaux*. — Le roi et Monseigneur se promenèrent tout le matin et toute l'après-dînée dans les jardins. Le soir on chanta chez madame de Maintenon une ode de l'abbé Genest à la louange du roi ; la musique est de Lalande, et le roi la trouva si bonne que quand elle fut finie il la fit recommencer; après quoi Monseigneur, madame la duchesse de Bourgogne et les princesses jouèrent au lansquenet jusqu'au souper. — M. de Chamillart envoya le matin au roi des lettres de M. de Marsin, qui mande que les ennemis avoient attaqué par deux fois et à jours différents la contrescarpe de Landau, où ils n'ont pu s'établir, et on assure qu'ils ont perdu beaucoup de monde à ces deux attaques ; ils disent dans leur armée que Laubanie, gouverneur de la place, avoit été blessé d'un éclat de bombe à la joue. Milord Marlborough, malgré les instantes prières du roi des Romains, devoit partir de Weissembourg avec toutes les troupes de Hollande et d'Angleterre, et on l'attendoit le 25 à Hombourg; il paroît qu'il veut toujours marcher sur la Moselle pour faire le siége de Traërbach. — M. Rouillé, qui étoit il y a deux ans ambassadeur en Portugal, s'en va à Bruxelles auprès de M. l'électeur de Bavière, sans caractère ; le roi lui donne 18,000 livres d'appointements comme aux envoyés, et outre cela on lui donnera tous les ans une ordonnance de 2,000 écus.

Samedi 25, *à Versailles.* — Le roi partit de Sceaux aussitôt après son dîner, et en arrivant ici il alla chez monseigneur le duc de Bretagne, qu'il trouva en très-bonne santé et qui s'est beaucoup fortifié pendant le séjour que la cour a fait à Fontainebleau. En sortant de là S. M. alla se promener dans ses jardins jusqu'à la nuit.
— Le roi a donné au marquis de Varennes, qui commandoit à Metz il y a quelques mois, le gouvernement de Bouchain, qui vaut 9,000 livres de rente ; il n'y a nulle proportion de ces appointements-là à ce qu'on lui donnoit pour commander à Metz, et le roi lui a dit qu'il ne lui donnoit ce gouvernement qu'en attendant qu'il se trouvât une occasion de le placer mieux. — Il y eut une grande promotion d'officiers généraux, qui ne doit être

déclarée que dans deux jours. — Il se répand un bruit que nous verrons bientôt ici madame la princesse des Ursins, et que même elle fera un assez long séjour à Paris; mais on ne croit pas qu'elle retourne en Espagne, quoique la reine presse toujours fort pour qu'on lui permette de retourner en ce pays-là. — On mande de Rome que le cardinal Carle Barberin est à l'extrémité; il vaquera par sa mort un dix-septième chapeau, et on croit que le pape fera une promotion à Noël; il y avoit vingt-sept chapeaux vacants en 1686 quand le pape Innocent XI fit la grande promotion.

Dimanche 26, à Versailles. — Le roi dîna de fort bonne heure et alla se promener dans ses jardins, où il trouva qu'on avoit bien exécuté tous les ordres qu'il avoit donnés en partant pour Fontainebleau, et quoiqu'il y eût beaucoup de choses à faire, cela a été exécuté et mieux et plus promptement qu'il ne l'espéroit. Monseigneur est à Meudon, où il demeurera jusqu'à jeudi. — On n'a aucune nouvelle de M. le comte de Toulouse; on en est en peine, parce qu'il n'avoit des vivres sur sa flotte que jusqu'à la fin d'octobre, et il en avoit même laissé beaucoup pour les treize vaisseaux et les troupes qui sont demeurés sous Pointis à l'expédition de Gibraltar. — La reine d'Espagne avoit prié le roi de lui envoyer son portrait pour porter au bras; le roi lui en a envoyé un fort ressemblant, avec quatre gros diamants aux quatre coins. — On mande de notre armée d'Espagne que le duc de Berwick étoit en présence des ennemis quand il apprit la nouvelle qu'il étoit rappelé de son emploi; il continua à donner ses ordres avec beaucoup de sang-froid, et ne marqua pas le moindre chagrin ni la moindre altération, et on lui sait fort bon gré ici de cela. — La jeune duchesse de Mortemart, qui est accouchée depuis un mois d'une fille, a toujours été fort mal depuis sa couche, et Clément la croit en grand péril.

Lundi 27, à Versailles. — Le roi dîna de bonne heure

et alla se promener à Marly, d'où il ne revint qu'à la nuit. Madame la duchesse de Bourgogne alla l'après-dînée à Meudon voir Monseigneur. La promotion des officiers généraux fut déclarée le matin; en voici la liste :

LIEUTENANTS GÉNÉRAUX.

MM. de Congis,
Choisy,
De Naves,
Prechac,
La Vaisse,
Nanclas,
Sailly,
Greder, Allemand,
Surbeck,
Chevilly,
Rassent,
Flamanville,
Blansac,
La Châtre,
Lestrades,
Imécourt,
Scheldon,
Thianges,
Chartogne,
Du Puy Vauban,
Saint-Hilaire,
Montesson,
Saillant,
Narbonne,
Cheyladet,
Souternon,
Labadie,
Duc de Guiche,
Biron,
Mornay,

MM. Duc d'Humières,
Prince de Rohan,
Chevalier du Rozel,
Chevalier de Courcelles,
Comte d'Aubeterre,
Puységur,
D'Arennes,
Chamilly,
Hessy,
Chevalier d'Asfeld,
Forsat,
Vaudrey,
Goesbriant,
Vibraye,
Bérulle,
Lée,
Dorington,
Jullien,
Moncault,
Sainte-Hermine,
Comte de Horn,
Comte de Nogent,
Manderscheid,
Vaillac,
Valsemé,
Gevaudan,
Vivans,
Du Châtelet,
Jeoffreville,
Prince de Birckenfeld.

MARÉCHAUX DE CAMP.

MM. De Coëtenfao,
Trainel,
Villaines,
Chazeron,
Vertilly,
Mézières,
D'Achy,
Fiennes,
Chevalier de Plancy,
Fontbeausart,
Conflans,
Cilly, des dragons,
Coigny,
Montperoux,
D'Avignon,
Sebbeville,
Canillac,
Balivières,
Villemeur,
La Vallière,
Longuerue,
La Messelierre,
Montplaisir,
La Luzerne,
Prince de Bournonville,
D'Esseville,
Janson,
Gouffier,
Villiers le Morhier,
Prince de Talmond,
Silly, cavalerie,
D'Ourches,
Streiff,
Duc de Noailles,
Ruffey,
Fimarcon,

MM. Senneterre,
D'Estrades,
Chevalier de Broglio,
Marquis de Broglio,
Princé,
Courten,
Youel,
D'Orgemont,
Chevalier Bauyn,
Villars-Chandieu,
Gasquet,
Marcé,
De Vraignes,
Du Tot,
Paratte,
Breteuil,
Pery,
Vieuxpont,
Montsorreau,
Prince de Robecque,
Canillac, des mousquetaires,
Vergetot,
Marquis d'Hautefeuille,
Comte d'Évreux,
Guerchy,
Comte de Lille,
Muret,
Chevalier de Croissy,
Imécourt,
Chevalier de Luxembourg,
Sparre,
Chevalier de Maulevrier,
Sesannes,
Dreux,
De la Frezelière,

Brancas,
Valeilles,
Dillon.
Tournemine,
Montgeorges,
La Connelaye,
Chamillart,
Choiseul-Beaupré.

BRIGADIERS D'INFANTERIE.

MM. Nangis,
Altermatt,
Saint-Simon,
Des Pontis,
De Grimaldi,
Du Gast-Belle-Affaire,
Marsilly,
Bosen d'Hautefort,
Du Biez,
Camus-Destouches,
Lostanges,
Vallouze,
Choisinet,
Marignane,.

MM. Chevalier de Sourches,
Siougeat,
Chaumont,
Maulevrier,
Montmorency-Condé
Coetquen,
Maulevrier-Langeron,
Marquis de Broglio,
Du Plessis-Châtillon,
Genonville,
La Motte-Baracé,
Salières,
La Combe,
Tardif.

BRIGADIERS DE CAVALERIE.

MM. De Roquelaure,
Margou,
Grandval,
Vérac,
Vatteville,
Saint-Pouanges,
Listenoy,
Kercado.

MM. Livry,
Béringhen,
Prince Maximilien (1),
Chevalier de la Vrillière,
Prince d'Elbeuf,
L'Étang,
Clouet.

Mardi 28, à Versailles. — Le roi alla tirer l'après-dînée. — M. de Pontchartrain porta au roi, le matin, des nouvelles qu'il avoit reçues par notre consul d'Alicante. M. le comte de Toulouse étoit encore à la hauteur de cette place le 7, et les vents lui étoient contraires pour retourner en

---

(1) De Rohan.

Provence. Il y a une lettre, venue par un officier de ce pays-là, qui porte que le vaisseau de M. de Coëtlogon avoit touché sur un banc de sable, qu'on en avoit sauvé tout l'équipage et tout le canon, mais que le corps du vaisseau avoit péri. M. d'Herbault, intendant de l'armée navale, qui avoit été blessé au combat, est mort de ses blessures. — J'appris que M. Lée, après le combat de Donawerth, où il s'étoit fort distingué, avoit obtenu du roi l'agrément de son régiment pour son fils, qui n'a que vingt ans; ces régiments valent plus de 10,000 écus de rente. — Il y a depuis quelques jours ici un François qui étoit secrétaire de notre ambassadeur à Constantinople et qui étoit depuis longtemps auprès du prince Ragotzki, qui l'a envoyé ici au roi; il partit d'auprès de lui dans le mois d'août. Ce prince étoit déjà reconnu prince de Transylvanie et en avoit pris le titre; cet envoyé assure fort que les mécontents ne s'accommoderont point avec l'empereur, et nous apprenons d'ailleurs que, depuis les propositions d'accommodement, les mécontents se sont rendus maîtres de Cassovie et d'Éperiès; ils ont trouvé dans ces places cent quarante pièces de canon, et quoique l'assemblée pour traiter de leur paix avec l'empereur soit convoquée à Schemnitz, il y a beaucoup d'apparence qu'il ne s'y conclura rien.

Mercredi 29, *à Versailles.* — Le roi se promena longtemps à pied dans ses jardins avec madame la duchesse de Bourgogne, et puis, à l'Apollon, ils montèrent en carrosse et allèrent à Trianon, d'où ils ne revinrent qu'à la nuit. — On eut des lettres du duc de Gramont qui portent que les vents contraires avoient retardé le débarquement de nos troupes et de nos munitions devant Gibraltar, mais qu'enfin cela s'étoit fait heureusement; que Pointis avoit mis à terre plus de quatre mille hommes : M. de Villadarias n'en demandoit que trois mille; ils espéroient ouvrir la tranchée le 17. Pointis renvoie ses gros vaisseaux dans le Pontal à Cadix, et il garde quelques petits bâtiments qui demeureront dans les passes devant Gibraltar. Les Anglois et les Hollandois n'ont laissé dans la rivière de Lisbonne que douze de leurs vaisseaux, et ce sont ceux qui ont été plus maltraités dans le combat naval; ainsi on ne craint pas qu'ils puissent rien entreprendre pour secourir Gibraltar. — Marsillac, exempt des gardes du corps, demanda l'agrément pour acheter un régiment de cavalerie de ceux qui servent en Italie, et le roi lui a donné celui du régiment de Ruffey, qui sert en ce pays-là.

Jeudi 30, à Versailles. — Le roi ne tint point de conseil et dîna à onze heures, et puis s'alla promener à Marly jusqu'à la nuit. Monseigneur revint de Meudon pour le souper du roi. Madame la duchesse de Bourgogne se promena en carrosse et puis revint au salut. — Les officiers généraux des armées qu'avoient les maréchaux de Tallard et de Villeroy en Allemagne sont presque tous revenus; ils quittèrent M. de Marsin le 24 à Haguenau; ce général se porte mieux, mais il ne monte pas encore à cheval. Il avoit eu des nouvelles de Landau le 23 au soir; la contrescarpe n'étoit pas encore prise. Milord Marlborough n'étoit point encore parti de Weissembourg; mais les Anglois, sous Churchill, son frère, et les Hollandois, sous M. Top, étoient en marche pour venir à Trèves. — M. de Chamillart vint chez le roi un peu avant son dîner lui apporter les nouvelles qui venoient d'arriver par un courrier de M. de Vendôme, parti du 24. Il y avoit trois jours que la tranchée étoit ouverte devant les retranchements que M. de Savoie a fait faire sur la hauteur de Guerbignan; notre canon étoit en batterie et commençoit à faire taire celui des ennemis. Richerand, qui conduisoit les ouvrages à ce siége, y a été blessé d'un coup de couleuvrine à la tête, dont on doute qu'il puisse réchapper. M. de Vendôme mande que les ingénieurs qui étoient sous lui sont très-capables, et qu'il n'a pas besoin qu'on lui en envoie d'autres.

Vendredi 31, *à Versailles.* — Le roi alla l'après-dînée à vêpres avec toute la maison royale, et puis s'enferma avec le P. de la Chaise, comme il fait toujours la veille des jours qu'il doit faire ses dévotions. Monseigneur en use de même, et, en sortant de chez le roi, le P. de la Chaise alla chez lui. Madame la duchesse de Bourgogne fit ses dévotions aux Récollets. — On reçut des lettres du maréchal de Villars, qui a déjà envoyé à M. de Vendôme quelques bataillons de ceux qui étoient en Languedoc. Ravanel avoit encore rassemblé une petite troupe en ce pays-là qui a été battue; on en a tué plus de la moitié, et le reste s'est dispersé, et ils ont jeté leurs armes. Le roi envoie à M. de Villars l'ordre pour présider aux états de Languedoc, qui s'ouvriront au commencement de décembre. — Le roi a choisi le marquis de Coigny pour acheter la charge de colonel-général des dragons, et si ses affaires ne lui permettent pas de donner les 480,000 livres qu'il faut pour cette charge, le marquis de Bouzoles en a l'agrément. — Le roi donne au marquis de Bellefonds l'agrément pour acheter le régiment de cavalerie du prince de Talmond, et le prince de Tarente, son neveu, fils de M. de la Trémoille, a l'option de changer son régiment contre celui de Talmond, auquel cas le petit de Bellefonds aura celui de Tarente.

Samedi 1er *novembre, à Versailles.* — Le roi, Monseigneur et messeigneurs ses enfants firent leurs dévotions; ils entendirent après dîner le sermon du P. Maure, qui doit prêcher cet avent, et après vêpres le roi s'enferma avec le P. de la Chaise et fit la distribution des bénéfices, qui n'étoient pas considérables. — Le roi a donné l'agrément du régiment de Fiennes, qui sert en Espagne, à Villiers, ancien officier, qui en étoit lieutenant-colonel; l'agrément du régiment de Conflans au chevalier d'Andezy, frère de celui qui est brigadier de cavalerie; le roi a donné aussi l'agrément d'un régiment de cavalerie à M. de Montmorency, premier capitaine du régiment de

Duras, et au petit Vignoles, le cadet des enfants de M. le marquis d'Ambres. Voilà presque tous les régiments de cavalerie vendus; il n'y en a point encore de ceux d'infanterie. — Voici la liste des bénéfices que le roi a donnés : l'abbaye de Beaulieu, diocèse de Saint-Malo, ordre de Saint-Augustin, à M. de Bargedé, grand vicaire de Nevers; l'abbaye de Villemagne, diocèse de Béziers, ordre de Saint-Benoît, à M. Gayet, grand vicaire de Béziers; le prieuré de Saint-Geosmes, diocèse [de Langres], à l'abbé Héron, trésorier de Vincennes; l'abbaye de Mondée, diocèse de Lisieux, à dom l'Hermite; l'abbaye des religieuses de Notre-Dame de Nevers, à madame de Charlus; l'abbaye de Fabas, ordre de Cîteaux, diocèse de Comminges, à madame de Villepassans; la trésorerie de Vincennes, à l'abbé Bochard de Saron*, grand vicaire de Clermont; l'abbaye des religieuses du lieu de Notre-Dame, à madame de la Frette. Le prieuré de Saint-Geosmes étoit à l'abbé de Grandpré, qui fut condamné il y a huit jours à être roué pour l'assassinat de M. de Vervins, qui est guéri de toutes ses blessures.

* C'est cet abbé de Saron qui écrivit à l'évêque de Clermont, son oncle, cette fameuse lettre, accompagnée d'un modèle de mandement, qui, dans le commencement de l'affaire de la Constitution, fut interceptée, fit un si scandaleux bruit, et fut au moment de faire chasser le P. Tellier, qui l'avoit fait écrire.

Dimanche 2, à Versailles. — Le roi alla tirer, et puis travailla avec M. de Chamillart chez madame de Maintenon, comme il fait tous les dimanches. — S. M. a encore fait deux nouveaux brigadiers d'infanterie, le marquis de l'Aigle, fils de la dame d'honneur de madame la Duchesse, et le chevalier d'Albergotti, frère du lieutenant général. — Fourquevaux, ancien mestre de camp de cavalerie et qui fut fait brigadier au commencement de cette année, est mort après une longue maladie qui l'avoit empêché de servir cette campagne. — On eut des lettres du duc de Gramont qui portent que l'on n'avoit pas pu ouvrir la tranchée à Gibraltar le 17, comme on l'avoit résolu; une pluie violente et un orage épouvantable a retardé de quelques jours; on espéroit la pouvoir ouvrir le 20 ou le 21. — Madame a reçu des lettres de Lorraine, par lesquelles on lui mande qu'un trompette de M. de Lorraine, qui revenoit de l'armée des ennemis devant Landau, assuroit que le 28 la contrescarpe n'étoit pas encore prise. Les assiégeants, qui manquent de fourrage, ont envoyé presque toute leur cavalerie au delà du Rhin; ils tirent peu de canon et de bombes, parce qu'ils manquent de poudre. — M. Sanson, qui avoit été intendant à Soissons et qui venoit d'être nommé à l'intendance de Rouen, est mort à Paris.

Lundi 3, à Marly. — Le roi partit de Versailles après son dîner et vint ici, où il demeurera jusqu'à la fin de la semaine qui vient. Monseigneur et monseigneur le duc de Berry partirent le matin de Versailles, allèrent courre le loup à Lottie et ne revinrent de la chasse qu'à sept heures du soir. Monseigneur le duc de Bourgogne et madame la duchesse de Bourgogne partirent de Versailles à trois heures, chacun dans leur carrosse, et allèrent à Saint-Germain voir le roi et la reine d'Angleterre. Monseigneur le duc de Bourgogne arriva ici une heure avant madame la duchesse de Bourgogne. Le roi d'Angleterre a été assez incommodé depuis le voyage de Fontainebleau; il se porte mieux et prend du lait. — Il arriva un courrier de M. le maréchal de Villeroy; l'électeur de Bavière et lui s'étoient avancés jusqu'à Tirlemont, qui n'est qu'à quatre lieues du camp des Hollandois que commande M. d'Owerkerke, que l'on prétendoit qui avoit fait un grand détachement pour aller sur la Moselle, et au cas que cela se trouvât vrai, ils étoient résolus de l'attaquer; mais l'avis étoit faux, ils n'ont détaché que quelques troupes qui étoient dans Maëstricht et dans d'autres garnisons. — On apprit que milord Marlborough avoit suivi de près les généraux Churchill et Top, qui avoient marché sur la Moselle avec les Anglois et les Hollandois qui étoient sur la Lauter, et qu'ils s'étoient emparés de Trèves, où il paroît qu'ils veulent s'établir. On croit qu'ils ne songent plus à faire le siége de Traërbach, mais ils prétendent rendre ce poste presque inutile par le gros nombre de troupes qu'ils auront à Trèves.

Mardi 4, à Marly. — Le roi, après la messe, alla courre le cerf; madame la duchesse de Bourgogne étoit dans sa calèche. Monseigneur et messeigneurs ses enfants étoient à la chasse. Madame y étoit en calèche et avoit avec elle Mademoiselle, qui a présentement neuf ans; elle étoit venue pour cela de Paris le matin, et s'y en retourna après avoir dîné avec le roi au retour de la chasse, où elle étoit charmée d'avoir été. — Il arriva hier au soir un courrier de M. le grand prieur, parti le 26 de Medoli. Ce prince mande au roi que les troupes que M. de Vendôme lui a envoyées étoient toutes arrivées, qu'il les laisseroit reposer deux ou trois jours, après quoi il marcheroit pour aller attaquer le comte de Linange, qui n'a que dix mille hommes et qui est campé à Govion et à Gavarde, d'où il espère les chasser très-aisément, d'autant plus que quatre ou cinq mille hommes, qui les devoient venir joindre du Tyrol, ont été obligés d'y retourner, quelques troupes de Bavière étant entrées dans ce pays-là, où ils font de grands désordres.

Mercredi 5, à Marly. — Le roi tint conseil le matin à son ordinaire et se promena l'après-dînée dans ses jardins jusqu'à la nuit. Le roi et la reine d'Angleterre arrivèrent ici sur les cinq heures; ils n'y soupèrent point et s'en retournèrent à huit heures. — On a des nouvelles d'Allemagne qui portent que le général d'Herbeville avoit assiégé la ville de Straubing, place à l'électeur de Bavière sur le Danube, entre Ratisbonne et Passau, que la garnison s'en défendoit bien, et que M. Vechel, général de cet électeur, rassembloit des troupes pour marcher au secours. Les propositions que l'empereur avoit faites à madame l'électrice de Bavière pour un accommodement étoient si déraisonnables et si honteuses que cela n'a fait qu'irriter cette princesse et tous ses sujets. — Il arriva hier un courrier de M. le comte de Toulouse; ses lettres sont du 29, de la rade de Barcelone. Il ne lui faut que deux jours de bon vent pour revenir à Toulon, et le roi compte le voir ici avant la fin du voyage. On a relevé le vaisseau du chevalier de Coëtlogon; ainsi on n'a rien perdu à cet accident.

Jeudi 6, à Marly. — Le roi se promena presque tout le jour dans ses jardins, où il fait toujours quelques embellissements nouveaux. Monseigneur et monseigneur le duc de Berry allèrent courre le loup dans la forêt de Saint-Germain. — Le roi a donné l'intendance de Rouen à M. de Courson, maître des requêtes, fils de M. de Basville, conseiller d'État et intendant de Languedoc. — M. de Praslin, qui commandoit à Mantoue, s'étant brouillé avec la régence de cette ville-là, M. de Mantoue a prié le roi d'y vouloir mettre un autre commandant; le roi l'a fait revenir à l'armée et a envoyé en sa place M. de Bissy. — Le roi laissera cet hiver le duc de Villeroy pour commander dans Bruxelles, M. de Gacé pour commander dans Anvers, M. d'Artagnan, le gouverneur d'Arras, pour commander dans Namur, et le comte de la Motte pour commander à Gand. — On eut, par l'ordinaire, des lettres de M. de Vendôme du 28. Le mineur étoit attaché à l'ouvrage à corne; Wartigny, maréchal de camp et colonel de dragons Dauphin, a été tué. M. de Mantoue a fait dire au roi par son envoyé que les bruits qui avoient couru de son mariage fait à Nevers étoient entièrement faux.

Vendredi 7, à Marly. — Le roi, après la messe, monta dans sa calèche avec madame la duchesse de Bourgogne et alla courre le cerf; il en prit deux, et puis revint dîner à son ordinaire. — Il arriva le matin un courrier de M. le comte de Toulouse, qui arriva à Toulon le 2; un grand coup de vent a écarté quelques vaisseaux de sa flotte, qui ont été obligés de relâcher aux îles d'Hyères; ce prince arrivera ici avant la fin du voyage. Il avoit mandé au roi, par le courrier qu'il envoya de Barcelone, qu'enfin la nuit du 20 au 21 la tranchée avoit été ouverte à Gibraltar, et il y a des lettres du marquis de Villadarias dans lesquelles il assure que dans peu de jours il sera maître de cette place. — Le roi avoit écrit au roi d'Espagne pour le prier de donner au connétable de Navarre, fils du duc d'Albe, une commanderie considérable qu'avoit l'amirante et qu'on a confisquée comme le reste de ses biens; le roi d'Espagne la lui a accordée, et le duc d'Albe en vint remercier le roi lundi avant qu'il partit de Versailles. — Par les dernières nouvelles qu'on a reçues de notre armée qui est à Haguenau, on assure que les ennemis n'avoient pas encore pris la contrescarpe de Landau; le colonel qui avoit acheté le régiment d'infanterie de Noailles qui est dans la place a été tué; il s'appeloit [Boisfermé].

Samedi 8, à Marly. — Le roi se promena tout le jour dans ses jardins. Monseigneur courut le loup dans la forêt de Saint-Germain; ce fut monseigneur le duc de Berry qui le tua. Madame la duchesse de Bourgogne passa l'après-dînée dans le salon à jouer au lansquenet. — Les Malouins ont pris un vaisseau anglois venant des Indes, chargé de marchandises qu'on estime 400,000 écus d'argent comptant. — On a appris par les dernières lettres venues de Rome que le vieux cardinal Barberin y étoit mort après une longue maladie; il vaque par sa mort une dix-septième place dans le sacré collége. — M. le marquis de Coigny a conclu son traité avec le duc de Guiche pour la charge de colonel général des dragons, dont il lui donne 480,000 livres, qui est ce que la charge lui avoit coûté. Le roi donne au marquis de Coigny 100,000 écus de brevet de retenue, et le marquis de Coigny, pour payer les 480,000 livres, trouve de grandes facilités. La jeune duchesse de Lesdiguières, à qui il revient 200,000 livres de cet argent-là, se contente d'une obligation payable en six ans, et un autre créancier pour 100,000 livres se contente aussi de son obligation.

Dimanche 9, à Marly. — Le roi, au sortir de la messe, tint conseil comme à son ordinaire, et en sortant du conseil il alla chez Monseigneur, qui avoit pris médecine et qui avoit entendu la messe dans la chapelle avant que de la prendre. L'après-dînée le roi se promena dans ses jardins jusqu'à six heures, et ensuite travailla avec M. de Chamillart chez madame de Maintenon jusqu'à neuf heures. — On reçut des lettres du Fort-Louis du 4, qui portent que la contrescarpe de Landau n'étoit pas encore prise et que le comte de Frise, qui étoit gouverneur de cette place pour les ennemis l'année passée, avoit été tué ; les déserteurs assurent que les assiégeants manquent de beaucoup de choses et que le pain est fort cher dans leur armée. — Il y a des conférences auprès de Straubing entre les généraux de l'empereur et ceux de Bavière. L'empereur offre à l'électrice des conditions beaucoup moins dures que les premières. — Le mariage du marquis de Nangis est résolu. Il épouse mademoiselle de la Hoguette, à qui sa mère donne 400,000 livres présentement, et fait voir qu'elle en garde encore davantage pour elle ; c'est l'archevêque de Sens, oncle de la demoiselle, qui fait le mariage.

Lundi 10, à Marly. — Le roi, après la messe, alla courre le cerf ; il avoit madame la duchesse de Bourgogne dans sa calèche. Messeigneurs les ducs de Bourgogne et de Berry allèrent tirer dans la plaine de Saint-Denis. M. le comte de Toulouse arriva ici sur les sept heures : il alla chez madame de Maintenon, où le roi étoit. Il avoit mouillé mardi à la rade de Toulon ; il y demeura le mercredi pour voir arriver le reste de sa flotte et en partit jeudi pour venir ici. — Les ennemis qui sont dans Trèves ont pris quelques petits postes sur la Sarre, et ont fait un détachement de leurs troupes pour aller investir

Traërbach, qu'ils veulent bombarder. M. d'Alègre assemble un assez gros corps d'infanterie; mais comme toute la cavalerie qui est à ses ordres est presque démontée, il n'est pas en état de rien entreprendre; il a quitté le camp de Rodenmakeren et est venu camper sous le canon de Thionville. — Le duc de Berwick a laissé le commandement de notre armée d'Espagne au marquis de Thouy, et va à Madrid, où il attendra l'arrivée du maréchal de Tessé pour conférer avec lui sur l'état des affaires de ce pays-là; ce maréchal y doit être arrivé présentement, car par les dernières nouvelles qu'on a eues de lui il étoit déjà au delà de Pampelune.

Mardi 11, à Marly. — Le roi alla l'après-dînée voir le roi et la reine d'Angleterre, et travailla le soir avec M. de Pontchartrain. — On croit présentement que les ennemis sont maîtres de la contrescarpe de Landau; cependant cela n'est pas entièrement assuré. — On mande de plusieurs endroits d'Allemagne que l'accommodement de l'empereur avec les mécontents de Hongrie est entièrement rompu, et que durant la trêve ils n'avoient pas même discontinué leurs hostilités. On prétend, de plus, qu'ils n'étoient entrés en négociation que pour faire leur récolte plus en repos. L'empereur rassemble quelques troupes pour les envoyer au général Heister, qui est de ce côté-là. — Le roi a donné l'agrément du régiment d'Ourque à Rozière, ancien capitaine de cavalerie; ce régiment est presque tout composé de Lorrains, et Rozière est Lorrain aussi. Le roi a aussi donné l'agrément au chevalier de Vérac pour acheter le régiment de Broglio. — Le roi fera hiverner un assez gros corps de troupes dans le plat pays de Lorraine, et elles seront commandées cet hiver par M. de Druy, lieutenant général, qui aura un brigadier de cavalerie sous lui, et ce brigadier sera M. le marquis de Beauvau, de la gendarmerie.

Mercredi 12, à Marly. — Le roi se promena toute l'après-dînée dans ses jardins. Monseigneur alla à Saint-

Germain voir le roi et la reine d'Angleterre. Messeigneurs les ducs de Bourgogne et de Berry allèrent tuer des sangliers. — Nanclas, qui venoit d'être fait lieutenant général, est mort; il étoit gouverneur à Mont-Louis en Cerdagne; ce gouvernement vaut 18,000 livres de rente, et le roi l'a donné à Perthuis, lieutenant de roi de [Collioure], qui avoit longtemps servi dans le régiment de M. de Turenne et depuis dans celui du Maine. — On a reçu des lettres du duc de Gramont du 2 de ce mois; il mande que le roi d'Espagne avoit eu des lettres de M. de Villadarias du 29 du mois passé, qui portent que le siége de Gibraltar alloit bien, qu'il espéroit dans peu être maître de cette place, que M. de Pointis avoit trouvé le moyen de faire un brûlot d'un vaisseau marchand et qu'il avoit brûlé une galiote à bombes que les ennemis avoient devant la place et qui incommodoit fort notre tranchée. — L'abbé de Pomponne* partira incessamment pour l'ambassade de Venise; on avoit tenu cela secret jusques ici, et on ne le dira à l'ambassadeur de Venise qui est ici que quand il aura fait son entrée; il viendra à Versailles mardi prochain pour cela, et aura son audience en habit de noble vénitien.

* L'abbé de Pomponne étoit aumônier du roi, et il n'y avoit rien à dire à sa conduite. Le P. de la Chaise le favorisoit, et pourtant lui rompit le col par des lettres interceptées à la poste, qu'il lut au roi, et il oublia d'en supprimer un article, par lequel elles portoient des espérances sur lui quand il seroit évêque. Le roi s'en piqua, et, déjà peu enclin à mettre dans l'épiscopat le nom d'Arnauld, il donna plusieurs évêchés sans faire mention de lui. Torcy, mari de sa sœur, en parla au roi sans avoir pu l'entamer là-dessus, tellement qu'il le fit ambassadeur à Venise.

Jeudi 13, à Marly. — Le roi reçut le matin des nouvelles de M. de Vendôme par un courrier parti du 6. Les forts qui étoient sur la hauteur de Guerbignan ont été pris avec beaucoup de facilité, ayant été abandonnés par M. de Savoie, qui en retira toute son infanterie pour revenir à son camp de Crescentin, ayant été averti par des déserteurs que M. de Vendôme le devoit venir attaquer dans son camp de Crescentin. M. de Vendôme, ayant su que M. de Savoie avoit pris ce parti-là, a marché aux retranchements de Guerbignan, où il n'a trouvé personne. Montgon, lieutenant général de jour, a eu une grosse contusion à la jambe par quelques soldats qui se retiroient dans Verue. M. de Vendôme devoit ouvrir, le lendemain 7, la tranchée devant Verue; il y a trois enceintes à cette place, mais on ne croit pas qu'elle puisse durer quinze jours; il ne peut tenir que deux bataillons au plus dans la place. — Le roi a donné le régiment de dragons Dauphin à Vatteville, colonel de dragons réformé, qui sert dans l'armée d'Italie; il est fils de Vatteville, gouverneur de Ham et lieutenant général des armées du roi, et l'on croit que M. de Vendôme a écrit en sa faveur.

Vendredi 14, à Marly. — Le roi apprit que Brisach et le Neuf-Brisach avoient pensé être surpris par les ennemis le 10 au matin; le détail seroit trop long à conter. Raousset, qui commandoit dans Brisach, y a fort bien fait son devoir, et les bourgeois de la ville ont témoigné beaucoup d'affection pour la France. On a pris le lieutenant-colonel d'Osnabruck, qui étoit chargé de cette expédition et qui a été blessé sur le pont par un bourgeois. On l'a interrogé, il a dit que cette entreprise étoit de M. le prince Eugène, qu'ils étoient partis avec deux mille hommes de Fribourg, que leur cavalerie s'étoit perdue en chemin et qu'elle avoit ordre de passer à toute bride dans la ville lorsque le pont seroit embarrassé par leurs chariots. C'est un grand bonheur que cette affaire n'ait pas réussi. Les ennemis y ont perdu environ cent hommes, parmi lesquels il y a beaucoup d'officiers. — M. le comte de Toulouse, en arrivant à Toulon, a reçu des lettres du roi, qui approuve fort la vue qu'il a eue de donner la charge de son premier écuyer à M. le chevalier de Hautefort, capitaine de vaisseau; il y a 2,000 écus d'appointements à cette charge et elle vaut bien outre cela 12 ou 14,000 livres par les commodités.

Samedi 15, *à Versailles.* — Le roi revint ici après s'être promené à Marly jusqu'à la nuit. Monseigneur alla de Marly dîner à Meudon, où il demeurera jusqu'à jeudi. Le roi, en arrivant ici, alla voir monseigneur le duc de Bretagne ; madame la duchesse de Bourgogne, qui étoit arrivée avant le roi, y avoit déjà été. S. M. travailla le soir chez madame de Maintenon avec M. de Chamillart. — Le roi a donné le régiment de cavalerie de Fourquevaux à la Tour, qui en étoit lieutenant-colonel depuis longtemps. On avoit eu tort de dire que Fourquevaux n'avoit point servi cette année ; il est vrai qu'il n'avoit pas servi de brigadier, mais il étoit à la tête de son régiment à la bataille d'Hochstett, et il est mort à Strasbourg des blessures qu'il avoit reçues à cette bataille. — Le roi a réglé que les officiers de ses gardes et les gardes qui sont sur le guet ne seront point relevés durant une année entière, et cela commencera au 1er janvier ; il a cru cela meilleur pour son service ; il n'y aura que les capitaines qui serviront leur quartier comme à l'ordinaire. Il y a dans les gardes vingt-quatre lieutenants ou enseignes ; il y en a six qui servent auprès du roi, auprès du roi d'Angleterre ou auprès de Monseigneur ; ainsi ils ne serviront ici que tous les quatre ans, et les exempts seront encore plus longtemps sans servir.

Dimanche 16, *à Versailles.* — Le roi alla se promener dans ses jardins ; il a ordonné qu'on ôtât toutes les grilles qui enferment tous les bosquets, et veut que tous les jardins et toutes les fontaines soient pour le public. Madame la duchesse de Bourgogne alla dîner à Meudon, et Monseigneur la mena à Paris à l'opéra ; après l'opéra Monseigneur retourna à Meudon, et madame la duchesse de Bourgogne revint ici. — M. de Caylus* mourut il y a quelques jours à Bruxelles ; il étoit ancien lieutenant général ; il étoit menin de monseigneur et avoit un logement dans le château, que le roi a donné à M. de Cayeu. M. de Blainville, qui a été tué à la bataille d'Hochstett, avoit un logement dans le grand commun, qui a été donné à M. de Sainctot, introducteur des ambassadeurs. — Les dernières nouvelles qu'on a de Landau sont que les assiégeants étoient enfin maîtres du chemin couvert et que le 10 ils y avoient établi des batteries pour battre en brèche la demi-lune et les contre-gardes. Laubanie a été fort incommodé de son coup à la joue; il a même été quelques jours à ne voir pas trop bien; il ne laissoit pas d'agir. Il a fait faire un retranchement dans le fossé et n'oublie rien de ce qui peut retarder la prise de cette place.

* Ce Caylus étoit abruti de vin, et mourut blasé. On le tenoit été et hiver sur la frontière pour l'éloigner de sa femme, nièce de madame de Maintenon, qui s'en trouva fort heureusement délivrée. Il étoit frère du nouvel évêque d'Auxerre et du chevalier de Caylus, qui fit fortune en Espagne. Leur mère étoit fille du maréchal Fabert.

Lundi 17, à Versailles. — Le roi prit médecine et tint, après dîner, le conseil qu'il auroit tenu le matin s'il ne s'étoit pas purgé. — Le roi laisse M. de Marsin pour commander cet hiver en Alsace. Il aura deux lieutenants généraux sous lui, qui seront MM. de Laubanie et Vaillac, et deux maréchaux de camp, qui sont Cilly, des dragons, et le marquis de Broglio]. — Le roi a envoyé à la princesse des Ursins*, à Toulouse, un courrier pour la faire venir ici, où on compte qu'elle arrivera avant Noël; on ne dit point encore si on la renverra en Espagne. — Le convoi que les Anglois et les Hollandois envoient en Portugal est encore à Cork en Irlande, et on espère que Gibraltar sera pris avant qu'ils y puissent porter ce secours. — Les ennemis qui sont sur la Moselle, voyant que nous n'avons point de cavalerie à leur opposer, veulent entrer dans le pays de Luxembourg pour y établir des contributions et même y prendre des postes où ils prétendent se pouvoir maintenir tout l'hiver, et n'ont point encore formé le siége de Traërbach, mais ils se préparent à le bombarder. Il y a de bons souterrains dans le château, où l'on est fort à couvert des bombes, et il y a des vivres pour plus d'un an.

* Madame de Maintenon réussit enfin au plus difficile de son ouvrage. Le temps, les manéges, les grâces aux Estrées, l'obéissance de madame des Ursins, tout cela manié de main de maîtresse obtint enfin de venir à la cour sans parler uniquement que de justification, et point du tout d'où aller après. Tels furent les degrés du triomphe et du règne.

Mardi 18, *à Versailles.* — Le roi donna le matin audience à l'ambassadeur de Venise, qui fit ici son entrée. Il vint à l'audience en habit de cérémonie ; ce n'est pas tout à fait l'habit que les nobles vénitiens portent à Venise. Monseigneur vint le matin de Meudon pour donner audience à cet ambassadeur après celle du roi ; madame la duchesse de Bourgogne lui donna audience l'après-dînée. On trouva son habillement fort noble. Madame la duchesse de Bourgogne avoit dîné à son grand couvert, seule à table, servie par ses gentilshommes servants, ce qui ne lui étoit pas arrivé depuis plus de quatre ans ; elle en usera de même tous les mardis. Il y avoit beaucoup de dames à son dîner, après lequel il y eut un grand cercle, où madame la duchesse d'Orléans et madame la Duchesse vinrent, et ce cercle dura assez longtemps avant que l'ambassadeur arrivât, et finit après l'audience*. — On a reçu des lettres de la cour de Lorraine qui portent qu'un homme que M. de Lorraine avoit envoyé à l'armée des ennemis devant Landau assuroit que les assiégeants travailloient à la descente du fossé, et qu'ils croyoient pouvoir être en état le 15 de ce mois, qui étoit samedi dernier, d'attaquer la demi-lune, qui n'est pas aisée à prendre.

* Le feu roi, qui n'aimoit la dignité que pour lui, ne laissoit pas de regretter la majesté des cercles de la reine mère, parmi lesquels il avoit été nourri et qui durèrent autant qu'elle. Il essaya de les faire con-

tinuer par la reine sa femme, dont la bêtise ne put porter le poids. Il voulut après les renouveler par la dauphine de Bavière. Elle avoit tout ce qu'il falloit dans l'esprit pour s'en bien acquitter, mais les incommodités de ses grossesses et de leurs suites, jusqu'à sa dernière et longue maladie, leur coupèrent court. Madame la duchesse de Bourgogne étoit trop enfant pour les lui faire reprendre de meilleure heure, et l'étoit trop encore pour les vouloir continuer; aussi ne durèrent-ils guère, et se sont ainsi ensevelis.

Mercredi 19, à Versailles. — Le roi alla hier l'après-dînée se promener à Trianon, et aujourd'hui il a été tirer et a plus trouvé de gibier dans son parc que jamais. — On a reçu des nouvelles de Pologne qui portent que le roi de Suède avoit repris Varsovie et qu'il poursuivoit le roi Auguste. Il y a même quelques lettres qui assurent qu'il a défait son arrière-garde. — L'accommodement de madame l'électrice de Bavière avec l'empereur est entièrement fait; cette princesse retire toutes ses troupes des places qui sont sur le Danube, et l'empereur promet de la laisser dans la possession paisible de la Bavière et de n'en tirer aucunes contributions. — Par le dernier ordinaire d'Espagne on apprend qu'on a arrêté le marquis de Cifuentes et quelques autres gens considérables, et que le duc de Veraguas a eu ordre de se retirer de la cour; ce sont gens qu'on croit affectionnés à la maison d'Autriche et qui avoient toujours été en grande liaison avec le comte de Harach pendant qu'il étoit ambassadeur de l'empereur à Madrid. Ces nouvelles sont venues à plusieurs particuliers, mais le roi ni ses ministres ne nous en ont rien dit; ainsi cela n'est pas entièrement sûr.

Jeudi 20, à Versailles. — Le roi dîna de bonne heure le conseil ayant fini à midi; il alla l'après-dînée à Marly d'où il ne revint qu'à la nuit. Monseigneur revint ici le soir de Meudon, où il étoit depuis samedi. Messeigneurs les ducs de Bourgogne et de Berry et madame la duchesse de Bourgogne firent un léger déjeuner, et allèrent en carrosse à la Ménagerie, où ils montèrent à cheval, ce qui n'étoit pas arrivé depuis longtemps à madame la duchesse de Bourgogne. Ils revinrent de leur promenade à cinq heures ; monseigneur le duc de Bourgogne revint ici pour le salut, et retourna ensuite à la Ménagerie, où madame la duchesse de Bourgogne et monseigneur le duc de Berry étoient demeurés après la cavalcade. Il y avoit beaucoup de jeunes dames à cheval ; ils se mirent à table à sept heures ; il y eut grand jeu avant et après, et ils revinrent ensemble ici pour le souper du roi. — J'appris que le roi avoit donné 1,000 écus de pension au jeune comte de Verue ; sa mère demeurera à Paris dans la maison qu'elle avoit et qui étoit jointe à un couvent, et que le comte de Verue avoit voulu qui fût grillée ; elle en fait ôter les grilles à cette heure, ainsi elle aura la liberté et elle sera dans le monde comme les autres femmes.

Vendredi 21, à Versailles. — Le roi alla tirer l'après-dînée ; il travailla le soir chez madame de Maintenon avec M. de Chamillart, quoiqu'il n'ait pas accoutumé d'y travailler les vendredis. Monseigneur et messeigneurs ses enfants coururent le loup et firent le retour de chasse ensemble à cinq heures chez madame la princesse de Conty. — M. de Chamillart, qui étoit à Paris le matin, manda au roi qu'il venoit d'avoir nouvelle que la demi-lune de Landau avoit été attaquée le 15 et que les ennemis avoient été repoussés avec grande perte. — On eut par l'ordinaire des lettres du siége de Verue du 10 ; la tranchée fut ouverte devant la ville le 7, comme on l'avoit résolu, et les travaux que les ennemis avoient faits pour joindre le fort de Guerbignan à la ville nous servirent à ouvrir et à pousser notre tranchée, qui n'étoit plus, le 10, qu'à cent pas de la contrescarpe. M. de Vendôme espère que ce siége ira bien et qu'il pourra, après la prise de cette place, aller se poster sur la hauteur des Capucins de Turin, et prendre peut-être, avant que de mettre ses troupes en quartier, la ville de Turin, mais non pas la citadelle, qui est très-bonne.

Samedi 22, à Versailles. — Le roi alla se promener l'après-dînée dans ses jardins, et ne voulut point être suivi des courtisans, afin de mieux donner ordre aux changements qu'il y veut faire. — On eut des nouvelles de M. le grand prieur du 10; il ne peut pas attaquer le comte de Linange dans le poste où il est, parce qu'il a des montagnes inaccessibles dans ses derrières et de grands retranchements devant lui; mais il va être bien embarrassé pour sa subsistance par les postes que prend M. le grand prieur, dont le quartier général demeurera à Castiglione delle Stiviere; il a des troupes dans Monte-Chiaro, et il demande aux Vénitiens Lonato, qui est encore plus avancé. On est en négociation là-dessus, parce qu'il y a une garnison de la république; il s'agit de savoir si la république y avoit garnison avant que le grand prieur marchât de ce côté-là; car s'ils n'y en ont mis que depuis que nos troupes s'avancent de ce côté-là, ce seroit trop marquer leur mauvaise volonté que de nous refuser ce poste. — Le roi a donné une commission de colonel à Lusancy, aide major du régiment des gardes, qui est revenu d'Espagne, où le roi l'avoit envoyé au commencement de l'année.

Dimanche 23, à Versailles. — Le roi alla tirer l'après-dînée et travailla le soir à l'ordinaire avec M. de Chamillart chez madame de Maintenon. — Hier, avant le conseil des finances, le roi travailla avec M. le comte de Toulouse et M. de Pontchartrain; il avoit paru au retour de M. le comte de Toulouse qu'il n'étoit pas content de M. de Pontchartrain, qui prétend n'avoir eu aucun tort avec ce prince et qui prend le roi à témoin de sa conduite; c'est lui seul qui peut en savoir le fond*. — On est mieux informé des gens qui ont été arrêtés en Espagne qu'on ne l'étoit par les lettres qu'en ont reçues les particuliers; le duc de Veraguas, qu'on avoit dit relégué dans ses terres, parce qu'on l'avoit vu sortir de Madrid, est allé au-devant du maréchal de Tessé, et il n'y a eu d'arrêté que le marquis de Cifuentes et le comte d'Erille, dont la sœur est dame d'honneur de la reine des Romains ; le marquis de Cifuentes s'est sauvé depuis avoir été arrêté. — On mande de l'armée de M. de Marsin, du 18, que le 17 on entendit tirer beaucoup plus qu'à l'ordinaire à Landau, qu'on croit que les ennemis avoient attaqué la demi-lune et qu'on ne sait rien encore de l'événement.

* Voici une curieuse anecdote, et d'autant plus qu'il n'y a mot qui ne soit original et en propres termes. Pontchartrain, secrétaire d'État de la marine, en étoit le fléau comme de tous ceux qui étoient sous sa cruelle dépendance. C'étoit un homme qui avoit de l'esprit et de l'adresse, mais gauche en tout, désagréable et pédant à l'excès ; suprêmement noir, et aimant le mal précisément pour le mal ; jaloux jusque contre son père, qui s'en plaignoit amèrement à ses amis ; tyran jusqu'avec sa femme, l'esprit, l'agrément, la douceur, la complaisance, la vertu même ; barbare jusqu'avec sa mère ; un monstre, en un mot, qui ne tenoit au roi que par l'horreur de ses délations et une malignité telle qu'elle avoit presque rendu d'Argenson bon. Un amiral étoit sa bête, et un amiral bâtard du roi son bourreau. Il n'y avoit rien qu'il n'eût fait contre sa charge, et, pour l'empêcher de la faire, point d'obstacles qu'il n'eût semés sur son chemin ; rien qu'il n'eût employé pour l'empêcher de commander la flotte et après pour rendre au moins la flotte inutile. Il lui disputa tous ses honneurs et toutes ses distinctions, ses pouvoirs encore davantage, et lui en fit retrancher des uns et des autres, qui, par leur nature et par leur exemple, ne pouvoient être et n'avoient pas été contestés. Cela étoit hardi contre un fils de la personne du roi, bien plus que si c'eût été un fils de France ; mais il sut prendre le roi par son foible et balancer le père par le maître, s'identiser [*sic*] avec le roi, et lui persuader qu'il ne s'agissoit de l'autorité qu'entre le roi et l'amiral ; ainsi le fils de l'amour disparut aux yeux d'un maître toujours maître, de préférence infinie à tout autre sentiment, et sous ce voile le secrétaire d'État le fut entièrement, et nourrit le comte de Toulouse de contre-temps pour le faire échouer et de dégoûts à le mettre au désespoir, sans qu'il pût que très-légèrement se défendre. Ce fut un spectacle public à la mer et dans les ports où la flotte toucha, qui indigna toute la marine, où Pontchartrain étoit abhorré et le comte de Toulouse adoré par son accès facile, son application et sa singulière équité. Le maréchal de Coeuvres, M. d'O et tous les autres chefs de degré ou de confiance ne furent pas mieux traités, tellement qu'ils excitèrent tous M. le comte de Toulouse à ce qu'il s'étoit déjà proposé, qui étoit de perdre Pontchartrain en arrivant, et par montrer au net les contre-temps et leurs suites, et lui comme leur auteur de malice méditée et par effort de crédit auprès du roi. Il falloit l'audace de Pontchartrain pour s'être mis à ce danger, prévu et déploré souvent et inutilement par son sage père et par sa mère et sa femme, mais sans aucun fruit; et l'ivresse dura jusqu'à ce retour, que la famille fut avertie de toutes parts de l'orage, et Pontchartrain lui-même par l'accueil qu'il reçut de l'amiral et des principaux de la flotte. Aussi abject dans le danger qu'impudent dans la bonace, il tenta tout à la fois pour prévenir sa chute, et n'en remporta que des dédains. Enfin le jour venu où le comte devoit travailler seul à fond avec le roi pour lui rendre un compte détaillé de son voyage et où il avoit résolu de tout dire et de tout faire pour perdre Pontchartrain, sa femme prit sur sa modestie et sur sa timidité naturelle de l'aller trouver chez madame la duchesse d'Orléans, et de le forcer à entrer seul avec elle dans un cabinet. Là, fondue en larmes, reconnoissant tous les torts de son mari, exposant quelle seroit sa condition s'il étoit perdu selon ses mérites, elle désarma l'amiral et en tira parole de tout oublier, pourvu qu'à l'avenir le secrétaire d'État ne lui donnât pas lieu de rappeler l'ancien avec le nouveau. Il avoua qu'il n'avoit jamais pu résister à la douceur et à la douleur de madame de Pontchartrain, et que, quelque résolution qu'il eût faite, les armes lui étoient tombées des mains en considérant quel seroit le malheur de cette pauvre femme entre les mains d'un cyclope furieux de sa chute et qui n'auroit plus rien à faire dans son délaissement qu'à la tourmenter. Ce fut ainsi que Pontchartrain fut sauvé; mais il en coûta cher à l'État. La peur qu'il eut de succomber sous la gloire ou sous la vengeance d'un amiral fils du roi le détermina à perdre lui-même la marine, pour la mettre hors d'état de revoir l'amiral à la mer. Il se le promit, et se tint exactement parole. Cela ne fut que trop bien vérifié depuis par les faits, et que les débris de cette marine ne l'appauvrirent pas.

Lundi 24, à Versailles. — Le roi dîna de bonne heure et alla se promener à Marly, d'où il ne revint qu'à la nuit. Monseigneur ne sortit point de tout le jour. Le soir il y eut comédie. Madame la duchesse de Bourgogne n'y put pas aller, parce qu'elle étoit fort enrhumée; elle ne put même souper avec le roi, se retira de fort bonne heure et avoit la fièvre en se couchant. — Il arriva un courrier de M. de Vendôme, parti du 18. Le siége alloit assez lentement, parce qu'il avoit fait jusqu'au 13 des temps effroyables qui retardoient fort les batteries; il étoit malaisé de remuer le canon et il falloit fort creuser nos tranchées;

cependant nous perdons peu de monde à ce siége, et depuis le 13 nous avons quatre batteries, dont la plus proche est encore à quatre-vingts toises. M. de Vendôme espéroit être maître de la contrescarpe le 25. M. de Savoie a fait repasser la Doria à sa cavalerie, qui campe sous Chivas, et a laissé son infanterie dans le camp de Crescentin, qui relève toujours la garnison de Verue, où il ne peut tenir que huit cents hommes. — M. de Dreux, nouveau maréchal de camp, a vendu le régiment de Bourgogne à M. de Soyecourt, qui lui en donne 22,000 écus.

Mardi 25, *à Versailles*. — Le roi, malgré la pluie et le vilain temps, alla se promener dans les jardins. Monseigneur courut le loup et alla ensuite à Meudon, où il attendra le roi, qui y doit aller demain passer le reste de la semaine. Messeigneurs les ducs de Bourgogne et de Berry allèrent dans le parc tuer des lièvres, parce qu'il y en a trop dans le parc. Madame la duchesse de Bourgogne eut la fièvre toute la nuit; le roi la vint voir après son dîner, et la fièvre duroit encore; elle se leva pourtant à trois heures et se mit au jeu. Elle a fort prié le roi qu'il n'y eût rien de changé au voyage de Meudon; mais son rhume dure toujours, et elle eut encore la fièvre en se couchant, ce qui rend le voyage incertain. — Par les dernières nouvelles qu'on a de Landau, la demi-lune n'étoit pas encore prise le 20. C'est le 18, et non pas le 15, qu'elle avoit été attaquée; c'étoient les Anglois qui l'attaquoient et qui y ont été repoussés rudement; Marlborough avoit laissé quelques régiments à ce siége. Laubanie a commencé à mettre l'eau dans le fossé. — On a nouvelle que le mariage de M. Mantoue s'est fait à Tortone par l'évêque du lieu; M. et madame de Vaudemont y ont assisté.

Mercredi 26, *à Meudon*. — Le roi travailla l'après-dînée avec M. de Chamillart jusqu'à cinq heures, et puis partit de Versailles pour venir ici. Monseigneur le reçut ici à la descente de son carrosse. Monseigneur le duc de Bourgogne arriva un peu avant le roi. Madame la duchesse de

Bourgogne passa la nuit fort doucement; elle dîna chez madame de Maintenon et en partit après le dîner avec monseigneur le duc de Berry pour venir ici, et en y arrivant ils descendirent à l'appartement de Monseigneur. — Il arriva le matin un courrier du maréchal de Tessé, qui a été fait grand d'Espagne en arrivant à Madrid; il prit les honneurs de la grandesse le 17, et devoit partir le 19 de Madrid pour aller à Salamanque. Son courrier est parti du 18, et l'on apprend par lui que les ennemis avoient jeté du secours dans Gibraltar, où ils sont venus avec seize vaisseaux de guerre; cependant le siége continue. Le marquis de Villadarias et le petit Renaud écrivent qu'ils espèrent que cela ne les empêchera pas de prendre la place. — On eut des nouvelles de Landau; la demi-lune n'étoit pas encore prise; il y a beaucoup de malades dans l'armée des assiégeants, et ils en ont envoyé deux mille à Heilbronn, qui en est assez éloigné.

Jeudi 27, à Meudon. — Le roi, après la messe, alla courre le cerf dans le parc de Chaville; il étoit seul dans sa petite calèche. Monseigneur et messeigneurs ses enfants étoient à la chasse; Madame étoit dans une petite calèche qui suivoit celle du roi. Ils revinrent dîner à leur ordinaire, et l'après-dînée le roi se promena dans les jardins jusqu'à la nuit. Madame la duchesse de Bourgogne dîna et soupa chez madame de Maintenon, ce qu'elle fera pendant ce petit voyage. Elle eut un peu de fièvre le soir de son rhume, qui continue encore; mais cela ne l'empêcha pas de jouer avec Monseigneur avant et après souper. Sur les sept heures il y eut un petit concert chez madame de Maintenon. — J'appris que le roi avoit donné à Tressemanes, major-général de l'armée du maréchal de Marsin, l'inspection d'infanterie qu'avoit Maisoncelles. — Le roi a donné plusieurs intendances de marine; celle des vaisseaux, qu'avoit M. d'Herbault, a été donnée à M. de Beauharnois, parent de M. le chancelier et qui étoit intendant en Canada; celle des îles, qui n'avoit point été remplie depuis que

M. Robert en fut rappelé pour l'intendance de Brest, a été donnée au frère de M. Arnoult; celle de Dunkerque, que M. de Batine a quittée à cause de ses incommodités, a été donnée à M. Dugué. Le roi n'a pas encore disposé de celle de Canada.

Vendredi 28, *à Meudon.* — Le roi travailla le matin avec le P. de la Chaise, et puis s'alla promener dans les jardins et retourna encore à la promenade après dîner. Il a fait fort beau hier, et aujourd'hui, durant le jour et la nuit, il a fait un temps effroyable. Monseigneur ne quitte point le roi à toutes ses promenades, et ils ont fait beaucoup planter. — Avant que le roi partît de Versailles, il étoit arrivé un officier en qui le prince Ragotzki a beaucoup de confiance; il l'avoit envoyé à l'électeur de Bavière à Bruxelles, et cet électeur l'a envoyé au roi, parce qu'il a cru que la proposition qu'il avoit à faire méritoit d'être écoutée. On ne sait pas bien ce qu'il propose; on sait seulement que le prince Ragotzki, qui veut s'attacher d'intérêts à la France, demande une petite augmentation de subsides; on lui donne déjà 3,000 pistoles par mois, il en voudroit avoir 1,000 de plus et qu'elles fussent payées en espèces, afin que, dans son armée et en Hongrie, on fût assuré qu'il est soutenu par le roi et qu'il en reçoit de l'argent.

Samedi 29, *à Versailles.* — Le roi partit de Meudon à deux heures et demie pour venir ici, où il se promena jusqu'à la nuit dans ses jardins; il fait ouvrir beaucoup d'allées nouvelles dans ses bosquets, qui embelliront fort le jardin qu'il abandonne au public; il n'y aura plus rien de renfermé que le Labyrinthe. Monseigneur est demeuré à Meudon avec monseigneur le duc de Berry; ils n'en reviendront que jeudi. Madame la princesse de Conty et plusieurs dames y sont demeurées, et elles ne reviendront que demain. Madame la duchesse de Bourgogne est toujours enrhumée, mais elle n'a point eu de fièvre; elle ne revint ici de Meudon que pour le souper du roi. — Les nouvelles de Landau sont très-incertaines; on fait courir beaucoup de bruits différents; il y a des lettres qui assurent que la demi-lune n'étoit pas prise le 22, et d'autres lettres assurent, au contraire, que la place étoit pressée et qu'on craint que Laubanie ne soit obligé à capituler bientôt. — Le roi a donné 1,000 livres de pension à Lusancy, aide-major du régiment des gardes, et autant à Dumesnil, aide-major d'une compagnie de ses gardes du corps; ces deux officiers reviennent d'Espagne, où le roi les avoit envoyés au commencement de la campagne.

Dimanche 30, *à Versailles.* — Le roi, après son dîner, entendit le sermon du P. Maure, qui prêche cet avent, et après le sermon il alla se promener à Trianon. Monseigneur, qui est demeuré à Meudon, alla à Paris à l'opéra avec madame la princesse de Conty. Monseigneur, après l'opéra, retourna à Meudon, et madame la princesse de Conty revint ici. Monseigneur le duc de Bourgogne entendit le sermon en bas avec le roi, et madame la duchesse de Bourgogne, qui est encore un peu enrhumée, l'entendit de la tribune. — Les ennemis qui assiègent Traërbach et qui ont trouvé moyen de mettre du canon sur une montagne où on ne croyoit pas qu'il fût possible d'en mettre, après avoir fait brèche au château, ont voulu l'escalader avec des échelles fort hautes. Le gouverneur de la place, qui est M. de Bar, a renversé toutes leurs échelles et leur a tué cinq cents hommes. — M. de Marlborough a passé à Francfort allant aux cours des électeurs de Brandebourg, de MM. d'Hanovre et du landgrave de Hesse; on assure qu'il prétend marier sa fille au prince d'Hanovre. — Le grand-maître de Malte a donné la commanderie du Piéton, qui vaut 25,000 livres de rente, au chevalier de Saint-Pierre, qui commande les trois vaisseaux de la Religion, et comme c'est une commanderie magistrale, il a fallu qu'il donnât 50,000 livres pour les deux premières années du revenu; les chevaliers qui sont à Malte se sont cotisés pour lui prêter cette somme. Le roi avoit écrit au grand-maître pour lui demander cette commanderie pour le chevalier de la Vrillière, mais le grand-maître en avoit disposé avant que d'avoir la lettre du roi.

Lundi 1ᵉʳ *décembre, à Versailles.* — Le roi alla l'après-dînée à Marly, où il se promena jusqu'à la nuit. Le roi, en sortant de la messe, fit entrer M. de Puysieux * dans son cabinet et lui dit qu'il le faisoit chevalier de l'Ordre; il sera reçu le premier jour de l'an; le roi fera assembler le chapitre pour cela un des jours de cette semaine. — Le roi dit à son dîner qu'il avoit reçu deux lettres de différents endroits qui portent que Landau avoit capitulé le 23. Cependant le gouverneur du Fort-Louis mande qu'on avoit beaucoup entendu tirer le 24 et le 25; ainsi l'on doute encore un peu; mais ce qui détermine à croire la reddition de cette place, c'est qu'on apprend par Bruxelles qu'il a passé à Cologne un courrier du roi des Romains qui alloit à la Haye porter à MM. les États Généraux la nouvelle de la réduction de cette place, et M. de Couvonges a écrit de Lunéville que le roi des Romains l'avoit mandé aussi à M. de Lorraine. — On sut par l'ordinaire des lettres de M. de Vendôme du 21 que nous n'étions plus qu'à trente toises de la contrescarpe; les assiégés avoient fait une sortie de cent hommes sur la tête de notre travail, avoient renversé quelques gabions et avoient été repoussés ensuite jusqu'à leurs palissades par nos grenadiers; on en a tué une partie, pris quelques prisonniers, parmi lesquels il y a deux officiers.

* La promotion de Puysieux se trouve tellement enchaînée avec la suivante qu'on remet à parler de toutes les deux à la fois (1).

Mardi 2, *à Versailles.* — Le roi alla tirer l'après-dînée. — M. le chevalier de Seignelay, capitaine de dragons,

(1) Voir l'addition du 1ᵉʳ janvier 1705.

a l'agrément pour acheter un régiment de dragons, et il a traité de celui de Senneterre, dont le marché est fait à 100,000 livres; c'est M. Desmarets qui a fait le marché pour lui avec Villacerf, beau-frère de Senneterre. M. de Belle-Isle a l'agrément pour acheter celui de dragons de Fimarcon. — On écrit que M. le prince Eugène étoit parti de Weissembourg après la prise de Landau et s'en alloit droit à Ingolstadt; qu'il établiroit les quartiers d'hiver de l'armée de l'empereur en Bavière, iroit ensuite à Vienne, mèneroit quelques troupes avec lui pour joindre à celles du général Heister et lui donner moyen par là de résister aux mécontents de Hongrie, qui sont plus animés et font plus de désordres que jamais; on assure même qu'ils ont formé le siége de Neuhausel. Le prince fera peu de séjour à Vienne, l'empereur l'envoie commander son armée en Italie. — M. le grand prieur étend ses quartiers dans le Bressan; il a mis des troupes dans Conato, et il mande qu'il espère, avant la fin de cette année, être maître de la Mirandole.

Mercredi 3, à Versailles. — Le roi se promena toute l'après-dînée dans ses jardins, où il se fait beaucoup d'embellissements sans grande dépense. Messeigneurs les ducs de Bourgogne et de Berry allèrent à Meudon pour voir Monseigneur. Madame la duchesse de Bourgogne, les voyant partir, se mit en carrosse avec eux malgré son rhume, qui dure toujours, et ils ne revinrent ici que pour le souper du roi. — Il vint le matin des lettres qui rendoient la prise de Landau encore incertaine, tant elles étoient bien circonstanciées; mais le soir on fut désabusé de cette fausse espérance et l'on apprit tous les détails de la capitulation, qui est la même qu'ils avoient accordée à Mélac et que nous accordâmes l'année d'après au comte de Frise. — Le duc de Berwick revint d'Espagne et salua le roi au sortir du conseil; il n'est parti de Madrid qu'après y avoir vu le maréchal de Tessé. — Le roi a donné une commission de mestre de camp à Marsillac, qui étoit lieutenant-colonel du régiment de Tarente et qu'on fait passer dans celui de Talmond. M. le prince de Tarente, qui avoit la permission de choisir de demeurer à la tête de son régiment ou de prendre celui de Talmond, a choisi Talmond, et le marquis de Bellefonds achète celui de Tarente.

Jeudi 4, à Versailles. — Le roi dîna de fort bonne heure et alla se promener à Marly, d'où il ne revint qu'à la nuit. Monseigneur revint ici de Meudon pour le souper du roi. — On eut, par un courrier du duc de Gramont des lettres du 19 qui portent que les dernières nouvelles qu'ils ont eues de Gibraltar sont du 14, du 15 et du 16. Le marquis de Villadarias mande que, le 11, les vaisseaux ennemis se mirent en ligne et tirèrent beaucoup de canon sur notre camp et sur notre tranchée sans presque blesser personne, et que nous fîmes une batterie de trente-six livres de balles et de six mortiers, qui firent un si grand feu sur le vieux môle et sur les vaisseaux que les ennemis furent obligés de se retirer vers l'entrée de la baie pour se mettre à couvert. Le 13 on acheva de renverser le vieux bastion de Saint-Paul, qui est le plus proche de la mer, et on commença à battre la courtine et à disposer toutes choses pour donner l'assaut dans quelques jours, ce qui auroit été exécuté plus tôt sans les pluies continuelles qui ont fort retardé le travail. Les ennemis ont mis toutes leurs chaloupes à la mer, et on croit qu'ils veulent débarquer des vivres et des munitions; le secours qu'ils jetèrent dans la place il y a quelques jours n'étoit que de deux cent cinquante hommes.

Vendredi 5, à Versailles. — Le roi travailla le matin avec le P. de la Chaise comme il fait tous les vendredis, et alla l'après-dînée à Marly. Monseigneur et monseigneur le duc de Berry coururent le loup. Le soir il y eut comédie. A six heures M. de Chamillart entra chez madame de Maintenon, où étoit le roi, et y mena avec lui M. Pelletier et un ingénieur qui étoit dans Landau, qui montra au roi le plan de la place en l'état où elle étoit quand elle s'est rendue. Les ennemis étoient logés sur la demi-lune et sur les deux contre-gardes; tous les parapets du corps de la place du côté de l'attaque étoient renversés, et elle n'auroit pas pu tenir encore deux jours. Il en est sorti deux mille hommes sous les armes et cinq cents blessés ou malades, qui fait à peu près la moitié de la garnison au commencement du siége. M. de Laubanie a perdu un œil et est en grand danger de perdre l'autre. — On reçut une lettre du comte d'Autel, gouverneur du Luxembourg, du 2 de ce mois; il mande que le 29 du mois passé le baron de Troignies, qui fait le siége de Traërbach, avoit été obligé de changer son attaque et ses batteries, la place ne pouvant pas être prise par où il l'attaquoit; mais que M. de Bar, qui en est gouverneur, étoit fort blessé à la jambe par un accident du feu qui avoit pris à des grenades qui étoient sur son rempart, et que presque toute la compagnie de grenadiers en avoient été tués ou blessés.

Samedi 6, à Versailles. — Le roi et Monseigneur allèrent l'après-dînée se promener à Trianon. — Le roi a donné à chaque lieutenant et à chaque enseigne de ses gardes du corps 4,000 francs pour leur aider à remettre les chevaux qu'ils ont perdus dans leurs brigades. — Le maréchal de Choiseul a demandé au roi l'agrément du régiment d'Agenois pour le petit marquis de Meuse, qui n'a que seize ans, mais qui a fait une année dans les mousquetaires, et le roi le lui a accordé; il achète ce régiment du marquis de Choiseul-Beaupré, maréchal de camp de la dernière promotion, et il lui en donne 42,000 livres. — M. Joly de Fleury, le plus ancien des trois avocats généraux et homme de grande réputation, est mort à Paris; il n'avoit pas trente-cinq ans. — Le roi a donné à M. de Boisfermé, qui est capitaine dans son régiment d'infanterie, le régiment d'infanterie qu'avoit son frère, qui a été tué dans Landau; c'étoit un régiment qu'il avoit acheté de M. de Noailles. — Il arriva un courrier de M. de Vendôme, qui est venu fort lentement à cause des difficultés pour passer le mont Simplon. Les lettres sont du 28; le siége de Verue va lentement à cause du vilain temps, mais il va bien; on y perd peu de monde.

Dimanche 7, à Versailles. — Le roi ne put aller à la chasse ni même aller se promener à Trianon, parce qu'il plut beaucoup toute la journée. — Il arriva un courrier d'Espagne, les lettres sont du 28. Le siége de Gibraltar va son train, mais un peu plus lentement qu'on ne l'auroit espéré; M. de Villadarias assure toujours que le succès en sera heureux. — Les mécontents de Hongrie ont pris Neuhausel en bien moins de temps qu'on ne pensoit; il n'y avoit dedans qu'une très-mauvaise garnison et sans munitions de guerre ni de bouche. M. le prince de Conty, qui étoit au siége de cette place quand l'empereur la prit sur les Turcs, nous a dit qu'ils ne l'avoient prise qu'après trente-sept jours de tranchée ouverte, quoique l'armée de l'empereur fût de quarante mille hommes. Les mécontents sont présentement maîtres de toute l'île de Schut et marchent à Comorre, dont ils veulent faire le siége. — Le roi donne à M. de Laubanie 12,000 écus de pension pour le récompenser de la belle défense qu'il a faite à Landau; il a encore d'autres petites pensions du roi et 2,000 écus comme grand-croix de l'ordre de Saint-Louis.

Lundi 8, à Versailles. — Le roi et toute la maison royale entendirent le sermon, et le soir S. M. travailla chez madame de Maintenon avec M. Pelletier, comme il fait tous les lundis. — Le voyage qu'on faisoit faire au prince Eugène n'est point vrai; il est encore sur le Rhin. Les places de M. de Bavière ne sont point évacuées; il n'y a que Passau, dont la garnison bavaroise soit sortie. Ingolstadt, Braunau et Kuffstein ont refusé d'obéir aux ordres de madame l'électrice; les gouverneurs de ces trois places ont répondu aux généraux de l'empereur qu'ils avoient fait serment à l'électeur leur maître et qu'ils ne sortiroient jamais sans un ordre signé de sa main. La cavalerie bavaroise a fait la même réponse, et le baron de Lutzbourg, qui commande dans Ingolstadt, a même mandé à l'électeur qu'il trouveroit moyen de faire subsister les troupes un an durant, quoi qu'on ne leur donnât point de paye. — Le prince héréditaire de Hesse est venu commander les troupes qui font le siége de Traërbach, et il a fait donner un second assaut à cette place qui n'a pas mieux réussi que le premier; les ennemis avouent qu'ils ont perdu deux cents hommes à cette dernière action, et nous comptons qu'ils y en ont perdu plus de quatre cents.

Mardi 9, à Versailles. — Le roi se promena l'après-dînée dans les jardins. Monseigneur et monseigneur le duc de Berry coururent le loup. Le soir il y eut comédie. — Il arriva un courrier de M. le grand prieur, qui s'est saisi de Desenzano sur le lac de Garde, où les Vénitiens avoient garnison; mais ils auroient tort de se plaindre, puisqu'ils n'ont point empêché les Impériaux de se saisir de Salo, qui est sur le même lac. L'ambassadeur de Venise a fait demander audience au roi, qui la lui donnera demain. On ne doute pas que ce ne soit pour faire ses plaintes de la part de la république. — D'Entragues, capitaine aux gardes, étant obligé par sa mauvaise santé de quitter le service, Saint-Hilaire, lieutenant de ce corps, a acheté sa compagnie. — Madame la marquise de Gamaches mourut hier à Paris âgée de près de quatre-vingts ans; elle étoit mère du comte de Cayeu et veuve de M. de Gamaches, chevalier de l'Ordre. — Le duc de Gesvres mourut à Paris à onze heures du soir; il avoit près de quatre-vingt-deux ans; le roi, à son coucher, savoit l'extrémité de sa maladie, mais il ne pouvoit pas savoir sa mort. Le duc de Tresmes, son fils, a la survivance de la charge de premier gentilhomme de la chambre et de la capitainerie de Monceaux; il ne reste que le gouvernement de Paris à donner.

Mercredi 10, *à Marly.* — Le roi fit entrer le duc de Tresmes dans sa chambre avant sa première entrée; ce duc se jeta à genoux en lui demandant le gouvernement de Paris, qu'avoit son père, dont il venoit lui apprendre la mort; le roi le lui donna sur-le-champ et accompagna son présent de beaucoup de discours gracieux; ce gouvernement vaut du moins 12,000 écus de rente. Le roi, avant que d'aller à la messe, fit prêter serment au maréchal de Boufflers de la charge de capitaine des gardes du corps qu'avoit M. de Duras, et S. M., après son dîner, alla derrière l'hôtel de Conty faire recevoir le duc de Guiche colonel du régiment des gardes; ce duc prêta ensuite son serment entre les mains du maréchal de Noailles, son beau-père. Le colonel des gardes ne prête point serment entre les mains du roi, il le prête entre les mains d'un maréchal de France, et autrefois ils ne le prêtoient qu'entre les mains du commissaire du régiment des gardes. Le roi, après avoir fait recevoir le duc de Guiche, revint au château, demeura un quart d'heure dans son cabinet et puis en partit pour venir ici. Madame la duchesse de Bourgogne partit de Versailles un peu après le roi, et passa dans la grande cour pour voir le duc de Guiche en fonction à la tête du régiment des gardes. Messeigneurs les ducs de Bourgogne et de Berry étoient avec le roi quand il le fit recevoir. Madame la duchesse de Bourgogne, avant que de venir ici, alla à Saint-Germain voir le roi et la reine d'Angleterre.

Jeudi 11, *à Marly.* — Le roi, après la messe, courut le cerf et fut de retour ici avant midi; Monseigneur et messeigneurs ses enfants étoient à la chasse. L'après-dînée le roi se promena dans les jardins jusqu'à la nuit. Il y a beaucoup de gens à ce voyage-ci qui n'avoient point accoutumé d'y venir : le duc de Berwick, le maréchal de Chamilly; l'abbé d'Estrées n'y étoit jamais venu.

M. le vidame (1), comme lieutenant des chevau-légers du roi, y viendra tous les voyages présentement, et le chevalier de Hautefort, comme premier écuyer de M. le comte de Toulouse, y viendra aussi tous les voyages avec lui. — M. de Coigny, étant présentement colonel général des dragons, ne pouvoit pas conserver l'inspection qu'il avoit; le roi l'a donnée au marquis de Beauvau, de la gendarmerie. — L'ambassadeur de Venise eut hier matin à Versailles audience particulière du roi sur l'affaire de Desenzano. — Le fils de milord Middleton, capitaine dans le régiment irlandois de Lée, a obtenu une commission de colonel. — Savinnes, officier des gardes du corps, a un frère qui étoit colonel d'un nouveau régiment d'infanterie que le roi a trouvé bon qu'il vendît pour acheter une lieutenance aux gardes; il conservera son rang de colonel; il achète cette lieutenance 34,000 livres, et a vendu son régiment 24,000 francs à un gentilhomme béarnois nommé Copos.

Vendredi 12, à Marly. — Le roi se promena tout le matin et toute l'après-dînée dans ses jardins, et au retour de la promenade il travailla chez lui avec le P. de la Chaise. Monseigneur et messeigneurs ses enfants coururent le sanglier dans la forêt de Saint-Germain avec les chiens de M. le comte de Toulouse. Le soir, au coucher du roi, M. de Ponchartrain lui lut tout haut une lettre de Duguay-Trouin, capitaine de frégate, qui, avec un vaisseau de cinquante canons que le roi lui avoit donné comme à un bon armateur, prit, il y a quelques jours, un vaisseau anglois de soixante et dix pièces de canon, qu'il a amené à Brest, et, en le ramenant, il trouva une frégate hollandoise qui se défendit bien mieux que le vaisseau anglois; mais il la prit aussi après un assez long combat; il y avoit plus de six cents hommes sur ces deux vaisseaux. Dans sa relation il ne parle point de lui, mais il

---

(1) D'Amiens.

prie le roi de récompenser les officiers qui étoient avec lui et qui ont parfaitement bien fait. — M. le duc de Béthune marie le marquis de Charost, son petit-fils, à mademoiselle Brulart, fille de la duchesse de Choiseul, qui a 550,000 livres de bien venu, et sa mère lui en assure encore 200,000. On compte qu'elle aura un million de bien un jour.

Samedi 13, *à Marly.* — Le roi, après la messe, alla courre le daim dans son parc avec les chiens de M. le comte de Toulouse; Monseigneur et messeigneurs ses enfants étoient à la chasse. — On eut des lettres du duc de Gramont du 3 de ce mois; il mande que par les dernières lettres qu'ils ont reçues à Madrid de Gibraltar nos batteries avoient fort augmenté les brèches; que M. de Pointis, qui étoit allé à Cadix, prétendoit pouvoir mettre à la voile le 3 avec ses treize vaisseaux et quatre d'Espagne, et venir attaquer les vaisseaux anglois qui sont encore dans le détroit. — On a eu par l'ordinaire des nouvelles de M. de Vendôme du 6 au matin. Nos mineurs ont trouvé ceux des ennemis; il y a eu des combats souterrains, où le capitaine des mineurs de la place a été tué. Nous sommes logés sur un angle saillant de la contrescarpe à l'attaque de la droite; nous ne sommes pas si avancés à l'attaque de la gauche; ce siége est long et difficile. Une grande inondation avoit emporté les ponts des ennemis sur le Pô et sur la Doria, mais il les ont raccommodés; si nous avions pu les en empêcher, cela auroit hâté la reddition de la place, dont la garnison se rafraîchit tous les jours.

Dimanche 14, *à Marly.* — Le roi tint conseil comme à l'ordinaire, et après dîner il se promena dans ses jardins jusqu'à la nuit. — Les dernières nouvelles qu'on a eues de Traërbach sont que les assiégeants y ont donné un troisième assaut qui ne leur a pas mieux réussi que les deux premiers; mais le pauvre de Bar, gouverneur de cette place, y est mort de sa blessure; celui qui commandoit sous lui s'appelle du Clos, qui est un ancien officier d'infanterie et homme de mérite. — M. le grand prieur, après s'être rendu maître de Desenzano, a mis ses troupes dans différents quartiers, et lui demeurera à Castiglione delle Stiviere. M. Davia, officier principal parmi les ennemis, fut blessé il y a quelques jours dans un parti et est mort de ses blessures. — M. Joly de Fleury, avocat général de la cour des aides, a été choisi du roi pour remplir la place d'avocat général qu'avoit son frère, qui mourut ces jours passés; il payera à la veuve et aux enfants 350,000 livres, qui est le prix de la fixation de la charge.

Lundi 15, *à Marly*. — Le roi, après la messe, courut le cerf; Monseigneur et monseigneur le duc de Berry étoient à la chasse et en revinrent avant le roi, qui voulut encore courre un second cerf. — Les mécontents de Hongrie continuent leurs hostilités avec beaucoup de succès, et toutes les nouvelles qu'on a de ce pays-là portent que depuis la prise de Neuhausel ils ont encore attaqué et pris Léopolstadt, qui les rendra maîtres d'une grande partie de la Moravie. — M. de Cayeu, depuis la mort de madame de Gamaches, sa mère, a pris le nom de Gamaches, et son fils prendra le nom de Cayeu. — Milord Marlborough est revenu de son voyage d'Allemagne; il est en Hollande, d'où il partira incessamment pour retourner en Angleterre; on assure que la reine Anne fait élever la fille de ce milord comme sa propre fille, et qu'on croit à Londres qu'elle a de grandes vues pour son établissement; on croit que ce milord emmènera M. le maréchal de Tallard avec lui en Angleterre.

Mardi 16, *à Marly*. — Le roi, en sortant de la messe, alla courre le cerf dans son parc avec les chiens de M. du Maine; Monseigneur et messeigneurs ses enfants étoient à la chasse. — Il arriva le matin un courrier de M. de Vendôme, parti du 9 au matin. Ce prince mande au roi que, le logement ayant été fait sur un angle de la contrescarpe dès le 5, il avoit fait entrer dans le chemin couvert quelques grenadiers deux jours après, qui étoit le 7; que ces grenadiers en avoient chassé les ennemis, mais qu'ils en avoient été rechassés eux-mêmes ensuite, les assiégés ayant fait sauter des fourneaux qui étoient sous le chemin couvert. M. de Vendôme, qui avoit prévu cela, avoit fait demeurer peu de monde dans le chemin couvert, et nous n'y perdîmes que huit ou dix soldats. Dès le lendemain, qui étoit le lundi 8, on attaqua le chemin couvert avec plusieurs bataillons, qui tuèrent deux cents hommes que les assiégés y avoient laissés et prirent le colonel du régiment de Saluces, qui y commandoit et qui y fut fort blessé. On y alloit établir des batteries et faire descendre les mineurs dans le fossé pour les attacher à la fausse braie, après quoi on espère être bientôt maître de la place.

Mercredi 17, à Marly. — Le roi, avant que d'entrer au conseil, signa le contrat de mariage du marquis de Charost avec mademoiselle Brulart; il avoit permis aux ducs de Béthune et de Charost de venir ici pour cela; la noce se fera demain à Paris chez la duchesse de Choiseul, mère de la mariée. — M. de Choisy, gouverneur de Sarrelouis, a souhaité que le roi envoyât un maréchal de camp dans la place, qui y commandera sous lui, et le roi a choisi pour cela...... Ce gouverneur a mandé depuis qu'il y avoit vingt-quatre heures qu'on n'entendoit plus tirer à Traërbach; on ne sait si la place s'est rendue ou si les ennemis ont levé le siège. — M. de Linange, qui commande les troupes de l'empereur en Italie, veut, à ce qu'on croit, s'avancer sur l'Adda. M. le grand prieur fait assembler ses quartiers, et M. de Vendôme lui envoie douze escadrons commandés par Albergotti, n'ayant pas besoin de cavalerie pour finir le siége de Verue. — Le roi a créé de nouvelles rentes sur l'hôtel de ville au denier dix pour ceux qui y portent leur argent, et après leur mort les héritiers en auront le revenu au denier vingt.

Jeudi 18, *à Marly.* — Le roi, au sortir de la messe, alla courre le cerf avec madame la duchesse de Bourgogne, qui étoit avec lui dans sa calèche; Monseigneur et messeigneurs ses enfants étoient à la chasse. — Le duc de Noailles tomba dans une grande foiblesse, et comme c'est à la suite d'une longue maladie, on crut la foiblesse très-dangereuse; il est à Versailles dans l'appartement de M. de Vendôme, que le roi lui a prêté parce qu'il est plus grand et plus commode que le sien. — Madame la duchesse d'Aiguillon mourut à Paris dans un couvent où elle étoit novice; elle l'avoit été dans deux ou trois autres sans se faire religieuse; elle signoit : « la duchesse novice », et étoit fort extraordinaire en tout. Sa succession fera un grand procès entre le duc de Richelieu et le marquis de Richelieu, qui tous deux prétendent avoir le duché d'Aiguillon. — Le roi permit, il y a quelques jours, à M. de Dénonville le père de faire revenir son fils pour travailler à sa justification, et il doit être, au retour de Marly, à Versailles. — L'armée du maréchal de Marsin est séparée; il ne revient point encore ici, mais la plupart des officiers qui servoient sous lui sont déjà arrivés à Paris.

Vendredi 19, *à Marly.* — Le roi, au sortir de la messe, alla courre le cerf avec les chiens de M. du Maine; la chasse fut fort belle et fort courte malgré la gelée; madame la duchesse de Bourgogne étoit en calèche avec le roi. Monseigneur et monseigneur le duc de Berry coururent le loup dans la forêt de Marly. — Le marquis de Richelieu vint ici, mais il ne vit point le roi; il vit M. de Pontchartrain, à qui S. M. a ordonné d'examiner les prétentions qu'il a au duché d'Aiguillon pour lui en rendre compte. — On apprend que le gouverneur, le lieutenant de roi et le major de Traërbach avoient été tués. La place ne s'en défend pas moins bien, c'est un capitaine d'infanterie qui y commande; les ennemis l'ont fait sommer; il a répondu qu'il n'osoit faire cette proposition-là à sa garnison et qu'il n'y avoit pas un soldat qui ne le tuât s'il parloit de se rendre. Le baron de Troignies, qui commandoit les troupes ennemies au commencement du siége, avant que le prince héréditaire de Hesse-Cassel y arrivât, a été tué ; les assiégeants font faire des échelles encore plus hautes que celles dont ils se sont servis à leurs trois premières escalades, et, comme on ne peut donner aucun secours à cette place, il est à craindre qu'ils ne s'en rendent enfin les maîtres.

Samedi 20, *à Versailles*. — Le roi vouloit encore courre le cerf, mais la gelée fut si violente que les chiens ne purent pas courre ; il se promena tout le jour dans les jardins de Marly et revint ici sur les cinq heures. Monseigneur alla de Marly dîner à Meudon et revint ici pour le souper du roi. — Le roi d'Angleterre a toujours été incommodé depuis son retour de Fontainebleau ; sa poitrine paroît un peu attaquée, et les médecins disent que son mal demande une grande attention. — On mande d'Allemagne que le prince Eugène avoit marché en Bavière, et que Kuffstein et Ingolstadt s'étoient enfin soumis à l'empereur. — Les dernières nouvelles qu'on a eues de M. de Vendôme par l'ordinaire sont du 13. Nos mineurs sont sous le fossé ; M. de Savoie vient tous les jours deux fois dans la place, et en fait relever tous les soirs la garnison par les troupes qu'il a laissées à Crescentin ; notre infanterie souffre fort et ne se rebute point, et M. de Vendôme espère toujours être maître de la place avant la fin du mois. M. le grand prieur a renvoyé toutes ses troupes dans leurs quartiers, et M. de Linange ne fait aucun mouvement qui puisse faire croire qu'il veuille faire passer quelques troupes pour joindre l'armée de M. de Savoie.

Dimanche 21, *à Versailles*. — Le roi et toute la maison royale entendirent le sermon. Le roi, en sortant de la chapelle, alla se promener à Trianon. Madame la duchesse de Bourgogne alla chez monseigneur le duc de

Bretagne, et ensuite chez madame la duchesse de Noailles. — Le roi donna une assez longue audience à Guasquet, qui commandoit dans Landau sous M. de Laubanie. — Le roi fait le même traitement à la gendarmerie qu'à la cavalerie pour la remonte; il n'ordonne aux chefs de brigade qu'à mettre dix chevaux dans leurs brigades, et il leur fera donner le reste des chevaux qui leur manqueront. — Les billets de la monnoie ont cours dans le commerce; on est obligé de les prendre comme de l'argent comptant, et le roi en paye les intérêts jusqu'au jour qu'ils seront remboursés; mais ils ne seront pas reçus dans les caisses du roi; il faut que tout ce qu'on y porte soit en argent comptant; les moindres de ces billets sont de 500 livres. — Plusieurs de nos armateurs sont tombés sur la flotte angloise qui venoit des Barbades; cette flotte étoit composée de cinquante bâtiments, dont la charge est estimée l'un portant l'autre à 100,000 livres; nos armateurs en ont pris vingt-deux de notre connoissance, qu'ils ont amenés en différents ports du royaume, et on assure que les armateurs de Galice en ont pris aussi plusieurs, qu'ils ont menés dans les ports d'Espagne.

Lundi 22, *à Versailles.* — Le roi prit médecine malgré la gelée; M. Fagon a persuadé que rien n'est si bien pour sa santé que de se purger tous les mois. L'après-dînée le roi tint conseil qui dura jusqu'à sept heures. — Il arriva un courrier de M. de Pointis, qui mit à la voile le 10 à Cadix; il a treize vaisseaux françois, quatre galions d'Espagne et quelques frégates. La flotte ennemie, qui est au vieux Gibraltar, est de vingt-trois vaisseaux. M. de Pointis a fait tenir un conseil de guerre, et presque toutes les voix ont été qu'il falloit aller attaquer les ennemis malgré l'inégalité du nombre. L'événement de ce combat déterminera apparemment le succès du siége de Gibraltar, qui va très-lentement. Le roi d'Espagne, qui se prépare à faire la campagne prochaine, paroît content de la situation où sont les affaires de ce pays-là, et se croit plus assuré que jamais de la fidélité et du zèle de ses sujets; il a envoyé par ce courrier une Toison magnifique à M. le comte de Toulouse et son portrait enrichi de beaux diamants à M. le maréchal de Coeuvres. — M. le duc de Richelieu a bien voulu voir chez lui le marquis de Richelieu, son neveu; ils sont raccommodés, et il ne lui dispute rien sur le duché d'Aiguillon.

Mardi 23, à Versailles. — Le roi alla se promener à Trianon, et le soir travailla avec M. de Pontchartrain chez madame de Maintenon, comme il a accoutumé de faire tous les mardis. — Par le courrier qui arriva d'Espagne il y a deux jours on apprit que S. M. C. avoit fait le marquis de Richebourg grand d'Espagne et qu'elle avoit donné les entrées au marquis de Maulevrier, gendre du maréchal de Tessé. — On a envoyé le congé à M. de la Feuillade, et l'on compte qu'il arrivera ici avant le premier voyage de Marly. — Les dernières lettres qu'on a eues de Rome portent que toutes les apparences sont que le pape fera une promotion de cardinaux à Noël; il y a dix-sept chapeaux vacants. — Le prince de Robecque, qui vient d'être fait maréchal de camp à la dernière promotion, a vendu son régiment 50,000 livres à M. de Saint-Vallier, fils de feu Saint-Vallier, capitaine de la porte. M. de Lille, qui est aussi maréchal de camp de la dernière promotion, étoit colonel du régiment de Barrois, qui sert en Espagne; [il] a vendu ce régiment 48,000 livres à M. Desormes, qui étoit capitaine de cavalerie dans le régiment de Berry, qui sert en Espagne. M. de Lignerac, colonel du régiment du Perche, étant obligé par sa mauvaise santé de quitter le service, a permission de vendre son régiment.

Mercredi 24, à Versailles. — Le roi fit ses dévotions le matin et toucha beaucoup de malades. Monseigneur avoit fait ses dévotions avant le roi; monseigneur le duc de Bourgogne les avoit faites aussi. Madame la duchesse de

Bourgogne les fit aux Récollets, dans la chapelle en haut. L'après-dînée toute la maison royale entendit vêpres en haut dans la chapelle; après vêpres le roi s'enferma avec le P. de la Chaise et fit la distribution des bénéfices; il n'y avoit que des canonicats vacants et de si peu d'importance qu'on n'a pas fait de liste. Le roi fit collation à neuf heures et alla à dix heures à la chapelle avec toute la maison royale; ils y entendirent matines et les trois messes de minuit; tout fut fini à une heure. — Le président Payen, qui étoit à Rambouillet chez M. d'Armenonville, tomba du pont-levis dans le fossé, qui étoit glacé, et se tua roide (1). Il étoit président de la cour des aides; le roi l'avoit chargé de l'économat et bénéfices de M. le grand prieur, et le roi lui avoit donné depuis peu une pension de 2,000 livres; il étoit homme d'esprit et étoit fort en commerce avec beaucoup de courtisans.

Jeudi 25, jour de Noël, à Versailles. — Le roi et toute la maison royale assistèrent à toutes les dévotions de la journée. — Le pauvre M. de Laubanie est arrivé à Paris et est entièrement aveugle. — On mande du camp de M. le grand prieur que le comte de Linange a fait un gros détachement de cavalerie pour tâcher de passer le Pô en quelque endroit et secourir la Mirandole, qui est fort pressée; le grand prieur a donné les ordres qu'il croit nécessaires pour empêcher l'exécution de ce projet.

---

(1) « Le président Payen étant allé chez M. d'Armenonville, à Rambouillet, en bonne compagnie, et promener jusqu'à la nuit, avant-hier, avec le comte de Saint-Pierre, qui rentra devant lui dans le château, comme il ne venoit point, on lui demanda ce qu'il en avoit fait. Il répondit l'avoir laissé derrière, peut-être pour quelque besoin. Enfin on l'alla chercher; on le trouva tombé dans le fossé, roide mort, la tête fracassée, ce fossé n'ayant point de garde-fou...... Le président Payen est regretté; c'étoit avec M. de Feuquières qu'il étoit sorti pour quelque besoin en attendant le souper. Comme il demeura derrière, il tomba du pont-levis en bas sur la glace et se tua. Il y a eu des gens, à ce qu'on prétend, qui ont demandé sa confiscation sur une prétendue bâtardise, le mauvais monde l'ayant dit fils de Saint-Pavin; mais il est né d'une madame Payen dont le mari vivoit avec elle, et il laisse une sœur mariée à un gentilhomme. » (*Lettres de la marquise d'Huxelles*, des 26 et 28 décembre.)

— Le roi a donné un bâton d'exempt dans ses gardes à M. de la Queue*, ancien officier de cavalerie et qui a un brevet de mestre de camp; il n'étoit point encore entré de mestre de camp dans les charges d'exempt. — Le roi a donné une pension de 1,000 livres à madame de Fourquevaux, veuve du brigadier de cavalerie dont le roi donna le régiment le mois passé. — Il y a plusieurs ducs et pairs qui s'opposent à ce que le marquis de Richelieu soit reçu duc d'Aiguillon**. — Par les dernières nouvelles qu'on a eues d'Angleterre on apprend que le milord Haversham a fait une harangue dans la chambre haute pour faire connoître les inconvénients dans lesquels l'Angleterre peut tomber, et que ce milord est soutenu par les lords Rochester et Nottingham, qui sont tous des plus considérables de ce pays-là.

* Ce la Queue étoit gendre du roi non reconnu, mais bien connu pour tel, comme il a été dit page 19.

** Ces additions, qui ne peuvent être que courtes, ne peuvent embrasser des explications de prétentions de procès. En deux mots madame de Combalet, la nièce chérie du cardinal de Richelieu, eut pour l'érection femelle d'Aiguillon en sa faveur une clause sans exemple et que personne assurément avant elle n'avoit imaginée. Ce fut, en cas qu'elle ne se remariât point ou qu'elle n'eût point d'enfants, la faculté de se choisir un héritier, et de la terre et de la dignité tout ensemble, mâle ou femelle. Ce cas arriva; elle choisit par son testament mademoiselle de Richelieu, sa nièce, qui fut sans difficulté duchesse d'Aiguillon après elle, au désir de la clause. Son testament portoit substitution de ce duché, mais sans jamais parler de dignité, de laquelle mention étoit faite pour mademoiselle de Richelieu à chaque fois qu'il étoit question d'elle, et jamais à l'occasion des autres appelées. Cette seconde duchesse d'Aiguillon, dont il s'agit ici, mourut fille, et donna tout au marquis de Richelieu, son neveu. S'il avoit eu droit à la dignité, il l'eût prise en entier sans congé du roi, comme font tous les fils ou tous les successeurs de droit, et seroit venu en grand deuil lui faire simplement la révérence. Il sentit donc le défaut du droit, et voulut essayer d'obtenir l'aveu du roi pour le débattre s'il lui étoit disputé, comme il ne doutoit pas qu'il ne le fût. On le sut: plusieurs ducs s'opposèrent et donnèrent un mémoire au chancelier de Pontchartrain, que le roi avoit chargé de lui rendre compte de celui du marquis de Richelieu. Le chancelier rapporta l'affaire au roi, qui fit rendre le mémoire à M. de Richelieu et défendre par le chancelier de la poursuivre; et, en effet, ni la clause ne contenoit la faculté de plus d'un choix, ni madame de Combalet n'avoit cru qu'il y en pût avoir plus d'un par l'énoncé de son testament en faveur de sa nièce, ni chose aussi inouïe et contraire au droit commun ne peut jamais se supposer et se sous-entendre, et ne peut avoir d'effet que lorsqu'elle est si nettement exprimée que la loi précise en est écrite par une clause expresse. Le marquis de Richelieu en demeura donc là, et après lui le comte d'Agenois, son fils. Trente ou trente-deux ans le duché d'Aiguillon fut éteint, jusqu'à ce que les beaux yeux du comte d'Agenois le ranimèrent. Madame la princesse de Conty, fille de madame la Duchesse, l'aimoit depuis longtemps, jusqu'à ne prendre aucun soin de bienséance. Il ne bougeoit de chez elle, y gouvernoit avec empire; elle l'alloit garder chez lui dès qu'il étoit malade, et lors sa femme disparaissoit, qui pour s'être rebecquée fut rudement menée. Ils voyagèrent ensemble par tout le royaume, en équipage et en maintien fort étrange. Elle passoit trois ou quatre mois chez lui près de Tours à Veret, jusque-là que M. le prince de Conty, son fils, tout jeune qu'il étoit, en écrivit des plaintes au roi, que son gouverneur surprit et brûla. Elle avoit lié une amitié étroite avec le garde des sceaux Chauvelin, tout-puissant alors et qui ne lui refusoit rien, et elle se mit dans la tête de ressusciter le duché-pairie d'Aiguillon. Elle obtint permission pour d'Agenois d'en intenter le procès au parlement, bien assurée du plaisir que cette compagnie auroit de faire un duc-pair de son autorité et ce dépit aux autres, et sûre encore que, la requête du marquis de Richelieu au feu roi lui ayant été rendue, il ne resteroit point de preuves juridiques de ce jugement. Restoit l'obstacle de l'édit de 1711, où le chancelier de Pontchartrain ne voulut jamais énoncer une prétention qu'il ne falloit pas, disoit-il, honorer d'avoir pu être, et s'y tint ferme sur ce qu'on ne finiroit point si on vouloit énoncer toutes les chimères en particulier. Tandis que cela se commençoit, la princesse de Conty bonneta tout ce qu'elle put de ducs, et par elle-même, allant chez eux, ou les faisant tonneller par leurs amis; et par ses langages, ses grâces, son esprit, dont elle avoit infiniment, et une langue charmante, elle en enchanta quelques-uns, et en épouvanta d'autres, elle en embarrassa encore plus parmi ce peuple, qui l'est devenu, et qui comme tous les autres peuples renferme bien des sots. Cela renouvela le schisme que les temps derniers du feu roi et ceux de la régence avoient fait naître parmi ces pauvres bons ducs, et sépara dans ce nouveau schisme plusieurs qui étoient amis dans le premier. Il y en eut pourtant un assez grand nombre et de gens considérables, autant que ce terme pouvoit être applicable, qui s'opposèrent de nouveau ou qui soutinrent leur opposition ancienne. Rien ne fut oublié pour soutenir et augmenter cette division, et le duc de Richelieu, qui, dès cet autre schisme, s'y étoit montré un grand maître, fut pour celui-ci un merveilleux secours. Les beaux yeux de madame d'Agenois, quoiqu'inférieurs à ceux de sa mère, son éloquence et cette haute science dont elle fait des leçons la servirent. Elle déploya tous les attraits de l'esprit; elle fit briller tous ceux du corps, et pour la première fois madame la princesse de Conty et elle se réunirent à tendre au même but. Les Uzès et leurs parents préférèrent cette belle et savante cousine à leur dignité. Madame la princesse de Conty sollicita de porte en porte, ne bougea d'avec les avocats, en perdit jeu, plaisirs, sommeil et nourriture. Elle disoit agréablement qu'il y avoit longtemps qu'elle avoit pris le public pour confident de ce qu'elle pouvoit pour M. d'Agenois, et qu'elle n'avoit nul ménagement là-dessus, et elle agissoit pleinement en conséquence, tandis que le garde des sceaux, ravi de lui plaire à si bon marché pour lui, en chose à elle si sensible, instrumentoit sous main au parlement, qui espéroit encore de lui alors sur les affaires de la Constitution, et par cette même princesse, que l'air de l'hôtel de Conty en avoit rendue ennemie. Il n'en falloit pas tant que tant de vifs et de puissants et de toutes sortes d'intérêts réunis pour déballer une poignée de gens qui ne pouvoient opposer que droit, règle, raison, usage, édits, et qui d'ailleurs étoient de longue main d'être jusque par eux-mêmes vendus aux ignominies. Ainsi un second Vignerot escalada les barricades de la justice la plus évidente, et fut adscript parmi des gens que tous états et toutes gens s'accordent à détruire autant qu'il est en eux, et desquels toutefois tous états et toutes gens s'efforcent ou désirent d'être par toutes sortes de moyens. Tout ce qui fut proposé alors, avancé, pratiqué, tenté, obtenu de céder à tous, et autres trajets semblables, qui seroient trop longs à rapporter [sic]. Le parlement, en faisant de sa grâce et puissance ce nouveau duc-pair, le fixa au dernier rang. Les factums et l'arrêt en instruiront les curieux. Tout l'art possible servit ce duc de la beauté, et pour ses adversaires, il n'étoit pas possible de défigurer plus misérablement leur cause, soit en plaidant, soit en écrivant pour elle. Le défaut de première réception ancienne, parce que des femelles telles qu'étoient les deux duchesses d'Aiguillon n'en étoient pas susceptibles, formera peut-être une autre question pour le rang aux cérémonies de la cour, quand M. d'Aiguillon voudra le tenter, et il le gagnera sans doute s'il bat le fer tandis qu'il sera encore chaud.

Vendredi 26, à Versailles. — Le roi tint conseil le matin, quoiqu'il n'ait pas accoutumé d'en tenir les vendredis; mais il voulut réparer la perte des deux conseils, car il n'en avoit tenu ni mercredi ni jeudi à cause des dévotions de ces deux jours-là. — Le roi a résolu de rétablir les quatre régiments de dragons qui ont été pris à la bataille d'Hoschstett; il donnera des hommes, des armes et des chevaux, et on y mettra des officiers réformés pour les commander en attendant que ceux qui sont prisonniers soient revenus. — Le roi a fait prendre trois cavaliers par escadrons pour mettre dans la gendarmerie, ce qui la rétablira bien facilement. — Catinat et Larose, deux chefs des fanatiques qui se soumirent il y a trois mois, sont revenus dans le pays avec sept ou huit malheureux qui les ont suivis. Ils ont des commissions de la reine d'Angleterre; ils ont même apporté quelque peu d'argent pour distribuer aux fanatiques et tâcher à ranimer ce parti, qui est presque entièrement dissipé. — M. le maréchal de Villars, qui tient les états de Languedoc, mande que, dès la première séance, les états ont accordé au roi trois millions de don gratuit et deux millions pour la capitation. — Les dernières nouvelles de Hongrie sont que les mécontents continuent à faire des progrès considérables dans le pays; ils ont marché au général Heister, qui commande les troupes de l'empereur, et l'ont obligé à se retirer en grande diligence.

Samedi 27, *à Versailles.* — Le roi alla l'après-dînée se promener à Trianon. Monseigneur alla dîner à Meudon, où il demeurera jusqu'à mercredi; il a mené beaucoup de courtisans avec lui, mais il n'y a point de dames ce voyage. — Le roi dit, à sa promenade à Trianon qu'il avoit reçu nouvelle que Traërbach s'étoit rendu le 18; les ennemis ont accordé une capitulation honorable à la garnison, que l'on envoie à Luxembourg; il en est sorti fort peu de monde, presque tous les soldats ayant été tués ou morts de maladie. — M. le maréchal de Marsin, qui est à Strasbourg, avoit laissé ordre qu'on attaquât le poste de Verth, qui est le plus avancé de ceux où les ennemis ont laissé des troupes en ce pays-là, mais l'entreprise n'a pas réussi. On ne nous a dit que le gros de l'affaire, et nous n'en savons aucuns détails. — Milord Marlborough s'est embarqué en Hollande pour retourner en Angleterre; il emmène avec lui M. le maréchal de Tallard et la plupart des officiers qui ont été pris à la bataille d'Hochstett. — On mande de plusieurs endroits d'Allemagne que l'empereur est considérablement malade. Il avoit déjà eu une attaque dont il étoit fort bien rétabli, mais son mal a recommencé. On mande de ce pays-là que la peste est en Saxe et qu'elle y fait déjà de grands désordres; on croit que ce sont les troupes qui reviennent de Pologne qui l'ont apportée dans cet électorat.

Dimanche 28, à Versailles. — Le roi alla tirer l'après-dînée. Madame la duchesse de Bourgogne monta en carrosse à quatre heures pour aller voir Monseigneur à Meudon, d'où elle ne revint que durant le souper du roi, et elle entra droit dans son appartement, sachant que le roi étoit à table. — On eut par l'ordinaire des lettres de M. de Vendôme du 15. Le siége va fort lentement; nous avons un mineur sous le fossé qui espère que sa mine fera un grand effet. Nous étendons nos logements dans le chemin couvert, où le canon de la place nous incommode fort; mais heureusement ni le péril ni la fatigue ne rebutent nos soldats ni le général. M. de Bouligneux, lieutenant général et homme de grande réputation pour le courage, a été tué dans une occasion peu importante, où il n'avoit pas besoin d'être, car il n'étoit pas de jour. — Flavacourt, à qui le roi a donné l'agrément pour acheter une compagnie aux gardes, n'avoit pas l'argent nécessaire pour la payer; il se marie et épouse mademoiselle de Grancey, fille du feu marquis de Grancey, qui étoit chef d'escadre; elle a 200,000 livres de bien présentement, et on assure qu'elle en aura autant à l'avenir. — Le maréchal de Villeroy, voyant la gelée, est allé faire un tour dans le pays de Waes, parce que c'est dans le temps des glaces que les ennemis peuvent faire des entreprises sur ce pays-là.

Lundi 29, *à Versailles*. — Le roi ne tint conseil que jusqu'à midi, se mit ensuite à table et puis monta en carrosse pour aller à Marly, où il demeurera jusqu'à la nuit; il y doit aller encore demain et après-demain pour voir des endroits de son jardin où il fait travailler. Messeigneurs les ducs de Bourgogne et de Berry allèrent dîner à Meudon avec Monseigneur. Madame la duchesse de Bourgogne alla dîner chez madame de Saint-Géran, où dînoit madame de Maintenon. — Le comte d'Albert a salué le roi; il revient de Bruxelles; il est maréchal de camp dans les troupes de Bavière, et le roi a trouvé bon qu'il roulât avec les maréchaux de camp de France et d'Espagne. — Le roi a donné le régiment royal à M. d'Aubigné, neveu de M. l'évêque de Noyon. Il avoit un petit régiment, qu'il a permission de vendre; il donnera 10,000 écus à M. de Dénonville, qui étoit colonel du régiment Royal et qui n'a pas encore la permission de paroître devant le roi. — Le roi, pour aider à rétablir le régiment de Navarre, donne trois cents hommes qui seront pris sur les compagnies franches du royaume, et ils n'auront plus que deux bataillons la campagne qui vient; il leur est déjà revenu environ quatre cents soldats de ceux qui avoient été pris à Hochstett.

Mardi 30, *à Versailles*. — Le roi dîna de bonne heure et alla se promener à Marly. Monseigneur le duc de Bourgogne dîna avec madame la duchesse de Bourgogne, où il y eut grand couvert et cercle. Après dîner elle donna audience à un envoyé extraordinaire de Florence, et après le cercle on joua chez elle; madame la duchesse d'Orléans et madame la princesse de Conty étoient au cercle. — Il arriva un courrier de Verue; les lettres de M. de Vendôme sont du 21. Notre mine a sauté et a fait un grand effet; il y a une brèche de trois ou quatre toises à la première enceinte, mais nous n'avons point encore de logements dans le fossé, et nos batteries sur le chemin couvert ne commençoient qu'à tirer. — Le roi a envoyé un courrier à M. de Villars pour le faire revenir de Languedoc; il n'attendra point que le duc de Berwick, que le roi envoie pour commander en Languedoc en sa place, y soit arrivé. On croit que le roi donnera au maréchal de Villars le commandement de l'armée de la Moselle ou de celle d'Alsace.

Mercredi 31, *à Versailles.* — Le roi alla encore se promener à Marly après son dîner. Madame la duchesse de Bourgogne alla chez monseigneur le duc de Bretagne à quatre heures, et puis monta chez la duchesse de Noailles et alla chez madame de Maintenon à sept heures. — On eut des lettres de Madrid du 20. Le roi d'Espagne a fait trois grands : le marquis de Richebourg, que j'ai déjà nommé, qui est de la maison de Melun; le comte de Montellana, président de Castille, et le marquis de Lacini, qui est de Sardaigne et qui commandoit la garde de la Cuchilla. On y a reçu des lettres de Gibraltar du 14. M. de Pointis n'y est pas encore arrivé avec les vaisseaux du roi; mais il en est fort proche; il est à la hauteur de Tarifa. Les vaisseaux ennemis, avertis de son approche, sont rentrés dans la Méditerranée, et on assure même que les courants et le vent les ont portés fort loin. Le siége de Gibraltar va lentement, mais bien; le canon des assiégés est presque tout démonté; ils n'en tirent quasi plus.

APPENDICE A L'ANNÉE 1704.

DESCRIPTION D'UNE FÊTE DONNÉE A VERSAILLES SUR LA NAISSANCE DE MONSEIGNEUR LE DUC DE BRETAGNE.

« L'heureuse naissance de monseigneur le duc de Bretagne étant regardée comme une bénédiction singulière que le ciel a répandue sur la France, la ville et la cour se sont efforcées à l'envi d'en témoigner leur reconnoissance par des actions de grâces solennelles, de signaler leur joie par des fêtes publiques. M. Bontemps, premier valet de chambre du roi, ayant obtenu permission de Sa Majesté de lui en donner une à Versailles, elle fut conduite par le sieur Bérain le fils et exécutée avec tout le succès possible.

« Le samedi 26 juillet, jour marqué pour cette fête, elle fut annoncée dès le midi par cinquante boîtes, qui tirèrent pendant le dîner du roi et furent comme le premier coup de signal qui avertit la cour du spectacle qui se devoit donner à l'entrée de la nuit.

« Sur les neuf heures du soir on entendit un semblable bruit de canon, qui rassembla les courtisans et qui, sortant de la grande avenue du château, attira tous les yeux de ce côté-là. Dans le moment on vit paroître un char magnifique, tout doré et illuminé, qui, dans l'obscurité de la nuit, fit un effet surprenant. On l'auroit pris d'abord pour un globe de feu, que la distance empêchoit de discerner, tant il étoit brillant de lumières, qui, jointes à l'éclat de l'or, formoient une vive clarté au milieu des ténèbres les plus épaisses ; mais les yeux, enchantés par la nouveauté du spectacle et éblouis par un si grand jour, distinguèrent bientôt la figure du dieu, qui étoit placée au fond du char. C'étoit Mars, que les poëtes prennent pour le dieu de la guerre et qui a si fidèlement secondé les desseins du roi dans ses conquêtes qu'on le croit toujours également zélé pour la gloire de Sa Majesté. Il étoit représenté comme un vainqueur revenant des rivages du Pô, qu'il a parcourus et où il a répandu le nom de Louis le Grand, qui a jeté dans l'esprit des peuples une si prompte consternation. Il avoit appris sur sa route la naissance de monseigneur le duc de Bretagne, qui, lui ayant causé une joie extraordinaire, le pressoit d'arriver plus tôt à la cour de ce prince, autant pour lui rendre compte de l'heureux succès de ses armes en Italie que pour le féliciter sur un événement si singulier et aussi avantageux à l'Espagne qu'à la France.

« Mars, s'étant arrêté à Montreuil, distant de Versailles d'un quart de lieue, en partit sur son char pour se rendre au château; à mesure qu'il avançoit dans l'avenue, on remarquoit la fierté de sa contenance et la richesse de son habillement. Il portoit sur sa tête un casque orné de pierreries et surmonté d'un panache blanc. Sa cuirasse étoit de diamants, et il tenoit de la main droite son javelot, tel que le représentent les médailles. On le voyoit assis sur un trône élevé de cinq pieds au-dessus du char et enrichi de fleurs de lis d'or appliquées sur un fond bleu, au milieu duquel étoit peint un génie qui écrivoit les actions du roi, pour les transmettre à la postérité la plus reculée.

« Au-dessus du trône étoit une couronne de France dorée, dont le bandeau étoit garni de douze pierres précieuses, sur lesquelles étoient gravés les noms des villes conquises par le roi. Elle étoit d'une si grande circonférence qu'elle formoit une espèce de dais qui couvroit la tête de Mars et une partie du char sur lequel elle répandoit sa lumière.

« Sur le devant du char et aux pieds de Mars étoient assises deux figures qui représentoient Bellone et Pallas, revêtues de leurs ornements guerriers et accompagnées de leurs symboles; elles avoient près d'elles deux timballes.

« Derrière le trône du dieu Mars étoient posés plusieurs trophées d'armes différentes, comme de piques, lances, drapeaux, étendards, corselets, casques et boucliers bien groupés, au-dessus desquels étoient attachés, avec des chaînes d'or, quatre esclaves italiens, que Mars triomphant amenoit des villes nouvellement conquises.

« Le corps de ce superbe char étoit tout enrichi de sculpture et de dorure et revêtu aux côtés de toiles transparentes et peintes, qui, sous différents symboles, marquoient les actions mémorables du roi : on voyoit d'un côté des sièges de villes, et de l'autre côté des batailles données tant sur mer que sur terre, qui, par le secours des lumières, se distinguoient aisément.

« Il étoit traîné par deux chevaux isabelles richement enharnachés, qui portoient un fronteau doré garni de pierreries, avec une aigrette sur la tête. Ils étoient montés par deux Renommées vêtues à l'antique et tenant chacune à la main une trompette, dont elles sonnoient pour annoncer l'arrivée de Mars et dont le son, mêlé au bruit des tambours et des fifres, faisoit une harmonie militaire et très-agréable.

« Autour du char marchoient douze officiers françois, six de chaque côté, tous habillés magnifiquement et à l'imitation des Romains, qui portoient dans leurs triomphes les tableaux des villes conquises ou des victoires remportées; chacun tenoit une espèce de lanterne ou fallot éclairé, surmonté d'une fleur de lis d'or et orné de festons de lauriers. Le corps de ces fallots étoit plat et couvert d'une toile transparente, sur laquelle étoient écrits des deux côtés, en gros caractères, les noms des batailles les plus célèbres qui ont été gagnées par les François sous le règne du roi, savoir : celles de Lens, de Rocroy, de Nortlingue, de Fribourg, de Fleurus, de Nervinde, de Stinkerk, de la Marsaille, de Stafarde, du Ter, de Fridelingue, de Spire et de Luzzara, aussi bien que la prise de Philisbourg, faite par monseigneur le Dauphin, et celle de Brisac, par monseigneur le duc de Bourgogne.

« Dans cet ordre s'avança le char de Mars, parmi le bruit des timballes, des trompettes, des fifres et tambours. Il ne fut pas plus tôt à la vue de l'hôtel de Conty qu'au signal marqué le canon recommença à tirer et fit encore sentir plus fortement, près de la grille des Écuries, l'approche de Mars par une nouvelle décharge. Mais dès qu'il entra dans l'avant-cour du château, le même tonnerre qui le précède ordinairement se fit entendre par des coups plus vifs que les premiers : non-seulement les maisons voisines, mais encore les montagnes qui règnent autour de Versailles en furent ébranlées jusqu'aux fondements.

« Pendant ce bruit terrible, l'avant-cour du château se trouva tout d'un coup éclairée par une infinité de terrines ou pots à feu qui, dans un clin d'œil, parurent tous posés sur deux lignes, et éclairèrent par leurs lumières le bas du char, dont elles firent remarquer les riches peintures et les soubassements magnifiques qui descendoient jusque sur les roues. Les Suisses, si distingués par leur air guerrier, s'étant rangés en haie derrière ces terrines, reçurent Mars, qui traversa l'avant-cour avec une majesté étonnante. Dès qu'il fut entré dans la cour, les lumières du char, éclairant les dehors dorés du château, le rendirent si brillant qu'on croyoit voir le palais du Soleil, tel qu'il est décrit dans Ovide. Mais une nouvelle décharge de canon fit bientôt changer cette idée et répandit partout l'effroi causé par la présence redoutable de Mars. Le feu de ses yeux et son armure le faisoit paroître aussi terrible qu'il est dans la Thrace, lieu de son empire, où, à la tête des armées, il est précédé de la Guerre et de l'Épouvante, comme nous le peint Homère.

« Aussitôt, ayant fait tourner ses chevaux autour de la cour du château pour en admirer, en passant, le superbe édifice, il arrêta son char sous l'appartement du roi.

« Ce fut là qu'une nouvelle scène s'ouvrit et que la joie succéda à la frayeur, lorsque les musettes et les hautbois accordèrent la douceur de leurs sons avec celui des trompettes et des fifres. Le roi, qui attendoit Mars dans son appartement, impatient de son arrivée, parut sur un balcon doré, au milieu de l'élite de sa cour, où du premier coup d'œil il jouit avec plaisir de la beauté du spectacle. Mars, ayant d'abord aperçu le roi, plus vénérable par la majesté de son front que par son sceptre et par sa couronne, étoit sur le point de descendre de son char; mais, trop empressé de féliciter ce monarque, il se leva de son trône pour le saluer, et après que les trompettes et les hautbois eurent cessé de jouer, il fit ce beau compliment à Sa Majesté :

> Souverain maître de la terre,
> Je viens d'obéir à ta loi :
> Des rivages du Pô, que j'ai remplis d'effroi,
> Où le bruit de ton nom fait plus que mon tonnerre,
> J'accours te signaler et mon zèle et ma foi.
> Dans le jeune héros dont j'apprends la naissance
> Le ciel a couronné le bonheur de la France.
> Croissant au milieu des lauriers
> Et dans le sein de la Victoire,
> Il te suivra bientôt au temple de la Gloire.
> Déjà de ses travaux guerriers
> J'ai plus d'un heureux présage.
> J'espère tout de son courage.
> Sur ta haute prudence, aux sièges, aux combats
> Je formerai son cœur, je réglerai ses pas ;
> Il apprendra de moi l'art de lancer ta foudre
> Et de mettre les murs en poudre.
> Par son berceau deux trônes affermis
> Répondent des succès où sa valeur aspire ;
> Oui, ce prince naissant, que l'univers admire,
> Domptera la fureur des plus fiers ennemis ;
> Et, voyant à son bras mille peuples soumis,
> Perpétuera ton sang, ton nom et ton empire.

« Mars n'eut pas plus tôt achevé son compliment, dont le roi parut très-satisfait, qu'il fit avancer son char au milieu de la cour, où il donna un nouveau spectacle à Sa Majesté. Ce fut pour lors que le théâtre changea de face et surprit agréablement les yeux des spectateurs ; car, pendant que les instruments de musique faisoient avec les trompettes un concert si harmonieux, on vit briller tout à coup autour du château des lances, des gerbes et des soleils fixes et tournants qui firent un effet surprenant et qui, par l'éclat du feu artificiel, représentèrent une vive image de la guerre. Presque dans le même instant un nombre infini de fusées et de serpentaux se répandit dans les airs et y fit admirer tout ce que l'art a de plus ingénieux et de plus surprenant.

« Mars, s'étant arrêté là quelque temps pour voir la fin d'une fête dont le roi faisoit le principal ornement par sa présence, se pressa de retourner en Italie. Ayant poussé vivement ses chevaux, il sortit de Versailles au même bruit du canon qui l'avoit accompagné en y entrant, et se rendit bientôt au delà des Alpes pour y conduire les projets du roi et donner à Sa Majesté de nouvelles marques de son zèle. » (*Mercure* de juillet 1704, seconde partie, pages 221 à 237.)

ANNÉE 1705.

Jeudi 1ᵉʳ janvier, à Versailles. — Le roi, avant que d'aller à la messe, tint le chapitre des chevaliers de l'Ordre, où les preuves de M. de Puysieux furent admises; nous avions été ses commissaires le maréchal d'Huxelles et moi. Le roi entra à la chapelle à onze heures, précédé par tous les chevaliers, et après le *Veni creator* il se mit sous le dais à la gauche de l'autel et fit prêter serment à l'abbé d'Estrées, qui étoit vêtu de violet comme les évêques; le roi se mit ensuite à son prie-Dieu ordinaire, et, à la fin de la messe il retourna sous le dais et reçut M. de Puysieux, dont nous étions parrains Matignon et moi. En sortant de la chapelle, le roi dit qu'on revînt dans son cabinet, où il y auroit encore chapitre, et là il nous déclara qu'il vouloit à la Chandeleur donner l'Ordre à tous les maréchaux de France qui ne l'avoient pas : il y en a neuf dans ce cas, qui sont : MM. de Catinat, Vauban, Rozen, Chamilly, de Coeuvres, Château-Renaud, Villars, Montrevel et Harcourt; je les nomme sans ordre*. Après le dîner, qui ne fut qu'un petit couvert, le roi et toute la maison royale entendirent vêpres dans la tribune et retournèrent encore au salut. — Imécourt, colonel du régiment d'Auvergne, a vendu ce régiment 70,000 livres au marquis de Villeneuve, neveu du marquis de Castries.

* Il faut revenir à la promotion de M. de Puysieux, renvoyée ici de la fin du tome et de l'année précédente. M. de Sillery, son père, étoit Brulart et homme de bonne compagnie, que ses grands biens, qu'il mangea depuis en désordres, tentèrent M. de la Rochefoucauld d'en faire son gendre. Ainsi il fut beau-frère de M. de la Rochefoucauld, qui a fait des Maximes qui portent son nom et qui figura tant qu'il put pendant les troubles de la régence de la reine, mère de Louis XIV. Ce gendre de M. de la Rochefoucauld étoit fils de Puysieux, secrétaire d'État, et d'une sœur du cardinal de Valençay, et petit-fils du chancelier de Sillery. La veuve du secrétaire d'État étoit de ces femmes d'esprit singulier et impérieux, qui se font exister, en quelque situation qu'elles se trouvent, et qui, après la longue disgrâce dans laquelle son mari étoit mort, étoit revenue sur l'eau à la faveur de ses frères, l'un cardinal, l'autre archevêque de Reims, l'aîné desquels étoit conseiller d'État de robe, et qu'elle n'appeloit jamais que mon frère le bâtard. Elle avoit trouvé le moyen d'entrer fort en familiarité avec la reine mère; et Puysieux, son petit-fils, par cette faveur, étoit de tous les petits jeux du roi, tous deux enfants. Le roi en avoit conservé le souvenir, et de cette grand'mère qui faisoit compter avec elle et qui avoit mangé pour plus de 150,000 livres de points de Gênes, fort à la mode en ces temps-là. M. de Louvois, qui avoit, je ne sais comment, pris Puysieux en déplaisance, l'ôta du service dès qu'il fut maréchal de camp. Il eut pourtant de cette ancienne privance le gouvernement d'Huningue, et ne songeoit guère à mieux, lorsque, faute de trouver qui, on l'envoya ambassadeur en Suisse. C'étoit un très-bon homme, franc et simple, avec beaucoup d'esprit et fort orné, et de fort bonne compagnie, qui aimoit à manger et à dépenser, qui se fit croire et aimer des Suisses, et qui y réussit très-bien pour lui et pour les affaires; un petit homme blond, rougeaud, réjoui, gros comme un muid et d'une figure assez ridicule, et le meilleur homme du monde. Louvois et Barbezieux étoient morts et leurs impressions effacées. Il sentoit qu'il avoit utilement servi et demanda congé de faire une course à la cour. Il avoit enfin été fait lieutenant général, et cela lui persuada que son excommunication étoit levée. Il le crut bien davantage lorsqu'en arrivant le roi lui donna une audience dans son cabinet, chose qui ne se pratiquoit pour aucun ambassadeur, qui tous ne rendoient compte que par l'organe du secrétaire d'État des affaires étrangères. Il prit donc sa résolution, à l'audience même, de tirer sur le temps, se voyant bien traité, et saisit le moment que le roi lui répétoit la satisfaction qu'il avoit de sa conduite en Suisse. Il fit répéter le roi avec liberté; puis lui demandant permission, en riant, d'user de l'ancienne familiarité de leur enfance, il lui dit agréablement que, puisqu'il étoit assez heureux pour pouvoir se flatter que le roi étoit content de lui, il ne pouvoit dissimuler que lui ne l'étoit pas de ce que le roi, étant le plus honnête homme de son royaume et le plus sûr en ses paroles, il lui en avoit pourtant manqué et depuis des années infinies. Le roi, surpris, mais point choqué par l'air plaisant et le tour agréable qu'il avoit donné à sa plainte, le poussa de lui dire en quoi il lui avoit manqué de parole. Puysieux le pria de se souvenir qu'un jour, jouant à colin-maillard, il lui avoit mis son Ordre pour le cacher mieux, et qu'en le lui rendant il le lui avoit promis dès qu'il seroit le maître et lui, en âge de le porter; qu'il y avoit pourtant nombre d'années que l'un et l'autre étoit arrivé sans qu'il lui eût tenu parole. Le roi rit avec plaisir de ce souvenir de sa première jeunesse, se rappela parfaitement le fait, convint avec Puysieux qu'il avoit raison et lui promit de réparer incessamment ce manque de parole, parce qu'il lui vouloit montrer qu'il étoit en effet fort content de lui (1). Dès le lendemain il commanda un chapitre à quatre jours de là et y nomma Puysieux. En le recevant il s'aperçut que le duc d'Harcourt, qui avoit le bâton, parce qu'il ne se rend qu'après la messe au capitaine des gardes qui entre en quartier, étoit en justaucorps à brevet. Cela le choqua, et pendant la cérémonie il lui prit envie de le faire chevalier de l'Ordre, puis tous ses grands officiers de qualité à l'être, et tous les ducs après, d'autres avec; puis se rabattit tout à coup seulement aux maréchaux de France pour se restreindre et n'avoir point de choix à faire ni de plaintes à entendre de quelques prétendants omis. Ces maréchaux étoient le duc d'Harcourt, le maréchal de Coeuvres, grand d'Espagne, M. de Villars, tout nouvellement fait duc héréditaire (2), et MM. de Chamilly, Château-Renaud, Vauban, Rozen et Montrevel, qui n'avoient pas l'Ordre. Il avoit été promis, il y avoit longtemps, à Chamilly. M. de Louvois l'avoit toujours empêché de l'avoir, et depuis cela Chamilly avoit vieilli. Le roi, en faisant Vauban, qui s'appeloit le Prestre et n'étoit rien, croyoit récompenser ses propres vertus militaires, comme quand il le fit maréchal de France, et ce fut peut-être lui qui fut cause de cette idée subite de faire les maréchaux de France, et à laquelle le roi s'arrêta, parce que sans ce prétexte il n'eût osé le faire. Rozen étoit encore dans son goût, mais bien gentilhomme, et mieux que cela, et bien apparenté en Livonie, son pays, en sorte que M. le prince de Conty, qui, dans son voyage de Pologne, avoit eu la curiosité de s'en bien informer, a souvent, par son témoignage, confirmé les preuves testimoniales que ce maréchal produisit pour être fait chevalier de l'Ordre. Montrevel, fort aussi dans le goût du roi et d'une naissance fort distinguée, Château-Renaud et Catinat

---

(1) « Le roi a fait M. de Puysieux chevalier du Saint-Esprit, sur ce qu'il l'a prié de se ressouvenir que c'étoit chose promise par Sa Majesté dès son âge de quatre ans, lorsqu'il avoit l'honneur de le faire jouir de son Ordre étant âgé d'autant d'années. Le roi lui dit : Mais suis-je tenu aux paroles que je donnois en ce temps-là; après cela il lui accorda. » (*Lettre de la marquise d'Huxelles*, du 3 décembre 1704.)

(2) Villars ne fut fait duc que le 16 janvier suivant.

passèrent sur le tout. Ce dernier, qui étoit l'ancien de tous ces maréchaux, refusa l'Ordre par modestie, et fut un peu soupçonné d'avoir caché le dépit sous cette belle action ; mais elle n'en fut ni moins louée ni moins louable. Sa vertu et ses services se trouvoient étouffés par les ruses de la cour; il sut mépriser et la cour et ses menées et s'envelopper de sa vertu, dans la plus sage et la plus honorable retraite, qui rehaussa sa belle et utile vie. Le roi ne le pressa pas comme il avoit fait l'archevêque de Sens, et ce, contraire avec Vauban et bien d'autres, tourna tout à l'honneur de Catinat. M. de Lauzun dit plaisamment sur cette promotion inattendue, que le roi résolut en faisant la cérémonie de donner l'Ordre à Puysieux, qu'il avoit pris son parti le cul sur la selle. Jamais auparavant on n'avoit ouï parler que l'office de maréchal de France, tout militaire et tout indépendant de naissance, donnât aucun droit à l'Ordre, qui est un honneur de qualité tout opposée, et on en a vu grand nombre, et même de qualité distinguée, comme le maréchal de Créquy, n'avoir jamais été chevaliers de l'Ordre. Cette subite fantaisie du roi, venue comme on l'a raconté, fit un exemple, et il est arrivé, depuis la mort du roi, un rare échange. On a pris cet unique et moderne exemple en droit, et on a cru devoir l'Ordre aux maréchaux de France, tandis qu'on ne l'a plus cru dû aux ducs, à pas un desquels, hors de disgrâce actuelle et marquée pour telle, ni le feu roi ni pas un de ses prédécesseurs n'a jamais manqué de le donner, et si le feu roi, si jaloux de son autorité et de la liberté de ses grâces, ne dédaigna pas, en 1688, de faire excuse et de dire publiquement les raisons qui lui firent omettre trois, et les trois seuls qui avoient l'âge.

Vendredi 2, à Versailles. — Le roi alla tirer l'après-dînée, et avant que de sortir il donna audience au maréchal de Catinat, qui la lui avoit demandée. Ce maréchal le remercia fort de l'honneur qu'il lui avoit fait de le nommer chevalier de l'Ordre, honneur qu'il auroit toujours souhaité; mais qu'il ne vouloit pas tromper S. M.; qu'il ne pouvoit faire de preuves que de son père, qui avoit été doyen de la grande chambre, et de son grand-père, qui avoit été conseiller du parlement. On a fort loué le procédé de ce maréchal; voilà présentement trois exemples de bonne foi en pareille occasion : feu M. le maréchal de Fabert, M. l'archevêque de Sens depuis peu, et M. de Catinat aujourd'hui. — M. de Fimarcon, colonel de dragons, a vendu son régiment à Tilladet, son frère de père, qui étoit sous-lieutenant des gendarmes de Bourgogne ; je ne sais ce qu'il lui a vendu ; c'est un accommodement de famille. M. de Sesanne, frère de père du duc d'Harcourt et chevalier de la Toison, a vendu le régiment de Bretagne 66,000 francs à un frère de Pleneuf. M. de Bligny, fils du premier président de la cour des aides, a vendu le régiment de Saintonge à un fils de feu M. du Montal ; tous ces messieurs ont vendu, parce qu'ils ont été faits maréchaux de camp.

Samedi 3, à Versailles. — Le roi alla l'après-dînée se promener à Trianon. Monseigneur et monseigneur le duc de Berry allèrent courre le loup. — Il arriva le matin un courrier de M. de Vendôme, parti de Verue la nuit du 27 au 28. Il a rapporté la nouvelle d'une grande action qui se passa à ce siége le 26 au soir. M. de Savoie, par un brouillard fort épais, fit passer le pont de Crescentin à la plus grande partie des troupes qu'il avoit dans ce camp et qui, sans entrer dans Verue, vinrent envelopper notre tranchée à droite et à gauche, et se rejoignirent à la queue pour ôter toute retraite à nos soldats ; pendant qu'ils nous attaquoient en queue et par les flancs, la garnison sortit pour nous attaquer en tête. Chartogne, lieutenant général, qui commandoit la tranchée, et Imécourt, maréchal de camp de jour, rassemblèrent ce qu'ils purent d'officiers et de soldats, se défendirent avec beaucoup de vigueur ; Imécourt y fut tué et Chartogne blessé de deux coups et pris. Les ennemis allèrent à nos batteries, enclouèrent vingt-trois pièces de canon ; ils ne purent pas combler les tranchées, parce qu'il geloit fort et qu'on ne leur en laissa pas le temps. M. de Vendôme, qui étoit sorti de la tranchée pour s'aller coucher, envoya au camp en diligence, fit prendre les armes à six brigades d'infanterie, ce qui fut exécuté très-promptement. Dès que les premières troupes arrivèrent, M. de Vendôme marcha aux ennemis, les rechassa de tous les postes qu'ils avoient occupés ; ils se défendirent un peu dans la batterie, où on leur tua assez de monde; ils voulurent se retirer dans la ville, on les poursuivit dans le fossé, où l'on en tua beaucoup; on y prit huit ou dix officiers et trente soldats. On compte que cette action coûte plus de six cents hommes aux ennemis de leurs meilleures troupes, et nous n'y avons pas eu quatre-vingts soldats tués ou blessés. M. de Savoie étoit dans une des tours du donjon, attendant un plus heureux succès de son entreprise, qui étoit mieux concertée qu'elle n'a été exécutée. Le lendemain 27 tout notre canon, hormis deux, qui sont demeurés encloués, recommença à tirer au grand étonnement des assiégés, qui ne croyoient pas qu'on pût les déséclouer; c'est ce qu'ont rapporté les déserteurs venus le 27. M. de Vendôme mande au roi à la fin de la relation : « Je puis répondre présentement à Votre Majesté que je prendrai Verue. » Il regrette fort Imécourt, qui étoit un officier de distinction.

Dimanche 4, à Marly. — Le roi, après son dîner, partit de Versailles pour venir ici, où il se promena jusqu'à la nuit, et puis travailla chez madame de Maintenon avec M. de Chamillart, à son ordinaire. — Il arriva hier au soir à Versailles un courrier de M. de Gramont, qui mande au roi que M. de Pointis, le 24, avoit attaqué six vaisseaux de guerre anglois qui escortoient sept frégates qui portoient du secours à Gibraltar; qu'il en avoit pris quatre et coulé un à fond; mais il mande en même temps qu'il a eu avis que les autres bâtiments étoient entrés à Gibraltar et y avoient débarqué mille soldats. On ne sait pas bien le détail de tout cela, et il n'y a point de lettres de Pointis. Un commissaire, qui sert d'intendant sur sa petite flotte, parle seulement des vaisseaux pris, et ne dit point que les autres aient porté du secours dans Gibraltar. Le roi d'Espagne fait encore marcher quatre mille hommes pour fortifier les troupes qui sont à ce siége. — Le roi a donné 4,000 francs de pension à madame de Caylus[*], elle en avoit déjà 6,000; on a souhaité d'elle qu'elle ne fût plus sous la direction du P. de la Tour, et elle a pris un directeur qui n'est point père de l'Oratoire. — Madame des Ursins arriva le soir à Paris, et elle verra le roi au retour de Marly.

*On a vu dans les précédentes années comme et pourquoi madame de Caylus, fille de Villette, cousin germain de madame de Maintenon, et dont elle étoit favorite, fut congédiée de la cour. Elle se jeta bientôt après dans une grande dévotion, et se mit sous la direction du P. de la Tour, général de l'Oratoire. Il passoit alors pour janséniste, et avoit partout une grande considération. C'étoit un homme de beaucoup d'esprit, qui avoit longtemps prêché avec réputation et qui excelloit par un esprit de sagesse, de conduite et de gouvernement. Le roi, qui, poussé par les jésuites et par Saint-Sulpice, lui cherchoit querelle, s'est plusieurs fois écrié avec dépit, mais avec admiration, sur la sagesse de cet homme, avouant que depuis longtemps il le guettoit sans l'avoir jamais pu surprendre en faute. Avec de telles dispositions, et madame de Maintenon, qui elle-même ne les ressentoit pas moins, il n'est pas surprenant qu'on employât tous les moyens pour soustraire madame de Caylus à sa conduite. Mais que dire de celle qui change de confesseur pour de l'argent? Ce fut le premier pas de sa seconde chute, qui fut bien plus funeste que la première, qui l'avoit fait chasser de la cour.

Lundi 5, à Marly. — Le roi se promena tout le jour dans ses jardins malgré le vilain temps. Le soir, à sept heures, il y eut bal dans le salon, qui dura jusqu'au souper; les danseuses étoient: madame la duchesse de Bourgogne, madame la Duchesse; les duchesses de Villeroy, de Saint-Simon, de Lauzun, de Berwick et de Luxembourg; mesdames Clare, de la Vrillière, de Souvré et de Chaumont, et mademoiselle de Solre; les danseurs étoient: messeigneurs les ducs de Berry et d'Orléans, M. le comte de Toulouse, le comte de Brionne, le prince Camille; les ducs de Luxembourg, de Saint-Simon, de Montbazon et de la Feuillade; MM. de Louvigny, de Coëtquen, de Seignelay, de Bouzoles et le jeune Livry. — M. de la Feuillade étoit arrivé le matin, et s'en retournera dans un mois commander en Savoie, où il a laissé seize bataillons et quatre régiments de dragons. En son absence, M. de Gévaudan, lieutenant général, commande les troupes du côté de la Pérouse et dans les vallées voisines, Vallière, maréchal de camp, dans le reste de la Savoie, et la Fare, colonel d'infanterie, commande au blocus de Montmélian, où nous avons sept bataillons. — Il y a ici des dames qui n'y étoient jamais venues : madame de Montbazon et deux dames angloises, qui sont la duchesse de Berwick et madame Clare ; le fils de Livry y est aussi pour la première fois.

Mardi 6, à Marly. — Le roi alla l'après-dînée à Saint-Germain voir le roi et la reine d'Angleterre. Madame de Maintenon a toujours eu un peu de fièvre depuis qu'on est ici. Le soir il y eut musique ; il y en a ici à tous les voyages réglément tous les deux jours. — Le roi a donné le régiment d'Auvergne au lieutenant-colonel ; tous les officiers de ce régiment étoient venus prier M. de Vendôme d'en écrire en sa faveur et d'ajouter dans sa lettre qu'il offroit de donner 10,000 écus à la veuve du pauvre Imécourt, qui ne laisse qu'une fille ; il avoit presque conclu le marché de ce régiment avec le marquis de Villeneuve ; le roi a réglé que ce lieutenant-colonel donneroit 12,000 écus à la veuve. — Il arriva un courrier de M. de Villars, qui sera ici au premier jour. Il mande qu'un des chefs du peu de fanatiques qui restent, nommé Laserre, s'est venu rendre ; on a pris dans une caverne quelques-uns de ces malheureux, qu'on a fait pendre. On dit que Ravanel, leur principal officier, a été tué et qu'il n'est pas vrai que Catinat et Larose soient venus en ce pays-là. — M. de Pontchartrain dit au roi, le soir, que deux de ses frégates, qu'on appelle *la Fortune* et *la Victoire*, étoient entrées dans la Tamise, y avoient attaqué et pris un vaisseau hollandois de trente-six pièces de canon qui venoit du Levant et qui étoit chargé de soie et d'autres marchandises qu'on estime plus de 200,000 écus ; c'étoit la compagnie de commerce de Dunkerque qui avoit armé ces deux frégates à leurs dépens, et ils ont déjà amené leur prise à Dunkerque.

Mercredi 7, à Marly. — Le roi tint conseil le matin comme à son ordinaire ; il le tient tous les jours à Versailles hormis les vendredis qu'il travaille avec le P. de la Chaise, mais quand il fait de petits voyages ici il ne les tient guères que le dimanche et le mercredi. Monseigneur et monseigneur le duc de Berry coururent le loup. Le soir, après souper, il y eut bal; le roi y demeura jusqu'à une heure, et le bal finit avant trois heures. — Le roi a donné à M. le cardinal de Médicis, protecteur des affaires de France, l'abbaye de Saint-Amand en Flandre, qui vaudra plus de 80,000 francs à l'abbé; elle avoit toujours été possédée par les moines. Les cardinaux peuvent posséder les abbayes régulières comme les séculières. Le cardinal de Médicis avoit l'abbaye de Marchiennes au Pont, qui est régulière aussi comme le sont toutes les abbayes de Flandre; il avoit affermé cette abbaye 22,000 francs, mais elle vaudra plus de 10,000 écus à M. le cardinal de Janson. — Nos prisonniers sont arrivés en Angleterre; on envoie le maréchal de Tallard à Nottingham et les autres prisonniers dans d'autres villes autour de Londres. La chambre basse a fait haranguer et remercier milord Marlborough sur les heureux succès de la dernière campagne, et quand il ira à la chambre haute on lui fera le même honneur. — Il y avoit au bal, plus qu'à celui de lundi, mademoiselle de Charolois et mademoiselle de Sens, qui n'a que huit ans; elles dansent fort bien toutes deux; le roi prit plaisir à les voir danser et les loua fort. Elles couchèrent ici, et y demeureront le reste du voyage.

Jeudi 8, à Marly. — Le roi se promena tout le matin et toute l'après-dînée jusqu'à cinq heures; à six la reine et la princesse d'Angleterre arrivèrent ici; le roi d'Angleterre n'est pas encore en assez bonne santé pour sortir. Le roi mena d'abord la reine chez madame de Maintenon et puis revint dans le salon avec la princesse d'Angleterre et madame la duchesse de Bourgogne. Le bal commença et dura jusqu'à huit heures; la princesse d'Angleterre dansa la première, le roi la fait toujours passer devant madame la duchesse de Bourgogne. Monseigneur, qui avoit été à la chasse, ne fut qu'un moment au bal et sans s'asseoir. Un peu avant que le bal finît le roi alla chez madame de Maintenon, et amena la reine d'Angleterre pour voir danser la princesse sa fille et madame la duchesse de Bourgogne; le roi leur fit danser des contredanses; la princesse d'Angleterre danse fort bien. La reine ne demeura au bal qu'un moment, le roi la remena chez madame de Maintenon et ensuite revint voir finir le bal. La reine et la princesse d'Angleterre retournèrent à Saint-Germain, et après leur départ il y eut musique jusqu'au souper. — Le comte d'Estrades, qui a été fait maréchal de camp à la dernière promotion, a vendu son régiment 115,000 livres; c'est le second des régiments de dragons de gentilshommes. M. de Belle-Isle-Fouquet, qui l'a acheté, en avoit marchandé plusieurs dont le marché n'avoit pu se conclure.

Vendredi 9, à Marly. — Le roi se promena tout le matin et toute l'après-dînée dans ses jardins jusqu'à sept heures, et vint dans le salon, où il y eut bal jusqu'au souper. — Celui qui a acheté le régiment du comte de Chamillart est le fils du président Gilbert, qui lui en a donné 55,000 livres. Fontbeausart, colonel de dragons, qui vient d'être fait maréchal de camp, a vendu son régiment au fils de M. le comte de Vienne, qui s'appelle Saint-Chaumont, et a pris en payement une terre en Guyenne bien bâtie et qui vaut 4,000 livres de rente. — Desroches, gouverneur des Invalides et qui avoit un cordon rouge de l'ordre de Saint-Louis, est mort. — Le marquis de Nangis épousa hier, à Paris, mademoiselle de la Hoguette; la noce se fit chez la présidente de Nesmond, grande tante de la mariée, et ils revinrent coucher chez madame de la Hoguette, qui logera et nourrira sa fille et son gendre. L'archevêque de Sens, oncle de la mariée, fit la cérémonie du mariage.

Samedi 10, à Versailles. — Le roi revint ici le soir après s'être promené tout le jour à Marly. Monseigneur alla de Marly dîner à Meudon, et revint ici le soir pour la comédie. — Il arriva un courrier de M. de Vendôme, ses lettres sont du 4. Le siége de Verue avance toujours, mais assez lentement ; les assiégés se défendent fort bien ; cependant M. de Vendôme espère en être bientôt maître. Les brèches à la fausse braie sont grandes, tous les ouvrages des ennemis sont minés, et les assiégés ont des mineurs très-habiles. Chartogne est mort de ses blessures dans le camp de Crescentin ; il avoit été pris par les ennemis à l'attaque qu'ils firent le 26. M. de Vendôme fait venir pour le siége vingt-deux pièces de canon de batterie qui sont venues de France et qui sont déjà à Alexandrie, où on les a embarquées. — On a eu nouvelles d'Espagne que la flotte ennemie devant Gibraltar avoit été jointe par six vaisseaux anglois, et que M. de Pointis, se trouvant fort inférieur, étoit rentré à Cadix, ce qui fait qu'on craint fort pour le siége de Gibraltar ; cependant le roi d'Espagne y fait marcher trois mille hommes de troupes de France, qui seront commandées par M. de Thouy, à qui le maréchal de Tessé a donné ce détachement.

Dimanche 11, *à Versailles.* — Le roi ne sortit point de tout le jour ; il donna l'après-dînée dans son cabinet une audience à la princesse des Ursins* qui dura deux heures et demie, et le roi dit le soir chez madame de Maintenon qu'il y avoit encore beaucoup de choses dont ils n'avoient point parlé. Cette princesse alla ensuite chez madame la duchesse de Bourgogne, qui la fit entrer dans son petit cabinet, où elle fut quelque temps enfermée avec elle. — Le roi a donné le gouvernement des Invalides au chevalier de [Boivau], qui en étoit lieutenant de roi, et la lieutenance de roi à la Javie, ancien officier et lieutenant-colonel des dragons de Listenois. — Le chevalier du Bois-de-la-Roche, qui étoit cornette dans Quintin, a eu l'agrément du régiment de [Charlus] pour 12,000 francs, qui est le prix qu'on a fixé pour ce nouveau régiment, dont on oblige le colonel à se défaire. — On mande d'Allemagne que le roi Auguste de Pologne, qui est dans son électorat de Saxe depuis quelque temps, a enfin mis en liberté les deux princes Sobieski, mais à condition qu'ils ne retourneront point en Pologne qu'après la paix faite en ce pays-là. — La Vieurue, maréchal des logis de la cavalerie, a le cordon rouge qu'avoit Desroches, gouverneur des Invalides, qui vient de mourir.

<small>* Le point unique étoit la permission de se venir justifier, lequel obtenu, tout étoit fait. Obéissance remplie, exemple éclatant, autorité satisfaite, avec de l'esprit, de l'éloquence, des grâces et de l'art contre toute mesure, les soumissions infatigables du roi et de la reine d'Espagne, et mieux que tout la soif de madame de Maintenon de gouverner l'Espagne, intimement convaincue qu'elle ne le pourroit que par la princesse des Ursins, régnante absolument, et sur les lieux; rien ne pouvoit manquer au succès de ce voyage, et rien n'y manqua en effet du triomphe le plus complet.</small>

Lundi 12, *à Versailles.* — Le roi alla se promener à Trianon. Monseigneur et monseigneur le duc de Berry coururent le loup. Le soir il y eut comédie. — M. d'Aubigné, à qui le roi vient de donner le régiment Royal, a vendu un petit régiment nouveau qu'il avoit à M. Philippe, qui étoit capitaine de cavalerie dans le régiment Royal étranger et dont le père est mort commandant à Mézières et à Charleville; il en donne 25,000 francs argent comptant. — Madame la princesse des Ursins fut longtemps enfermée avec madame de Maintenon. — Les mécontents de Hongrie continuent leurs projets. Ils ont battu le général Heister en trois petites occasions; on assure même qu'ils ont pris le grand Waradin. — M. Pavillon, homme de beaucoup d'esprit et qui étoit de l'Académie des sciences et de celle des inscriptions, mourut ces jours passés à Paris; il avoit 2,000 livres de pension comme académicien des inscriptions et 1,000 livres de pension que donne M. le chancelier.

Mardi 13, *à Versailles*. — Le roi, après son dîner, donna à M. de Livry 400,000 francs de brevet de retenue sur sa charge de premier maître d'hôtel; de ces 400,000 francs, il y en aura 200,000 pour remplacer la dot de madame de Livry, et les deux autres 100,000 francs sont pour le marquis de Livry, le fils aîné. — Le roi ne sortit point de tout le jour; il travailla avec M. de Pontchartrain chez madame de Maintenon durant quatre heures. M. le comte de Toulouse y fut une heure, ensuite madame la princesse des Ursins y vint, qui fut enfermée fort longtemps avec le roi et madame de Maintenon, et il paroît que S. M. est contente d'elle et qu'on pourroit bien la renvoyer en Espagne. — M. le chevalier de Miromesnil, qui étoit capitaine de cavalerie, a acheté le régiment de Quercy 50,000 francs; c'est Montigny, frère de Turmenies, qui en étoit colonel, et qui, par sa mauvaise santé, est contraint de quitter le service. — M. de Montmorency, qui étoit capitaine dans le régiment de Duras, avoit eu l'agrément pour acheter le régiment de Quintin; mais n'ayant pu trouver son argent, le roi en a donné l'agrément à M. de...

Mercredi 14, *à Versailles*. — Le roi, avant que d'aller à la messe, entendit la harangue des états de Bretagne; c'étoit l'évêque de Dol, frère de M. d'Argenson, qui portoit la parole; ils haranguèrent ensuite toute la maison royale; et puis M. le comte de Toulouse, leur gouverneur, leur donna un magnifique dîner. — Il arriva un courrier du duc de Gramont, parti de Madrid du 6. Le roi d'Espagne avoit eu des nouvelles du siége de Gibraltar du 31 du mois passé; nos mineurs travailloient sous le chemin couvert, ce qui marque bien que le siége continue et s'avance malgré les secours qu'y ont portés les vaisseaux ennemis. Il arriva le soir un autre courrier d'Espagne, c'est le maréchal de Tessé qui l'a envoyé. Ses lettres sont du 7, de Salamanque; ce courrier a fait une prodigieuse diligence. Ce maréchal mande qu'il a détaché des troupes de France trois mille hommes choisis, dont il a donné le commandement au marquis de Brancas, nouveau maréchal de camp, pour aller renforcer l'armée que nous avons devant Gibraltar; on espère que l'arrivée de ce secours donnera une heureuse fin à ce siége.

Jeudi 15, à Versailles. — Le roi dîna à onze heures et partit à midi pour aller se promener à Marly, où il demeura jusqu'à la nuit. Monseigneur prit médecine par précaution. Messeigneurs les ducs de Bourgogne et de Berry et madame la duchesse de Bourgogne dînèrent chez madame de Mailly; on y joua après dîner au lansquenet, et monseigneur le duc de Bourgogne, contre son ordinaire, y joua. Madame la duchesse de Bourgogne y fit venir madame la princesse des Ursins après le jeu, et s'enferma dans un cabinet avec elle. — On eut le matin nouvelle que le chevalier de Seignelay étoit mort à Strasbourg après une longue maladie; ils sont encore trois frères, dont il y en a deux à la guerre, et l'autre, qui n'a que dix-sept ans, est au collége. Le chevalier de Seignelay avoit 25,000 livres de rente, dont ses trois frères hériteront également. — Le duc de Noailles a eu depuis deux jours deux fortes grandes attaques, et son mal devient fort dangereux. — Le chevalier de Croissy, nouveau maréchal de camp et qui est prisonnier en Angleterre, a envoyé un pouvoir à sa famille pour vendre le régiment de Santerre, dont il est colonel, et ils l'ont vendu à M. de Pugeols 45,000 francs comptant.

Vendredi 16, à Versailles. — Le roi dîna de fort bonne heure et alla encore se promener à Marly; il en revint à cinq heures. Le maréchal de Villars* lui fit la révérence en descendant de son carrosse, et le roi lui dit : « M. le maréchal, il y a longtemps que nous vous attendions; montez en haut, et je vous parlerai. » Sitôt que le roi fut entré chez madame de Maintenon, il le fit appeler, et il lui dit : « Je n'ai pas le loisir de vous entretenir présentement, mais je vous fais duc (1). » — Le roi travailla deux grandes heures chez madame de Maintenon avec M. le comte de Toulouse et le maréchal de Coeuvres; il y fit ensuite venir M. de Pontchartrain ; ils y réglèrent beaucoup de choses pour l'armement de mer qu'on veut faire cette année. On a déjà donné des assignations de huit millions pour commencer à y travailler ; on ne fera point de promotion que l'affaire de Gibraltar ne soit finie. — Le roi d'Espagne donne au maréchal de Tessé la patente de généralissime, comme l'avoit autrefois M. don Juan, afin que personne en Espagne, ni grands ni autres, ne puisse faire la difficulté de lui obéir; il y a beaucoup de lettres de Madrid qui disent cette nouvelle, cependant on ne l'a point encore mandée au duc d'Albe.

* Villars, dès la Bavière et avant de s'y brouiller avec l'électeur, avoit tenté par lui d'être fait duc. La réponse du roi fut trempée dans l'indignation la plus forte de cette audace, dont le murmure de la cour alla jusqu'au frémissement. On ne pouvoit oublier sa naissance ; on se souvenoit du peu de part qu'il avoit eu au gain de la bataille de Fridlingue, qui le fit maréchal de France ; on ne voyoit point de service assez utile ni assez éclatant depuis pour payer cette récompense anticipée. Madame de Maintenon, qui se souvenoit avec goût d'avoir été plus qu'amie de son père, le conduisoit par la main et le bombarda duc comme on le voit ici. La consternation fut générale et marquée sans ménagement. Le nouveau duc et sa femme eurent le bon esprit de n'en faire ni semblant ni souvenir dans les suites, et de se pâmer entre les bras de la fortune avec toute la modestie la plus propre à émousser les pointes universelles qu'elle causa. Pour la patente que le roi d'Espagne donna au maréchal de Tessé, ce ne fut qu'un jeu pour continuer à couvrir le renvoi du duc de Berwick.

---

(1) « A peine eut-il salué le roi que Sa Majesté le nomma duc, et qu'il en reçut de grands compliments de toute la cour. Vous savez avec quel zèle et quelle vivacité ce maréchal, qui n'a pas moins d'esprit que de valeur, a toujours servi le roi. Il est hardi, infatigable, entreprenant et n'a jamais rien trouvé de difficile ; aussi les troupes se font elles un très-grand plaisir de marcher sous ses ordres et de lui obéir. Tous les officiers qui sont ici se sont empressés de lui rendre visite, et brûlent d'envie de donner des marques de leur courage en combattant sous lui. » (*Mercure* de janvier, page 276.)

Samedi 17, *à Versailles*. — Le roi alla l'après-dînée se promener dans ses jardins, où il fait des embellissements nouveaux sans grandes dépenses. Monseigneur, qui est à Meudon, courut le loup ; il a amené à ce voyage beaucoup de courtisans et point de dames. M. le vidame (1) et le marquis de Varennes y sont pour la première fois.
— On apprend par plusieurs endroits d'Allemagne et par la gazette de Hollande de tristes nouvelles des mécontents de Hongrie ; on assure que le général Heister attaqua le 26 du mois passé un corps de six mille hommes, presque tout composé de tolpaches, qui est l'infanterie hongroise, qu'il les défit entièrement, prit beaucoup de drapeaux et tout leur canon, et que le 1er de janvier il avoit attaqué le gros corps de leurs troupes, qui étoit de plus de trente mille hommes, quoiqu'il n'en eût que seize, et qu'il avoit emporté un grand avantage sur eux, dont on ne sait pas encore les détails. — M. le grand prévôt a vendu le régiment de son fils aîné, qui vient d'être fait maréchal de camp ; on lui en donne environ 50,000 francs argent comptant ; c'est M. de Vaudreuil, lieutenant aux gardes, qui l'achète ; il est petit-fils de feu Rose, secrétaire du cabinet.

Dimanche 18, *à Versailles*. — Le roi alla tirer l'après-dînée. Madame la duchesse de Bourgogne alla à Meudon voir Monseigneur ; il y eut jeu, et elle revint ici pour le souper du roi. — Tournemine, colonel du nouveau régiment de dragons qui fut levé il y a près de trois ans par la Bretagne, avoit eu l'agrément de la compagnie des gendarmes de la reine, que lui vendoit Vertilly, qui vient d'être fait maréchal de camp, et dont il donnoit 45,000 écus ; le marquis de Roquelaure, sous-lieutenant de cette compagnie et le plus ancien sous-lieutenant de la gendarmerie, a prié le roi que ce fût lui qui pût acheter cette compagnie, dont il avoit été en traité plusieurs

---

(1) D'Amiens.

fois. Le roi lui a répondu fort obligeamment qu'il verroit ce qu'il pourroit faire là-dessus. — Il paroît que les affaires d'Angleterre avec l'Écosse se brouillent fort; les Anglois veulent obliger les Écossois à assurer la couronne d'Écosse au prince d'Hanovre, comme ils ont fait eux celle d'Angleterre, à moins de quoi, ils veulent rompre presque tout commerce entre les deux nations; et il y a nouvelle que les Écossois se pourvoient d'armes et de chevaux.

Lundi 19, *à Versailles*. — Le roi dîna de bonne heure et alla se promener à Marly, où il fait beaucoup planter. — Le roi donne à M. l'archevêque de Reims l'appartement qu'avoit autrefois monseigneur le duc de Berry et qu'avoit occupé depuis la maréchale de la Mothe, et donne au duc de Noailles, qui se porte un peu mieux, l'appartement de l'archevêque de Reims; ce duc n'étoit que par emprunt dans l'appartement de M. de Vendôme, qui viendra peut-être faire un tour ici après la fin du siége de Verue. — Le comte de Coigny, qui vient d'acheter la charge de colonel général des dragons, vend le régiment royal étranger à M. de la Tournelle, qui lui en donne 35,000 écus; M. de la Tournelle ne fait que d'entrer dans les mousquetaires, et le roi veut qu'il serve encore un an avant que d'être à la tête de ce régiment. — On avoit dit, il y a quelque temps, que le roi donnoit 12,000 écus de pension à M. de Laubanie; la vérité est que le roi lui donne 2,000 écus de pension outre 24,000 francs qu'il avoit déjà, et que M. de Chamillart lui a parlé de la part du roi pour lui offrir tout ce qu'il pourroit désirer, à quoi il a répondu qu'il en avoit trop et qu'il serviroit de ses conseils tous ceux que le roi voudroit employer en quelque part que ce fût, et que ce qui lui faisoit sentir plus vivement la perte de ses yeux étoit de ne pouvoir plus agir pour le service d'un si bon maître.

Mardi 20, *à Versailles*. — Le roi se promena dans ses

jardins. Monseigneur le duc de Bourgogne alla dîner à Meudon avec Monseigneur. Madame la duchesse de Bourgogne eut une violente migraine; ainsi il n'y eut ni toilette ni cercle, comme il y en devoit avoir. Elle ne put pas même aller à la messe, et elle ne soupa point avec le roi. — On eut des lettres de Gibraltar du 2. Le petit Renaud mande que le siége va lentement, mais bien. Il y est arrivé quelques troupes de Galice; il compte que le détachement des troupes françoises qu'a fait le maréchal de Tessé et que commande le marquis de Brancas devoit arriver entre le 15 et le 20. S'il ne se trompe point dans ce calcul, ces troupes sont arrivées présentement. On parle d'y envoyer un ingénieur considérable d'ici, et le roi a envoyé chercher Lappara à Paris; on croit que c'est pour lui donner ordre de partir en toute diligence pour ce siége. — On eut par l'ordinaire des nouvelles de Verue du 10. Il arrive vingt pièces de batteries à M. de Vendôme, qui seront d'un grand secours pour le siége, qui va fort lentement par l'habile et vigoureuse résistance des assiégés, qui sont relevés tous les jours. M. de Vendôme a fait faire quelques ouvrages pour empêcher les grandes sorties, comme celle où Imécourt fut tué.

Mercredi 21, *à Versailles*. — Le roi donna audience le matin aux députés des états d'Artois; l'abbé de Sève portoit la parole; le roi fut très-content de sa harangue, et elle fut fort louée de tout le monde. — On a eu des nouvelles certaines des affaires de Hongrie; il est vrai qu'il y a eu un combat où les mécontents ont eu quelques désavantages, mais fort au-dessous de ce qu'on avoit dit, et la gazette même de Vienne porte qu'ils n'ont perdu que deux mille hommes, et que le général Heister y a perdu sept cents hommes. — M. de Broglio, nouveau maréchal de camp, a vendu le régiment du roi de cavalerie à M. de Bélabre, qui étoit capitaine dans le régiment de Béringhen.

Jeudi 22, *à Versailles*. — Le roi dîna à onze heures et monta en carrosse à midi et demie pour aller se promener à Marly, d'où il ne revint qu'à la nuit. Madame la duchesse de Bourgogne, monseigneur le duc de Berry et madame la princesse de Conty allèrent dîner à Meudon avec Monseigneur, et l'après-dînée allèrent tous ensemble à l'opéra et revinrent tous ici pour le souper du roi. — Lappara est parti de Paris et a pris la route d'Italie. Comme il est brouillé avec M. de Vendôme, on ne croit pas que ce soit pour aller à Verue, et l'on juge qu'il va pour voir si l'on pourroit faire le siége de Villefranche. Nous avons beaucoup de troupes et de munitions en Provence, et M. de la Feuillade doit repartir après le premier voyage de Marly, ce qui confirme ces soupçons-là, car apparemment ce sera M. de la Feuillade qui commandera à ce siége, si on le fait. — Le maréchal de Villars prendra congé du roi le lendemain de la Chandeleur; on ne dit point quelle armée il va commander.

Vendredi 23, *à Versailles*. — Le roi alla se promener dans les jardins. Monseigneur ne sortit point de tout le jour. Le soir il y eut comédie. — Il arriva un courrier de M. de Vendôme, parti du camp devant Verue du 17 au matin. M. de Vendôme mande que les mines ont fait tout le bon effet qu'on en devoit attendre. Elles ont fait sauter la fausse braie et ont fort endommagé la caponnière; il y a déjà de grandes brèches à la seconde enceinte; la troisième est déjà assez ruinée; les vingt pièces de canon qu'on attend d'Alexandrie devoient arriver trois jours après le départ du courrier, et dès qu'elles seront en batterie on espère élargir assez les brèches pour aller à l'assaut; mais l'intention de M. de Vendôme est de prendre les trois enceintes en même jour, et par là éviter tous les fourneaux. Ce général mande qu'on ne perd presque plus personne à ce siége; et à la fin de sa lettre, il y a : « Je puis répondre à Votre Majesté, plus que jamais, que je prendrai Verue. » Il a envoyé M. de Montgon visiter toute la cavalerie qui est en différents quartiers, et de là il viendra ici pour rendre compte au roi de l'état où sont les troupes et recevoir les ordres de S. M.

Samedi 24, à Versailles. — Le roi alla l'après-dînée se promener à Trianon. — Le duc de Tresmes fut reçu à la maison de ville à Paris et fut traité de Monseigneur par le prévôt des marchands. Le maréchal de l'Hôpital, le maréchal d'Aumont et M. de Mortemart avoient laissé perdre ce droit; M. de Créquy le fit rétablir en représentant au roi que M. de Montbazon, gouverneur de Paris avant tous ces messieurs-là, en avoit toujours joui, et depuis M. de Créquy il n'y a plus eu de dispute là-dessus. Il y avoit quatre-vingt-dix personnes au dîner à la même table, dans la grande salle, le duc de Tresmes à droite, et le prévôt des marchands à gauche, au bout de la table, dans des fauteuils. A la droite il y avoit trente fauteuils pour les courtisans que le duc de Tresmes avoit conviés au dîner, et à la gauche trente chaises à dos pour les échevins, les conseillers de ville et les gens que le prévôt des marchands avoit priés à dîner. Le prévôt des marchands et les échevins étoient en habits de cérémonie. Toutes les autres places de la table étoient remplies par des officiers de la maison de ville. Le duc de Tresmes jeta de l'argent au peuple devant et après le dîner.

Dimanche 25, à Marly. — Le roi partit de Versailles après son dîner pour venir ici, où il demeurera toute la semaine; Madame la Duchesse alla de Versailles à Saint-Germain pour voir la reine d'Angleterre, avec qui elle fut enfermée assez longtemps, et puis revint ici, où elle trouva le roi qui se promenoit encore dans ses jardins. Outre les courtisans pour danser au bal et que le roi amena l'autre voyage, il a mené encore M. de Listenois et M. de Nangis, et de dames nouvelles pour danser il n'y a que la princesse d'Isenghien qui n'y étoit jamais venue. — On fit chez le duc d'Albe, à Paris, la noce du comte de Rupelmonde, seigneur flamand, avec mademoiselle d'Alègre, sœur cadette de madame de Barbezieux.* On ne donne que 100,000 francs en mariage à la demoiselle. Son mari sera fort riche après la paix, parce qu'il a beaucoup de biens sous la domination des Hollandois; il est colonel dans les troupes d'Espagne qui servent en Flandre. La noce se fit avec beaucoup de magnificence, et il y avoit beaucoup de gens priés à cette fête (1).

* D'Alègre ne fut pas heureux en famille. Sa femme, riche héritière d'un président de Toulouse, étoit une dévote à triple carat, et folle au centuple, que le cardinal de Coislin fit arrêter une fois, proche d'Orléans, ivre de la lecture des pères du désert, et allant seule de son pied chercher les déserts, tandis qu'on la cherchoit à Paris, d'où elle s'étoit échappée. Elle acheta, pendant une absence de son mari, assez sot pour lui avoir laissé une procuration générale, pour 150,000 livres de tableaux de dévotion, tous plus tristes les uns que les autres; et en meubles, en faste, car elle étoit magnifique, et plus que tout en désordres, elle le ruina. Ce M. de Rupelmonde à qui elle donna sa seconde fille elle en voulut faire un grand seigneur, et lui fit arborer un manteau ducal. Sa femme, qui se fourra à la cour par toutes voies et qui, sous les sobriquets de la blonde, mais rousse comme une vache et de vaque à tout, parce qu'elle étoit de toutes foires et de tous marchés, perça à la faveur d'un gros jeu et de la plus facile conduite. Ancrée suffisamment, à ce qu'il lui sembla, elle hasarda la housse; mais cette housse ne put durer plus de quatre jours : le roi la lui fit quitter. Pour le manteau, plusieurs en abusoient sans autre fruit qu'en abuser, et M. le prince de Conty appeloit ces manteaux, qui restoient à la porte, des robes de chambre d'armoiries. Un soir qu'elle arrêtoit assez tard au salon, un des suisses de la porte entra qui, l'avisant au lansquenet, lui cria tout haut en son patois de suisse que son mari lui mandoit qu'il étoit couché et qu'elle allât tout présentement coucher avec lui. La risée fut grande, et ne fut pas d'un seul soir. Le roi, lassé des lettres de madame d'Alègre, qui, tantôt pour Marly, tantôt pour briguer une place de dame du palais, cornoit toujours les grandeurs de son

(1) Voir le détail de cette fête dans le *Mercure* de janvier, pages 349 à 394.

gendre, chargea Torcy de savoir par preuves quel enfin il étoit; et ce qui en résulta fut que le père de Rupelmonde, après avoir travaillé à des forges de madame Rupelmonde, en étoit devenu facteur, puis maître, s'y étoit enrichi, avoit ruiné les possesseurs, acheté leur bien et devenu seigneur en leur place; mais l'avis étoit venu trop tard, et madame de Rupelmonde avoit été admise à tout ce que le sont les femmes de qualité. Son mari fut tué de bonne heure, qui ressembloit fort à un apothicaire, et n'eût pas fait fortune comme son père. Madame de Rupelmonde intrigua plus que jamais, et à force d'audace et d'insolence, de commodités et d'amourettes elle parvint longtemps depuis à être dame du palais de la reine, et par une longue habitude avec le comte de Gramont à faire le mariage de son fils unique avec une des filles du comte de Gramont, rousse et dépiteusement laide, sans un écu de dot (1).

Lundi 26, *à Marly.* — Le roi se promena tout le matin et toute l'après-dînée dans ses jardins. La reine et la princesse d'Angleterre arrivèrent sur les sept heures, et aussitôt le bal commença; il dura jusqu'à neuf heures et demie, et puis on se mit à table pour souper, et, le souper fait, le roi conduisit la reine d'Angleterre comme il avoit accoutumé de faire, et elle retourna à Saint-Germain avec la princesse sa fille. — Nous apprîmes le matin, à Marly, la mort de madame de Lewenstein, mère de madame de Dangeau, morte à Prague; elle avoit soixante et onze ans. Le cardinal de Furstemberg, la princesse de Bade et elle, le frère et les deux sœurs, sont morts en un an de temps. Dès que madame de Dangeau eut appris cette triste nouvelle, elle ne songea qu'à quitter Marly pour retourner à Versailles. Madame la duchesse de Bourgogne la vint voir avant qu'elle partît; cette princesse, en pareille occasion, ne rend aucune visite*, elle ne fait cet honneur-là qu'à ses dames. Autrefois la reine alloit voir les princesses étrangères et les duchesses, mais

---

(1) Cette incroyable assertion que Saint-Simon reproduit dans ses *Mémoires* en ajoutant: « Torcy me l'a conté longtemps depuis en propres termes, » paraît insoutenable en présence des généalogies de la maison de Recourt de Lens, données par le P. Anselme, t. VII, page 826, et par La Chenaye-Desbois (*Dictionnaire de la Noblesse*), t. XII, page 23.

cela est changé, et madame la duchesse de Bourgogne ni Madame n'y vont plus.

* On a vu en plus d'un endroit ce qui regarde ces visites (1).

Mardi 27, à Marly. — Le roi eut des nouvelles de M. le grand prieur par un courrier ; les lettres sont du 14. Ce prince rend compte à S. M. de beaucoup de détails; il resserre fort dans leurs quartiers les troupes de M. de Linange, qui manqueroient de subsistance si les Vénitiens ne les favorisoient point. M. le grand prieur proposoit au roi de les en punir en coupant la tête des rivières dont il est le maître, ce qui ruineroit tout le Bressan en détournant les eaux qui leur sont nécessaires. — Hier, après que la reine d'Angleterre fut partie, M. de Torcy et M. de Pontchartrain portèrent au roi des lettres qu'ils avoient reçues de Gibraltar l'un et l'autre, et qui assurèrent que la flotte ennemie qui étoit devant cette place avoit mis à la voile le 3 de ce mois pour retourner en Portugal; elle a laissé une grosse garnison dans Gibraltar, qui fait de fréquentes sorties, mais avec peu de succès. Le siége continue toujours, et on y attend les trois mille six cents hommes qu'y mène le marquis de Brancas, et ils prétendent toujours que ces troupes arriveront le 20; mais nous croyons qu'elles n'y pourront être qu'à la fin de ce mois au plus tôt.

Mercredi 28, à Marly. — Le roi tint conseil le matin comme à son ordinaire; il se promena l'après-dînée, et travailla le soir chez madame de Maintenon avec M. de Chamillart fort longtemps. Il examina beaucoup de placets des officiers qui demandent à être chevaliers de Saint-Louis. Il y eut bal après souper qui dura jusqu'au lendemain matin; mais le roi en sortit avant minuit. — L'évêque de Bellay est mort; il se nommoit du Laurens,

---

(1) Voir tome IX, page 110.

d'une famille de Paris. Il avoit été moine et grand vicaire de Cluny et en avoit beaucoup de prieurés ; l'évêché ne vaut que 4 ou 5,000 livres de rente. — Tous les directeurs et les inspecteurs d'infanterie mandent à M. de Chamillart que les recrues arrivent et sont composées de meilleurs hommes qu'on ne l'auroit cru. — Quoique la défaite des mécontents est beaucoup moindre qu'on ne l'auroit cru, ils ont été obligés de lever le siège de Léopolstadt et d'enclouer, en se retirant, quelques pièces de canon qu'ils n'ont pu emmener. On avoit dit, il y a deux mois, que cette place étoit prise ; mais la nouvelle n'étoit pas vraie, et il en vient souvent de fausses de ce pays-là.

Jeudi 29, *à Marly*. — Le roi se promena tout le jour dans ses jardins. — Le roi a donné deux commissions de colonels à la recommandation de M. l'électeur de Bavière ; l'un est M. de Saint-Victor, qui avoit été aide de camp de S. A. E., et l'autre est un officier des hussards nommé...... — Le roi de Portugal a été dangereusement malade ; la reine douairière d'Angleterre, sa sœur, avoit été déclarée régente durant sa maladie ; on mande qu'il est mieux présentement. — Beaucoup de vaisseaux hollandois sont venus charger des vins et des eaux-de-vie à Bordeaux et en ont enlevé une grande quantité. — Le roi d'Espagne, à la recommandation de M. de Bavière, a donné la grandesse au comte de Roeux, gouverneur de Mons et l'aîné de la maison de Croy. — Le comte de Kaunitz, vice-chancelier de l'empire et celui des ministres de l'empereur qui avoit le plus de réputation, est mort ; il avoit été plénipotentiaire à Ryswyck. — Il paroît, par les dernières nouvelles qu'on a eues de Londres, que l'affaire des Anglois avec les Écossois se brouille fort ; on se prépare à rendre de grands honneurs à milord Marlborough, ce qui pourroit bien lui attirer de la jalousie et l'envie de ses compatriotes, car il veut qu'on élève des monuments publics à sa gloire.

Vendredi 30, *à Marly*. — Le roi se promena le matin et l'après-dînée dans ses jardins, et au retour de la promenade il travailla avec M. de Pontchartrain par extraordinaire, car il n'y travaille que les mardis, et à sept heures le roi entra dans le salon, où le bal commença; madame de Maintenon y étoit. Le roi n'y demeura qu'une heure, et elle en sortit avec lui, et le bal continua jusqu'au souper, qui est toujours à dix heures (1). — Durant ce voyage ici de Marly le roi a résolu de faire encore trois cents chevaliers de Saint-Louis. — Par les dernières nouvelles qu'on a eues d'Allemagne on apprend que la défaite des Hongrois a été encore moindre qu'on ne disoit. M. des Alleurs, qu'on disoit avoir été pris à cette action, n'avoit pas encore joint le prince Ragotzki, et étoit à Temeswar. On mande aussi d'Allemagne que le prince de Montlaur *, second fils du prince d'Harcourt et celui qu'il avoit voulu faire l'aîné de sa maison, parce que son fils aîné est sourd, étoit mort dans un village d'Autriche; il alloit trouver l'empereur, qui lui avoit promis un régiment. Ce prince de Montlaur, après avoir été capitaine de chevau-légers, s'étoit mis dans un séminaire pour être ecclésiastique, et puis avoit pris un cheval dans l'écurie de son père à Clermont et étoit sorti de France.

---

(1) « La cour a demeuré pendant les huit derniers jours de ce mois à Marly, et elle y a pris les divertissements que les personnes les plus sévères ne se refusent point dans cette saison. Elle est heureuse que ces divertissements se soient passés sous les yeux du roi, ce qui les rend plus épurés; quand je dis sous les yeux du roi, je n'entends pas que ce prince y ait demeuré présent pendant tout le temps qu'ils ont duré; il en voit seulement les commencements et va ensuite travailler avec ses ministres jusqu'à l'heure du souper. Les divertissements qui ont régné pendant les huit jours dont je viens de vous parler sont la musique et le bal, alternativement, dans lequel madame la princesse d'Angleterre a brillé. On a joué et chassé pendant tous les autres jours, et le roi a toujours pris ce dernier divertissement, parce qu'il est utile à sa santé et que, s'éloignant beaucoup des personnes qui l'accompagnent, il trouve par là moyen de rêver à ses affaires en attendant l'occasion de tirer. » (*Mercure* de janvier, pages 396 à 398.)

* M. de Commercy, deux fils de la princesse d'Harcourt l'un après l'autre, le prince Eugène, le prince Emmanuel d'Elbeuf et, pour imiter les princes, un fils du comte d'Auvergne passés au service des ennemis ne diminuèrent en rien le crédit de leurs plus proches, pas même l'éclat énorme du cardinal de Bouillon, qui se trouvera en son lieu. A ce propos, on ne peut s'empêcher de se souvenir ici d'un mot échappé à M. le Grand, si merveilleusement traité du roi et si persévéramment distingué en toutes sortes; d'ailleurs si peu propre aux vues par sa stupidité, qui marque, mieux que tout, l'esprit inné dans sa maison. Il coupoit au lansquenet, où il se trouva coupé par madame la grande duchesse, fille de Gaston. Monseigneur, Monsieur et beaucoup de joueurs y coupoient aussi et grand nombre de spectateurs. M. le Grand fit un coupe-gorge, et tout aussitôt, frappant sur la table et jurant, s'écria à basse note; mais assez fort pour être entendu : « Ah maudite race, toujours fatale à la nôtre. » MM. de Guise n'auroient pas pensé plus vivement s'ils avoient survécu à leurs desseins.

Samedi 31, *à Versailles*. — Le roi revint ici à six heures après s'être promené tout le jour à Marly. Monseigneur alla de Marly dîner à Meudon et revint le soir ici, où il y eut comédie. Durant les voyages de Marly il y a eu tous les soirs ou bal ou musique. — Verceil, colonel de dragons et fils de Labadie, lieutenant de roi de Strasbourg, a été choisi du roi depuis quelques jours pour être enseigne des gardes du corps de la compagnie de Boufflers à la place de Gondras, que sa mauvaise santé oblige de quitter le service et à qui le roi donne 4,000 francs de pension, comme il a accoutumé de faire à tous les enseignes de ses gardes qui quittent avec sa permission. — Le bruit se répand que toutes les troupes de la maison du roi serviront cette année sur la Moselle. — Le maréchal de Montrevel arriva de Bordeaux et s'y en retournera bientôt après la cérémonie de l'Ordre, où il sera reçu. — Le roi a donné une pension de 200 écus au cadet Dauger, exempt dans ses gardes du corps.

Dimanche 1er *février, à Versailles*. — Le roi alla l'après-dînée se promener à Trianon. Monseigneur ne sortit point de tout le jour. Il y eut le soir, chez madame la princesse de Conty, une fort jolie musique de belles voix françoises et des chanteurs italiens de M. le duc d'Orléans, qui avoit amené toute cette musique; madame la duchesse de Bourgogne y alla.—On a reçu des nouvelles du siége de Verue par l'ordinaire; notre canon qui venoit d'Alexandrie étoit arrivé et étoit déjà en batterie, et on étoit fort content de l'effet qu'il faisoit; on songeoit à faire une nouvelle batterie dans un endroit d'où l'on espéroit pouvoir rompre le pont qui est entre le camp de M. de Savoie et la place. Nous perdons fort peu de monde au siége; nous avons une partie de notre cavalerie le long du Pô, depuis Chivas jusqu'à Verue; mais comme le Pô grossit et déborde, on croit qu'on sera obligé de mettre cette cavalerie en d'autres quartiers. — Le fils de M. de Belabre, qui est capitaine de cavalerie dans Béringhen et qui avoit traité avec M. de Broglio du régiment du Roi, ayant rompu son traité sur quelques conditions dont ils ne convenoient pas, a acheté celui de dragons de Senneterre, dont il donne 100,000 francs. — Le roi fit le matin chevaliers de Saint-Michel les maréchaux de France qui doivent être reçus demain chevaliers du Saint-Esprit.

Lundi 2, jour de la Chandeleur, à Versailles. — Le roi tint le chapitre des chevaliers de l'Ordre à dix heures et demie, où furent admises les preuves de MM. les maréchaux d'Harcourt, de Coeuvres, de Villars, de Chamilly, de Château-Renaud, de Vauban, de Rozen et de Montrevel. Ensuite le roi les fit entrer pour leur dire que leurs preuves étoient admises, et puis on marcha en procession à la chapelle. On fit la procession dans la cour, comme on fait toujours à la Chandeleur; l'abbé d'Estrées officia, mais sans mitre, et ne s'assit que dans les endroits où s'asseoient les célébrants des grandes messes qui ne sont pas évêques *. La messe finie, le roi marcha à son trône avec les cérémonies ordinaires, et alors le maréchal de Coeuvres s'avança, présenté par MM. les ducs de la Trémoille et de Chevreuse, et prêta son serment aux pieds du roi. Il a marché non comme premier des maréchaux de France, mais comme grand d'Espagne ; le maréchal d'Harcourt auroit marché devant lui, parce qu'il est duc avant que le maréchal de Coeuvres fût grand d'Espagne, mais il étoit malade et ne fut point reçu. Après que le maréchal de Coeuvres fut retourné en sa place, les maréchaux de Villars, de Chamilly et de Château-Renaud s'avancèrent, présentés par le comte de Solre et le marquis d'Effiat ; le maréchal de Villars lut le serment, comme le plus ancien, et tous trois avoient la main sur l'Évangile. Après qu'ils furent retournés à leurs places, les maréchaux de Vauban, de Rozen et de Montrevel s'avancèrent, présentés par les marquis d'Estampes et de Puysieux, M. de Vauban marchant au milieu et lisant le serment comme le plus ancien des trois et tous trois les mains sur l'Évangile. Après la messe finie, on retourna à l'appartement du roi en procession, et le maréchal de Coeuvres reprit son rang de grand d'Espagne et marcha devant ceux qui ne sont pas ducs. Le maréchal de Villars ne prit point le rang de duc, parce que ses lettres ne sont pas encore registrées au parlement. Les preuves du maréchal de Rozen ne furent que testimoniales, et M. de Torcy, qui rapportoit les preuves comme chancelier de l'Ordre, cita les exemples en pareille occasion de M. de Schomberg et de M. le cardinal de Furstemberg. M. de Rozen est Livonien ; le commandant pour le roi de Suède en Livonie, les principaux seigneurs et les magistrats du pays ont attesté les preuves, et qu'il pouvoit faire les preuves de tous ses quartiers pour tous les chapitres où il faut de la noblesse.

* Les Mémoires devoient ajouter que l'abbé d'Estrées, comme prélat de l'Ordre, avoit prétendu le fauteuil comme l'ont les évêques en officiant devant le roi, qu'il fut prêt à l'avoir, et que Pontchartrain, qui n'aimoit pas les Estrées, tant parce qu'ils étoient amis de son père que pour faire sa cour à madame des Ursins, à qui ses longues audiences commençoient à faire prendre un grand vol, s'y opposa fort et ferme

quoique sans titre pour le faire, et en mena tant de bruit qu'il le réduisit au siége ployant de chapelains qui officient, dont l'abbé d'Estrées fut d'autant plus mortifié que cela fut réglé pour toujours (1). Longtemps depuis, en 1728, le duc de Saint-Simon, ayant été reçu chevalier de l'Ordre, avec Roquelaure, duc à brevet et maréchal de France, le maréchal d'Alègre et le comte de Gramont, après les enfants de M. du Maine, dit et expliqua cet exemple des maréchaux de Coeuvres et de Villars, l'un reçu seul entre deux ducs parrains, l'autre, quoique duc héréditaire, mais non encore vérifié, avec deux autres maréchaux non ducs, et contre deux parrains gentilshommes; mais le cardinal de Fleury n'ayant rien voulu entendre ni là-dessus ni sur bien d'autres choses absolument nouvelles et confondues, M. de Saint-Simon n'en dit pas davantage, et marcha avec Roquelaure entre deux ducs parrains, qui furent deux choses aussi absurdes que nouvelles. Roquelaure, qui à la faveur des nouveautés avoit tenté de passer avant les gentilshommes et qui en avoit été justement refusé, se voyant traité en duc et pair en recevant l'Ordre, crut devoir hasarder le paquet; et, l'Ordre reçu et les révérences achevées, voyant le duc de Saint-Simon marcher à sa place et gagner le haut pas devant les chevaliers, pour s'aller mettre comme il fit entre les ducs de Sully et de la Rochefoucauld, se mit de même en marche le long de l'autre banc; mais Breteuil, prévôt et grand maître des cérémonies de l'Ordre, le voyant dépasser ainsi les trois ou quatre derniers chevaliers, le tira par le manteau, et avec son bâton lui montra la dernière place de ce même banc où il lui falloit retourner. Puisqu'on en est venu à cette promotion, il est curieux de ne pas oublier que le père du duc de Saint-Simon et son frère aîné avoient été reçus chevaliers de l'Ordre à la Pentecôte 1633, qui est une distance entre le père et le fils qui n'a point d'exemple, et aussi peu, que le duc de Saint-Simon le père et son frère aîné ont porté l'Ordre, le duc soixante ans complets, et le marquis son frère près de cinquante-six ans, et longuement restés seuls de Louis XIII.

Mardi 3, à Versailles. — Le roi alla l'après-dînée se promener dans les jardins; il avoit reçu le matin quarante des chevaliers de Saint-Louis qu'il avoit nommé durant le voyage de Marly. Il y eut grande toilette, dîner en public et cercle ensuite chez madame la duchesse de Bourgogne, et après le cercle il y eut un assez

---

(1) Saint-Simon avait ajouté ensuite cette phrase, qu'il a biffée depuis : « Le reste de la cérémonie est si bien expliqué qu'il n'y a rien à y ajouter. »

gros jeu. — Le roi, avant que d'aller à la promenade, donna audience au maréchal de Villars, qui prit ensuite congé de S. M.; on croit que c'est pour aller commander l'armée de la Moselle, mais cela n'est pas encore déclaré. — L'abbé de Pomponne prit congé du roi pour aller à l'ambassade de Venise. — Monseigneur alla dîner à Meudon et revint ici pour le souper du roi. Madame la duchesse de Bourgogne, après être sortie de chez le roi, alla à minuit en masque avec plusieurs dames chez madame de Courtenvaux dans le château, où elle demeura jusqu'à quatre heures du matin. M. le duc de Berry alla tirer des lapins au bois d'Arcy, et monseigneur le duc de Bourgogne se promena avec le roi.

Mercredi 4, à Versailles. — Le roi prit médecine et tint conseil l'après-dînée, comme il fait toujours les jours qu'il prend médecine; Monseigneur et monseigneur le duc de Bourgogne étoient au conseil. Madame la duchesse de Bourgogne entra le matin chez le roi avant que d'aller à la messe, et elle se promena l'après-dînée dans les jardins; elle avoit dîné chez madame la duchesse de Noailles avec madame de Maintenon. — M. de Pontchartrain entra chez le roi avant le conseil et lui dit qu'un courrier d'Espagne, qui venoit d'arriver, apportoit la nouvelle que le roi de Portugal étoit retombé et qu'il étoit plus mal de cette rechute qu'il n'avoit encore été; il a fait son testament, par lequel il laisse la régence de ses États à la reine d'Angleterre, veuve de Charles II, sa sœur. On apprend par ce même courrier qu'il y a eu de grands changements dans le conseil à Madrid; le marquis de Rivas, qui étoit secrétaire *del despacho universal,* a été ôté de sa charge, que l'on a donnée au marquis de Mejorada, fils de celui qui avoit cette charge sous le feu roi d'Espagne.

Jeudi 5, à Versailles. — Le roi alla l'après-dînée se promener à Trianon. — Il arriva un colonel des troupes d'Espagne, nommé Pozzo Boino, que LL. MM. CC. envoient au roi pour le remercier de la bonne réception qu'il a faite à la princesse des Ursins et de la résolution qu'il a prise de la renvoyer en Espagne. Le duc d'Albe a eu ordre d'aller chez cette princesse en grand cortége d'ambassadeur pour se réjouir avec elle de l'espérance qu'ils ont de la revoir bientôt à Madrid ; cette princesse ne partira pourtant qu'au mois d'avril ; elle veut demeurer quelque temps à Paris pour rétablir sa santé et donner quelques ordres à ses affaires. Ce colonel a vu le maréchal de Tessé à Madrid logé chez le duc de Gramont, ce qui marque qu'ils ne sont point brouillés ensemble, comme le bruit en avoit couru ; le roi d'Espagne avoit envoyé des relais au-devant du maréchal pour le faire arriver plus vite à Madrid. Il l'envoie à Gibraltar en diligence pour qu'il voie l'état de ce siége et qu'il puisse juger s'il est à propos de le continuer malgré toutes les difficultés qui s'y rencontrent, ou s'il est à propos d'abandonner cette entreprise.

Vendredi 6, à Versailles. — Le roi dîna de bonne heure et alla se promener à Marly, d'où il ne revint qu'à la nuit. Monseigneur et monseigneur le duc de Berry allèrent courre le loup. — Lappara n'est point allé du côté de Villefranche, comme on l'avoit cru ; il a passé à Genève, d'où on a eu des nouvelles, et va au siége de Verue. — Il est arrivé un courrier de M. de Vendôme, parti du camp devant Verue le 27 ; le siége va toujours son train, lentement à la vérité, mais les neiges et les pluies en ont fort retardé les travaux. On fait présentement une nouvelle attaque du côté du Pô, où nous avons déjà sept pièces de canon qui battent l'ouvrage qu'on appelle le bonnet à prêtre, qui est au-dessous du château et qui, si nous l'avions pris, ôteroit toute la communication de Crescentin à Verue ; et quand il y aura brèche on attaquera cet ouvrage en même temps qu'on attaquera par la tête de notre première attaque. M. le grand prieur a pris deux postes importants sur l'Oglio, et a enlevé des magasins qu'avoient les ennemis, qu'il incommode fort par là et qu'il resserre tous les jours dans leurs quartiers de plus en plus.

Samedi 7, à Versailles. — Le roi alla tirer l'après-dînée, et au retour il se promena dans ses jardins, parce qu'il fut peu de temps à la chasse. — M. de Montgon arriva ici. M. de Vendôme l'envoie au roi pour lui rendre compte de la cavalerie d'Italie, et il l'a chargé de dire au roi qu'on ne devoit point être en peine de la longueur du siége de Verue, qu'il répondoit de prendre la place, et que les troupes ne fatiguoient pas beaucoup à ce siége, où on perd fort peu de monde. Fitz, qui commande les hussards du roi dans cette armée, a pris aux portes de Turin le major du régiment de Taun et a emmené un très-gros butin, ce qui a fort alarmé les habitants de la ville, qui ont vu cela de leurs remparts. — Je fis hier à Paris la cérémonie de Saint-Lazare à l'abbaye de Saint-Germain, à mon ordinaire, où je reçus M. de Montmorency, qui est dans les carabiniers du roi, et MM. les chevaliers de Rochechouart, de Dampierre et de Magnac, qui est de la maison de la Rochefoucauld. Après la cérémonie, j'allai dîner au réfectoire, où le cardinal d'Estrées, le maréchal de Coeuvres et l'abbé d'Estrées vinrent dîner avec ce que j'avois retenu de chevaliers (1).

---

(1) « Le 6 de ce mois M. le grand maître et MM. les chevaliers de l'ordre royal hospitalier et militaire de Notre-Dame de Mont-Carmel et de Saint-Lazare célébrèrent la fête de Saint-Lazare, qui avoit été remise à ce jour-là, dans l'église de l'abbaye de Saint-Germain des Prés. M. le grand maître et les chevaliers étoient revêtus de leurs grands manteaux ; l'église étoit ornée de riches tapisseries, et l'autel étoit magnifiquement paré. M. le grand maître reçut quatre chevaliers dans l'ordre, savoir : M. Jean-Auguste Picot de Dampierre, lieutenant d'un des vaisseaux du roi, de la maison de Dampierre de Champagne ; M. Daniel de Montmorency, capitaine de carabiniers dans le régiment du roi, et MM. Jean de la Rochefoucauld de Magnac et Louis-Joseph de Rochechouart. Ces deux derniers étoient élèves de l'ordre... L'assemblée fut nombreuse, et plusieurs personnes de la première qualité de la cour et de la ville s'y trouvèrent, du nombre desquelles étoient : M. le duc de Bouillon et plusieurs ambassadeurs et ministres étrangers, ainsi que M. l'archevêque de Rouen, MM. les évêques de Laon, de Carcassonne et de Soissons,

Dimanche 8, à Versailles. — Le roi se promena l'après-dînée dans ses jardins. Monseigneur alla dîner à Meudon, où il demeurera quelques jours. Madame la duchesse de Bourgogne, après être sortie du cabinet du roi, alla se

---

qui assistèrent à cette cérémonie. M. le marquis de Dangeau, grand maître, et une partie des chevaliers dînèrent avec les religieux de l'abbaye dans leur réfectoire, et M. le cardinal d'Estrées, qui avoit vu incognito la cérémonie, voulut bien y dîner aussi, avec M. le maréchal de Coeuvres et M. l'abbé d'Estrées, ses neveux.

« La fête de Saint-Lazare, qui ne fut célébrée par MM. les chevaliers de cet ordre que le 6 de ce mois, arrive au mois de décembre; mais comme on travailloit au maître autel de l'abbaye où la cérémonie s'est faite, on ne l'a fêtée que dans le temps que je viens de vous marquer. Voici en quoi consiste le travail de cet autel.

« On a fait une contre-table d'autel dont l'ordonnance est tout à fait belle. Le plan est en ovale, sur lequel est établi un socle de marbre au rez-de-chaussée. Au-dessus de ce socle est posé un corps de piédestal, lequel piédestal règne sur les deux côtés, sur le devant et le corps de l'autel, qui a dix pieds de largeur, et par derrière, entre ses piédestaux, est un petit autel dans lequel est enchâssé le tombeau de pierre de Saint-Germain, patron de l'abbaye, que l'on voit sous cet autel, au travers d'une grille dorée. Au-dessus du corps des piédestaux sont six bases de matière dure, trois de chaque côté, dorées et ornées d'architecture, sur lesquelles sont posées six grandes colonnes de douze pieds de haut, d'un marbre extraordinaire qui fait l'admiration de tout Paris. Elles ont été apportées d'Afrique de la ville de Lebida ou *Leptis magna*, où elles servoient à un bel édifice que l'empereur Sévère avoit fait bâtir en cette ville-là, où il avoit pris naissance. Sur ces colonnes sont posés des chapiteaux dorés de même matière et de même ordre que les bases; ils sont ornés de rouleaux de feuilles et très-délicatement travaillés. Au-dessus de ces chapiteaux est posée la corniche, qui est architravée, ornée d'architecture, de modillons, de roses, et le couronnement de cet ouvrage est un baldaquin dont les courbes sont contournées d'une manière agréable et douce et ornées d'architecture et de feuillages. Cet autel a été fait dans le dessein de placer en un lieu magnifique la châsse de saint Germain, qui est une des plus belles de France, et pour ce sujet on a placé entre les six colonnes deux grandes consoles de marbre blanc veiné de quatre à cinq pieds de hauteur, sur lesquelles sont deux anges dorés à genoux, qui tiennent de leurs mains la châsse en l'air, qui remplit le vide qui est entre les colonnes. On voit sur le devant un grand ange de métal doré, tout en l'air, qui tient le saint sacrement suspendu sous une petite custode. Toutes ces parties ramassées ensemble composent tout le corps de l'autel et font un effet merveilleux.

« Vous serez surpris d'apprendre que cet autel est fait aux dépens des religieux de cette abbaye, dont on ne peut trop louer le zèle. » (*Mercure* de février, pages 185 à 193.)

masquer avec beaucoup de dames qui la suivoient, et entra à minuit dans l'appartement de la maréchale d'Estrées, où il y eut bal qui dura jusqu'à trois heures. — Madame la duchesse d'Orléans vint voir madame de Dangeau sur la mort de madame sa mère; elle ne va plus voir les femmes de qualité dans ces occasions, prétendant en devoir user comme Madame; elle dit à madame de Dangeau qu'elle la venoit voir sans que cela tirât à conséquence pour les autres. Elle n'avoit point été en pareille occasion voir la marquise de Roye ni la vidame, mais elle a cru devoir venir chez la femme du chevalier d'honneur, qui a les mêmes honneurs que les maréchales de France. — M. de la Feuillade travailla le soir avec le roi chez madame de Maintenon et prit congé de S. M.; il s'en retourne en Savoie. M. de Chamillart y étoit, et demeura encore après avec le roi, et l'on assure qu'on a achevé de régler les officiers généraux qui doivent servir cette campagne.

Lundi 9, à Versailles. — Le roi dîna de bonne heure et alla se promener à Marly. Monseigneur le duc de Berry, après avoir veillé jusqu'à trois heures avec madame la duchesse de Bourgogne au bal, partit à cinq heures pour aller à Meudon courre le loup avec Monseigneur, d'où il revint fort fatigué. — Le roi jugea le matin au conseil de dépêches une affaire entre M. le duc d'Elbeuf et M. le duc d'Aumont. Le premier prétendoit devoir, comme gouverneur de Picardie, donner l'attache au second comme gouverneur du Boulonnois; l'affaire fut jugée tout d'une voix en faveur du duc d'Aumont, qui produisit les provisions de son père et de son bisaïeul à ce gouvernement, où les gouverneurs de Picardie n'avoient jamais mis leur attache. Il est vrai que quand le roi passe à Boulogne le gouverneur de Picardie lui présente les clefs et prend l'ordre. — M. le comte d'Évreux a enfin entièrement terminé son affaire avec M. le comte d'Auvergne pour la charge de colonel général de la cavalerie; le marché en étoit fait il y a longtemps, mais il s'étoit beaucoup trouvé de difficultés dans l'exécution; elles viennent d'être toutes surmontées; le traité a été signé et la démission donnée. M. le comte d'Auvergne en est venu rendre compte au roi.

Mardi 10, *à Versailles.* — Le roi se promena l'après-dînée dans ses jardins, où il fait plusieurs petits changements qui les embelliront fort. Il y eut grande toilette, grand couvert et grand cercle chez madame la duchesse de Bourgogne. — Le roi a nommé pour intendant de l'armée de la Moselle M. de Saint-Contest, intendant à Metz et dont le roi, les troupes et le peuple sont très-contents. — Les ennemis embarquent dans la Tamise six mille Anglois et quatre mille Hollandois; on ne sait point encore quel est leur dessein; on croit ici que c'est pour aller en Portugal, et il y a des lettres d'Angleterre qui portent que milord Marlborough lui-même veut aller commander ces troupes-là, ce qui ne nous paroît pourtant pas apparent. — Le roi a donné une pension de 500 écus à Pionsac, brigadier d'infanterie, et lui a fait dire par M. de Chamillart que ce n'étoit qu'en attendant quelque chose de plus considérable. — Madame la duchesse de Bourgogne, en sortant du cabinet du roi après son souper, se masqua chez elle et alla chez madame de Courtenvaux dans le château, où il y eut bal qui dura jusqu'à cinq heures du matin.

Mercredi 11, *à Versailles.* — Le roi alla se promener l'après-dînée à Trianon: S. M. a donné à M. de Bruzac, aide-major de ses gardes du corps, le gouvernement de [Obernheim, Roseim et Kaisersberg] en Alsace, à six lieues au dessus de Strasbourg, avec un petit bailliage qu'on y a joint, et tous les deux ensemble valent environ 3,500 francs; le roi a eu la bonté de dire à Bruzac que ce n'étoit qu'en attendant qu'il eût quelque chose de meilleur à lui donner. — Madame la duchesse de Bourgogne alla à Meudon sur les quatre heures, et, au retour, eut une si grosse migraine qu'elle ne put souper avec le roi ni aller chez lui après souper; elle se coucha en arrivant. — Le roi donnoit tous les ans une gratification de 500 écus à Forville, chef d'escadre des galères; le roi a doublé et lui donne au lieu de cela 1,000 écus de pension. — On apprit la mort de l'électrice de Brandebourg, qui, par parenthèse, n'avoit jamais approuvé que son mari prit le titre de roi de Prusse; elle étoit fille du duc d'Hanovre Ernest-Auguste et de la princesse Sophie, sœur de l'électeur Palatin, père de Madame. Elle a eu plusieurs frères; il ne lui en reste plus que deux; l'aîné est duc d'Hanovre, que l'empereur appelle électeur de Brunswick.

Jeudi 12, *à Versailles.* — Le roi dîna de bonne heure et alla se promener à Marly, d'où il ne revint qu'à la nuit. — Le roi a donné encore un brevet de retenue de 100,000 francs à M. le comte d'Évreux sur la charge de colonel général de la cavalerie; il en avoit déjà pour 350,000 francs. — M. de Bullion achète pour son second fils le régiment de Piémont, dont il donne 30,000 écus à M. le chevalier de Luxembourg, maréchal de camp de la dernière promotion; ce second fils-là avoit déjà un régiment d'infanterie, qu'il revend 50,000 francs. — Il y a eu un changement de monnoie au commencement de ce mois de cinq sols par pistoles, qui a fait mettre dans le commerce plus de dix millions. — Le roi non-seulement remplace ce qui manque de chevaux à la cavalerie, à dix près, que les capitaines sont obligés de fournir, mais S. M. fait encore plus qu'elle n'avoit dit d'abord, car on ôte tout ce qui reste de chevaux de l'année passée, qu'on mettra dans des villages en Champagne, de peur qu'ils ne communiquassent la maladie aux nouveaux chevaux; ainsi le roi donne vingt-cinq chevaux par compagnie, et, outre cela, il en donne un à chaque lieutenant, chaque cornette et chaque maréchal des logis.

Vendredi 13, *à Versailles.* — Le roi alla à la chasse.

Il y eut bal en masque chez madame d'Armagnac, où alla monseigneur le duc de Bourgogne, et n'y fut pas longtemps; madame la duchesse de Bourgogne et monseigneur le duc de Berry y allèrent et y restèrent jusqu'à quatre heures du matin. — Mauriac, colonel et neveu de feu Saint-Mauris, lieutenant général, apporta le soir la nouvelle que M. le grand prieur avoit attaqué le poste que les ennemis avoient entre le mont Baldo et l'Adige. Ils avoient mille chevaux et trois bataillons en différents quartiers; on les a chassés de tous ces endroits, et ils ne se sont bien défendus que dans le premier, qui s'appelle Cavagion; on leur a tué quatre ou cinq cents hommes, on leur a pris quatre cents prisonniers et six drapeaux. L'affaire est de conséquence, parce que cela leur ôte toute communication avec le Véronois, d'où ils tiroient leurs vivres. Le grand prieur gardera tous les postes d'où il les a chassés. Le même jour que cette action s'est passée, qui étoit le 2, M. de Médavy avoit assemblé les troupes que nous avons sur l'Oglio afin d'inquiéter les ennemis de ce côté-là, et qu'ils ne pussent envoyer du renfort au général major Patai, qui commandoit les troupes que le grand prieur a défaites. Le comte de Linange, sachant que M. de Médavy étoit fort inférieur à lui, leva tous ses quartiers pour le venir combattre. M. de Médavy se retira sur l'Oglio, en lieu où il ne pouvoit pas être attaqué, et détacha M. de Lautrec avec cinq cents chevaux pour observer les ennemis. M. de Lautrec fut coupé par un corps plus gros que le sien, pendant que le gros de leur armée marchoit à lui; il prit le parti de remarcher en arrière et enfonça les troupes qui l'avoient coupé. Il y fut blessé dangereusement et pris, et sa troupe, après avoir percé celle des ennemis et même leur avoir pris soixante prisonniers, rejoignit M. de Médavy. On a permis à M. de Lautrec de se faire porter à Brescia, d'où l'on a écrit à M. de Vaudemont que la blessure étoit fort grande, mais qu'on espéroit pourtant qu'il en pourroit guérir. Les troupes des ennemis qui ont été battues étoient celles qu'ils avoient destinées pour faire lever le blocus de la Mirandole. — Le soir il arriva un courrier du duc de Gramont; ses lettres sont du 5 de Madrid. Il mande que M. de Villadarias avoit envoyé un officier au roi d'Espagne qui apporte de bonnes nouvelles de Gibraltar. Nous ne savons point les détails de la nouvelle, que nous apprendrons demain. — Monseigneur le Dauphin revint le soir de Meudon.

Samedi 14, *à Versailles.* — Le roi alla l'après-dînée se promener à Trianon. Pendant qu'il étoit à la promenade, M. de Pontchartrain lui apporta la nouvelle qu'un de nos armateurs de Saint-Malo avoit pris à l'entrée de la Manche et emmené dans le port de Brest un vaisseau anglois venant de Smyrne, dont la charge est estimée 500,000 écus. On a trouvé dans ce vaisseau, qui avoit touché à Gibraltar, des lettres du prince de Darmstadt, qui écrit du 30 de janvier à milord Godolphin et à quelques autres ministres de la reine Anne qu'il manquoit de beaucoup de choses dans la place et surtout de poudre; que, si on ne lui envoyoit promptement les secours nécessaires, il seroit obligé de se rendre, d'autant plus qu'il arrivoit tous les jours des troupes nouvelles aux assiégeants. Il y avoit encore beaucoup d'autres lettres de particuliers qui sont dans la place et qui mandent à peu près les mêmes choses. Voici ce que nous avons appris du siège de Gibraltar par le courrier d'hier. M. de Villadarias s'est logé sur le penchant de la montagne qui commande dans la place; les assiégés ont un ouvrage sur cette hauteur, qu'ils appellent le pâté, où ils ne tiennent plus que trente hommes, et M. de Villadarias croit pouvoir se rendre maître au premier jour de cet endroit. On voit à revers le chemin couvert, et beaucoup de gens qui sont ici et qui connoissent fort Gibraltar assurent que dès qu'on sera entièrement maître de cette hauteur la place ne sauroit plus se défendre.

Dimanche 15, *à Versailles*. — Le roi alla tirer l'après-dînée. Monseigneur ne sortit point. Madame la duchesse de Bourgogne ne soupa point avec le roi, mais elle alla le trouver dans son cabinet après souper. Monseigneur et monseigneur le duc de Berry coururent hier le loup, soupèrent au retour de la chasse chez madame la princesse de Conty et puis ils allèrent à la comédie. — Le roi de Suède a fait entrer dix-huit cents hommes dans Breslau, capitale de la Silésie et qui est sur l'Oder. Ces troupes sont entrées par petites troupes, à jours différents; elles observent un grand ordre; et payent tout ce qu'elles prennent, sans être à charge aux habitants. Les magistrats paroissent être de concert avec eux, et, selon toutes les apparences, cette nouvelle donnera beaucoup d'inquiétude à l'empereur; mais il en faut attendre la confirmation, quoiqu'on l'ait eue par différents endroits. — On mande des armées ennemies, dont les troupes sont répandues dans le pays de Trèves et en deçà du Rhin vers Landau, que la maladie contagieuse qui a été sur les chevaux des armées que nous avions sur le Rhin cette campagne avoit passé chez eux et qu'ils perdoient une infinité de chevaux.

Lundi 16, *à Versailles*. — Le roi ne tint point de conseil, contre son ordinaire, car il y en a tous les jours hormis les vendredis; il dîna à onze heures et alla ensuite courre le cerf dans le parc de Marly. Monseigneur et monseigneur le duc de Berry étoient à la chasse. Le roi, après la chasse, alla changer d'habit au château de Marly et ne revint ici qu'à la nuit. Après souper il y eut bal en masque chez Monseigneur, où il vint tant de masques de Paris que la plupart ne purent entrer; les deux chambres où l'on dansoit étoient trop pleines; le bal dura jusqu'à quatre heures (1). — Mademoiselle de Bouillon est tombée ma-

---

(1) « Monseigneur le Dauphin donna, le lundi 16 de ce mois, un bal où tous les masques devoient entrer, c'est-à-dire autant de personnes masquées que les

lade dans l'appartement de M. son père au château, et comme les médecins soupçonnent que c'est la petite vé-

---

lieux où l'on donnoit le bal pouvoient en contenir. Je ne vous dis rien de la manière dont étoient ornés les lieux où l'on dansa. Vous connoissez la magnificence et le bon goût de Monseigneur, et vous vous en imaginerez plus que je ne pourrois vous en dire. La collation étoit dressée dans la salle des gardes de ce prince. Elle consistoit en soixante grandes corbeilles, qu'il auroit fallu plus de soixante hommes pour porter, si elles avoient pu pénétrer dans tous les lieux où elles devoient être portées. Il y avoit outre cela une très-grande quantité de toutes sortes de rafraîchissements, qui occupoient encore un très-grand nombre de personnes, et rien n'étoit plus beau à voir que le mélange des fleurs, des fruits, des confitures sèches et des autres choses qui entrent dans les collations et qui formoient celle dont je vous parle. Il se trouva à ce bal une si prodigieuse quantité de masques, tant de Versailles que de Paris, qu'on peut dire que de cent masques à peine un seul auroit-il pu entrer à ce bal si, pendant près de six heures qu'il dura, plusieurs masques, après avoir demeuré quelque temps dans l'assemblée, n'étoient sortis pour faire place à d'autres. La cour de France est si nombreuse et Paris est si rempli de personnes qui aiment le plaisir et qui se trouvent en état de le goûter que, quand tous les appartements, la galerie et les salons de Versailles auroient été ouverts aux masques, tant de lieux différents et si spacieux n'auroient pu les contenir à la fois.

« Madame la duchesse de Bourgogne, voulant se donner le divertissement que prennent ceux qui vont *incognito* dans les assemblées, y alla masquée avec une *Andrienne*, et madame la duchesse d'Orléans avec un habit pareil à ceux avec lesquels la reine Catherine de Médicis est représentée dans les portraits que nous avons de cette princesse. Comme cet habit peut être orné de beaucoup de pierreries, et que celui de madame la duchesse d'Orléans en étoit tout rempli, cet habit parut d'une grande richesse et de la plus éblouissante magnificence. Plusieurs volumes ne me suffiroient pas si je voulois vous parler de la richesse, de la galanterie, de la bizarrerie et enfin de la variété des habits de tous les masques qui se trouvèrent à ce bal. Il n'y a que la France qui puisse faire voir une si grande affluence à la fois de tant de personnes parées et tant de richesses en même temps, les broderies et les étoffes d'or et d'argent pour des habits faits exprès n'ayant point été épargnées. Je ne dis rien des pierreries : on sait que la France en est remplie et que tous les États du monde n'en pourroient pas fournir autant qu'il s'en trouve en ce royaume. Tant d'agréable variété et tant de richesses attirèrent moins les yeux pendant le bal que les manières de monseigneur le Dauphin, qui, n'étant point masqué, afin de voir plus aisément ce qui se passoit et de donner à tous ceux qui venoient à son bal le plaisir de le voir, sembloit, sans descendre du rang que sa naissance l'oblige à garder, avoir la bonté de s'intéresser à tout ce qui se passoit. Aussi d'un coup d'œil ce prince sembloit-il souvent empêcher le désordre que la grande confusion étoit sur le point de faire naître. Ce que je dis ici n'est point de moi, et je n'ai point imaginé qu'il en devoit être ainsi sur les bontés de ce prince qui, me sont connues ; je dois rendre justice à ceux à qui elle est due. Cette remarque est de M. l'ambassadeur d'Espagne, qui dit après le bal que, pendant qu'il étoit role, on l'a transportée à l'hôtel de Bouillon à la ville, et les médecins de la maison royale n'y vont plus. — Le roi d'Espagne a écrit au roi, il y a quelques jours, pour le prier de permettre au duc de Gramont, son ambassadeur à Madrid, d'accepter l'ordre de la Toison. S. M. C. donne aussi la Toison au comte d'Autel, gouverneur de Luxembourg; il y a longtemps qu'on lui avoit promis.

Mardi 17, *à Versailles*. — Le roi se promena l'après-dînée dans ses jardins. Madame la duchesse de Bourgogne, quoiqu'elle eût veillé jusqu'à cinq heures, se leva à l'ordinaire, et le soir, après souper, elle alla encore danser chez la maréchale de Noailles. Madame de Gié, qui a dansé à tous ces bals, s'est fort distinguée par sa danse, et tout le monde convient que jamais femme n'a mieux dansé. — M. de Courtebonne mourut à Paris sans avoir été presque malade; il étoit un des directeurs de la cavalerie, et avoit le gouvernement de Hesdin, qu'il avoit acheté. Le roi donne aux enfants de Courtebonne, qui vient de mourir, 25,000 écus, qui leur seront payés par celui que le roi choisira pour être gouverneur de Hesdin. La place de directeur de la cavalerie ne sera pas remplie : en voilà déjà plusieurs que le roi a supprimées; il n'en

---

attentif aux bontés et aux manières gracieuses de monseigneur le Dauphin, il ne pouvoit s'empêcher de faire réflexion sur le bonheur de la France, qui étoit gouvernée, de l'aveu de toutes les nations amies et ennemies, par le plus grand prince du monde et qui avoit un fils qui l'imitoit parfaitement.

« Monseigneur reconnut madame la duchesse d'Albe, et ce prince eut une attention toute particulière pour faire placer cette duchesse. Elle étoit habillée de la manière dont les dames du palais de Madrid se présentent à la reine d'Espagne, et, excepté le masque, son habit ne différoit en rien de celui qu'elle auroit eu si elle avoit été à Madrid, et qu'elle eût été faire sa cour. Cet habillement est bien différent de ceux qui ont souvent paru ici dans des entrées de ballets, bals et mascarades, et l'on pourroit dire que les habits à l'espagnole que l'on nous a fait voir ici jusqu'à présent, dans ces sortes d'occasions, ressemblent peu à la manière dont madame la duchesse d'Albe étoit vêtue au bal de Monseigneur, les autres habits ayant plus de rapport à ceux des paysannes d'Espagne qu'à ceux des dames de la cour. » (*Mercure* de février, pages 278 à 288.)

reste plus que deux pour la cavalerie, qui sont Du Bourg pour l'Alsace, Montgon pour l'Italie, et une d'infanterie, qui est celle d'Artagnan pour la Flandre. — On apprit que l'évêque du Mans étoit mort dans son diocèse; il s'appeloit l'abbé de Tressan avant que d'avoir un évêché, et avoit été premier aumônier de Monsieur. Il étoit abbé de Bonneval en Beauce; cette abbaye est à la nomination de M. le duc d'Orléans.

Mercredi 18, *à Marly*. — Outre le conseil que le roi tint le matin, à son ordinaire, il travailla avec M. de Chamillart après son dîner jusqu'à cinq heures, et puis partit de Versailles pour venir ici, où il demeurera jusqu'à la fin de la semaine qui vient. Monseigneur alla avec madame la princesse de Conty de Versailles à Saint-Germain voir le roi et la reine d'Angleterre. Messeigneurs les ducs de Bourgogne et de Berry vinrent ici avec madame la duchesse de Bourgogne. — Il arriva le matin un courrier de M. de Vendôme, parti du 9. Il mande au roi que Lappara est arrivé, et qu'après avoir visité tous les travaux il est de l'avis de M. de Vendôme, qui est de continuer à battre la place avec toute l'artillerie qui nous est arrivée et de monter à l'assaut dans huit jours aux deux attaques, les brèches étant fort grandes; si bien que l'on croit que l'action se sera passée aujourd'hui, ce qu'on regarde comme une occasion très-dangereuse. Les déserteurs assurent qu'il n'y a rien à craindre pour les mines; les neiges fondues ont rempli d'eau tous les rameaux, et nos mines à nous ne peuvent faire aucun effet par cette même raison-là. C'est le chevalier de Broglio que M. de Vendôme enverra apporter la nouvelle de cette action.

Jeudi 19, *à Marly*. — Le roi, après la messe, alla courre le cerf dans son parc; Monseigneur et monseigneur le duc de Berry étoient à la chasse; ils revinrent dîner ici à l'ordinaire. L'après-dînée le roi se promena dans les jardins jusqu'à la nuit, et à sept heures il entra dans le salon, où le bal commença. Le roi y demeura une heure. Madame de Maintenon y vint voir danser, et fit mettre auprès d'elle la princesse des Ursins, que le roi a amenée ce voyage. Il y avoit de danseuses nouvelles madame de Rupelmonde; son mari dansa aussi, et le prince de Morbecque, fils de la princesse d'Harcourt, qui n'étoit point venu ici. — Le roi a mis le maréchal de Villeroy sur la liste de Marly et compte qu'il arrivera demain. — Au dernier conseil de finance le roi acheva de régler les affaires de la succession de M. de Guénégaud, trésorier de l'épargne, qui fut taxé, en 1661, à cinq millions de livres. Le roi, par la suite des temps, en a touché près de quatre millions, et les fonds ayant manqué pour le reste, on a donné une décharge à sa veuve; et comme il ne lui reste plus rien pour vivre, le roi lui a donné une pension de 2,000 écus. — Verceil, nouvel enseigne des gardes du corps, a vendu son régiment de dragons 70,000 francs à un fils du marquis du Roure, qui est capitaine de chevau [-légers].

Vendredi 20, *à Marly*. — Le roi, après la messe, alla courre le daim avec les chiens de M. le comte de Toulouse; Monseigneur et monseigneur le duc de Berry étoient à la chasse et puis revinrent dîner ici. M. le maréchal de Villeroy arriva ici de Flandre et vit le roi chez madame de Maintenon. Après le souper du roi le bal commença dans le salon, où tous les danseurs et danseuses étoient en masque; les danseuses même avoient soupé avec le roi dans leurs habits de masque. Le roi demeura au bal jusqu'à minuit et demi, et le bal dura jusqu'à trois heures. Monseigneur y parut au commencement, masqué en femmes et y dansa; il y fut même quelque temps sans être reconnu, et sa mascarade réjouit fort le roi. — Le roi fera venir ici le duc et la duchesse d'Albe pour leur donner le divertissement du bal; le roi avoit un peu hésité sur cela quand on lui proposa, craignant que cela ne pût tirer à conséquence pour les autres ambassadeurs; mais S. M. s'y détermina en faisant réflexion que c'étoit l'ambassadeur de son petit-fils; que cela marqueroit encore aux Espagnols une distinction d'amitié, et fut même bien aise de faire plaisir au duc et à la duchesse d'Albe, dont il est très-content. La duchesse d'Albe soupera avec le roi.

Samedi 21, à Marly. — Le roi, en sortant de la messe, alla courre le cerf dans son parc; Monseigneur et monseigneur le duc de Berry étoient à la chasse avec lui. Le soir il y eut musique. — Il arriva un valet de chambre du roi d'Espagne, parti le 11 au soir de Madrid; les nouvelles qu'on avoit de Gibraltar étoient qu'on n'avoit point encore attaqué l'ouvrage qu'on appelle le pâté, qui est sur la hauteur qui commande dans la place. Le maréchal de Tessé n'étoit point encore arrivé au siége. M. de Villadarias espère toujours s'en rendre bientôt maître; M. de Maulevrier sert de brigadier. Ce courrier apporta la nouvelle qu'il est arrivé à Cadix un vaisseau chargé d'un million de piastres que le vice-roi de Mexique envoie au roi d'Espagne; c'est presque quatre millions de notre monnoie. Il est arrivé encore un autre vaisseau chargé de riches marchandises et de quelque argent pour les particuliers, sur quoi le roi d'Espagne aura encore des droits. La reine d'Espagne mande au roi que ce vaisseau est arrivé très à propos, et qu'on se servira de cet argent pour envoyer à l'armée qui est devant Gibraltar et pour recruter l'infanterie.

Dimanche 22, à Marly. — Le roi tint conseil à son ordinaire et travailla le soir, au retour de la promenade, avec M. de Chamillart; il vint dans le salon à sept heures, fit commencer le bal, qui étoit en masque, et retourna à huit heures travailler avec M. de Chamillart. — On mande d'Allemagne que les mécontents de Hongrie sont plus forts et plus animés que jamais. Ils ont pris Zathmar et son rentrés en Moravie, où ils ont brûlé plusieurs villages. L'empereur est obligé de renvoyer un nouveau renfort de troupes au général Heister, qui n'ose plus tenir la campagne devant eux. — Liscoüet est mort à Paris; il étoit capitaine des Cent-Suisses de M. le duc d'Orléans, et cette charge vaut 15,000 livres de rente ; il avoit outre cela une pension de 4,000 francs de ce prince, et il avoit vendu le gouvernement de Chartres à M. d'Armenonville, qui lui payoit pour cela une rente viagère de 5,000 francs. M. le duc d'Orléans donne la charge de capitaine de ses Cent-Suisses à M. de Nancré, qui est attaché à lui depuis longtemps.

Lundi 23, *à Marly.* — Le roi, après la messe, alla courre le cerf; Madame étoit dans une petite calèche qui suivoit celle du roi. Monseigneur et monseigneur le duc de Berry coururent le loup. Le roi d'Angleterre, la reine sa mère et la princesse sa sœur arrivèrent ici à six heures et demie ; le roi les mena d'abord chez madame de Maintenon, où il laissa la reine et revint au salon à sept heures faire commencer le bal. Le roi d'Angleterre et la princesse sa sœur dansèrent le premier menuet. Voici la séance du bal : les rois dans des fauteuils et le roi d'Angleterre ayant la droite. Le roi se tenoit toujours debout quand le roi d'Angleterre dansoit, honneur qu'il auroit peine à faire à des rois heureux. Monseigneur étoit sur un pliant à la droite du roi d'Angleterre et avoit au-dessous de lui monseigneur le duc de Bourgogne, monseigneur le duc de Berry, M. le duc d'Orléans et madame la princesse de Conty. A la gauche du fauteuil du roi étoient la princesse d'Angleterre, madame la duchesse de Bourgogne, Madame, madame la duchesse d'Orléans, madame la Duchesse, mademoiselle de Charolois et mademoiselle de Sens. Le roi, après avoir vu danser une demi-heure, alla quérir la reine d'Angleterre, pour qui l'on apporta un fauteuil entre les deux rois, et après qu'elle eut vu danser quelques contredanses on apporta la collation; mais M. le Prince et M. le Duc ne marchèrent point à la tête pour la présenter à LL. MM., ce qu'ils font toujours quand le roi y est, comme grands maîtres de la maison, l'un en titre et l'autre en survivance. Le duc et la duchesse d'Albe arrivèrent ici à quatre heures (1); ils descendirent à l'appartement de la princesse des Ursins*, qui avoit obtenu de madame de Maintenon la permission de les mener dans sa chambre; ils ne l'avoient pas vue encore depuis qu'ils sont en France, parce qu'elle ne voit jamais les ambassadeurs. On plaça, au bal, la duchesse d'Albe et madame des Ursins au-dessous de madame la princesse de Conty, afin qu'étant au premier rang elles vissent mieux danser. Le bal finit à neuf heures un quart; le roi mena LL. MM. BB. dans son appartement, et un quart d'heure après on se mit à table. Voici la séance du souper : la reine, les deux rois dans des fauteuils et dans le même ordre qu'au bal; à la droite du roi d'Angleterre la princesse sa sœur, et au-dessous d'elle madame la Duchesse; à la gauche du roi madame la duchesse de Bourgogne, monseigneur le duc de Bourgogne et Madame. Monseigneur, monseigneur le duc de Berry, M. le duc d'Orléans et madame la princesse de Conty mangent toujours ici à la seconde table, toujours servie dans le même lieu et comme celle du roi. La duchesse d'Albe soupa avec le roi; on la fit mettre au-dessous de madame la Duchesse, et madame des Ursins auprès d'elle; toutes les autres dames aux deux tables, car celle du roi et celle de Monseigneur sont regardées comme égales. Quand la reine d'Angleterre fut arrivée au bal, elle obtint du roi qu'il ne se tînt pas debout quand le roi d'Angleterre danseroit, ce que le roi vouloit continuer de faire. Après le souper LL. MM. BB. retournèrent à Saint-Germain. Madame la duchesse de Bourgogne joua au lansquenet et y fit jouer la duchesse d'Albe. Le roi avoit eu soin qu'on

---

(1) « Le roi a honoré M. le duc et madame la duchesse d'Albe d'une distinction qui n'est pas ordinaire. Sa Majesté fit dire à ces deux Excellences qu'elle seroit fort aise de les voir à Marly, où ne vont, pendant le séjour qu'y fait Sa Majesté, que les personnes de la cour qui sont nommées par elle-même. Leurs Excellences, fort sensibles à cet honneur, y allèrent le lundi gras. Sa Majesté leur fit un accueil qu'il seroit difficile de bien exprimer et que leurs Excel-

servit une table au duc d'Albe, dont le maréchal de Boufflers étoit chargé de lui faire les honneurs et d'y mener plusieurs courtisans avec lui; il y eut une autre table pour le duc de Perth et les Anglois qui avoient suivi LL. MM. BB. Le duc d'Albe alla au coucher du roi, qui lui fit donner le bougeoir et qui lui fit un compliment sur la peine qu'il auroit de s'en retourner si tard.

* Rien de pareil à l'air de triomphe que prit madame des Ursins, à l'empressement servile de tout ce qu'il y avoit de plus considérable auprès d'elle, à l'attention du roi de la distinguer et de lui faire les honneurs de tout, comme à un diminutif de reine d'Angleterre, et dans sa primeur d'arrivée, et à la majestueuse façon dont le tout étoit reçu avec une proportion de grâce et de politesse dès lors effacée et qui faisoit souvenir les plus anciens des temps de la reine mère. Le roi étoit

---

lences n'auroient jamais pu ni prétendre ni espérer. Toute la famille royale, à commencer par Monseigneur, en usa pour elles de même. Leurs Excellences y arrivèrent sur les quatre heures. Après qu'elles eurent salué le roi et qu'elles eurent rendu visite à toutes les personnes de la famille royale, on leur servit une magnifique collation. M. le maréchal duc de Boufflers conduisoit M. le duc, et madame la princesse des Ursins madame la duchesse d'Albe. Sur les sept heures on commença le bal. Toutes les personnes de la cour qui avoient été nommées pour Marly y parurent avec tout l'éclat et toute la magnificence que l'on peut imaginer. Le roi d'Angleterre ouvrit le bal avec la princesse sa sœur: toute la cour demeura debout pendant qu'ils dansèrent. On admira leur bonne grâce à danser, comme on a coutume d'admirer tout ce qu'ils font l'un et l'autre. Ce bal fut l'un des plus beaux; il dura jusqu'à dix heures. Le roi se mit à table, et madame la duchesse d'Albe eut l'honneur de manger avec Sa Majesté. Après le souper on se mit au jeu. Sur le minuit le roi alla se coucher; M. le duc d'Albe eut le bougeoir. Sa Majesté lui parla avec les manières nobles et gracieuses qui lui sont si particulières et si naturelles en même temps. Ce prince lui fit aussi l'honneur de lui parler quelquefois en espagnol dans toute la noblesse et la délicatesse de cette langue. Le jeu et les autres divertissements continuèrent après que le roi fut couché. Leurs Majestés Britanniques et la princesse d'Angleterre s'en retournèrent à Saint-Germain, et M. le duc et madame la duchesse d'Albe, entre deux et trois heures après minuit, allèrent coucher à Versailles, dans leur hôtel, comblés des honneurs qu'ils avoient reçus et pénétrés de cette reconnoissance vive et sincère que les personnes de leur élévation et de leur délicatesse savent sentir avec plus d'étendue que d'autres. Leurs Excellences n'ont guère été moins enchantées de la situation du séjour, des pavillons, des jardins et des vues de Marly et de la manière aisée et délicate dont la cour s'y amuse et s'y divertit en présence même du roi. » (*Mercure* de février, pages 377 à 381.)

admirable à donner du prix à tout et à faire valoir ce qui de soi n'avoit de prix d'aucune sorte, comme il se voit ici sur le duc et la duchesse d'Albe pour un exemple entre un million le long de l'année. Madame de Maintenon et madame la duchesse de Bourgogne n'étoient occupées que de madame des Ursins, qui signala plus le prodigieux vol qu'elle prenoit par un petit chien sous son bras que par aucune autre distinction publique. Personne ne revenoit d'étonnement d'une familiarité que madame la duchesse de Bourgogne même n'eût osé se donner, tant les bagatelles frappent quand elles sont hors de tout exemple. Le roi sur la fin d'un de ces bals caressa le petit épagneul, et ce fut un autre degré d'admiration pour les spectateurs. Depuis cela on ne vit plus guères madame des Ursins au château de Marly sans ce petit chien sous le bras, qui devint la dernière marque de faveur et de distinction pour elle.

Mardi 24, à Marly. — Le roi se promena tout le matin dans ses jardins; l'après-dînée il ne put se promener que tard à cause de la pluie. Monseigneur et monseigneur le duc de Berry coururent un loup, qu'ils menèrent jusqu'à Montfort, et revinrent fort fatigués de la chasse. Au souper les dames qui devoient danser étoient en habit de masque; le bal commença à onze heures, et le roi y demeura jusqu'à minuit et un quart. Le bal dura jusqu'à quatre heures, et Monseigneur y fut jusqu'à la fin (1). — Le roi donne 100,000 francs sur la maison de ville à mademoiselle d'Osmond, qui est chez madame de Maintenon et qui a été longtemps à Saint-Cyr; on la marie à M. d'Havrincourt, gentilhomme du pays d'Artois,

(1) « Il y eut ce jour-là un bal sérieux avant le souper, c'est-à-dire en habits françois. Personne n'ignore que les pierreries font beaucoup plus d'effet sur l'habit des dames, parce que les parures, qui sont faites exprès pour leur servir d'ornement, sont avantageusement placées. Ce bal étant fini et le roi ayant soupé, on en commença un autre où toutes les personnes qui avoient été nommés pour Marly parurent sous différents habits de masques. La variété, la richesse et la bizarrerie de plusieurs habits firent beaucoup de plaisir, chacun ayant pris soin d'inventer des habits qui pussent empêcher qu'on les reconnût. Il y avoit même des personnes d'une même taille qui étoient convenues de mettre des habits semblables, afin d'embarrasser ceux qui auroient pu les reconnoître à leur taille. Enfin ce divertissement fut des plus complets, et la joie fut parfaite. » (*Mercure* de février, pages 381 à 383.)

qui a 25,000 livres de rente en fonds de terre et à qui il en viendra encore 10,000 après la mort de sa mère, qui est fort vieille. Il a été colonel de dragons; il a servi quelque temps en Italie en cette qualité, et sa mauvaise santé lui avoit fait quitter le service; il demande avec empressement à y rentrer. Le roi, en faveur de ce mariage, lui donne le gouvernement de Hesdin, et il payera 25,000 écus aux enfants de Courtebonne, qui avoit ce gouvernement.

Mercredi 25, *à Marly*. — Le roi, après la messe, tint conseil comme à son ordinaire. Monseigneur, madame la duchesse de Bourgogne et monseigneur le duc de Berry, qui avoient été au bal jusqu'à quatre heures du matin, ne se levèrent qu'à midi et allèrent ensemble prendre des cendres et entendre la messe. L'après-dînée le roi courut le cerf et puis se promena dans ses jardins. Messeigneurs les ducs de Bourgogne et de Berry jouèrent aux barres dans le jardin avec tous les jeunes gens qui sont ici. Monseigneur courut le cerf avec le roi. — Il arriva un courrier que M. de Pontchartrain avoit envoyé en Espagne et qui partit de Madrid le 16; il a apporté des lettres du maréchal de Tessé du 11. Il écrit de devant Gibraltar; il mande qu'on manque de plusieurs choses à ce siége; on y a très-peu de poudre; cependant il paroît être d'avis de le continuer. On avoit attaqué et pris le pâté qui est sur la hauteur, mais on n'a pas pu s'y établir. Ces nouvelles ici ne sont pas si bonnes que celles qu'on avoit reçues par le dernier courrier, et l'on commence à être fort inquiet sur l'événement de ce siége.

Jeudi 26, *à Marly*. — Le roi, après la messe, alla courre le cerf avec les chiens de M. du Maine et en revint avant la fin de la chasse; Monseigneur y demeura jusqu'à la fin. Le roi se promena toute l'après-dînée dans ses jardins, et le soir il donna une longue audience au maréchal de Villeroy chez madame de Maintenon. — Le roi reviendra ici de mercredi en huit jours, qui sera le

11 mars; il fera la revue de ses gardes du corps le 12 et le 13, et il les fera partir le 14 pour marcher en Flandre; ce que l'on avoit dit qu'ils devoient aller dans l'armée de la Moselle en partant de leurs quartiers ne s'est pas trouvé vrai; le régiment des gardes ira aussi en Flandre.
— M. le duc d'Orléans a augmenté de 4,000 francs la pension de M. de Saint-Pierre; il lui donnoit déjà 6,000 francs, si bien qu'il en a 10,000 présentement, et sa femme, outre cela, en a 3,000 de madame la duchesse d'Orléans.
— M. de Montgon est reparti pour retourner trouver M. de Vendôme. — Madame la duchesse de Lorraine est accouchée d'une fille.

Vendredi 27, *à Marly.* — Le roi, après la messe, monta en calèche et alla courre le daim dans son parc avec les chiens de M. le comte de Toulouse; Monseigneur et monseigneur le duc de Berry étoient à la chasse. Depuis le carême, il n'y a point eu de musique les soirs. — M. le duc de la Feuillade marche à Nice et à Villefranche avec dix-huit bataillons et quatre régiments de dragons, et a détaché M. de Gévaudan avec huit autres bataillons pour aller s'emparer de Pignerol, qui est tout ouvert. — M. de Jouy, major du régiment d'Orléans de cavalerie, achète ce régiment de M. de Silly, maréchal de camp de la dernière promotion; il en donne 50,000 francs, et M. le duc d'Orléans l'aide dans ce marché-là, car il en paye quelque chose pour lui. — Le chevalier de la Vallière, sous-lieutenant dans la gendarmerie, a permission de vendre, et comme il ne veut pas quitter le service, le roi trouve bon qu'il serve de mestre de camp réformé à la suite du régiment du commissaire général, qui est le régiment de son frère; et madame la princesse de Conty lui donne quelque argent pour remettre sa brigade, afin qu'il la puisse mieux vendre.

Samedi 28, *à Versailles.* — Le roi courut le cerf le matin dans son parc à Marly; Monseigneur et monseigneur le duc de Berry étoient à la chasse. Le roi se promena toute l'après-dînée dans ses jardins à Marly et revint ici à six heures. — Il arriva un courrier de M. de Vendôme, qui mande au roi que les pluies et le vilain temps ont retardé de quelques jours l'exécution de son dessein. Il espère que le 28, qui est aujourd'hui, il pourra faire l'attaque qu'il avoit résolu de faire dès le 18 ; il a fait venir dans son camp toutes les compagnies de grenadiers qui étoient avec M. le grand prieur et celles qu'avoit M. de Vaubecourt, qu'il avoit laissé commander dans Verceil. Il y avoit encore quelques pièces de canon qui étoient demeurées à une lieue du camp. M. de Vendôme a eu des lettres de Brescia qui assurent que M. de Lautrec, fils de M. le marquis d'Ambres, est hors de danger. — M. le maréchal de Marsin a salué le roi à son retour de Marly ; il commandera l'armée que nous aurons sur le Rhin, et sa santé est entièrement rétablie. — M. le duc d'Orléans a donné à M. le marquis de Sassenage, premier gentilhomme de sa chambre, 4,000 francs de pension.

Dimanche 1er mars, à Versailles. — Le roi alla tirer l'après-dînée. — Il n'y aura point de sermon cette semaine, parce que le P. Gaillard, qui prêche, a vu mademoiselle de Bouillon durant sa maladie. Elle a été en grand danger et étoit couverte de petite vérole ; on la croit hors d'affaire présentement. Monseigneur, après le conseil, alla à Meudon, où il demeurera quelques jours. Monseigneur le duc de Bourgogne et madame la duchesse de Bourgogne allèrent à vêpres et au salut. — Le roi a fait milord Clare maréchal de camp : il s'étoit fort distingué à la bataille d'Hochstett ; et a fait brigadier Saint-Pierre, lieutenant-colonel du régiment que le prince de Robecque a vendu cet hiver à M. de Saint-Vallier. — Seignier, maréchal de camp, qui est prisonnier et que les ennemis ont laissé venir sur sa parole, avoit une pension de 600 francs ; le roi l'a augmentée de 1,400 francs, si bien qu'il en a 2,000 présentement. — Tous les officiers généraux qui doivent servir cette année sont nommés; il y aura dix-neuf ou vingt lieutenants généraux en Flandre, douze dans l'armée de la Moselle et huit sur le Rhin; on ne parle point de ceux d'Italie et d'Espagne, parce qu'ils y sont déjà.

Lundi 2, à Versailles. — Le roi se promena l'après-dînée dans ses jardins; madame la duchesse de Bourgogne le vint joindre durant sa promenade. Monseigneur, qui est à Meudon, vouloit courre des loups qui étoient entrés dans le parc de Boulogne, mais on ne les y trouva plus. — M. le marquis de Bedmar salua le roi au retour de sa promenade; le roi le fit entrer dans son cabinet et le reçut fort gracieusement. Il revient de Flandre, et s'en va vice-roi en Sicile. Il y a déjà quelque temps qu'il porte le cordon bleu, ses preuves ayant été admises, et le roi lui fera l'honneur de le recevoir dimanche à une petite messe. Il y a des exemples de cela; le marquis de Béthune, qui fut reçu en 1675, le fut de cette façon-là. — L'abbé de Magny, grand doyen de Saint-Martin à Tours et nommé à l'évêché d'Oléron, est mort à Tours; il avoit eu permission du pape de garder durant cinq ans son doyenné quoiqu'il demande résidence. — MM. d'Usson, de Varennes, les deux Gramont, l'aîné Du Rozel, Phélypeaux, le comte de Manderscheid, le duc d'Humières, le comte de Nogent, le marquis de Thianges, le duc de Luxembourg et quelques autres lieutenants généraux ne sont nommés pour aucune armée; Thianges est malade, et le duc de Luxembourg avoit demandé à aller commander en Normandie, qui est son gouvernement.

Mardi 3, à Versailles. — Le roi alla se promener l'après-dînée à Marly, où il veut faire faire encore quelques nouveaux logements. Madame la duchesse de Bourgogne, monseigneur le duc de Berry et madame la princesse de Conty allèrent dîner à Meudon avec Monseigneur, qui les mena à Paris à l'opéra. Monseigneur, après l'opéra, retourna à Meudon, et ils revinrent ici au souper du roi.

— Le maréchal de Villeroy présenta le matin au roi à son lever le maréchal d'Arcos, qui commande les troupes de l'électeur de Bavière. — Il arriva le matin un courrier du maréchal de Tessé, parti de devant Gibraltar le 17 du mois passé; les ennemis ont jeté du secours dans la place; on compte qu'il n'y est entré que cinq cents hommes et que cela n'empêcheroit pas la place d'être prise très-aisément si le canon et la poudre que nous attendons arrivent; c'est Pointis qui les doit amener de Cadix. Il faut, pour continuer ce siége avec succès, vingt pièces de canon et trois cents milliers de poudre. On mande qu'il pleut jour et nuit en ce pays-là; on y est dans la boue jusqu'au ventre. M. de Villadarias n'y vouloit pas demeurer après l'arrivée de M. de Tessé, mais il a reçu ordre du roi d'Espagne d'y rester.

Mercredi 4, à Versailles. — Le roi se promena l'après-dînée dans les jardins, où il fait planter des arbres d'une grosseur prodigieuse qu'on transporte avec une machine nouvelle. — Tournemine a achevé son affaire pour la lieutenance des gendarmes de la reine; ce qui en avoit retardé la conclusion, c'est que M. le comte de Toulouse avoit taxé le régiment de dragons que Tournemine avoit à vendre, attendu que c'est un régiment levé par la province de Bretagne. Cette taxe n'étoit que de 50,000 francs, qui n'étoit guères pour un régiment de dragons; mais enfin l'affaire s'est accommodée, parce que Marbeuf, qui étoit lieutenant-colonel de ce régiment et qui a été choisi pour l'acheter, a donné un pot de vin de 1,000 pistoles à Tournemine. — M. le maréchal d'Arcos, qui commande les troupes de l'électeur de Bavière, servira sous ce prince en Flandre et aura un rang au-dessus des lieutenants généraux du roi; il n'y avoit point d'exemple qu'un feld-maréchal eût servi avec les troupes du roi. — Toutes les nouvelles d'Allemagne portent que les mécontents de Hongrie sont plus forts et font plus de désordres que jamais sur les terres de l'empereur.

Jeudi 5, à Versailles. — Le roi dîna de meilleure heure qu'à l'ordinaire; il n'y eut point de conseil, et à une heure le roi alla tirer dans son grand parc. Monseigneur fut saigné à Meudon par pure précaution. — M. l'archevêque d'Auch mourut à Paris; il s'appeloit l'abbé de Suze avant que d'être évêque, et eut d'abord l'évêché de Saint-Omer. L'archevêché d'Auch est un des riches bénéfices du royaume, mais il est chargé de beaucoup de pensions; le prince Camille en a pour 8,000 francs, M. de Montgommery pour 1,000 écus, et l'abbé de Choisy pour 2,000 écus; outre cela, les portions congrues pour les curés ont beaucoup diminué le revenu de cet archevêché, qui ne laisse pas de valoir encore à l'archevêque plus de 20,000 écus. — M. l'évêque de Tournay, frère du marquis de la Salle et qui est très-infirme depuis longtemps, et par là ne pouvant remplir les fonctions de l'épiscopat, a prié le roi de trouver bon qu'il envoyât la démission de son évêché; on croit que le roi lui donnera une abbaye considérable quand il y en aura de vacante; il lui reste un très-médiocre revenu, car il n'a que l'abbaye de Rebetz en Brie, où il est retiré depuis longtemps.

Vendredi 6, à Versailles. — Le roi se promena l'après-dînée dans ses jardins. Madame la duchesse de Bourgogne alla à Meudon sur les quatre heures voir Monseigneur et revint ici pour le souper du roi. — Le roi a fait brigadier d'infanterie M. le comte de Shack, Danois, qui a l'ordre de Dannebrog et qui a eu un bras emporté à la bataille d'Hochstett, où il étoit colonel réformé dans le régiment de Zurlauben, et qui se distingua fort à cette action-là. — Il arriva hier au soir un courrier d'Espagne par qui on a eu des nouvelles de Gibraltar, qui ne sont plus fraîches que d'un jour que les dernières nouvelles qu'on en avoit reçues. — Le roi a donné un brevet de mestre de camp réformé à la suite du régiment de mon fils à M. de Bassompierre, Lorrain, qui étoit hors du service depuis dix-huit mois. — M. de Tonnerre avoit une affaire devant les maréchaux de France contre M. de Mennevillette, oncle de sa femme, prétendant qu'il s'étoit obligé de lui donner 40,000 francs quand il auroit un gouvernement. Les maréchaux de France ont député le maréchal de Vauban, pour savoir du roi s'il avoit eu intention que M. de Tonnerre profitât de cette grâce, et le roi s'est expliqué d'une manière qui n'est pas obligeante pour M. de Tonnerre.

Samedi 7, à Versailles. — Le roi alla l'après-dînée à Marly, où il se promena jusqu'à la nuit. Monseigneur revint de Meudon. Madame la duchesse de Bourgogne alla l'après-dînée à Saint-Cyr, d'où elle ne revint qu'à six heures. — On a reçu des lettres de Verue du 26 qui portent qu'on se prépare à l'assaut, que tout le canon est en batterie et qu'on espère, le premier jour du mois, entreprendre cette grande action. M. de Lappara est très-bien avec M. de Vendôme. — M. le marquis de Puysieux prit congé du roi ces jours passés pour retourner à son ambassade en Suisse; M. l'évêque de Soissons, son frère, a été reçu aujourd'hui à l'Académie en la place de M. Pavillon. — Le mariage du prince d'Elbeuf avec mademoiselle d'Armagnac est entièrement rompu. — Le roi donne à M. le comte de Grignan, lieutenant de roi de Provence, 200,000 francs de brevet de retenue sur sa charge, sans quoi madame de Grignan ne pourroit pas trouver ses reprises quand il mourra, s'étant engagée à toutes les dettes de son mari, qui vit fort noblement dans son emploi.

Dimanche 8, à Versailles. — Le roi alla à la messe à dix heures, qui est son heure ordinaire, mais il y alla précédé par tous les chevaliers de l'Ordre, et après la messe il reçut chevaliers M. le duc d'Harcourt et M. le marquis de Bedmar; ce ne fut qu'une petite messe, et dite par un chapelain. Il n'y avoit pas beaucoup d'exemples que le roi eût reçu des chevaliers à d'autres jours que ceux des fêtes de l'Ordre. M. le maréchal de Villeroy et M. le duc de Beauvilliers furent les parrains. L'après-dînée le roi et toute la maison royale allèrent au sermon, et sur les quatre heures le roi sortit pour aller tirer. Monseigneur le duc de Bourgogne et madame la duchesse de Bourgogne remontèrent en haut pour entendre vêpres et revinrent encore à cinq heures à la chapelle pour le salut. — On eut hier nouvelle que M. de Lautrec étoit mort à Brescia de ses blessures; on l'avoit cru hors de danger. Il avoit un régiment de dragons, que le roi donne à Vignolles, son frère, qui avoit un régiment de cavalerie, et S. M. a déclaré à ceux qui lui ont demandé ce régiment qu'elle l'avoit destiné à un vieil officier.

Lundi 9, à Versailles. — Le roi prit médecine. — Il arriva le matin un courrier de M. de Vendôme, parti du 2 au matin. La nuit du 1er au 2, sur les trois heures, M. de Vendôme fit attaquer le fort de l'Ile, où il y avoit deux bataillons de M. de Savoie; on escalada le fort, on tua tout ce qui étoit dedans, hormis deux cents soldats et vingt-quatre officiers, qu'on prit, nos soldats se lassant de tuer; nous n'avons perdu à cette affaire que dix hommes. Dès que le fort fut pris, on fit tirer le canon sur le pont, qui fut rompu, et huit bateaux furent emportés par le courant de la rivière, ce qui ôte toute communication de Crescentin à Verue. On a laissé dans le fort M. de Mauroy, maréchal de camp, et nous y sommes établis de manière à ne point craindre d'en être chassés. En même temps que M. de Vendôme fit attaquer le fort il commanda aux compagnies de grenadiers soutenues de deux bataillons pour monter aux brèches de la grande attaque; ces grenadiers entrèrent jusque dans la seconde enceinte et égorgèrent cinquante hommes qui étoient dans un corps de garde. On croyoit que les assiégés feroient sauter leurs fourneaux, ce qu'ils ne firent point, et nos grenadiers, qui n'avoient eu ordre de monter à ces brèches que pour les reconnoître, se retirèrent et ne perdirent que dix hommes après avoir exécuté les ordres qu'on leur avoit donnés Il n'y a dans la place que onze cents hommes;

il n'y en sauroit tenir davantage; les prisonniers et les déserteurs assurent qu'on y manque de tout, et l'on ne doute point que la place ne soit prise dans peu de jours. On a apporté ici les drapeaux des deux bataillons qui étoient dans le fort de l'île. — Le roi ne dîna qu'à trois heures et dans son lit, et après qu'il fut habillé il travailla avec M. Pelletier; pendant qu'il travailloit avec lui, M. de Chamillart entra et lui amena le maréchal de Villars, qui revient de dessus la Moselle, où il retournera dans peu de jours. — Sur les six heures madame la duchesse de Bourgogne et monseigneur le duc de Berry allèrent à la chapelle en haut pour voir les fiançailles de mademoiselle d'Osmond; le roi et toute la maison royale avoient signé son contrat de mariage chez madame de Maintenon.

Mardi 10, *à Versailles.* — Le roi, malgré la pluie, alla se promener à Trianon. Madame la duchesse de Bourgogne entra le soir après souper dans le cabinet du roi comme à l'ordinaire, mais elle n'y demeura qu'un instant et alla dans la chambre de madame de Lalande, où elle fit l'honneur de donner la chemise à madame d'Havrincourt, qui avoit été mariée le matin et qui avoit dîné ensuite chez madame de Maintenon*. — M. le maréchal de Villars, qui arriva hier, paroît fort content de l'état où il a trouvé les troupes qu'il a vues. Tous les chevaux de remonte que le roi a donnés à la cavalerie sont bien en état de servir; les inspecteurs de cavalerie et les mestres de camp en sont fort contents. Presque toutes ces troupes sont complètes, et les recrues sont plus belles qu'on ne l'espéroit. — Par les dernières nouvelles qu'on a de Hongrie, on apprend que les mécontents continuent à faire des progrès considérables; ils sont plus unis que jamais. Le prince Ragotzki et les principaux chefs ont juré sur les Évangiles et leurs sabres croisés, qui est la manière dont ils se servent dans leurs traités solennels, le prince Ragotzki de ne jamais faire aucun traité avec l'empereur que les Hongrois ne soient remis dans toutes leurs libertés et priviléges, surtout dans celui d'élire leur roi, et les chefs des Hongrois ont juré à Ragotzki de n'écouter aucunes propositions d'accommodement si l'empereur ne le reconnoissoit prince de Transylvanie.

*Madame de Maintenon trayoit [sic] d'ordinaire une demoiselle ou deux de Saint-Cyr, des plus prêtes à en sortir, pour se les attacher. Elles écrivoient sous elle, la suivoient partout, et le roi, qui les voyoit incessamment, prenoit de la bonté pour elles et les marioit avantageusement. Madame la duchesse de Bourgogne s'amusoit d'elles, mais jamais hors de chez madame de Maintenon; et comme elle aimoit à courre, elle leur faisoit un honneur à leur noce, par enfance, qu'elle ne leur eût pas fait autrement. Souvent la dot payée, la demoiselle mariée, ou demeuroit confinée, ou ne s'approchoit guères qu'en étrangère, et le mari encore moins. L'intelligence de celui-ci suppléa au crédit effectif qu'il fit accroire, et il devint très-riche et la plus aimable maison du Cambrésis.

Mercredi 11, *à Marly*. — Le roi, après avoir entendu le sermon, partit de Versailles pour venir ici, où il ne sera que trois jours. Madame la duchesse de Bourgogne, après le sermon, alla voir monseigneur le duc de Bretagne, entra chez la maréchale de la Mothe, qui étoit au lit; elle y trouva la mariée qu'elle vouloit aller voir, descendit ensuite chez la duchesse du Lude, qui a la goutte depuis trois mois, et puis alla à Saint-Germain voir LL. MM. BB.; elle y demeura deux heures enfermée avec la reine et n'arriva ici qu'à huit heures. Monseigneur et monseigneur le duc de Berry vouloient courre le loup; on n'en put point détourner. Ils allèrent courre le cerf, et, au retour de la chasse, revinrent ici tout droit. — On a fait partir de Toulon beaucoup de poudre pour le siége de Gibraltar, où Pointis doit être arrivé avec ses vaisseaux. Les dernières nouvelles qu'on a eues de lui de Cadix étoient qu'il mettoit à la voile quoique le vent ne fût pas trop favorable. — On arme plusieurs vaisseaux à Brest, à Rochefort et en d'autres ports pour passer dans la Méditerranée; ces vaisseaux seront commandés par Coëtlogon, lieutenant général.

Jeudi 12, *à Marly*. — Le roi, après la messe, alla

dans le haut de son parc, où il fit la revue des quatre compagnies de ses gardes du corps et des grenadiers à cheval; jamais ses gardes n'ont été si beaux et si bien montés, quoiqu'il y ait dans ce corps près de six cents chevaux nouveaux; ils ont même presque tous été achetés en France et à meilleur marché que les années passées. Le roi loua surtout les brigades de Lestrades, de Gassion et de Longuerue. Montesson commandera les gardes du corps cette année; ils n'avoient encore jamais été commandés par un lieutenant général; on choisissoit pour cela d'ordinaire le plus ancien maréchal de camp du corps. — On eut nouvelle de Marseille, du 3, que huit de nos galères en étoient parties pour le siége de Villefranche commandées par le marquis de Roye, qui, comme lieutenant général des galères, commandera aussi les vaisseaux de guerre et de transport que Duquesne-Mosnier mène à ce siége. Les vaisseaux de transport nous porteront toutes les munitions de guerre et de bouche qui seront nécessaires à ce siége. — L'abbé de Chamilly, neveu du maréchal, est mort au Mans, où il avoit une abbaye affermée 22,000 francs et qui a de très-belles collations.

Vendredi 13, *à Marly.* — Le roi alla encore faire la revue de ses gardes du corps, il les vit à pied et à cheval; Monseigneur et messeigneurs ses enfants étoient à la revue. Madame la duchesse de Bourgogne y étoit dans une des calèches dont le roi se sert pour suivre la chasse; elle les avoit vus hier, elle les a voulu voir encore aujourd'hui, tant elle a trouvé la revue belle. Au sortir de la revue, Gassion, premier lieutenant de la compagnie de Villeroy, dit à S. M. qu'il n'étoit pas juste, ne servant point au corps, qu'il gardât toujours sa charge, qu'ainsi il prioit S. M. de recevoir sa démission. Il s'attendrit en parlant à S. M., il pleura même; le roi fut fort touché et fort content de tout ce qu'il lui dit, et nous en parla après la revue, louant fort Gassion sur son procédé; car il a dépensé 15,000 francs pour rétablir sa brigade avant que de la rendre. Le chevalier de Balivière, premier enseigne de cette compagnie, montera à la lieutenance; et le roi a donné la brigade à Neufchelles, qui étoit le plus ancien exempt de la compagnie; il y a vingt-deux ans qu'il l'est, et son père, comme premier lieutenant de ce corps, est mort en le commandant.

Samedi 14, *à Versailles.* — Le roi se promena tout le matin et toute l'après-dînée dans ses jardins à Marly, et ne revint ici qu'à la nuit. Monseigneur et monseigneur le duc de Berry coururent le loup et revinrent tout droit ici au retour de la chasse. — Pendant que le roi étoit à la promenade le matin, il reçut un paquet de M. de Chamillart, qui étoit allé à l'Étang hier au soir après avoir travaillé avec lui; ce paquet étoit une lettre de M. de la Feuillade, de qui il est arrivé un courrier cette nuit; il mande au roi qu'il a pris la ville de Villefranche l'épée à la main; il avoit fait sommer les habitants, qui n'avoient pas voulu se rendre. Il y avoit environ cent soldats dans la ville, qu'on a tués ou pris, et trente matelots anglois, qui servoient sur deux frégates angloises qui sont dans ce port. Nos grenadiers n'ont tué aucun habitant ni pillé aucune maison. M. de la Feuillade a fait donner par la ville quelque argent aux grenadiers et a fait prendre beaucoup de draps d'écarlate, qu'il a donnés pour habiller les officiers. — Le soir, ici, chez madame de Maintenon, le roi tint un conseil de guerre avec les maréchaux de Villeroy, de Villars et de Marsin et M. de Chamillart; les trois maréchaux paroissent fort de concert. Le maréchal de Villeroy, commandera en Flandre, le maréchal de Villars sur la Moselle et M. de Marsin sur le Rhin.

Dimanche 15, *à Versailles.* — Le roi entendit le sermon avec toute la maison royale et puis alla se promener à Trianon; mais il ne sortit point de son petit chariot, où des porteurs le traînoient, parce qu'il avoit quelque petit mouvement de goutte. — De Naves lieutenant général et gouverneur de Longwy, est mort. Le roi donne ce gouvernement à Boham, lieutenant général (1), très-ancien officier et que S. M. avoit mis dans Sarrelouis pour y commander sous M. de Choisy. — M. le Prince a acheté la terre et duché de Verneuil 250,000 francs. Le maréchal de Villars avoit fait le marché de cette terre pour y mettre sa duché en cas que M. le prince ne songeât pas à l'avoir; ce sont MM. de Sully et madame la duchesse du Lude qui vendent cette terre, qui ne vaut que 7 ou 8,000 livres de rente, mais qui est bâtie magnifiquement. M. le Prince est fort content du procédé qu'a eu le maréchal de Villars et de celui de toute la maison de Sully. — On eut des lettres de M. de Vendôme par l'ordinaire, elles sont du 6; il ne mande quasi rien du siége de Verue, mais quelques officiers généraux de son armée écrivent qu'on devoit attaquer le lendemain les quatre enceintes, où il y a des brèches à y pouvoir monter en carrosse. Les déserteurs assurent que dans la place il n'y a pas de vivres pour huit jours, ce qui fait douter qu'on veuille aller à l'assaut, les pouvant prendre par famine.

Lundi 16, *à Versailles.* — Le roi alla tirer l'après-dînée, mais il ne fut pas longtemps à la chasse; il revint de bonne heure pour recevoir la reine d'Angleterre, qui vint ici. Le roi et la reine d'Angleterre ont rappelé milord Melfort, qui étoit exilé, et ils l'ont déclaré duc; le feu roi Jacques, en mourant, lui avoit donné cette dignité; mais milord Melfort n'en avoit rien dit, et durant son exil n'en avoit point pris la qualité. LL. MM. BB. veulent qu'il la prenne présentement, suivant l'intention du feu roi Jacques. — M. d'Alègre mande qu'ayant eu avis que les ennemis avoient envoyé un parti de houssards et d'infanterie pour faire contribuer quelques villages du pays Messin,

---

(1) Il avait été nommé maréchal de camp le 10 février 1704 et mourut en 1722 sans être parvenu au grade de lieutenant général.

avoit détaché l'aîné de Balivière, qui commande la cavalerie dans Thionville, et qu'avec son détachement il avoit trouvé ce parti auprès du château de Hombourg ; qu'il les avoit attaqués, leur avoit pris cent soixante hommes et avoit tué presque tout le reste ; il n'a perdu quasi personne à cette occasion. Un autre parti de nos troupes a encore battu un parti des ennemis en ce pays-là. — Le maréchal de Villars prit congé du roi le matin pour retourner à Metz ; les troupes qui doivent composer son armée sont presque toutes complètes.

Mardi 17, *à Versailles*. — Le roi alla à la volerie l'après-dînée. Monseigneur et monseigneur le duc de Berry coururent le loup le matin, et, après la chasse, monseigneur le duc de Berry alla rejoindre le roi. Madame la duchesse de Bourgogne étoit à la volerie en calèche ; le roi ne veut pas qu'elle monte à cheval. — Il arriva un courrier de M. de Vendôme, ses lettres sont du 11 ; il n'a point voulu faire donner l'assaut à Verue, parce que les assiégés seront réduits à se rendre par la faim dans peu de jours ; ils ne donnent plus que quinze onces de pain par jour à leurs soldats. La plus grande partie de la garnison déserte, et M. de Vendôme ne veut plus qu'on reçoive de déserteurs pour les affamer encore plus vite ; ils n'ont plus de médicaments dans la place pour leurs blessés. Le gouverneur est obligé d'enfermer la garnison la nuit dans le réduit ; il ne laisse que des sentinelles qui viennent se rendre. Pendant que la place est dans cet état-là, M. de Vendôme fait faire un pont sur le bas du Pô pour aller attaquer M. de Savoie dans son camp de Crescentin, et Vaubecourt est allé prendre la garnison de Verceil, qui sera remplacée par nos recrues qui y sont arrivées.

Mercredi 18, *à Versailles*. — Le roi, dont la goutte est un peu augmentée, fut obligé de se faire porter en chaise à la messe, et n'alla point au sermon ; il se promena dans les jardins dans son petit chariot, ne pouvant pas mettre pied à terre. Monseigneur courut encore le loup. — Il arriva un courrier de M. de la Feuillade, qui mande que le chevalier de Mianne avoit poursuivi dans les montagnes trois ou quatre cents hommes du régiment de la reine d'Angleterre qui vouloient se jeter dans Nice, qu'il les avoit presque tous tués ou pris et qu'il s'étoit rendu maître de Sospelle, d'où il avoit chassé quelques milices qui avoient voulu s'y défendre. M. de la Feuillade n'a point encore son canon et ses munitions, qui viennent par mer; le vent a été si contraire que les vaisseaux et les galères n'ont pu arriver. Il compte, quand il aura tout ce qu'il lui faut, attaquer en même temps la ville de Nice, le château de Villefranche et Saint-Sospir, et, après cela, faire le siége de Montalban, qui est entre Nice et Villefranche. C'est M. de Vauvré qui sert d'intendant dans son armée, dont il mande au roi des biens infinis sur sa capacité et sa vigilance.

Jeudi 19, *à Versailles.* — Le roi fit l'après-dînée la revue de ses régiments des gardes françoises et suisses dans la grande avenue, qu'on avoit fait sabler exprès. Le roi monta à cheval malgré sa goutte. Monseigneur et messeigneurs ses enfants étoient à la revue. Madame la duchesse de Bourgogne y vint en carrosse. Le maréchal d'Arcos, qui étoit venu à Marly voir la revue des gardes du corps, vint encore à la revue et puis prit congé du roi pour retourner auprès de l'électeur de Bavière; le roi lui fait un très-beau présent; j'appris que S. M. lui donnoit depuis quelque temps une pension de 20,000 francs. — Il arriva un courrier du maréchal de Tessé, les lettres sont du 3. Pointis étoit entré dans la baie de Gibraltar et avoit pris quelques vaisseaux ennemis qui vouloient jeter des munitions dans la place; il étoit encore arrivé plus de cent milliers de poudre pour les assiégeants, et les vaisseaux que le roi avoit fait partir de Provence pour porter le canon et des poudres à ce siége étoient arrivés à Alicante, et M. de

Tessé les attendoit incessamment, si bien qu'il se croit en état à cette heure de continuer le siége avec apparence d'un prompt et heureux succès. On travaille déjà à de nouvelles batteries, et toutes les troupes paroissent de bonne volonté.

Vendredi 20, *à Versailles*. — Le roi se fit porter en chaise à la messe et au sermon, qu'il entendit dans la tribune; après le sermon il alla tirer, monta à cheval, et, le soir, il marcha à pied pour aller et revenir de chez madame de Maintenon. Monseigneur alla dîner à Meudon et revint le soir. Messeigneurs les ducs de Bourgogne et de Berry et madame la duchesse de Bourgogne, après avoir entendu le sermon, allèrent à la Ménagerie; madame la duchesse de Bourgogne y monta sur des ânes et espère que le roi lui permettra bientôt de remonter à cheval. — Il arriva un courrier de M. de Vendôme, ses lettres sont du 15. Il mande que M. de Savoie, voyant qu'on marchoit à lui pour l'attaquer dans son camp de Crescentin, l'avoit abandonné le 14 au matin, avoit passé la Doria Baltéa et s'étoit retiré sous Chivas, où il fait travailler depuis longtemps; il n'a avec lui que deux mille chevaux et moins de deux mille hommes de pied. Les habitants de Crescentin sont venus implorer la miséricorde de M. de Vendôme, qui ne leur a fait aucun mal et y a mis garnison. Les rendus qui viennent de Verue et qu'on ne veut plus recevoir assurent qu'on les avoit réduits de vingt-quatre onces de pain à quinze et depuis à neuf et qu'il n'y a pas de vivres pour huit jours, quoiqu'on ait bien retranché la nourriture.

Samedi 21, *à Versailles*. — Le roi se fait encore porter à la messe; il alla l'après-dînée à Marly, où il se promena toujours en chaise. Madame la duchesse de Bourgogne alla à quatre heures à Saint-Cyr et en revint à six avec madame de Maintenon. Le soir il y eut comédie. — Le roi a donné des commissions de colonel à deux officiers du régiment des gardes, qui sont Coadelet, lieutenant des grenadiers, et d'Audiffred, aide-major; ils sont quatre aides-majors, les trois autres avoient déjà des commissions de colonel. Le roi a donné aussi une commission de colonel à Soury, lieutenant-colonel d'un régiment suisse, à la recommandation de M. du Maine. — M. le comte de Manderscheid, lieutenant général, qui n'étoit point sur le mémoire de ceux qui doivent servir cette année, servira dans l'armée du maréchal de Villars; il avoit déjà vendu son équipage, comptant n'être point employé cette année. — Il arriva un courrier d'Espagne que M. de Pontchartain y avoit envoyé; on n'apprend rien d'important par ce courrier. On a eu par lui des lettres du maréchal de Tessé du 7 qui ne disent rien de nouveau du siége de Gibraltar; le canon et les munitions que nous y envoyons de Provence n'étoient pas encore arrivés.

Dimanche 22, à Versailles. — Le roi se fait encore porter en chaise à la messe; il entendit le sermon en haut avec toute la maison royale. Après le sermon il alla à Trianon et se promena en chaise. Messeigneurs les ducs de Bourgogne et de Berry et madame la duchesse de Bourgogne, en sortant de la chapelle, allèrent à la promenade dans les jardins et puis y retournèrent pour le salut. — M. de Thianges, qui n'a pas une assez bonne santé pour faire la campagne ni en Flandre ni en Allemagne, mais dont le roi connoît l'attachement au service, servira de lieutenant général en Bretagne, sous le maréchal de Château-Renaud, et Coldoré y servira de brigadier. — Sérisy, mestre de camp du régiment de cavalerie de Condé, ne pouvant plus servir à cause de ses incommodités, a remis son régiment à M. le Prince, qui le donne au marquis de Montpipeau, qui étoit capitaine dans le régiment du Maine; il donna 22,500 livres à Sérisy, qui avoit un régiment quand M. le Prince le choisit pour commander le sien; il n'auroit pas été juste qu'un aussi galant homme eût perdu ce qu'il auroit tiré de son premier régiment.

Lundi 23, *à Versailles*. — Le roi dîna à onze heures, monta en carrosse à midi pour aller à Marly, d'où il ne revint qu'à la nuit. Monseigneur et monseigneur le duc de Berry coururent le loup. Monseigneur le duc de Bourgogne et madame la duchesse de Bourgogne se promenèrent dans les jardins. — Le roi envoie le comte de Gramont en Franche-Comté commander en ce pays-là; il est lieutenant général. Le marquis de Gramont, son cadet, plus ancien lieutenant général que lui, ne sert point. — Le roi a destiné M. d'Usson, ancien lieutenant général, pour aller commander dans le comté de Nice, que nous comptons qui sera bientôt à nous. — Le roi a donné à Gassion 2,000 écus de pension; à la dernière revue des gardes du corps, dont il étoit lieutenant, il rendit au roi sa brigade, qu'il avoit remise en très-bon état, et le roi fut très-content de son procédé. S. M. lui a dit en lui donnant sa pension : « Je ne vous dois rien, mais je suis bien aise de vous distinguer par la grâce que je vous fais, étant très-satisfait des services que vous m'avez rendus et persuadé que vous m'en rendrez encore de bons à l'avenir. » Le roi donne toujours 2,000 écus de pension aux lieutenants de ses gardes du corps quand ils quittent pour de bonnes raisons, mais c'est quand ils n'ont point de gouvernement, et Gassion a celui de Mézières; ainsi le roi avoit raison de lui dire : « Je ne vous dois rien. »

Mardi 24, *à Versailles*. — Le roi devoit aller à la volerie, mais il aima mieux aller tirer et renvoya les oiseaux. Monseigneur courut le loup. Il y eut grand couvert chez madame la duchesse de Bourgogne, et ensuite grand cercle et grand jeu. — Il arriva le matin un courrier de M. de la Feuillade, ses lettres sont du 19. Il mande qu'il a ouvert la tranchée devant la ville de Nice, qu'il n'a que deux pièces de canon de vingt-quatre et qu'il espère pourtant prendre la place dans six jours; que les galères commandées par M. de Rouannois, qui étoient à Monaco, arrivoient, mais que celles du marquis de Roye et les vaisseaux n'arrivoient point; le chevalier de Mianne a été blessé à la joue légèrement. — M. le duc de Gramont, ambassadeur en Espagne, demandoit depuis longtemps d'être rappelé, sa santé n'étant pas trop bonne en ce pays-là et ne croyant pas, dans la disposition présente, y pouvoir bien servir le roi; on lui envoie son congé, et on a nommé en sa place M. Amelot; cela n'est pas encore public *. — Bourbitou, qui avoit un des régiments nouveaux d'infanterie, l'a vendu 10,000 écus à M. Roze, fils de feu Provenchère, qui avoit longtemps commandé le régiment de Vendôme et qui est mort gouverneur de Philippeville.

* Le duc de Gramont, en déclarant son mariage, s'étoit perdu, et pendant son voyage madame des Ursins s'étoit raccommodée; elle vouloit retourner en Espagne, régner plus absolument que jamais, et il lui étoit capital d'avoir un ambassadeur dépendant d'elle et hors de portée de voler haut par lui-même. Le duc de Gramont lui eût été tout au mieux nulle [sic], et peut-être pis, et il lui en falloit un qui pût agir, opérer, et le tout dans sa main. Les Noailles, quoique liés et alliés intimement aux Estrées, avoient été trop politiques pour se brouiller avec elle. Le fils du duc de Gramont étoit leur gendre aîné et favori, et la femme de ce gendre une espèce de favorite de madame de Maintenon. Ils ne se soucioient aucuns du duc de Gramont, mais ils ne se pouvoient détacher qu'il fût honnêtement traité; c'est ce qui lui valut la Toison et son rappel aussitôt après, pour laisser à madame des Ursins à la remplir, et la reine d'Espagne se conduisit avec le duc de Gramont de manière à lui faire désirer à lui-même son retour. Amelot étoit de robe, conseiller d'État, par conséquent point susceptible de Toison ni de grandesse. Il avoit acquis de la réputation en Suisse, à Venise, en Portugal et dans d'autres commissions au dehors. C'étoit un homme d'honneur, de grand sens, de grand travail et d'esprit, doux et liant, et de plus un homme fort sage. Madame des Ursins ne crut pas pouvoir trouver mieux pour avoir sous elle un homme qui l'aidât dans toutes les affaires, qui n'eût ni protection ici ni famille et qui, sous le nom d'ambassadeur, fût en effet pour elle un secrétaire renforcé sous l'abri duquel elle agiroit avec autorité en Espagne, et avec confiance de la part de ce pays ici; il y étoit témoin de son triomphe; il étoit bien avec madame de Maintenon et à portée d'en recevoir les ordres et les impressions particulières, connu et estimé du roi et du

public. Elle s'arrêta donc à lui et le fit choisir, avec ordre de n'agir en rien que sous elle et que de concert avec elle.

Mercredi 25, à Versailles. — Le roi se fait encore porter en chaise à la messe; il entendit le sermon en haut dans la tribune avec toute la maison royale, alla au salut et ne sortit point de tout le jour. — Il arriva le matin un courrier de M. Vendôme, parti du 19. La lettre étoit longue et toute en chiffre, et voici ce qu'on en apprit le soir : on continue à canonner Verue sans rien entreprendre et comptant que la garnison sera incessamment contrainte de se rendre par famine; on a fait remonter notre pont jusqu'à une grande portée de canon au-dessus de la ville; M. de Savoie, après avoir mis son infanterie sous Chivas et sa cavalerie depuis Chivas jusqu'à la Doria Baltéa, est allé faire un tour à Turin. On parle différemment des partis que prendra M. de Savoie quand Verue sera rendue, et c'est apparemment sur cela que M. de Vendôme a envoyé une dépêche si longue toute chiffrée. On ne sait rien encore sur la marche des troupes que l'empereur veut faire passer en Lombardie; il y a des lettres qui portent qu'il y en a déjà d'arrivées à Trente. — Le comte d'Estrées, fils unique de la duchesse d'Estrées, mourut à Paris; il n'avoit que onze ans. Il a une sœur, qui sera une grande héritière. Le duc d'Estrées, son frère du premier lit, n'est point marié.

Jeudi 26, à Versailles. — Le roi dîna de fort bonne heure et alla se promener à Marly, d'où il ne revint qu'à la nuit. Monseigneur alla à Meudon, où il demeurera jusqu'au voyage de Marly, qui sera mercredi. Madame la duchesse de Bourgogne, qui s'étoit fort promenée dans les jardins, se trouva un peu incommodée le soir, ne soupa point avec le roi, mais elle alla dans son cabinet à l'ordinaire après le souper. — Madame du Plessis-Bellière[*], mère de la maréchale de Créquy, est morte à Paris d'une grande vieillesse; elle avoit eu beaucoup de crédit durant la surintendance de M. Fouquet, dont elle étoit parente; elle avoit près de cent ans (1). — M. le marquis d'O marie sa fille aînée, qui est présentement avec madame de Montespan; il lui donne en mariage 20,000 écus, dont il lui fait la rente; son mari reconnoîtra avoir reçu 30,000 écus d'elle, et moyennant cela M. le comte de Toulouse consent que 1,000 écus de la pension qu'il donne à M. d'O passent sur la tête du marié; outre cela, M. d'O nourrira quelques années sa fille et son gendre. Ce gendre est M. le marquis d'Épinay; il a 10,000 livres de rente, un beau château; il est capitaine de cavalerie depuis longtemps dans le régiment de Bourgogne; les Saint-Luc sont de sa maison **.

* Madame du Plessis-Bellière s'appeloit de Bruc; son mari étoit lieutenant général et mort dès 1654. C'étoit une des femmes de France qui, avec de l'esprit et de l'agrément, avoit le plus de tête, le courage le plus mâle, le secret le plus profond, la fidélité la plus complète et l'amitié la plus persévérante. C'étoit le cœur et l'âme de M. Fouquet, à qui le chevalier de Créquy s'étoit attaché et dont Fouquet fit le mariage avec la fille de cette femme, lequel devint depuis maréchal de France. Madame du Plessis souffrit la prison la plus rigoureuse, les menaces les plus effrayantes et enfin l'exil le plus fâcheux sans la plus légère émotion, à l'occasion de la chute de M. Fouquet, et acquit une estime, même de leurs communs persécuteurs, qui se tourna à la fin en considération, sans avoir cessé d'être, jusqu'à la fin de leur vie, la plus ardente et la plus persévérante amie de M. Fouquet à travers les rochers de Pignerol, et cela publiquement, et de leurs communs amis.

** L'auteur des Mémoires n'auroit pas été avoué de MM. de Saint-Luc. Le grand-père de leur prétendu parent étoit un petit juge royal et même abbatial d'autour de Rouen, et ce marié ne fit pas grande fortune. Sa femme, qui se fit le jouet de princes et de princesses, et souvent plus que fortement, comptoit bien la faire à son mari et à elle; mais ceux dont elle l'espéroit ne vécurent pas assez. Elle étoit bonne et singulière créature, avec de l'esprit, et mourut, devenue, depuis la régence, dame d'atours de madame la duchesse d'Orléans, à la surprise universelle. Madame la comtesse de Brionne étoit aussi du nom d'Épinay différent de ces deux; cette dernière maison est de Bretagne et bonne, dont la comtesse de Brionne étoit héritière.

---

(1) « Madame du Plessis-Bellière ne bougeoit plus de son lit, devenue sourde

Vendredi 27, *à Versailles.* — Le roi alla l'après-dînée à la volerie par un assez vilain temps. Madame la duchesse de Bourgogne, qui y étoit en carrosse, en revint très-incommodée, et se coucha à huit heures; ils avoient entendu le sermon avant que d'aller à la volerie. — Le roi a eu nouvelle, par plusieurs endroits, que les mécontents de Hongrie avoient emporté un grand avantage sur le général Heister et qu'ils l'avoient repoussé jusque dans les retranchements que les Allemands ont faits sous Vienne. — M. le vidame d'Amiens a vendu la cornette des chevau-légers que le roi lui avoit laissée à vendre 88,000 francs; c'est M. du Cheylar, petit-fils de madame d'Ozembray, qui l'achète. — M. le marquis de Bedmar, qui s'en va vice-roi en Sicile, a pris congé du roi, qui lui a fait présent d'une croix du Saint-Esprit enrichie de diamants brillants et très-magnifiques. On ne peut trop bien traiter un homme qui a aussi dignement servi les deux rois pendant qu'il a commandé en Flandre; il part comblé des bontés du roi. — Le duc de Berwick est arrivé à Montpellier le 20. Deux jours avant qu'il y arrivât, on avoit pris Castaignet, un chef des fanatiques, et tué un de ses camarades; il ne reste quasi plus de ces misérables.

Samedi 28, *à Versailles.* — Le roi alla se promener dans ses jardins. Madame la duchesse de Bourgogne et monseigneur le duc de Berry allèrent dîner à Meudon avec Monseigneur. Après dîner ils jouèrent jusqu'à quatre heures et puis allèrent à Paris à l'opéra; Monseigneur, après l'opéra, retourna coucher à Meudon; madame la duchesse de Bourgogne et monseigneur le duc de Berry revinrent ici souper avec le roi. — M. de Mesmond, écuyer de la grande écurie, est mort ici; il avoit 9,000 frans de

---

et aveugle, mais avec son même esprit, dictant encore une lettre avant-hier qu'elle mourut dans sa quatre-vingt-dix-septième année. » *Lettre de la marquise d'Huxelles*, du 27 mars.

pension pour avoir appris à monter à cheval aux trois fils de Monseigneur, et sa charge lui valoit 8,000 francs; elle est dans le casuel du grand écuyer, et sera vendue 50,000 francs. M. le Grand a eu plus de 50,000 écus de casuel depuis un an. — Le P. Gravé, confesseur de madame la duchesse de Bourgogne, étant très-souvent incommodé, se retire; le roi lui donne 800 francs de pension. Madame la duchesse de Bourgogne a choisi pour son confesseur en sa place le P. de la Rue, fameux prédicateur et homme de beaucoup d'esprit*. — Plusieurs marchands à Paris ont eu des lettres d'Allemagne qui confirment la nouvelle qu'on avoit eue de la défaite du général Heister par les mécontents de Hongrie.

* La gêne de la confession étoit grande dans la famille royale. Monseigneur n'a jamais eu d'autre confesseur que celui du roi. Il en donnoit à ses petits-fils, et madame la duchesse de Bourgogne élevée à Turin dans l'éloignement des jésuites, en eut un pour confesseur en arrivant, qui lui ayant été ôté pour les affaires de la Chine, le roi lui en nomma d'autres dont elle ne s'accommoda pas; et celui-ci enfin, qu'il lui fallut bien accepter, a demeuré. Sa belle-mère ne s'en étoit sauvée qu'à la faveur du langage, et de ce qu'ayant amené de Bavière un jésuite allemand, les jésuites la laissèrent faire; celui-là mourut, et ce ne fut pas peu d'affaires de garder son compagnon, allemand aussi, sous prétexte de l'habitude de se confesser en cette langue.

Dimanche 29, *à Versailles.* — Le roi et toute la maison royale entendirent le sermon dans la tribune. Le roi, après le sermon, alla tirer dans son parc; madame la duchesse de Bourgogne alla le voir tirer pendant quelque temps, et puis revint pour le salut. — Il arriva un courrier de M. de la Feuillade, ses lettres sont du 21. Il mande que les vaisseaux et les galères étoient arrivés avec toutes les munitions et le canon nécessaires pour son entreprise; que dans peu de jours il aura dix-sept pièces en batterie devant le château de Villefranche; c'est Filley qui est son premier ingénieur. Le siége de Nice se continuoit lentement, mais présentement cela ira fort vite. — Le roi a fait publier que tous ceux qui avoient de l'argent à la caisse des emprunts n'avoient qu'à se présenter au commencement d'avril, qu'on rembourseroit ceux qui voudroient être remboursés, comme on leur avoit promis, et que ceux qui voudroient laisser leur argent auroient leur intérêt au denier dix, comme par le passé. Il y a beaucoup d'argent au trésor royal; les billets de monnoie sont préférés à l'argent comptant, et la régularité avec laquelle on tient tout ce qu'on a promis achève de rétablir le crédit du roi et de remettre l'argent en mouvement.

Lundi 30, *à Versailles.* — Le roi ne tint point de conseil, dîna de bonne heure et alla courre le cerf dans le parc de Marly. Au retour de la chasse il se déshabilla à Marly et s'y promena jusqu'à la nuit; il y doit aller mercredi pour y passer le reste de la semaine. — M. Amelot, le conseiller d'État, a été déclaré ambassadeur en Espagne; il s'étoit défendu quelque temps par modestie d'accepter cet emploi; mais le roi l'a voulu, il a obéi. C'est madame la princesse des Ursins qui l'a proposé; il a déjà été ambassadeur en Portugal, à Venise et en Suisse, et a été fort aimé et estimé dans ses ambassades; il aura 20,000 écus d'appointements, dont on lui en avancera une année, et 40,000 francs outre cela pour son équipage. — Il y a des lettres de M. le grand prieur du 18, qui mande que par les nouvelles qu'il a du Tyrol il n'y a aucunes troupes de l'empereur en ce pays-là, et l'on mande de Vienne que le prince Eugène n'en doit partir pour aller commander l'armée de l'empereur en Italie que dans le mois d'avril. — Mademoiselle de Villacerf se marie; c'est l'archevêque de Toulouse, son oncle, qui a fait ce mariage; elle a 100,000 écus de bien présentement et aura encore quelque chose après la mort de sa mère. Elle épouse le marquis du Montal; il est colonel du régiment de Poitou; il a 25,000 livres de rente en fonds de terre; il lui reviendra encore quelque bien après la mort de sa mère; il est petit-fils de du Montal, chevalier de l'Ordre et lieutenant général.

Mardi 31, à Versailles. — Le roi devoit aller à la volerie, mais il fit un si grand vent qu'on ne put pas voler ; il alla se promener dans ses jardins. Monseigneur le duc de Bourgogne et madame la duchesse de Bourgogne montèrent ensemble en carrosse à quatre heures et allèrent à Meudon voir Monseigneur; il faisoit un si grand vent qu'il ne purent se promener ; ils jouèrent toute l'après-dînée. Monseigneur le duc de Bourgogne revint ici d'assez bonne heure, et madame la duchesse de Bourgogne n'en repartit qu'à neuf heures et ramena monseigneur le duc de Berry, qui, après avoir tiré toute l'après-dînée dans le grand parc de Versailles, l'étoit venu trouver à Meudon à cheval. — On eut par l'ordinaire des nouvelles d'Espagne, les lettres sont du 18. Majorada, *secretario del despacho universal*, avoit consenti qu'on démembrât la charge de secrétaire d'État de la guerre pour Ronquillo, qui ne l'a point voulu encore accepter. On a eu par ce courrier des lettres de M. de Tessé du 11 ; il mande que le canon qu'il attendoit étoit arrivé, mais la poudre ne l'est pas, si bien qu'il ne peut encore rien entreprendre. — Le chevalier de Grignan*, qui est fort incommodé, a consenti, par complaisance pour sa famille, à se marier, dans l'espérance de conserver leur nom. Il épouse mademoiselle d'Oraison, fille de mérite, qui a trente-cinq ans ; elle aura 50,000 écus de bien après la mort de son père.

* Le chevalier Grignan n'étoit chevalier que de nom. La goutte lui avoit fait quitter le service et enfin la cour, où il étoit menin de Monseigneur, pour se retirer en Provence, où son frère commandoit et passoit sa vie. Quoiqu'il y eût encore des Adhémar de Monteil, M. de Grignan, qui n'avoit que des filles et point d'enfants d'un fils d'espérance qu'il avoit perdu, voulut marier ce seul frère qui pût l'être, mais qui n'eut point de postérité.

Mercredi 1ᵉʳ avril, à Marly. — Le roi, après avoir entendu le sermon à Versailles, monta en carrosse pour venir ici, où il se promena jusqu'à la nuit, et puis travailla avec M. de Chamillart chez madame de Maintenon. Monseigneur vint ici tout droit de Meudon. Madame la duchesse de Bourgogne, après le sermon, alla voir la duchesse du Lude et madame de Mailly, qui sont malades, et puis monta en carrosse et alla à Saint-Germain voir la reine d'Angleterre, avec qui elle fut longtemps enfermée, et elle n'arriva ici qu'à huit heures. — M. le maréchal de Coeuvres et M. de Pontchartrain étoient fort brouillés depuis six mois et ne se voyaient plus; le raccommodement se fit chez M. le chancelier à Versailles, par l'entremise du duc de Noailles, qui se porte mieux et qui a pris congé du roi pour aller aux eaux. — M. Bouchu *, qui étoit intendant de l'armée d'Italie et de Dauphiné, revint ici prendre sa place de conseiller d'État; on n'a point encore déclaré qui lui succédera dans l'intendance de Dauphiné. — Il y devoit avoir aujourd'hui une diminution sur le prix des espèces d'or et d'argent, mais on a jugé à propos de la retarder jusqu'au 15 du mois; l'argent est en si grand mouvement que, bien loin de retirer ce qu'on avoit à la caisse des emprunts, on y en porte tous les jours.

* Bouchu étoit un homme fort aimable et de beaucoup d'esprit, orné et de bonne compagnie, autrefois bien fait et galant. Il étoit conseiller d'État et très-capable de ses emplois, mais il s'étoit furieusement enrichi dans cette intendance de Dauphiné et d'armée, où il avoit persévéré, tout rongé de goutte, plus qu'on n'auroit voulu, parce qu'à la fin il avoit été reconnu. Lui et sa femme n'avoient jamais eu grande passion l'un pour l'autre. Comme il revenoit tout à fait à Paris, il passa par Tournus, qui étoit son chemin, où la goutte l'arrêta quelques jours dans l'hôtellerie. Pendant ce peu de jours il fut visité des notables du lieu; il le trouva agréable, et y prolongea sa convalescence. Étant guéri, il s'y amusa encore tant et si bien qu'il y devint amoureux, et y loua une maison. Au bout d'un an il en bâtit une en lieu de la ville qui lui plût, et, pour le faire court, sans y avoir ni biens ni amis, ni d'autre connoissance que celle de ce hasard de passage, il n'en est jamais sorti depuis, y a vécu plusieurs années et y est mort. Cette singularité est telle qu'elle a paru mériter de n'être pas oubliée.

Jeudi 2, à Marly. — Le roi ne se promena point le matin dans ses jardins, et l'après-dînée il alla courre le cerf dans son parc. Monseigneur et monseigneur le duc de Berry étoient à la chasse; Madame étoit dans une petite calèche qui suivoit le roi. Madame la duchesse de Bourgogne est un peu incommodée; le carême lui fait mal, cependant elle ne veut point le rompre. Au sortir de la messe le roi alla chez madame de Maintenon, où il travailla longtemps avec M. de Chamillart, et le soir il donna une longue audience au maréchal de Villeroy, qui prendra congé de lui au retour de Marly; M. de Chamillart étoit à cette audience. — Le roi a choisi pour intendant en Dauphiné M. d'Angervilliers, qui étoit intendant à Alençon, et l'on enverra à Alençon, en sa place, M. de Guerchois, assez nouveau maître des requêtes, qui est déjà en réputation. — On a donné des commissions de mestre de camp à M. de Sainte-Croix (1), François, qui étoit capitaine de cavalerie dans le régiment de Scheldon, qui est un régiment irlandois, et à M. de..........., major du régiment-colonel, qui a une jambe de bois et qui est homme de condition et fort estimé dans la cavalerie.

Vendredi 3, à Marly. — Le roi se promena tout le jour dans ses jardins. Monseigneur et monseigneur le duc de Berry coururent le loup dans la forêt de Saint-Germain et revinrent avant le dîner du roi. — Il arriva un courrier de M. de la Feuillade qui assiége le château de Villefranche; ses batteries en étoient fort éloignées, parce qu'il y avoit un petit fort entre la ville et le château qui empêchoit qu'on ne pût les approcher; il a jugé à propos d'attaquer ce fort, et heureusement les assiégés l'ont abandonné, voyant qu'on se préparoit à cette attaque; la prise de ce petit ouvrage facilitera la prise du château. — L'abbé de Boisfranc, collateur du petit bénéfice qu'avoit le président Payen, l'a donné à l'abbé Bignon, et par la suite, qui seroit longue à expliquer, cela a causé quelque froideur entre le cardinal de Noailles et

---

(1) M. de Bedmar l'avoit recommandé au roi. (*Note de Dangeau.*)

M. le chancelier, oncle de l'abbé Bignon. — Les régiments des gardes françoises et suisses partirent de Paris sur la fin de la semaine passée pour aller en plusieurs villes de de Flandre, où ils attendront les ordres pour la campagne prochaine; les deux compagnies des mousquetaires, qui sont très-bien rétablies et bien remontées, paroîtront devant le roi à la fin de la semaine de Pâques, et partiront de Paris pour la Flandre après la Quasimodo. Les gendarmes et les chevau-légers n'ont point encore d'ordres et sont en très-bon état.

Samedi 4, à Versailles. — Le roi, après la messe, alla courre le cerf malgré le vilain temps; il se promena l'après-dînée jusqu'à six heures et puis partit de Marly pour revenir ici, et le soir, chez madame de Maintenon, il travailla avec M. de Chamillart. — M. le maréchal de Villeroy prit congé de S. M. pour retourner à Bruxelles et préparer en Flandre tout ce qui est nécessaire pour l'ouverture de la campagne. — Les dernières nouvelles qu'on a d'Angleterre portent que milord Marlborough presse la reine Anne de lui permettre de passer à Lisbonne, espérant par le Portugal, faire plus de mal aux couronnes de France et d'Espagne que par les entreprises qu'on pourroit faire sur le Rhin et sur la Moselle ou en Flandre. — On a eu des avis à Paris que la flotte ennemie, qui est en Portugal, avoit surpris les treize vaisseaux françois que Pointis avoit amenés dans la baie de Gibraltar, et que nous avons perdu quatre ou cinq vaisseaux à cette affaire; mais on doute encore de cette mauvaise nouvelle, parce qu'on n'en a rien mandé au roi. — On a fait rouer à Montpellier Castaignet, qui fut pris ces jours passés. Un Anglois, que la reine Anne avoit envoyé en ce pays-là pour fomenter la révolte des fanatiques, s'est venu rendre et a déclaré beaucoup de complices. Le duc de Berwick est allé dans les hautes Cévennes; il paroît que M. de Basville et lui sont en grande union.

Dimanche 5, jour de Pâques Fleuries, à Versailles. —

Le roi et toute la maison royale assistèrent à toutes les dévotions de la journée. M. de Pontchartrain vint, entre vêpres et le salut, trouver le roi, qui le fit entrer dans son cabinet; il lui rendit compte des nouvelles qu'il avoit eues de Toulon, où il est arrivé six des treize vaisseaux que M. de Pointis avoit devant Gibraltar; il y en a eu trois de pris par les ennemis, un que l'on sait qui est arrivé à Cadix, un qu'on croit qui se sauvera, parce qu'il n'étoit poursuivi que de loin, et les deux plus gros vaisseaux, que les ennemis n'avoient osé aborder, se sont échoués à la côte entre Gibraltar et Malaga. Pointis étoit sur le plus gros de ces vaisseaux, et après les avoir fait échouer et sauvé les équipages il les a brûlés, afin que les ennemis n'en profitassent point; ces deux vaisseaux brûlés étoient de plus de quatre-vingts pièces de canon; les trois qui ont été pris étoient commandés par Patoulet, de Mons et [des Herbiers]; ils étoient environ de soixante pièces de canon. Les ennemis étoient venus de Lisbonne avec trente-cinq vaisseaux de guerre, et par un brouillard fort épais, sans que Pointis en eût aucune nouvelle; il n'y a que les trois vaisseaux et les deux brûlés qui aient combattu, et cependant, malgré la prodigieuse inégalité, le combat a duré cinq heures. Un frère de M. le comte de Saumery, qui étoit capitaine de vaisseau et qui avoit été blessé au combat que donna M. le comte de Toulouse, et qui étoit demeuré à Malaga depuis sa blessure, s'étoit mis sur un des six vaisseaux qui sont arrivés à Toulon, y est mort en arrivant.

Lundi 6, à Versailles. — Le roi prit médecine et travailla ensuite avec M. Pelletier; l'après-dînée il tint le conseil qu'il tient tous les matins. Monseigneur et monseigneur le duc de Berry coururent le loup le matin, et Monseigneur revint pour le conseil. — On eut des lettres de Pointis qui apprennent quelques particularités du combat dont le roi eut hier la nouvelle. Pointis ne vouloit point demeurer dans la baie de Gibraltar, connoissant bien qu'il y pourroit être accablé aisément par les ennemis ; mais il avoit des ordres précis du roi d'Espagne d'y demeurer. Il auroit perdu tous les vaisseaux qui sont revenus à Toulon et celui qui est arrivé à Cadix si ces vaisseaux-là avoient été au combat ; mais le gros temps qu'il fit le jour de devant avoit fait dériver les six vaisseaux et les avoit obligés de se retirer à Malaga, d'où ils étoient partis pour revenir à Toulon, ayant appris la mauvaise nouvelle ; les deux autres vaisseaux, dont il en est arrivé un à Cadix avoient été envoyés par Pointis dans l'Océan pour l'avertir des mouvements que feroient les ennemis, ce qu'ils n'ont pu faire. — Le duc Maximilien de Bavière, oncle de l'électeur, est mort dans une des terres de son apanage, où il menoit une vie fort retirée ; la princesse sa femme l'avoit entièrement jeté dans la dévotion ; c'est une princesse d'un très-grand mérite ; elle est sœur de M. de Bouillon ; une autre sœur qu'il avoit et qui étoit carmélite est morte depuis deux jours.

Mardi 7, à Versailles. — Le roi alla l'après-dînée se promener à Marly. — Il arriva un courrier de M. de Vendôme, parti du 1er de ce mois. Il mande qu'il croit que les assiégés sont à la dernière extrémité et qu'il compte que la place sera rendue avant que le courrier soit arrivé à la cour ; les assiégés font beaucoup de signaux par des feux et des fumées, auxquels on répond de Chivas, et M. de Vendôme est persuadé que ces signaux ne sont que pour apprendre l'extrémité où ils sont réduits. On a pris un espion de M. de Savoie, qui, après bien des tourments qu'on lui a faits, a dit qu'il ne restoit plus que quatre-vingts sacs de farine dans la ville, dont ils en consommoient sept ou huit par jour ; que le gouverneur avoit ordre, quand il ne pourroit plus tenir, de faire sauter les fourneaux et le château même, et de sortir avec toute sa garnison le long du Pô, et que M. de Savoie enverroit toute sa cavalerie pour les recevoir ; ce dessein n'est pas bien aisé à exécuter. — On a reçu des lettres de M. le grand prieur, qui va faire attaquer la Mirandole; il n'y a plus que quatre cents hommes dans la place, le reste ayant péri depuis le blocus. La cavalerie du comte de Linange a remarché vers Riva et Torbole pour retourner sur l'Adige; on croit que l'infanterie le suivra de près; elle souffre beaucoup et sont tous nu-pieds.

Mercredi 8, à Versailles. — Le roi et toute la maison royale entendirent ténèbres dans la tribune, et puis S. M. alla se promener dans ses jardins. Monseigneur s'y promena aussi, et messeigneurs les ducs de Bourgogne et de Berry s'y promenèrent avec madame la duchesse de Bourgogne. — Le roi envoie Saillant, lieutenant général, pour commander dans Namur durant la campagne. — Les officiers de l'armée de la Moselle ont ordre de s'y rendre à la fin du mois, et l'on croit que M. de Villars veut entreprendre quelque chose au commencement de mai, avant que les ennemis soient prêts de ce côté-là. — Toutes les lettres d'Angleterre portent que milord Marlborough veut s'embarquer pour passer en Portugal; cependant on mande de Hollande qu'on l'attendoit à la Haye. — On a nouvelle que M. de la Feuillade a pris la contrescarpe du château de Villefranche, qui ne sauroit plus se défendre. — Maupeou, capitaine aux gardes, servira de major général dans l'armée de M. de Marsin, Tressemannes dans l'armée de M. de Villars et Bernières, major des gardes, dans l'armée de Flandre; le major des gardes est presque toujours major de l'armée où le corps sert. — Le duc de Villeroy, qui a commandé dans Bruxelles cet hiver, viendra faire un tour ici quand le maréchal son père sera arrivé en Flandre.

Jeudi-Saint 9, à Versailles. — Le roi lava les pieds des pauvres et assista à toutes les dévotions de la journée; l'abbé Prévost prêcha à l'absoute, et l'archevêque de Bordeaux y officia. Monseigneur fit ses pâques de bonne heure, et revint servir le roi à la cène; madame la duchesse de Bourgogne fit ses pâques aussi et revint trouver le roi au service; ces princes vont toujours à la paroisse pour faire leurs pâques, et le roi n'y manque jamais. Le roi, après son souper, alla à la chapelle adorer le saint-sacrement; toute la maison royale l'y suivit, hormis madame la duchesse de Bourgogne, qui, en sortant de ténèbres, se trouva mal et fut obligée de se mettre au lit. Le roi, à son coucher, exhorta tous les officiers de sa chambre et de sa garde-robe à faire leurs pâques. Le roi, après ténèbres s'alla promener à Trianon, où M. de Chamillart lui amena le chevalier de Mianne, qui apportoit la nouvelle que le château de Villefranche s'étoit rendu le 2 de ce mois; le chevalier de Mianne en est parti la nuit du jeudi au vendredi; la blessure qu'il a reçue devant Nice ne l'a pas empêché de faire le voyage. M. de la Feuillade va attaquer présentement Montalban.

Vendredi-Saint 10, à Versailles. — Le roi et toute la maison royale allèrent à dix heures à la chapelle, entendirent la Passion du P. Gaillard, qui fit un très-beau et bon sermon, et ensuite le service, qui dura jusqu'à une heure; il n'y eut point de ducs à l'adoration de la croix, que le roi fit ôter dès que M. le comte de Toulouse y eut été *. L'après-dînée on alla à ténèbres dans la tribune, et après ténèbres le roi s'enferma avec le P. de la Chaise, comme il fait toujours la veille des jours qu'il doit faire ses dévotions. — Magalotti ** mourut à Paris; il tiroit beaucoup du roi, car outre qu'il étoit gouverneur de Valenciennes, qui est un très-bon gouvernement, il étoit colonel du régiment royal italien, qu'il avoit levé il y a déjà longtemps, et ce régiment vaut beaucoup. Son neveu, qui en est lieutenant-colonel et qui est brigadier, est venu apprendre au roi sa mort et demande le régiment pour lui, et le gouvernement pour Albergotti, lieutenant général, qui est aussi neveu de Malagotti. — Le petit Renaud, qui servoit de maréchal de camp au siége de Gibraltar, arriva et vit le roi chez madame de Maintenon.

On parle différemment des nouvelles qu'il a apportées; on a dit d'abord qu'on continuoit le siége, ce qui ne paroissoit pas vraisemblable; mais quelques particuliers ont reçu par lui des lettres qui portent que le siége est levé ; cela sera apparemment éclairci demain.

* Les ducs perdirent l'adoration de la croix sans en dire un seul mot; les grands officiers de la maison du roi, qui y alloient après eux, furent aussi les compagnons muets de cette perte (1).

** Magalotti étoit un de ces braves que le cardinal Mazarin avoit attirés auprès de lui, mais fort jeune, par le privilége d'être Italien. Le roi avoit de la bonté pour lui, et il avoit toute sa vie été ami intime du maréchal duc de Luxembourg, et dans les meilleures compagnies des armées; homme délicieux et magnifique, et dans sa vieillesse le plus beau vieillard du monde, avec des cheveux blancs, un visage de guerre et vermeil, et le jupon à l'italienne. M. de Louvois, qui le haïssoit, l'avoit ôté du service et empêché le roi de le faire chevalier de l'Ordre. Il étoit bon gentilhomme florentin.

Samedi 11, *à Versailles.* — Le roi alla à dix heures à la paroisse faire ses pâques, et revint ensuite au château dans la galerie basse, où il toucha beaucoup de malades. L'après-dînée il s'enferma avec le P. de la Chaise, et fit la distribution des bénéfices. A six heures il alla avec toute la maison royale entendre complies dans la tribune. — Le pape a donné l'archevêché de Gênes à M. Fieschi, nonce extraordinaire ici ; il prendra congé du roi dans peu de jours pour retourner en Italie. -- Le roi a donné l'archevêché d'Auch à l'évêque de Castres ; l'évêché de Tournay à l'évêque de Saint-Brieuc; l'évêché d'Oléron à l'abbé de Revol; l'évêché de Bellay à l'abbé Madot; l'évêché de Castres à l'abbé de Beaujeu; le doyenné de Saint-Martin de Tours à l'abbé de Sansay; l'abbaye de la Couture à l'évêque de Tournay ; l'abbaye de Saint-Crépin à l'abbé Malherbe ; l'abbaye de Gomer-Fontaine à ma-

---

(1) Saint-Simon a écrit de sa main, en marge de cette phrase. « On a déjà extrait l'addition sur cette exclusion. » Cette note montre que Saint-Simon faisait extraire ses additions au journal de Dangeau pour en revoir la rédaction et les intercaler ensuite dans ses Mémoires.

dame de la Vieuville ; l'abbaye de Mausac à l'abbé Genetines ; l'abbaye de Jau à l'abbé Chaupi ; l'abbaye de Quarante à l'abbé Jouan ; l'abbaye de Vaucler à dom Bernard de Parvillez ; l'abbaye de Juvigny à......; l'évêché de Saint-Brieuc à l'abbé de Boissieux.

Dimanche 12, jour de Pâques, à Versailles. — Le roi et toute la maison royale assistèrent à toutes les dévotions de la journée. Madame la duchesse de Bourgogne, après le salut, alla chez monseigneur le duc de Bretagne, qui est enrhumé depuis quelques jours. — Il arriva un courrier de M. de la Feuillade, ses lettres sont du 7 ; il mande que le 6 le château de Saint-Sospir ou Saint-Hospice se rendit, et par un postscript il ajoute que le commandant de Montalban demandoit à capituler aux mêmes conditions que l'on a accordées à celui de Saint-Sospir ; nous avions cinq pièces de canon en batterie devant la ville de Nice, et M. de la Feuillade croit que le gouverneur se retirera dans le château dès qu'il y aura une brèche. — Le duc de Choiseul mourut à Paris (1). Le duché est éteint, parce qu'il n'a point laissé de garçons ; il a des filles de son premier mariage. Il n'avoit ni charge ni gouvernement ; il avoit une pension de 12,000 francs. Il étoit chevalier de l'Ordre, avoit un logement dans le château et un justaucorps à brevet. — Le vieux président de Maisons mourut ces jours passés ; il avoit depuis quelques années cédé sa charge au président de Poissy, son fils *.

* On a suffisamment parlé ailleurs de ce dernier duc de Choiseul ; pour le président de Maisons, il étoit fils du surintendant des finances. Celui-ci étoit un vieux sacripant, brouillé longues années avec sa femme et qui vivoit avec une mademoiselle Bailly publiquement, fort connue des plaideurs, qui, moyennant finance, faisoient par elle tout ce qu'ils

(1) « Il étoit accablé de goutte, mais en dernier lieu, ayant voulu se servir d'un remède qui devient à la mode, qui est de mâcher du tabac, le malheur a voulu qu'il en ait avalé, ce dont il a eu des vomissements par haut et par bas avec des convulsions qui ont abrégé sa vie. » (*Lettre de la marquise d'Huxelles*, du 13 avril.)

vouloient du président. Il sera parlé en son lieu de ce M. de Poissy, son fils, qui prit le nom de Maisons après son père, et qui fut un galant tout d'une autre sorte. Pour le grand-père, surintendant des finances, qui bâtit ce beau château de Maisons, il fut chassé, et quand il en eut reçu la nouvelle il se tourna vers ceux qui étoient avec lui et leur dit : « Je vous assure qu'ils ont tort ; j'avois fait mes affaires, et maintenant j'allois faire les leurs. »

Lundi 13, *à Versailles.* — Monseigneur le duc de Bretagne fut assez mal toute la nuit. A onze heures du matin il eut de grandes convulsions ; on le saigna et on lui donna l'émétique ; mais la nature étoit si accablée que tous les remèdes ne le purent sauver, il mourut sur les sept heures du soir. Le roi y vint après son dîner, et durant le temps qu'il y fut on le croyoit beaucoup mieux. Le roi s'approcha du P. de la Chaise, qu'il vit dans la chambre, et lui dit : « Mon père, nous faisons bien des vœux pour la santé de cet enfant, mais nous ne savons ce que nous faisons ; s'il meurt, c'est un ange dans le ciel ; s'il vit, les grands princes sont si exposés à tant de tentations et tant de dangers pour leur salut qu'on a sujet d'en tout craindre. » Le roi alla se promener à Trianon, et en revenant il entra chez madame la duchesse de Bourgogne, qui s'étoit mise au lit accablée de douleurs. Monseigneur et monseigneur le duc de Bourgogne ont marqué en cette triste occasion une fermeté toute chrétienne et une résignation à la volonté de Dieu qu'on ne sauroit trop louer. Le roi s'est surpassé lui-même. Madame la duchesse de Bourgogne a édifié tout le monde ; monseigneur le duc de Berry a marqué une si vive et si naturelle affliction que tous les courtisans ont redoublé d'amitié pour lui.

Mardi 14, *à Marly.* — Le roi, après son dîner, partit de Versailles pour venir ici, où l'on demeurera jusqu'à la fin de la semaine qui vient. Monseigneur alla de Versailles dîner à Meudon et arriva ici sur les cinq heures. Monseigneur le duc de Bourgogne demeura à Versailles jusqu'à six heures, et après avoir entendu vêpres il reçut les compliments et trouva bon qu'on lui fît la cour jusqu'à six heures. Il a été fort touché de l'attachement et de l'amitié que monseigneur le duc de Berry lui a témoigné dans cette triste occasion. Madame la duchesse de Bourgogne passa mal la nuit; la duchesse de Guiche et la maréchale de Coeuvres la veillèrent; elle se leva à sept heures du matin et dîna chez madame de Maintenon. En sortant de table elle partit de Versailles pour venir ici, et sur les six heures elle se mit au lit pour recevoir le roi, la reine et la princesse d'Angleterre, qui retournèrent à Saint-Germain sur les huit heures. Le roi n'a point voulu qu'on demandât ni que les dames se présentassent pour ce voyage-ci, ce qui auroit même été difficile, parce que le voyage étoit fort imprévu; cependant il y a autant de dames et autant de courtisans qu'à l'ordinaire (1). — C'est M. le Duc, comme prince du sang, qui mènera le corps de monseigneur le duc de Bretagne à Saint-Denis. Il y aura avec lui, dans le carrosse, M. le cardinal de Coislin comme grand aumônier, le duc de Tresmes comme duc, madame de Ventadour comme gouvernante, madame de Lalande, sous-gouvernante, et le curé de Versailles ou un aumônier en sixième, dans un carrosse du roi qui ne sera point drapé; le cercueil du prince au milieu, et le cardinal de Coislin portant le cœur dans sa main; après qu'ils auront porté le corps à Saint-Denis, ils iront porter le cœur à Paris, au Val-de-Grâce. Le roi a réglé que la cour prendroit le deuil comme pour la mort d'un frère. — On a envoyé ordre à

---

(1) « Monseigneur le duc de Bretagne mourut avant-hier à sept heures du soir à Versailles d'un catarrhe suffoquant; les convulsions lui prirent le matin, et les médecins le firent saigner et n'y épargnèrent pas l'émétique. Le roi alla hier à Marly pour six jours. Personne ne demanda, mais il nomma quasi tout le monde, et madame de Maintenon envoya avertir madame la princesse des Ursins ici qu'elle étoit nommée. On prend le deuil vendredi. » (*Lettre de la marquise d'Huxelles*, du 15 avril.)

M. de Coëtlogon de partir de Brest ; il mènera dix-sept vaisseaux dans la Méditerranée, et on en arme près de cinquante en Provence. Le vaisseau que montoit Coëtlogon la campagne passée, et qui avoit touché sur des bancs de sable, ce qui avoit obligé à le laisser à Alicante, est arrivé à Toulon et servira cette année. — Il arriva un courrier de M. le grand prieur. Le siége de la Mirandole est formé ; Lappara y est allé et y commandera ; il est lieutenant général et a des lettres de service. On n'avoit laissé au blocus que d'Esclainvilliers, qui n'est que maréchal de camp. Quelques troupes ennemies avoient passé le Pô ; le grand prieur détacha quelques troupes, qui le passèrent aussi et qui obligèrent les ennemis à le repasser diligemment, et il a fait brûler tous les bateaux dont les ennemis s'étoient servis pour passer.

Mercredi 15, *à Marly*. — Le roi tint conseil le matin à son ordinaire, et l'après-dînée il fit la revue de ses gendarmes et de ses chevau-légers à l'endroit qu'il a accoutumé de faire ses revues et qu'on vouloit appeler à cause de cela Champ de Mars ; le roi a trouvé le nom trop beau et lui a donné celui de la plaine de Belveder ; ces compagnies partiront de Paris samedi, et leur ordre est d'aller à Rocroy. — Sur les six heures du soir on porta de Versailles à Saint-Denis le corps de monseigneur le duc de Bretagne ; le cardinal de Coislin eut la droite dans le carrosse sur M. le Duc, parce qu'il portoit le cœur du prince, et l'abbé de Sourches, comme aumônier du roi, eut la sixième place dans le carrosse, et non le curé de Versailles, parce que M. le cardinal de Coislin, descendant à l'église de Saint-Denis, lui donna à garder dans le carrosse le cœur du prince, qu'on alloit porter ensuite au Val-de-Grâce, et on laissa vingt gardes du corps à l'entour du carrosse. — On mande de Vienne que le prince Eugène, après avoir voulu remettre toutes ses charges à l'empereur, s'étoit enfin raccommodé et qu'il devoit partir de Vienne le 15 de ce mois pour aller commander l'armée d'Italie, qu'ils prétendent devoir être de trente mille hommes en comptant les troupes qu'a déjà le comte de Linange. Le prince Eugène s'est fait donner des assurances d'un million d'écus pour le payement de cette armée; il y a déjà quelques troupes, à ce qu'on croit, arrivées dans le Tyrol.

Jeudi 16, *à Marly.* — Le roi se promena tout le matin dans ses jardins et l'après-dînée il courut le cerf dans son parc. Madame la duchesse de Bourgogne étoit dans sa calèche avec lui. Madame étoit dans une autre calèche qui suivoit celle du roi. Monseigneur et monseigneur le duc de Berry allèrent courre le loup dès le matin et revinrent avant la chasse du roi. Monseigneur et messeigneurs ses enfants prirent hier le deuil pour la mort du prince Maximilien de Bavière, qui étoit oncle de madame la Dauphine, et le roi, qui avoit envie de le porter pour faire honneur aux électeurs de Bavière et de Cologne, m'ordonna de lui dire s'il n'y avoit point quelque parenté assez proche. Je lui en trouvai deux, une au troisième degré et une de trois ou quatre, et le roi prendra le deuil vendredi. — On eut des lettres de M. de Vendôme par l'ordinaire, elles sont du 6. Il mande que, le 5, les assiégés avoient battu la chamade, mais qu'ils vouloient avoir une capitulation honorable, et qu'il avoit renvoyé leurs otages, leur déclarant qu'il ne leur donneroit autre capitulation que d'être prisonniers de guerre, et que si, dans deux fois vingt-quatre heures, ils ne recevoient cette proposition, il ne les recevroit plus qu'à discrétion. Il enverra M. de Broglio quand la place sera rendue, et on s'attend de le voir arriver à tout moment.

Vendredi 17, *à Marly.* — Le roi apprit à son lever par M. de Broglio, qui étoit arrivé la nuit à Paris chez M. de Chamillart, que, le 9, les assiégés avoient fait sauter tous leurs fourneaux à Verue, ce qui avoit entièrement renversé la place hormis le donjon, et qu'ils s'étoient ensuite rendus à discrétion; il en est sorti neuf cents soldats sous les armes, environ cent officiers, et il y a presque quatre cents blessés ou malades. Il y avoit six mois cinq jours que le siége duroit, et l'on ne peut trop louer la patience et la sagesse de M. de Vendôme de n'avoir pas voulu exposer les troupes du roi à un assaut où il en auroit beaucoup péri, car l'effet des mines a été terrible. M. de Vendôme s'en va en Lombardie joindre M. le grand prieur et voir si on ne peut rien entreprendre sur les troupes du comte de Linange. C'étoit le lieutenant-colonel de Nigrelli, qui s'appelle Fresingue, qui commandoit dans Verue. — Le roi alla après dîner courre le daim avec les chiens de M. le comte de Toulouse; madame la duchesse de Bourgogne étoit avec lui dans sa calèche. Monseigneur et messeigneurs ses enfants étoient à la chasse. Après la chasse le roi et messeigneurs revinrent ici. Madame la duchesse de Bourgogne alla se promener à l'abbaye de Joyenval. — M. le comte de Suze arriva ici le soir. M. de la Feuillade l'envoie porter la nouvelle de la prise de la ville de Nice. La garnison s'est retirée dans le château, qu'on ne songe point à attaquer. M. de la Feuillade a fini fort promptement tout ce dont il étoit chargé de faire, et si la ville de Nice a duré quelques jours, c'est parce que notre canon n'étoit pas arrivé; elle s'est rendue le cinquième jour que nos batteries ont commencé à tirer. M. de Carail, qui commande dans le château de Nice, envoie à M. de Savoie pour recevoir ses ordres sur les propositions que fait M. de la Feuillade, qui sont qu'on ne tirera, du château sur la ville, ni canon, ni bombes, ni mousquets, sinon en cas de siége; et si M. de Savoie n'accorde pas ces conditions, il brûlera toute la ville de Nice. M. de Carail a demandé trois jours pour avoir la réponse du duc son maître.

Samedi 18, *à Marly.* — Le roi, après la messe, alla courre le cerf avec les chiens de M. du Maine; madame la duchesse de Bourgogne s'étoit trouvée un peu incommodée la nuit et ne l'accompagna point à la chasse. Madame suit toujours le roi dans une autre petite calèche. L'après-dînée le roi fut longtemps enfermé chez madame de Maintenon avec madame des Ursins, qui est de ce voyage-ci, et M. Amelot, que le roi avoit fait venir de Paris; il partira dans huit jours pour son ambassade d'Espagne. Orry y retourne et doit déjà être parti; on presse fort la princesse des Ursins de partir aussi; mais sa santé est encore fort languissante. — Madame la princesse de Conty reçut des lettres du marquis de la Vallière; elles sont du 14, de Rotterdam, où ils venoient d'arriver, MM. de Valsemé, de Montpeiroux, le chevalier de Croissy et lui, après avoir pensé de périr sur les bancs de sable, où leur yacht avoit touché, et il faisoit eau de tous côtés quand les barques qu'on envoya de la côte à leur secours arrivèrent. Ils devoient partir dans quatre jours pour venir ici, où ils ont permission de demeurer trois mois. Le duc Marlborough est allé le même jour à la Haye. — Il arriva un courrier de M. de Vendôme, qui apporte les drapeaux pris à Verue; il a laissé M. de Goatz pour commander dans cette place et dans Crescentin; il distribue toutes ses troupes dans de bons quartiers et se préparoit à aller joindre M. son frère. Le courrier est parti du 14.

Dimanche 19, à Marly. — Le roi, avant que d'entrer au conseil, signa le contrat de mariage de M. du Montal avec mademoiselle de Villacerf et celui de M. de Fimarcon, maréchal de camp, avec mademoiselle d'Aubais, demoiselle de Languedoc, à qui on donne 50,000 écus argent comptant, et qui n'a qu'un frère mousquetaire, qui a plus de 20,000 livres de rente en fonds de terre. — L'après-dînée le roi alla à Saint-Germain voir le roi et la reine d'Angleterre, et puis revint chez madame de Maintenon et ne se promena point de tout le jour; il a un peu de goutte au pied. Monseigneur et monseigneur le duc de Bourgogne allèrent aussi à Saint-Germain chacun séparément. Madame la duchesse de Bourgogne alla à pied à Louveciennes malgré le vilain temps. — Il arriva un courrier du duc de Gramont, et le roi dit à son petit coucher et en baissant la voix, afin de n'être entendu que de deux ou trois courtisans à qui il adressoit la parole, que depuis assez longtemps il n'arrivoit aucun courrier d'Espagne par qui il n'apprît qu'on prenoit toujours des résolutions à Madrid entièrement opposées à ce qu'il conseilloit de faire; ils vouloient encore continuer le siége de Gibraltar, qui étoit le moyen de faire périr leur armée et de gâter toutes leurs affaires.

Lundi 20, *à Marly*. — Le roi ne dormit pas bien la nuit; sa goutte s'est un peu augmentée; il devoit aller courre le cerf l'après-dînée, mais il n'y alla point. Monseigneur, messeigneurs ses enfants et madame la duchesse de Bourgogne y allèrent, et après la chasse madame la duchesse de Bourgogne se promena dans la forêt. Le roi travailla le soir chez madame de Maintenon avec M. Pelletier, comme il fait tous les lundis, et, ses douleurs s'étant augmentées, il se coucha à neuf heures, et à dix heures il soupa dans son lit; les courtisans le virent souper. — M. le maréchal de Villars est en marche avec un corps de troupes considérable; il prétendoit arriver le 19 devant Hombourg, devant les Deux-Ponts et devant Hornbach, et enlever les troupes que les ennemis ont dans ces trois postes; celui de Hombourg est un peu meilleur que les deux autres, il espère pourtant n'y pas trouver une grande résistance. — M. de Tavannes, l'aîné de toute cette maison, est mort à Paris; il avoit été blessé cette campagne. Il avoit une lieutenance de roi et une charge de bailli en Bourgogne; il étoit guidon des gendarmes de Berry. Le roi a donné tous ses emplois à son frère, qui est mousquetaire.

Mardi 21, *à Marly*. — Le roi ne passa pas bien la nuit et dormit peu; il n'a pourtant pas de grandes douleurs. Il entendit la messe dans son lit et tint ensuite le conseil de finances; il ne se leva point pour dîner, mais le soir il soupa avec les dames comme à son ordinaire. — On travaille présentement à faire sauter toutes les fortifications de Verceil, et on auroit fait sauter toutes les mines de Verue pour en renverser les fortifications si les assiégés ne nous en avoient épargné la peine en les faisant sauter eux-mêmes. — Les équipages de M. le comte de Toulouse partiront pour Toulon dans les commencements du mois qui vient, et malgré les cinq vaisseaux que nous avons perdus devant Gibraltar nous en aurons encore plus de soixante dans la flotte que commandera ce prince. — Mademoiselle de Bauffremont* est morte à Paris ; elle étoit tante de MM. de Listenois et avoit toujours demeuré à Paris depuis la dernière conquête de la Franche-Comté, qui fut en 1674. — On parle du mariage de M. le comte de Duras avec mademoiselle de Moras, à qui on donne 400,000 francs d'argent comptant, et qui en aura encore du moins autant après la mort de son père et de sa mère.

* Mademoiselle de Bauffremont étoit la pauvreté même, l'esprit même, la méchanceté même et la laideur même ; elle étoit sœur de M. de Listenois, qui quitta le service d'Espagne pour celui de France, parceque ses biens étoient en Franche-Comté. M. de Duras, qui, à la dernière conquête, en eut le gouvernement et qui y fît des séjours longs avec madame de Duras, y connut par elle mademoiselle de Bauffremont, qui venoit souvent chez elle, et qui, sans sol ni maille, avoit la rage du jeu. Son esprit plut tant à madame de Duras, qui en avoit beaucoup, que, quoi qu'on lui pût dire, elle l'emmena à Paris, où pendant plusieurs années elle fut logée et nourrie à l'hôtel de Duras, où la splendeur étoit grande et l'union du mari et de la femme parfaite. Elle empauma l'un après avoir saisi l'autre, et devint la maîtresse de la maison. Alors elle fit sentir son empire, et après sa malice dans une telle étendue qu'elle brouilla M. et madame de Duras, et à la fin avec un tel éclat que madame de Duras a passé le reste de la vie de son mari à la campagne. Elle régna plusieurs années à sa place dans la maison, d'où enfin la femme de Saumery, sous-gouverneur des enfants de France, la fit chasser, et y gouverna si despotiquement et si publiquement le maréchal que, parce qu'il étoit doyen des maréchaux de France, on ne l'appeloit elle que madame la connétable, et jusqu'à la mort de M. de Duras le curé de Saint-Paul la chassa scandaleusement de la

maison malgré madame de Duras même, qui étoit revenue sur l'extrémité du maréchal. La Bauffremont, depuis être sortie d'avec M. de Duras, mena une vie misérable et méprisée.

Mercredi 22, à Marly. — Le roi se trouva encore plus incommodé la nuit que les deux dernières; cela ne l'empêcha pas de se promener un peu l'après-dînée, mais il revint de bonne heure et se coucha. Il s'étoit fait un peu de mal en soupant hier en public, à la grande table; il mangea dans son lit et ne but que de l'eau. Les courtisans privilégiés le virent souper. Il craint que la goutte du pied ne passe au genou; il travailla avant souper avec M. de Chamillart, comme il fait tous les lundis. On croit que ce voyage de Marly sera allongé de huit jours, et le roi a dit à tous les courtisans qu'il ne vouloit pas que pas un se contraignît ici, qu'il laissoit la liberté d'aller à Paris et d'y coucher sans lui faire dire; il avoit un peu de fièvre en se couchant. MM. de Montpeiroux, de la Vallière, de Valsemé et le chevalier de Croissy sont arrivés à Paris. Ils ont permission de demeurer en France jusqu'au mois de septembre. — Le maréchal de Villars est revenu de sa petite expédition; il n'a pu surprendre les ennemis dans Deux-Ponts, Hombourg et Hornbourg; ils ont abandonné ces postes avec précipitation dès qu'ils ont su qu'il étoit en marche; on leur a pris quelque bagage et quelques traîneurs; ce maréchal avoit un plus grand dessein qu'il n'a pu exécuter à cause des mauvais chemins et du débordement des rivières.

Jeudi 23, à Marly. — Le roi a dormi onze heures cette nuit et est beaucoup mieux; cependant il a gardé le lit toute la journée. Madame la duchesse de Bourgogne a passé l'après-dînée auprès de lui avec ses dames; le roi leur a donné une petite loterie, dont madame du Châtelet a eu le principal lot. Monseigneur et monseigneur le duc de Berry allèrent à cinq lieues d'ici pour courre le le loup et n'en trouvèrent point. — M. le maréchal de Marsin, qui est ici, a ordre d'en partir avant la fin du voyage, qui est prolongé de huit jours; il a prié le roi que les officiers généraux de son armée ne partissent encore de quinze jours; ceux de la Moselle ont ordre de partir incessamment, et MM. du Châtelet et de Lévis, qui sont ici et qui doivent servir dans cette armée, prennent congé du roi. — Madame la princesse des Ursins prendra congé du roi samedi pour retourner en Espagne; elle a obtenu pour le chevalier du Bourg*, Irlandois, qu'elle ramène avec elle, la qualité d'envoyé du roi d'Angleterre à Madrid, et c'est le roi qui payera ses appointements, qui sont de 2,000 écus. M. Amelot, notre ambassadeur, est parti. Le roi d'Espagne vouloit faire partir les galions présentement; mais comme M. Ducasse, avec quatre vaisseaux de France, devoit les escorter, et que le roi a destiné ces quatre vaisseaux pour servir dans la flotte de M. le comte et réparer par là ceux que nous avons perdus à Gibraltar, le départ des galions sera différé.

* Ce Bourg étoit gentilhomme catholique, de bon lieu, de beaucoup d'esprit et de manége, qui pour son pain avoit été à Rome au cardinal de Bouillon, lequel le réhabilita par je ne sais quel envoi du sacré collége à M. de Modène. Il se mêloit de tout ce qu'il pouvoit, et pour chercher à nuire et par goût d'intrigue, qui à la fin ne l'a mené à rien. Il eut de quoi se satisfaire en Espagne, où il eut part à tous les grands changements de ministres, et n'y gagna que d'être craint et par conséquent éloigné jusque par les ministres ses amis. Il faut pourtant avouer qu'avec tant d'intrigues c'étoit un homme d'honneur et de bien, et que la fortune ne put corrompre, que rien n'empêchoit de dire les vérités à bout portant aux têtes les plus principales et même à la reine d'Espagne, et qui avec un esprit orné, mais confus, ne laissoit pas d'être fort instruit des affaires et même des intérêts des princes, et qui eût été très-capable d'emplois de confiance. Il avoit épousé à Paris une fille de ce Varenne dont il a été parlé et qui avoit commandé à Metz, dont il eut un fils, qui mourut, et une fille, jolie et pleine d'esprit et de vertu, qui l'allant joindre par mer en Espagne avec sa mère, celle-ci fut noyée et le bâtiment pris par des pirates, qui emmenèrent la fille à Maroc, où elle fut bien traitée, et avec grand temps et peine renvoyée en France. Elle est maintenant fille d'honneur de la reine d'Angleterre à Rome, où son père s'est retiré avec elle. Madame des Ursins avoit toujours cultivé la reine d'Angleterre, et avoit tant qu'elle avoit pu peuplé d'Irlandoises et d'Angloises les bas emplois autour de la reine d'Espagne, parce que n'ayant point de famille et ne tenant à personne, en Espagne ni en France, elles en étoient plus dans sa dépendance à elle et n'en avoit rien à craindre. Ce fut pour la même raison qu'elle avança aussi le plus d'Anglois et d'Irlandois qu'il lui fut possible, et surtout à des choses de confiance. Comme Orry étoit un va-nu-pieds qui ne tenoit à rien, ce fut ce qui en fit son homme, d'autant plus de confiance qu'il étoit homme à tout faire, et avec assez d'esprit et de travail pour s'en servir utilement à ses fins, et surtout à suffire pour exclure quiconque ; aussi revint-il sur l'eau et par elle et avec elle, et régnèrent-ils conjointement plus que jamais.

Vendredi 24, *à Marly.* — Le roi passa la nuit assez doucement ; il a un peu de goutte à un doigt et ne se lève pas encore ; madame la duchesse de Bourgogne passa la journée dans sa chambre. Monseigneur et monseigneur le duc de Berry coururent le loup. Tous les courtisans entrent à la messe du roi ; mais à son dîner et à son souper il n'y a que les privilégiés. — M. le marquis de Beuvron est mort chez lui à la Meilleraye ; il avoit une des lieutenances générales de Normandie et le gouvernement de Rouen ; le duc d'Harcourt, son fils, en avoit la survivance. Il étoit chevalier de l'Ordre. Il y a présentement dix-sept places vacantes. — On mande de Rome que le cardinal Sacchetti est mort ; il laisse un dix-huitième chapeau vacant. — On chanta hier, à Paris, le *Te Deum* pour la prise de Verue et pour celle de Nice. — Les Hollandois ont fait de si grandes plaintes des vaisseaux que les Anglois leur avoient arrêtés parce qu'ils étoient chargés de vins de France, et ces plaintes étoient si bien fondées qu'ils ont enfin obtenu qu'on les leur rendroit, hormis quatre de ces vaisseaux que les Anglois prétendent qui étoient chargés de marchandises de contrebande.

Samedi 25, *à Marly.* — Le roi ne passa pas trop bien la nuit, et comme il a un peu de fièvre avec sa goutte, M. Fagon obtint de lui qu'il ne prendroit que des bouillons dans toute la journée. Son mal ne l'empêche pas de travailler comme à l'ordinaire avec ses ministres. Monseigneur alla dîner à Meudon et revint le soir. Madame la duchesse de Bourgogne passa toute l'après-dînée dans la chambre du roi et joua après souper dans le salon. — M. de Sessac* mourut à Paris; il avoit été maître de la garde-robe, et le roi le fit défaire de sa charge la première fois qu'il fut chassé. Il avoit épousé depuis quelques années une sœur du duc de Chevreuse, dont il a deux fils. — Il y a eu de grands changements dans les bureaux de M. de Chamillart : il avoit mis M. de Villatte, son parent, dans la place que M. de Saint-Pouanges avoit sous MM. de Louvois et de Barbezieux; on l'ôte de cette place. Le roi lui donne une pension et l'agrément d'une charge de président des comptes qu'il a achetée de M. de Tambonneau 284,000 francs. On ne met personne en sa place; mais Nevermeil, qui travailloit sous lui, travaillera sous M. de Chamillart seul, rendra compte de ce qui regarde les officiers, et l'on met en la place de M. Esprit, qui travailloit aussi sous Villatte, Fumeron, ancien commissaire des guerres, qui servoit d'intendant la campagne dernière dans l'armée de M. de Tallard et qui est chargé des hôpitaux, de l'armement et de l'habillement des troupes.

* Sessac étoit Clermont-Lodève et par conséquent de naissance distinguée. Il avoit de belles terres avec beaucoup d'esprit, mais c'étoit tout. Il fut maître de la garde-robe du roi et joueur passionné; il y gagna gros, et longtemps avant que d'être soupçonné; à la fin jouant au reversis avec le roi un très-gros jeu, le roi quitta pour aller parler à M. de Louvois, et donna cependant son jeu à tenir au maréchal de Lorges. Sessac, qui ne le crut pas fin, le poussa de renvois et gagna, mais de façon que le maréchal en vit la friponnerie, et regarda la compagnie qui baissa les yeux. Le soir, après le jeu, le maréchal en avertit le roi, qui se doutoit déjà de quelque chose. Sessac eut ordre de vendre sa charge à Tilladet, et fut chassé. Il demeura longtemps en Angleterre, où ses talents ne demeurèrent pas oisifs et perfectionnèrent ceux du comte de Gramont, qui y passa plusieurs mois pendant ce séjour. De retour en France, il joua longtemps à Paris, où il épousa enfin une sœur du second lit du duc de Chevreuse, qui n'avoit rien

pour lors et qui, par l'héritage d'un fils qu'ils eurent, qui mourut quelques années après, lui devint riche et infiniment plus par la suite des conjonctures des temps. Sessac, par ce mariage, vit meilleure compagnie, eut permission de voir le roi, et à la fin fut admis à Meudon et même à Marly pour jouer. Il étoit perclus de goutte, avare à l'excès, et vêtu comme ces vieux avares de comédie. Sa maison s'éteignit dans la personne de son fils.

Dimanche 26, *à Marly.* — Le roi n'avoit pas trop bien passé la nuit, mais cela ne l'empêcha pas de tenir conseil et de travailler le soir avec M. de Chamillart. — Le roi a donné le gouvernement de Valenciennes à M. le maréchal de Marsin; le régiment royal italien à M. d'Albergotti, lieutenant général; il avoit 4,000 écus de pension, que le roi lui donna quand il lui ôta le régiment de Montferrat pour en faire le régiment des gardes de M. de Mantoue; le roi lui en laisse 2,000 écus et donne les 2,000 autres au chevalier d'Albergotti, son neveu, lieutenant-colonel du régiment royal italien et brigadier. — Dans les changements qui ont été faits dans les bureaux de M. de Chamillart, celui de M. de Tourmont est un des principaux; on a donné sa place à M. de Soy, qui étoit directeur de quelques fermes à Valence, et la charge de trésorier de l'ordre de Saint-Louis à M. de Pinsonneau. On laisse à M. de Tourmont les 4,000 francs d'appointements qu'il avoit pour cette charge et on lui donne 8,000 francs de pension et 1,000 écus à son fils. Le roi donne aussi 1,000 écus de pension à Pinsonneau jusqu'à ce qu'il jouisse des revenus de la charge.

Lundi 27, *à Marly.* — Le roi ne passa pas trop bien la nuit, mais la journée fut assez douce; il mangea de bon appétit, et le soir il se leva de son lit pour souper; il avoit même déjà passé une partie de l'après-dînée debout. — Il arriva un courrier du duc de Gramont, parti de Madrid le 21. Il mande que le roi d'Espagne avoit envoyé ordre au maréchal de Tessé de lever le siège de Gibraltar et de mettre dans Cadix quelques bataillons françois et ce qui resteroit de troupes d'Espagne au siége, hormis les deux régiments des gardes, à qui on donnera de bons quartiers, où ils attendront leurs recrues et auront le loisir de se raccommoder. Ce courrier, que le roi d'Espagne a envoyé à Gibraltar, n'a fait que prévenir de trois jours celui que le roi y envoyoit, et S. M. en dînant nous a dit que c'étoit une chose bizarre d'avoir à se réjouir de la levée d'un siége; mais qu'en l'état où étoient les choses c'étoit le seul parti qu'on pouvoit prendre, et qu'on auroit dû le prendre plus tôt. Le roi pressoit toujours qu'on s'y déterminât, mais le roi d'Espagne avoit une grande répugnance à le faire, et toutes les troupes y auroient péri inutilement.

Mardi 28, *à Marly*. — Le roi passa beaucoup mieux la nuit et commanda en s'éveillant qu'on lui servît un bon dîner, parce qu'il avoit un peu jeûné les jours de devant; il fut tranquille toute la journée. — Le duc de Berwick et M. de Basville, ayant été avertis qu'il y avoit quelques fanatiques cachés dans Montpellier, en firent fermer les portes le 18, et on y arrêta quatre de leurs chefs, qu'on appelle Fressière, l'Allemand, le Suisse et la Jeunesse; on prit aussi ceux qui les recéloient; un de ces misérables promit, si on lui vouloit sauver la vie, de faire prendre Ravanel et Catinat, qui étoient cachés dans Nîmes; il a tenu parole. On prit Ravanel le 21 et Catinat le 22, qu'on a fait brûler à cause des sacriléges énormes qu'ils ont commis. On a pris avec eux du Villat et Jonquet, qu'on a fait rouer; ce du Villat étoit plus dangereux que les autres; il étoit d'assez bonne famille; il avoit de l'esprit et avoit été officier dans Bel-Castel. On a fait arrêter plusieurs marchands de Nîmes qui étoient complices de tous leurs pernicieux desseins, et on en fera sévère et prompte justice.

Mercredi 29, *à Marly*. — Le roi passa fort bien la nuit, et se promena tout le matin dans ses jardins, et en revenant de sa promenade il entra chez madame la duchesse de Bourgogne, qui avoit été saignée; on la veut préparer pour lui faire prendre le lait. Le roi tint conseil l'après-dînée dans son lit. Madame des Ursins partit de Marly; mais elle demeurera encore quinze jours à Paris, et reviendra à Versailles prendre congé du roi avant que de partir pour l'Espagne. — MM. de Bezons et de Chemerault sont arrivés à Paris; ils étoient tous deux lieutenants généraux dans l'armée de M. de Vendôme. Chemerault y retournera; mais Bezons, qui est brouillé avec M. de Vendôme, sera employé ailleurs, et l'on parle de l'envoyer commander à Rouen et dans la haute Normandie, où personne ne commande depuis la mort de M. de Beuvron. — Les mousquetaires des deux compagnies qui sont demeurées à Paris marchent en Normandie, où l'on n'a point laissé de troupes réglées. — L'assemblée du clergé tiendra à Paris et commencera du 25 de mai; les agents généraux seront : l'abbé de Maulevrier, nommé par la province de Sens depuis longtemps et qui sort de l'agence où il avoit été nommé par la province de Tours; l'autre agent sera l'abbé de Poudens, nommé par la province d'Auch. Des seize provinces ecclésiastiques qui envoient à l'assemblée du clergé, il y en a toujours deux qui nomment les agents, et elles le font tour à tour, de cinq ans en cinq ans.

Jeudi 30, à Marly. — Le roi se promena le matin et l'après-dînée dans ses jardins dans une petite roulette qu'il s'est fait faire et qui est très-commode quand on a la goutte. Monseigneur et monseigneur le duc de Berry coururent le loup. — Le roi avoit intention de partir samedi de Marly et de venir à Trianon; mais on n'auroit pas le loisir de le meubler, parce qu'il est demain fête, et il a pris le parti de demeurer jusqu'à mercredi. — Il arriva un courrier de M. de Vendôme, ses lettres sont de Milan du 21; il mande qu'il en part pour s'en aller au siége de la Mirandole. Le bruit couroit que le prince Eugène étoit arrivé à Vérone; ce qu'il y a de certain, c'est qu'on l'y attendoit incessamment. On compte qu'il a douze mille hommes avec lui et qu'il sera suivi de huit mille autres, ce qui, avec les troupes du comte de Linange, composeroit une armée de trente mille hommes; on espère avoir fini le siége de la Mirandole à la fin de ce mois-ci. — M. l'abbé d'Harcourt, qui est l'aîné de sa maison, s'est raccommodé avec M. son père et madame sa mère, qui avoient souhaité qu'il fût d'Église parce qu'il est sourd; il quitte ses bénéfices et épouse mademoiselle de Montjeu, qui a plus de 50,000 livres de rente en fonds de terre et 200,000 francs d'argent comptant *.

_{* Ce mariage du fils du prince d'Harcourt ne fut pas illustre. Nicolas Castille, de la lie du peuple, étoit par les degrés de fortune parvenu à devenir trésorier de l'épargne, et son père, qui subtilement avoit épousé une Jeannin, lui en fit joindre le nom au sien, et en avoit été recrépi du vain et subalterne nom de contrôleur général des finances sous les intendants. Ce Nicolas eut sa charge de trésorier de l'épargne d'un Fieubet, dont il épousa la fille, et à force d'argent se décora en 1657 de la charge de greffier de l'Ordre, qui lui fut ôtée avec le cordon bleu et donnée en 1671 à Phélypeaux-Châteauneuf, fils et père des deux la Vrillière, tous trois secrétaires d'État. Le fils de ce Nicolas Castille, soi-disant Jeannin, de sa grand'mère, se fit conseiller à Metz, fut rudement taxé pour les biens de son père et pourrit dans l'exil. Il ne laissa pas de demeurer fort riche, et comme il mourut dans l'embarras avec le roi, la princesse d'Harcourt en obtint tout ce qu'elle voulut par madame de Maintenon, pour faire le mariage de son fils, qui, dans la suite, quadrupla ses biens au fameux Mississipi et à toutes sortes de métiers infâmes. Il tira tout ce qu'il put encore de M. de Lorraine et une terre entre autres en Lorraine, à qui il fit donner le nom de Guise, qu'il prit, et qui ne fit en rien souvenir ni du vaste duché de Guise ni des fameux ducs de ce nom. Aussi se contenta-t-il du titre de comte, puis de prince de Guise, car pour duc, il ne l'étoit point. Il avoit été trépané trois fois pour des chutes et des coups de tête dont il étoit resté sourd. C'étoit pour cela que sa pieuse mère le forçoit d'être d'Église; mais, faute d'autres enfants, elle le maria.}

Vendredi 1ᵉʳ *mai, à Marly.* — Le roi passa la nuit assez doucement; il donna le matin une assez longue audience au maréchal de Marsin et entretint ensuite le P. de la Chaise, comme il fait tous les vendredis. S. M. se promena l'après-dînée dans son petit chariot. Madame la duchesse de Bourgogne et monseigneur le duc de Berry partirent d'ici sur les trois heures avec beaucoup de dames. Ils ne voulurent point avoir de gardes pour les suivre ni qu'on sût où ils alloient. Ils allèrent à l'Étang, sans que M. de Chamillart en fût averti ; on y joua beaucoup, et sur les sept heures on leur servit une collation aussi magnifique que si on les avoit attendus; ils revinrent ici à neuf heures. — On a des nouvelles que le prince Eugène avoit passé à Inspruck le 22 du mois passé ; la tête des troupes de Prusse étoit dans le Tyrol, mais les Danois n'ont pas encore passé le Danube ; ainsi le prince Eugène n'aura pas avec lui plus de dix ou douze mille hommes. — M. de Rubantel* est mort à Paris, c'étoit un des plus anciens lieutenants généraux des armées du roi ; il avoit été longtemps lieutenant-colonel du régiment des gardes, mais il étoit tout à fait hors de service. — Le roi a donné au marquis de Castries, chevalier d'honneur de madame la duchesse d'Orléans, le justaucorps à brevet qu'avoit le duc de Choiseul.

* On a parlé ailleurs de Rubantel et comment il sortit du service. C'étoit un ancien lieutenant général, de valeur fort distinguée et qui sut mépriser les bassesses et se retirer dans sa vertu au-dessus de la fortune.

Samedi 2, *à Marly.* — Le roi se promena le matin et l'après-dînée dans son petit chariot, car il ne peut pas mettre le pied à terre. M. de Marsin prit congé de lui pour aller commander l'armée d'Alsace. — M. de Savoie a consenti qu'il y eût une trêve de six mois entre la ville et le château de Nice; il y a un traité pour cela, fait et signé. La tranchée fut ouverte devant la Mirandole la nuit du 19 au 20 ; les assiégés ne s'aperçurent point toute la nuit qu'on travaillât, et ils ne commencèrent à tirer que quand il fut grand jour. On fit un prodigieux travail, qu'on poussa jusqu'à dix toises du chemin couvert ; la nuit du 20 au 21 on ne travailla qu'à perfectionner le travail du jour précédent. On croit que les assiégés ne défendront point le chemin couvert, parce que la garnison est foible; ce qui fera la principale défense de la place, c'est le fossé, qui est fort creux, fort large et fort plein d'eau. M. le grand prieur, qui mande ces détails-là, est à Mantoue, où il attendoit M. de Vendôme. — Le roi a augmenté la pension du marquis de Sesanne de 1,000 écus; il en a 2,000 présentement; il n'eut les premiers 1,000 écus que l'année passée.

Dimanche 3, à Marly. — Le roi tint conseil dans son lit; il se leva l'après-dînée, se promena dans son petit chariot, travailla le soir avec M. de Chamillart et se remit au lit de bonne heure. — On travaille à tous les préparatifs pour le siége de Turin, et nous aurons cent pièces de canon de batterie et trente-six mortiers; on ne croit pas qu'on puisse commencer ce siége avant la mi-juin. — M. Collandre, colonel du régiment de Flandre, vient d'acheter de M. de Guerchy, maréchal de camp de la dernière promotion, le régiment royal des vaisseaux 66,000 francs; ce régiment est beaucoup plus ancien que celui de Flandre; il a trois bataillons qui servent ensemble, et l'autre n'en a que deux qui servent séparément. — Le duc de Berwick a encore fait prendre un des principaux fanatiques, qui s'appelle Franciset, avec trois de ses camarades; ils se sont très-bien défendus, ont tué deux soldats, et ils n'ont été pris eux qu'après avoir été blessés; on les a fait exécuter dès le lendemain. Il est malaisé de déraciner la mauvaise volonté qu'il y a en ces pays-là, mais il paroît qu'il n'y a plus rien à craindre avec les bons ordres qu'y apportent M. de Berwick et M. de Basville.

Lundi 4, à Marly. — Le roi ne partira point d'ici mercredi, comme on l'avoit cru; ses douleurs diminuent; il ne peut pas encore mettre les pieds à terre, mais il profite de tous les moments où on peut se promener; son petit chariot entre dans sa chambre, ce qu'il ne pourroit pas faire à Versailles, étant logé en haut. Monseigneur et monseigneur le duc de Berry partirent à huit heures du matin pour aller courre le loup; ils n'en revinrent qu'à onze heures du soir, après une fort rude chasse, et ayant fait rompre à la nuit, fort loin d'ici, ils entrèrent d'abord chez le roi, qui n'étoit pas encore retiré et qui nous avoit dit à son souper qu'il ne s'étoit point encore si bien trouvé depuis cette attaque. Le roi avoit travaillé le soir avec M. Pelletier, comme il fait tous les lundis. — Il arriva un courier de M. de Vendôme, qui est à Mantoue avec M. le grand prieur, son frère; il n'est point allé au siége de la Mirandole, comme on l'avoit dit, sa présence n'y étant point nécessaire. Il mande que M. le prince Eugène n'étoit point encore arrivé, mais qu'on l'attendoit incessamment dans l'armée du comte de Linange; mais les troupes qui le suivent ne peuvent pas encore arriver de quelques jours.

Mardi 5, à Marly. — Le roi passa la nuit assez doucement, et tint conseil de finance dans son lit, et le soir, après la promenade, il travailla avec M. de Pontchartrain. Il a dit à son souper, à Monseigneur, qu'il vouloit qu'il allât demain à Meudon, où Monseigneur avoit compté d'aller, en cas que le roi eût été ce jour-là à Trianon; mais le roi demeurant ici, Monseigneur vouloit y demeurer aussi pour lui tenir compagnie; mais le roi veut qu'il n'y ait rien de changé dans le projet qu'avoit fait Monseigneur, et qu'il mène à Meudon madame la princesse de Conty, les dames et les courtisans qu'il y devoit mener. — Il arriva le matin un courier de M. de Vaudemont pendant que le roi étoit au conseil; il mande que le prince Eugène étoit arrivé à Roveredo sur l'Adige; il n'y a encore que les troupes de Brandebourg qui sont en état de le joindre bientôt. Les quatre mille hommes de l'électeur palatin et deux régiments de l'empereur ne sont pas encore dans le Trentin; les quatre mille Danois sont bien plus éloignés encore et ne veulent point marcher si on ne leur donne ce qu'on leur doit du passé, et qu'ils n'aient des fonds sûrs pour leur payement durant cette campagne, ce que la cour de Vienne n'a pas pu leur accorder encore.

Mercredi 6, à Marly. — Le roi tint son conseil étant au lit; il se leva dès qu'il eut dîné, et s'alla promener dans ses jardins. Il n'a quasi plus de douleurs, mais il ne peut pas encore appuyer les pieds à terre; il travailla au retour de la promenade avec M. de Chamillart chez madame de Maintenon. Monseigneur et monseigneur le duc de Bourgogne étoient au conseil le matin à l'ordinaire, et Monseigneur alla l'après-dînée à Meudon avec madame la princesse de Conty, où il demeurera jusqu'à lundi; il compte de retrouver le roi encore ici. — Le prince de Rohan, le vidame et d'Antin prirent congé du roi; ils vont servir tous trois à l'armée de Flandre. — Il arriva deux courriers du maréchal de Tessé, l'un parti de Séville et l'autre d'un village dans la Sierra-Morena; le dernier parti de ces courriers est arrivé le premier, il a fait une furieuse diligence et est venu de Madrid en six jours. Le maréchal de Tessé a levé le siége de Gibraltar et on a retiré tout le canon que nous y avions; mais M. de Villadarias, avec le peu de troupes espagnoles qui lui reste et dix pièces de canon, est demeuré devant cette place, dont la garnison est deux fois plus forte que le corps qu'il a.

Jeudi 7, à Marly. — Le roi passa fort bien la nuit et fut fort gai toute la journée; il ne se coucha point avant souper, et croit pouvoir courre le cerf samedi. Le roi, la reine et la princesse d'Angleterre vinrent ici avant sept heures et furent longtemps avec le roi chez madame de Maintenon; on fit jouer le roi d'Angleterre dans le salon avec messeigneurs les ducs de Bourgogne et de Berry et les dames. LL. MM. BB. s'en retournèrent à neuf heures à Saint-Germain. Madame la duchesse de Bourgogne alla dans un carrosse du roi à Meudon avec beaucoup de dames; elle ne revint que pour le souper.

Messeigneurs les ducs de Bourgogne et de Berry coururent le cerf dans la forêt de Saint-Germain avec M. du Maine, et allèrent souper chez M. le comte de Toulouse après que la cour d'Angleterre fut partie. — Le parlement d'Angleterre est cassé; on en rassemblera un nouveau au mois de septembre, et il y a beaucoup de brigues pour le choix des membres de la chambre basse. On mande de ce pays-là que leur grande flotte sera en état de mettre à la voile à la fin du mois. — Le roi a donné 4,000 francs de pension à Canillac, des mousquetaires. — Le petit du Mesnil est mort de la petite vérole: le roi lui avoit donné cet hiver un guidon dans la gendarmerie.

Vendredi 8, à Marly. — Le roi se porte toujours de mieux en mieux. Il se promena le matin; l'après-dînée il alla dans son parc, toujours dans son petit chariot, et demain il courra le cerf; il commence à mettre un peu le pied à terre. Messeigneurs les ducs de Bourgogne et de Berry allèrent dîner à Meudon avec Monseigneur, et madame la duchesse de Bourgogne y alla l'après-dînée et ne revint que pour le souper du roi. Monseigneur avoit eu deux accès de fièvre tierce, qu'il avoit cachés; il l'avoit même encore l'après-dînée; en jouant il le confia à madame la duchesse de Bourgogne, la pria de le dire au roi, et qu'il se feroit saigner le lendemain. — Il fait des pluies horribles à la Mirandole, ce qui en retarde le siége; nous sommes logés sur les deux angles saillants de la contrescarpe, et nous avons mis vingt-quatre pièces de canon en batterie malgré toutes les difficultés qu'il y a de les remuer dans une boue épaisse. — Le roi a donné 1,000 écus de pension au marquis de Grancey, qui s'en va à Barèges pour ses blessures.

Samedi 9, à Marly. — Le roi courut le cerf, comme il l'avoit résolu, et ne se trouva point incommodé de la chasse. Monseigneur fut saigné à Meudon et prit du quinquina une heure après la saignée. — Le fils du marquis d'Alègre, qui étoit languissant depuis longtemps et qui pourtant monta encore hier à cheval, mourut subitement; il étoit mestre de camp du régiment royal des Cravates. M. d'Alègre n'avoit que ce fils-là, et madame de Barbezieux est l'aînée de ses filles, à qui il reviendra une grande partie de ce bien-là. — M. de Breteuil, conseiller d'État ordinaire, mourut à Paris; il avoit été intendant des finances. — M. de Lubert, le plus ancien des trois trésoriers de la marine, est mort d'apoplexie. — Madame la duchesse de Bourgogne alla à Saint-Germain voir le roi et la reine d'Angleterre. — Le roi a donné à M. le marquis d'Alègre le régiment royal des Cravates pour le vendre; il l'avoit acheté pour son fils il y a deux ans, et il lui avoit coûté plus de 100,000 francs.

Dimanche 10, *à Marly.* — Le roi passa fort bien la nuit, et la chasse d'hier ne lui a fait que du bien. Monseigneur n'eut aucun ressentiment de sa fièvre. Monseigneur le duc de Bourgogne alla entendre vêpres à Versailles et puis alla voir Monseigneur à Meudon. Monseigneur le duc de Berry y étoit allé dîner. — Le roi, étant ce matin au conseil, a donné la place d'ordinaire dans le conseil à M. Phélypeaux, frère de M. le chancelier et qui étoit le plus ancien des conseillers d'État de semestre, et la place de semestre à M. d'Armenonville, directeur des finances; il a promis la première vacante à M. de la Houssaye, intendant d'Alsace. — Le roi permit au duc de Villeroy, au duc de Charost, au comte de la Motte et au chevalier de la Vrillière de venir ici prendre congé de lui; ils partent tous cette semaine pour l'armée. — Il arriva un courrier de M. de Vendôme, qui est à Mantoue avec M. son frère; ses lettres sont du 4; il fait venir de Piémont vingt bataillons et vingt escadrons pour fortifier l'armée de Lombardie. Le prince Eugène a fait faire un pont sur l'Adige, au-dessous de Vérone, où il a fait passer quatre mille hommes; le siége de la Mirandole alloit fort lentement à cause des pluies continuelles ; mais on espère qu'il ira fort vite présentement, parce que le temps s'est remis au beau. Les dernières troupes qui viendront joindre l'armée du grand prieur arriveront le 13, après quoi il sera considérablement plus fort que le prince Eugène, quand même les troupes du palatin et du Danemark seroient arrivées. M. de Vendôme retournera le 25 à l'armée de Piémont pour ouvrir la campagne de ce côté-là. — Le roi fit venir ici du Plessis, major de la gendarmerie, et travailla avec lui et M. de Chamillart chez madame de Maintenon ; le soir il a donné des commissions de mestre de camp à plusieurs officiers de la gendarmerie ; il en a donné aussi à cinq exempts des gardes du corps.

Lundi 11, *à Marly.* — Le roi se promena le matin et l'après-dînée dans ses jardins, et s'amusa à voir jouer au mail. Il travailla le soir chez madame de Maintenon avec M. Pelletier, comme il a accoutumé de faire tous les lundis. Monseigneur revint ici de Meudon avec madame la princesse de Conty, et outre les dames qu'il y avoit menées d'ici, il en ramena la duchesse de Quintin et mademoiselle de Melun. Madame la duchesse de Bourgogne prit médecine pour se préparer à se baigner. — On eut des nouvelles, par plusieurs endroits, que l'empereur avoit été à l'extrémité le 23 et le 24 du mois passé, que les médecins désespéroient de sa guérison, mais qu'un empirique lui avoit donné quelques gouttes qui l'avoient fait dormir trois heures et qu'il étoit un peu mieux le 25. — Les cinq exempts des gardes à qui le roi a donné commission de mestre de camp sont : le chevalier Dauger, le chevalier de la Billarderie, du Planty, Montlezun et Segonsac. — Les troupes anglaises qui étoient en Flandre marchent sur la Moselle, où toutes les apparences sont que milord Marlborough viendra commander ; on l'attendoit à Dusseldorf, où l'électeur palatin lui fait préparer des fêtes magnifiques.

Mardi 12, *à Marly.* — Le roi tint le matin conseil de finances, et courut le cerf l'après-dînée; sa goutte est fort diminuée, et il dort tranquillement toutes les nuits sans souffrir. Madame la duchesse de Bourgogne commença ses bains, et se promena le soir avec le roi, qui, au retour de la chasse, demeura dans ses jardins jusqu'à sept heures et puis travailla avec M. de Pontchartrain chez madame de Maintenon. Messeigneurs les ducs de Bourgogne et de Berry étoient à la chasse avec le roi; Monseigneur n'y étoit point, parce qu'il continue à prendre du quinquina; mais il se promena beaucoup dans les jardins. — Plusieurs marchands de Paris ont reçu nouvelle que l'empereur étoit mort; on le mande de Bruxelles et de Strasbourg; mais, comme on ne l'a point mandé au roi, on ne croit point que cela soit vrai, d'autant plus qu'on avoit reçu des lettres du 25 qui assuroient qu'il se portoit mieux. — Milord Marlborough, qu'on attendoit à Dusseldorf, est à Maestricht, où il y a déjà quelques troupes assemblées. M. le maréchal de Villeroy fait avancer les troupes qui étoient les plus éloignées, et marche à Tirlemont; on croit pourtant que le dessein des ennemis est de se tourner sur la Moselle, et Maestricht est le plus court pour y aller.

Mercredi 13, *à Marly.* — Le roi tint conseil le matin, et se promena à quatre heures jusqu'à sept; il vit longtemps jouer au mail. Il dîna et soupa en public avec les dames; il travailla le soir avec M. de Chamillart jusqu'à une heure et demie. Monseigneur prit médecine et continue son quinquina. Madame la duchesse de Bourgogne continue ses bains, et, au sortir de la messe, alla voir Monseigneur. — Matignon eut permission de venir prendre congé du roi; il s'en va en basse Normandie. — Le roi a donné à M. de Miran, ancien capitaine de dragons dans Fimarcon, le guidon de gendarmerie qu'avoit du Mesnil. — Le prince de Bade assemble ses troupes en deçà et en delà du Rhin; il a déjà un corps assez considérable à Candal. — On ne reçut aucune nouvelle de la santé de l'empereur, ce qui fait croire ici qu'il se porte mieux. — Maulevrier arriva avant hier d'Espagne, et, comme sa femme est ici, il a eu permission d'y venir tout droit. — Madame des Ursins, qui étoit ici au commencement du voyage, est revenue et prendra congé du roi incessamment.

Jeudi 14, *à Marly.* — Le roi passe les nuits fort doucement et se promène souvent dans son petit chariot; mais comme il ne peut pas encore mettre les pieds à terre, il ne retournera point à Versailles samedi, comme il l'avoit résolu; il espère pouvoir y aller à la fin de la semaine qui vient. Monseigneur continue de prendre son quinquina, et madame la duchesse de Bourgogne continue à se baigner tous les matins. — Le nonce extraordinaire que le pape a fait archevêque de Gênes depuis cinq semaines auroit bien souhaité que le roi lui permît de venir prendre ici son audience de congé; mais, comme le roi n'en a jamais donné à aucun ambassadeur, il faudra qu'il attende que le roi soit de retour à Versailles. — Le prince Ragotzki a fait assurer le roi depuis peu de jours qu'il n'entreroit en aucun accommodement avec l'empereur, qu'il le prioit de compter sur son attachement pour la France et pour sa personne sacrée comme s'il avoit l'honneur d'être son sujet; ses troupes se grossissent tous les jours; il paroît avoir une entière confiance en des Alleurs. Ses progrès augmentent; il a passé le Danube pour assiéger Bude; il a établi trois fonderies dans les villes dont il s'est rendu maître, et le comte Forgatsch, qui est en Transylvanie avec vingt mille hommes, assiége Hermenstadt, place où tous les gens qui sont encore dans le parti de l'empereur en ce pays-là ont retiré leurs meilleurs effets et où M. de Rabutin s'est renfermé lui-même, ne pouvant plus tenir la campagne.

Vendredi 15, *à Marly.* — Le roi se promena tout le matin; il courut le cerf l'après-dînée. Madame la duchesse de Bourgogne a suspendu ses bains pour quelques jours. — Il arriva le matin un courrier de M. de Marsin, qui est à Strasbourg; il mande au roi que tous les avis qu'il a d'Allemagne portent que l'empereur mourut le 2 de ce mois; on ne doutoit point de la nouvelle, mais M. de Torcy eut des lettres de Vienne du 2, qui sont venues par Genève et dans lesquelles on mande que l'empereur étoit un peu mieux, mais qu'il étoit toujours très-dangereusement malade. — M. de Marlborough fait marcher toutes les troupes qu'il commande vers la Moselle; il s'est avancé à Aix-la-Chapelle; il avoit proposé aux Hollandois de faire deux siéges en Flandre, proposition qu'ils n'ont pas voulu accepter, disant qu'ils veulent conserver leurs troupes, qui seront commandées par M. d'Owerkerke; on assure que le dessein de M. de Marlborough, n'ayant rien pu faire en Flandre, est de faire le siége de Sarrelouis, et que le prince de Bade le joindra avec la plus grande partie de ses troupes, et laissera le reste sous le commandement du comte de Tunghen pour garder les lignes de Lauter qu'ils font élever et où il y a dix mille prisonniers qui y travaillent depuis quelques temps.

Samedi 16, *à Marly*. — Le roi se promena le matin et l'après-dînée dans ses jardins; il a dit ce matin qu'il retourneroit samedi à Versailles quand même il ne pourroit pas mettre pied à terre et qu'il y seroit deux mois sans revenir ici. — On a reçu, par l'ordinaire, des lettres de la Mirandole du 6. M. de Lappara, qui commande à ce siége, mande qu'on comble le fossé, qu'il n'y a plus que trois pièces de canon des assiégés qui nous incommodent, que nous avons une batterie établie sur le chemin couvert; nous perdons peu de soldats à ce siége, où nous n'avons que huit bataillons. — M. de Marsan et M. de la Vallière, qui n'étoient point du commencement de ce voyage, ont eu permission de venir ici, où le roi leur a donné des logements. — Il n'y a encore rien de sûr de la mort de l'empereur*, mais on ne doute pas qu'il ne meure de cette maladie-là, parce qu'il est abandonné de tous les médecins. Toutes les lettres d'Allemagne en parlent comme d'une maladie désespérée, et ces mêmes lettres assurent que les mécontents de Hongrie ont pris Bude et vont attaquer le grand Waradin ; elles disent aussi que la Transylvanie est perdue pour l'empereur.

* Cet empereur Léopold, qui n'avoit jamais été à la guerre, la fit heureusement par ses généraux et eut toujours le meilleur conseil de l'Europe, qu'il eut le discernement de bien composer et de croire. Son humeur peu guerrière émoussa la frayeur que ses prédécesseurs avoient inspirée, tandis que par la sagesse de son conseil il usurpa peu à peu plus d'autorité solide dans l'empire que pas un d'eux n'avoit fait. La terreur et la jalousie de la France et la haine que les hauteurs affectées de M. de Louvois, qui ne vouloit que guerres, excita contre elle et qui bâtit la ligue d'Augsbourg, celle du roi si personnelle et si implacable pour le prince d'Orange, qui éleva sa grandeur, formèrent la dictature de Léopold dans l'Europe. Sa simplicité extérieure, qui ne tenoit guère de la pompe de la majesté impériale, jointe à une mine basse et à une laideur ignoble, fit tomber Cheverny, envoyé de France à Vienne, dans une ridicule aventure. Il attendoit au palais sa première audience sur les sept ou huit heures du soir, l'hiver, lorsqu'un chambellan de jour lui vint dire d'entrer dans le cabinet, dont la porte fut aussitôt fermée sur lui. Il trouva une assez grande pièce, longue, mal meublée et encore plus mal éclairée, un poêle et point de cheminée, et au fond, vis-à-vis de la porte par où il étoit entré, une longue table le long de la muraille, deux bougies jaunes dessus pour toute lumière dans la chambre, et un homme vêtu de noir appuyé le dos à la table, qui couvroit encore plus la lumière, et vers un bout de cette table une petite porte fermée. Cheverny, averti de rien sinon d'entrer, se crut dans une antichambre plus intérieure au peu d'appareil qu'il y remarqua, d'où il s'attendoit qu'on le feroit passer ailleurs quand l'empereur voudroit lui donner son audience. Il se mit donc à examiner cette pièce, puis à se promener d'un bout à l'autre, jusque tout auprès de cet homme noir appuyé contre la table, qu'il crut être quelque valet de chambre, dont il ne fit aucun cas. Quand il eut fait cinq ou six tours de la sorte, ce prétendu valet lui demanda avec civilité et en françois s'il étoit l'envoyé de France, et après ce qu'il faisoit-là. « On m'y a fait entrer, répondit-il, et j'attends à être appelé pour avoir l'audience de l'empereur. — C'est moi qui le suis, répliqua l'homme noir, et je suis tout prêt à vous entendre. » On peut juger de la surprise et de l'embarras de Cheverny, à qui il faisoit bon entendre raconter cette histoire.

L'impératrice, sa dernière femme, étoit fort impérieuse, maîtresse de beaucoup de petites choses, qui aimoit peu son fils aîné Joseph et beaucoup l'empereur d'aujourd'hui, et si attachée à son mari qu'elle faisoit elle-même son pot et ses remèdes quand il étoit malade, et ne le quitta jamais. Ce qui est étrange d'un prince qui, pour sa vie privée et ce qui n'étoit point d'État, avoit toujours montré une piété fort soutenue, c'est que se voyant sans ressource depuis plusieurs jours, ayant donné ordre à tout et reçu les derniers sacrements, s'étant encore entretenu avec son confesseur jésuite et se sentant tout à fait défaillir, il demanda de la musique et mourut au son des voix et des instruments.

Dimanche 17, *à Marly*. — Le roi tint conseil le matin à son ordinaire, dîna en public avec les dames et travailla après dîner jusqu'à cinq heures avec M. de Chamillart. — Il arriva un courrier du maréchal de Villeroy, qui, étant assuré de la marche de M. de Marlborough sur la Moselle, fait remonter la Meuse à la maison du roi, qu'il avoit fait avancer à Rocroy et à Givet ; il mande au roi qu'il a reçu une lettre de l'abbé de Saint-Tron, qui assure que l'empereur étoit mort le 3. — Il arriva un courrier de M. de Vaudemont, parti de Milan le 10. Il envoie au roi une lettre de M. de Vendôme, qui lui mande que Lappara, qui commande au siége de la Mirandole, assure que nous serons maîtres de cette place dans peu de jours, que le fossé est plus qu'à demi comblé et qu'il ne croit pas que les assiégés veuillent attendre la dernière extrémité. — M. d'Avéjan quitte la lieutenance-colonelle des gardes, que le roi donne à M. de Caraman, qui en étoit premier capitaine et qui est lieutenant général. — Le roi donne 2,000 écus de pension à M. d'Avéjan, et la compagnie à son fils aîné, qui étoit lieutenant, et la lieutenance à son cadet, qui n'étoit qu'enseigne, et leur laisse l'enseigne à vendre.

Lundi 18, *à Marly*. — Le roi prit médecine, et l'après-dînée il travailla avec M. Pelletier, comme il fait tous les lundis. — On a nouvelle de tous côtés de la mort de l'empereur, et la Gazette de Hollande dit même qu'un courrier de Vienne avoit passé auprès de Cologne portant à l'électeur palatin, qui est à Dusseldorf, la nouvelle que l'empereur mourut le 5, entre trois et quatre heures après-midi; cependant les lettres de Nuremberg du 8 n'en disent rien, et même il y a d'autres avis qui portent que l'empereur n'est mort que le 9. Le roi des Romains, son fils, fut élu en 1690 à Augsbourg. L'impératrice sa mère, qui est la sœur aînée de l'électeur palatin, est aussi considérablement malade. — On a nouvelle que milord Marlborough doit être le 19 à Coblentz pour conférer avec le prince de Bade, l'électeur palatin et l'électeur de Trèves. — On mande de Madrid que le roi d'Espagne a envoyé ordre à Puységur, qui est dans l'Estramadure, d'assembler les troupes pour marcher aux ennemis qui menacent d'assiéger Badajoz ou Ciudad-Rodrigo et de les combattre plutôt que de leur laisser prendre une de ces places.

Mardi 19, *à Marly*. — Le roi tint conseil de finances le matin à son ordinaire et travailla le soir avec M. de Pontchartrain. — La promotion de la marine sera faite cette semaine. — Pendant que le roi étoit au conseil, le matin, il arriva un courrier de M. de Vendôme; ce courrier étoit le baron d'Eltruk, qui depuis deux ans a quitté le service de l'empereur, où il étoit lieutenant-colonel et ingénieur; il y a deux ans qu'il est attaché à la France; il a pension du roi et vient du siége de la Mirandole, où il a servi sous Lappara. Il apporte au roi de bonnes nouvelles: la prise de la Mirandole, qui s'est rendue le 11; il y avoit dans la place cinq cents soldats, soixante-dix officiers, un lieutenant-colonel et le comte de Kœnigseck, qui est général-major; ils se sont rendus prisonniers de guerre. Il y avoit dans la place beaucoup d'artillerie et de munitions de guerre, il y avoit des vivres pour trois mois. L'autre nouvelle est que le même jour, 11, le prince Eugène avoit voulu jeter un pont sur le Mincio au même endroit où il le passa il y a deux ans, entre Pescaire et Goïto; il s'étoit avancé là avec dix mille hommes et croyoit surprendre le passage. Nous n'avions là que le régiment de Bretagne, pour le défendre, qui a fait des merveilles. Nous y avons perdu soixante ou quatre-vingts hommes; les ennemis y en ont perdu beaucoup davantage. On a enfoncé les bateaux à coup de canon, et le prince Eugène s'est retiré avec beaucoup de précipitation. M. de Murçay fut le premier de nos officiers généraux qui vint joindre le régiment de Bretagne, et M. de Vendôme, qui visitoit ce jour-là les bords du Mincio, arriva sur la fin de l'action et loue fort les officiers et les soldats; M. de Murçay s'est fort distingué. — Il arriva un courrier du maréchal de Villeroy et un du maréchal de Villars. Ils sont persuadés l'un et l'autre que les grands desseins des ennemis sont sur la Moselle et sur la Sarre; mais leurs troupes marchent assez lentement et ne sont pas encore à la hauteur d'Aix-la-Chapelle. — Le roi courut le cerf l'après-dînée; Monseigneur étoit à la chasse, quoiqu'il continue son quinquina.

Mercredi 20, *à Marly.* — Le roi tint conseil le matin, travailla l'après-dînée jusqu'à cinq heures avec M. de Chamillart, se promena ensuite et puis revint à sept heures chez madame de Maintenon et travailla encore avec M. de Chamillart. — On eut des lettres du duc de Gramont par l'ordinaire d'Espagne; il mande que les ennemis assiégent Salvatierra; que le gouverneur qu'ils ont fait sommer a répondu comme un galant homme. La lettre du duc de Gramont est du 8; le maréchal de Tessé étoit arrivé le 3 à Mérida; ainsi il aura bientôt joint l'armée. Cet ordinaire a trouvé M. Amelot à Vittoria. On a mis dans Cadix une bonne garnison, bien du canon et des munitions. — Il arriva un courrier de M. de Villars, qui est campé à l'abbaye d'Heylesem. M. d'Owerkerke est campé avec les troupes hollandoises sur le mont Saint-Pierre, auprès de Maestricht, où il se retranche fort; il paroît qu'ils veulent être sur la défensive de ce côté-là et qu'ils envoient beaucoup de troupes sur la Moselle.

Jeudi 21, *à Marly.* — Le roi se promena tout le matin, mais toujours dans son chariot; il ne sauroit mettre pied à terre; l'après-dînée il travailla longtemps avec M. de Pontchartrain, puis alla à la promenade, d'où il revint à sept heures, et après qu'il fut rentré chez madame de Maintenon il fit une grande promotion de la marine avec M. le comte de Toulouse et M. de Pontchartrain; on a avancé deux cent vingt officiers; on n'a point encore nommé le lieutenant général ni le chef d'escadre; il y a vingt-quatre capitaines de vaisseau qui sont :

MM. Marquis de Longivière,	MM. Marquis de Lanquetot,
Simonet,	Des Fongis,
Guimont du Coudray,	Bessac,
Chevalier d'Amont,	De Beaucaire,
Chevalier de Fontenay,	De Saint-Villiers,
Du Guay-Trouin,	Marc-Antoine Caffaro,
De Bois Clair,	Sabran-Baudisnar,
Desgots,	De Valteg (1),
Comte de Choiseul-Beaupré,	Valette-Laudun,
	Gabaret,
Des Coyeux,	Don Joseph de Los Rios,
Villeray,	Chevalier de Gabaret.
Chevalier de Tourouvre,	

Vendredi 22, à Versailles.—Le roi, après sa messe, alla se promener dans ses jardins; l'après-dînée il courut le cerf et puis travailla avec le P. de la Chaise. — Il arriva un courrier de M. de Vendôme, qui apporta les drapeaux pris dans la Mirandole; la garnison qui étoit dans cette place étoit beaucoup plus forte que ne l'avoit dit M. le baron d'Eltruk; il y avoit mille soldats sans compter les officiers. On a trouvé dans la place trente-trois pièces de canon, cinquante-cinq milliers de poudre, beaucoup de bombes et de grenades. Les barques que nous avons sur le lac de Garde ont coulé à fond quelques barques que

---

(1) Le *Mercure* le nomme Devalles.

le prince Eugène vouloit faire passer sur ce lac pour joindre les troupes qu'il a laissées dans le Bressan sous le commandement du général Bibrac. Ce courrier, qui a passé à Milan, a apporté une lettre de M. de Vaudemont, qui mande que M. de Savoie avoit détaché six cents chevaux et deux cents hussards qui ont traversé plusieurs rivières et plus de trente lieues de pays et sont tombés entre plusieurs villages auprès de Lodi, où nos officiers généraux avoient leurs équipages, et ont enlevé sept à huit cents chevaux parmi lesquels il y a quelques chevaux de l'artillerie et des vivres; on a envoyé après eux quelques troupes, mais on doute qu'on les puisse joindre.

Samedi 23, *à Versailles.* — Le roi revint ici de Marly. Monseigneur alla à Meudon, où il demeurera jusqu'à vendredi. Madame la duchesse de Bourgogne joua toute l'après-dînée à Marly et ne revint ici que pour le souper du roi. — Il arriva un courrier du maréchal de Villeroy, qui va camper à Vignamont; les ennemis sont toujours sur le mont Saint-Pierre auprès de Maestricht, où ils continuent à se retrancher et où ils établissent des batteries comme gens qui craignent d'êtres attaqués. Il mande dans sa lettre que milord Marlborough est allé à Liége, où l'on croit qu'il ne va que pour demander aux généraux hollandois un renfort de troupes; il continue à faire marcher vers la Moselle les Anglois et font des préparatifs extraordinaires à Coblentz. — Le petit Renaud a pris congé du roi à Marly; on l'envoie en Espagne, et il va droit à Cadix, où il demeurera pendant toute la campagne. — Il arriva un courrier de M. de Villars, qui a été joint par la maison du roi ; il s'est avancé entre Sierk et Thionville. — Le duc de Berwick a découvert et pris l'homme qui payoit les fanatiques et celui qui donnoit l'argent. Celui qui les payoit s'appeloit Maillens et celui qui fournissoit l'argent Regis, qui est un bourgeois des Cévennes très-riche. On a trouvé dans le village de Langlade une cache où ils avoient un quintal de poudre.

Dimanche 24, *à Versailles*.— Le roi entendit la messe dans la chapelle et même se mit à genoux sans que cela l'incommodât beaucoup; l'après-dînée il alla se promener à Trianon, et le soir, après son souper, il se tint assez longtemps debout dans le salon, où il y avoit plus de cent dames, et alla du salon dans son cabinet à pied. Madame la duchesse de Bourgogne a recommencé ses bains depuis vendredi; elle a une grosseur au bas des côtes, et Clément seroit d'avis qu'au mois de septembre on la menât à Bourbon; mais les médecins croient que ce voyage ne sera pas nécessaire. — On fait revenir M. de Thouy d'Espagne, où il étoit lieutenant général et plus ancien que Puységur; ils étoient fort brouillés ensemble; on renverra un autre lieutenant général en ce pays-là — Le marquis de la Vallière est assuré de la députation de la noblesse de Bretagne; il a quelques terres en ce pays-là, du bien de sa mère. — M. de Seignier, maréchal de camp de la dernière promotion, qui fut pris à la bataille d'Hochstett, où il s'étoit fort distingué, vient d'être échangé; le roi l'envoie servir dans l'armée d'Alsace, et lui a donné une pension de 1,000 francs sur l'ordre de Saint-Louis, sans qu'il l'eût demandée; le roi lui avoit augmenté sa pension cet hiver et l'avoit mise à 3,000 francs.

Lundi 25, *à Versailles*. — Le roi se promena l'après-dînée dans ses jardins. Monseigneur le duc de Bourgogne et madame la duchesse de Bourgogne allèrent l'après-dînée à Meudon; monseigneur le duc de Berry y étoit allé dîner et en revint avec eux pour le souper du roi. — Il arriva un courrier de Madrid par qui l'on apprit que les Portugais avoient pris Salvatierra, que les Espagnols leur avoient pris l'année passée; c'est une place de la province de Beïra fort proche d'Alcantara, ville d'Espagne qui est sur le Tage. — M. de Legall, qui servoit de lieutenant général dans l'armée de la Moselle et qui en partit avant-hier, arriva le soir ici; le roi l'envoie servir en

Espagne en la place de M. de Thouy, où il est l'ancien de Puységur. — Il est arrivé ce matin un courrier par lequel on apprend que Saint-Pol, qui étoit sorti de Dunkerque avec deux vaisseaux de guerre et une frégate, rencontra, il y a quelques jours, à deux lieues de Texel, une flotte marchande hollandoise qui venoit d'Angleterre escortée par deux vaisseaux de guerre. Il en attaqua un, fit attaquer l'autre par Roquefeuille, son second ; le vaisseau que Roquefeuille attaquoit se sauva dans le Texel ; Saint-Pol se rendit maître de celui qu'il attaquoit et le brûla. Il a pris et mené à Dunkerque six vaisseaux marchands estimés 100,000 écus.

Mardi 26, à Versailles. — Le roi, avant que d'aller à la messe, donna audience au nonce extraordinaire Fieschi, qui prit congé ; ensuite S. M. la donna au nonce ordinaire, à l'ambassadeur de Venise, au comte de Craon, envoyé extraordinaire de Lorraine, à l'envoyé de Parme et à l'envoyé de Cologne, qui venoient faire des compliments sur la mort de monseigneur le duc de Bretagne. Les envoyés pourroient avoir des disputes à qui auroit audience du roi, et il est réglé depuis quelque temps que ceux qui ont demandé les premiers audience l'ont les premiers ; tous ces ministres étrangers eurent ensuite audience de toute la famille royale. — Cinq prisonniers qui étoient dans Pierre-Encise se sont sauvés après avoir poignardé les soldats qui les gardoient et ensuite le gouverneur, qui s'appeloit Manville, ancien officier qui avoit été lieutenant-colonel du régiment Lyonnois. — Il arriva un courrier de M. de Vendôme par lequel on apprit que M. de Vaubecourt, lieutenant général, avoit été tué en attaquant les huit cents chevaux qui étoient venus enlever les équipages de quelques officiers généraux auprès de Lodi. M. de Vendôme mande qu'il envoie la lettre de M. de Vaudemont qui apprendra au roi le détail de cette affaire ; mais il faut que son secrétaire l'ait oubliée, car elle ne s'est point trouvée dans le paquet. — Durant les audiences des ambassadeurs le roi eut l'honnêteté de se tenir debout, quoique cela lui fasse encore de la peine et s'appuya de temps en temps sur le duc de Tresmes, qui servoit comme premier gentilhomme de la chambre pour le duc de Beauvilliers, qui est en année.

Mercredi 27, *à Versailles*. — Le roi alla tirer l'après-dînée; il n'avoit point monté à cheval depuis six semaines à cause de sa goutte. Monseigneur le duc de Bourgogne dîna avec madame la duchesse de Bourgogne, qui continue ses bains. Monseigneur le duc de Berry alla avec madame la princesse de Conty et beaucoup de dames dîner à Meudon, d'où Monseigneur reviendra vendredi. — On eut des lettres de M. des Alleurs du 26 du mois passé; il mande que les mécontents ont fait passer un corps assez considérable à la droite du Danube et qu'à la gauche du Danube ils ont passé la Morave et font beaucoup de désordres en Moravie; ils paroissoient fort éloignés d'entrer en aucun accommodement avec l'empereur, mais il n'est point vrai qu'ils aient pris Bude ni le grand Waradin. — Les Portugais ont pris Valentia, dont le gouverneur s'est très-bien défendu et a été tué; cette place est d'Espagne et est entre Alcantara et Badajoz. Le maréchal de Tessé a joint notre armée, qu'il a trouvée fort foible. — M. de Marsin a fait un détachement de son armée de quinze bataillons et de vingt escadrons pour joindre M. de Villars; ce détachement est commandé par MM. de Lannion et de Guasquet.

Jeudi 28, *à Versailles*. — Le roi dîna à midi, ne tint point de conseil le matin, et après son dîner alla se promener à Marly, d'où il revint d'assez bonne heure. — On a su par le courrier de M. de Vendôme qui arriva avant-hier que le prince Eugène avoit passé dans une barque sur le lac de Garde et qu'il étoit à Salo, qui est le principal des quartiers que les Impériaux ont de ce côté-là. Il fait venir quelque cavalerie par Torbole et par Riva; ils auront peine à faire subsister les troupes dans les montagnes où ils sont, et les troupes qui les viendront joindre auront bien de la peine aussi à subsister dans les montagnes où il faut qu'ils passent. M. de Vendôme et M. le grand prieur marchent pour attaquer le prince Eugène ou pour le rejeter encore davantage dans les montagnes et lui ôter les subsistances qu'il pouvoit tirer du Bressan. — Il arriva le soir un courrier du maréchal de Villars, ses lettres sont du 27 au matin. Il est campé entre la Moselle et la Sarre; sa gauche à Konigsmakeren et sa droite à un ravin qui règne jusque sur la Sarre; il doit être joint le 30 par le détachement de M. de Marsin. Il mande que Marlborough est parti de Trèves pour aller à Rastadt, où le prince de Bade est malade; on dit que les blessures qu'il reçut l'année passée au Chellemberg se sont rouvertes.

Vendredi 29, *à Versailles.* — Le roi fut quelque temps enfermé avec le P. de la Chaise après son dîner, ce qu'il fait toujours la veille des jours qu'il doit faire ses dévotions; il alla ensuite se promener à Trianon. Monseigneur revint de Meudon, où il avoit été depuis Marly. — Le roi a donné à M. le comte d'Estaing le gouvernement de Châlons en Champagne, la lieutenance générale du pays Messin et celle du Verdunois; M. de Vaubecourt, son beau-frère, avoit ces trois charges. — M. le maréchal de Tessé, avec ce qu'il a pu rassembler de troupes, marche pour attaquer le corps des ennemis qui a pris Valentia et qui ne peut être secouru par celui qui a pris Salvatierra, parce qu'ils n'ont point de pont sur le Tage. — J'appris que l'abbé d'Hocquincourt étoit mort il y a quelques jours; il avoit l'abbaye de Boheries, qui vaut 12 à 15,000 livres de rente. — M. le maréchal de Villeroy est campé à Breffe; le bruit de son armée est qu'il va faire le siége de Huy. M. d'Owerkerke, qui commande l'armée des Hollandois, est toujours sur la hauteur de Saint-Pierre auprès de Maestricht, où il continue à se retrancher.

Samedi 30, *à Versailles.* — Le roi fit ses dévotions dans la chapelle en bas et puis toucha, proche l'appartement de M. le comte de Toulouse, quelques malades espagnols; il étoit venu beaucoup de François pour se faire toucher; mais le roi n'y pouvoit pas suffire, parce qu'il ne peut point encore se tenir sur ses pieds; le roi leur fit donner par M. de Metz l'aumône qu'il a accoutumé de donner quand il touche. Madame la duchesse de Bourgogne fit ses dévotions aux Récollets dans la chapelle en haut. L'après-dînée le roi et toute la maison royale entendirent vêpres dans la tribune, où officia l'archevêque d'Aix, qui étoit venu de Provence pour officier à la Pentecôte comme prélat de l'Ordre; il n'y aura point demain de cérémonie. Après vêpres le roi s'enferma avec le P. de la Chaise et fit la distribution des bénéfices. L'abbaye de Boheries a été donnée à l'abbé Fagon, qui remet l'abbaye de Chartrices, que le roi donne à l'abbé du Rozel; l'abbaye de Pebrac à l'abbé de Genetines, comte de Lyon, qui remet l'abbaye de Mauzac, qui est donnée à l'abbé Archon le jeune; l'abbaye de Dillot à l'abbé Jachiet, chapelain du roi; il remet l'abbaye de Boschaud, qui est donnée à l'abbé de Médidier; l'abbaye de Leyme à madame d'Aubeterre; l'abbaye d'Argensol à madame de Blanchefort (1); l'abbaye de Saint-Geniest à madame de Castries, sœur du marquis de Castries.

Dimanche 31, jour de la Pentecôte, à Versailles. — Le roi entendit la grande messe dans la tribune avec toute la maison royale; il n'y eut point de procession; l'après-dînée il entendit le sermon de l'abbé Pernault et vêpres ensuite; M. l'archevêque d'Aix officia. — Il arriva un courrier de M. de Vendôme, qui mande qu'il avoit marché avec M. son frère pour attaquer le prince Eugène en cas qu'il fût dans un lieu attaquable, mais qu'après avoir reconnu leur camp il avoit jugé qu'il ne pouvoit rien

---

(1) Le *Mercure* dit, à madame d'Aligre.

entreprendre. Le camp des ennemis s'étend depuis Gavardo, où est leur droite, jusqu'à Salo sur le lac de Garde; ils sont retranchés comme gens qui se sentent trop foibles pour en vouloir venir à une action avec nous. Leur cavalerie ne les a pas encore joints, et quand elle sera jointe ils n'auront que vingt-deux mille hommes, parce que les troupes palatines et danoises ne sont pas encore arrivées; on croit même qu'ils ont reçu des contre-ordres en chemin. M. de Vendôme s'est campé fort proche d'eux, et se retranche de son côté; il espère leur ôter toute la communication avec le Bressan et qu'ils ne tireront leur subsistance que par le lac. M. de Vendôme laisse M. son frère commander les troupes de ce côté-là et retourne à l'armée de Piémont pour commencer la campagne contre M. de Savoie.

Lundi 1ᵉʳ juin, à Versailles. — Le roi ne sortit point l'après-dînée; il travailla d'abord avec M. Pelletier et le soir avec M. de Chamillart. Il se coucha à neuf heures et demie et soupa dans son lit; il a un peu de douleur au genou et à l'épaule. Monseigneur le duc de Bourgogne partit d'ici après le conseil pour aller coucher à Liancourt; monseigneur le duc de Berry y va avec lui. Ils y demeureront tout le mardi; le mercredi ils iront à Chantilly. M. le Prince et M. le Duc y sont allés pour les y recevoir; ils y séjourneront jeudi et vendredi et reviendront ici samedi. — Il arriva un courrier de M. de Villars, qui mande que M. de Marlborough étoit revenu à Trèves le 28, après avoir fait un petit voyage sur le Rhin, où il a vu M. l'électeur de Mayence et M. le prince Louis de Bade; quelques troupes du prince de Bade marchent sur la Sarre, et il y a plus d'apparence que jamais qu'il y aura une grande action en ce pays-là. — Les lettres de l'armée de Flandre portent que nous avons investi Huy le 28; c'est M. de Gacé qui fera ce siége. Le maréchal de Villeroy est à Vignamont, qui en est fort proche, d'où il doit avoir été joint d'hier par l'électeur de Bavière. On ne doute pas que nous ne fassions aussi le siége de Liége.

Mardi 2, à Versailles. — Le roi passa fort bien la nuit; il entendit la messe dans la chapelle. Il vouloit l'après-dînée, aller se promener dans les jardins où il aime à être seul pour donner ses ordres aux embellissements qu'il y fait faire; mais il y avoit tant de peuple de Paris qui s'y promenoit, qu'il aima mieux se contraindre et ne point se promener que de faire sortir tout le peuple de ses jardins. Monseigneur alla dîner à Meudon avec madame la Duchesse et beaucoup de dames; il y eut grand jeu l'après-dînée. Madame la duchesse de Bourgogne y alla sur les trois heures et en revint à neuf avec Monseigneur. Le roi se coucha à neuf heures et demie, et soupa dans son lit; son genou est un peu enflé, mais il n'y a plus de douleurs ni à l'épaule ni au genou. — Le nouvel empereur a fait entrer six mille hommes dans Munich, contre la foi du traité qu'il avoit signé lui-même avec madame l'électrice; il ne veut pas accorder des passeports à cette princesse pour revenir en Bavière. La reine de Pologne, sa mère, et elle ont été quelques jours ensemble à Venise; cette reine, de son côté, est fort mécontente de la cour de Vienne, parce qu'elle n'obtient pas du roi Auguste la liberté des princes ses enfants.

Mercredi 3, à Versailles. — Le roi entendit encore la messe dans son lit. L'après-dînée il donna audience au clergé, qui est assemblé à Paris depuis dix jours; tous les députés du premier et du second ordre vinrent. M. le cardinal de Noailles, qui est seul président, fit une fort belle harangue; il l'avoit déjà montrée au roi en particulier, et le roi en avoit été très-content. Ils descendirent ensuite tous chez Monseigneur, à qui le cardinal fit encore un beau et bon discours. Ils avoient tous entendu mardi à Paris la messe du Saint-Esprit, à la fin de laquelle ils communièrent tous de la main du cardinal, qui la célébroit. — La ville de Huy s'est rendue sans se défendre; la garnison est toute montée au château; elle est composée de quatre bataillons, que nous espérons prendre prisonniers de guerre; le gouverneur est le frère de Cronstrom, qui est envoyé du roi de Suède ici. — Il arriva un courrier du duc de Gramont, parti du 22 de Madrid; M. Amelot y arriva le 19 et a déjà entré dans la junte. Le duc de Gramont devoit partir le 23. Les Portugais assiégent Albuquerque, qui est entre Valentia, qu'ils viennent de prendre, et Badajoz.

Jeudi 4, à Trianon. — Le roi alla l'après-dînée à Trianon, où il demeurera quelques jours. Monseigneur y arriva un peu après le roi; il n'y aura qu'une table ce voyage-ci. Les dames viendront à trois heures faire leur cour et en reviendront à neuf, et n'y souperont point; madame la Duchesse y a pourtant retenu les dames du palais. On y a fait faire, à l'appartement de madame de Maintenon, une petite chambre en haut, où elle couche, et madame la duchesse de Bourgogne se baignera dans la chambre où madame de Maintenon avoit accoutumé de coucher. Madame n'est point du voyage; elle est demeurée à Versailles très-enrhumée. Le roi marche un peu et commence à avoir les jambes moins foibles. — On a des lettres de M. de Villars du 31. M. de Marlborough est campé autour de Trèves avec toutes ses troupes; il a fait accommoder les chemins qui vont à Luxembourg et ceux qui vont à Sarrelouis; le 30 il passa la Sarre avec un corps de cavalerie, apparemment pour visiter le pays, et le soir même il retourna à Trèves. M. de Villars est si bien posté que M. de Marlborough ne sauroit marcher à lui sans un très-grand désavantage.

Vendredi 5, à Trianon. — Le roi se porte de mieux en mieux et se promène souvent dans ses jardins quoiqu'il fasse un fort grand froid. Monseigneur et madame la duchesse de Bourgogne jouent au lansquenet avec les dames qui viennent l'après-dînée, et on en retient deux ou trois à souper; tous les courtisans ont permission de suivre le roi à la promenade, et il paroît fort gai. — Le marquis de Bonnelles, fils aîné de M. de Bullion, reçut une assez grande blessure, mais qui n'est pas mortelle, à l'affaire où fut tué M. de Vaubecourt; il s'y distingua fort, et le roi, fort content de lui, l'a fait brigadier. Il est mestre de camp du régiment royal de Roussillon depuis quelques années. — La tranchée fut ouverte devant les forts et le château de Huy le dernier du mois passé, et le canon devoit être en batterie le lendemain. — M. de Nointel, qui étoit intendant en Bretagne, pressoit depuis quelque temps pour être rappelé de cet emploi. Le premier président de cette province et lui étoient fort mal ensemble, et cela faisoit des divisions dans les États; on lui a accordé sa demande; il jouira ici de sa place de conseiller d'État et sera en repos; on envoie en sa place M. Ferrand, qui étoit intendant en Bourgogne, et je ne sais point encore qui on envoie en la place de M. Ferrand.

Samedi 6, à Trianon. — Le roi tint le matin conseil de finances, comme il fait tous les mardis et les samedis. Au commencement de ce conseil on y jugea une affaire de la marine où étoient M. le comte de Toulouse et M. de Pontchartrain. — Le roi alla l'après-dînée se promener à Marly, et en partant il pria Monseigneur d'avoir bien soin de divertir les princesses et les dames; il y eut grand jeu. Messeigneurs les ducs de Bourgogne et de Berry revinrent de Chantilly et sont fort contents de leur petit voyage. — On eut des lettres de devant Huy du 4; on a fait attaquer le fort Picard et le fort Rouge, qu'on emporta l'épée à la main le jour de devant. Nous y avons perdu quinze ou vingt soldats, et le fils aîné de M. d'Avéjan, à qui le roi venoit de donner une compagnie aux gardes, y a été blessé très-dangereusement; il étoit allé volontaire à cette action-là, où il n'y avoit que des grenadiers; les assiégés se sont mal défendus. Un de nos partis de cinq cents chevaux, commandés par Mortanis, brigadier, a trouvé auprès de Liége un parti plus fort que le sien; il a été battu, et se plaint fort des cavaliers et même des officiers de ce détachement-là.

Dimanche 7, à Trianon. — Le roi tint conseil le matin comme à son ordinaire, et travailla l'après-dînée avec M. de Chamillart jusqu'à cinq heures. Monseigneur et monseigneur le duc de Berry partirent à cinq heures pour Livry, et monseigneur le duc de Bourgogne, qui étoit de ce petit voyage, alla entendre le salut à Versailles et n'en partit qu'à sept heures. Ils demeureront à Livry jusqu'à mercredi. Le roi se promena depuis cinq heures jusqu'à neuf; il se plaît fort ici, et se porte toujours de mieux en mieux. — Il arriva un courrier de M. le maréchal de Villars, ses lettres sont du 4. Il mande que milord Marlborough passa la Sarre le 3 auprès de Consarbruck, qu'il s'approche de lui, qu'il a une très-grosse armée, mais qu'il ne croit pourtant pas qu'il ose l'attaquer dans le poste où il est, qui est très-bon. Il a sa gauche sur la hauteur de Sierk; il est campé en croissant, et sa droite revient presque sur la Moselle auprès de Konigsmakeren. M. de Duras et le fils aîné de Livry, tous deux brigadiers de cavalerie, sont assez considérablement malades, et on les a apportés à Thionville; les ennemis ont laissé tous les gros bagages à Trèves.

Lundi 8, à Trianon. — Le roi tint le matin conseil et travailla avec M. Pelletier l'après-dînée, comme à l'ordinaire. Le roi, la reine et la princesse d'Angleterre vinrent à cinq heures; le roi les alla recevoir au bout du salon et traversa tout l'appartement à pied, et les remena de même jusqu'à l'appartement de madame de Maintenon; ensuite ils se promenèrent dans les jardins, mais le roi étoit dans son petit chariot. Monseigneur et messeigneurs ses enfants coururent le loup dans la forêt de Livry. — On eut hier au soir des lettres de M. le grand prieur, qui mande qu'il avoit fait attaquer une cassine au delà de la Chiese, où les ennemis avoient laissé quelque infanterie; que nos grenadiers l'avoient emportée l'épée à la main; que le prince Eugène l'avoit fait rattaquer avec trois ou quatre mille hommes; que quatre compagnies de grenadiers que nous avions laissés dedans s'y étoient défendus si longtemps qu'ils ont donné le loisir à quelques-unes de nos troupes d'y arriver; que M. de Murçay y étoit arrivé le premier des officiers généraux avec le régiment de la Marine; qu'on en avoit chassé les ennemis, qu'on les avoit même poursuivis assez loin et qu'ils avoient eu sept ou huit cents hommes tués ou blessés à cette affaire. Nous y avons perdu environ cent hommes, et nous gardons la cassine, ce qui resserre fort les ennemis du côté de Brescia.

Mardi 9, à Trianon. — Le roi tint conseil de finances et il jugea une affaire dont il s'étoit réservé la connoissance sur un jugement rendu au grand conseil. M. le cardinal de Bouillon et M. l'abbé d'Auvergne, son coadjuteur à Cluny, prétendent que M. de Verthamon, le premier président du grand conseil, a fait expédier l'arrêt fort différemment de ce que les juges avoient jugé; et cette affaire faisoit beaucoup de bruit, et il y avoit beaucoup de division dans le grand conseil sur cela. Le roi a réglé que l'arrêt demeureroit tel qu'il avoit été expédié; mais il y a des voies ouvertes au cardinal de Bouillon et à l'abbé d'Auvergne pour revenir contre, si bien que les parties paroissent contentes. — Monseigneur et messeigneurs ses enfants coururent le cerf à Livry avec les chiens de M. le comte de Toulouse. — On envoie pour intendant en Bourgogne M. de Trudaine, qui étoit intendant en Poitou, et l'intendance de Poitou est donnée à M. Doujat, maître des requêtes. — Quatre vaisseaux malouins ont ramené depuis quelque temps quatre ou cinq millions en espèces de la mer du Sud, où ils avoient porté des marchandises pour le Mexique et le Pérou. Les Espagnols prétendent que cela n'est pas permis, et le duc d'Albe en parla au roi il y a quelques jours. Il y a encore quelques vaisseaux françois dans cette mer, qui espèrent en rapporter une riche charge.

Mercredi 10, à Versailles. — Le roi tint le matin conseil à Trianon; monseigneur le duc de Bourgogne, qui étoit à Livry, en revint d'assez bon matin pour être à ce conseil. Le roi ensuite travailla avec M. de Chamillart et y travailla encore l'après-dînée chez madame de Maintenon jusqu'à cinq heures. Il se promena ensuite dans les jardins jusqu'à huit heures et puis revint ici. Il retournera à Trianon le soir de la petite fête de Dieu. Monseigneur courut le loup de grand matin à Livry, se vint déshabiller au château après la chasse et puis alla dîner à Meudon; il revint ici le soir au souper du roi. Monseigneur le duc de Berry courut le loup avec Monseigneur, revint dîner au château de Livry et retourna ensuite tout droit à Trianon, d'où il revint ici le soir avec madame la duchesse de Bourgogne. — On a des lettres de M. de Villars du 7 par l'ordinaire; il continue à se retrancher dans son camp, où il ne croit pas que les ennemis osent venir l'attaquer, quoiqu'ils soient beaucoup plus forts que lui. On compte que leur armée est de quatre-vingt-cinq mille hommes. Leurs déserteurs, qui viennent en assez grand nombre, disent que M. de Marlborough nous doit attaquer le 10 ou le 11; qu'il ne peut pas demeurer longtemps dans ce camp, où il manque de fourrages et de vivres; ils disent même que le pain y est d'un prix excessif.

Jeudi 11, jour de la fête de Dieu, à Versailles. — Le roi alla avant onze heures dans la chapelle attendre le saint-sacrement; Monseigneur et messeigneurs ses enfants partirent pour aller à la paroisse et suivirent le saint-sacrement à pied jusqu'au château, et le reconduisirent de même jusqu'à la paroisse et y entendirent la grande messe. Madame la duchesse de Bourgogne vit, du cabinet des médailles, passer le saint-sacrement dans la cour, rentra ensuite dans la chapelle, où elle entendit la messe du roi, et puis monta en carrosse pour aller à la paroisse, où elle arriva encore plus tôt que la procession, et y entendit la grande messe; elle en revint avec Monseigneur. L'après-dînée le roi entendit vêpres et le salut avec toute la famille royale. — Il arriva un courrier de M. Amelot, notre ambassadeur à Madrid; il mande que le gouverneur d'Albuquerque avoit été obligé de capituler après une assez vigoureuse résistance. M. de Tessé n'a point été en état d'en tenter le secours, n'ayant quasi point d'infanterie, mais qu'heureusement les Portugais songeoient à mettre leurs troupes en quartiers d'été, les chaleurs devenant excessives. Le courrier a trouvé le duc de Gramont en chemin, qui doit arriver aujourd'hui à Bayonne et qui compte d'être ici à la fin du mois.

Vendredi 12, *à Versailles*. — Le roi dîna de fort bonne heure et alla se promener à Marly, d'où il revint à sept heures. Messeigneurs les ducs de Bourgogne et de Berry et madame la duchesse de Bourgogne allèrent au salut. — On eut par l'ordinaire des lettres de M. de Villars du 9; les armées sont toujours en la même situation; celle des ennemis souffre beaucoup pour les fourrages et pour les vivres; il leur déserte beaucoup de soldats et des hussards. On envoie les hussards à M. de Bavière, qui en fait un régiment. M. de Villars mande qu'il arrive tous les jours des troupes nouvelles à M. de Marlborough et continue à croire qu'il ne peut pas l'attaquer dans le camp où il est. M. le prince de Bade est en marche pour s'approcher de la Sarre, et leur dessein apparemment est d'assiéger Sarrelouis. M. de Choisy, qui en est gouverneur, mande qu'il ne manque de rien au monde dans sa place; il y a douze bataillons, quelques compagnies franches et un régiment de dragons, et le roi lui a envoyé près de 100,000 écus, dont il lui laisse la disposition en cas de siège. — On a, par l'ordinaire, des lettres du maréchal de Villeroy, qui assure le roi qu'on sera maître de Huy incessamment; le roi a donné ordre qu'on ne les reçût que prisonniers de guerre; il y a près de quinze cents hommes dans le château ou dans les forts.

Samedi 13, *à Versailles*. — Le roi, qui se porte toujours de mieux en mieux, alla tirer l'après-dînée; il revint au salut, et après le salut il alla se promener dans les jardins. Monseigneur alla dîner à Meudon, où il demeurera jusqu'à mardi; il ira ce jour-là coucher à Villeneuve-Saint-Georges et reviendra mercredi après avoir couru le loup dans la forêt de Sénart. — Le roi fit hier demander à l'assemblée du clergé six millions pour le don gratuit, et dès l'après-dînée ils envoyèrent l'abbé de Maulevrier, un des deux agents, qui vint trouver le roi à la promenade à Marly, pour lui dire que l'assemblée, d'un consentement unanime, lui avoit accordé les six millions qu'il leur avoit demandés. S. M. leur permet de vendre quelques charges, qui leur aideront à payer cette somme. — M. le Prince auroit fort souhaité que M. Ferrand, dont il est très-content, n'eût pas quitté l'intendance de Bourgogne, et avoit prié le roi d'en faire écrire à M. Ferrand, pour lui en laisser l'option. Le roi a bien voulu avoir cette complaisance pour M. le Prince. M. de Chamillart a écrit à M. Ferrand qui a pris le parti de suivre la dernière destination du roi; ainsi il s'en va à l'intendance de Bretagne. — Il y a des lettres du 10 qui portent que Huy capituloit à l'entrée de la nuit.

Dimanche 14, à Versailles. — Le roi travailla l'après-dînée avec M. de Chamillart jusqu'au salut, et après l'avoir entendu il alla se promener à Trianon. Madame la duchesse de Bourgogne et monseigneur le duc de Berry allèrent après dîner voir Monseigneur à Meudon, et revinrent ici pour le souper du roi. — Il arriva un courrier de M. de Vendôme, les lettres sont du 10; mais le courrier marcha avec M. de Vendôme jusqu'auprès d'Ivrée et ne le quitta que le 11 au matin; il devoit passer la Doria-Baltéa auprès de Crescentin le 8; mais la crue de la rivière, par la fonte des neiges, rendoit ce passage trop difficile, outre que les ennemis étoient sur une hauteur de l'autre côté de la rivière, qui l'auroient fort incommodé; c'est ce qui lui a fait prendre le parti de marcher à Ivrée, où il y a un pont de pierre, et il y fait faire encore quelques ponts de bateaux pour passer plus promptement. M. de Savoie a composé un corps d'infanterie de douze ou quatorze mille hommes de milices, et a fait faire quelques ouvrages à Chivas qui nous obligeront à faire un siége de quelques jours. On a évacué Verceil, qu'on a rasé entièrement; on a fait raser aussi les trois premières enceintes de Verue, et on n'a conservé la quatrième, qui n'est quasi qu'une simple muraille, que pour y pouvoir laisser une légère garnison.

Lundi 15, *à Versailles.* — Le roi prit médecine et travailla avec M. Pelletier l'après-dînée; il n'y eut point de conseil. Le soir, chez madame de Maintenon, le roi fut enfermé longtemps avec madame des Ursins, qui prit congé de lui pour retourner en Espagne; le roi lui fait plusieurs grâces considérables, dont nous ne savons pas encore le détail. — On eut hier au soir la nouvelle que le château de Huy et les deux forts qui restoient s'étoient rendus le 11 au matin; la nouvelle n'en est venue que par l'ordinaire; il y avoit dedans treize cent sept soldats et quatre-vingt-seize officiers, qui sont prisonniers de guerre. — Il arriva un courrier l'après-dînée de M. de Villars, qui mande que les armées sont toujours dans le même état. Le prince de Bade a quitté ses troupes, qui sont en marche pour s'approcher de la Sarre, et est venu conférer avec M. de Marlborough. Il arriva le 11 à Trèves et le 12 à son camp. L'armée de M. de Villars va être considérablement augmentée; il lui vient un gros détachement de l'armée de Flandre; il aura en ligne quatre-vingt-dix bataillons et plus de cent soixante escadrons. On ne sait point encore quelles troupes composeront le détachement de Flandre ni qui sont les officiers généraux qui le commanderont. — Madame la princesse de Conty mena d'ici beaucoup de dames dîner avec Monseigneur à Meudon.

Mardi 16, *à Versailles.* — Le roi donna le matin audience à plusieurs envoyés; il tint conseil à son ordinaire, et l'après-dînée il alla se promener à Marly. Monseigneur le duc de Bourgogne et madame la duchesse de Bourgogne allèrent au salut, et n'ont point manqué d'y aller depuis jeudi. Monseigneur le duc de Berry alla joindre Monseigneur, qui couche aujourd'hui à Villeneuve-Saint-Georges. — Le roi donne à madame la princesse des Ursins* une augmentation de pension de 10,000 francs, elle en avoit déjà 10,000 autres; il lui donne 12,000 écus pour son voyage. Il fait M. de Noirmoustier, son frère, duc, qui sera passé au parlement; il n'a point d'enfants. — La flotte angloise et hollandoise partit de l'île de Wight le 4; on a eu nouvelle qu'elle étoit devant Brest, forte de quarante vaisseaux de guerre et de cent petits bâtiments. On dit qu'ils ont douze mille soldats sur cette flotte; on ne croit pas qu'ils demeurent longtemps devant Brest, où M. de Coëtlogon est rentré avec son escadre. Leur dessein apparemment est d'aller en Portugal et d'inquiéter toutes les côtes d'Espagne, surtout celles de Catalogne, les esprits des peuples de ce pays-là n'étant pas bien disposés pour le roi d'Espagne. On ne craint pas tant pour Cadix; la place est en bon état; on y a mis une grosse garnison et beaucoup de munitions.

* Non-seulement madame des Ursins se justifia, retourna, se fit prier et presser, fit ses conditions et imposa toutes les lois qu'elle voulut pour régner désormais, absolument et sans contrainte, en Espagne, mais elle voulut triompher ici, où rien ne lui fut refusé. On l'a vue mal avec M. de Noirmoustier, son frère, pour ses deux mésalliances, qu'elle ne pouvoit pardonner à un aveugle peu riche, parce qu'il étoit son frère; ses conseils, ses amis, son esprit et, tout aveugle qu'il étoit, ses cabales la servirent en plusieurs choses, mais qui ne l'eussent menée à rien sans l'opinion où elle avoit su mettre madame de Maintenon que son règne étoit le sien et son triomphe sa gloire; elle se seroit peu souciée de son frère aveugle et sans enfants sans cet orgueil de triomphe, et elle ne voulut point partir qu'il ne fût duc. Elle fit plus : elle étoit brouillée à mort avec son frère l'abbé de la Trémoille, auditeur de Rote, au point de l'avoir voulu faire mettre à l'inquisition pour ses mœurs, et réduit à s'absenter longuement à Naples. Le pourquoi seroit un trop long épisode. Ils n'étoient que replâtrés en se séparant, et toutefois elle voulut le faire cardinal après avoir porté un si rude coup à sa réputation et à sa fortune; aussi y trouva-t-elle à Rome les plus violents obstacles, qui eurent besoin de toute la force et de toute la persévérance des deux couronnes pour être forcées, et dont elle emporta d'ici les paroles les plus positives.

Mercredi 17, *à Versailles*. — Le roi travailla l'après-dînée avec M. de Chamillart jusqu'à l'heure du salut; il l'entendit avec toute la maison royale, et ensuite s'alla promener dans les jardins. Monseigneur et monseigneur le duc de Berry revinrent l'après-dînée de Villeneuve-Saint-Georges après avoir fait une fort belle chasse le matin dans la forêt de Sénart. — On a eu des lettres d'Espagne par lesquelles on apprend qu'il y avoit une conspiration à Grenade, dont les principaux auteurs étoient un Minime et un médecin, qui ont été arrêtés; cela devoit éclater le jour de la fête de Dieu. Par les lettres de la reine d'Espagne il paroît que LL. MM. CC. sont fort contentes de notre nouvel ambassadeur, et que le duc de Gramont étoit assez malheureux pour leur avoir déplu. — Le détachement qui va de l'armée de Flandre à celle de la Moselle est de vingt escadrons et quinze bataillons, qui seront commandés par le marquis d'Alègre; la cavalerie est composée des régiments des Cravates, de Bellefonds, de Glimes et de Fraula, du mestre de camp général des dragons et du régiment de Ferrare. Je ne sais point les régiments d'infanterie. Ce détachement a commencé à marcher le 15, et le maréchal de Villeroy marchoit ce jour-là du côté de Liége.

Jeudi 18, *à Trianon*. — Le roi entendit la messe à la chapelle à son ordinaire. Monseigneur, messeigneurs ses enfants et madame la duchesse de Bourgogne, M. le duc d'Orléans et madame la duchesse d'Orléans allèrent à la paroisse; le vilain temps empêcha la procession qui a accoutumé de venir ce jour ici jusqu'à la maison de M. le prince de Conty; on la fit autour de l'église en dedans, après quoi ils entendirent la grande messe et revinrent tous ensemble au château. Le roi, après avoir entendu le salut à Versailles, vint ici, où il demeurera jusqu'à mercredi. — Il arriva un courrier de M. de Villars, ses lettres sont du 16. Il attend sans impatience le détachement qui lui vient de Flandre et les troupes d'Alsace que M. de Marsin y amène lui-même. Comme le prince de Bade a laissé peu de troupes en ce pays-là, M. de Marsin y en laisse fort peu aussi, et vient avec le reste joindre M. le maréchal de Villars. Le roi est bien aise qu'il y soit en personne, et ces deux généraux s'accommodent fort bien ensemble. Les troupes du prince de Bade sont arrivées à Trèves; les déserteurs, qui arrivent toujours en grand nombre, assurent que les ennemis doivent marcher le lendemain, et que la disette est grande dans leur camp. — Mademoiselle de Croissy, sœur de M. de Torcy, secrétaire d'État, mourut à Paris.

Vendredi 19, à Trianon. — Le roi se promena longtemps le matin et marcha plus de trois quarts d'heure à pied. Monseigneur étoit à la promenade et s'y trouva mal; la fièvre le prit, le frisson commença à onze heures et dura jusqu'à deux; on lui donna d'abord du quinquina brouillé, il en avoit pris trois fois avant neuf heures du soir et il n'avoit quasi plus de fièvre. Le roi, en sortant de son dîner, passa chez Monseigneur, ensuite il alla tirer et puis revint chez Monseigneur. — M. de Chamillart vint le matin de l'Étang porter au roi la nouvelle que, la nuit du 16 au 17, milord Marlborough s'étoit retiré et marchoit vers Trèves; les troupes du prince de Bade y étoient arrivées le 15, mais ce prince n'y étoit point, il est allé aux eaux; voilà les grands projets des ennemis sur la Sarre échoués. M. de Villars a envoyé une grosse garnison dans Luxembourg pour plus grande précaution, mais il n'y a nulle apparence que les ennemis songent à ce siége. M. de Villars a envoyé des courriers aux détachements qui venoient de Flandre et d'Alsace, pour les faire demeurer dans l'endroit où on les trouvera, jusqu'à ce qu'on voie plus clairement quel parti les ennemis prendront. M. de Marlborough ne s'attendoit pas de trouver les armées de France comme elles le sont.

Samedi 20, *à Trianon.* — Le roi alla l'après-dînée se promener à Marly. Monseigneur passa fort bien la nuit, dîna chez lui avec madame la duchesse de Bourgogne et madame la princesse de Conty; il a pris huit fois du quinquina depuis son accès, et on croit qu'il n'en aura point demain. — Il arriva le matin un courrier de M. de Villars, qui mande que milord Marlborough lui avoit fait dire par un trompette qu'il l'auroit attaqué sûrement le 10 comme il se l'étoit proposé; que ce qui l'en avoit empêché est que le prince de Bade avoit manqué à tout ce qu'il lui avoit promis; que ses troupes avoient dû arriver le 9 à Trèves et qu'elles n'y étoient arrivées que le 15, et qu'elles étoient venues avec ordre de ne point combattre; que M. de Bade n'étoit point venu lui-même et étoit allé aux eaux, et qu'ainsi, ce secours lui ayant manqué, il étoit obligé de décamper et de se retirer sous Trèves, dont il enrageoit. Il parle du prince de Bade en termes fort injurieux, et il ne faut pas douter, quand ce prince le saura, qu'il ne s'emporte contre M. de Marlborough comme il le doit. Voilà une belle semence de division entre les Anglois et les Allemands. — Il arriva un officier wallon qui vient de Madrid en poste; on y avoit découvert une grande conspiration qui devoit éclater en même temps que celle de Grenade; elle devoit s'exécuter le jour de la fête de Dieu, assassiner tous les François et se saisir du roi et de la reine d'Espagne. On ajoute foi à cette nouvelle, parce qu'on avoit reçu des lettres de notre ambassadeur du 8 dans lesquelles il marquoit qu'il y avoit des gens soupçonnés.

Dimanche 21, *à Trianon.* — Le roi se porte toujours

de mieux en mieux; il se plaît fort ici et il reviendra y passer dix jours au retour de Meudon. Il travailla après dîner avec M. de Chamillart jusqu'à six heures, et se promena ensuite dans les jardins. Monseigneur n'a eu nul ressentiment de sa fièvre, et dîna avec le roi à l'ordinaire. La fièvre de la reine d'Angleterre n'a point eu de suite. Madame, quoiqu'enrhumée, est de ce voyage ici. — Nos troupes sont entrées dans la ville de Liége, et le maréchal de Villeroy compte d'ouvrir la tranchée à la citadelle la nuit du 20 au 21 ; mais il y a apparence que milord Marlborough, ne pouvant plus rien faire sur la Moselle, marchera en Flandre, et qu'ainsi il ne seroit pas à propos de s'embarquer au siége de la citadelle de Liége. — M. de Coëtlogon a ordre de sortir de Brest avec ses dix-sept vaisseaux; on croit qu'il croisera sur les côtes d'Angleterre et d'Irlande pour empêcher les convois qu'il faudroit qu'ils envoient en Portugal. — Coulombe, qui commandoit les gardes de la marine à Brest, est mort; sa charge est donnée à Chavaillac.

Lundi 22, *à Trianon*. — Le roi se promena le matin dans ses jardins avec madame la duchesse de Bourgogne et madame de Maintenon ; il n'y eut point de conseil. Le roi travailla l'après-dînée avec M. Pelletier, et il y eut un si grand orage qu'il ne put se promener le soir. Madame la duchesse de Bourgogne joua toute l'après-dînée dans la galerie, et le jeu a été assez gros depuis qu'on est ici. — Il arriva un courrier du duc de Gramont, qui est à Bayonne; il mande que la conspiration de Madrid étoit découverte, et que le 10 on y avoit arrêté M. de Léganès, qui en étoit le chef. Il y a longtemps qu'il étoit soupçonné, et il n'avoit jamais voulu prêter serment au roi d'Espagne, quoiqu'il fût général de l'artillerie et capitaine gouverneur du Buen-Retiro, disant toujours que c'étoit lui faire tort que de lui demander un nouveau serment; on ne sait point encore tous les détails de cette affaire. — Le maréchal de Villeroy n'attaquera point la citadelle de Liége; il est averti de la marche de Marlboroug, qui mène en Flandre les troupes d'Angleterre, de Hollande et les Hessiens.

Mardi 23, à Trianon. — Le roi tint le matin conseil de finances à son ordinaire et travailla l'après-dînée avec M. de Pontchartrain. Monseigneur alla coucher à Meudon pour y recevoir le roi demain. — Il arriva un second courrier de M. le duc de Gramont par lequel on apprit la manière dont M. de Léganès a été arrêté; ce fut le prince de Tzerclaes qui fut chargé de cette commission-là. Il l'arrêta dans les jardins du Buen-Retiro avec vingt gardes à pied; il le mena à la porte du jardin qui donne dans la campagne, où l'on trouva un carrosse à dix mulets et trente gardes à cheval; il y avoit dans le carrosse trois officiers de confiance entre les mains desquels on le livra; ils devoient trouver un autre carrosse à cinq ou six lieues de là, afin de s'éloigner plus promptement de Madrid. On le mène à la citadelle de Pampelune. On a de grands indices de sa conspiration; tous ses domestiques ont été arrêtés et tous ses papiers saisis, par où on en apprendra encore davantage. — Le roi a eu des lettres de Brest par lesquelles on apprend que la flotte ennemie avoit été battue de la tempête, qu'elle étoit revenue à la hauteur d'Ouessant; comme il n'y a point de rade à cette île, elle sera obligée de rentrer dans la Manche.

Mercredi 24, à Meudon. — Le roi tint le conseil le matin, à Trianon, à son ordinaire, et l'après-dînée travailla jusqu'à cinq heures avec M. de Chamillart; il passa ensuite à Versailles, se promena longtemps dans les jardins, donna des ordres pour des embellissements qu'il y fait faire et arriva ici à huit heures par les jardins hauts. Monseigneur le reçut au petit pont. Monseigneur le duc de Bourgogne passa à Versailles, où il entendit vêpres, et trouva Monseigneur sous les marronniers. Madame la duchesse de Bourgogne passa aussi à Versailles, mais elle n'y demeura qu'un moment, et se mit au jeu avec Monseigneur, en arrivant ici. — Il arriva le matin à Trianon un courrier de M. de Marsin, qui est sorti de ses lignes et fait subsister son armée entre les lignes des ennemis et les siennes ; ce courrier ne vient que pour recevoir des ordres. — M. de Marlborough marche en diligence à Maestricht, et on travaille jour et nuit à évacuer toutes les munitions de guerre et de bouche qu'ils avoient entassées à Trèves.

Jeudi 25, *à Meudon.* — Le roi se promena à onze heures malgré la grande chaleur ; il retourna encore à cinq heures du soir à la promenade. Madame la princesse de Conty a un rhumatisme assez violent qui l'empêche de sortir. — Il arriva un courrier de M. de Vaudemont, et M. de Chamillart, qui étoit à l'Étang, vint en apporter les lettres ; mais on ne nous a point dit ce que ces lettres portoient ; on n'a nulles lettres de M. de Vendôme depuis le 10, et il n'est pas même arrivé d'ordinaire de son armée. — On a eu la confirmation de la tempête qui a obligé la flotte ennemie de relâcher. La plus grande partie de leurs vaisseaux est rentrée dans la Manche, et ils ont été obligés de mettre à terre leurs malades, qui sont en grand nombre, et de débarquer leurs chevaux, dont il en est mort beaucoup. — ......, commandant les gardes-marine qui sont à Rochefort, est mort ; je ne sais si son emploi est donné.

Vendredi 26, *à Meudon.* — Le roi, malgré la grande chaleur, se promena jusqu'à midi ; l'après-dînée il travailla avec le P. de la Chaise jusqu'à cinq heures et puis alla voir jouer au mail. — Il arriva un courrier de M. de Tessé ; il mande que les Portugais ont passé la Guadiana, qu'on dit dans leur armée qu'ils veulent faire le siége de Badajoz, qu'il a fait de grandes pluies en ce pays-là qui ont rafraîchi l'air, et qu'ainsi ils ne seront pas obligés par les chaleurs de se mettre sitôt en quartiers d'été. — Le maréchal de Villars a marché vers Sarrelouis, et ce mouvement inquiète les ennemis, qui ne sont pas forts présentement en ce pays-là, et l'on croit qu'ils abandonneront bientôt Trèves. Milord Marlborough est arrivé à Maestricht; mais les troupes qu'il a amenées de Trèves ne pourront arriver que les premiers jours du mois qui vient, et le détachement de M. de Villars joindra le maréchal de Villeroy avant la fin de ce mois. — M. de la Chétardie, qui avoit longtemps commandé dans Brisach et qui étoit présentement gouverneur de Landrecies, est mort à Paris; ce gouvernement vaut 10 ou 12,000 livres de rente.

Samedi 27, *à Trianon.* — Le roi, après sa messe, monta en calèche avec madame la duchesse de Bourgogne pour descendre en bas et venir se promener sous les marronniers, où Monseigneur alla les attendre. Le roi mit pied à terre en y arrivant et s'y promena fort longtemps à pied sans en être incommodé. L'après-dînée il partit à deux heures de Meudon, alla à Marly, où il se promena longtemps, et arriva ici à huit heures; il y demeurera dix jours. Monseigneur est resté à Meudon avec madame la princesse de Conty et plusieurs dames, et n'en reviendra que jeudi. Madame la duchesse de Bourgogne joua à Meudon jusqu'à huit heures et puis vint ici. Pendant le temps qu'elle fut à Meudon elle a tous les jours été à la messe avec le roi; les grandes chaleurs l'empêchent de dormir. — Pendant que le roi se promenoit à Marly, M. de Chamillart lui envoya un paquet de M. de Villars, qui envoie en Flandre un détachement de son armée beaucoup plus grand que le premier; il y a quatre lieutenants généraux qui marchent avec ce détachement, qui sont : Hautefort, Surville, le comte de Roucy et la Châtre. La gendarmerie et le régiment du roi sont de ce détachement. Le maréchal de Villeroy aura en Flandre cent quatorze bataillons et cent trente-huit escadrons; le roi compte que Marlborough et Owerkerke, joints ensemble, n'auront que quatre-vingt-dix bataillons; mais ils seront un peu plus forts en cavalerie que nous, car ils auront cent quarante-deux escadrons.

Dimanche 28, *à Trianon*. — Le roi travailla longtemps avec M. de Chamillart, quoiqu'il eût travaillé le matin avec lui après le conseil. Monseigneur vint ici de Meudon pour le conseil et y retourna dîner. — Nous apprîmes, au lever du roi, que le maréchal de Villars alloit commander en Alsace, où il aura une armée plus forte que celle du prince de Bade. M. de Marsin ira en Flandre avec M. le maréchal de Villeroy; je ne sais si on ne lui donnera point un corps séparé. — Le matin, pendant le conseil, il arriva un courrier de M. de Vendôme, parti de devant Chivas le 24. La tranchée y est ouverte; ce siége sera plus difficile qu'on ne l'avoit cru; on travaille depuis six mois à accommoder cette place; elle n'est point investie, et les assiégés ont un pont sur le Pô qui communique à l'armée de M. de Savoie, qui est à Castagnete. M. de Vendôme a la droite de son armée à la petite rivière d'Orco et sa gauche au Pô au-dessus de Chivas. Pendant que M. de Vendôme fait ce siége, il fait attaquer par d'Arennes, lieutenant général, un poste qu'a M. de Savoie, et je crois que ce poste est Castagnete même. Le prince d'Elbeuf, qu'on avoit mis avec cinq cents chevaux derrière un *naviglio* avec défense de le passer, voyant de l'autre côté trois escadrons ennemis et croyant les défaire aisément, ne put résister à l'envie qu'il avoit de les combattre, passa le *naviglio*, attaqua les ennemis, dont il n'avoit vu que la moindre partie, car ils avoient là quinze cents chevaux. M. le prince d'Elbeuf fit aussitôt repasser le *naviglio* à une partie de sa troupe; mais les ennemis le chargèrent si brusquement qu'il fallut combattre avec trois cents chevaux qui n'avoient pu repasser. Il fit l'arrière-garde de tout avec Marsillac, nouveau mestre de camp, homme d'une grande valeur et qui étoit exempt des gardes du corps l'hiver passé; ils se défendirent longtemps avec beaucoup de courage, mais enfin le prince d'Elbeuf fut tué d'un coup de pistolet par un hussard, et Marsillac fut blessé de dix coups de sabre.

dont l'un lui coupa le poignet, et d'un coup de pistolet dans le ventre ; on croit pourtant qu'il ne mourra pas de ses blessures. Le piquet de notre camp monta à cheval à ce bruit, repoussa les ennemis, leur tua assez de gens, leur prit trente cavaliers et cinquante chevaux. On regrette fort le prince d'Elbeuf, qui étoit un homme d'une très-grande espérance et fils unique du duc d'Elbeuf. — Le roi a donné à Lestrades, lieutenant des gardes du corps, le gouvernement de Landrecies. — Pendant que le roi étoit à la promenade il reçut un paquet de M. de Chamillart, avec qui il venoit de travailler il n'y avoit qu'un quart d'heure ; il apportoit une lettre de M. de Villars, qui mande que les ennemis ont abandonné Trèves avec beaucoup de précipitation, brûlant tous les magasins qui leur restoient. Ce maréchal marche en diligence pour attaquer les lignes de Weissembourg par les derrières ; il prétend y arriver avant que les troupes du prince de Bade y puissent être arrivées.

Lundi 29, *à Trianon.* — Le roi tint le matin conseil de dépêches, comme il a accoutumé de le tenir tous les quinze jours ; l'après-dînée il travailla avec M. Pelletier ; à six heures il alla se promener. Madame de Maintenon étoit à sa promenade. — Le roi des Romains donne enfin part au roi de la mort de l'empereur. Le roi portera le deuil en violet, mais il ne drapera point ; on le portera six mois à compter du jour de la mort de l'empereur. Milord Marlborough arriva le 27 à Maestricht ; les troupes qu'il amène de Trèves ne pourront joindre l'armée de Hollande que les premiers jours de juillet. — M. d'Avéjan, capitaine aux gardes, est mort ; le roi a donné la compagnie à son père pour en disposer comme il le jugera à propos. — Les Danois qui devoient aller en Italie joindre le prince Eugène avoient eu ordre depuis de marcher en Hongrie, et l'on a eu nouvelle qu'ils ne marcheront point présentement ; on les veut laisser en Bavière, dont les peuples sont mécontents des cruels traitements qu'ils reçoivent du nouvel empereur et qui paroissent fort attachés à leur légitime souverain.

Mardi 30, à Trianon. — Le roi, avant que d'entrer au conseil, donna audience au nonce, qui lui apporta des lettres de l'empereur, de l'impératrice et de l'impératrice douairière; ces lettres sont écrites en italien, c'est leur usage. L'après-dînée le roi travailla avec M. de Pontchartrain avant que d'aller à la promenade. — On eut nouvelle que le marquis de Léganès étoit arrivé à Pampelune; il a voulu corrompre quelques-uns des gens qui le gardoient, cependant il n'y a point encore de preuves sûres de la conspiration dont on l'accuse. L'armée portugaise, qu'on croyoit qui vouloit attaquer Badajoz, est entrée en quartier d'été; l'armée d'Espagne va en user de même, ainsi la campagne ne recommencera dans ce pays-là qu'au mois de septembre. — L'abbé d'Harcourt, qu'on appellera le comte d'Harcourt présentement, a fait signer le roi sur son contrat de mariage; mais M. de Lorraine lui a fait dire, par son envoyé, qu'il lui défendoit d'entrer dans ses États et qu'il ne le verroit jamais ni lui ni sa femme.

Mercredi 1er juillet, à Trianon. — Le roi tint conseil le matin à son ordinaire, et l'après-dînée travailla avec M. de Chamillart jusqu'à six heures. — Il arriva un courrier du maréchal de Villeroy; ses lettres sont du 29, du camp de Bedué auprès de Tongres. Les troupes de la maison du roi sont arrivées auprès de Namur, et le reste du détachement qui vient de l'armée de M. de Villars arrivera au commencement de ce mois. Les troupes de M. de Marlborough qui étoient à Trèves ne le joindront à Maestricht qu'au commencement du mois aussi; on croit que ce milord sera bientôt obligé de repasser en Angleterre pour ses affaires particulières, parce qu'on prétend que le parti de ses ennemis, à Londres, reprend le dessus. — Il arriva un courrier de M. de Villars; il écrit de Sarreguemines qu'il marche aux retranchements que les ennemis ont sur la Lauter. M. de Marsin l'attend en ce pays-là, et n'ira en Flandre que quand ils auront exécuté leur projet; ils auront soixante-dix bataillons et plus de cent escadrons; les ennemis ne seront pas si forts, quand même ce qu'ils ont laissé à Trèves les auroit rejoint. — Il y a diminution sur la monnoie de cinq sols par louis et à proportion sur les écus.

Jeudi 2, à Trianon. — Le roi ne tint point de conseil le matin; il alla de bonne heure se promener à Marly après dîner et en revint à sept heures. — M. le comte d'Harcourt épousa mademoiselle de Montjeu à Arcueil près de Paris, où madame la princesse d'Harcourt a une petite maison. — Madame de Florensac* mourut à Paris; elle avoit environ trente-cinq ans et n'a été malade que deux jours; elle étoit fille du marquis de Senneterre et de mademoiselle de Longueval, qui avoit été fille de la reine. — On eut par l'ordinaire des lettres de Madrid du 20, par lesquelles on apprend qu'on a fait mourir plusieurs complices de la conspiration de Grenade; cette conspiration avoit plusieurs branches et se devoit exécuter en différentes villes en même jour. On a arrêté à Cadix des gens gagnés par l'amirante, chargés de lettres de l'archiduc, des siennes et du prince de Darmstadt; on a arrêté aussi à Badajoz le major de la place; on a arrêté quelques gens à Malaga. Le marquis de Villafranca, majordomo major de la maison du roi d'Espagne, est mort à Madrid; il avoit quatre-vingts ans passés. Il étoit chevalier du Saint-Esprit.

---

* Madame de Florensac étoit belle comme le jour, et n'avoit pas été cruelle; elle avoit été exilée à cause de Monseigneur, dont l'amour commençoit à faire du bruit. Son mari, menin de Monseigneur, et frère du duc d'Uzès, et l'un des plus sots hommes de France, ne s'en aperçut point ou guères (1). Leur fille unique est devenue duchesse

---

(1) « Vous avez du commercer avec M. de Florensac dans ce fameux hôtel de Rambouillet. Il faut vous marquer son affliction ; elle fut telle au moment

d'Aiguillon, comme on l'a vu dans la dernière addition du précédent volume (1).

Vendredi 3, à Trianon. — Le roi travailla le matin avec le P. de la Chaise, et le soir il se promena dans les jardins avec madame la duchesse de Bourgogne et madame de Maintenon. Le roi a résolu de faire quelque augmentation de bâtiments ici, par delà le petit bois où sont les sources. Monseigneur revint de Meudon avec madame la princesse de Conty et plusieurs dames qui y étoient restées, et madame la duchesse de Bourgogne les retint ici pour souper. — Il arriva un courrier de M. le grand prieur, les lettres sont du 26. Il mande que les troupes palatines joignirent le prince Eugène le 18 ; ces troupes ne sont que de quatre mille hommes, mais on compte qu'ils amènent des recrues pour l'armée de l'empereur; si bien que ce renfort peut être de six à sept mille hommes en tout. Le prince Eugène quitta son camp de Gavardo le 21; il avoit fait faire deux chemins dans la montagne vers Santozetto et descendit dans la plaine de Brescia, où ses subsistances seront plus aisées. M. le grand prieur se mit en marche le 22, et au bout de trois jours, ayant passé la Chiesa et la Mela, il s'est placé à Menerbio, où il a sa droite sur la Mela, et sa gauche s'approche de l'Oglio; les ennemis sont à Roncadello, qui n'est qu'à une lieue de Brescia.

Samedi 4, à Trianon. — Le roi, après le conseil de finances, qui fut assez long, travailla encore avec M. de Chamillart, et l'après-dînée il alla se promener à Marly. Quelque envie que le roi eût eu de faire bâtir ici, il a eu la modération de se retenir, parce que cela l'engageoit à

---

de la mort de madame sa femme, qu'il prit son épée pour s'en percer le cœur. Le P. Massillon l'arrêta et le mena au Noviciat des Jésuites ; on admire encore qu'un prêtre de l'Oratoire l'ait conduit là. » (*Lettre de la marquise d'Huxelles au marquis de la Garde*, du 7 juillet.)

(1) Voir au 25 décembre 1704. Chaque année du *Journal de Dangeau* forme un volume de la copie annotée par Saint-Simon.

plus de dépense qu'il n'en veut faire à cette heure en bâtiments. — On eut des lettres de M. le maréchal de Villeroy par un courrier de l'électeur de Bavière, les lettres sont du 2. Il mande que milord Marlborough avoit passé la Meuse à Viset le 1ᵉʳ de ce mois, et que le lendemain il étoit venu camper par la hauteur de Tongres, ayant sa droite à Tise et sa gauche à Hennef. L'électeur de Bavière s'est rapproché de nos lignes, et a mis le quartier général à l'abbaye d'Heylesem ; les troupes qui étoient sur la Moselle et qui doivent le joindre n'arriveront que le 6 et le 9. — Le roi a pris le deuil de l'empereur en violet, mais il n'a point fait draper ni habiller sa livrée.

Dimanche 5, à Trianon. — Le roi, après le conseil, demeura encore quelque temps à travailler avec M. de Chamillart, et après son dîner il travailla encore avec lui jusqu'à six heures, et ensuite se promena dans ses jardins. — Le roi a donné le régiment de cavalerie qu'avoit le prince d'Elbeuf à la Bretauche, ancien lieutenant-colonel des carabiniers. — Il arriva un courrier de M. le grand prieur, qui mande que le prince Eugène a repassé l'Oglio auprès de Palazzuolo et s'étoit retranché aussitôt. M. le grand prieur passa aussi l'Oglio le même jour, et est campé à Soncino, qui n'est pas à deux lieues du poste des ennemis. — M. d'Avarey, lieutenant général, qui servoit à Naples, s'en va servir en Espagne. — On apprend que les mécontents de Hongrie assiégent Gran avec douze mille hommes et que le comte Caroli assure qu'il sera bientôt maître de Giula, de Iéna, d'Arath et du grand Waradin ; le général Herbeville n'est guères en état de traverser les desseins des mécontents.

Lundi 6, à Trianon. — Le roi ne tint point conseil le matin et ne se promena point ; il entra après la messe chez madame de Maintenon et y demeura avec madame la duchesse de Bourgogne. Elle a commencé aujourd'hui à prendre les eaux à Passy. — Il arriva un courrier du maréchal de Tessé, qui a mis les troupes françoises et espagnoles en quartiers d'été. — Il arriva le soir un courrier de M. de Vendôme, les lettres sont du 3. Il mande que, quoiqu'il ne puisse empêcher la communication, il espère être bientôt maître de Chivas; on est au pied de l'angle saillant de la contrescarpe, et nous devions avoir le lendemain vingt-trois pièces de canon en batterie. M. de Morangiés, brigadier d'infanterie, a eu le bras cassé. Il arriva un courrier de M. de la Feuillade, qui doit joindre M. de Vendôme le 7; M. de Vendôme envoie au-devant de lui M. d'Estaing avec trois mille chevaux et vingt compagnies de grenadiers. M. de la Feuillade amène neuf bataillons et deux escadrons de dragons; il a laissé un bataillon et un escadron à Busolino.

Mardi 7, à Trianon. — Le roi tint le matin conseil de finance et travailla l'après-dînée avec M. de Pontchartrain. Le duc de Gramont revint de son ambassade d'Espagne et salua le roi au sortir du conseil. — Il arriva un courrier du maréchal de Villeroy, les lettres sont du 5. Il a campé sa droite à Waseiges et sa gauche à l'abbaye d'Heylesem; sa première ligne est toute l'infanterie, et la seconde ligne est toute la cavalerie et est un peu plus étendue que la première ligne. La maison du roi joignit le 1ᵉʳ du mois. Les ennemis disent toujours qu'ils attaqueront nos lignes; mais apparemment leur dessein aboutira à reprendre Huy, et il n'est pas apparent qu'ils puissent entreprendre autre chose. Milord Marlborough paroît déjà brouillé avec M. d'Owerkerke, qui commande les troupes de Hollande. — Il arriva un courrier de M. de Villars, ses lettres sont du 4. Il s'est rendu maître de Weissembourg sans que les ennemis aient osé le défendre; ils se sont retirés presque tous à Landau; on en a pris environ cent dans leur retraite, qui étoit fort précipitée. Ce maréchal doit avoir marché le 5 à Lauterbourg; mais apparemment les ennemis défendront ce poste, leurs troupes qui étoient sur la Moselle étant toutes arrivées sous Landau.

Mercredi 8, *à Marly.* — Le roi tint le matin conseil d'État comme à son ordinaire et travailla l'après-dînée à Trianon avec M. de Chamillart jusqu'à cinq heures, après quoi il vint ici, où il demeurera dix jours. Madame la duchesse de Bourgogne, qui eut hier la migraine assez violente, a discontinué ses eaux. Le roi a donné un logement ici à M. de Valsemé, qui n'y étoit jamais venu. Il y a cinquante dames à ce voyage, il n'y en avoit jamais tant eu. — On eut nouvelle que M. de Savoie avoit fait attaquer Busolino, où M. de la Feuillade avoit laissé un escadron et un bataillon pour en garder le pont; il y avoit même laissé ses bagages. Les troupes que M. de Savoie y avoit envoyées pour l'attaquer ont été repoussées et ils y ont perdu trois ou quatre cents hommes. M. de Vendôme compte, dès que M. de la Feuillade l'aura joint, d'aller se mettre à la tête de l'armée de M. le grand prieur pour empêcher le prince Eugène de pénétrer plus avant. On craint bien pour sept bataillons des troupes d'Espagne que commande M. de Toralva, un de leurs lieutenants généraux qui s'est jeté dans Palazzuolo, ne pouvant empêcher le prince Eugène de passer l'Oglio.

Jeudi 9, *à Marly.* — Le roi se promena tout le matin dans ses jardins et courut le cerf l'après-dînée. Madame à ces chasses-là suit toujours le roi dans une autre calèche. Monseigneur et messeigneurs ses enfants étoient à la chasse; madame la duchesse de Bourgogne prit médecine qui lui fit peu d'effet à son ordinaire, car elle les vomit toujours. — Il arriva un courrier du maréchal de Villeroy, ses lettres sont d'hier matin. M. de Marlborough, après avoir menacé d'attaquer nos lignes, dont il s'étoit approché à une lieue et demie, a pris le parti de faire un détachement de douze bataillons et de quelque cavalerie qui assiégent Huy actuellement. — Le courrier de M. le maréchal de Tessé qui arriva ces jours passés est un de ses aides de camp, nommé Chazel; il assure que la flotte ennemie étoit arrivée à Lisbonne avant qu'il quittât l'armée. Le roi d'Espagne compte de faire la campagne du mois de septembre, et a donné ordre au maréchal de Tessé de revenir à Madrid pour conférer avec lui sur les projets de guerre.

Vendredi 10, *à Marly*. — Le roi, après la messe, entra chez madame de Maintenon, où il demeura jusqu'à midi, et puis alla se promener. Madame la duchesse de Bourgogne a recommencé à prendre les eaux de Passy. L'après-dînée le roi donna une longue audience au duc de Gramont, et puis alla voir jouer au mail. Durant cette promenade il arriva un des gens de M. de Chamillart, qui est à l'Étang; il mande au roi qu'il est arrivé un courrier du grand prieur, qui avoit donné ordre à M. de Toralva de le revenir joindre avec ses sept bataillons; trois ont joint M. le grand prieur; les quatre autres, à la tête desquels étoit M. de Toralva, ont été enveloppés et pris. M. le prince Eugène est encore dans son camp de Fontanella. — Le roi nous a dit à sa promenade que M. de Vendôme joindroit bientôt l'armée du grand prieur, et raccommoderoit tout. M. de Chamillart mande aussi qu'il étoit arrivé un courrier de M. de Villars, qui a trouvé les ennemis si bien retranchés à Lauterbourg qu'il n'a pas jugé à propos de les attaquer, d'autant plus que ce poste étoit soutenu de toute leur armée. Il a pris Seltz et quelques châteaux; il écrit au roi que son armée aura pour longtemps à subsister dans le pays ennemi (1).

Samedi 11, *à Marly*. — Le roi, après son dîner, cou-

---

(1) « Il n'y a rien d'égal à M. le maréchal de Villars ; il a toujours marché dans sa chaise avec un pied enveloppé pour une goutte douloureuse. Les houssards paroissent proche des lignes : il monte à cheval, il les pousse, passe un ruisseau et entre, etc. Voilà ce que l'on en écrit de Metz. Il en arriva hier au soir à Paris, qui a apporté que ce maréchal a pris trois petits châteaux, qu'il vivoit en pays ennemi avec abondance et que nos houssards avoient pillé le trésor des Allemands, s'étant fait un grand butin de chevaux aussi, que nos soldats donnent pour dix écus. » (*Lettre de la marquise d'Huxelles*, du 11 juillet.)

rut le cerf; Monseigneur et monseigneur le duc de Berry étoient à la chasse. Monseigneur le] duc de Bourgogne alla à Saint-Germain voir le roi et la reine d'Angleterre. — M. de Coëtlogon croyoit pouvoir sortir de Brest, mais il y a quarante vaisseaux ennemis dans cette rade qui l'empêcheront de sortir. — Les mécontents de Hongrie ont présentement trente-quatre mille hommes de troupes réglées, outre leurs milices, qui sont d'un nombre prodigieux. La mort de l'empereur Léopold les rend encore plus irréconciliables avec la maison d'Autriche; ils ne veulent point reconnoître le nouvel empereur pour roi de Hongrie; d'un autre côté le prince Ragotzki, qui a été élu prince de Transylvanie, soutient que le nouvel empereur ne peut avoir nul droit sur cette province; qu'il est vrai que l'empereur son père y pouvoit avoir quelque prétention, mais que ce n'étoit que pour sa personne. — On mande de Munich que le quatrième fils de l'électeur de Bavière y est mort, que deux des princes ses frères et la princesse sa sœur sont fort malades.

Dimanche 12, à Marly. — Le roi tint conseil le matin comme à son ordinaire, et travailla l'après-dînée avec M. de Chamillart jusqu'à six heures, après quoi il alla se promener. Monseigneur alla l'après-dînée à saint-Germain voir le roi et la reine d'Angleterre. — Il arriva un courrier de l'électeur de Bavière qui n'est venu que pour des affaires particulières de cet électeur avec le roi; ce prince est charmé de se voir à la tête de la plus belle armée du monde et remercie fort S. M. du renfort qu'il a fait venir en Flandre. Les ennemis continuent le siége de Huy, où nous n'avons mis que quatre cents hommes; c'est un lieutenant-colonel nommé Saint-Pierre qui y commande; nous avions rasé deux des forts avant que la place fût attaquée. — On ne sait point quel mouvement la flotte ennemie a fait depuis qu'elle est arrivée à Lisbonne; nous n'avons quasi plus aucune inquiétude sur Cadix. M. de Savoie fait travailler à Oneglia et y a envoyé une garnison; il espère peut-être par là avoir quelques secours de cette flotte.

Lundi 13, *à Marly*. — Le roi courut le cerf l'après-dînée. Monseigneur le duc de Berry étoit à la chasse avec lui. Monseigneur alla dîner à Meudon et revint ici pour la musique, qui commence toujours avant neuf heures. Monseigneur le duc de Bourgogne alla à Saint-Germain voir le roi et la reine d'Angleterre. Madame la duchesse de Bourgogne continue de prendre les eaux de Passy, dont elle se trouve fort bien. — On a par l'ordinaire des lettres de M. de Vendôme qui portent que, le 5, on avoit pris l'angle saillant de la contrescarpe, qu'on s'étoit établi dans le chemin couvert après avoir fait sauter quelques fourneaux des ennemis. — M. de Tessé est arrivé à Madrid; ils sont fort de concert M. Amelot et lui. On lève en Espagne beaucoup d'infanterie; les affaires se mettent un peu en règle dans ce pays-là, et on espère avoir les fonds pour payer les troupes qui n'avoient déserté que faute de payement et par un excès de misère qui obligeoit les soldats de retourner chez eux.

Mardi 14, *à Marly*. — Le roi ne tint point le conseil de finances qu'il a accoutumé de tenir tous les mardis; il se promena le matin dans ses jardins, où il fait toujours travailler. Le roi, la reine et la princesse d'Angleterre arrivèrent ici sur les sept heures. Le roi les mena à la promenade; on fit jouer le roi d'Angleterre et on soupa à neuf heures et demie, après quoi LL. MM. BB. retournèrent à Saint-Germain. — M. le maréchal de Villars fait raser les lignes que les ennemis avoient sur la Lauter; il a pris beaucoup de châteaux, dans lesquels il a fait cinq cents prisonniers, et cela lui donne une assez grande étendue de pays pour y faire subsister les troupes du roi. Le maréchal de Marsin demeurera en ces pays-là avec lui, où l'on entreprendra peut-être quelque chose de plus considérable avant la fin de la campagne. Toutes les lettres de ce pays-là portent que le prince Louis de Bade est fort mal; M. de Lorraine lui avoit envoyé un chirurgien de réputation, qui en arrivant trouva que la gangrène étoit à ses plaies. Audiffred, envoyé du roi auprès de M. de Lorraine, mande que le prince de Bade ne sauroit guérir.

Mercredi 15, *à Marly*. — Le roi tint conseil le matin à son ordinaire; l'après-dînée il travailla avec M. de Chamillart jusqu'à six heures, et puis alla se promener dans les jardins avec madame la duchesse de Bourgogne. Il vit jouer au mail les bons joueurs; monseigneur le duc de Berry est un des meilleurs. Il rentra à sept heures et demie chez madame de Maintenon, où il travailla encore avec M. de Chamillart. — Les ordonnances pour le payement des gages des officiers de la maison et pour toutes les pensions sont expédiées et délivrées, et l'on est payé de tout ce que le roi donne comme en temps de paix. — Le mariage du duc de Gramont va être déclaré, et il y a ordre de rendre public le contrat et la célébration (1). — Le roi a donné depuis peu des commissions de colonels à des officiers suisses; le lieutenant-colonel de Reding, qui s'appelle Lumagne, et le frère de Reding sont de ce nombre; Reding fut fait maréchal de camp cet hiver; il avoit, l'année passée, un régiment dans les troupes de M. de Savoie. — Mademoiselle de Pons est morte à Paris; elle étoit cousine germaine de feu la Case, et on les croyoit mariés, mais le mariage n'a jamais été déclaré; elle eut

---

(1) « M. le duc de Gramont met toute sa maison en grande affliction ici par la déclaration qui s'est faite de son mariage, sur quoi la nouvelle duchesse reçoit des visites, mais on ignore encore si elle aura droit au tabouret. Le comte de Gramont a dit au roi que si le maréchal vivoit il feroit mettre son fils à Saint-Lazare, que la comtesse et lui ne verroient point cette nouvelle nièce. M. le maréchal de Boufflers en dit autant. Le cardinal et duc de Noailles n'ont point vu M. le duc de Gramont depuis son retour; le duc et la duchesse de Guiche délogent de l'hôtel de Gramont. » (*Lettre de la marquise d'Huxelles*, du 22 juillet.) —Voir l'addition de Saint-Simon, tome IX, page 497.

1,000 écus de pension du roi il y a quelques années, quand elle se fit catholique.

Jeudi 16, à Marly. — Le roi courut le cerf l'après-dînée et ne revint de la chasse qu'à six heures; il se promena ensuite dans les jardins avec madame la duchesse de Bourgogne et madame de Maintenon. Monseigneur le vint joindre au mail; le roi y a vu jouer presque tous les jours ce voyage-ci, et fait faire un grand mail nouveau, où l'adresse des bons joueurs paroîtra davantage; mais il ne sera pas si à la main que celui-ci. Après le souper du roi il arriva un des gens de M. de Chamillart qui apporta au roi une lettre de ce ministre, qui est allé à Paris; il mande à S. M. qu'il n'a pas encore déchiffré les lettres de M. de Vendôme qui sont venues par un courrier parti de devant Chivas le 10. M. de la Feuillade avoit joint le 9 avec dix bataillons et trois escadrons de dragons; mille chevaux des ennemis l'avoient suivi dans sa marche durant trois jours sans oser l'attaquer, mais ils croyoient le pouvoir empêcher de passer au pont de Lens sur la Sture, où il y avoit quatre cents hommes de l'infanterie de M. de Savoie. M. de la Feuillade étoit résolu de forcer ce passage pour joindre M. d'Estaing, que M. de Vendôme envoyoit au-devant de lui avec trois mille cinq cents chevaux et vingt compagnies de grenadiers; mais M. de la Feuillade n'eut pas besoin d'attaquer ce poste; l'infanterie ennemie l'abandonna bien vite, et leur cavalerie, voyant paroître la tête des troupes de M. d'Estaing, qui les chargea brusquement, fut mise en déroute fort promptement. Nous n'avons perdu quasi personne à cette action, et les ennemis, à l'aveu des prisonniers et des rendus, y ont perdu trois cents cavaliers; nous y avons pris cent chevaux et cinquante cavaliers ou officiers presque tous blessés. Le siége de Chivas va fort bien; nous étions logés dès le 9 sur le chemin couvert, et notre logement embrasse tout le polygone de l'attaque; les assiégés avoient fait une sortie quelques jours auparavant et avoient été rudement repoussés avec perte de plus de deux cents hommes; les grenadiers d'Auvergne s'étoient fort distingués à cette action-là. M. de Vendôme devoit faire marcher le 11 neuf bataillons et dix escadrons pour l'armée de Lombardie et partira lui-même le 12 pour l'aller commander; il laisse à M. de la Feuillade le commandement du siège de Chivas et emmène les lieutenants généraux plus anciens que M. de la Feuillade.

Vendredi 17, *à Marly.* — Le roi travailla le matin avec le P. de la Chaise, et l'après-dînée il se promena avec madame la duchesse de Bourgogne. Le roi, pendant sa promenade, se fit apporter un plan du palais du roi d'Espagne à Madrid, que la princesse des Ursins lui a donné, et Mansart (1) trouve qu'il y a de quoi faire quel-

---

(1) « Rien n'est plus nécessaire et plus utile dans un royaume que les beaux-arts : ils font venir l'argent de toutes parts dans les États où ils fleurissent, et l'on tire par leur moyen une espèce de tribut de toutes les nations; c'est pourquoi le roi n'a rien épargné pour les faire fleurir en France. Dès que ce monarque a commencé à régner par lui-même, il a établi des manufactures et des académies qui les regardoient uniquement, et il a récompensé ceux qui se distinguoient dans quelque art. Il a donné les louanges dues à leur travail, de manière que chacun a tâché à se surpasser, voyant que son travail lui produisoit en même temps et du profit et de la gloire. Les plus grandes guerres n'ont pas empêché Sa Majesté, au milieu des soins qu'elle donne aux affaires de son État, de faire attention à tout ce qui regarde les arts, qui fleurissent aujourd'hui dans ses États beaucoup plus qu'ils n'ont fait autrefois dans l'ancienne Rome; c'est pourquoi elle se fait rendre compte de tout ce qui les concerne. Je dois vous dire à ce sujet qu'il y a deux mois que l'on fit des officiers nouveaux à l'Académie de peinture et de sculpture, dont M. de Cotte fut nommé vice-protecteur. Il n'y en avoit point eu depuis M. de Villacerf, qui l'étoit sous M. de Louvois, dans le temps que ce ministre étoit surintendant des bâtiments et par conséquent protecteur de l'Académie. Je ne dis rien de M. de Cotte, sinon que le titre qui lui vient d'être donné convient parfaitement à un homme qui connoît les beaux-arts, qui les aime et qui travaille continuellement à les faire atteindre au souverain degré de perfection qu'ils doivent avoir pour répondre aux intentions du roi. M. Mansart, en rendant compte au roi de ce qui s'étoit passé en cette occasion, dit à Sa Majesté que M. Jouvenet, peintre, avoit été élu directeur de la même académie, ce qui lui donna lieu de parler à ce prince de quatre grands tableaux faits par ce nouveau directeur. Ils sont chacun de vingt pieds de longueur sur douze de hauteur, qui re-

que chose de beau sans beaucoup de dépense. — On a nouvelle que Huy s'est rendu; les brèches n'étoient point encore raccommodées; nous n'avions que quatre cents hommes dedans. — J'appris que le maréchal d'Estrées, présentement doyen des maréchaux de France, ne portoit point à son carrosse l'épée du connétable à un côté de ses armes. M. de Duras la portoit, et cela avoit paru extraordinaire. Le roi n'a pas voulu que cet usage-là s'établît, et les maréchaux de France ont tous été d'avis que leur doyen ne porte point cette marque d'honneur, qui n'appartient qu'au connétable*. — Un recteur de Sorbonne, haranguant l'assemblée du clergé, où les jésuites avoient été conviés, parla contre eux très-fortement; ils s'en sont plaints au roi, qui a ordonné au cardinal de Noailles de faire de fortes réprimandes à ce recteur.

* Le doyen des maréchaux de France n'a rien par-dessus les autres que la connétablie chez lui, et l'assemblée des maréchaux de France pour juger ce qui se présente de leur compétence. L'ancien de ceux qui se trouvent ici a les mêmes droits en absence du doyen, qui a seulement quelque chose en appointements plus que les autres. On ne sait donc où M. de Duras avoit imaginé une singularité à ses armes qui n'avoit ni fondement, ni réalité, ni exemple; mais comme il étoit de longue main sur le pied de faire et de dire au roi tout ce qu'il lui plaisoit, ni le roi ni personne n'osa contredire l'imagination dont il s'agit, mais qu'on ne laissa pas subsister après lui.

---

présentent, l'un l'histoire de la résurrection du Lazare, l'autre Notre-Seigneur qui dit à ses apôtres de quitter la pêche pour le suivre, le troisième Notre-Seigneur à table chez le Pharisien et le quatrième Notre-Seigneur qui chasse les marchands du Temple. Le bien que M. Mansart dit au roi de ces tableaux fit que Sa Majesté souhaita de les voir, et M. Jouvenet reçut ordre de les faire porter à Trianon. Ce monarque les examina longtemps en parfait connoisseur et en remarqua les grandes compositions, la distribution des lumières, la force du dessin et les expressions, et Sa Majesté dit sur toutes ces parties son sentiment avec une justesse admirable et qui fut fort glorieuse à l'auteur. Ce prince lui dit qu'il étoit très-content, et qu'il les trouvoit beaux en toutes leurs parties. Monseigneur, qui les avoit déjà vus avec beaucoup d'application, les avoit aussi admirés, et les applaudissements qui furent donnés à ces tableaux par la maison royale furent suivis de ceux de toute la cour. » (*Mercure* d'août, pages 5 à 11.)

Samedi 18, *à Trianon*. — Le roi, après son dîner à Marly, alla courre le cerf. Monseigneur et messeigneurs ses enfants étoient à la chasse, et le soir le roi vint ici, où il demeurera dix jours. Monseigneur, après la chasse, vint ici avec madame la princesse de Conty; il prend ici l'ancien appartement qu'avoit le roi. Monseigneur le duc de Berry prend celui qu'il quitte, et monseigneur le duc de Bourgogne retourne toujours coucher à Versailles et il y fait même plusieurs voyages durant la journée. — On parle dans l'armée des ennemis en Flandre d'un grand détachement pour l'Allemagne; la maladie s'est mise dans leur cavalerie plus violemment qu'elle n'étoit l'année passée dans la nôtre, et M. de Marlborough a perdu en deux jours soixante-douze chevaux de son équipage. L'électeur de Bavière et le maréchal de Villeroy apportent de grandes précautions pour empêcher que cette maladie ne passe dans notre armée. — Madame la duchesse d'Elbeuf* est revenue d'Italie, après avoir laissé madame la duchesse de Mantoue à Casal, et assure qu'elle est fort heureuse et fort contente de ce mariage.

* Madame d'Elbeuf eut besoin de toute la protection de madame de Maintenon pour la raccommoder sur le mariage de sa fille et son voyage d'Italie, où sa fille manqua de tout et fut très-malheureuse; mais il fait bon battre glorieux. L'affaire de madame d'Elbeuf étoit faite; elle comptoit sur une sûre ressource qui ne lui manqua pas, et se consola, en attendant, de la disgrâce. Madame de Maintenon, en arrivant des îles, avoit été retirée en Saintonge et à Paris chez madame de Neuillan, mère de la duchesse de Navailles, mère de madame d'Elbeuf. Cette vieille Neuillan étoit d'une telle avarice qu'elle gardoit la clef du coffre à l'avoine et la confioit à madame de Maintenon, pour la voir mesurer et donner à ses chevaux. Elle fut là jusqu'à son mariage avec Scarron, et conserva depuis pour la maréchale de Navailles et pour les siens beaucoup d'amitié et de considération.

Dimanche 19, *à Trianon*. — Le roi tint conseil le matin à son ordinaire et travailla l'après-dînée avec M. de Chamillart, ensuite se promena dans ses jardins jusqu'à la nuit. Madame la duchesse de Bourgogne se trouva un peu incommodée le soir; ses eaux lui font du bien, mais elles la tourmentent. — Le maréchal de Tessé est arrivé à Madrid. Le roi d'Espagne lui avoit écrit pour lui ordonner d'y venir, et la lettre étoit pleine de louanges et de remercîments des services qu'il lui a rendus cette campagne. Les levées se font en ce pays-là avec beaucoup de succès, et l'on espère, à la campagne de l'automne, être plus fort que les ennemis. — Par les lettres du 11 qu'on a reçues de l'armée de M. le grand prieur on apprend que le prince Eugène avoit fait investir le 10 la petite ville de Soncino, où nous avons laissé trois cents hommes sous un gouverneur espagnol; on y a mis avec lui un capitaine [du régiment] de la Marine, homme de réputation. Nous y avons beaucoup de farines. M. de Vendôme devoit arriver le 14, et les troupes qu'il fait venir du camp devant Chivas arriveront le 16. — On mande de Flandre que milord Marlborough a obtenu des États Généraux le consentement pour attaquer nos lignes.

Lundi 20, *à Trianon.* — Le roi se fit saigner par pure précaution; il alla à la messe à midi et demi; il travailla l'après-dînée avec M. Pelletier à son ordinaire. Il se promena le soir, marcha longtemps à pied, et nous dit à son coucher qu'il ne s'étoit point trouvé si bien depuis trois mois. Les grands couchers ne sont point encore rétablis; il se couche à l'heure ordinaire; mais il n'entre à ce coucher que les brevets d'affaire. Madame la duchesse de Bourgogne prit médecine. Monseigneur et messeigneurs ses enfants allèrent coucher à Villeneuve-Saint-Georges. — Il arriva un courrier de M. le maréchal de Villars qui n'apporte pas de grandes nouvelles. Notre armée subsiste dans les pays ennemis; nous ne pouvons rien entreprendre sur Lauterbourg; on parle de faire un détachement de cette armée pour envoyer à M. de Vendôme, mais cela est fort incertain. — M. de Berwick mande de Montpellier que la Vallette et Marion, les deux plus fameux chefs de ce qu'il reste de camisards, se sont rendus et font espérer de persuader à tous les autres de faire de même, à l'exception d'un nommé Clario, plus obstiné que les autres.

Mardi 21, à Trianon. — Le roi tint conseil de finances comme à l'ordinaire et travailla l'après-dînée avec M. de Pontchartrain, et ensuite se promena dans les jardins. Monseigneur, qui avoit couché à Villeneuve-Saint-Georges, courut le cerf dans la forêt de Sénart, et vint ensuite à Meudon, où il demeurera jusqu'à dimanche. Messeigneurs ses enfants, qui étoient à la chasse avec lui, soupèrent à Meudon, et revinrent ici le soir. — Il arriva un courrier le matin de M. le maréchal de Villeroy, par lequel on apprit que les ennemis étoient entrés dans nos lignes; ils ont passé entre Leaw et l'abbaye d'Heylesem. On ne sait pas encore beaucoup de détails de cette malheureuse affaire, on sait seulement que nous y avons eu cinq ou six cents hommes tués, que M. d'Alègre a été pris, que le comte de Horn est pris ou tué, que M. de Valence, aide de camp de M. de Biron, a été tué; que M. de Marlborough, après cette affaire-là, s'est avancé jusqu'à Tirlemont; que l'électeur de Bavière et M. de Villeroy, après une grande marche, sont venus camper à Bethléem sous Louvain; ils ont la Dyle devant eux, qui les sépare des ennemis; l'affaire est très-mauvaise, et l'on en sait peu de circonstances. — Il arriva le soir un courrier de M. de Vendôme, parti du 16; ce prince joignit l'armée le 14 et trouva l'armée campée à Ombriano; il passa le 15 le Serio; il alla camper à Fiesco, où il a sa droite, et sa gauche à Izano. Les ennemis marchèrent aussi de leur côté et vinrent camper leur droite à Romaningue, où est leur quartier général, qui n'est pas à plus de deux milles du nôtre, et leur gauche tirant du côté de l'Oglio, laissant Soncino derrière eux. Ils prirent le 12 cette petite ville, dont la garnison se rendit à discrétion; elle étoit composée de trois à quatre cents hommes, nous y avions quatre mille sacs de farine. M. de Vendôme fait ouvrir des chemins sur sa droite ; il a été rejoint par le régiment de dragons de Belle-Isle et trois des sept bataillons que nous avons sur l'Adda. Albergotti devoit arriver le 18 avec les dix escadrons et trois compagnies des hussards qui viennent de l'armée de Piémont. M. de Vendôme envoie M. de Bissy commander dans Mantoue, et a détaché le comte d'Uzès avec six cents chevaux et trois cents dragons avec ordre d'aller à Ustiano et à Gazolo, en cas que les ennemis ne s'en soient pas déjà emparés.

Mercredi 22, à Trianon. — Le roi prit médecine et tint l'après-dînée le conseil qu'il auroit tenu le matin ; il travailla ensuite avec M. de Chamillart. Monseigneur revint ici de Meudon pour le conseil et puis y retourna coucher. Madame la duchesse de Bourgogne a recommencé à prendre ses eaux. — Il arriva le soir un des gens de M. de Pontchartrain, qui est à Pontchartrain ; il apporta au roi un gros paquet. Tout ce que nous en avons su est que la flotte ennemie avoit paru devant Cadix le 10 de ce mois, et que le 11 elle avoit remis à la voile, s'avançant vers le détroit, qu'on croit même qu'elle a passé. — Il n'est point arrivé aujourd'hui de courrier du maréchal de Villeroy ; il a pourtant mandé au roi qu'il en enverroit tous les jours. On a appris par des lettres que quelques particuliers ont reçues que les ennemis avoient passé les lignes entre Leaw et Heylesem ; que M. de Biron, qui avoit marché à eux le premier, avoit déjà trouvé beaucoup de leur cavalerie entrée ; il n'avoit avec lui que six escadrons ; M. de Roquelaure vint ensuit avec trente escadrons ; qu'il chargea trois fois les ennemis quoique fort supérieurs. Les trois compagnies des gardes du roi d'Espagne y ont souffert ; un des commandants y a été tué ; les deux autres, qui sont don Valère et don Benite, ont été pris, et don Benite est blessé. MM. de Roquelaure et de Biron ont eu des chevaux blessés de coups de pistolet. Chamlin, brigadier de cavalerie, y a été tué ; le comte de Horn, qu'on croyoit tué, est prisonnier.

Jeudi 23, à Trianon. — Le roi ne sortit point de tout le matin. Sur les six heures et demie le roi, la reine et la princesse d'Angleterre arrivèrent ; le roi fut avec eux quelque temps chez madame de Maintenon et puis les mena à la promenade. Il se tint sur la balustrade qui est au-dessus du canal avec la reine, et virent embarquer le roi d'Angleterre, la princesse sa sœur, madame la duchesse de Bourgogne, monseigneur le duc de Berry et plusieurs des jeunes dames angloises et françoises, qui allèrent se promener et souper à la Ménagerie, où les officiers de madame la duchesse de Bourgogne les servirent magnifiquement. Il n'y eut à ce souper ni fauteuils, ni cadenas, ni soucoupe ; ils étoient dix-huit à table. Après le souper ils dansèrent aux chansons, et jouèrent à de petits jeux dans le salon. Ils se rembarquèrent à dix heures et demie et trouvèrent le roi déjà hors de table ; il avoit soupé avec la reine, monseigneur le duc de Bourgogne, Madame, madame la duchesse d'Orléans, madame la Duchesse, madame la princesse de Conty, quelques dames angloises, et avoit retenu madame de Beauvilliers et madame de Dangeau. — Il arriva le matin un courrier de M. de Tessé, qui est à Madrid ; les lettres sont du 16 ; ils écrivent de concert, ce maréchal et M. Amelot, et ont avec eux M. Mélian, intendant de l'armée, et Orry. Ils sont tous contents les uns des autres et demandent des ordres pour la campagne de l'automne. La flotte ennemie fait voile vers la Méditerranée ; ils ont nouvelle sûre que l'amirante de Castille est mort à Portalègre ; on espère que cette mort produira de bons effets en Portugal et dans le dedans de l'Espagne, où il avoit encore quelques créatures. Il laisse un frère qui s'appelle le marquis d'Alcanises, qui est retiré à la campagne assez infirme et qui ne s'est jamais mêlé de rien. L'amirante avoit soixante-deux ans. Il laisse aussi une sœur qui avoit épousé en premières noces le marquis de Liche, et en secondes noces le duc d'Arcos, frère de la duchesse d'Albe. — M. de Villars est toujours dans son même camp au delà de Weissembourg et va faire faire le siége de Hombourg par M. de Refuge, qui commande à Metz et qui sert de lieutenant général dans son armée.

Vendredi 24, à Trianon. — Le roi travailla le matin avec le P. de la Chaise, comme il fait tous les vendredis, et alla l'après-dînée se promener à Marly. Monseigneur, qui est à Meudon, prit médecine; madame la duchesse de Bourgogne alla le voir; elle y soupa à huit heures. Monseigneur le duc de Bourgogne y étoit arrivé un peu avant elle, et ils en revinrent ensemble pour voir le roi à son souper. — On avoit fait courir le bruit que les ennemis, après être entrés dans les lignes, avoient pris Leaw; mais cela ne s'est pas trouvé vrai; ils n'ont pas seulement songé à l'attaquer. Les ennemis sont campés à l'abbaye du Parc, qui n'est qu'à un quart de lieue de Louvain; notre camp n'en est pas plus éloigné; la Dyle est entre deux, et on croit que les ennemis songent à la passer. Ils prirent à Tirlemont le bataillon de Montluc, qui étoit un nouveau bataillon fort foible et fort mauvais. Le roi a donné de grandes louanges à Caraman, qui commandoit les onze bataillons qui dégagèrent notre cavalerie, et ces onze bataillons ont très-bien fait leur devoir, et il n'y en a qu'un d'eux qui ait souffert dans cette action, qui est le régiment de los Rios; les dix autres bataillons étoient les quatre d'Alsace, les deux de la Marck, les deux de Gondrin, celui de Ligne et celui de Zuniga; ces deux derniers sont espagnols.

Samedi 25, à Trianon. — Le roi tint le matin conseil de finances. Madame la duchesse de Bourgogne a recommencé à prendre ses eaux, qu'elle avoit discontinué pendant deux jours. Monseigneur le duc de Berry alla dîner avec Monseigneur à Meudon. — Le roi, pour marquer combien il est content de Caraman, lui assure la première place vacante dans les grands-croix de l'ordre de Saint-Louis, et lui permet en même temps d'en porter les marques. Il n'y avoit point encore d'exemple que le roi eût fait cette grâce-là, et M. de Chamillart lui a écrit une lettre dans laquelle il l'assure en termes très-forts que le roi étoit fort content de lui. — Il arriva avant-hier un courrier de M. de la Feuillade, ses lettres sont du 18. Il mande que le siége de Chivas va bien, un peu lentement à la vérité, parce qu'on ne peut pas ôter aux assiégés la communication avec l'armée de M. de Savoie; il espère, malgré cette difficulté-là, être maître de la place à la fin de ce mois. Il est fort content de notre artillerie; notre canon et nos bombes font tout l'effet qu'on en pouvoit attendre, et l'on va travailler à une galerie pour passer le fossé, qui est assez profond.

Dimanche 26, *à Trianon.* — Le roi, après le conseil, travailla encore quelque temps avec M. de Chamillart et y travailla encore l'après-dînée jusqu'à cinq heures. Monseigneur revint de Meudon pour le conseil et y retournera après le premier voyage de Marly. Le roi a dit à M. le comte de Toulouse de partir pour aller à Toulon, où il trouvera l'armée navale prête à mettre à la mer. M. le comte s'est offert de partir dans l'instant; le roi veut qu'il ne parte que mercredi, et le maréchal de Coeuvres, qui va commander sous lui, partira jeudi. — Le bruit qui avoit couru de la mort du prince de Bade n'est point vrai; il est guéri et va revenir commander l'armée de l'empereur sur le Rhin. — Il n'est point encore arrivé de courrier du maréchal de Villeroy depuis celui par lequel on apprit que les ennemis étoient entrés dans les lignes; on sait seulement, par les lettres qui viennent par l'ordinaire, que leur armée et la nôtre sont toujours dans leur même camp auprès de Louvain.

Lundi 27, *à Trianon.* — Le roi alla après dîner, sur les quatre heures, se promener à Marly et en revint à sept. Monseigneur y alla un peu après le roi et revint un peu devant. Messeigneurs les ducs de Bourgogne et de Berry allèrent tirer dans la plaine de Saint-Denis; ils commencèrent à chasser à une heure, et ne finirent qu'à la nuit. — Sainte-Marthe, courrier du cabinet, arriva de l'armée de Flandre, où le roi l'avoit envoyé; il en partit hier à quatre heures du matin; les armées sont toujours dans la même situation. M. le maréchal de Villeroy a écrit au roi sans vouloir accuser personne de la malheureuse affaire des lignes; il n'a eu aucun tort dans cette occasion-là et a eu l'honnêteté de ne point rejeter la faute sur personne. — Il arriva un courrier de M. de Vendôme, parti le 21. Voici la relation d'une petite affaire qui s'est passée dans ce pays-là et de la situation où est notre armée : M. de Vendôme partit le 20 du camp de Soricine avec six compagnies de grenadiers et six cents chevaux, des piquets de la droite, à dessein de reconnoître le camp des ennemis; il y arriva sur les six heures du soir, et la vivacité de nos grenadiers fut si grande qu'ils les emportèrent avant qu'on eût eu le temps de les reconnoître, quoiqu'ils fussent presque imprenables et défendus par quatre cents hommes, dont il y en a eu grand nombre de tués et environ quatre-vingts faits prisonniers, parmi lesquels sont le lieutenant-colonel qui les commandoit et un capitaine. Ce poste étoit soutenu par deux cents chevaux, qui ne parurent point; on y prit un drapeau et on pilla ce petit camp, qu'on trouva encore tendu; cela ne laissa pas d'embarrasser les ennemis. C'étoit M. de Caroll, lieutenant-colonel du régiment de Berwick, qui commandoit nos grenadiers aux ordres de M. de Château-Morand, brigadier de cavalerie, qui commandoit le détachement et qui, avec le chevalier de Forbin, se tint pendant cette action à la tête des grenadiers; nous n'y avons perdu que cinq ou six hommes. Sitôt que l'affaire fut finie, M. de Vendôme envoya chercher deux brigadiers d'infanterie, qui passèrent cette nuit-là dans ces retranchements, et le 21, au point du jour, on changea la situation de notre camp, dont la droite est présentement appuyée aux quatorze naviglies, avec un corps d'infanterie et de dragons qui occupe le village de Genivolte, qui est au delà; notre gauche et notre quartier général sont à Soricine. M. le grand prieur partit le 21 avec onze escadrons et sept bataillons pour aller sur le bas de l'Oglio, d'où l'on avoit appris le matin que les ennemis avoient un corps semblable avec lequel ils attaquoient Marcaria, où nous avons cent hommes; on espère qu'il les empêchera d'exécuter leur dessein.

Mardi 28, *à Trianon*. — Le roi tint conseil de finances le matin et travailla l'après-dînée avec M. de Pontchartrain, comme il fait tous les mardis; il alla se promener sur les six heures, et madame la duchesse de Bourgogne le joignit à sa promenade. — Milord Marlborough avoit voulu faire passer la Dyle à quatre bataillons anglois par un gué défendu par le régiment du roi; l'escarmouche fut vive; le piquet du régiment des gardes, entendant tirer de ce côté-là, y vint; c'étoit en plein jour. Les Anglois furent rudement repoussés, on leur tua cinq ou six cents hommes; mais leur entreprise parut fort audacieuse et fait croire qu'ils feront bientôt quelque autre entreprise, d'autant plus qu'ils ne sauroient demeurer longtemps dans le camp où ils sont, y manquant de fourrages et étant obligés de faire venir leur pain de fort loin. — M. de Léganès a passé par Bayonne (1);

---

(1) A Bayonne, ce 18ᵉ juillet 1705.

« Le bruit qui s'est répandu de nouveau que vous aurez bientôt M. le marquis de Léganès n'est pas sans fondement, car on écrit de Madrid que les ordres sont donnés pour le transférer de Pampelune à Bayonne. Il y a même des lettres qui marquent que l'on travaille à son procès et que l'on le dit criminel et de part à la conspiration. Ceux qui le connoissent ne le peuvent pas croire, parce qu'il a toujours passé pour un parfaitement honnête homme. Si le frère de l'amirante, par ses extravagances, pouvoit se faire chasser de prison, je ne le trouverois pas trop insensé; il est à craindre qu'il ne le devienne tout à fait. Un homme qui s'est vu les biens, les honneurs et qui se voit privé de quoi vivre peut bien avoir la cervelle tournée. Il est à plaindre, mais je serois bien fâché de lui faire compagnie.

« Madame la princesse des Ursins a passé ici; elle avoit un courrier devant elle qui fit mener les chevaux de poste à la porte d'Espagne l'attendre, et traon le mène au Château Trompette. — M. de Castelmoron, lieutenant dans la gendarmerie, et M. de Riants, officier dans ce corps, qui avoient été retenus prisonniers à Ulm, ont été renvoyés. Castelmoron est arrivé à Paris; on retient encore à Ulm Plancy, lieutenant dans ce corps, et Dargelos, colonel du régiment de Languedoc.

Mercredi 29, *à Marly*. — Le roi tint conseil le matin à Trianon, travailla l'après-dînée avec M. de Chamillart, et sur les cinq heures il vint ici, où il demeurera dix jours. Monseigneur partit après dîner de Trianon, passa à Meudon et alla coucher à Villeneuve Saint-Georges. Monseigneur le duc de Berry, qui y alloit coucher aussi, partit à onze heures et alla tirer des faisandeaux dans la

---

versa la ville sans s'arrêter un moment. M. de Gibaudier, lieutenant de roi, qui avoit des paquets à lui rendre, ne sut pas, aussitôt qu'il l'eût voulu, son arrivée. Il se trouva cependant à la porte avant que l'on eût changé de chevaux. Il m'a dit qu'elle l'avoit reçu avec beaucoup d'honnêteté, et arriva à cinq heures après midi à Saint-Jean de Lus, où un bourgeois d'ici avoit été, quatre jours avant, lui faire préparer une maison. Elle y a demeuré sept jours pour s'y reposer; elle sortoit peu, faisoit la sieste et écrivoit le reste de la journée. Quelques Espagnols sont venus la voir. On lui a donné une fois le divertissement et danse basque de tous les garçons et filles de Saint-Jean de Lus qui se trouvoient sur la place devant sa maison avec des tambourins; cela à quatre heures. Elle les honora de sa présence un demi-quart d'heure, qu'elle resta sur son balcon, et à six heures le peuple se retira, qui n'avoit pas froid. Les équipages de la reine d'Espagne l'attendoient à Irun. Elle a bien cinquante personnes à sa suite. Elle s'habilla, le jour qu'elle est partie, en Espagnole. Le commandant de Socoa lui fit tirer neuf coups de canon; elle en eut sept à Bayonne, qui est tous les honneurs qu'on lui a faits. C'est une dame qui gouvernera en Espagne, à ce qu'il paroît; elle a montré des lettres de la reine qu'elle reçut à Saint-Jean de Lus, qui sont des plus obligeantes. Cette princesse lui marque dans une qu'elle ne lui écrit pas en reine, mais comme la meilleure amie qu'elle ait au monde; elle l'a bien fait connoître. Si on doit ajouter foi à ce que promet madame des Ursins, tout ira bien en Espagne. Dieu le veuille! nous en avons besoin.

« M. de Léganès est arrivé aujourd'hui à six heures du soir, escorté par huit gardes du corps du roi d'Espagne. L'infanterie n'est arrivée que demi-heure après lui. On l'a fait passer sur nos glacis, et s'est embarqué vis-à-vis la citadelle, où il a trouvé son gîte prêt. Nous ne le garderons pas longtemps. Il passera chez vous au Château Trompette ou à Pierre en Size. » (*Lettre transcrite dans la Correspondance inédite de la marquise d'Huxelles.*)

forêt de Sénart. Monseigneur le duc de Bourgogne et madame la duchesse de Bourgogne, après avoir dîné à Trianon, allèrent à Versailles, où ils demeurèrent jusqu'à cinq heures, et puis vinrent ici et joignirent le roi à la promenade. — M. d'Aubusson, mestre de camp de cavalerie, apporta au roi le matin la nouvelle de la prise de Hombourg; c'est M. de Refuge qui a fait ce siége avec dix bataillons et douze escadrons. La tranchée a été ouverte trois jours, et l'on étoit encore à une portée du mousquet de la place; il y avoit neuf cents hommes dedans des troupes de l'électeur palatin, qui auroient fort bien pu tenir encore dix ou douze jours. — Le soir, au coucher du roi, M. de Pontchartrain apporta au roi la nouvelle que la flotte ennemie, qu'on avoit cru dans la Méditerranée, avoit paru encore le 13 à la hauteur de Cadix, mais qu'ils ne faisoient point la manœuvre de gens qui voulussent attaquer cette place.

Jeudi 30, à Marly. — Le roi courut le cerf l'après-dînée. Monseigneur et monseigneur le duc de Berry, qui avoient couru le loup le matin à Sénart, vinrent ici le soir. Madame la duchesse de Bourgogne, qui a achevé de prendre ses eaux, fut purgée. — M. le comte de Toulouse partit hier pour Toulon. M. d'O l'a suivi et servira de chef d'escadre sur son vaisseau; le chevalier de Comminges, quoique sans aucune charge, n'a pu se résoudre à le quitter et fera la campagne avec lui. M. le comte de Toulouse emporte des patentes pour commander sur terre comme sur mer; il n'avoit point eu ces patentes les autres années. Le maréchal de Coeuvres, qui commandera la flotte sous lui, doit partir ce matin. — Madame la princesse de Conty, la mariée, a la petite vérole à Paris (1); il y a fort longtemps qu'elle n'est venue à

---

(1) « Madame la princesse de Conty a la petite vérole à Issy; M. le Prince, son mari, est revenu de Marly s'enfermer avec elle. C'est M. Chauvin qui la

la cour. — Il arriva hier au soir un courrier du maréchal de Villeroy à l'Étang; mais comme il n'apportoit aucunes nouvelles importantes, M. de Chamillart n'envoya point les lettres au roi pour ne pas le réveiller. Les armées sont toujours dans leurs mêmes camps; les ennemis disent toujours qu'ils vont marcher pour nous venir attaquer. Le maréchal de Villeroy couche toujours tout habillé depuis qu'on est à ce camp-là.

Vendredi 31, *à Marly*. — Le roi se promena sur les six heures; madame la duchesse de Bourgogne et madame de Maintenon étoient à la promenade avec le roi. — Il arriva un courrier de M. de Vendôme, parti de dimanche au soir. M. de Chemerault, qui marchoit à la tête du détachement que commandoit M. le grand prieur, après avoir passé l'Oglio, trouva un fameux partisan du prince Eugène, nommé Saint-Amour, qui avoit cinq cents chevaux; il ne s'attendoit pas à trouver les troupes de France à la gauche de l'Oglio et prit la fuite dès qu'il vit nos escadrons. On le suivit vivement, on lui tua beaucoup de monde et on prit quarante prisonniers. Ensuite de cette affaire, les ennemis, qui s'étoient rendus maîtres de Marcaria, l'abandonnèrent, et une des raisons que nous avions eues de faire ce détachement, c'étoit pour conserver Marcaria. Nous y avons remis garnison, et nous marchons à Ustiano et à Canetto pour les reprendre. M. de Vendôme a un pont sur l'Oglio à la droite de son camp, et le prince Eugène ne sauroit plus avancer. On croit même, quand M. le grand prieur sera revenu, que M. de Vendôme fera attaquer Soncino; il est toujours dans son même camp de Soricina, à la vue du camp des ennemis. Morangiés, neveu de la Fare et brigadier d'infanterie, est mort de ses blessures.

---

traite, médecin venu de Lyon qui acquiert de la réputation. » (*Lettre de la marquise d'Huxelles*, du 31 juillet.)

Samedi 1ᵉʳ août, à Marly. — Le roi, après son dîner, alla courre le cerf; madame la duchesse de Bourgogne étoit avec lui dans sa calèche; Monseigneur et messeigneurs ses enfants étoient à la chasse. — Il arriva un courrier du maréchal de Villeroy, parti d'hier au matin du camp de Corbeck sur la Dyle. Il mande que le 30, à la pointe du jour, on vit que les ennemis se disposoient à faire des ponts sur la Dyle entre les villages de Neer-Ische et de Corbeck; ils avoient déjà fait passer d'assez gros détachements qui se rendirent maîtres de ces deux villages; ils avoient placé une partie de leur artillerie sur une hauteur, de l'autre côté de la Dyle, et beaucoup de bataillons le long de cette rivière pour s'en faciliter le passage. L'électeur et le maréchal de Villeroy firent avancer des dragons soutenus de toute l'infanterie, à l'approche desquels les détachements des ennemis se retirèrent en très-grand désordre et furent suivis jusque de l'autre côté de la rivière par les grenadiers des troupes de l'électeur. L'armée ennemie, ayant manqué ce passage, a remarché en arrière et est allée camper à Meldre et à Tourines. Nous sommes campés présentement notre droite au village de Neer-Ische et notre gauche débordant un peu Louvain. Nous avons perdu à cette occasion trois officiers et une trentaine de soldats tués ou blessés. Les ennemis y ont perdu assez de monde par notre canon, qui étoit sur des hauteurs supérieures à celles qu'ils occupoient et où ils étoient fort pressés, si bien que tous les coups portoient. L'électeur et le maréchal sont charmés de la bonne volonté que nos troupes ont fait paroître. — Il arriva un courrier de M. de la Feuillade, qui a passé l'Orco avec sa cavalerie pour attaquer celle de M. de Savoie, qui étoit de l'autre côté de cette rivière et qui s'est retirée, voyant arriver la tête de nos troupes; nous avons pris leur camp, où nous avons trouvé assez de vivres. Le siége de Chivas va bien; nous sommes logés dans la demi-lune; mais derrière cette demi-lune il y en a encore une vieille, qu'ils ont fait réparer. Les lettres de M. de la Feuillade sont du 27.

Dimanche 2, à Marly. — Le roi tint le matin conseil à son ordinaire; Monseigneur et monseigneur le duc de Bourgogne y étoient. Le roi travailla l'après-dînée avec M. de Chamillart jusqu'à six heures et puis alla tirer. — On eut des lettres de Madrid du 22 par l'ordinaire. Le roi d'Espagne a donné la grandesse au prince de Tzerclaës, et tout se prépare pour faire une belle campagne d'automne. Le gouverneur de Morvaon a été obligé de se rendre aux Portugais, après avoir été investie longtemps et manquant de vivres; ils ne lui ont point tenu la capitulation qu'ils lui avoient promise. — Le roi fait venir le maréchal de Marsin en Flandre, comme on l'avoit résolu quand les ennemis abandonnèrent la Moselle, mais cette résolution avoit été changée depuis. On a nouvelle qu'il est parti de Weissembourg; ainsi on le croit arrivé. — Le roi a donné à Louvigny, fils aîné du duc de Guiche, le régiment qu'avoit Morangiés, qui vient de mourir en Italie.

Lundi 3, à Marly. — Le roi travailla l'après-dînée avec M. Pelletier; il n'y eut point de conseil le matin. A six heures le roi alla à la promenade avec madame la duchesse de Bourgogne. — Il arriva le matin un courrier du maréchal de Villeroy, parti d'hier à la pointe du jour. Les ennemis avoient fait un grand mouvement de leur cavalerie, marchant du côté de Vaure, et puis étoient rentrés dans leur camp; ils avoient fait le jour de devant un grand fourrage pour trois jours. Ils ont perdu plus de monde à l'action de Trente qu'on ne l'avoit cru d'abord. — Quelques patrons de bâtiments arrivés à Marseille ont assuré que, le 17 du mois passé, ils avoient laissé la flotte ennemie au cap Spartel; elle n'étoit pas encore dans la Méditerranée. — M. le comte de la Motte, avec le corps qu'il commande, s'est mis au confluent de la Dyle et du Demer, qui est l'endroit où le maréchal de Villeroy avoit envoyé Caraman, et Caraman, avec son détachement, rejoint l'armée.

Mardi 4, à Marly. — Le roi tint le matin conseil de finances à son ordinaire; l'après-dînée il courut le cerf. Monseigneur et monseigneur le duc de Bourgogne étoient à la chasse. Monseigneur le duc de Berry partit d'ici à onze heures, alla tirer dans la plaine de Saint-Denis deux cent ving-cinq pièces de gibier, qu'il apporta; jamais homme n'avoit tué tant de gibier dans un jour, et il ne tira pourtant que durant sept heures. — M. de Chamillart alla trouver le roi, qui revenoit de la chasse; il le trouva auprès du nouveau mail. Il lui mena le marquis de Lambert, que M. de la Feuillade avoit fait partir jeudi dernier, 30 juillet. Il porta au roi la nouvelle que M. de Savoie avoit abandonné Chivas, Castagnette et toutes les hauteurs qu'il occupoit entre ces deux places; qu'il s'étoit retiré vers Turin; qu'il ne lui restoit de troupes que quatre mille hommes d'infanterie et guères plus de trois mille chevaux. M. de la Feuillade avoit fait partir son écuyer un jour devant M. de Lambert pour rendre compte au roi d'une action qui s'étoit passée le 28; mais cet écuyer avoit ordre de passer à Milan pour en porter la nouvelle à M. de Vaudemont, et il aura passé par le mont Simplon, et M. de Lambert a passé par le val d'Aoste, qui est le plus court. Voici ce que nous avons appris de cette action : M. de la Feuillade, qui avoit passé l'Orco quelques jours auparavant, comme nous l'avons marqué, fit attaquer le 28 la cavalerie ennemie, qui s'étoit retirée entre le Melo et la Sture; elle prit la fuite dès que la tête de nos troupes parut. Le chevalier de Mianne, qui a commission de colonel de dragons depuis peu, étoit à la tête de notre première troupe; il poussa les ennemis jusqu'à la Sture, qui n'est qu'à une lieue de Turin. On leur a pris cent cinquante officiers ou cavaliers, six étendards, deux paires de timballes; on leur a tué plus de trois cents hommes, et nous n'y avons perdu personne, car ils n'ont fait aucune défense, et c'est cette action-là qui a obligé M. de Savoie d'abandonner Chivas et tous les postes qu'il avoit là. Le dessein de M. de la Feuillade étoit de lui ôter toute communication avec Turin, et cela se seroit exécuté s'il avoit attendu encore deux jours à se retirer ; c'étoient les dragons de Hautefort qui étoient à la tête des troupes et M. de Hautefort, brigadier, qui commandoit tout le corps des dragons.

Mercredi 5, à Marly. — Le roi tint le matin conseil d'État à l'ordinaire ; il travailla l'après-dînée jusqu'à cinq heures avec M. de Chamillart, et sur les cinq heures il alla tirer dans son parc. — Le roi, hier au conseil de finances, diminua les tailles dans beaucoup de provinces, selon les mémoires qu'il en avoit reçus des intendants, et donnera ce soulagement à ses peuples partout où on jugera que cela est nécessaire. On va examiner pour cela tous les mémoires des intendants, qui ont eu ordre de les envoyer. — Le comte de la Motte n'est point au confluent de la Dyle et du Demer, comme on l'avoit dit ; il est demeuré sous Gand avec fort peu de troupes, et il écrit, du 1ᵉʳ de ce mois, que le baron Spaar, qui commande un corps de troupes de Hollande près de l'Écluse, a été renforcé de quelques bataillons, et qu'il est fort à craindre qu'il n'entreprenne quelque chose de ce côté-là. — On mande de l'armée de M. de Villars du 29 qu'il devoit marcher le 30 ; on croit qu'il va passer le Rhin à Strasbourg pour faire vivre l'armée sur le pays ennemi ; les fourrages commencent à lui manquer dans son camp. Il a détaché le comte du Bourg avec quelques brigades d'infanterie et de cavalerie, qui s'est avancé sur la Blise vers Blicastel.

Jeudi 6, à Marly. — Le roi, après son lever, fut assez longtemps enfermé avec M. de Chamillart. La chaleur fut excessive, et le roi ne se promena qu'à sept heures ; madame la duchesse de Bourgogne et madame de Maintenon étoient à sa promenade. Monseigneur se promena de son côté avec quelques dames. — L'écuyer de M. de la Feuillade arriva; il apporta les étendards pris au combat du 28 auprès de Settimont. — Il arriva à deux heures du matin un courrier de M. de Gacé, qui mandoit que le baron Spaar, qui sert les Hollandois, étoit entré dans le Franc de Bruges et dans des villages de la dépendance de Gand. On n'en savoit pas encore bien les détails; mais le soir M. de Chamillart, qui étoit à Paris, en eut la confirmation, et envoya un paquet au roi, qui conta à son souper que Spaar avoit passé le canal de Bruges à Malikerke avec seize bataillons et deux régiments de dragons, et étoit venu à Deinse; qu'il demandoit de fortes contributions et emmenoit plusieurs otages du pays par où il avoit passé. M. de Gacé envoie six bataillons pour renforcer le comte de la Motte et lui aider à faire repasser promptement les ennemis et tâcher de les combattre dans leur retraite.

Vendredi 7, à Marly. — Le roi se promena dans ses jardins après la messe et alla courre le cerf l'après-dînée; Monseigneur et messeigneurs ses enfants étoient à la chasse. Au retour de la chasse le roi se promena avec madame la duchesse de Bourgogne et madame de Maintenon. — Il arriva un courrier de M. de Vendôme qu'il envoie pour recevoir des ordres; il mande en même temps que les troupes du prince Eugène ont abandonné Canetto, mais qu'ils veulent soutenir Ustiano; ils ont même quelques régiments campés sous cette place; M. le grand prieur fait venir du gros canon de Mantoue pour l'attaquer, et M. d'Albergotti est à portée de lui amener du renfort, s'il en a besoin. — L'électeur de Bavière a donné au comte de Milan la compagnie des gardes d'Espagne qu'avoit don Benite, et au comte d'Albert celle qu'avoit don Valère. Les armées de Flandre sont toujours campées dans les mêmes endroits. On dit que les ennemis rassemblent toutes les garnisons, et il paroît toujours qu'ils veulent entreprendre quelque chose de considérable.

Samedi 8, à Versailles. — Le roi se promena tout le jour à Marly et puis revint ici à la nuit. Monseigneur alla dîner à Meudon, où il demeurera quelques jours. Madame la duchesse de Bourgogne se trouva un peu incommodée; elle devoit aller à Saint-Germain voir la reine d'Angleterre, mais elle prit le parti de venir ici de bonne heure, et se mit au lit en arrivant. Elle se releva pour aller chez madame de Maintenon voir le roi et soupa avec lui à son ordinaire. — M. le marquis de Sesanne, frère du second lit du maréchal d'Harcourt par son père, et de la maréchale d'Harcourt par sa mère, épouse mademoiselle de Nesmond, fille de celui qui étoit lieutenant général de la marine; elle aura plus d'un million de bien. — Il arriva un courrier de M. Amelot, ses lettres sont du 29. Madame la princesse des Ursins devoit arriver le 3 de ce mois. Il mande qu'on a eu des nouvelles sûres que l'archiduc s'étoit embarqué le 19 à Lisbonne; il a douze vaisseaux de guerre avec lui et va joindre la grande flotte ennemie, qui étoit encore le 22 au cap Spartel. On parle différemment de son dessein; mais la plus commune opinion c'est qu'il a quelque intelligence sur les côtes d'Espagne, et on craint plus du côté de Catalogne qu'ailleurs.

Dimanche 9, à Versailles. — Le roi, après avoir travaillé l'après-dînée avec M. de Chamillart, alla tirer dans son parc. Madame la duchesse de Bourgogne alla à Saint-Germain voir la reine d'Angleterre, qui est plus mal que l'année passée; son voyage à Fontainebleau devient incertain. — Il arriva un courrier de M. de Vendôme, ses lettres sont du 3. Il mande que le prince Eugène avoit abandonné Ustiano avec assez de précipitation; si M. le grand prieur eût pu faire marcher son détachement aussi vite que M. son frère l'espéroit, on auroit défait aisément et sûrement trois mille hommes que le prince Eugène avoit envoyés pour retirer neuf cents hommes qui étoient en garnison dans Ustiano. Le commandant de nos hussards en ce pays-là a demandé d'être mis dans Castiglione delle Stiviere, et prétend pouvoir beaucoup incommoder les convois des ennemis. — Le matin, au sortir du conseil, le roi donna à M. de Torcy 50,000 écus de brevet de retenue d'augmentation sur ses charges, savoir 100,000 francs sur celle de chancelier de l'ordre du Saint-Esprit et 50,000 francs sur la charge de secrétaire d'État; il avoit déjà 500,000 francs sur cette charge et 50,000 écus sur celle de chancelier de l'Ordre, si bien qu'il a 800,000 francs présentement.

Lundi 10, *à Versailles.* — Le roi travailla l'après-dînée avec M. Pelletier, comme il fait tous les lundis, et puis alla se promener à Trianon. Madame la duchesse de Bourgogne alla à Meudon voir Monseigneur; elle y soupa de bonne heure et puis revint ici pour être au souper du roi. — Le détachement de l'armée de M. de Villars que commande M. du Bourg est employé, à ce qu'on croit, à faire le siége de Traërbach; on tire encore quatre bataillons de l'armée de M. de Villars pour les envoyer à M. de la Feuillade, que l'on espère qui sera en état de faire le siége de Turin dans le mois de septembre. — Les troupes du baron Spaar, qui étoient entrées en Flandre jusqu'à Deinse, ont repassé le canal de Bruges et sont retournées dans leur poste ordinaire, ayant appris que MM. de Gacé et de la Motte marchoient à eux; les pays où ils ont passé payoient contribution et avoient fait un traité avec M. d'Owerkerke et signé quatre jours devant qu'ils marchassent, et le total de cette contribution étoit réglé à 400,000 francs; ils ont fait brûler quelques maisons dans la verge de Menin.

Mardi 11, *à Versailles.* — Le roi travailla l'après-dînée avec M. de Pontchartrain à son ordinaire et puis alla tirer dans son grand parc; il entra au Désert dans le jardin de madame la Duchesse, où étoient madame la duchesse de Bourgogne, madame la duchesse d'Orléans et beaucoup de dames. Elles descendirent pour recevoir le roi, qui se promena quelque temps à cheval dans le jardin et dans le bois; madame la duchesse de Bourgogne marchoit à pied à côté de lui. Il leur donna les faisandeaux et les perdreaux qu'il avoit tués à sa chasse, les pria de les manger à leur souper. Madame la duchesse de Bourgogne comptoit de retourner à Versailles pour souper avec lui; il lui dit qu'il ne vouloit pas qu'elle y revînt, qu'elle étoit trop régulière d'y être tous les jours, et qu'il étoit juste qu'elle se divertît quelquefois. Il ordonna qu'on agrandît le petit bois de madame la Duchesse et puis revint ici. Madame la duchesse de Bourgogne soupa à neuf heures au Désert, où y il avoit vingt-une dames, et fut de retour ici assez tôt pour voir le roi avant son coucher. Monseigneur alla de Meudon à Livry, d'où il doit venir jeudi ici; madame la princesse de Conty est de ce petit voyage; monseigneur le duc de Berry y alla d'ici en chassant et tua lui seul deux cent quatre-vingt-quatorze pièces de gibier. Monseigneur le duc de Bourgogne tiroit aussi dans la plaine de Saint-Denis et revint ici le soir. — On eut, par l'ordinaire, des lettres de M. Amelot du 29. Il mande que le 22 l'archiduc étoit encore à Lisbonne, mais qu'on disoit toujours qu'il alloit mettre à la voile. La grande flotte ennemie étoit encore le 27 au cap Spartel. — L'empereur, mécontent du pape, a rappelé son ambassadeur, qui est déjà parti de Rome, et a envoyé ordre au nonce de sortir de Vienne. — Le roi a augmenté l'appartement du grand prévôt à Versailles en lui donnant celui du feu duc de Choiseul, qui touchoit au sien.

Mercredi 12, *à Versailles.* — Le roi travailla l'après-dînée jusqu'à cinq heures avec M. de Chamillart et puis alla se promener à pied dans ses jardins. Au retour de sa promenade il travailla chez madame de Maintenon avec M. de Chamillart. Madame la duchesse de Bourgogne alla se promener à la Ménagerie. Monseigneur, qui est à Livry, courut le loup, et le soir M. de Livry, qui avoit fait préparer un théâtre fort galant, lui donna une

comédie mêlée de chants et de danses; tous les vers étoient à la louange de madame la princesse de Conty.
— On eut par l'ordinaire des lettres de M. la Feuillade du 2; il n'avoit point encore passé la Sture, mais il la devoit passer le 4, et il mande que le 12 il ira à Suze s'aboucher avec M. d'Angervilliers, intendant du Dauphiné.
— Les prisonniers que nous avons faits dans les trois châteaux qu'on a pris auprès de Weissembourg seront échangés contre les officiers et les soldats de Navarre qui furent pris l'année passée à Hochstett, et on en va former un troisième bataillon pour ce régiment. Le roi donne à chaque capitaine d'infanterie qu'on nous renvoie échangé 400 francs, 200 francs à chaque lieutenant et 50 écus à chaque enseigne pour leur aider à se remettre en équipage.

Jeudi 13, à Versailles. — Le roi dîna de fort bonne heure et alla se promener à Marly, d'où il revint à sept heures; avant que d'y aller il passa chez monseigneur le duc de Bourgogne, qui s'étoit trouvé assez incommodé et avoit entendu la messe dans son lit. — Pendant que le roi étoit à Marly, il reçut un paquet de M de Chamillart, qui est à l'Étang; il envoyoit au roi une lettre de M. de la Feuillade arrivée par un courrier; cette lettre est datée de la Vénerie, où notre armée est campée. M. de Savoie est campé sur la contrescarpe de Turin avec ce qui lui reste de troupes; il n'a plus que quatre mille hommes de pied et trois mille cinq cents chevaux. — Les armées de Flandre sont toujours dans la même situation, et il paroît que les ennemis ne songent plus à rien entreprendre; voyant l'impossibilité de réussir, ils font raser les lignes. M. de Villars a envoyé un détachement assez considérable à M. le maréchal de Villeroy, et passa le Rhin le 6 à Strasbourg avec toute sa cavalerie et deux brigades d'infanterie; il a laissé le reste de son armée derrière les lignes que nous avons sur la Lauter. Haguenau est présentement en assez bon état.

Vendredi 14, à Versailles. — Le roi et toute la maison royale, après dîner, allèrent à vêpres, et puis S. M. s'enferma avec le P. de la Chaise, comme il fait toujours la veille des jours qu'il fait ses dévotions. Monseigneur le duc de Bourgogne ne se ressent plus de la petite indisposition qu'il a eue. M. le duc d'Orléans se trouva mal hier à Paris après avoir joué à la paume; il eut la fièvre toute la nuit. Madame la duchesse d'Orléans partit d'ici le matin pour l'aller trouver, et le roi à son coucher eut nouvelle que la fièvre continuoit toujours avec de grandes douleurs de gorge. — Il arriva un courrier de M. de Villars, qui, après avoir passé le Rhin, a attaqué et forcé un poste où les ennemis avoient cinq ou six cents hommes, qui ont presque tous été tués ou pris. Nous n'y avons perdu que sept ou huit soldats, mais de Zeddes, brigadier de dragons et homme de mérite, y a été tué. M. de Villars étoit lui-même à cette action-là; il va faire un pont sur le Rhin à la hauteur de Haguenau, pour communiquer aux lignes que nous avons sur la Moutre, et il mande au roi qu'il espère encore enlever quelques quartiers aux ennemis.

Samedi 15, jour de la Notre-Dame, à Versailles. — Le roi fit ses dévotions et toucha quelques malades étrangers. Monseigneur fit ses dévotions avant le roi. Madame la duchesse de Bourgogne alla les faire aux Récollets dans la chapelle en haut. Après dîner ils allèrent tous à vêpres et à la procession, qui se fit dans la cour, comme elle se fait tous les ans à pareil jour. Le roi ensuite s'enferma avec le P. de la Chaise et fit la distribution des bénéfices, et puis alla au salut. M. le duc d'Orléans avoit mal passé la nuit à Paris; il fut saigné le matin, mais il fut assez tranquille tout le jour. Madame partit d'ici à sept heures du matin pour l'aller voir et y est demeurée. — L'évêché de Valence a été donné à l'abbé Catelan; l'abbaye de la Grâce à l'archevêque de Bordeaux; l'abbaye de Pontron à l'abbé de Valbelle; l'abbaye de Clausonne à l'abbé de Grimaldi; Saint-Pont à M. d'Arguier de Laval; l'abbaye de Juvigny à madame de Livron; l'abbaye de la Règle à madame de Verthamon; l'abbaye de Paraclet à madame de Roye de Roucy; l'abbaye d'Annonay à madame de Ferriol; la coadjutorerie de Nevers à l'abbé de Bargedé. Il y a, outre cela, quelques canonicats et quelques prieurés donnés.

Dimanche 16, *à Versailles*. — Le roi travailla l'après-dînée avec M. de Chamillart jusqu'à cinq heures et puis alla tirer. Monseigneur partit à deux heures pour aller à Saint-Maur voir madame la Duchesse, où il demeurera jusqu'à mercredi; il avoit dans sa calèche avec lui monseigneur le duc de Berry, et ils s'arrêtèrent à Paris au Palais-Royal pour voir M. le duc d'Orléans, qui n'a plus de fièvre. Monseigneur le duc de Bourgogne et madame la duchesse de Bourgogne entendirent vêpres, et à cinq heures monseigneur le duc de Bourgogne partit pour Saint-Maur, d'où il ne reviendra que mardi au soir. En passant par Paris, il alla au Palais-Royal voir M. le duc d'Orléans. — Madame de Roucy, qui vient d'avoir l'abbaye du Paraclet, succède à madame de la Rochefoucauld, sa grand'tante, qui, en donnant sa démission au roi, a prié que ce fût en faveur de sa petite-nièce, et le roi l'a agréé. L'abbé Chandenier, qui a quatre-vingts ans passés, a donné au roi sa démission d'une abbaye qu'il a depuis fort longtemps, qui vaut 20,000 livres de rente; cet abbé a un neveu qui s'appelle l'abbé d'Erce, qui est un bon ecclésiastique, à qui le roi a donné l'abbaye. — Par les lettres du 13 les armées de Flandre étoient toujours dans la même situation; la mortalité des chevaux et la désertion continuent dans celle des ennemis.

Lundi 17, *à Versailles*. — Le roi travailla l'après-dînée avec M. Pelletier et puis alla se promener. Madame la duchesse de Bourgogne partit à midi avec beaucoup de dames pour aller à Saint-Maur; elle s'arrêta à Paris au Palais-Royal pour voir M. le duc d'Orléans; elle le trouva debout et comme un homme qui se croit entièrement guéri. Elle y vit Madame et madame la duchesse d'Orléans ; elle s'y promena dans la galerie neuve, dont les peintures sont presque finies (1). Elle y fit collation, remonta ensuite en carrosse et arriva à Saint-Maur avant cinq heures. — On eut nouvelle que la flotte ennemie étoit encore au cap Spartel le 30, attendant l'arrivée de l'archiduc ; on croit que ce prince avoit quelque intelligence avec le gouverneur de Roses, et le roi d'Espagne a changé ce gouverneur et a fait arrêter dans cette place quelques gens qui étoient suspects. — M. de Broglio, qui a été fait maréchal de camp à la dernière promotion, a vendu le régiment du roi cavalerie quatre-vingts et tant de mille livres à M. de Saint-Privas, qui est encore dans les mousquetaires. Le comte de la Motte, lieutenant général, a acheté pour son fils aîné, qui est encore mousquetaire, le régiment de Beuseville, qui est un régiment nouveau et que le roi a taxé à 15,000 francs.

Mardi 18, *à Versailles.* — Le roi travailla l'après-dînée avec M. de Pontchartrain et puis alla se promener à Trianon, dont les bâtiments avancent fort. Madame la duchesse de Bourgogne revint de Saint-Maur ici un peu après huit heures du matin et vit le roi à son réveil ; elle alla ensuite entendre la messe et puis se coucher. Elle avoit passé la nuit à jouer ; elle n'étoit point du tout fatiguée. Monseigneur le duc de Bourgogne revint de Saint-Maur pour le souper du roi. Madame et madame la duchesse d'Orléans sont revenues de Paris, M. le duc d'Orléans étant entièrement guéri. — On a eu des lettres de Flandre, par l'ordinaire, qui portent que les ennemis marchèrent le 15 et campèrent ce jour-là à Corbay ; ils portent pour quinze jours de biscuit avec eux. Le 16

---

(1) Ces peintures étaient d'Antoine Coypel et n'existent plus. Les sujets en étaient tirés de l'Énéide, et cette galerie en avait pris le nom de galerie d'Énée.

ils devoient passer la Dyle vers sa source. On attend un courrier du maréchal de Villeroy par qui on apprendra les mouvements de ce qu'ils auront fait le 16. — Madame la princesse des Ursins est arrivée à Madrid; le roi et la reine d'Espagne ont été assez loin au-devant d'elle. — Le roi de Portugal est à la dernière extrémité. — On apprit que la flotte ennemie étoit le 3 dans la rade de Gibraltar; elle a été jointe par les vaisseaux qui étoient à Lisbonne, et l'on ne doute pas que l'archiduc ne soit sur ces vaisseaux par tous les coups de canon qu'on a entendu tirer, qui sont les salves. Milord Galloway et le prince de Darmstadt doivent être embarqués avec lui.

Mercredi 19, *à Marly.* — Le roi travailla l'après-dînée avec M. de Chamillart jusqu'à six heures et puis vint ici. Monseigneur et monseigneur le duc de Berry allèrent de Saint-Maur coucher à Villeneuve-Saint-Georges. Madame la duchesse de Bourgogne partit à trois heures de Versailles et alla à Saint-Germain voir LL. MM. BB.; elle fut longtemps enfermée avec la reine, qui se porte mieux et qui espère pouvoir faire le voyage de Fontainebleau. — Il arriva le soir un courrier du maréchal de Villeroy, parti le 17 au soir; les ennemis avoient marché le 15 et avoient campé ce jour-là à Corbay, le 16 entre Genap et Nivelles, et le 17 au matin à Hulpen; ils ont avec eux un grand nombre de chariots de paysans, qui leur portent pour dix jours de pain ou de biscuit, et ils publient qu'ils vont faire une entreprise considérable, et nous sommes persuadés qu'ils ne sauroient réussir à rien de ce qu'ils entreprendront. Notre armée est campée la droite au bois de Soignies, la gauche à Neer-Ische, le quartier de l'électeur et celui du maréchal de Villeroy à Ower-Ische; nous avons des postes d'infanterie sur la Lane. Nous avons envoyé une brigade d'infanterie aux Sept-Fontaines et deux autres brigades avec quelque cavalerie et des dragons vers Bruxelles dans la route de Waterlo; tous ces détachements nous peuvent rejoindre en moins de deux heures. M. de Marsin étoit arrivé le 15.

Jeudi 20, *à Marly.* — Le roi se promena le matin avec madame de Maintenon, la maréchale de Noailles et la comtesse de Gramont ; l'après-dînée il courut le cerf, madame la duchesse de Bourgogne étoit avec lui dans sa petite calèche. Monseigneur le duc de Bourgogne alla à Saint-Germain voir LL. MM. BB. Monseigneur et monseigneur le duc de Berry arrivèrent sur les huit heures ; ils avoient couru le loup le matin dans la forêt de Sénart et étoient revenus dîner à Villeneuve-Saint-Georges. — Toutes les lettres qu'on reçoit de notre armée de Flandre parlent de la démarche qu'a faite Marlborough comme d'une démarche extravagante qui ne peut le porter à rien. Il avoit voulu faire avancer quelques troupes dans la route qui va de Waterlo à Bruxelles ; Pasteur, brigadier de dragons des troupes d'Espagne, les avoit repoussées, et ils se retirèrent sans s'opiniâtrer à forcer ce passage. — M. de la Vrillière vint trouver hier le roi, au retour de sa promenade, pour lui dire qu'on avoit eu nouvelle à Bayonne que le roi de Portugal étoit mort ; cette nouvelle est confirmée aujourd'hui, et l'on ajoute même qu'on a caché cette mort durant cinq jours en Portugal.

Vendredi 21, *à Marly.* — Le roi se promena tout le matin et toute l'après-dînée dans ses jardins ; madame la duchesse de Bourgogne se promena avec lui le soir. Monseigneur se promena de son côté avec les dames ; messeigneurs les ducs de Bourgogne et de Berry allèrent tirer dans la plaine de Roquencourt. — Il arriva un courrier de M. le comte de Toulouse, parti de Toulon le 16. Il mande qu'il avoit eu avis que la flotte ennemie étoit le 7 à la hauteur de Carthagène ; elle est de cent dix-sept voiles, dont il y a plus de soixante vaisseaux de guerre, et le 11 de ce mois deux frégates parurent devant Barcelone, dont une avoit pavillon anglois. Les esprits des Catalans ne sont pas bien disposés pour le roi d'Espagne, et il y en a déjà cinq ou six mille qui sont sous les armes dans la plaine de Vich et qui se sont déclarés pour l'archiduc ; cependant il n'y a pas beaucoup à craindre pour ce pays-là, pourvu que Barcelone demeure fidèle. Il y a cinq mille hommes dans la place, et l'on est fort persuadé de la fidélité du vice-roi. — Madame la comtesse de Grignan* et M. le chevalier d'Harcourt, frère du maréchal, sont morts de la petite vérole à Marseille. — Il arriva le soir un courrier du maréchal de Villeroy, parti du 20 à quatre heures au matin. Il mande que les ennemis se sont retirés, ont repassé la Dyle et sont venus camper entre Florival et Limale ; on compte que depuis qu'ils ont forcé les lignes ils ont perdu plus de cinq mille hommes de désertion, cependant ils sont encore très-forts ; la maladie des chevaux est violente dans leur armée. Le détachement de huit bataillons et de huit escadrons qui nous vient de l'armée du maréchal de Villars ne nous doit joindre que le 28 ; c'est le marquis de Conflans, maréchal de camp, qui le commande. — Mademoiselle de Charlus, sœur du marquis de Lévis, est morte à Paris ; elle étoit fort bien faite et fort estimée.

* La beauté et plus encore l'agrément et l'esprit avoient donné de la réputation à madame de Grignan, en quoi toutefois elle étoit infiniment surpassée par madame de Sévigné, sa mère, dont le naturel et une sorte de simplicité brillante d'esprit et de grâces, comme à la dérobée d'elle, rendoient son commerce délicieux ; elle n'avoit ni le pincé ni le précieux de sa fille, et toutes les deux beaucoup d'amis et une infinité de gens avec qui elles étoient continuellement en commerce ; elles vivoient ensemble dans une grande union, et la mère dans une adoration continuelle de sa fille. Celle-ci vécut de même avec la sienne, qui épousa le marquis de Simiane, qui hérita des charmes maternels, mais qui, devenue veuve, incommodée dans ses affaires et dévote, se confina à la fin en Provence, sans enfants. Il ne faut pas oublier un mot de la précieuse madame de Grignan, qui avoit fort mésallié son fils pour raccommoder leurs affaires délabrées. « Il faut bien quelquefois fumer ses terres, » disoit-elle. Jamais la famille de sa belle-fille ne lui pardonna (1).

---

(1) « Madame la comtesse de Grignan, si renommée par son esprit et par sa

Samedi 22, à Marly. — Le roi se promena tout le matin et alla courre le cerf l'après-dînée. Monseigneur alla dîner à Meudon et revint ici pour le souper du roi. Messeigneurs les ducs de Bourgogne et de Berry allèrent tirer dans la plaine de Saint-Denis. — Il arriva un courrier du maréchal de Villars, qui ne pouvant plus subsister au delà du Rhin manque de fourrage, remarchoit à Kehl. Dans sa marche un parti qu'il avoit envoyé à la guerre lui amena des prisonniers qui l'assurèrent que le prince de Bade marchoit à lui. Sur cette nouvelle il suspendit sa marche, se mit en bataille et demeura tout le reste du jour en cet état; les ennemis n'ayant point paru, il vint le lendemain camper à Kehl pour repasser en deçà du Rhin. — Nous faisons sauter les fortifications de la ville de Nice, et les troupes qui y étoient en garnison vont joindre M. le comte de Toulouse. — L'électeur de Bavière a envoyé ici un courrier.

Dimanche 23, à Marly. — Le roi tint conseil à son or-

---

beauté et si honorée par toutes les plus rares qualités de son sexe et de sa naissance, mourut le 13 de ce mois à une lieue de Marseille. Son nom étoit Françoise-Marguerite de Montmoron de Sévigné. Elle étoit fille de feu messire Henry de Montmoron, marquis de Sévigné, maréchal des camps et armées du roi et gouverneur de la ville et château de Fougères en Bretagne, où cette maison est reconnue pour grande et ancienne, et de feue dame Marie de Rabutin, si connue et si estimée à cause de son esprit et de tant d'autres avantages. M. le marquis de Sévigné, si distingué dans le monde et qui a servi avec tant d'approbation dans la gendarmerie, dont il a commandé une compagnie, n'avoit point de frère et n'avoit de sœur que celle qui vient de mourir. Elle épousa, en 1669, messire François Adhémar de Monteil de Castellane, comte de Grignan, chevalier des ordres du roi, seul lieutenant de roi en Provence, qui tire son origine de maison souveraine..... Elle a passé pour une des plus belles et des plus parfaites personnes de son temps. Elle aimoit la vertu et le mérite; elle avoit un goût acquis et naturel pour les arts et pour les sciences, et elle tenoit lieu d'un Mécène à tous les gens de lettres et à tous les gens de quelque mérite qui avoient besoin de sa protection. Elle avoit toujours eu de grands sentiments de religion; et on écrit de Provence que par un pressentiment d'une mort prochaine, ses sentiments pour Dieu se redoubloient tous les jours et se fortifioient davantage. Elle ne laisse qu'une fille, qui n'est pas indigne d'elle; c'est madame la marquise de Simiane. » (*Mercure* d'août, pages 298 à 303.)

dinaire et travailla l'après-dînée avec M. de Chamillart. M. de Senneterre*, maréchal de camp, arriva le matin; il apporta au roi la nouvelle d'un grand combat en Lombardie, où nous avons eu tout l'avantage : l'affaire se passa le 16 auprès de Cassano, et la gloire de cette action est due à la vigilance et au courage de M. de Vendôme. M. le prince Eugène l'attaqua fort vigoureusement et même eut quelque avantage dans le commencement; mais la fin leur a été fort funeste. Les ennemis ont perdu toute la tête de leur infanterie; ils ont laissé plus de six mille morts sur le champ de bataille. Le comte de Linange, qui commandoit sous le prince Eugène, et le prince d'Anhalt, qui commandoit les troupes de Brandebourg, ont été tués. Les prisonniers et les rendus disent que le prince Eugène est blessé à la gorge. Nous avons beaucoup de prisonniers, quelques drapeaux et quelques canons. La cavalerie n'a point combattu, mais le combat d'infanterie a été très-vif et a duré quatre grosses heures. Nous y avons eu trois colonels tués, Guerchois, colonel de la marine, Chaumont, colonel de Soissonnois, et Mirabeau. MM. de Praslin et Vaudrey, lieutenants généraux, sont blessés à mort. Mauriac, mestre de camp de cavalerie, a été tué. M. de Vendôme a chargé M. de Senneterre de louer au roi quatre hommes qui se sont fort distingués dans l'affaire du combat en Lombardie, qui sont : MM. du Bourg, Irlandois, maréchal de camp; Caroll, Irlandois, lieutenant-colonel du régiment de Berwick; le marquis de Grancey, brigadier d'infanterie, et...., qui faisoit la charge d'aide-major de l'infanterie. Le prince Eugène s'est retiré à Treviglio, après nous avoir abandonné le champ de bataille, et M. de Vendôme est retourné camper à Cassano, où il a son pont sur l'Adda. M. de Senneterre partit le 17, le lendemain de l'action, et M. de Vendôme doit faire partir incessamment un courrier par qui on saura tous les détails. On n'a point trouvé le chevalier de Forbin après le combat. Il y a beaucoup d'officiers généraux des ennemis blessés dont on ne sait point encore les noms.

* La retenue des Mémoires va jusqu'à supprimer des faits. Le grand prieur, peu d'accord avec son frère pour des valets et des affaires domestiques après la plus étroite et la plus constante amitié et union, lui avoit causé beaucoup de peine pendant toute cette campagne. La valeur de l'aîné étoit des plus nettes, celle du cadet plus que douteuse. Ce combat de Cassan, qui ne basta pas bien d'abord, et que la valeur et le coup d'œil de Praslin rétablit, à qui il en coûta depuis la vie, déplut tellement au grand prieur que, le comptant perdu dès le commencement, il en alla attendre l'événement dans une cassine fort éloignée avec quelques troupes pour se garder. Ce trait, qui fut vu et su de toute l'armée, acheva de le déshonorer. M. de Vendôme ne put ni le voiler ni le dissimuler, et le grand prieur, n'osant paroître, repassa les monts et eut ordre de s'arrêter à Lyon, qu'il fit adoucir par son frère par la liberté de venir à Paris. La faveur de sa naissance et l'expérience de tout ce qui lui avoit été pardonné à tant de reprises lui fit espérer quelque chose de ce qu'il venoit de voir en madame des Ursins ; mais pour le coup il fut trompé, et il n'a revu le roi de sa vie (1).

---

(1) Nous devons à l'obligeance de M. Turpin la communication d'une lettre inédite du prince de Vaudemont à Chamillart sur la conduite du grand prieur le jour du combat de Cassano. Cette pièce se trouve aux Archives du Dépôt de la guerre, vol. 1867, pièce 117 ; elle n'est pas autographe, mais elle est signée du prince et presque entièrement ponctuée de sa main. Nous la reproduisons textuellement.

A Milan, le 18 août 1705.

Monsieur,

Vous aurez sceu par M. de Senneterre ce qui s'est passé depuis le matin du 14 de ce mois, jusqu'à la nuit du 16. Il seroit inutile de vous en rien repeter, il n'y a qu'à souhaiter que vous ordonniez bien sérieusement à M. de Senneterre de vous dire naturellement la vérité sur toutes choses, si vous l'interrogez il n'y manquera pas, mais je vous dis Monsieur qu'il veut estre intérogé, et que vous lui disiez de ne vous rien cacher. Il est important que vous soyez informé de tout pour remedier à tout. La scene scandaleuse qui s'est passée entre M. de Vendosme et M. son frère, et que j'appris hier dans son camp ou je fus le voir, est telle qu'on l'avoit publiée jcy, et que j'avois peine à croire. C'est sur que M. de Vendosme avoit mandé le 13 a M. le grand prieur d'estendre l'armée par la droite jusqu'à Rivolta, et de la tirer de la confusion, et de la mauvaise situation ou il l'avoit engouffrée, sur quatre ou cinq lignes de hauteur, entre la teste du pont de Cassan, et le Navilio Ritorto, sur ce que dis-je le 16 au matin qui estoit le jour que les ennemis marchoient pour venir attaquer nostre armée, M. de Vendosme qui venoit la joindre la croyant dans la situation ou il l'avoit ordonné, mais tout au contraire, la trouvant encore dans le

Lundi 24, à Marly. — Le roi alla tirer de bonne heure après diner, et travailla le soir chez madame de Mainte-

---

goufre du bout du pont, qui ressembloit plustost à une armée battüe, dans le desordre et la confusion ou elle estoit, pesle mesle avec ses bagages, qu'à une armée qui alloit combattre; M. de Vendosme bien estonné, et desolé de voir du meme coup d'œil son armée ou jl ne la croyoit plus depuis deux jours, et en meme tems celle des ennemis qui venoit l'attaquer; et ce qui le surprit plus que tout, c'est qu'on luy dit dans le quartier de Cassan qui est en deça du pont que M. son frere y estoit dans une maison couché, et qui dormoit encore quoy qu'on l'eut averty plusieurs fois pendant la nuit, et depuis le jour que les ennemis estoient en pleine marche pour venir fondre sur luy dont jl n'avoit fait aucun cas. M. de Vendosme alla a cette maison, le fit appeler a la porte, et luy demanda d'ou venoit qu'il avoit si mal executé ses ordres en vertu desquels jl croyoit trouver l'armée hors de l'estat ou jl la voyoit, et estendue jusqu'à Rivolta; le grand prieur d'un air des plus impertinens luy vomit mille ordures, et lui dit qu'jl ne vouloit plus ny obeir, ny commander, qu'jl en estoit las, et que quand jl voudroit se mesler de commander une armée qu'jl la commanderoit mieux qu'un autre, assaisonnant cela de mort, et de teste, et d'un estat si emporté, et si troublé, que Saint-Fremont fut obligé de se jetter entre les deux freres, et arestant le grand prieur par le bras, luy dit, que quoy que ce qu'jl faisoit n'estoit pas de son ressort, jl ne devoit pas trouver etrange que dans une conjoncture pareille jl en usoit ainsy, y ajoutant que ce procedé là ne convenoit nulement au service du roy, sur quoy le pauvre M. de Vendosme sage, et prudent, tournant son cheval dit a Saint-Fremont, c'est un fol, allons nous-en a l'affaire jmportante, et alla au pont, et dit de loin a son frere d'aller a la droite a laquelle il avoit ordonné de s'estendre a Rivolta, jl y alla, mais scavez-vous Monsieur ce qu'jl y fit, pendant toute l'action jl mit pied a terre, et se fit jetter un porte manteau au pied d'un arbre, et s'y coucha au grand scandale de tous, en disant de tems en tems d'un air moqueur, entendant le grand feu, qu'jl luy sembloit que M. son frere avoit là de la besogne. Enfin Monsieur l'on admire la souffrance et l'exces de bonté de M. de Vendosme, l'on est scandalisé de l'indigne conduite et de tout le mauvais de M. son frère. Jugez apres cela si M. de Vendosme desire ardemment qu'on le debarasse de ce frere qu'jl a sur ses epaules, et qui le fait souffrir, mort et passion, et par dessus cela, reflechissez sur l'extremité et l'estat horrible ou cet homme a mis les affaires du roy. J'oubliois de vous dire que M. de Vendosme en le quittant pour aller au pont luy dit vous m'avez mis là, les affaires dans un estrange estat, Dieu sçait ce qui va nous arriver. Considerez Monsieur que toutes les affaires de la monarchie ont esté exposées pendant un tems sur la pointe d'une eguille. Considerez l'armee du roi battue, les ennemis maistre du Milanois et du Piedmont d'un même coup. Des hier jls eussent estés a Milan. Le reste du debris de nostre armée de l'autre costé de l'Adda, que seroit devenüe celle de Piedmont. M. de Vendosme me demanda hier bonnement si je n'avois pas esté dans une grande inquietude, et qu'il n'avoit jamais veu une representation pareille a sa veue durant deux heures, et cela Monsieur pour avoir laissé les affaires deux jours entre les mains de son frere non avec M. Pelletier. — On a des nouvelles de la flotte ennemie; on l'a vue le 10 dans le golfe de Valence; elle

---

qui est je vous assure un abominable homme. Le pauvre M. de Vendosme en m'embrassant tendrement les larmes aux yeux, me fit comprendre ce qu'jl n'osoit me dire. Seneterre vous contera tout cela si vous luy ordonnez de parler, enfin Monsieur perderons nous tout, pour les beaux yeux d'un pareil homme, et comptez que cela arrivera si vous ne l'ostez jncessamment d'jcy. Je suis trop pressé par mon zele et par la verité pour ne vous pas parler aussi clairement que je fais, on ne peut trop tost y remedier, car jl ne faut qu'un moment pour tout perdre.

Ce n'est point par ce que le baron (1) est de nos amis, mais je dois vous dire que c'est a luy a qui l'on doit la journee car ce fut luy qui raccommoda tout et qui donna lieu a M. de Vendosme de faire tout ce qu'jl fit pendant qu'jl battoit les ennemis et les jettoit dans le Ritorto, tout le monde hier a l'armée me disoit que ce bon Normand paroissoit un cadet de vingt-cinq ans pendant l'action tant il estoit brillant et gay. Ne croyez pas Monsieur que je luy veüille donner une loüange mal fondée, au contraire je m'abstiens de vous dire tout ce que j'en scay.

Quoy que je n'aye pas encore receu l'ordre d'Espagne pour la livraison des grains, et malgré la situation des affaires de ce pays-cy, que je vous ay representées par mes lettres et par le marquis de Monteleon, je ne laisse pas d'en faire fournir le 25 de ce mois dix mil sacs, et vingt mil autres dans la fin de septembre, qui n'est pas une petite affaire, et dont Monsieur je croy que vous serez content. M. Duchy que je vis hier l'est beaucoup. Enfin par pieces, et par morceaux, je feray l'jmpossible pour ne laisser manquer de rien.

J'ay commencé a acheter des chevaux pour M. le duc de la Feuillade, jl m'a mandé qu'jl n'en vouloit que 300 : je les prends partout ou je puis dans le Milanois pour avoir plus tost fait. Enfin Monsieur j'espere de vous faire avoüer qu'jl n'y a pas de meilleur jntendant que moy, du moins, M. de Vendosme le trouve ainsy. Je ne sçaurois finir sans me donner une petite loüange qui est que M. de Vendosme ne cesse de dire a tout le monde qu'jl voit tous les jours plus la justesse de mes predictions en toutes choses, jl a regret de n'y avoir pas fait plus d'attention du passé, enfin je scay par ses jntimes qu'jl me rend justice presentement, qu'jl m'aime de bonne foy, je m'en apperçois aussy. Dieu veuille que cela dure mais encore un coup deffaite nous du grand prieur. Vous jugerez Monsieur par le contenu de ma lettre de la confiance que j'ay que vous ne desagreerez pas tout ce que je vous dis, souvenez vous que vous me l'avez ordonné, j'y obeis sans peine, comptant absolument sur l'honneur de vostre amitié, comptez aussy qu'homme au monde n'a plus d'attachement pour vous que moy et n'est plus que je suis,

Monsieur,

Vostre tres humble et tres obeissant serviteur,
CH. HENRY DE LORRAINE.

(1) C'est M. de Saint Fremond. — Note ajoutée au manuscrit, sans doute par le général de Vault.

n'étoit pas encore le 13 devant Barcelone, et il court même un bruit en ce pays-là qu'elle ira du côté des îles d'Hières pour couvrir leur flotte marchande qui va à Smyrne. — Le régiment de Soissonnois qu'avoit M. de Chaumont a été donné à Barville, ancien colonel réformé et que M. de Vendôme a recommandé au roi. — M. de la Vrillière, secrétaire d'État, a vendu sa belle maison de Paris 150,000 francs à M. Roulier des postes. — M. le maréchal de Villars a acheté la terre de Vaux, où M. Fouquet avoit tant fait de dépense; il en donne 550,000 francs, et mettra sa duché dessus; cette terre est affermée 22,000 francs.

Mardi 25, à Marly. — Le roi, avant que d'entrer au conseil des finances, eut la nouvelle par un courrier de M. de Vendôme, parti du 20, que l'action qui se passa le 16 avoit été bien plus considérable encore que ne l'avoit dit M. de Senneterre. M. de Vendôme a fait enterrer ou jeter dans la rivière ou dans les naviglies plus de sept mille morts des ennemis; on les reconnoît aisément à leurs habits, à leurs cravates et à leurs grandes moustaches, et surtout par l'endroit où on les a trouvés, qui est au delà des naviglies où nous n'avons point pénétré. Nous avons dix-huit cents prisonniers. Le prince d'Anhalt et le comte de Linange ont été tués, comme on l'avoit dit; le comte de Guldenstein a été tué aussi. Presque tous leurs officiers généraux sont blessés; le prince Eugène l'est de deux coups, l'un à la gorge et l'autre à la jambe; le prince Joseph de Lorraine, troisième frère du duc, est blessé à la bouche; le prince de Wurtemberg a le bras cassé. M. de Vendôme mande que ce combat coûte aux ennemis plus de treize mille hommes, et ils avouent, contre leur ordinaire, qu'ils ont été bien battus. Nous avions quelques pièces de canon dans le château de Cassan qui leur ont tué bien du monde. Nous avons perdu dans cette affaire près de deux mille cinq cents hommes tués ou blessés, au rapport des colonels et des majors, à qui M. de Vendôme en a demandé des mémoires. Guerchois et Mirabeau (1) ne sont point morts; ils sont blessés et furent pris au commencement de l'action. M. de Vendôme marchoit le 20 à Rivolta; sa droite se rapproche un peu du camp des ennemis, qui sont encore à Treviglio et à Caravaggio. Il veut, dit-il, offrir la revanche au prince Eugène, que nous ne croyons pas en état de la prendre. — Il arriva le matin un courrrier de M. de la Feuillade, qui savoit déjà le gain du combat, dont il alloit faire faire la réjouissance à son armée pour apprendre la nouvelle à M. de Savoie; on croit pourtant qu'il la savoit déjà. Il arriva l'après-dînée un autre courrier de M. de la Feuillade; on ne dit point de que ces courriers apportent; cela fait faire des raisonnements aux courtisans. — On eut le soir des nouvelles de la flotte ennemie, qui a fait de l'eau sur les côtes de Valence; elle n'avoit pas encore paru devant Barcelone le 17; deux jours devant nos galères avoient porté dans cette place le duc de Popoli avec la compagnie des gardes du roi d'Espagne et un régiment napolitain, et nos galères étoient retournées à Port-Vendre, où ils devoient prendre encore un régiment napolitain pour le mener aussi à Barcelone. — Le roi a ordonné qu'on chantât samedi à Paris le *Te Deum* pour le gain du combat de Cassano.

Mercredi 26, *à Marly.* — Le roi tint conseil à son ordinaire et travailla l'après-dînée avec M. de Chamillart. Le roi, la reine et la princesse d'Angleterre vinrent ici à six heures et y soupèrent. — Le roi a donné à M. le chevalier de Maulevrier l'inspection qu'avoit M. de Vaudrey, et au marquis de Broglio celle que M. de Dreux a et qu'il veut quitter; il a mandé à M. de Chamil-

---

(1) *Voy.* sur ce Mirabeau, l'une des figures militaires les plus originales de toute notre histoire, les détails que donne M. Lucas de Montigny dans l'introduction qui précède les Mémoires biographiques, littéraires et politiques de Mirabeau, 6 vol. in-8°, 1841.

lart qu'il ne croyoit point que cet emploi convînt au gendre du ministre de la guerre. — Le chevalier de Forbin avoit la charge de maréchal des logis de la cavalerie; on la donne à Saint-André, qui la faisoit sous lui et qui est frère de Verceil, enseigne des gardes du corps. On laisse à la veuve de Mauriac le régiment qu'il avoit, à condition qu'elle le vendra au prince de Morbecque, fils du prince d'Harcourt, et Drolivaux aura la charge de maréchal des logis de l'armée, qu'avoit Mauriac. — On eut par l'ordinaire d'Espagne des lettres de Madrid du 14 qui ne parlent point de la mort du roi de Portugal; ainsi on compte que les nouvelles qu'on en avoit eues par Bayonne sont fausses. — Il arriva un courrier du maréchal de Villars, parti du 24 au soir. Il mande au roi que le prince de Bade lui avoit voulu dérober une marche en repassant en deçà du Rhin pour venir attaquer les lignes de la Mouter avant que le maréchal y arrivât; mais il a fait une si grande diligence par une marche forcée qu'il est arrivé assez à temps pour ne plus rien craindre. Cependant le prince de Bade lui a mandé qu'il le viendroit attaquer, et le maréchal de Villars mande au roi qu'il y a grande apparence que dans trois jours il y aura un combat.

Jeudi 27, *à Marly*. — Le roi courut le cerf l'après-dînée; madame la duchesse de Bourgogne étoit avec lui dans sa calèche; Monseigneur et messeigneurs ses enfants étoient à la chasse; Madame suit toujours le roi dans une calèche séparée. — On mande de Flandre que les ennemis sont campés à Corbay; on dit qu'ils y amassent beaucoup de fourrages; cependant milord Marlborough répand le bruit qu'il s'en va camper à Fleurus, que de là il marchera pour exécuter un grand dessein et que, si les Hollandois le contredisent dans son entreprise, il se retirera avec toutes les troupes angloises et s'en retournera à Londres. — Après le souper du roi, il arriva un courrier revenant de l'armée du maréchal de Villars, où il avoit porté quelques ordres; ce maréchal mande au roi que le prince de Bade s'est avancé avec toute son armée à Sultz, qui n'est qu'à deux lieues de Haguenau, et qu'il paroît qu'il vient en intention d'attaquer nos lignes ou de faire le siége du fort Louis, auquel cas il est sûr qu'il y aura un grand combat. Il mande qu'il est venu des troupes aux ennemis dont il n'avoit jamais entendu parler ; mais que, quoiqu'ils soient plus forts que lui, il espère les battre.

Vendredi 28, *à Marly*. — Le roi travailla le matin avec le P. de la Chaise, et alla tirer l'après-dînée ; il passa le matin en revenant de la messe chez Monseigneur, qui avoit été saigné par pure précaution. Dès que le roi fut sorti de sa chambre, Monseigneur se leva, et il se promena toute l'après-dînée dans les jardins. Messeigneurs les ducs de Bourgogne et de Berry allèrent tirer dans la plaine de Villepreux. — On a appris par une tartane arrivée le 21 à Cette qu'il y avoit déjà quelques vaisseaux de la flotte ennemie le 17 au soir devant Barcelone. Le prince de Darmstadt fait répandre le bruit en Catalogne que le roi Charles III arrive avec douze mille hommes de pied et deux mille chevaux. — On mande de Fenestrelles que Givry, colonel du régiment de la Marche, ayant appris que le sieur des Portes avoit occupé la Pérouse pour M. de Savoie, l'avoit attaqué par trois endroits, avoit repris la Pérouse et le fort Saint-Louis, et avoit pris plusieurs officiers et soldats. M. de la Feuillade écrit de la Vénerie, du 11, qu'il a établi des contributions dans la montagne et assuré les communications avec Suze et Chivas.

Samedi 29, *à Versailles*. — Le roi courut le cerf l'après-dînée à Marly et, au retour de la chasse, se promena dans les jardins, et puis revint ici à six heures. Monseigneur alla dîner à Meudon, où il demeurera jusqu'à samedi ; le roi y doit aller mercredi, et ils en reviendront ensemble. Monseigneur le duc de Bourgogne revint ici d'abord qu'il eut dîné. Madame la duchesse de Bourgogne et monseigneur le duc de Berry partirent de Marly un peu avant le roi. — Le roi a fait brigadier Caroll, Irlandois, lieutenant-colonel du régiment de Berwick, qui s'est fort distingué toute cette campagne en Italie ; il y a déjà quelques années qu'il avoit la commission de colonel, et M. de Vendôme l'avoit fort loué dans toutes ses relations. — Le roi avoit donné à M. de Monmège l'agrément d'acheter pour 12,000 francs un régiment d'infanterie dont le colonel Saint-Géry avait demandé à se retirer. M. de Monmège est mort sans l'avoir payé, et le roi vient de nommer en sa place le chevalier de Brancas, frère du marquis, qui est maréchal de camp ; le chevalier de Brancas est en Espagne capitaine dans le régiment d'Orléans, que son frère n'a point encore vendu.

Dimanche 30, à Versailles. — Le roi travailla l'après-dînée avec M. de Chamillart jusqu'à cinq heures et puis alla se promener à Trianon. Monseigneur le duc de Bourgogne et madame la duchesse de Bourgogne allèrent à vêpres. — Il arriva un courrier du duc de Berwick, parti de Montpellier le 24 ; ce duc mande au roi que le vice-roi de Catalogne lui avoit écrit du 22 au soir que la flotte ennemie avoit paru le 21 au matin devant Barcelone. — M. de Thouy va servir sous M. de la Feuillade. Toutes les munitions de guerre et tout le canon sont prêts pour le siége de Turin ; on n'attend pour le commencer que les troupes qui doivent joindre M. de la Feuillade. — L'armée ennemie en Flandre est campée la gauche à Gemblours et la droite à l'abbaye de la Ramée ; l'électeur de Bavière et le maréchal de Villeroy sont toujours dans leur camp de Duisbourg sur l'Ysche. M. de Bournonville, se trouvant très-mal, se fit transporter de l'armée à Bruxelles, d'où l'on mande qu'il est à la dernière extrémité et qu'il a reçu l'extrême-onction. — M. d'Usson est demeuré à Villefranche avec quatre bataillons, et il a envoyé à M. le comte de Toulouse les cinq qui étoient dans Nice, après avoir fait sauter les fortifications de la ville. — Le roi donna l'après-dînée une assez longue audience à M. le marquis d'Alègre, à qui M. de Marlborough a donné un congé pour deux mois.

Lundi 31, à Versailles. — Le roi prit médecine, comme il la prend tous les mois par précaution; il travailla l'après-dînée chez lui avec M. Pelletier, et le soir avec M. de Chamillart chez madame de Maintenon. Monseigneur, qui est à Meudon, prit médecine aussi. Monseigneur le duc de Bourgogne et madame la duchesse de Bourgogne allèrent ensemble le voir et revinrent ici à six heures. — Il arriva un courrier de M. le maréchal de Villars; il mande au roi que le prince de Bade étoit campé à Paffenhoven à la tête de nos lignes de la Moutre; M. de Villars est toujours campé à Bischweiler, et il va faire un pont sur le Rhin pour donner inquiétude aux ennemis sur leurs lignes de Stolhoffen. — Il y a eu un grand démêlé en Flandre entre M. de Surville* et M. de la Barre, maréchal de camp et qui commande la brigade des gardes. L'électeur de Bavière, qui étoit fort près de l'endroit où ils se sont querellés, a envoyé M. de Surville à Bruxelles et a fait mettre la Barre aux arrêts.

* Surville étoit cadet du marquis d'Hautefort, et tous deux lieutenants généraux, mais de réputation fort différente. On a vu comment ce cadet épousa la fille du maréchal d'Humières, veuve de Vassé; c'étoit le génie du monde le plus court, et, soit vérité, soit jalousie, on n'étoit pas persuadé d'une valeur bien nette de sa part; on l'étoit davantage d'une étrange liberté de mœurs; et malgré tout cela le roi lui donna son régiment d'infanterie, qu'il régloit immédiatement par lui-même et qui donnoit au colonel un rapport continuel à lui, en sorte que cet emploi étoit fort distingué. La Barre étoit le capitaine de la colonelle du régiment des gardes, homme d'esprit, de manége, fort mal voulu dans son corps, où il étoit accusé de rapporter au roi, dont il étoit fort bien traité, et par cette aversion on lui disputoit la valeur qu'il montra pourtant depuis n'être pas équivoque. Surville un peu ivre le maltraita cruellement de paroles. La compagnie se mit entre deux, chose fort ordinaire et dont ordinairement aussi elle se repent après; malgré cela ils s'approchèrent. La Barre crut avoir essuyé quelque main mise dans ces moments si peu mesurés et où tout est pêle-

mêle. Surville, ayant cuvé son vin, mit en usage tout ce qu'il put honnêtement pour pallier l'affaire et satisfaire la Barre. Ils n'avoient pu depuis être à portée de se battre, et comme c'étoient deux hommes pour qui le roi avoit de la bonté, il ne dédaigna pas de s'en mêler lui-même par la gravité du cas et la difficulté même aux maréchaux de France de les satisfaire. Dans la suite de l'affaire, qui fut longue, Surville et sa famille s'impatientèrent, et, fort supérieurs en tout à la Barre, tinrent des propos offensants qui gâtèrent tout et donnèrent encore meilleur jeu à la Barre et à ses souterrains près du roi. Cette affaire se retrouvera encore; mais en attendant il faut dire ici que la Barre en sortit avec tout l'avantage, et que Surville y laissa du sien, en perdit le régiment du roi et sa fortune, que nous lui verrons perdre une autre fois après avoir été remis à flot par le généreux crédit du maréchal de Boufflers.

Mardi 1er septembre, à Versailles. — Le roi travailla l'après-dînée jusqu'à cinq heures avec M. de Pontchartrain et puis s'alla promener à Trianon. — Il arriva le matin un courrier de M. de Villars, qui ne nous apprend presque que ce que nous savions par celui d'hier; les ennemis sont à Paffenhoven et à Ingweiler; on n'a point songé à leur disputer l'entrée de nos lignes de ce côté-là; M. de Villars ne songe qu'à conserver le fort Louis et Haguenau. — Il arriva un courrier de M. le duc de Berwick, ses lettres sont de Montpellier du 28. Il mande que le 23 les ennemis, qui sont devant Barcelone, firent mettre pied à terre à neuf bataillons; ils ont été joints par cinq ou six mille révoltés de Vich; ils ont envoyé quinze vaisseaux devant Palamos; cette descente-là ne fera pas beaucoup de mal s'il n'y a pas de trahison dans Barcelone. — On mande de Flandre qu'un armateur d'Ostende a fait une prise qu'on a estimée plus de 500,000 écus; il y a dessus beaucoup de soie, quelque argent et une petite cassette de diamants. — M. de Marlborough a écrit à MM. les États qu'il va faire le siège de Leauw; c'est une méchante place qui ne peut pas tenir plus de trois ou quatre jours. — Les états de Languedoc haranguèrent le roi; c'étoit l'évêque de Mirepoix qui portoit la parole.

Mercredi 2, à Meudon. — Le roi travailla l'après-dînée avec M. de Chamillart jusqu'à cinq heures, et puis vint ici, où il se promena jusqu'à la nuit; il y demeurera trois jours, comme il a accoutumé de faire aux voyages de Meudon. Monseigneur le duc de Bourgogne et madame la duchesse de Bourgogne partirent de Versailles à trois heures pour venir ici, et madame la duchesse de Bourgogne fut fort incommodée le soir d'un mal de dents, à quoi elle est très-sujette. — M. l'évêque de Nevers (1) mourut à Paris; le roi lui avoit nommé un coadjuteur ces jours passés; ce pauvre évêque étoit tombé en enfance. Il a laissé deux abbayes, dont l'une, qui s'appelle Nogent-sous-Coucy et qui vaut bien 2,000 écus de rente, est de l'apanage de M. le duc d'Orléans. — Les ennemis en Flandre ont fait des réjouissances sur la victoire remportée à Cassano; mais M. de Marlborough a mandé qu'il le faisoit parce que le prince Eugène le souhaitoit fort et lui en avoit écrit très-pressamment, et qu'il savoit par les officiers de l'armée de Lombardie, de qui il a eu des lettres, que le combat leur avoit été fort désavantageux. — Les monnoies sont diminuées depuis hier; les louis ne valent plus que quatorze livres cinq sols et les écus trois livres dix-sept sols.

Jeudi 3, à Meudon. — Le roi alla le matin voir jouer au mail et tira l'après-dînée; Monseigneur fut toujours avec lui et ne porte point de fusil quand il suit le roi. Madame la duchesse de Bourgogne fut un peu incommodée; elle avoit passé une mauvaise nuit; elle dîna et soupa pourtant avec le roi et se trouva fort soulagée le soir de son mal de dents. — Marlborough a mandé à MM. les États-Généraux que, dès que son gros canon seroit arrivé à Maëstricht, il feroit le siége de Leauw, et qu'en attendant il faisoit travailler à raser nos lignes. On croit qu'après le siége de Leauw il ira à Aix-la-Chapelle pour

---

(1) Édouard Vallot, fils du premier médecin de Louis XIV.

prendre les eaux. — L'électeur de Bavière et le maréchal de Villeroy paroissent être d'avis de faire de nouvelles lignes le long de la Dyle; mais cela n'est pas entièrement réglé, et même quand cela le seroit, on n'y travailleroit que cet hiver. — Madame de Vauvineux mourut à Paris; elle étoit mère de la princesse de Guémené (1).

Vendredi 4, à Meudon. — Le roi vit jouer le matin au mail et se promena l'après-dînée, mais la pluie abrégea fort sa promenade. — Il arriva un courrier de M. de Vendôme, parti du 31 de Rivolta, où notre armée est encore campée; celle du prince Eugène est toujours dans son camp de Treviglio et Caravaggio; ce prince se porte mieux de sa blessure; mais le prince Joseph de Lorraine et le prince de Wurtemberg sont morts de celles qu'ils ont reçues, et le général Bibrac est mort dans leur camp de maladie; mais le prince d'Anhalt, qu'on avoit dit tué dans le dernier combat, se porte bien. — Il arriva un courrier de M. Orry, qui est à Madrid; les levées ne se font pas si heureusement qu'il l'avoit fait espérer, et l'on ne dit point quand le maréchal de Tessé pourra entrer en campagne. On a donné à ce maréchal, pour son fils le chevalier, un régiment nouveau d'infanterie qu'avoit du Guast, brigadier qui vient de mourir en ce pays-là. — On a érigé en duché la terre de Vaux pour le maréchal de Villars, qui vient de l'acheter, et on l'appellera le duché de Villars.

---

(1) Françoise-Angélique Aubery, veuve de Charles de Cochefilet, comte de Vauvineux, avoit eu pour fille unique Charlotte-Élisabeth de Cochefilet, mariée le 2 décembre 1679 à Charles de Rohan, prince de Guémené. « Cette comtesse avoit beaucoup de mérite; elle avoit une âme fort chrétienne, un esprit accommodant et une humeur des plus sociables. Elle faisoit l'agrément de toutes les sociétés où elle se trouvoit; elle n'avoit que des amies choisies, et elle avoit le secret de n'en perdre aucune. Madame la comtesse de Vauvineux, pour faire de sa fille unique un parti qui convînt à M. le prince de Guémené, se dépouilla, étant encore jeune, de la plus grande partie de ses biens en faveur de ce mariage. Elle a toujours fait voir une conduite désintéressée, et ce n'est pas sans sujet qu'elle étoit dans une estime générale. » (*Mercure* de septembre, pages 221 et 222.)

Samedi 5, *à Versailles*. — Le roi partit de Meudon aussitôt après son dîner, et alla se promener à Marly, d'où il ne revint ici qu'à la nuit. Monseigneur le duc de Bourgogne revint de fort bonne heure. Madame la duchesse de Bourgogne demeura avec Monseigneur à Meudon jusqu'à sept heures, et puis ils revinrent tous ici pour le souper du roi. — Il arriva un courrier de M. le maréchal de Villars, parti du 31. M. le prince de Bade avoit marché pour attaquer M. de Villars dans son camp; ce maréchal marcha au-devant de lui et, avec la tête de sa cavalerie, fit attaquer les premières troupes des ennemis qui parurent; ils se renversèrent et mirent leur colonne en désordre. On leur tua quelques cavaliers; on fit des prisonniers, parmi lesquels il y a des officiers. M. de Bade ne jugea point à propos de combattre et fit camper son armée; il dit qu'il est demeuré là pour attendre un convoi. Le maréchal de Villars retourna dans son camp entre Bischweiler et Haguenau; il mande que le bruit court dans l'armée ennemie que les Hollandois redemandent au prince de Bade les troupes du palatin et de Brandebourg qui sont à leur solde.

Dimanche 6, *à Versailles*. — Le roi travailla l'après-dînée avec M. de Chamillart et ne sortit point de tout le jour à cause du vilain temps. — Il arriva un courrier du duc de Berwick, ses lettres sont du 31 de Montpellier. Il mande que le vice-roi de Catalogne lui avoit écrit du 27; les ennemis n'avoient pas encore ouvert la tranchée devant Barcelone; qu'ils étoient campés leur droite vers Badalone et leur gauche vers Saint-André; les révoltés de Vich occupent les principales avenues de la place, dont il n'est pas facile par cette raison de faire sortir des courriers. Le gouverneur de Roses mande à M. de Berwick que les ennemis avoient débarqué en tout quinze bataillons et mille ou douze cents chevaux.

— Les lettres de Flandre, du 3, portent que la tranchée n'étoit pas encore ouverte devant Leauw et que le gros canon que les ennemis attendent de Maëstricht pour ce siége n'est pas encore arrivé. — M. Rouillé, envoyé du roi auprès de l'électeur de Bavière, est arrivé ici depuis quelques jours ; il a eu permission de venir pour ses affaires particulières et retournera incessamment en Flandre.

Lundi 7, à Versailles. — Le roi alla tirer l'après-dînée et travailla le soir chez madame de Maintenon avec M. Pelletier. Monseigneur alla à Meudon avec madame la princesse de Conty pour y demeurer tout le mardi et aller mercredi à Fontainebleau ; ainsi il y arrivera quinze jours avant le roi ; monseigneur le duc de Berry est avec lui. — M. le comte de Toulouse est allé visiter la côte vers Antibes, et fait travailler en diligence pour que la flotte soit en état de se mettre à la mer en cas que la flotte ennemie vînt à se séparer ; il a donné de bons ordres sur toutes les côtes de Provence. — M. de la Feuillade est toujours à la Vénerie ; la maladie a été furieuse dans son armée ; mais elle commence à diminuer, parce que les chaleurs ne sont plus si grandes depuis quelques jours. — Il paroît que les ennemis en Flandre et en Allemagne soupçonnent M. de Savoie de vouloir entrer en accommodement avec le roi.

Mardi 8, à Versailles. — Le roi, après son dîner, entendit vêpres, travailla ensuite avec M. de Pontchartrain et puis alla au salut ; monseigneur le duc de Bourgogne et madame la duchesse de Bourgogne suivirent le roi à vêpres et au salut. — On a mis une taxe sur les maisons que les bourgeois des grandes villes ont à la campagne ; on compte qu'il en reviendra trois ou quatre millions au roi. — On apprit il y a quelques jours qu'un armateur de Saint-Malo avoit fait une prise qu'on estime 800,000 francs ; elle est presque toute de ballots de soie. — L'affaire de M. de Surville avec M. de la Barre fut accommodée ces jours passés par le roi, qui a ordonné que M. de Surville seroit encore quelques jours en prison, après quoi il iroit demander pardon à l'électeur et faire satisfaction à M. de la Barre en présence de S. A. E. — Toutes les nouvelles d'Italie portent qu'un secours de quatre ou cinq mille hommes que l'empereur envoie au prince Eugène est déjà arrivé dans le Trentin, et que le roi de Pologne Auguste envoie, pour son contingent de l'électorat de Saxe, trois mille hommes en Bavière, qui remplaceront ceux qui en ont été tirés pour envoyer au prince Eugène.

Mercredi 9, à Marly. — Le roi, avant que d'entrer au conseil, reçut dans la galerie un remerciement de MM. de la Faculté de théologie sur l'obtention de la nouvelle bulle du pape (1), pour renverser entièrement les opinions de Jansénius, qu'on vouloit en quelque façon renouveler. L'après-dînée le roi reçut la harangue de MM. du clergé sur la clôture de leur assemblée ; l'archevêque d'Alby porta la parole parla fort éloquemment et à la fin de son discours demanda avec beaucoup de force le rétablissement des conciles provinciaux. Le roi répondit avec beaucoup de dignité à toute leur harangue, hormis à ce dernier article sur lequel il ne répondit rien et ne leur répond jamais rien quoiqu'ils lui en parlent (avec moins de force à la vérité) à toutes les clôtures de leurs assemblées. — Monseigneur et monseigneur le duc de Berry avec madame la princesse de Conty et plusieurs dames partirent de Meudon pour Fontainebleau. Monseigneur le duc de Bourgogne et madame la duchesse de Bourgogne partirent ensemble de Versailles à six heures pour venir ici. Le roi, après la harangue de l'assemblée, travailla jusqu'à cinq heures avec M. de Chamillart et puis vint ici. — Il arriva un courrier de M. le maréchal de Villeroy, qui mande que Leauw s'est rendue sans que le canon des ennemis fût en batterie ; il y avoit trois

---

(1) C'est l'affaire du fameux cas de conscience, et il s'agissoit du formulaire et de la distinction du fait et du droit. (*Note du duc de Luynes.*)

cents hommes dans cette place, qui ont été pris à discrétion ; le gouverneur, qui est des troupes d'Espagne et qui a toujours été en bonne réputation, envoie un major à l'électeur de Bavière pour tâcher à se justifier; on dit que toute sa garnison étoit malade et qu'il n'y avoit pas un soldat qui pût porter les armes. — M. Barentin, intendant d'Ypres et de Dunkerque, est mort fort regretté du roi, des peuples et des officiers; cette intendance vaut plus de 40,000 livres de rente; le roi la donne à M. de Bernières, qui étoit intendant en Hainaut et qui est fort estimé aussi. — Dans la lettre du vice-roi de Catalogne, qui est de Barcelone, du 27, il paroît qu'il est fort content des habitants et de la noblesse qui s'est jetée dans la ville. On lui amena ce jour-là un capitaine et quelques soldats des révoltés de Vich qu'on venoit de prendre ; il les fit pendre sur-le-champ, dont le peuple témoigna beaucoup de joie. Il a chassé de la ville le gouverneur particulier, qui s'appeloit le marquis de Rose, et a fait arrêter le major, qui étoit soupçonné d'intelligence avec les ennemis ; et il mande que la reine Anne d'Angleterre a donné ordre au commandant de sa flotte de ne pas demeurer dans ces mers-là passé le 27 septembre.

Jeudi 10, à Marly. — Le roi, après la messe, alla voir jouer à son mail nouveau qui est au haut de Marly; il est bien plus long et plus large que le mail d'en bas; il le fait encore allonger. L'après-dînée le roi alla courre le cerf, et la chasse fut si longue qu'il ne revint qu'à la nuit. Il y a fort peu de monde à ce voyage-ci, et il n'y a qu'une table pour les dames ; il n'y a de courtisans, outre le service, que le marquis d'Alègre. — Madame la duchesse de Coislin mourut hier à une de ses terres à dix lieues de Paris ; elle étoit de la maison de Halgoet, et avoit apporté beaucoup de bien en mariage et ne s'étoit réservé que 12,000 livres de rente; elle laisse d'enfants le duc de Coislin, évêque de Metz, et la duchesse de Sully. — La connétable Colonne*, qui étoit depuis quelque temps en

Provence, a la permission du roi de s'approcher de Paris pour voir sa famille, et elle est depuis huit jours à Passy, où le duc de Nevers, son frère, à une petite maison (1).

* C'est cette fameuse nièce du cardinal Mazarin que le roi voulut si sérieusement épouser, dont cette volonté fut cause de l'éloignement des nièces et du mariage de celle-là en Italie, et qui dit si bien au roi : » Vous m'aimez, vous êtes roi, et je pars. » Elle partit toutefois et courut bien le monde depuis. C'étoit la plus folle et la meilleure de ces Mancines ; pour la plus galante on auroit peine à le décider, excepté la duchesse de Mercœur, qui mourut dans la première jeunesse et dans l'innocence des mœurs.

Vendredi 11, *à Marly.* — Le roi se promena le matin, et l'après-dînée il alla voir jouer les bons joueurs à son grand mail. — On eut des lettres de Barcelone du 27; les ennemis n'ont point encore ouvert la tranchée, mais ils ont fait un grand amas de farine, comme s'ils la vouloient ouvrir incessamment. Le vice-roi ne croit pas que l'archiduc soit débarqué; il compte qu'ils ont neuf mille hommes de troupes réglées et ont été joints par quatre ou cinq mille révoltés de la viguerie de Vich. — M. Roujault, intendant de Berry, passe à l'intendance de Hainaut, et Mongeron, maître des requêtes, sera intendant de Berry. — Par les lettres de M. de Vendôme du 30 il étoit encore à son camp de Rivolta; les quatre ou cinq mille hommes de renfort qui viennent au prince Eugène sont près d'arriver.

Samedi 12, *à Marly.* — Le roi courut le cerf l'après-

---

(1) « La connétable Colonne, fort détruite de sa personne, ne songe qu'à sa santé, mangeant peu, faisant son pot dans sa chambre, marchant beaucoup et se moquant des écharpes et culs de Paris, dont elle trouve déjà le climat froid, et prétend aller passer son hiver à Gênes. Elle a deux femmes et dix ou douze hommes, ne se souciant point d'argent. M. le duc d'Harcourt lui a fait beaucoup d'honnêtetés de la part du roi. Tout son esprit y est et le même ton de voix.

« Ces culs de Paris sont la trousseure des dames de ce temps sur le dos qui leur font de si gros paquets qu'on ne leur en voit plus la taille. » (*Lettre de la marquise d'Huxelles*, du 14 septembre.)

dînée; madame la duchesse de Bourgogne étoit dans sa petite calèche avec lui. — Il arriva un courrier de M. le maréchal de Villars, ses lettres sont du 8. Il mande qu'il avoit marché le 7 avec toute son armée pour attaquer M. le prince de Bade, mais qu'il l'avoit trouvé si bien posté et si bien retranché qu'après avoir reconnu ses retranchements de fort près il avoit jugé à propos de ne rien entreprendre et étoit revenu dans son camp. — Les dernières lettres de M. de la Feuillade sont du 3; il devoit marcher le 6 pour s'approcher de Turin et resserrer encore M. de Savoie. Le bruit qui avoit couru qu'il avoit attaqué et pris Veillane est entièrement faux. — M. de Lauzun* partit de Paris pour Aix-la-Chapelle; on veut à Paris que son voyage soit mystérieux, mais on est fort persuadé ici qu'il ne l'est point et qu'il n'y va que pour sa santé.

* M. de Lauzun est un nom sur lequel il faut enrayer tout court si on ne veut faire un juste volume et même plus. Il suffira donc de dire ici, en passant, qu'ayant inutilement, depuis son retour, tenté toutes sortes de voies, pris toutes les diverses formes et frappé à toutes portes pour être de quelque chose, il feignit dans une santé parfaite, ce besoin des eaux d'Aix-la-Chapelle, pour y voir des étrangers considérables, lier commerce avec eux et essayer par ce moyen de se fourrer dans quelque chose, dans un temps où l'on désiroit beaucoup la paix et où l'on étoit encore délicat sur les premières démarches. Cette ressource lui manqua comme les autres, sans se lasser toujours d'en chercher.

Dimanche 13, *à Marly.* — Le roi, au sortir du conseil, dit à M. le chancelier, qui retournoit à Versailles, de faire venir M. de Pontchartrain, son fils, qui y étoit, et le roi, aussitôt après son dîner, travailla avec M. de Chamillart et fit entrer M. de Pontchartrain, qui demeura quelque temps avec eux. Après qu'il fut sorti, le roi continua de travailler avec M. de Chamillart jusqu'à cinq heures. Il se promena ensuite et fit le tour de son jardin; madame la duchesse de Bourgogne, qui avoit été entendre vêpres à Saint-Cyr, le joignit à la fin de sa promenade. Monseigneur le duc de Bourgogne communia le matin à la chapelle, et alla entendre vêpres à la paroisse. Le roi, au retour de la promenade, travailla encore avec M. de Chamillart jusqu'à neuf heures. Un peu avant que le roi rentrât de sa promenade, il reçut un billet de M. de Pontchartrain, qui étoit retourné à Versailles, où il lui mande qu'on a des lettres du 4 de [M. de Quinson, qui commande en Roussillon, qui mande que la tranchée fut ouverte devant Barcelone du 1er; cependant M. de Chamillart reçut hier une lettre de ce même M. de Quinson du 5, qui lui écrit que, par les avis qu'il a de Catalogne, la tranchée n'étoit pas encore ouverte le 2. Cinq mille révoltés du royaume de Valence ont joint les ennemis; la garnison qui est dans Barcelone est assez nombreuse, mais elle est composée de mauvaises troupes.

Lundi 14, *à Marly*. — Le roi courut le cerf l'après-dînée; madame la duchesse de Bourgogne étoit avec lui dans sa calèche; elle s'amuse les soirs après souper à faire jouer au hère le peu de dames et de courtisans qui sont ici. M. le duc d'Orléans s'en alla le matin à Paris avec une fièvre assez violente, mais on sut le soir qu'elle l'avoit quitté. — Il y a eu une grande tempête sur les côtes d'Angleterre; il y a péri quelques vaisseaux de guerre et plusieurs bâtiments marchands, et la perte est si considérable que les Anglois avouent eux-mêmes qu'elle est de plus de 300,000 livres sterling, qui monte à près de cinq millions de notre monnoie. — Il nous est arrivé quelques vaisseaux de la mer du Sud très-richement chargés; on parle de plus de douze millions, mais cela n'est pas encore bien éclairci. — Le comte de Marcilly, qui commandoit pour l'empereur dans Brisach quand monseigneur le duc de Bourgogne le prit, est entré au service des Espagnols dans le Milanois.

Mardi 15, *à Marly*. — Le roi tint conseil de finances à son ordinaire et l'après-dînée il demeura jusqu'à quatre heures chez madame de Maintenon, et puis se promena dans ses jardins jusqu'à la nuit; il les trouva en si bon état et si beaux qu'il dit qu'il n'y a plus rien à y faire. Monseigneur le duc de Bourgogne alla à Saint-Germain voir LL. MM. BB.; la reine ne se porte pas bien; cependant elle est toujours résolue à faire le voyage de Fontainebleau, et elle y viendra par eau. — M. de Bernières, à qui on vient de donner l'intendance de Dunkerque, demeurera encore intendant de l'armée de Flandre. — Les troupes des électeurs palatin et de Brandebourg, qui sont à la solde des Hollandois, avoient eu ordre de marcher en Flandre, et elles étoient déjà descendues jusqu'à Coblentz; mais le prince de Bade a si bien remontré le besoin qu'il en avoit que, MM. les États-Généraux ont consenti qu'elles retourneroient joindre ce prince, et elles doivent être arrivées dans son armée; après quoi M. de Villars lui sera fort inférieur en nombre de troupes.

Mercredi 16, *à Marly.* — Le roi tint conseil le matin à son ordinaire et travailla le soir avec M. de Chamillart. — Il arriva le matin un courrier de M. de Berwick, qui mande que, par les lettres qu'il a de Catalogne, le canon n'étoit pas encore en batterie le 6 devant Barcelone et qu'il est même encore douteux si la tranchée étoit ouverte. Deux heures après que ce courrier fut arrivé il en arriva un du roi d'Espagne, qui mande au roi la suite d'une affaire arrivée au sujet du prince de Tzerclaës, à qui S. M. C. a fait donner un siége derrière lui, ce qui ne s'étoit jamais pratiqué. Les grands prétendent que personne ne doit être assis entre le roi et eux, et ne veulent plus se trouver en lieu où le roi d'Espagne fera asseoir son capitaine des gardes. Cela a fait un grand bruit à Madrid; on savoit cette affaire-là ici il y a quelques jours, et il a paru que le roi n'approuvoit pas cette nouveauté-là*. On a appris par ce même courrier que le vice-roi de Catalogne ne craignoit rien pour Barcelone; il se croit assuré de la fidélité des habitants, dont plusieurs des plus considérables lui ont apporté leur argent, le priant même de s'en servir pour aider à lever des

27.

troupes dans la ville en cas qu'il en eût besoin. Tout y paroît tranquille, les boutiques ouvertes comme en pleine paix, et il assure que rien ne manque dans la place. — Il arriva le soir un courrier de M. de la Feuillade **, parti le 12; il est devant Turin du 6. Il y a quatre-vingts pièces de canon de batterie et vingt-six pièces pour tirer à ricochet, quarante mortiers, près de onze cents milliers de poudre. Il y aura soixante bataillons et soixante-dix escadrons, mais tout n'est pas encore arrivé. Il fait travailler aux lignes de circonvallation depuis le haut du Pô jusqu'à la Douere, et depuis la Douere jusqu'au bas du Pô. Il a eu ordre du roi de faire offrir à M. de Savoie des passe-ports pour mesdames les duchesses de Savoie et pour les princes ses enfants; madame la duchesse de Savoie, sa femme, est grosse de six mois. — Madame la Duchesse accoucha le matin à Paris d'une fille; elle a deux garçons; cette princesse ici est sa sixième fille et s'appellera mademoiselle de Gex.

*Cette querelle dans la cour d'Espagne mérite d'être expliquée un peu au long. La garde des rois d'Espagne jusqu'à Philippe V ne consistoit qu'en deux compagnies, l'une intérieure à pied, de hallebardiers, dont le service et les fonctions répondent entièrement à celles des Cent-Suisses de la garde du roi. C'est la plus ancienne garde des rois d'Espagne, qui subsiste aujourd'hui telle qu'elle a été toujours. Le capitaine peut être grand d'Espagne, et l'est d'ordinaire; quelquefois il ne l'est pas. Il n'a aucune place marquée auprès du roi ni en marchant par le palais, encore moins dehors ni en chapelle, ou en aucun autre lieu. Il est assidu au palais et à la suite de la cour, et c'est tout. Ce sont ces hallebardiers qui portent les billets chez tous les grands, par ordre non de leur capitaine, mais du majordome de semaine, pour les chapelles et autres fonctions où ils ont droit de se trouver ou d'être conviés, et qui sont très-fréquentes. L'autre garde a été entièrement supprimée par Philippe V. C'étoit une cinquantaine de lanciers à cheval avec une espèce d'armure, dont une douzaine seulement, et mal montés, et fort déguenillés, suivoient le roi quand il sortoit en carrosse ou à cheval. Ils se tenoient au dehors du palais et sous le portique, tendant la main aux gens qui entroient ou sortoient. Philippe V les cassa, et il établit sa garde peu à peu sur le modèle de celle du roi son grand-père et avec les mêmes grades et les mêmes uniformes précisément. Il eut donc quatre compagnies des gardes du corps à cheval et deux régiments des gardes à pied, tous faisant le même service qu'en France, et avec le même bâton noir aux deux bouts d'ivoire qu'il introduisit en même temps. Les compagnies des gardes furent deux espagnoles, une italienne et une wallone, c'est-à-dire flamande, et les deux régiments, un espagnol, l'autre wallon, avec les chefs, les officiers et autant qu'il s'est pu les gardes et les soldats de ces nations, avec chacun leur état-major comme en France et tout le même service. Les capitaines des gardes espagnols servoient les deux premiers quartiers, l'italien le troisième et le wallon le dernier. On a depuis réformé une compagnie espagnole et les quartiers mis à quatre mois. Cela expliqué, il faut venir à ce qui y a donné lieu, qui est la séance de la chapelle. Tenir chapelle c'est toutes les fois que le roi entend la grand'messe, qui est toujours en musique et presque toujours accompagnée d'un sermon espagnol après l'Évangile. Cela arrive presque toutes les fêtes et dimanches de l'année, et, le carême, trois fois la semaine, à cause du sermon qui ne va point sans la grand'messe. Il y a fort peu de chapelles les après-dînées, et quand il y en a les séances y sont comme le matin, et elle est telle : du côté de l'Évangile, hors du sanctuaire le plus intérieur, il y a un dais, et sous ce dais un grand tapis de pied, un prie-Dieu étroit pour une seule personne, couvert d'un drap de pied, avec un carreau pour se mettre à genoux, et un autre pour l'appui du prie-Dieu, avec un fauteuil derrière. Le fauteuil, les carreaux et le drap de pied sont d'une même étoffe d'or fort riche, dont il y a de plusieurs sortes pour en changer. Ce fauteuil et ce prie-Dieu sont tournés en biais vers le coin où se lit l'Épître sur l'autel. Environ à deux toises de vide, plus bas que le prie-Dieu, mais sur même ligne et hors du tapis, est un siége ployant, de velours rouge frangé d'or, pour le majordome-major du roi, et tout joignant ce ployant et sur la même ligne un long banc couvert d'un tapis de médiocre étoffe jusqu'à terre, devant et derrière, mais qui ne traîne point, où se placent les grands d'Espagne indifféremment entre eux comme ils se trouvent ; mais nul autre que grand d'Espagne sans exception quelconque, pas même leurs fils aînés, ne se met sur ce banc, qui tient tout ce côté de la chapelle et qui contient beaucoup de places. S'il vient trop de grands pour le remplir les derniers entrés, car tous accompagnent le roi, et rarement arrive-t-on après, les derniers entrés s'en retournent et sortent de la chapelle ; s'il n'y a pas assez de grands, le bas bout reste vide. Si le majordome-major arrive après qu'on est placé, il va également se mettre sur son ployant ; s'il est absent, quand ce seroit hors du royaume, le ployant est toujours en sa place, et demeure vide, personne ne pouvant s'y mettre que lui. Ce ployant et le banc des grands n'est point en biais comme le fauteuil et le prie-Dieu du roi, mais parallèle à la muraille, entre laquelle et ce banc est un espace de vide, où les gens de qualité qui ne sont pas grands et les officiers des gardes en quartier sont debout, sans aucun banc. Cette position entendue, on voit qu'il n'y a point de place pour le capitaine des gardes en quartier derrière le roi, comme partout ailleurs; pour y remédier, le roi fit mettre un petit banc ou tabouret allongé pour avoir l'air d'un banc en potence et reculé entre son fauteuil et le ployant du majordome-major pour le capitaine des gardes, et c'est ce qui fit tout le bruit. Les grands se plaignirent de deux choses: l'une, qu'on donnoit un *banquillo* ou petit banc au capitaine des gardes en quartier comme tel, dans un lieu où eux seuls avoient droit d'être assis; l'autre, que non-seulement on donnoit ce droit au capitaine des gardes, mais que, sous prétexte d'être auprès du roi, on le plaçoit au-dessus du banc des grands et du ployant du majordome-major. Cela fit un grand vacarme. Le roi crut les apaiser en faisant grand d'Espagne le prince de Tzerclaës, capitaine des gardes en quartier, revenu de l'armée, sur lequel le bruit étoit arrivé, et lui donnant ainsi le droit d'être assis à la chapelle; mais les grands objectèrent que ce n'étoit pas comme grand qu'il étoit en cette séance, mais comme capitaine des gardes, dont la charge demeuroit en possession et de s'asseoir et de l'être au-dessus d'eux, et on verra que deux capitaines des gardes, tous deux grands d'Espagne, remirent leurs charges. Enfin, après bien des mouvements, il fut convenu que jamais il n'y auroit de capitaine des gardes qui ne fût grand, et que le roi promit de ne donner pas une de ces charges à aucun qui ne le fût, et cela à cause du droit de s'asseoir; et, quant à la séance, que le banquillo du capitaine des gardes en quartier seroit reculé derrière, entre le ployant du majordome-major et la tête du banc des grands, tenant de l'un et de l'autre, un peu éloigné d'eux et personne entre, non plus simplement en potence à demi, mais tout à fait en face de l'autel, c'est-à-dire de la face où est l'autel, un bout du banquillo vers les grands, et l'autre bout à la muraille, moyennant quoi le capitaine des gardes, quoique le plus loin du roi qu'il se peut en cette place, n'avoit rien entre deux, étoit moins proche et moins avancé que le ployant du majordome-major, ni presque que la tête du banc des grands et encore par la contrainte du lieu, et toutefois se trouvoit couvert et caché derrière eux de toute la chapelle, en sorte qu'on ne le pouvoit apercevoir que de vis-à-vis du majordome-major avec peine derrière, ou à découvert de plus haut vers l'autel. Ainsi le roi conserva une place à son capitaine des gardes en quartier, et les grands, ne pouvant empêcher, se contentèrent qu'elle fût ajustée de la sorte. A l'autre bout du tapis du roi, vers l'autel, est un aumônier en quartier, qui est toujours debout ou à genoux. Entre le coin de l'autel, du côté de l'Évangile et la muraille, un banc nu pour les évêques, quand il y en a, ce qui est fort rare qu'il s'en trouve à la cour. Ils sont assis le visage tourné à la chapelle, comme le prêtre au *Dominus vobiscum*, et le dos appuyé au mur du côté de l'Épître. Tout près de l'autel est un banc pour les célébrants; au-dessus la crédence pour le service de l'autel; vis-à-vis du roi un fauteuil ancien, tout droit, garni au dos et au siége de velours rouge sans frange, cloué au bord de gros clous de cuivre et tout le bas du dos à jour, les bras droits de bois non garnis ni dorés, les pieds de même; devant un petit banc d'un pied et demi de haut, couvert comme celui des grands, mais de velours rouge, et au bas en dedans, un carreau uni de velours rouge. C'est la place du patriarche des Indes, s'il est cardinal, et s'il y a plusieurs cardinaux, on ajoute des fauteuils et des carreaux et le petit banc s'allonge. Derrière le fauteuil, son aumônier, qui ne le suit point quand il va dire l'*Introït* auprès du prie-Dieu du roi, et le *Credo*, ni quand il va lui donner la paix, le livre de l'Évangile à baiser, l'eau bénite et l'encens. En toutes ces fonctions il est accompagné de quatre majordomes du roi, et salue les grands allant et venant après les ambassadeurs. Ces quatre majordomes sont, ou tous ou presque tous, gens de la première qualité, mais ni grands, ni fils aînés de grands, et montent de là à tout fort souvent. Ils sont debout sans banc derrière eux entre le fauteuil du cardinal et le banc des ambassadeurs de chapelle. Ces ambassadeurs sont ceux des têtes couronnées catholiques qui ont fait leur entrée; leur banc est court, parce qu'ils sont peu, et pareil à celui des grands, couvert de même sans carreau comme eux; mais ils ont devant eux un petit banc bas pareil à celui du cardinal, mais couvert comme le banc où ils sont assis. Le nonce est au premier de ce banc des ambassadeurs, et sans nulle distinction d'eux. Ce banc est vis-à-vis l'espace vide au-dessus du majordome-major et vis-à-vis sa place; il n'y a qu'un petit passage à passer un homme entre le bas bout du banc des ambassadeurs et la chaire du prédicateur, qui est collée à la muraille, et de la chaire en bas de la chapelle un banc pour tous les prédicateurs, aumôniers et gens d'Église du palais; il est nu, et ils s'y asseyent; derrière eux le commun debout. Au fond de la chapelle est un vitrage de glace de toute sa largeur, et de plain-pied derrière une grande tribune ou pièce, où l'on entre de l'intérieur des cabinets, où la reine entend la grand'messe avec ses dames et les petits infants, et où le roi et elle entendent la messe basse et communient à un autel qui est dans cette pièce. Ainsi on n'entre dans la chapelle que par le côté joignant ce vitrage, qui a joignant une petite porte par où la reine sort pour les processions et rentre après. Le patriarche des Indes lui va porter l'encens et l'eau bénite après le roi. Le prince des Asturies a un fauteuil, un prie-Dieu, un drap de pied, un carreau pour s'agenouiller au-dessous de celui du roi, joignant presque et tournés de même en biais, d'étoffe moins précieuse et qui se change aussi; point de carreau sur l'appui du prie-Dieu; et reçoit après le roi les mêmes honneurs du patriarche des Indes, à qui, bien que cardinal, il ne fait pas pour les recevoir plus de civilités que le roi, et cette civilité est presque imperceptible.

** Qui l'auroit cru après ce qui a été mis en addition (1) à côté du mariage de la Feuillade? Le roi, qui en détourna Chamillart et qui lui déclara si nettement qu'il ne feroit jamais rien pour lui, se laissa aller à y consentir, et presque en même temps à tous les rapides degrés par lesquels ce ministre, alors si accrédité, porta ce nouveau gendre, en moins de deux ans, de l'état de colonel réformé à celui de général en chef d'une petite armée. Non content de cette complaisance pour Chamillart, lui-même lui proposa ce que le ministre n'eût jamais osé; ce fut de faire faire le siége de Turin par la Feuillade. La modestie de Chamillart s'y opposa; peut-être avoit-il conservé un reste de jugement sur ce gendre si bien-aimé, qu'il craignit de le commettre à une expédition si importante; mais le roi, qui lui vouloit faire sa cour, y persista si résolûment qu'il fallut bien obéir, pour le malheur du roi et du royaume. Le roi dit qu'il se trouvoit si mal ou si médiocrement des généraux arrivés tard à ce comble qu'il vouloit essayer des jeunes gens; mais s'il jugea de tous par celui-ci, il tomba dans une erreur bien étrange. La Feuillade, enivré de soi-même, ne voulut croire personne, se fit haïr de son armée, quoiqu'il y fût le dispensateur des grâces et qu'il y abondât de tout, et se méprit de confiance et d'opiniâtreté de bout en bout. Vauban, qui l'avoit prévu et qui fut consulté, fit un acte de grande vertu : il sentit l'importance du succès et l'impossibilité de réduire la Feuillade à une autre manière d'attaque par dépêche que celle qu'il faisoit et qui entraînoit nécessairement le blâme et ne pouvoit avancer l'affaire, proposa au roi d'y aller remédier et de laisser son bâton derrière la porte; ce furent ses paroles qu'il n'étoit pas juste qu'il l'eût reçu pour qu'il le rendît inutile. Il en pressa vivement le roi, qu'il n'y put jamais résoudre; jaloux à la fin de son choix qu'il vouloit soutenir et embarrassé de faire cette peine à son ministre, à qui il avoit voulu plaire par cet endroit si sensible, et encore plus de montrer sa foiblesse à toute l'Europe en acceptant l'offre de Vauban, de ne l'employer que d'ingénieur étant maréchal de France; il falloit que la Feuillade se trouvât bien à bout pour envoyer ici à la consultation; et il falloit être bien enivré de lui pour ne l'en croire pas au moins à ce trait, et continuer à se livrer à son ignorance et à sa présomption, qui perdirent l'Italie.

---

1) Tome VIII, page 237.

Jeudi 17, *à Marly.* — Le roi alla courre le cerf l'après-dînée; madame la duchesse de Bourgogne étoit dans sa calèche. S. M. reçoit tous les jours des lettres de monseigneur le Dauphin, qui se plaît fort à Fontainebleau. — Il arriva le matin un courrier de M. de Vendôme, qui est toujours dans le camp de Rivolta; le prince Eugène est toujours entre Treviglio et Caravaggio; il ne lui est arrivé aucun secours, et il n'y a point même de troupes en marche ni dans le Trentin ni dans le Tyrol pour le venir joindre. Les Vénitiens ont écrit à l'empereur, au roi et au roi d'Espagne que leur pays souffroit trop de la guerre et qu'ils seroient obligés de se déclarer contre le prince dont les troupes voudroient demeurer dans leur pays. — Quelques vaisseaux de l'escadre de M. de Coëtlogon sont allés au-devant de ceux qui nous viennent de la mer du Sud et qui apportent des sommes considérables d'argent, et que nous savons, il y a déjà quelques jours, être arrivés à un port d'Espagne.

Vendredi 18, *à Marly.* — Le roi alla l'après-dînée voir jouer à son grand mail; il y mena madame la duchesse de Bourgogne et madame de Maintenon. Monseigneur le duc de Berry, courant à Fontainebleau le cerf avec les chiens de M. le Duc, fit une fort rude chute et se blessa à l'épaule et à la jambe; mais il n'y a rien de rompu ni de démis. — Il arriva un courrier de Perpignan par lequel on apprend que sûrement la tranchée n'étoit pas ouverte devant Barcelone le 5. Le vice-roi a fait faire une sortie sur un poste avancé où il y avoit des Hollandois et des Anglois, dont on en a tué cent cinquante. On est ensuite tombé sur un autre poste gardé par les révoltés; on en a tué un assez grand nombre et pris environ cinquante, dont on en fera prompte justice. — M. Desmaretz, directeur des finances, marie une de ses filles, à qui il ne donne que 100,000 francs, au fils de M. de Bercy, maître des requêtes, prodigieusement riche.

Samedi 19, *à Marly.* — Le roi tint le matin conseil de

finances à son ordinaire et l'après-dînée il courut le cerf; madame la duchesse de Bourgogne étoit dans sa calèche avec lui. — Il arriva hier au soir deux courriers de Flandre, un de l'électeur de Bavière et l'autre du maréchal de Villeroy. Celui de l'électeur vient pour les affaires particulières de son maître. Le maréchal de Villeroy mande que les ennemis abandonnent Tirlemont; ils en ont fait enlever toutes les palissades, qu'ils font porter à Saint-Tron et à Tongres, qu'ils font fortifier. Par toutes les lettres qu'on a de ce pays-là et de l'aveu même des ennemis ils ont perdu de maladie ou de désertion, depuis qu'ils sont entrés dans les lignes, quinze mille hommes. M. le maréchal de Villars, se sentant fort inférieur au prince de Bade, à qui il est arrivé beaucoup de troupes, a été obligé de quitter son camp de Bischweiler et de se rapprocher de Strasbourg, et nous craignons présentement que le prince de Bade n'attaque Haguenau et peut-être ensuite le fort Louis.

Dimanche 20, à Marly. — Le roi, au sortir du conseil, dit aux ministres qu'il tiendroit conseil jeudi matin à Fontainebleau; ainsi ils n'auront pas loisir d'aller à leurs maisons de campagne. L'après-dînée S. M. alla à Saint-Germain; quoique la reine d'Angleterre ne se porte pas bien, elle ne laissera pas de venir à Fontainebleau par complaisance pour le roi son fils et la princesse sa fille. — Il arriva un courrier de M. de Vendôme parti du 14 du camp de Rivolta. M. de Vendôme a la fièvre tierce; mais son dernier accès avoit retardé de beaucoup et avoit été fort foible. M. le grand prieur est parti du 13 pour revenir en France. Le prince Eugène fait toujours courir le bruit qu'il tentera le passage de l'Adda; il veut tâcher à donner quelques espérances de secours à M. de Savoie, et il craint qu'il ne traite avec le roi. — Le marché du duché de Montfort (1) est conclu à 1,130,000 francs.

---

(1) Cet article n'est pas exact. M. le comte de Toulouse n'acheta ni Mont-

M. le comte de Toulouse et M. de Chevreuse étoient convenus du denier vingt-cinq, et les arbitres ont estimé la terre 45,000 livres de rente, et il y a eu un petit article de 5 ou 6,000 livres une fois payé.

Lundi 21, *à Marly*. — Le roi alla tirer l'après-dînée et travailla le soir chez madame de Maintenon avec M. Pelletier. Monseigneur le duc de Bourgogne alla à vêpres à la paroisse. Madame la duchesse de Bourgogne alla à Saint-Germain voir la reine d'Angleterre. — Il arriva le soir un courrier de M. le comte de Toulouse, les lettres sont de Toulon du 16. Il étoit revenu de son voyage d'Antibes, où il a visité les bords du Var. Il reçut le 14 du mois des ordres de la cour pour achever incessamment l'armement des vaisseaux, afin d'être en état de profiter des occasions qui se pourroient présenter en cas que les ennemis séparassent leurs vaisseaux; il retranche quatre vaisseaux de son armement pour rendre complets les équipages des autres, qui sans cela ne l'auroient pu être. — Les régiments de dragons de Fimarcon et de Pezeu vont joindre M. de la Feuillade; celui de Pezeu étoit en Languedoc, et on y envoie en sa place celui de la Lande, que la Lande acheta il y a deux mois de Verceil, enseigne des gardes du corps, et dont il lui donna 61,000 francs argent comptant. La Lande est fils de la Lande, lieutenant général, qui sert en Languedoc.

Mardi 22, *à Sceaux*. — Le roi partit à trois heures de Marly pour venir ici; il avoit dans son carrosse madame la duchesse de Bourgogne, Madame, madame la duchesse d'Orléans et la duchesse du Lude; il n'y avoit personne à la portière de son côté. Il passa dans la cour de Versailles sans s'y arrêter et arriva ici d'assez bonne heure pour se promener dans les jardins. Il y eut le soir deux

---

fort ni le duché. Il acheta la forêt, qui s'est depuis nommée la forêt de Saint-Léger, 850,000 livres. Montfort n'a jamais été que comté. Il étoit depuis 1692 réuni au duché de Chevreuse. (*Note du duc de Luynes.*)

tables de douze couverts, où le roi mangea avec les dames qui avoient suivi madame la duchesse de Bourgogne et celles qui y étoient avec madame la duchesse du Maine. Il y eut avant souper un petit concert chez madame de Maintenon, de Vizée, Descoteaux et Forcroy. Pendant la musique madame la duchesse de Bourgogne jouoit au lansquenet dans l'antichambre, et on avoit laissé la porte de la chambre de madame de Maintenon ouverte afin que les dames pussent entendre la musique. Madame de Maintenon soupoit dans la ruelle de son lit avec mesdames d'Heudicourt et de Dangeau, qui font le voyage avec elle. Monseigneur le duc de Bourgogne partit à la pointe du jour de Marly en chaise de poste pour aller droit à Fontainebleau et courre le loup avec Monseigneur.
— M. de Torcy arriva à Sceaux à la promenade du roi, et lui apporta des lettres du roi d'Espagne, à qui le vice-roi de Catalogne a écrit de Barcelone du 5. Il lui mande qu'on ne doit point avoir d'inquiétude sur ce siége, qu'on a tort de craindre qu'il manque de vivres, qu'il en a pour six mois, qu'il a de l'eau en abondance, qu'on ne lui sauroit ôter, que sa garnison est très-nombreuse, très-bonne, qu'il en est très-content. — Le soir, à son coucher, le roi reçut un paquet de M. de Pontchartrain dont on ne nous parla point et qui n'est apparemment qu'un détail de l'armement de M. le comte de Toulouse.
— Le roi d'Espagne a résolu de ne se point relâcher sur la place qu'il a donnée à son capitaine des gardes du corps; mais les grands continuent aussi à ne se vouloir point trouver à la chapelle. S. M. C. avoit ôté les charges à deux de ses capitaines des gardes du corps qui n'avoient point voulu se trouver à la chapelle, quoiqu'il semblât que c'étoit leur intérêt ayant cette charge-là; mais ils aimèrent mieux soutenir les prétendus droits des grands. Ces deux capitaines étoient le duc de Sessa et le comte de Lemos; leurs charges furent données au duc d'Ossone et au comte d'Aguilar, qui n'ont pas mieux fait

que les autres, procédé dont le roi d'Espagne est fort piqué, et il veut être obéi. Il a écrit au roi pour le prier de ne lui pas conseiller de se relâcher là-dessus.

Mercredi 23, *à Fontainebleau.* — Le roi, à son réveil à Sceaux, reçut un paquet de M. de Chamillart dont il ne parla point à son lever. A dix heures du matin il monta en carrosse; il avoit passé auparavant chez madame de Maintenon, qui ne partit qu'un moment avant le roi. Il dîna au Plessis et arriva ici à quatre heures après midi. Nous apprîmes en arrivant qu'on avoit trouvé hier sur le chemin M. de Dreux allant à Paris, qui n'avoit point voulu se nommer sur la route, et le soir, sur les huit heures, le roi étant chez madame de Maintenon, M. de Chamillart y entra suivi de M. de Dreux, dont le voyage ici fait faire beaucoup de raisonnements. Les uns prétendent que ce sont des difficultés sur le siége de Turin, auquel M. de la Feuillade prie le roi de remédier, et il attendra la réponse et les ordres de S. M. avant que de s'y embarquer; les spéculatifs prétendent que ce sont des propositions faites par M. de Savoie pour gagner les bonnes grâces du roi. — M. Rouillé, envoyé du roi auprès de M. de Bavière, repartit samedi de Paris pour retourner auprès de cet électeur; on avoit cru qu'il demeureroit quelques jours de plus en ce pays-ci. — M. de Savoie avoit voulu faire sauter un des magasins à poudre de Chivas; mais celui à qui il s'étoit adressé pour cela en est venu donner avis au commandant.

Jeudi 24, *à Fontainebleau.* — Le roi, avant que d'entrer au conseil, donna audience à l'envoyé de Lorraine, qui donna part de la mort du prince Joseph. M. de Lorraine avoit eu sur cela une conduite dont le roi étoit content; car il avoit fait dire par son ministre à M. de Torcy que, quelque envie qu'il eût de faire part de tout ce qui le regarde au roi, il n'osoit lui parler d'un frère mort dans l'armée des ennemis. Le roi lui fit dire qu'il lui savoit bon gré de son attention et qu'il pouvoit lui venir donner part dès qu'il seroit arrivé à Fontainebleau, et ce matin, à la fin de l'audience, le roi lui a dit qu'il en étoit fâché pour bien des raisons, et que M. de Lorraine l'entendoit. Le roi en prendra le deuil demain. — Le roi courut le cerf l'après-dînée; madame la duchesse de Bourgogne étoit avec lui dans sa calèche. Le soir il y eut comédie. Le roi, à sept heures, travailla chez madame de Maintenon avec M. de Chamillart, M. de Dreux et le maréchal de Vauban, qu'on avoit fait venir de Paris. Cela a fort changé les raisonnements que les courtisans faisoient hier. — M. le grand prieur (1) est arrivé à Clichy auprès de Paris, où il a une petite maison; il a écrit au roi que, puisqu'il est assez malheureux pour lui avoir déplu, il ne prendroit point la liberté de lui demander aucune grâce ni même de se présenter devant lui.

Vendredi 25, *à Fontainebleau.* — Le roi alla tirer l'après-dînée, et trouva beaucoup de gibier ici. Monseigneur se promena en carrosse et à pied. Messeigneurs les ducs de Bourgogne et de Berry allèrent tirer des sangliers. M. de Dreux prit congé du roi pour retourner à l'armée de M. de la Feuillade, et on croit que le siège de Turin sera différé. M. de Vauban est persuadé qu'on ne le doit faire qu'en prenant les Capucins. — Il arriva des lettres de Barcelone, et le roi dit à son souper que les ennemis avoient attaqué le 16 des ouvrages nouveaux qu'avoit fait faire le vice-roi à la tête du mont Jouy; qu'ils les avoient emportés après une longue résistance; qu'ils y avoient perdu huit cents hommes, et que le prince de Darmstadt* sûrement y avoit été tué, ce qui déconcerteroit fort les affaires de l'archiduc en ce pays-là. — Le roi a envoyé le congé à M. le comte de Toulouse; il arrivera ici la semaine qui vient; cependant on assure que l'ar-

---

(1) On n'avoit point été content de lui à Cassano, et on prétend qu'un peu plus de vigilance de sa part auroit assuré la déroute entière des Impériaux. (*Note du duc de Luynes.*)

mement de nos vaisseaux continue à Toulon. — Le roi donne au comte de Horn, lieutenant général qui fut pris en Flandre à l'entrée de nos lignes, 1,000 francs par mois pendant qu'il sera prisonnier; il a outre cela une ancienne pension de 2,000 écus.

* Ce prince de Darmstadt est le même que la cour impériale envoya à Madrid sur la fin du règne de Charles II, avec ordre de se mettre assez bien avec la reine pour qu'elle eût un enfant. Il fut admis à tout. Le roi d'Espagne le fit grand d'Espagne à vie, pour s'en pouvoir servir dans les premiers emplois. On prétend qu'il les eut aussi auprès de la reine, qui étoit palatine et gouvernée par les intérêts de l'empereur Léopold, son beau-frère, et que ce ne fut la faute de personne si Charles II mourut sans héritiers. Il fut fait grand, parce que nul prince étranger n'y a le moindre rang; ainsi, pour leur en donner quand on s'en veut servir et les garder, on les fait grands à vie.

Samedi 26, *à Fontainebleau.* — Le roi travailla après la messe avec M. de Pontchartrain, et alla courre le cerf l'après-dînée avec les chiens de M. le comte de Toulouse; madame la duchesse de Bourgogne étoit avec lui dans sa calèche. Il partit d'ici à une heure et demie et n'arriva qu'à sept heures. Monseigneur courut le loup dès le matin dans Champagne, revint de bonne heure de la chasse, soupa chez madame la princesse de Conty et alla à la comédie. Le roi quitta hier le deuil en violet qu'il portoit pour la mort de l'empereur, et le prit en noir pour la mort du prince Joseph de Lorraine. — On croyoit l'affaire de M. de Surville avec M. de la Barre finie; mais M. de la Barre s'étant plaint d'avoir été touché, on a cru qu'il falloit une plus grande punition à M. de Surville, et on l'a envoyé à Arras, lui donnant la ville pour prison jusqu'à la fin de la campagne, après laquelle le roi veut bien se donner la peine de prendre lui-même connoissance de ce procédé, en faire faire justice à l'offensé et empêcher que cette affaire puisse jamais avoir aucune suite. Il n'y a guère d'exemple de roi qui ait voulu se donner la peine de faire de pareils accommodements.

Dimanche 27, *à Fontainebleau.* — Le roi sortit à midi

du conseil, dîna bientôt après et puis alla tirer. Monseigneur se promena en carrosse dans la forêt. Madame la duchesse de Bourgogne dîna chez madame la duchesse du Lude, alla se promener sur les terrasses du Tibre à cinq heures, et puis entendit le salut avec monseigneur le duc de Bourgogne. Le roi, après sa chasse, travailla chez madame de Maintenon avec M. de Chamillart, comme il fait tous les dimanches. — Un courrier de M. le comte de Toulouse, parti de Marseille du 22, assure que ce prince devoit partir deux jours après pour venir ici ; il y a un postscript dans une lettre du maréchal de Coeuvres de même date qui marque qu'il vient d'arriver dans le port deux barques venant des côtes de Catalogne, dont les patrons assurent que les troupes qui avoient débarqué devant Barcelone se rembarquoient, et les lettres de Perpignan du 18 portent que l'archiduc avoit fait arrêter le général anglois qui vouloit faire rembarquer les troupes, sur le peu d'espérance qu'il y avoit de réussir au siége. Il n'y a nulle certitude de tous ces avis-là. — Le prince de Bade, qui est fort supérieur à M. de Villars, attaque Drusenheim ; celui qui y commande, qui est un officier d'infanterie, se défend très-bien et leur a tué assez de monde.

Lundi 28, *à Fontainebleau.* — Le roi travailla le matin avec M. Pelletier, et courut le cerf l'après-dînée ; madame la duchesse de Bourgogne étoit dans sa calèche ; Monseigneur et messeigneurs ses enfants étoient à la chasse. Le soir il y eut comédie ; madame la duchesse de Bourgogne n'y alla point, parce qu'elle fit un retour de chasse chez madame de Maintenon avec monseigneur le duc de Berry ; ils parurent seulement dans la tribune sur la fin de la pièce. Le roi travailla le soir avec M. de Chamillart. — Il arriva l'après-dînée un courrier de M. de Villars, qui mande que Drusenheim se rendit le 24 ; celui qui y commandoit, qui est un capitaine de grenadiers du régiment Dauphin, nommé....................., a tenu sept jours avec deux cents hommes, et on ne croyoit pas qu'il pût se défendre deux jours. Il est encore arrivé quatre mille hommes de troupes de Saxe au prince de Bade. — Il arriva le soir un courrier du maréchal de Tessé, qui est à Cacerès avec douze bataillons françois. L'infanterie espagnole est mal recrutée; mais il y a cinquante beaux escadrons. Les ennemis sont sous Elvas et n'entreprennent rien; il paroît qu'ils ne sont pas bien d'accord entre eux.

Mardi 29, *à Fontainebleau*. — Le roi, après le conseil de finance, travailla encore avec M. de Chamillart; il alla tirer l'après-dînée, et au retour de la chasse donna une assez longue audience à M. de Vauban dans son cabinet; ce maréchal s'étoit offert, dès le jour que le roi arriva ici et qu'il fut question du siége de Turin, de s'y en aller, et, après avoir donné ses conseils, de se retirer à deux lieues de l'armée, ne demandant point à commander au siége en cas qu'on le fît, et croyant y pouvoir être utile pour le service. — Les mécontents de Hongrie sont venus jusqu'au pont de Vienne, et l'empereur, qui devoit aller à la chasse ce jour-là, n'osa sortir de la ville; leurs troupes grossissent tous les jours. — M. de Senneterre prit congé du roi pour retourner à l'armée de M. de Vendôme; c'est lui qui avoit apporté la nouvelle du combat de Cassano; le roi lui a fait donner 8,000 francs pour son voyage. — Par la mort de M. de Bournonville*, il y a une sous-lieutenance vacante dans les gendarmes du roi; le prince Maximilien (1), qui étoit premier enseigne, monte à cette sous-lieutenance; Arbouville, qui étoit premier guidon, montera à la dernière enseigne; il y aura un guidon vacant, qu'on croit que le roi donnera à vendre aux enfants de M. de Bournonville, mais il n'y a rien encore de déclaré là-dessus.

---

(1) De Rohan.

* Ce prince de Bournonville étoit fils et petit-fils de gens qui avoient figuré par la maison d'Autriche ; lui et la maréchale de Noailles étoient enfants des deux frères et fort en liaison ; ses biens de Flandre l'avoient attaché à la France, y ayant son oncle et ayant perdu son père fort jeune. Il avoit épousé une sœur, du second lit, du duc de Chevreuse. Il avoit de l'esprit, de l'honneur et de la valeur, mais tout cela étoit tourné en petit et à gauche ; aussi ne fit-il aucune fortune. Il n'avoit aucun rang ni honneurs, et n'étoit point grand d'Espagne. Il laissa un fils et deux filles, et leur mère étoit déjà morte. La fille aînée fut nourrie par la maréchale de Noailles, qui la maria au duc de Duras ; la seconde, fort différente de sa sœur en figure, en monde et en biens, épousa l'aîné de la maison de Mailly, homme fort obscur, et le fils la seconde fille du duc de Guiche, depuis maréchal de Gramont. Il étoit déjà attaqué d'une maladie bizarre de nerfs, qui lui fit longtemps courir toutes les eaux du royaume, qui le rendit paralytique et qui le tua à la fin sans avoir jamais été le mari de sa femme, qui, aussitôt après sa mort, se remaria au duc de Ruffec, fils aîné du duc de Saint-Simon.

Mercredi 30, *à Fontainebleau*. — Le roi courut le cerf l'après-dînée avec les chiens de M. le duc du Maine ; Monseigneur et messeigneurs ses enfants étoient à la chasse ; madame la duchesse de Bourgogne étoit avec le roi dans sa calèche. Madame suit toujours le roi dans une calèche séparée, et le capitaine des gardes en quartier suit, dans sa calèche, la calèche de Madame. Les capitaines des gardes du corps, n'ayant pas tous une trop bonne santé, ont pris l'habitude de n'aller à ces chasses-là qu'en calèche, et ils croient même qu'ils devoient suivre immédiatement la calèche du roi ; mais le roi a réglé, il y a déjà quelque temps, que la calèche de Madame seroit entre la sienne et la leur. Sur le midi, avant que le roi sortît du conseil, M. le comte de Toulouse arriva. Le roi le fit entrer, fit finir le conseil et fut quelque temps enfermé dans son cabinet avec lui. On a appris par lui que d'Usson* étoit mort à Marseille ; il étoit lieutenant général ; il commandoit dans le comté de Nice et à Villefranche ; il avoit 18,000 francs pour cet emploi. Il avoit le cordon rouge et une pension du roi ; il étoit frère cadet de Bonrepaux.

*Ce d'Usson avoit une figure de Sancho Pança, beaucoup d'esprit et de valeur, avoit de bonnes parties de guerre, que ses vanteries gâtoient quelquefois ; mais, à tout prendre, il avoit souvent très-utilement servi, et ce fut une perte.

Jeudi 1ᵉʳ octobre, à Fontainebleau. — Le roi dîna de bonne heure et alla courre le cerf ; madame la duchesse de Bourgogne étoit avec lui dans sa calèche. Il revint fort tard de la chasse, parce qu'il courut deux cerfs. Le roi d'Angleterre arriva ici en chaise de poste sur les six heures ; il a laissé la reine sa mère en meilleure santé. La princesse, pour l'amour de qui elle venoit ici, l'a tant priée de n'y point venir dans la crainte que le voyage n'augmentât son mal, qu'elle s'est rendue à ses prières ; la princesse d'Angleterre a fait cela le plus joliment du monde, car elle a préféré la santé de la reine à toute l'envie qu'elle avoit de venir ici. — Les ennemis en Flandre étoient campés le 29 à Herentals ; leurs déserteurs disent qu'ils doivent aller camper le lendemain à Turnhout et là se séparer pour se mettre en quartier. Marlborough se plaint de trois généraux hollandois, Salis, Tilly et Flangembourg, et eux se plaignent fort de lui aussi. — Toutes les lettres que les particuliers reçoivent de Roussillon et de Catalogne nous donnent de l'inquiétude sur Barcelone, et l'on commence à dire que les ennemis ont pris le Mont-Jouy. — M. d'Odyk, que nous avons vu ici ambassadeur de Hollande, est mort ; il étoit frère de M. d'Owerkerke et avoit eu grand crédit dans son pays du temps du roi Guillaume.

Vendredi 2, à Fontainebleau. — Le roi alla tirer l'après-dînée et mena avec lui le roi d'Angleterre. Monseigneur alla courre le loup dès le matin ; monseigneur le duc de Berry étoit à la chasse avec lui. Le roi d'Angleterre soupera tous les soirs avec le roi et la famille royale ; il dînera avec madame la duchesse de Bourgogne, ainsi il n'y aura point de changement pour le dîner du roi. Il mangera à son petit couvert comme à l'ordinaire ; mais comme le roi d'Angleterre mange de la viande les jours maigres, il a dîné aujourd'hui dans son appartement. Le soir il y eut comédie; il y avoit six fauteuils sur la même ligne, remplis par le roi d'Angleterre, Monseigneur, monseigneur le duc de Bourgogne, madame la duchesse de Bourgogne, monseigneur le duc de Berry et Madame. — M. de Chamillart vint au lever du roi ; il fut quelque temps avec lui dans son cabinet, et le roi nous dit, en revenant de la messe, que la garnison qui étoit dans Mont-Jouy, manquant de toutes choses depuis que les ennemis avoient pris les ouvrages qui étoient entre la ville et ce château, étoit sortie l'épée à la main et s'étoit ouvert un passage pour rentrer dans Barcelone ; ils n'ont perdu à cela que dix à douze hommes; mais les ennemis sont maîtres du Mont-Jouy, d'où ils incommoderont fort la ville. — M. de Chamillart vint le soir chez madame de Maintenon, et M. de Torcy y vint deux fois.

Samedi 3, à Fontainebleau. — Le roi entend la messe à son ordinaire après son lever, et le roi d'Angleterre y va avec lui. Les autres voyages, où la reine d'Angleterre étoit ici, le roi n'entendoit la messe qu'après le conseil pour y aller avec elle. L'après-dînée les deux rois allèrent courre le cerf avec les chiens de M. le Duc. Le roi d'Angleterre revint après le premier cerf pris, parce qu'on ne veut pas qu'il coure si longtemps jusqu'à ce que sa santé soit tout à fait raffermie. Le roi courut un second cerf; madame la duchesse de Bourgogne étoit en calèche avec lui. Le roi d'Angleterre va le soir chez madame de Maintenon, où il demeure à jouer avec madame la duchesse de Bourgogne jusqu'au souper. — Viriville, qui avoit été longtemps capitaine-lieutenant dans la gendarmerie et qui avoit quitté le service par sa mauvaise santé, est mort; il avoit le petit gouvernement de Montélimart, que le roi a donné à son fils, qui est fort jeune. Viriville étoit beau-frère du maréchal de Tallard. — M. le marquis d'Alègre à qui le roi donna le régiment des Cravates à vendre après la mort de son fils, en a traité avec le marquis de Curton, mestre de camp du régiment d'Anjou; il lui donne 10,000 écus et lui laisse le régiment d'Anjou à vendre.

Dimanche 4, à Fontainebleau. — Le roi alla tirer l'après-dînée et travailla le soir avec M. de Chamillart à son ordinaire. Le roi d'Angleterre dîna chez madame la duchesse de Bourgogne avec monseigneur le duc de Bourgogne et quelques-unes des dames du palais; il y avoit trois fauteuils et celui du roi d'Angleterre au milieu. L'après-dînée ils allèrent à vêpres et puis allèrent se promener autour du canal dans le carrosse de madame la duchesse de Bourgogne et revinrent au salut; madame la duchesse de Bourgogne descendit avec le roi d'Angleterre à la chapelle. — On continue le siége de Turin; il est arrivé un courrier de M. de la Feuillade, qui croit qu'en l'attaquant par la citadelle il ne sera point nécessaire de faire la circonvallation de l'autre côté du Pô; il croit même que nos batteries verront les bastions au-dessous du cordon, ce qu'on n'avoit pas cru d'abord. Il arriva des troupes à M. de la Feuillade; la maladie qui étoit dans son infanterie est fort diminuée; il lui revient beaucoup de soldats convalescents. — On eut des nouvelles de Madrid par l'ordinaire; l'affaire des grands sur la place que le roi d'Espagne donne à son capitaine des gardes du corps paroît en train de s'accommoder. — Le roi a donné 4,000 francs de pension au chevalier de Croissy, qui n'est point échangé et qui s'en retourne en Angleterre.

Lundi 5, à Fontainebleau. — Le roi dîna de bonne heure et alla courre le cerf. Madame la duchesse de Bourgogne étoit en calèche avec lui; le roi d'Angleterre, Monseigneur et messeigneurs ses enfants étoient à la chasse. Le roi quitta le deuil qu'il avoit pris il y a quelque jours pour la mort du prince Joseph de Lorraine. — Il arriva un courrier de

M. de Vendôme. Ce prince écrit très-fortement au roi pour lui représenter de quelle importance il est de faire le siége de Turin présentement; il assure qu'il n'y a rien à craindre du côté de M. le prince Eugène, qu'il y a même moins de difficultés au siége de Turin qu'on ne le croit; que, si l'on ne fait point ce siége, presque toutes les conquêtes qu'on a faites sur M. de Savoie deviennent inutiles. La lettre de M. de Vendôme a fait plaisir ici, parce que le roi est bien aise de le pouvoir faire. — On mande de l'armée d'Alsace que le prince de Bade fait le siège de Haguenau, quoique la maladie soit grande dans son infanterie; la mortalité continue parmi notre cavalerie en ce pays-là, elle sera bientôt en aussi mauvais état que l'année passée.

Mardi 6, à Fontainebleau. — Le roi alla tirer l'après-dînée et travailla le soir avec M. le comte de Toulouse et M. de Pontchartrain. Le roi d'Angleterre alla dès le matin à la chasse du loup avec messeigneurs les ducs de Bourgogne et de Berry. Madame la duchesse de Bourgogne dîna chez madame de Mailly, et après dîner elle alla chez la maréchal de Rochefort jouer au lansquenet avec madame la duchesse d'Orléans; on y fit entrer la comtesse Gentile, femme de l'envoyé de Gênes, quoiqu'elle n'ait pas encore fait la révérence au roi. — M. de Marignane, maréchal des logis de M. de la Feuillade, arriva; il fut longtemps chez M. de Chamillart, qui garde la chambre depuis deux jours qu'il a un torticolis qui l'a obligé à se faire saigner et purger. Marignane n'a point vu le roi et repartira demain. M. de la Feuillade l'avoit envoyé à M. de Vendôme devant que de l'envoyer ici; on ne doute pas que M. de Vendôme ne persiste dans son avis et que ce ne soit celui de M. de la Feuillade. On sait même que M. de Vendôme offre d'envoyer de ses troupes, si on n'en a pas assez pour faire le siège de Turin. — Le roi a donné le cordon rouge de la marine qu'avoit de Relingue à M. de Coëtlogon, lieutenant général. La huitième partie des grands-croix, des commanderies et des pensions de l'ordre de Saint-Louis sont affectées aux officiers de la marine, et elles ne passent jamais d'un officier de mer à un officier de terre, ni d'un officier de terre à un de mer. Le roi a fait lieutenant général de la marine Harteloire, et il y avoit deux chefs d'escadre plus anciens que lui. La place de lieutenant général n'avoit pas été remplie depuis la mort de M. de Relingue. Le roi a fait trois chefs d'escadre, qui sont MM. d'Aligre, du Quesne (1) et le comte de Villars, frère du maréchal. S. M. a aussi donné à des officiers de marine deux pensions de 500 écus et quatre pensions de 1,000 francs, et [Drouard] a été fait capitaine [de vaisseau].

Mercredi 7, à Fontainebleau. — Le roi prit médecine et tint conseil l'après-dînée. M. de Chamillart n'étoit point au conseil, parce qu'il est encore incommodé. Le roi d'Angleterre dîna chez madame la duchesse de Bourgogne et alla le soir à la comédie. Madame la duchesse de Bourgogne alla jouer l'après-dînée chez madame la duchesse

---

(1) « M. du Quesne-Guiton a aussi été nommé chef d'escadre. Il étoit lieutenant de vaisseau dès 1669, et ne fut fait capitaine qu'après la mort de M. du Quesne, lieutenant général, son oncle, arrivée en 1688. La confiance qu'il avoit en son neveu, qu'il obtenoit toujours pour lieutenant sur son bord dans toutes les campagnes, l'empêchoit de travailler à son avancement. Le roi lui donna, en 1689, le commandement d'une escadre de six vaisseaux de 54 à 72 canons pour aller aux Indes orientales. Il s'acquit beaucoup de gloire dans cette expédition, surtout devant Pondichéry, sur la côte de Coromandel, où il combattit une escadre de dix ou douze vaisseaux de guerre hollandois. Il leur prit au cap de Comorin une flûte qui alloit à Batavia, richement chargée, et ramena à Brest, l'année suivante, son escadre en très-bon état, avec les vaisseaux de la compagnie. Feu son père, frère du lieutenant général, étoit capitaine de vaisseau du roi, et avoit épousé la fille de M. Guiton, qui eut l'honneur, comme maire de la Rochelle, d'en présenter les clefs au feu roi Louis XIII lorsque Sa Majesté la soumit à son obéissance. Ainsi c'est par le côté de sa mère, et pour le distinguer de ceux de son nom, qu'on le surnomme *du Quesne-Guiton*, comme on surnomme *du Quesne-Mosnier*, à cause de sa mère, son cousin germain, que le roi vient de gratifier de l'augmentation de ses appointements jusqu'à 200 livres par mois et qui est fils d'un capitaine de vaisseau, cadet des trois frères qu'avoit feu M. du Quesne, lieutenant général, qui tous trois ont été capitaines de vaisseau. » (*Mercure* d'octobre, pages 247 à 251.)

d'Orléans, où il y a un jeu de lansquenet établi. Monseigneur le duc de Berry courut le cerf avec les chiens de M. le comte de Toulouse. — Toutes les nouvelles d'Allemagne portent que le comte de Rabutin a été obligé d'abandonner la Transylvanie avec deux ou trois mille hommes qui lui restoient, que le prince Ragotski est entièrement maître de tout le pays, et qu'un autre corps de mécontents a coupé le général Herbeville et lui ôte tout commerce avec Vienne. L'empereur, pressé, a envoyé un courrier au prince de Bade pour lui ordonner de faire un gros détachement de son armée et d'envoyer incessamment vingt mille hommes en Hongrie. — L'ordinaire de Madrid arriva, et on apprit qu'il y avoit quelques grands qui avoient assisté à la chapelle et que le roi d'Espagne a donné au connétable de Castille la charge de majordomo major, vacante par la mort du marquis de Villa-Franca. Le roi avoit fait des recommandations assez fortes au roi d'Espagne pour qu'il donnât cet emploi au duc d'Albe, dont on est fort content ici.

Jeudi 8, à Fontainebleau. — Le roi passa assez mal la nuit; la médecine qu'il avoit prise hier le tourmenta jusqu'à huit heures du matin. Il entendit la messe dans son lit et s'endormit ensuite jusqu'à midi. Il se leva pour dîner et passa ensuite chez madame de Maintenon, et y travailla avec M. de Chamillart, qui se porte mieux. Le roi d'Angleterre, monseigneur et messeigneurs ses enfants allèrent courre le cerf, et le soir le roi d'Angleterre, messeigneurs les ducs de Bourgogne et de Berry allèrent souper chez M. de la Rochefoucauld. — Le prince d'Hanovre, qu'on appelle le prince électoral, a épousé la princesse d'Anspach, sœur des deux princes que nous avons vus ici et dont l'aîné fut tué dans le haut Palatinat il y a deux ans. — Le roi a donné commission de mestre de camp réformé à M. de Bonnac, son envoyé en Suède; il en aura les appointements comme s'il servoit à l'armée, et on lui donne le rang d'ancienneté, du jour qu'il fut fait colonel dans les troupes de Wolfenbuttel, dans le temps que M. d'Usson étoit en ce pays-là. — Les grands d'Espagne qui se sont trouvés à la chapelle sont le marquis de Castel-Rodrigo, le duc d'Ossone, le comte d'Aguilar père, qu'on nomme le marquis de Frigillana, le duc d'Havré le duc de Saint-Pierre et le marquis de Castromonte. Le connétable de Castille, en acceptant la charge de majordomo major, consent que tous les soirs les clefs des portes du palais seroient portées au capitaine des gardes du corps, au lieu qu'auparavant on les portoit au majordomo major.

Vendredi 9, à Fontainebleau. — Le roi passa fort bien la nuit; il a repris son train de vie ordinaire et a été cette après-dînée tirer. Le roi d'Angleterre, Monseigneur et messeigneurs ses enfants ont couru le loup ce matin et ont été le soir à la comédie. Madame la duchesse de Bourgogne, depuis quelques jours, fait entrer la duchesse d'Albe les soirs chez madame de Maintenon pour jouer avec elle. — On a eu la confirmation, par plusieurs endroits, que le comte de Rabutin avoit abandonné la Transylvanie; on ajoute même qu'il s'est retiré en Pologne avec le peu de troupes qui lui restoient. On mande aussi que l'empereur craint fort que les mécontents n'aillent à Lintz, ce qui les approcheroit fort de la Bavière, où les esprits sont fort aigris à cause des violences que l'empereur y exerce. — M. de Villars a détaché M. de Streiff, maréchal de camp, avec environ quinze cents chevaux, pour aller du côté de Fribourg; il a passé le Rhin à Kehl; on croit qu'il établira quelques contributions au delà du Rhin. Le siége de Haguenau continue; Péry, maréchal de camp qui commande dans la place, se défend très-bien; mais comme la place n'est pas bonne, on ne croit pas qu'elle puisse durer longtemps. Le prince de Bade a détaché quatre régiments de cavalerie qu'il envoie en Hongrie; l'empereur le presse pour lui envoyer un plus grand renfort.

Samedi 10, à Fontainebleau. — Le roi courut le cerf l'après-dînée avec les chiens de M. le duc du Maine; ce fut madame la duchesse du Maine qui ordonna la chasse, sans que M. du Maine s'en mêlât. La chasse fut fort belle, et on prit trois cerfs bout à bout; madame la duchesse de Bourgogne étoit avec le roi dans sa calèche. Le roi d'Angleterre avoit couru le sanglier le matin avec monseigneur le duc de Berry, et ils allèrent rejoindre le roi à la chasse du cerf; Monseigneur et monseigneur le duc de Bourgogne y étoient avec le roi. Le soir il y eut comédie. — Le roi fit ces jours passés une réprimande un peu forte à M. de Courtenvaux* dans son cabinet, où étoient Monseigneur, toute la maison royale et les dames de madame la duchesse de Bourgogne; mais cela est raccommodé présentement. — Le roi a eu des nouvelles par le Roussillon que la tranchée n'étoit pas ouverte devant Barcelone la nuit du 29 au 30, et que quinze cents chevaux des troupes d'Espagne y étoient arrivés sous M. de Salazar, qui est un officier de réputation, mais fort vieux. Il a laissé trois cents chevaux dans le royaume de Valence pour aider la noblesse du pays à réduire le château de Denia, dont les rebelles s'étoient emparés, et la noblesse de ce royaume-là a promis qu'après cette réduction ils marcheroient tous pour dégager la Catalogne.

* Courtenvaux, fils aîné de Louvois, qui lui avoit fait donner, puis ôter la survivance de sa charge de secrétaire d'État, comme très-incapable, en avoit été consolé par la charge de capitaine des Cent-Suisses, et avoit épousé la fille aînée du maréchal d'Estrées, sœur du maréchal de Coeuvres. C'étoit un petit homme de mauvaise mine, que personne ne fréquentoit, avec une voix ridicule, et un des sots personnages du monde; colère pourtant, et têtu quand il se capriçoit. Le roi, plus curieux de rapports et de savoir tout ce qui se passoit qu'on ne le pouvoit croire, quoiqu'on le crût beaucoup, avoit autorisé Bontemps, puis Blouin, comme gouverneurs de Versailles, d'avoir quantité de Suisses, qui, avec la livrée du roi, ne dépendoient que d'eux, outre ceux des portes du dedans et du dehors, où ils en avoient pu mettre; et ces Suisses étoient instruits à rôder, surtout les soirs, les matins et

les nuits, dans les degrés, les galeries et les corridors, les privés et les passages, à se tenir dans ceux qui étoient obscurs et peu passants, à s'y cacher, et même dans les cours et dans les jardins quand le temps le pouvoit permettre. Ils ne disoient mot à personne, mais ils tâchoient d'écouter, de suivre et d'attendre les gens pour voir combien ils demeuroient où ils étoient entrés; les nouveaux étoient dressés par les anciens à connoître leurs lieux et leur monde, et tous les matins ils rendoient compte de leurs rencontres et de leurs découvertes. Ce manége, dont d'autres subalternes ou valets se mêloient aussi, se faisoit à Versailles, à Marly, à Fontainebleau, et partout où la cour alloit. Ces Suisses déplaisoient fort à Courtenvaux, parce qu'ils ne le reconnoissoient en rien et qu'ils enlevoient à ses Cent-Suisses des postes, et des récompenses qu'il leur auroit bien vendues, tellement qu'il les tracassoit souvent. Entre la grande pièce des Suisses et la salle des gardes du roi, à Fontainebleau, il y a un passage étroit entre le degré et le logement occupé lors par madame de Maintenon, puis une pièce carrée, où est la porte de ce logement, et qui, en la traversant droit, donne dans la salle des gardes; ce passage, qui a une porte sur le balcon qui environne la cour en ovale, et qui communique aux degrés et en beaucoup d'endroits, est un passage public et indispensable de communication de tout le château à qui ne va point par les cours, et par conséquent fort propre à observer les allants et venants; il y couchoit quelques gardes du corps et quelques-uns des Cent-Suisses. Le roi aima mieux cette année-là y faire coucher de ses Suisses de Blouin; et Courtenvaux, qui prit cela pour une nouvelle entreprise de leur part, se mit tellement en colère qu'il n'y eut pouille qu'il ne leur dît, avec forces menaces. Les bons Suisses laissèrent aboyer le petit Courtenvaux et en firent avertir le roi, qui entra dans une colère si extraordinaire pour lui, mais si terrible, qu'elle fit trembler toutes les princesses et leurs dames d'honneur, et tout ce qui se trouva le soir dans le cabinet où il le fit venir. Il fut au moment de perdre sa charge, et sans madame la duchesse de Bourgogne, qui aimoit fort la duchesse de Villeroy, sa sœur, et la maréchale de Coeuvres, sa belle-sœur, et les Noailles, on ne sait ce qui en seroit arrivé.

Dimanche 11, à Fontainebleau. — Le roi alla tirer l'après-dînée. Le roi d'Angleterre fit ses dévotions le matin, comme il a accoutumé de faire tous les dimanches; il retourna à la messe à midi et demi avec Monseigneur et madame la duchesse de Bourgogne, où l'on chanta un fort beau motet du maître de la musique de Saint-Germain de l'Auxerrois. Après dîner S. M. B. alla à vêpres et au salut avec madame la duchesse de Bourgogne. — Il arriva le matin un courrier de M. de la Feuillade; ses lettres sont du 5. M. de Dreux lui ayant porté l'ordre pour ne pas faire le siége de Turin, il avoit envoyé un contre-ordre aux troupes qui le venoient joindre; cependant il étoit toujours persuadé qu'on pouvoit prendre Turin en l'attaquant par la citadelle, et il étoit fortifié dans son avis parce que c'étoit celui de M. de Vendôme. — Le nonce du pape, qui étoit demeuré auprès de Vienne, s'en retourne à Rome; le pape paroît fort mécontent de l'empereur et l'empereur fort mécontent du pape. — M. le duc de Mantoue a été considérablement malade; mais par la dernière nouvelle qu'on en a eue il est beaucoup mieux.

Lundi 12, *à Fontainebleau.* — Le roi courut le cerf après dîner; madame la duchesse de Bourgogne étoit avec lui dans sa calèche. Monseigneur et messeigneurs ses enfants étoient à la chasse. Le roi d'Angleterre n'y alla point, parce qu'il se reposa tout le jour pour partir demain à la pointe du jour et aller dîner à Saint-Germain. Le soir il y eut comédie. — Il arriva un courrier de M. de la Feuillade, et le bruit se répandit qu'on ne songeoit plus présentement à faire le siége de Turin. — Il arriva un courrier de M. de Villars, qui mande que Péry, après s'être défendu huit jours dans Haguenau, qui est une très-mauvaise place, il avoit fait battre la chamade, et que le comte de Thungen, qui commandoit à ce siége, n'ayant voulu lui donner d'autre capitulation que de le faire prisonnier de guerre avec sa garnison, on avoit fait tirer de part et d'autre, et qu'à l'entrée de la nuit Péry étoit sorti avec la plus grande partie de sa garnison par la porte de Saverne, et avoit laissé Harlin, colonel d'infanterie, avec cinq cents hommes, pour continuer de tirer, avec ordre, quand il auroit amusé les assiégeants encore quelques heures, de le venir rejoindre avec ses troupes dans un endroit qu'il lui avoit marqué; ce que

Harlin a exécuté si bien et si heureusement qu'après avoir rejoint Péry ils sont arrivés à Saverne avec quinze cents hommes, dont étoit composée la garnison.

Mardi 13, *à Fontainebleau.* — Le roi se promena l'après-dînée à l'entour du canal; madame la duchesse de Bourgogne, qui avoit été à la chasse du loup avec Monseigneur, revint d'assez bonne heure pour se promener avec le roi. Le roi d'Angleterre partit d'ici à six heures du matin pour retourner à Saint-Germain en chaise de poste, comme il étoit venu.—Par les nouvelles qu'on a de Catalogne, on apprend que les révoltés se sont saisis de Lérida et de Tortose, où il n'y avoit quasi point de garnison. Les peuples d'Aragon, qui sont demeurés fort fidèles au roi d'Espagne, lèvent des troupes à leurs dépens; la seule ville de Saragosse lève deux régiments, et en un seul jour quatre cents hommes se sont venus enrôler. Les peuples de Navarre ne sont pas moins fidèles et lèvent des troupes aussi à leurs dépens. On mande de Madrid qu'on en a fait partir le prince de Tzerclaës pour aller rassembler toutes ces milices-là; on lui donne encore trois bataillons de troupes réglées, avec quoi on espère qu'il apportera de grands changements aux affaires de Catalogne. — Quelques vaisseaux marchands qui revenoient richement chargés de la mer du Sud et qui étoient escortés par des vaisseaux du roi, dont l'un étoit commandé par Palière, ont encore pris dans leur route des vaisseaux marchands ennemis, dont la charge est estimée deux millions, et un vaisseau de guerre qu'a pris Palière, qui est de soixante canons, et tout cela est arrivé à Redondello, qui est un petit port auprès de Vigo en Galice.

Mercredi 14, *à Fontainebleau.* — Le roi alla tirer l'après-dînée. Le soir il y eut comédie. Le roi travailla chez madame de Maintenon avec M. de Chamillart, dont la fluxion n'est pas encore finie; mais cela ne l'empêche pas de travailler tout le jour. — Les ennemis en Flandre sont toujours campés entre Herentals et Grobendonck; ils ont amassé des fourrages pour quinze jours. Ils disent toujours qu'avant la fin de la campagne ils feront un détament pour faire le siége de Santvliet, et il paroît que M. de Villeroy veut s'y opposer. — Il arriva un courrier du maréchal de Tessé, qui mande que les Portugais ont assiégé Badajoz; le siége en étoit formé le 3; il y a une assez bonne garnison dans la place, et ce maréchal a mandé au gouverneur que, s'il pouvoit tenir jusqu'au 18 ou au 20 de ce mois, il le secourroit sûrement; il songe à assembler des troupes pour cela. — Le président Rossignol mourut ces jours passés à Paris; c'étoit le plus habile déchiffreur de l'Europe; il avoit de grosses pensions du roi pour cela, et le roi en laisse 5,000 francs à sa famille (1). — Le maréchal de Coeuvres, qui étoit en chemin pour venir ici, reçut, il y a quelques jours, un contre-ordre pour retourner à Toulon, où il va faire armer quelques vaisseaux dont six escorteront les galions qu'on veut faire partir de Cadix à la fin de l'année.

Jeudi 15, à Fontainebleau. — Le roi courut le cerf l'après-dînée et ne revint de la chasse qu'à sept heures; madame la duchesse de Bourgogne étoit avec lui dans sa

---

(1) « Messire Charles-Bonaventure Rossignol, chevalier, seigneur haut justicier de Juvizy, conseiller du roi en ses conseils et honoraire au parlement, président en la chambre des comptes, mourut le 2 du mois dernier, âgé de cinquante-six ans. Il étoit fils de messire Antoine Rossignol, maître des comptes et conseiller d'État, qui mourut au mois de décembre 1682, et qui s'étoit rendu si recommandable par son mérite et par ses services, et par le secret si estimé qu'il avoit trouvé pour déchiffrer toutes sortes de lettres et pour en écrire avec de certains chiffres dont lui seul pouvoit donner la clef, sous le ministère du cardinal de Richelieu, dont il avoit acquis l'estime et la confiance. Il continua les mêmes services sous le règne présent jusqu'à sa mort, et le roi lui donna toujours des marques d'une distinction singulière. L'on doit mettre en ce rang le glorieux avantage qu'il eut de recevoir, dans sa belle maison de Juvizy, Sa Majesté, qui voulut bien l'aller voir. M. Perrault l'a mis au nombre des hommes illustres dont il a donné au public les éloges et les portraits. M. le président Rossignol qui vient de mourir avoit succédé au mérite de son père, et l'on ne sauroit en dire rien de trop avantageux après que le roi même a témoigné être fâché de sa mort, ce qui seul peut suffire pour son éloge. » (*Mercure* d'octobre, pages 232 à 235.)

calèche; Monseigneur et messeigneurs ses enfants étoient à la chasse. — On eut nouvelle par des patrons de barques arrivés en Provence et qui ont été jusqu'au détroit que, selon ce qu'ils avoient appris sur les côtes de Catalogne, la tranchée n'étoit pas encore ouverte le 6 devant Barcelone; que la mer étoit fort grosse sur cette côte-là par un vent de sud qui régnoit. Ils disent une autre nouvelle où on ne veut pas ajouter foi, qui est que les Irlandois et Écossois qui étoient dans Gibraltar s'étoient soulevés contre les Anglois, qu'ils s'étoient rendus maîtres de la place et qu'ils l'avoient ensuite livrée aux Espagnols. — Le roi a donné à Narbonne, lieutenant général qui sert en Italie, le cordon rouge qu'avoit M. d'Usson, et à Montplaisir, lieutenant de ses gardes, la pension de 500 écus que Narbonne avoit sur l'ordre de Saint-Louis. — M. Begon, premier commis de M. de Pontchartrain, a ordre de se retirer; on donne son bureau à M. Argon, qui étoit commissaire ordonnateur à Bayonne.

Vendredi 16, à Fontainebleau. — Le roi dîna à midi et alla courre le loup avec les chiens de Monseigneur; on les appelle comme cela quoique ce soit une meute du roi et qu'il la paye. Madame la duchesse de Bourgogne étoit avec lui dans sa calèche; il en revint de si bonne heure qu'au lieu de rentrer au château ils allèrent se promener autour du canal. Le soir il y eut comédie. — Le chevalier de Nogent mourut d'apoplexie, dont il avoit eu déjà plusieurs attaques; il avoit été aide de camp du roi durant toutes les campagnes et avoit été auparavant mestre de camp de cavalerie. Le roi avoit toujours eu de la bonté pour lui; il avoit des pensions et étoit gouverneur de Sommières en Languedoc; ce gouvernement vaut 8 ou 10,000 livres de rente et est payé par la province. — M. de la Touche, commis de M. de Pontchartrain et qui avoit un des premiers bureaux, se retire par dévotion et se met dans les PP. de l'Oratoire; il y avoit déjà longtemps qu'il demandoit la permission de quitter cet emploi ; on le charge d'un autre emploi qui regarde le commerce et qui ne l'empêchera pas de vivre dans la retraite.

Samedi 17, *à Fontainebleau.* — Le roi courut le cerf l'après-dînée ; madame la duchesse de Bourgogne étoit dans sa calèche avec lui ; ils en revinrent fort mouillés, parce qu'il plut à verse durant toute la chasse. Monseigneur et messeigneurs ses enfants y étoient. — Le roi donna le matin le gouvernement de Sommières à Longuerue, lieutenant de ses gardes, qui avoit résolu de le lui demander l'après-dînée en lui offrant de lui rendre un petit gouvernement qu'il a en Bretagne. Le roi le prévint sur Sommières et ne lui fit point rendre l'autre gouvernement. — M. d'Armenonville vend à M. le comte de Toulouse la terre de Rambouillet et tous les meubles qui y sont 500,000 francs, et il achète de M. de Catelan le château de la Meute et la capitainerie du bois de Boulogne, dont on fait une gruerie. Catelan logera dans le château de Madrid et se réserve le pouvoir de chasser dans le bois de Boulogne, et M. d'Armenonville aura le pouvoir aussi, lui et son fils, de chasser dans toute la capitainerie de la plaine qui demeurera à Catelan. — Il arriva un courrier de M. de Vendôme, parti le 13 du camp de Tornio près de Lodi. Le prince Eugène marcha le 10 et vint camper à la Piroinga sur le chemin de Crème ; le 11 il longea le Serio et vint camper à San-Michele ; le 12 il vint camper sa gauche à Montodine et sa droite à Ombriano, qu'ils occupent ; ils travaillent à rétablir un pont que nous avons rompu sur le Serio. Notre armée marcha le 11 au matin et vint camper à Vaïane et le 12 à Tornio, où est le quartier général. Nous avons devant nous un naviglie qui sort du Tornio, et derrière nous les marais de l'Adda. Sur l'avis que M. de Vendôme eut le soir que les ennemis vouloient faire passer le Serio près de son embouchure à un gros détachement pour tâcher à faire un pont sur l'Adda, il a détaché le chevalier de Luxembourg avec la brigade de cavalerie du colonel général et celle d'infanterie d'Auvergne et de Bretagne, pour passer à Lodi et s'opposer de l'autre côté de l'Adda à ce que les ennemis pourroient entreprendre.

Dimanche 18, *à Fontainebleau.* — Le roi alla tirer l'après-dînée. Monseigneur se promena. — Il arriva un courrier de M. de la Feuillade, qui a envoyé un gros détachement à M. de Vendôme, qui doit l'avoir joint présentement. — On mande de Flandre que milord Marlborough est allé à la Haye, et que l'empereur le presse d'aller faire un tour à Vienne avant que de retourner en Angleterre. — On parle du mariage de l'archiduc avec une princesse de Wolfenbuttel, qui se fera catholique pour cela, à ce qu'on croit. — Madame de Lamoignon, veuve depuis longtemps de M. le premier président de ce nom, est morte âgée de quatre-vingt-trois ans; elle laisse 4 ou 500,000 écus de bien, qui sera partagé, s'il n'y a point de testament, entre M. le premier président de Lamoignon, M. de Basville, intendant en Languedoc, madame la comtesse de Broglio et M. de Harlay, le conseiller d'État, dont la mère étoit sœur des trois personnes que je viens de nommer. — M. le chevalier de Nogent n'est pas mort, et le roi a dit à Longuerue qu'il souhaitoit qu'il pût revenir de cette maladie, mais qu'il ne s'inquiétât point et qu'il n'y perdroit rien.

Lundi 19, *à Fontainebleau.* — Le roi ne courut point, parce qu'il est fête dans le diocèse, et le roi ne veut point courir les jours de fêtes de crainte que quelqu'un de l'équipage ne perdît la messe. Le roi travailla le soir avec M. Pelletier. Le soir il y eut comédie; il y a déjà plusieurs années que le roi n'y va plus, et monseigneur le duc de Bourgogne y va très-rarement. — On a des nouvelles du Roussillon du 9. Il est sûr que la tranchée n'est point ouverte à Barcelone; mais les batteries des ennemis continuent, et il y a une petite brèche au corps de la

place. Le vice-roi a été blessé d'un éclat de bombe, mais la blessure est très-légère. — Mademoiselle de Lenclos* est morte à Paris; quoiqu'elle fût fort vieille, elle avoit conservé tant d'esprit et de raison que les meilleures compagnies de Paris s'assembloient tous les jours chez elle (1).
— On a des des nouvelles de Hongrie par où il paroît que les mécontents sont fort éloignés de s'accommoder avec l'empereur; ils se sont assemblés pour élire un homme qui doive commander toute la nation; ils ont tous déféré cet honneur-là au prince Ragotzki, mais ils ne sont pas encore convenus du titre qu'ils lui donneroient.

* Cette fameuse courtisane, si connue sous le nom de Ninon, et depuis que l'âge lui eut fait quitter le métier sous celui de Lenclos, est un exemple étonnant du triomphe du vice spirituellement conduit et réparé de quelque vertu. Le bruit qu'elle fit, et plus encore le désordre qu'elle causa dans la plus haute et la plus brillante jeunesse, obligea la reine mère, tout indulgente qu'elle étoit aux personnes ga-

---

(1) Mademoiselle Lenclos se piquoit d'avoir toutes les vertus, hors la charité. Elle étoit connue pour telle, et malgré cela elle conserva toute sa vie une si grande réputation que tout le monde se faisoit presque un devoir d'aller chez elle. Elle avoit beaucoup d'amis; on lui menoit même de jeunes femmes, mais elle convenoit être trop mauvaise compagnie pour elles et exigeoit qu'on ne les ramenât plus chez elle. Elle s'appeloit Ninon. L'histoire tragique de son fils est mémorable. Il étoit élevé chez elle sans connoître ni son père ni sa mère. Il connoissoit tous les charmes de mademoiselle Lenclos, et en étoit devenu fort amoureux. Voyant la vie qu'elle menoit, il ne doutoit pas que sa passion ne fût heureuse. Il la déclara à mademoiselle Lenclos avec de pressantes sollicitations. Elle ne paroissoit point avoir de bonnes raisons à donner; elle fut obligée de lui déclarer qu'elle étoit sa mère. Le jeune homme se tua de désespoir. On lui confioit des dépôts très-considérables. On prétend même que M. de Dangeau avoit oublié cent mille écus entre ses mains. Il y eut à sa mort une histoire d'un grand homme habillé de noir qui avoit, dit-on, paru devant elle grand nombre d'années auparavant, et lui avoit promis de l'avertir du moment de sa mort. On dit que ce même homme la vint demander trois jours avant qu'elle mourût, et que dès qu'elle le vit elle jugea qu'elle alloit mourir. Elle fit sortir tout le monde, et fut longtemps enfermée avec cet homme. Elle étoit fort vieille alors, mais point malade, à ce que l'on dit. Il falloit bien faire une histoire singulière de la mort d'une personne qui avoit été aussi singulière que Nion Lenclos. (*Note du duc de Luynes.*)

lantes, et plus que galantes, de lui envoyer une lettre de cachet pour se retirer dans un couvent. Un exempt la lui porta, et comme elle la lut, elle remarqua qu'il n'y avoit point de couvent désigné : « Monsieur, dit-elle à l'exempt sans se déconcerter, puisque la reine a tant de bonté que de me laisser le choix du couvent où elle veut que je me retire, je vous supplie de lui dire que je choisis celui des Grands-Cordeliers de Paris, » et rendit la lettre de cachet avec une belle révérence. L'exempt, stupéfait de cette effronterie sans pareille, n'eut pas un mot à répliquer, et la reine la trouva si plaisante qu'elle la laissa en repos. Elle n'avoit jamais qu'un tenant à la fois, mais des adorateurs en foule ; et quand elle se lassoit du tenant, elle lui disoit franchement, et en prenoit un autre. Celui qu'elle quittoit avoit beau gémir et parler, c'étoit un arrêt, et cette créature avoit usurpé une telle autorité que le délaissé n'osoit se prendre à celui qui le supplantoit, trop heureux encore d'être admis sur le pied d'ami de la maison. Elle en eut d'illustres et de toutes conditions de la sorte, et elle eut tant d'esprit qu'elle se les conserva tous et les maintint unis, ou pour le moins sans le moindre bruit ; tout se passoit chez elle avec un respect et une décence extérieure que les plus hautes princesses soutiennent rarement avec des foiblesses, et eut de la sorte pour amis tout ce qu'il y avoit de plus trayé [sic] et de plus élevé à la cour, en sorte qu'il devint à la mode d'être reçu chez elle, et qu'on avoit raison de le désirer par les liaisons qui s'y formoient. Jamais ni jeu, ni ris, ni disputes, ni propos de religion ou de gouvernement ; beaucoup d'esprit et fort orné, des nouvelles anciennes et modernes, des nouvelles de galanteries, et toutefois sans ouvrir la porte aux médisances, formoient les entretiens qu'elle sut soutenir par l'esprit, la considération, le nombre et la marque des amis et des connoissances, quand les charmes cessèrent de lui attirer du monde et quand la bienséance à la mode lui défendit de mêler le corps avec l'esprit. Elle savoit toutes les intrigues de l'ancienne et de l'actuelle cour, et sa conversation étoit charmante, désintéressée, fidèle, secrète et sûre au dernier point, et, à la foiblesse près, vertueuse et pleine de la plus fine probité. Elle a gardé des dépôts d'argent et d'autres de secrets considérables, et elle est entrée en des choses importantes pour ses amis, et tout cela lui acquit de la réputation et une considération singulière. Elle avoit été amie intime de madame de Maintenon tant qu'elle avoit été à Paris, qui n'aimoit pas qu'on lui parlât d'elle, mais qui n'osoit la désavouer. Elle lui a écrit quelquefois jusqu'à sa mort avec amitié. L'autre y étoit moins réservée avec ses amis intimes, et, quand il lui est arrivé de s'intéresser fortement pour quelqu'un ou pour quelque chose, ce qu'elle savoit bien ménager et rendre rare, elle en écrivoit à madame de Maintenon, qui la servoit efficacement et avec promptitude ; mais elles ne se sont vues que deux ou trois fois bien en secret depuis la fortune. Elle avoit des reparties admirables, et il y en a deux entre autres au dernier maréchal de Choiseul qu'on ne peut oublier; l'une est une correction admirable, l'autre un tableau vif d'après nature. Le maréchal, qui avoit été galant et bien fait, étoit de ses anciens amis. Mal avec M. de Louvois, il déploroit sa fortune lorsque, malgré le ministre, le roi le mit de la promotion de 1688. Il ne s'y attendoit en façon du monde, quoique de la première naissance et des plus anciens et des meilleurs lieutenants généraux. Il fut donc ravi de joie et se regardoit avec volupté avec son cordon bleu. Lenclos l'y surprit chez elle deux ou trois fois; à la fin, impatientée : « Monsieur le comte, lui dit-elle, si je vous y prends encore je vous nommerai vos camarades. » Il y en avoit en effet plusieurs à faire pleurer, mais quels et combien en comparaison de ceux de 1724! L'autre mot fut d'ennui : le bon maréchal étoit toutes les vertus mêmes, mais peu réjouissantes, avec peu d'esprit. Après une longue visite, Lenclos bâille, le regarde et s'écrie : « Que de vertus vous me faites haïr! » On peut juger de la risée et du scandale : cela pourtant ne les brouilla point. Lenclos vécut saine de corps et d'esprit, fort au delà de quatre-vingts ans, toujours considérée et visitée; elle donna ses dernières années à Dieu, et sa mort fit une nouvelle (1).

Mardi 20, *à Fontainebleau.* — Le roi, durant le conseil, eut un peu de colique, qui l'empêcha d'aller courre le cerf l'après-dînée; Monseigneur et madame la duchesse de Bourgogne le coururent en calèche avec trois dames, et puis leur donnèrent un retour de chasse chez madame de Maintenon. — Par les dernières nouvelles qu'on a de Catalogne, on apprend qu'il y a déjà une grande brèche à Barcelone et que le vice-roi a fait faire des retranche-

---

(1) « On donne à mademoiselle de Lenclos quatre-vingt-huit ans. C'est madame de Vaubecourt, madame de Nancrée, et madame Olier qui l'ont assistée. Sa maladie n'a duré que trois jours, mais elle a reçu Notre-Seigneur; il n'étoit plus temps pour le dernier sacrement. Par pressentiment ou effet de la miséricorde, elle alla à Saint-Paul, deux jours devant qu'elle tombât malade, faire une confession à un ecclésiastique de sa connoissance. Par un testament qui s'est trouvé elle fait le neveu de feu M. de Gourville, qui porte le même nom, son légataire universel et exécuteur de ses dernières volontés. » (*Lettre de la marquise d'Huxelles*, du 20 octobre.)

Il est à remarquer que le *Mercure galant* ne fait aucune mention de la mort de Ninon.

ments en dedans de la ville; mais comme ces retranchements seront commandés par le rempart, on craint que ce ne soit qu'une foible ressource et que les premières nouvelles que nous en apprendrons ne soient la prise de la place. — On mande de Flandre que l'électeur de Bavière a fait faire force ouvertures dans son camp et plusieurs ponts sur la grande Nethe, pour pouvoir marcher aux ennemis facilement, ce que l'on fera sûrement s'ils font un détachement pour le siége de Santvliet; peut-être même, quand ils n'en feroient point, les attaquera-t-on quand ils décamperont d'Herentals et de Grobendonck, où ils sont encore présentement.

Mercredi 21, *à Fontainebleau*. — Le roi se promena l'après-dînée à l'entour du canal avec madame la duchesse de Bourgogne dans une petite calèche découverte, qui est celle où il va à la chasse quand il l'y mène. Le soir il y eut comédie. — Le roi a fait M. de Péry lieutenant général et Harlin brigadier, pour les récompenser de l'action qu'ils ont faite en se retirant de Haguenau. M. le maréchal de Villars en avoit écrit au roi en leur donnant de grandes louanges. — L'ordinaire d'Espagne apporta des nouvelles de Madrid du 9. Il paroît que les Portugais n'ont pas encore ouvert la tranchée devant Badajoz, mais on mande qu'ils ont vingt-cinq mille hommes devant cette place, qui est assez mauvaise, quoique ce soit la meilleure que les Espagnols aient en ce pays-là. — On mande de Pologne que le couronnement du roi Stanislas est encore remis; c'est l'archevêque de Léopol qui en doit faire la cérémonie, le primat ne voulant pas venir à Varsovie de peur d'irriter encore contre lui la cour de Rome, qui est fort dans le parti du roi Auguste. Ce prince est encore en Saxe, et quelques-unes de ses troupes qui avoient passé l'Oder pour entrer en Pologne l'ont repassé fort vite.

Jeudi 22, *à Fontainebleau*. — Le roi courut le cerf l'après-dînée; madame la duchesse de Bourgogne étoit en calèche avec lui. Monseigneur et messeigneurs ses enfants étoient à la chasse. Le roi ne revint qu'à la nuit, et, au retour, madame la duchesse de Bourgogne alla faire un retour de chasse chez la marquise de la Vallière. — M. de Marlborough a écrit au marquis de la Vallière qu'il n'étoit pas nécessaire que ni lui ni les autres officiers françois prisonniers se rendissent en Hollande à la fin du mois, qui étoit le terme où leurs congés expiroient, qu'il suffiroit qu'ils s'y rendissent le 15 de novembre. On dit que ce milord s'en va à Vienne pour concerter avec l'empereur ce qu'ils auront à faire l'année qui vient et pour tâcher à le porter à un accommodement avec les mécontents de Hongrie, à quelques conditions que ce soit. — Par les dernières nouvelles qu'on a de Madrid on apprend que les Portugais ont ouvert la tranchée devant Badajoz. Le maréchal de Tessé rassemble des troupes pour tâcher de se mettre en état de secourir cette place.

Vendredi 23, à Fontainebleau. — Le roi alla tirer l'après-dînée. Monseigneur et messeigneurs ses enfants allèrent pour courre le loup; mais ils n'en trouvèrent point. Le soir il y eut comédie. Madame la duchesse de Bourgogne, qui eut une grande migraine toute la journée, entendit la comédie dans la tribune; elle ne soupa point avec le roi, ni n'alla dans son cabinet. L'après-souper elle mangea un morceau chez elle et puis se coucha. — On eut des lettres de M. de Quinson, qui est à Perpignan. Il écrit du 14 qu'il avoit eu nouvelle que Barcelone s'étoit rendue le 4, que la garnison étoit prisonnière de guerre, hormis le vice-roi et une trentaine d'officiers. Il arriva un courrier de Madrid qui apporte des lettres du roi d'Espagne du 14, qui ne parlent point du tout de la prise de Barcelone; il seroit étonnant que cette place eût été prise le 4, et qu'on ne le sût pas le 14 à Madrid. Le président d'Albaret, intendant de Roussillon, écrit de Perpignan le même jour que M. de Quinson, et mande que, par les nouvelles qu'il a de Barcelone du 4, la place se défendoit fort bien; ainsi on ne sait encore qu'en croire.

Samedi 24, à Fontainebleau. — Le roi, après le conseil de finances, travailla encore avec M. de Chamillart. L'après-dînée le roi courut le cerf et ne quitta la chasse qu'à la nuit fermée; madame la duchesse de Bourgogne étoit avec lui dans sa calèche et en revint fort fatiguée. Monseigneur et messeigneurs ses enfants coururent le loup. Le roi, au retour de la chasse, travailla chez madame de Maintenon avec M. Pelletier. — On doute fort de la prise de Barcelone, parce qu'il y a plusieurs lettres qui se contredisent, et même M. de Basville écrit de Montpellier, du 16, que les nouvelles qu'on avoit eues, que Barcelone s'étoit rendue le 4 étoient fausses. — On mande de Flandre du 20 au soir que les ennemis avoient quitté leur camp d'Herentals et marchoient du côté d'Hoogstrate. L'électeur de Bavière les a fait suivre par quarante escadrons; il y étoit lui-même avec le maréchal de Villeroy; ils ont été jusqu'à Herentals, où on a pris une cinquantaine de chariots ou de charettes et quelques traîneaux. Nos hussards y ont fait un assez gros butin; mais quand nous sommes arrivés à Herentals, les ennemis avoient déjà passé la petite Nethe; ainsi on n'a pas pu entamer leur arrière-garde.

Dimanche 25, à Fontainebleau. — Le roi se promena l'après-dînée à l'entour du canal avec madame la duchesse de Bourgogne; Monseigneur et messeigneurs ses enfants étoient à la promenade. — M. de Pontchartrain a reçu des lettres; le prince de Tzerclaës étoit rentré dans Lérida, où les révoltés avoient laissé fort peu de monde; mais on doute de cette nouvelle, parce que beaucoup d'autres avis qu'on a de Catalogne portent que les affaires y vont très-mal; cependant le public veut encore douter de la prise de Barcelone, quoique le roi n'en doute plus. — Le maréchal de Coeuvres arriva de Toulon, où l'on a armé quelques vaisseaux. — On a appris que le roi Stanislas avoit été couronné à Varsovie et que le cardinal Radzieiowiski, primat de Pologne, étoit mort; il y a présentement dix-neuf chapeaux vacants dans le sacré collége, et il y va avoir deux primats en Pologne, car le roi Auguste et le roi Stanislas en nommeront un chacun, et la cour de Rome, qui est fort dans les intérêts du roi Auguste, donnera des bulles à celui qu'il aura nommé.

Lundi 26, *à Villeroy.* — Le roi dîna à dix heures et demie à Fontainebleau et en partit à onze heures et demie pour venir ici, où il arriva un peu après deux heures et se promena, en arrivant, dans les jardins avec madame la duchesse de Bourgogne en calèche. Il a trouvé Villeroy fort embelli par tout ce qu'y a fait le maréchal. S. M., le soir, chez madame de Maintenon, se fit montrer les plans de tout ce qu'il y a encore à y faire, donna ses conseils, et entra dans tous les détails avec une attention qui marque bien l'amitié qu'il a pour le maréchal. Monseigneur partit à la pointe du jour de Fontainebleau, ayant dans son carrosse messeigneurs les ducs de Bourgogne et de Berry et madame la princesse de Conty, et allèrent dîner à Meudon. — L'abbé de Saint-Bertin est mort à Paris; cette abbaye vaut 80,000 livres de rente; elle est régulière. Celui qui vient de mourir étoit moine; on croit que le roi la va donner à un cardinal, comme il a donné les abbayes de Saint-Amand, de Saint-Wast, de Vigone et de Marchiennes, qui sont toutes en Flandre.

Mardi 27, *à Sceaux.* — Le roi dîna à onze heures à Villeroy, en partit à midi, arriva ici à trois heures, alla se promener dans les jardins seul dans un petit chariot; madame la duchesse de Bourgogne et madame du Maine suivoient dans un autre chariot. — Le roi, avant que de se lever, apprit par un homme que lui envoya M. de Chamillart, qui est à Paris, que le maréchal de Tessé étoit arrivé devant Badajoz le 15. Les ennemis, le voyant venir avec toutes les troupes, n'ont plus songé qu'à lever le siége; ils retiroient déjà le canon qui étoit en batterie, et M. de Tessé espéroit que dans leur retraite il pourroit attaquer leur arrière-garde. Ruvigny, qu'on appelle présentement milord Galloway et qui commandoit les Anglois à ce siége, a eu le bras emporté d'un coup de canon et a envoyé demander au maréchal un passe-port pour se faire porter à Elvas. Une heure après l'arrivée du courrier de M. de Chamillart, on vit de la chambre du roi entrer dans la cour un courrier qui croyoit trouver ce ministre à Villeroy. Le roi envoya savoir ce que c'étoit que ce courrier, et, sachant que c'étoit un aide de camp de M. de Vendôme, il commanda qu'on le fît monter dans sa chambre; le roi y étoit encore au lit. Il apprit à S. M. que M. de Vendôme, sachant que le prince Eugène s'étoit saisi de Montodine, qui est sur le Serio et aux Vénitiens, l'avoit fait attaquer, qu'il s'en étoit rendu maître, leur avoit tué deux ou trois cents hommes et pris cent prisonniers; nous n'avons eu que vingt-cinq hommes de blessés à cette affaire. Les ennemis faisoient défiler leurs bagages et leur grosse artillerie du côté de Crème; on assure même que toute leur armée est en marche et remonte le Serio diligemment. M. de Vendôme les va côtoyer pour les resserrer le plus qu'il se pourra vers la montagne. Les troupes que M. de la Feuillade envoie à M. de Vendôme, qui sont composées de huit bataillons et douze escadrons, n'avoient pas encore joint. L'action de Montodine s'est passée le 16; l'aide de camp qui en a apporté la nouvelle et qui est neveu de Boisseuil n'a pas pu faire plus de diligence, parce qu'il a été cinq jours à passer le mont Simplon, tous les ruisseaux étant devenus des torrents.

Mercredi 28, *à Versailles*. — Le roi, après la messe, se promena longtemps à pied et puis en chariot dans les jardins de Sceaux; madame la duchesse de Bourgogne fut toujours avec lui. Il en partit aussitôt après son dîner pour venir ici, et en arrivant il alla dans ses jardins voir les embellissements qu'on a faits aux bains d'Apollon (1), que l'on a couverts avec une magnificence extraordinaire. Messeigneurs les ducs de Bourgogne et de Berry revinrent de Meudon. — Le roi, à son dîner à Sceaux, apprit par un gentilhomme de la chambre de l'électeur de Bavière, que S. A. E. fit partir le 26 au soir, qu'il avoit fait attaquer Diest ce jour-là même; les ennemis y avoient laissé trois bataillons et le régiment de dragons de Walef; c'est Artagnan qui commandoit à ce siége. Nos troupes y ont marché avec une diligence extraordinaire, et en arrivant on a emporté brusquement un ouvrage qui est à la porte du côté de Louvain, d'où l'on voyoit à revers la muraille de la ville. La garnison a demandé à capituler et s'est rendue prisonnière de guerre. Cette action ne nous coûte que la mort d'un ingénieur et la blessure de deux lieutenants d'infanterie. — Marlborough assiége Santvliet avec un préparatif extraordinaire que cette place ne mérite pas; il y a trois jours qu'il la canonne. La prise de Diest dans cette conjoncture est très-considérable, parce que cela éloignera fort le quartier des ennemis, et le maréchal de Villeroy a pris son temps à merveille pour cette expédition.'

Jeudi 29, *à Versailles.* — Le roi dîna de bonne heure et alla l'après-dînée se promener à Marly. Madame la duchesse de Bourgogne alla à Meudon voir Monseigneur. Messeigneurs les ducs de Bourgogne et de Berry allèrent tirer. — Il arriva un courrier de M. de Vendôme, parti de devant Soncino le 21. Ce prince attaque cette place, qui est sur l'Oglio et qu'il compte d'emporter fort aisément; c'est là où les ennemis ont leurs principaux magasins; on ne croit pourtant pas qu'ils y aient laissé

---

(1) Les groupes des bains d'Apollon étaient, comme nous l'avons dit, tome Ier, page 173, de Girardon, Marsy et Guérin. Lors de leur transport du bosquet des Dômes dans l'ancien bosquet du Marais, ils furent placés sous des baldaquins de plomb doré exécutés par Manière, Lemoine et Frémin.

beaucoup de troupes. Le prince Eugène est campé à Fontanella, et n'oseroit tenter le secours de cette place, quelque utile qu'elle lui soit. M. le marquis de Praslin* est mort à Milan des blessures qu'il avoit reçues au combat de Cassano; il ne laisse qu'une fille, qui sera une assez grande héritière; ses amis ont demandé pour elle au roi la lieutenance de roi de Champagne et le gouvernement de Troyes, qu'avoit son père, pour les vendre ou pour les porter en mariage à son mari, ce qui la rendroit encore un meilleur parti. — On ne doute pas de la prise de Barcelone; on assure même que les révoltés se sont rendus maîtres de Girone.

* On a vu sur l'affaire de Crémone et le combat de Cassan ce qui a été dit du marquis de Praslin. C'étoit un homme d'une grande ambition, d'infiniment d'esprit, de beaucoup et de toutes sortes de lectures, et singulièrement plein d'honneur et de valeur, et d'une haute naissance, et très-capable d'amitié; avec cela haut à la main, n'estimant qu'avec poids et connoissance, paresseux et particulier quand il n'avoit que faire, et d'ailleurs le premier à tout et de tout, civil et accueillant l'officier, avec les plus grandes parties de guerre. Il étoit magnifique et voluptueux et comptoit pour peu ce qui étoit au delà de ce monde. Étant blessé à mort de façon à durer, mais avec peu d'espérance, il rentra en lui-même et pria l'abbé de Châteauneuf, qui avoit été envoyé en Pologne redresser les torts de l'abbé, depuis cardinal de Polignac, de le venir trouver; et cet abbé, homme de beaucoup d'esprit et de savoir et ami intime de Praslin, partit à l'instant de Paris pour l'aller trouver. On crut qu'il voulut s'éclaircir avec lui sur la religion; ce qui est de certain, c'est qu'il se tourna si entièrement et si parfaitement à la piété, au détachement, à la pénitence qu'il fut un exemple mémorable pendant ce qui lui resta à vivre et dans les plus cruelles douleurs dont il ne pouvoit se rassasier. Il étoit le dernier de la branche de Choiseul-Hostel, et on lui avoit fait épouser la dernière de la branche de Choiseul-Praslin. Sa seule fille se maria quelques années après, de son choix, à M. de Rennepont. Praslin n'avoit que quarante-six ans.

Vendredi 30, *à Versailles.* — Le roi dîna à onze heures et alla se promener à Trianon et à Marly. Monseigneur revint le soir de Meudon. Madame la duchesse de Bourgogne alla voir la reine d'Angleterre à Saint-Germain. —

Il arriva un officier des gardes de M. de Vendôme, qui apporta la nouvelle de la prise de Soncino ; il y avoit quatre cents hommes dedans, qui sont prisonniers de guerre ; on a trouvé beaucoup de munitions de bouche. Le prince Eugène n'a fait aucun mouvement pour tâcher d'empêcher ce siége. — L'électeur de Bavière est revenu du 27 à Bruxelles ; on compte la campagne finie en ces pays-là, et qu'on renverra les troupes en quartier d'hiver dès que le siége de Santvliet sera fini, et il le sera bientôt, car la place ne vaut rien. Milord Marlborough a quitté l'armée de son côté ; il s'en va à Vienne et laisse faire le siége de Santvliet au comte de Noyelles. Le duc de Villeroy commandera cet hiver dans Bruxelles, le comte de la Motte à Gand et à Bruges, Artagnan à Louvain, Gacé dans Anvers et Saillant à Namur ; ils auront des maréchaux de camp sous eux.

Samedi 31, veille de la Toussaint, à Versailles. — Le roi entendit vêpres l'après-dînée en bas dans la chapelle, et puis s'alla promener dans ses jardins ; toute la maison royale étoit avec lui à vêpres et le suivit à la promenade. Madame la duchesse de Bourgogne avoit fait ses dévotions dans la chapelle des Récollets en haut. — Il arriva un courrier d'Espagne, parti de Madrid le 23. LL. MM. CC. mandent qu'ils ont eu des lettres de Barcelone du 12, que la place se défendoit encore ; mais que les assiégeants avoient pris une demi-lune qui pressoit fort la reddition de la ville ; cependant, malgré cette nouvelle, qui semble détruire celles qu'on avoit eues, on est toujours persuadé ici que Barcelone est pris, et l'on a eu des avis même que Tarragone s'étoit rendue aux révoltés. — M. de Berwick est arrivé à Toulon du 25 et va faire le siége du château de Nice ; il faudra même qu'il attaque la ville, que les ennemis ont un peu raccommodée depuis que M. d'Usson en retira les troupes. Nous avons trois vaisseaux de guerre à Toulon pour porter le canon et les munitions nécessaires. — Le comte de Tonnerre* mourut hier à Paris ; il avoit été premier gentilhomme de la chambre de feu Monsieur ; il laisse deux garçons, et sa veuve est prodigieusement riche.

*Ce comte de Tonnerre, frère de l'évêque de Langres et neveu de l'évêque comte de Noyon, étoit si déshonoré sur le courage qu'on l'auroit été d'avoir affaire à lui, quoi qu'il dît. Il proposa un jour des coups de bâton au jeu à Barbançon-Nantouillet, premier maître d'hôtel de Monsieur, si connu par son esprit et ses chansons. Nantouillet, sans s'émouvoir, ne fit que lui répondre qu'il abusoit par trop du mépris qu'on avoit pour lui. La compagnie n'en fit que rire, et il n'en fut autre chose. Il en remboursoit souvent de semblables, et étoit menteur et tracassier, mais avec cela beaucoup d'esprit et souvent des mots excellents. Il en dit un sur la cour où il étoit qui ne mourra jamais : « Je ne sais pas, dit-il, ce que je fais dans cette boutique, car Monsieur est la plus sotte femme de France, et Madame le plus sot homme que j'aie jamais vu. » Ils le surent et pensèrent le chasser. Une autre fois qu'il s'agissoit de quelque affaire de finance au Palais-Royal, dont Boisfranc, qui les avoit administrées, avoit grand'peine à se tirer : « Le voilà bien empêché, dit Tonnerre ; il n'a qu'à donner cinquante mille écus au marquis d'Effiat, cent mille écus au chevalier de Lorraine et cent écus à Monsieur, et son affaire sera faite. Il aura encore un bon million qui lui en restera pour boire. » La vérité étoit que les affaires s'y terminoient à peu près sur ce taux.

Dimanche 1er novembre, jour de la Toussaint, à Versailles. — Le roi fit ses dévotions de meilleure heure qu'à son ordinaire ; il toucha beaucoup de malades, vint se rhabiller ensuite, se fit faire la barbe devant tous ceux qui ont les entrées. Il y a près de six mois qu'on ne le voit plus quand il se fait la barbe ; le grand chambellan et les premiers gentilshommes de la chambre n'y entrent pas. A onze heures et demie le roi retourna à la grande messe, et après dîner il entendit le sermon, les deux vêpres et le salut. Monseigneur et messeigneurs ses enfants communièrent et suivirent le roi à toutes les dévotions de la journée. Entre vêpres et le salut le roi s'enferma avec le P. de la Chaise et fit la distribution des bénéfices ; il laisse l'abbaye de Saint-Bertin aux moines, parce qu'il a su qu'ils faisoient de fort grandes charités en ce pays-là ; il met 10,000 francs de pension dessus, dont il y en a 6,000 pour l'université de Douay en Flandre. Le roi a donné une abbaye à Béziers (1), qui vaut 1,000 écus de rente, à un fils de Barcos, intendant du maréchal de Villeroy, et S. M. a eu la bonté de le mander lui-même par avance au maréchal, sachant que cela lui feroit plaisir, parce qu'il est fort content de Barcos. Le roi a donné l'abbaye de la Joie en Bretagne, qui vaut 12,000 livres de rente, à madame de Blanchefort, sœur de celui qui a épousé la fille du marquis de Puysieux.

Lundi 2, à Marly. — Le roi partit de Versailles après son dîner et vint ici, où il se promena jusqu'à la nuit ; il y demeurera jusqu'à la fin de la semaine qui vient. Monseigneur alla dès le matin courre le loup dans la forêt de Saint-Germain ; monseigneur le duc de Berry étoit avec lui. Monseigneur le duc de Bourgogne alla à Saint-Germain voir le roi et la reine d'Angleterre. Madame la duchesse de Bourgogne partit à cinq heures pour venir ici. Il n'y a jamais eu à Marly tant de dames qu'il y en a ce voyage-ci ; il y en a près de cinquante ; il n'y en a pourtant aucune de nouvelle. — Il arriva hier au soir un courrier du maréchal de Tessé, qui mande la retraite des ennemis de devant Badajoz ; ils se sont retirés en si bon ordre qu'on n'a pu attaquer leur arrière-garde comme on l'avoit espéré. — Il y a quelque temps que M. de la Feuillade ayant donné ordre à un secrétaire de mander au gouverneur d'Acqui de le venir joindre avec sa garnison, le secrétaire se méprit et envoya l'ordre au gouverneur d'Ast, qui y obéit sur-le-champ. M. de Savoie en fut aussitôt averti et y envoya des troupes qui s'en saisirent et qui ont depuis tiré beaucoup de contributions du Montferrat. M. de la Feuillade a marché depuis quelques jours pour le reprendre, et il a attaqué en chemin

---

(1) L'abbaye de Saint-Jacques.

un petit lieu que l'on appelle Annone, où il y avoit deux cents hommes de troupes réglées et quatre cents paysans bien armés. Ils avoient fait deux enceintes à des palissades, et entre ces deux enceintes il y avoit un assez bon fossé. Nos soldats emportèrent la première enceinte fort aisément; mais ils en furent rechassés par le grand feu de la seconde enceinte. M. de Thouy, lieutenant général, qui commandoit là nos troupes, y fut blessé d'un coup de fusil à la jambe, et Fimarcon, maréchal de camp, d'un coup de pierre à la tête. M. de la Feuillade y fit venir du canon le lendemain, et dès qu'il fut tiré les ennemis se rendirent prisonniers de guerre. M. de la Feuillade marcha ensuite à Ast, dont on espère apprendre bientôt la réduction. M. le chevalier de Luxembourg, maréchal de camp dans l'armée de M. de Vendôme et qui s'est fort distingué dans toutes les occasions, fut blessé il y a quelques jours en attaquant des troupes du prince Eugène qui s'étoient retirées sur la contrescarpe de Crème, d'où il les chassa très-vigoureusement; il y fut blessé à l'épaule; sa blessure s'est trouvée plus considérable qu'il ne pensoit, et il a été obligé de se faire porter à Milan. Cette action de Crème, dont je n'avois point parlé, se passa quelques jours avant la prise de Soncino.

Mardi 3, à Marly. — Le roi, au sortir de la messe, monta seul dans une petite calèche; madame la duchesse de Bourgogne le suivit dans une calèche à quatre où il n'y avoit que madame de Mailly avec elle, prit dans le parc la princesse d'Angleterre et sa gouvernante; elle étoit venue de Saint-Germain avec le roi son frère pour faire la Saint-Hubert, et après la chasse ils retournèrent à Saint-Germain. La chasse fut fort longue, et il étoit trois heures quand le roi se mit à table pour dîner. Monseigneur et messeigneurs ses enfants étoient à la chasse; Madame est toujours à toutes les chasses, dans une calèche à part. — Il arriva un courrier du maréchal de Villars, qui mande que le prince de Bade se retire; il a repassé la Motern et est campé à Paffenhoven; la mortalité des chevaux est cessée dans notre armée; le maréchal de Villars a pris deux mille chevaux, des vivres, et les officiers généraux de son armée en ont donné de leurs équipages, avec quoi on a remonté une partie de notre cavalerie; l'infanterie est en très-bon état, et on n'est pas sans espérance de pouvoir reprendre Haguenau, surtout si les troupes de Brandebourg se retirent comme on le dit.

Mercredi 4, à Marly. — Le roi tint conseil le matin à son ordinaire; il a un peu de goutte, qui ne l'empêcha pas pourtant de se promener toute l'après-dînée dans ses jardins, où il fait planter beaucoup de grands arbres pour remplacer ceux qui sont morts cette année par la trop grande sécheresse. Madame la duchesse de Bourgogne fut assez incommodée la nuit d'une migraine, à quoi elle est assez sujette; mais elle s'est bien portée toute la journée. — On a eu nouvelle que le comte de Noyelles, qui faisoit le siége de Santvliet avec quarante-deux pièces de vingt-quatre et force mortiers, s'en étoit enfin rendu maître; nous avions dans cette mauvaise place le régiment de Maillé, qui est un régiment nouveau très-foible, et six cents hommes détachés de notre armée commandés par le chevalier d'Entragues, nouveau colonel. Le comte de Noyelles leur a fait beaucoup d'honnêtetés au comte de Maillé et à lui; il leur avoit d'abord proposé une capitulation honorable; mais quand il eut appris que nous avions pris beaucoup de leurs troupes dans Diest, il les a voulu avoir prisonniers de guerre. On a été surpris qu'ils aient pu se défendre si longtemps; le comte de Noyelles fait raser la place, qui leur est fort inutile et qui nous l'étoit fort aussi. — Le maréchal de Montrevel a levé en Guyenne un régiment de dragons qui portera son nom; le chevalier de Maugiron, qui a été exempt des gardes, en est lieutenant-colonel avec commission de colonel.

Jeudi 5, à Marly. — Le roi apprit le matin à son lever que Saint-Pol avoit pris trois vaisseaux de guerre anglois et onze vaisseaux marchands venant de la mer Baltique; la prise est considérable, mais comme Saint-Pol a été tué à la fin de cette affaire et qu'il étoit fort estimé, le roi s'en est affligé au lieu de s'en réjouir. Voici le détail de l'affaire qu'a apporté le comte d'Illiers : le sieur de Saint-Pol ordonna au sieur Bart de se rendre maître des bâtiments marchands, ce qu'il fit avec le secours de cinq armateurs qui l'avoient joint. Saint-Pol attaqua le vaisseau sur lequel étoit le commandant anglois, le sieur de Roquefeuille avec *le Protée* s'attacha au *Pescoal*, et le sieur Hennequin avec *le Jersey* s'attacha au troisième appelé *les Sorlingues*. Après un combat de trois heures fort opiniâtre, les trois convois furent abordés et enlevés, quoique, dans le milieu de l'action, le sieur de Saint-Pol, dont on ne peut trop louer la bravoure, fût tué d'un coup de mousquet. Le comte d'Illiers prit le commandement et acheva le combat avec beaucoup de valeur. *Le Triton*, qui n'avoit pu joindre, arriva sur la fin, et le chevalier des Coyeux, qui le commandoit, eut le bras emporté d'un coup de canon; tous les officiers se sont extrêmement distingués dans cette action. Toutes ces prises et les trois convois anglois sont arrivés à Dunkerque avec huit bâtiments de la même nation qu'on avoit pris la veille. Cette affaire se passa le 31 octobre au matin.

Vendredi 6, à Marly. — Le roi, après la messe, alla courre le cerf; madame la duchesse de Bourgogne étoit avec lui dans sa calèche. Monseigneur étoit à la chasse. Messeigneurs ses enfants allèrent faire des battues dans le parc. — On eut nouvelle qu'un bataillon des troupes de la marine que nous envoyions au Port-Mahon y étoit heureusement arrivé. On craignoit fort que les ennemis, après la prise de Barcelone, ne songeassent à faire cette conquête; ce bataillon est commandé par la Jonquière, officier de réputation, et il mande que la moitié de ce bataillon étoit arrivée le 17 et l'autre moitié le 20. On les avoit mis sur deux bâtiments qui avoient été séparés par un coup de vent. — On a appris par Constantinople que Tékéli, qui a tant fait parler de lui, étoit mort ; il étoit fort jeune, mais si mangé de la goutte qu'il ne pouvoit plus aller à la guerre. — Ce sera M. le comte de Calvisson qui présidera cette année aux états de Languedoc, M. de Berwick étant employé ailleurs.

Samedi 7, à Marly. — Le roi se promena toute l'après-dînée ; pendant sa promenade M. de la Vrillière lui apporta une lettre de Roses du 22, par laquelle on lui mandoit que Barcelone se défendoit fort bien ; le roi répondit froidement à cela : « Je le souhaiterois, mais je sais qu'il y a longtemps qu'il est pris, et j'ai la capitulation (1). » — Beaucoup d'officiers généraux de Flandre sont arrivés ; M. de Roquelaure, le prince de Rohan et M. d'Antin sont ici ; le roi leur a donné des logements. — Chazel, aide de camp du maréchal de Tessé, qui apporta ici la nouvelle de la levée du siége de Badajoz, a eu une commission de lieutenant-colonel de dragons ; il y a longtemps qu'il étoit capitaine. — On mande de Pologne que le roi Stanislas a donné l'archevêché de Gnesne à l'archevêque de Léopol, qui l'a sacré et qui devient par là primat du royaume. On mande aussi que le général Mazeppa, qui commande les Cosaques, s'est retiré ; on ne doute pas qu'il ne se soit accommodé avec le roi de Suède.

Dimanche 8, à Marly. — Le roi tint le matin conseil d'État à son ordinaire et se promena toute l'après-dînée. — Le roi fait lever vingt-cinq mille cinq cents hommes de milices, dont on en enverra vingt-deux mille en Italie et le reste en Espagne. Le roi donne un congé absolu au

---

(1) « Barcelone est l'étonnement de nos jours. Il a la fièvre tierce, un jour pris, l'autre non. On prétendoit encore hier qu'il se défendoit le 17 octobre. » (*Lettre de la marquise d'Huxelles*, du 6 novembre.)

bout de trois ans à tous ceux qui entreront dans cette milice. — Les Anglois et les Hollandois ont résolu d'avoir trente mille hommes d'augmentation l'année qui vient, qu'ils achèteront de différents princes d'Allemagne; ils veulent porter l'empereur aussi à augmenter les siennes de dix mille hommes; c'est là un des principaux motifs du voyage de Marlborough à Vienne. Ce milord a vu en passant le prince de Bade à Rastadt, et l'on assure qu'ils sont entièrement raccommodés. Les États-Généraux ont souhaité que Marlborough fît cette démarche, prétendant que les divisions étoient fort nuisibles aux affaires de la ligue. — M. de Chiverny a eu un legs dont il aura plus de 200,000 francs; c'est l'abbé de Villemareuil, chanoine de Notre-Dame, qui avoit été son précepteur et qui l'a fait son légataire universel. — M. de Tzerclaës n'a point repris Lérida, comme on l'avoit dit; cette nouvelle s'est trouvée fausse.

Lundi 9, à Marly. — Le roi, au sortir de la messe, alla courre le cerf dans son parc; madame la duchesse de Bourgogne étoit avec lui dans sa calèche; Monseigneur et messeigneurs ses enfants étoient à la chasse. — L'ordinaire d'Espagne a apporté des lettres de Madrid du 28; on y est si mal informé qu'ils ne savoient pas encore la prise de Barcelone, et il y a toujours des gens à Paris et ici même qui en veulent douter. — M. de Pontchartrain apporta le soir au roi des lettres de Minorque. La Jonquière, qui commande le bataillon de la marine qui est à Port-Mahon, mande qu'il y étoit arrivé une barque qui avoit passé devant Barcelone le 23 et avoit entendu beaucoup tirer. Il y a d'autres lettres de Toulon qui portent qu'il y étoit arrivé un petit bâtiment qui avoit passé le 28 devant Barcelone, que la place se défendoit toujours et qu'on tiroit beaucoup de canon et de bombes. M. le Prince parla au roi à son coucher sur ces nouvelles-là, qui pouvoient faire douter de la prise de Barcelone; mais le roi, qui ne cherche point à se flatter, lui répondit qu'il savoit trop de détails de cette affaire-là pour ajouter foi à tous les avis qu'on lui venoit de donner, et que c'étoit une marque que le roi d'Espagne étoit mal averti.

Mardi 10, *à Marly*. — Le roi eut à son lever la confirmation des cruelles nouvelles qu'il avoit eues il y a quelques temps de Barcelone; c'est Alvarès que le roi d'Espagne a envoyé ici et qui partit de Madrid le 2 de ce mois; on assure qu'ils ont fait embarquer sur les vaisseaux le vice-roi, le duc de Popoli et sa femme, avec tous les officiers et soldats qui n'ont point voulu prendre parti dans les troupes de l'archiduc, qu'on a fort maltraité les gentilshommes et les habitants de la ville qui étoient dans les intérêts du roi d'Espagne, qu'on en a massacré plusieurs et pillé leurs maisons. Le roi savoit déjà ici tous ces détails-là, qui font horreur à conter. — Au retour de la promenade le roi travailla avec M. de Pontchartrain; il a choisi le chevalier de Forbin pour commander les vaisseaux que commandoit Saint-Pol à Dunkerque; il a fait trois capitaines de vaisseaux, qui sont : Gencien, le chevalier d'Illiers et Hennequin; il a donné 1,000 francs de pension et la croix de Saint-Louis à Roquefeuille, qui commandoit un des vaisseaux qui étoient avec Saint-Pol et qui en prit deux des ennemis à l'abordage, et a donné des pensions à trois neveux qu'avoit Saint-Pol, qui sont encore fort jeunes.

Mercredi 11, *à Marly*. — Le roi, au sortir du conseil, signa le contrat de mariage de la fille du petit Bontemps, qui se marie à M. d'Argini, qui sera, dit-on, fort riche; il est officier dans le régiment du roi, et, en faveur du mariage, le roi lui donne l'agrément d'acheter un des petits régiments nouveaux d'infanterie. — Il arriva un courrier de M. de Vendôme, qui est toujours campé près de Soncino; il devoit, quelques jours après le départ de son courrier, passer l'Oglio et s'approcher de Brescia. Le prince Eugène est encore à Fontanella. Ce courrier a fait fort peu de diligence, car il est parti du 1er de ce mois. Le détachement de l'armée de M. de la Feuillade n'a point joint M. de Vendôme; on croit même que M. de la Feuillade mène les troupes qui le devoient composer au siége d'Ast. — Le roi se promena toute l'après-dînée, et travailla le soir avec M. de Chamillart chez madame de Maintenon. — Le roi a donné à M. le duc de Beauvilliers un régiment de cavalerie à lever pour le comte de Saint-Aignan, son fils aîné, qui est encore dans les mousquetaires; le régiment sera de huit compagnies, et le roi donne 250 francs pour la levée de chaque cavalier.

Jeudi 12, *à Marly.* — Le roi, au sortir de la messe, monta en calèche et alla courre le cerf; madame la duchesse de Bourgogne étoit avec lui; il faisoit un froid très-violent. Monseigneur et messeigneurs ses enfants allèrent courre le loup. — M. Rouillé, notre envoyé auprès de M. l'électeur de Bavière, vint hier ici; il entretint le roi quelque temps. Il est reparti ce matin de Paris pour retourner à Lille, où il a laissé cet électeur, qui est avec l'électeur de Cologne; le voyage de M. Rouillé fait faire des raisonnements. — Ce ne sera point Artagnan qui commandera cet hiver à Louvain; il est allé à Arras tenir les états d'Artois, le duc d'Elbeuf n'ayant pu y aller. Caraman est actuellement dans Louvain, mais il demande à n'y pas demeurer cet hiver; Souternon commandera à Malines. M. le maréchal de Villeroy, qui a la goutte assez fort, est allé à Louvain en carrosse; il ira ensuite visiter Namur et puis reviendra à Bruxelles. Le maréchal de Marsin est avec lui; mais on croit que pour lui il reviendra ici.

Vendredi 13, *à Marly.* — Le roi se promena tout le matin et toute l'après-dînée dans ses jardins; au retour de la promenade, il entra chez madame la duchesse de Bourgogne, à qui la fièvre avoit pris à trois heures par un grand frisson qui duroit encore quand le roi y entra. Il revint le soir la voir avant souper; elle étoit dans le chaud de la fièvre, et quand on sortit de sa chambre, à onze heures, elle l'avoit encore assez forte, quoiqu'elle eût eu d'assez grandes sueurs. — Le duc de Berwick est devant Nice du 1ᵉʳ de ce mois; le Var a été si débordé par les grandes pluies que toutes les troupes qui doivent servir à ce siège ne l'avoient pas encore joint le 6, et, durant ce temps-là, il n'avoit pu avoir aucun commerce avec la Provence; les vaisseaux qui lui doivent porter son canon et ses munitions avoient été obligés, par le vent contraire, de relâcher aux îles d'Hyères. — M. le maréchal de Villeroy avoit eu quelque espérance qu'on pourroit surprendre Leauw, où il y a une très-foible garnison; la place est en très-mauvais état, mais les ennemis ont fait marcher des troupes de ce côté-là; ainsi on ne songe plus à faire cette entreprise.

Samedi 14, à Versailles. — Le roi partit de Marly d'assez bonne heure et arriva ici avant la nuit. Madame la duchesse de Bourgogne avoit encore un peu de fièvre en se levant; elle avoit commandé ses carrosses à neuf heures et passa chez le roi avant que de partir; elle se mit au lit en arrivant et eut la fièvre encore tout le jour, mais fort légèrement. Le roi, en arrivant ici, passa chez madame la duchesse de Bourgogne, où Monseigneur et messeigneurs ses enfants étoient. Le roi entra ensuite chez madame de Maintenon, où il travailla avec M. de Chamillart. — L'évêque de Rieux est mort; il s'appeloit Bertier et étoit oncle à la mode de Bretagne de l'évêque de Blois. — On a envoyé un courrier à M. de Villars, qui lui porte les quartiers d'hiver pour son armée. — On croit qu'à l'exemple de M. de Beauvilliers plusieurs grands seigneurs demanderont à lever des régiments de cavalerie pour leurs enfants qui sont près d'entrer dans le service. — Il court depuis peu un manifeste de la conduite du cardinal de Bouillon, qui attira la disgrâce du roi pendant qu'il étoit à Rome; ce cardinal désavoue le manifeste.

Dimanche 15, à Versailles. — Madame la duchesse de

Bourgogne avoit eu encore un peu de fièvre la nuit, mais elle en étoit entièrement quitte à son réveil; elle se porta bien tout le jour et passa l'après-dînée chez madame de Maintenon; elle entendit la messe, le matin, dans sa chambre. — Violaine, gouverneur de Philippeville, est mort; il avoit été pris dans la citadelle de Liége et étoit encore prisonnier; mais les ennemis lui avoient permis de venir dans sa famille à Philippeville, où il ne faisoit plus aucune fonction. Le roi a donné ce gouvernement à Durepaire, qui a été gouverneur du fort de Scarpe, et ensuite à Bitche, dont le roi lui conservoit les appointements; il est frère de Durepaire, gouverneur du Château Trompette. — Le roi fait une augmentation dans son infanterie de cinq hommes par compagnie; elles n'étoient qu'à quarante-cinq, elles sont à cinquante et de vingt hommes par compagnie. Dans le régiment des gardes, les compagnies étoient déjà à cent vingt-quatre; cette augmentation ici fera qu'ils auront deux bataillons de plus en campagne, et il en restera quelque peu moins auprès du roi.

Lundi 16, *à Versailles*. — Le roi prit médecine; Monseigneur alla à Meudon, où il demeurera jusqu'à samedi. Madame la duchesse de Bourgogne n'a eu nul ressentiment de fièvre. Le roi travailla après son dîner avec M. Pelletier. — Le roi donne à M. de la Rochefoucauld un régiment de cavalerie à lever pour le prince de Marsillac, son petit-fils, qui est dans les mousquetaires, et un au comte de Roucy à lever de même pour le comte de Roye, son fils, qui va entrer dans les mousquetaires. — L'abbé de la Roche-Jacquelin est mort subitement à Paris; il étoit aumônier de madame la duchesse de Bourgogne, et l'avoit été de madame la Dauphine; il avoit deux petites abbayes et deux autres petits bénéfices. — Les plénipotentiaires de l'empereur pour son accommodement avec les mécontents sont partis de Vienne pour Tirnau, où est le lieu d'assemblée pour les conférences; les ministres d'Angleterre et de Hollande y sont déjà arrivés, et milord Marlborough, qu'on attend à Vienne, va presser l'empereur d'accorder aux mécontents tout ce qu'ils demandent.

Mardi 17, *à Versailles.* — Le roi alla l'après-dînée et le soir chez madame de Maintenon; il travailla aux affaires de la marine avec M. le comte de Toulouse, le maréchal de Coeuvres et M. de Pontchartrain. Madame la duchesse de Bourgogne n'a aucun ressentiment de sa fièvre. — Il arriva un courrier de M. de Vendôme qui a été assez longtemps à cause du débordement des rivières; le pont que nous avions sur l'Oglio, au-dessus de Soncino, a été emporté par la crue des eaux. M. le prince Eugène a pris ce temps-là pour repasser l'Oglio, afin que M. de Vendôme ne le pût pas attaquer dans sa marche; les Allemands vont apparemment prendre les quartiers qu'ils avoient à Salo et à Gavardo. — Le roi augmente la gendarmerie de cinq hommes par brigade, cela fera vingt hommes de plus dans chaque escadron, qui est composé de deux compagnies. — Avant que d'entrer en quartier d'hiver, nos troupes en Flandre ont rasé Diest, et les ennemis ne sauroient plus laisser de troupes cet hiver dans les places du Demer.

Mercredi 18, *à Versailles.* — Le roi alla tirer l'après-dînée. Monseigneur vint ici pour le conseil et après le conseil s'en retourna à Meudon; madame la princesse de Conty alla dîner avec lui et elle revint ici le soir. — Il arriva le matin un courrier du prince de Tzerclaës, parti le 7 du royaume d'Aragon. Ce général assiége Monçon, ville moins connue par ses fortifications que par le traité qui y fut fait en 1625 entre la France et l'Espagne pour les affaires de la Valteline. Les révoltés de Catalogne se sont saisis de cette place-là, que M. de Tzerclaës veut reprendre pour les chasser entièrement de l'Aragon. L'archiduc est demeuré à Barcelone; il a envoyé à Lérida le prince de Darmstadt, frère cadet de celui qui a été tué devant Barcelone; il a envoyé milord Peterborough à Girone, et presque tous les vaisseaux sont retournés à Lisbonne, et les plus gros retourneront en Angleterre. — Il arriva un courrier du maréchal de Château-Renaud, qui apporte au roi la nouvelle que les états de Bretagne ont accordé tout d'une voix, et dès la première séance, trois millions pour le don gratuit et deux millions pour la capitation, et cela pour les deux ans qu'il y a d'une tenue d'états à l'autre.

Jeudi 19, *à Versailles.* — Le roi dîna à onze heures; il n'y eut point de conseil; il n'y en a plus guères les jeudis. Il partit à midi pour aller se promener à Marly, d'où il ne revint qu'à la nuit. Monseigneur le duc de Bourgogne, madame la duchesse de Bourgogne et monseigneur le duc de Berry allèrent ensemble dîner à Meudon avec Monseigneur et y menèrent beaucoup de dames; monseigneur le duc de Bourgogne en partit à quatre heures pour revenir ici. Monseigneur, madame la duchesse de Bourgogne et monseigneur le duc de Berry allèrent à Paris à l'opéra de *Philomèle* (1); après l'opéra Monseigneur retourna à Meudon, madame la duchesse de Bourgogne et monseigneur le duc de Berry revinrent de Paris ici. — On a des lettres du maréchal de Villars du 13; il a détaché dix bataillons et quinze escadrons sous les ordres du chevalier du Rozel, qui a pour maréchal de camp sous lui Cilly des dragons; ces troupes vont sur la Sarre et tâcheront d'empêcher le siége de Hombourg, que les ennemis menacent toujours d'attaquer. — On a des lettres de M. de Berwick du 11; tous les vaisseaux qui portent l'artillerie et les munitions sont arrivés à Villefranche; nous avons déjà des batteries de canon contre la ville de Nice et des batteries de mortiers contre le château. Les assiégés n'ont commencé à tirer que le 11 au

---

(1) Paroles de Roy, musique de Lacoste.

matin. Les trois bataillons du régiment Dauphin et le premier de Bourbon, qui avoient été arrêtés par le débordement des eaux, ont joint M. de Berwick.

Vendredi 20, à Versailles. — Le roi alla l'après-dînée se promener à Trianon, et au retour il alla chez madame de Maintenon, où M. de Chamillart lui porta des lettres de M. de la Feuillade. Monseigneur courut le loup à Meudon. Madame la duchesse de Bourgogne se promena en carrosse. — Le roi nous dit à son coucher les nouvelles qu'il avoit eues de M. de la Feuillade; ses lettres sont du 9. Il s'étoit passé une grande action le 8 auprès d'Ast. M. de Savoie et M. de Staremberg ont toutes leurs troupes derrière cette place; ils avoient fait passer dans la ville beaucoup d'infanterie et de cavalerie qui tomba sur des carabiniers et des grenadiers que nous avions à la tête de notre armée, qui étoit en marche. Le commencement du combat nous fut désavantageux, et nos gens furent obligés de plier à l'inégalité du nombre, mais cela fut bientôt réparé; M. de la Feuillade mit pied à terre à la tête des grenadiers, qu'il rallia; il fut joint par quelques escadrons. On repoussa les ennemis jusque dans la contrescarpe; on en tua beaucoup; on leur prit deux étendards; on n'a que deux prisonniers, parce que l'on n'eut pas le temps de faire quartier. Montecuculli, qui commandoit le régiment de Visconti, et plusieurs officiers considérables des ennemis, dont on ne sait pas encore les noms, ont été tués. Nous avons perdu Imécourt des carabiniers, que le roi regrette fort; Goas et Ruffec, maréchaux de camp, y ont été blessés, et Goas l'est dangereusement; Peysac, le comte de Tessé et le chevalier de Bonnelle sont blessés légèrement. M. de la Feuillade se loue fort des officiers et de quelques régiments d'infanterie, surtout d'un bataillon de l'artillerie, qui empêcha les ennemis d'enclouer quelques pièces de canon qu'on avoit fait avancer pour battre le faubourg. Nous avons bien eu quatre cents hommes tués ou blessés à cette affaire, parmi lesquels il y a plus de quarante officiers. M. de la Feuillade va commencer le siége, qui avoit été un peu reculé par l'inondation des rivières qui avoit retardé notre marche. — Il arriva un courrier de M. de Vendôme parti du 12. Ce prince s'est saisi du faubourg de Palazzuolo en deçà de l'Oglio, et dans un postcript de sa lettre il mande qu'il vient d'avoir nouvelle que le prince Eugène avoit abandonné Palazzuolo, Pontoglio, Vrago et tous les postes qu'il avoit en haut de l'Oglio, et qu'il étoit en marche pour se retirer apparemment vers le lac de Garde. Sur ces avis, M. de Vendôme alloit se mettre en marche aussi et comptoit de passer l'Oglio à Soncino le 14 pour resserrer le prince Eugène dans les montagnes.

Samedi 21, *à Versailles.* — Le roi alla l'après-dînée se promener à Marly. Monseigneur revint le soir de Meudon. Madame la duchesse de Bougogne prit médecine. Messeigneurs les ducs de Bourgogne et de Berry allèrent faire des battues dans le parc de Chaville. — Il arriva un courrier de M. de Berwick ; il écrit du 15 et mande que, le 14, la batterie que l'on avoit faite contre la ville étant achevée, on la fit sommer de se rendre, et après plusieurs allées et venues le marquis de Carail tomba d'accord de retirer ses troupes de la ville, ensuite de quoi celles du roi y entrèrent. Le marquis de Carail a voulu nous empêcher d'attaquer le château par la ville, mais l'on s'est conservé la liberté d'en agir comme l'on voudroit. — Le roi a donné des régiments de cavalerie à lever au maréchal d'Harcourt, au comte du Luc, à M. du Châtelet et à M. de Montgon, pour leurs enfants ; le fils de M. d'Harcourt et celui de M. de Montgon vont entrer dans les mousquetaires, celui du comte du Luc et aussi celui de M. du Châtelet sont déjà capitaines de cavalerie. Plusieurs autres gens de condition ont demandé des régiments, mais le roi a déclaré qu'il n'en donneroit pas davantage pour à présent. Le roi a donné aussi un régiment de dragons à lever au marquis d'Épinay, gendre de

M. d'O, et M. de Chamillart leur a dit que le roi n'en lèveroit plus d'autres. Le roi donne aussi au comte de la Motte un régiment de cavalerie pour celui de ses enfants qu'il voudroit; il le donne à l'aîné, qui avoit un petit régiment d'infanterie, et il donne celui d'infanterie au cadet.

Dimanche 22, à Versailles. — Le roi alla l'après-dînée se promener à Trianon et au retour il vit, dans son cabinet, le comte d'Aguilar, un des quatre capitaines des gardes du roi d'Espagne que son maître envoie ici. Le duc d'Albe le présenta au roi, le marquis de la Jamaïque y étoit, et il n'y avoit de François que M. de Torcy ; la conversation fut courte, et le roi le remit au lendemain pour l'entretenir à loisir sur les affaires d'Espagne. — Madame la duchesse de Bourgogne alla l'après-dînée à Saint-Cyr, où madame de Maintenon étoit dès le matin, et au retour elle alla voir Monseigneur chez madame la princesse de Conty. — M. de Chamillart travailla le soir chez madame de Maintenon, et lui porta des lettres de M. de la Feuillade, qui a été obligé, par les pluies continuelles et le débordement des rivières, d'abandonner l'entreprise d'Ast et de se retirer avec toutes ses troupes à Casal. — M. de Nicolaï, premier président de la chambre des comptes, épouse mademoiselle de Lamoignon, fille du président à mortier, à qui l'on donne 200,000 francs comptant, et on lui assure 100,000 francs après la mort de madame Voisin, sa grand'mère. — On publia hier au matin un arrêt qui met les monnoies anciennes sur le pied des nouvelles, les écus à trois livres dix-sept sols et les louis à quatorze livres cinq sols.

Lundi 23, à Versailles. — Le roi, au sortir de la messe, donna audience dans son cabinet au comte d'Aguilar; le duc d'Albe et M. de Torcy étoient à cette audience. A onze heures le roi dîna et puis alla à Marly, où il se promena jusqu'à la nuit ; il travailla à son retour avec M. Pelletier. Le comte d'Aguilar* eut audience de Monseigneur et de toute la famille royale. Nous apprenons par lui que le roi d'Espagne compte de s'aller mettre à la tête de son armée au mois de décembre, résolu de tout hasarder pour chasser l'archiduc de Catalogne. Le comte d'Aguilar assure qu'il y a douze bataillons espagnols bien complets, bien vêtus et bien armés, qu'il y en a douze autres à qui il ne manque que les armes et les habits qui sont en chemin, qu'il a outre cela quatre bataillons de ses gardes et trois bataillons qui viennent de la Navarre en très-bon état, qu'ainsi il aura trente un bataillons, et qu'il y a sept ou huit mille chevaux de très-bonne cavalerie. — J'appris que le roi avoit, depuis un mois, fait brigadier le marquis de Lambert, qui sert en Italie, et il est présentement ici, parce que son régiment est en garnison à Suze, et il n'a appris qu'ici la grâce que le roi lui a faite.

* Le comte d'Aguilar fut dépêché pour persuader au roi de reprendre Barcelone, et y réussit au malheur de l'État et du roi d'Espagne, dont la couronne en fut à deux doigts de sa perte. C'étoit un grand qui étoit Manriquez y Lara, jeune, plein d'ambition, de fausseté, de noirceur et de ruse, et le premier homme d'Espagne en esprit et en capacité, et le plus dangereux dans une cour. Les plus grands emplois lui passèrent par les mains, dont aucun ne lui demeura. Il étoit grand poltron et grand pillard, et ne put s'enrichir; il fut successivement capitaine des gardes, colonel des gardes, chef des finances et plus longtemps de la guerre, capitaine général et commandant en chef, gentilhomme de la chambre et favori, conseiller d'État, c'est-à-dire ministre, et tout cela avec rapidité, jamais content de rien, craint et haï de tous, et a passé les vingt dernières années de sa vie, qui n'a pas été longue, toujours en disgrâce et presque toujours exilé en une commanderie de Saint-Jacques, de 30,000 livres de rente, pour laquelle il quitta la Toison, dont le duc de Frias, connétable de Castille, fut si indigné qu'il demanda le collier qu'il quittoit et remit, pour l'avoir, une commanderie qu'il avoit de 20,000 livres de rente. Alors la Toison et le Saint-Esprit étoient incompatibles avec les autres ordres d'Espagne, dont l'appât des riches et nombreuses commanderies faisoit mépriser la Toison aux Espagnols, qu'ils laissoient aux Italiens et aux Flamands, qui en étoient avides; mais depuis une vingtaine d'années ils ont trouvé moyen de s'accommoder avec Rome, qui les a rendus compatibles moyennant une annate de tous les cinq ans, dont ils obtiennent encore de fortes remises, et depuis ce temps-là les plus grands seigneurs d'Espagne sont devenus fort empressés pour la Toison et peut-être encore plus pour le Saint-Esprit. Le comte de Frigillana, son père, disoit de soi-même, qu'il seroit le plus méchant homme d'Espagne s'il n'avoit pas son fils. Il y auroit bien à en dire sur ce rare et vieux seigneur.

Mardi 24, à Versailles. — Le roi, après le conseil, signa le contrat de mariage du président de Nicolaï avec mademoiselle de Lamoignon. L'après-dînée S. M. alla se promener à Trianon ; Monseigneur y vint avec madame la princesse de Conty et plusieurs dames. — On apprend par les lettres de Madrid du 11 que Ronquillo a été fait président de Castille, que l'on envoie le comte de San-Istevan vice-roi d'Aragon en la place de l'archevêque de Saragosse, qui l'étoit par intérim ; on a donné au duc d'Arcos, frère de la duchesse d'Albe, la vice-royauté de Valence en la place du marquis de Villa-Garcia, qui est fort vieux. Tout se dispose à Madrid pour le départ du roi au mois de décembre, et les Castillans paroissent fort fidèles et fort zélés. — M. d'Escorailles, brigadier de dragons et dont le régiment fut réformé à la paix, a eu la permission d'en lever un nouveau. — M. de Chamillart a eu des avis par le Roussillon que le prince de Tzerclaës avoit attaqué et défait un assez gros corps de révoltés catalans; il y a même quelques lettres qui portent qu'il a repris Lérida, mais on ne croit point ce dernier article et le premier est même incertain. — M. le maréchal de Marsin est arrivé depuis quelques jours et a été très-bien reçu du roi.

Mercredi 25, à Versailles. — Le roi se promena l'après-dînée dans ses jardins et nous dit qu'il ne les avoit jamais trouvés si beaux ; Monseigneur étoit à sa promenade. Au retour le roi travailla chez madame de Maintenon avec M. de Chamillart. Le soir il y eut comédie. — Le prince de Bade a séparé son armée, mais il a laissé de grosses garnisons dans Haguenau, dans Drusenheim et dans Bischweiler; les Brandebourgs vont en Bavière. Il y a pourtant des lettres qui disent que l'électeur, leur maître, leur a envoyé ordre de marcher diligemment en Poméranie. — Le marquis de Beauvilliers, second fils du duc de Beauvilliers, mourut ici de la petite vérole. Il ne lui reste plus de fils que le comte de Saint-Aignan, à qui la petite vérole commence à paroître. M. de Beauvilliers a huit filles, dont il y en a sept religieuses à Montargis dans le même couvent; la huitième est la duchesse de Mortemart, qui n'a point d'enfants. — Le roi Auguste est parti de Saxe sans qu'on sût quelle route il vouloit prendre; il est allé d'abord à Dantzick, et ensuite il a joint à Tycokzin le czar, qui l'avoit menacé de se retirer en Moscovie avec toutes ses troupes s'il ne le venoit joindre promptement. On commence à dire que les Cosaques ne sont pas retournés dans leur pays et qu'ils se joindront aux Moscovites.

Jeudi 26, à Versailles. — Le roi, après la messe, donna une assez longue audience dans son cabinet au R. P. François-Marie, général des carmes, qui s'en va à Rome. Le roi dîna à onze heures et partit à midi pour s'aller promener à Marly, d'où il ne revint qu'à la nuit. Monseigneur alla dîner à Meudon et revint ici le soir. Monseigneur le duc de Bourgogne et madame la duchesse de Bourgogne dînèrent chez la duchesse de Noailles. — M. de Chamillart, qui étoit allé le matin à l'Étang et qui ne devoit point travailler avec le roi, y reçut un courrier de M. de Tessé, et revint à six heures chez madame de Maintenon, où il apporta les lettres de ce maréchal; elles sont écrites de Madrid du 19. Il mande qu'il a eu ordre du roi d'Espagne de laisser la frontière de Portugal à la défense de ce qu'il y a de troupes espagnoles en ce pays-là, et de marcher avec toutes les troupes de France qu'il a en Aragon pour essayer de pénétrer en Catalogne. Ce maréchal est venu à Madrid avec l'intendant de l'armée pour faire préparer ce qui lui sera nécessaire en arrivant en Aragon, et son armée est déjà en marche par différentes routes pour subsister plus aisément; elle a cent soixante lieues de chemin à faire. M. de Tessé croit qu'il laisse la frontière de Portugal trop dégarnie.

* Ce P. François-Marie étoit fils d'une mademoiselle Boisloger, de Compiègne, qui, de chez la duchesse d'Aumont, fille de la maréchale de la Mothe, passa aux enfants de France. Le mérite de ce religieux le porta rapidement aux supériorités et à une grande direction, et de là à la première place de son ordre avant l'âge requis, dont il le fallut dispenser de plusieurs années. Ce fut une grande joie pour les dames de la cour qu'il dirigeoit; il s'acquitta de sa charge de général avec tant de succès qu'il continua le reste de sa vie à occuper les principaux emplois avec une grande considération au dedans et au dehors de son ordre. Ses infirmités lui firent quitter tout ce qu'il put, quelques années avant sa mort, qui est arrivée à soixante-sept ans, cette année 1734 (1), dans le couvent de Paris, avec une grande réputation.

Vendredi 27, à Versailles. — Le roi, au sortir de la messe, travailla avec le P. de la Chaise; il dîna à onze heures, et à midi il alla à Marly, d'où il ne revint qu'à la nuit. Monseigneur et monseigneur le duc de Berry coururent le loup. Monseigneur le duc de Bourgogne dîna avec madame la duchesse de Bourgogne et alla faire des battues dans le parc de Chaville. — On eut des lettres de M. de Berwick du 19, et le roi, à son coucher, nous montra un plan du château de Nice et des attaques. Nous avons une batterie de quarante pièces de canon et une autre de vingt, plusieurs batteries de mortiers; tout cela servi par les canonniers et bombardiers de la marine; une bombe a déjà fait sauter le magasin de sel. Il vient beaucoup de déserteurs de la place; ils assurent qu'il en viendra beaucoup d'autres, parce qu'ils y souffrent beaucoup. Nous

---

(1) Saint-Simon donne ici la date précise à laquelle il écrit ses additions. Dans sa lettre à l'abbé de Rancé, du 29 mars 1699, il lui dit : « Je travaillois à des espèces de mémoires de ma vie, qui comprenoient tout ce qui a un rapport particulier à moi, et aussi un peu en général et superficiellement une espèce de relation des événements de ces temps, principalement des choses de la cour. » En 1734 Saint-Simon complète ses souvenirs en annotant le *Journal de Dangeau*, et en juillet 1743 il écrit l'introduction de ses *Mémoires*, dont la rédaction définitive ne date que de cette époque.

n'avons encore qu'un officier blessé et on ne croit pas que ce siége soit fort meurtrier. — M. le duc d'Orléans a fait de fortes instances auprès du roi pour qu'il plût à S. M. l'envoyer en Espagne et lui donner le commandement des troupes françoises en ce pays-là. Le comte d'Aguilar dit que le roi l'a assuré qu'il enverroit douze mille hommes d'augmentation. Les troupes françoises qui viennent de la frontière de Portugal pour aller en Aragon étoient le 15 de ce mois campées à Almaraz sur la droite du Tage, plus proche d'Alcantara que de Tolède.

Samedi 28, *à Versailles*. — Le roi, outre le conseil de finances qu'il avoit tenu le matin à son ordinaire, tint conseil encore l'après-dînée pour juger un grand procès que les jésuites avoient contre les habitants de Brest; les jésuites gagneront les principaux articles, mais toutes les parties paroissent contentes. — Madame la duchesse de Bourgogne alla à Saint-Germain voir la reine d'Angleterre et fut deux heures enfermée avec elle, comme elle a accoutumé de faire à ces petits voyages-là. A son retour elle alla à la comédie avec Monseigneur. — M. de Chamillart vint trouver le roi chez madame de Maintenon et lui porta des lettres de M. de Vendôme du 20. Il mande au roi que le prince Eugène a fait passer la Chiesa à une partie de son armée, qui campe à Calcinato; l'autre partie, qui est en deçà de la Chiesa, est campée à Carpenedole. M. de Médavy, que M. de Vendôme avoit détaché avec un petit corps de troupes, a pris la petite ville et le château de Calapio, que les ennemis avoient encore gardés au haut de l'Oglio, fort proche du lac d'Iseo. M. de Vendôme doit passer incessamment la Chiesa et rechasser les ennemis encore plus loin dans les montagnes et les éloigner de Desenzano, dont ils sont fort proches à Calcinato ; les Vénitiens ont une assez grosse garnison dans Desenzano, mais peut-être ne le défendroient-ils point.

Dimanche 29, *à Versailles*. — Le roi et toute la maison royale entendirent le sermon, ensuite le roi alla à Trianon se promener. Monseigneur le duc de Bourgogne, madame la duchesse de Bourgogne et monseigneur le duc de Berry allèrent au salut. — Le roi donna un prieuré qu'avoit le feu évêque de Rieux à l'évêque de Comminges ; ce prieuré vaut 1,000 écus de rente, et il a donné au secrétaire de M. le nonce une abbaye qu'avoit l'abbé de la Roche-Jacquelin, qui vient de mourir; cette abbaye vaut plus de 2,000 francs. Le roi a accoutumé de ne donner les bénéfices que les jours qu'il fait ses dévotions; mais il a donné ces deux-ci contre sa coutume ordinaire. — J'appris que la province de Roussillon levoit à ses dépens un régiment de dragons, qui sera commandé par M. Quinson. Le roi a permis aussi au marquis de Rannes d'en lever un ; celui qu'il avoit fut réformé à la paix. — M. l'électeur de Brandebourg ayant rappelé ses troupes qui étoient dans l'armée du prince de Bade, les ennemis n'ont pu faire le siége de Hombourg et ont séparé toutes leurs troupes ; le maréchal de Villars n'a pas encore séparé les siennes. — Toutes les lettres d'Allemagne portent que le roi de Suède et l'électeur de Brandebourg ont fait un traité d'alliance qui doit être confirmé par le mariage du prince électoral avec la sœur cadette du roi de Suède; il y a même de ces lettres qui assurent qu'il y aura un double mariage et que l'électeur épousera la sœur aînée, qui est veuve du duc de Holstein et qui sera héritière du royaume de Suède si le roi de Suède n'a point d'enfants.

Lundi 30, *à Versailles.* — Le roi alla l'après-dînée se promener à Trianon et travailla le soir avec M. Pelletier. On joua ici une comédie nouvelle qui s'appelle *Polydore* (1). — M. de Berwick mande du 23 qu'on a fait un retranchement pour barrer la communication du château à la ville ; que les assiégés sortirent le 22 de leur chemin couvert pour troubler ce travail, qui n'est pas encore dans

---

(1) C'est la première tragédie de l'abbé Pellegrin.

sa perfection. La première compagnie des grenadiers de Hainaut sortit brusquement sur eux, leur tua quelques soldats sur la place et obligea le reste à se retirer avec précipitation; ils demandèrent ensuite une suspension pour retirer leurs morts, ce qu'on leur accorda. Ils firent le même jour une sortie du côté de la mer, qui ne leur réussit pas mieux. On travaille fort aux batteries où notre canon n'est pas encore. — Les officiers de l'armée de M. de Villars commencent à revenir, il y en a déjà d'arrivés.

Mardi 1er décembre, à Versailles. — Le roi alla tirer l'après-dînée et travailla le soir avec M. de Pontchartrain, on croit qu'on expédiera le comte d'Aguilar cette semaine. M. le duc d'Orléans continue à demander très-instamment d'être envoyé en Espagne; on ne lui a point fait de réponse positive là-dessus. — Il arriva un courrier de M. de Tessé, parti de Madrid du 23. Les embarras sont grands pour la subsistance de nos troupes et dans leur marche et quand ils seront arrivés en Aragon; cependant elles continuent toujours leur marche, et le roi d'Espagne doit partir de Madrid à la fin du mois pour aller se mettre à leur tête. Il n'aura d'infanterie espagnole avec lui que son régiment des gardes, qui est de quatre bataillons, et trois bataillons que lui donne la Navarre; mais il aura beaucoup de belle cavalerie. Jeoffreville, lieutenant général, et le comte de Fiennes, maréchal de camp, demeureront sur la frontière de Portugal, et on leur laisse deux régiments de cavalerie françoise et beaucoup d'infanterie espagnole.

Mercredi 2, à Versailles. — Le roi alla l'après-dînée se promener à Trianon et travailla le soir avec M. de Chamillart. Le soir il y eut comédie. — Le comte de Saint-Aignan mourut ici la nuit passée; il ne reste plus de garçons à M. de Beauvilliers. Il n'a qu'une fille mariée, qui est la duchesse de Mortemart; il a sept autres filles, qui sont religieuses. Il a deux frères du second mariage du duc de Saint-Aignan, son père; l'un d'eux est ecclésiastique et dans les ordres, l'autre est chevalier de Malte, qui n'a point fait ses vœux; mais il est à Malte, d'où on lui avoit mandé de revenir il y a trois mois, et on n'a point eu de ses nouvelles depuis (1). — Le comte de Tessé, fils aîné du maréchal, épouse mademoiselle Bouchu, qu'on croit qui aura près de trois millions de bien; mais elle a encore son père et sa mère, et on ne lui donne que 400,000 francs présentement. Le maréchal donne à son fils la terre de Lavardin, qu'il vient d'acheter 530,000 francs, et la lieutenance de roi du pays du Maine. La terre de Lavardin vaut près de 25,000 livres de rente.

Jeudi 3, à Versailles. — Le roi dîna à onze heures et alla se promener dans le parc de Marly, d'où il fait ôter beaucoup de daims et de cerfs, parce qu'il y en a trop. Messeigneurs les ducs de Bourgogne et de Berry allèrent avec madame la duchesse de Bourgogne à la Ménagerie pour y faire la cuisine eux-mêmes; ils mangèrent sur les sept heures et n'avoient point mangé ici avant que de partir. — Le détachement de l'armée de M. de la Feuillade, qui doit joindre M. de Vendôme, est parti de Casal du 20; on mande que les débordements du Pô ont fait de furieux désordres en ce pays-là. — Le czar a laissé le commandement de son armée au roi Auguste et s'en retourne à Moscou, où il y a de nouvelles brouilleries. Le roi Auguste a donné l'archevêché de Gnesne à l'évêque de Cujavie, le roi Stanislas l'a donné à l'archevêque de Léopol; ainsi il y aura deux primats en Pologne comme il y a deux rois. — Le roi a donné 1,000 francs de pension à Parifontaine, un des plus anciens exempts de ses gardes. — L'abbé de Chamilly, frère du maréchal, est mort; il avoit deux abbayes en Franche-Comté.

---

(1) Ce fait n'est point vrai, car M. le chevalier de Saint-Aignan, depuis duc de Saint-Aignan, étoit revenu de Malte avant la mort de ses neveux. (*Note du manuscrit de la Bibliothèque de l'Arsenal.*)

Vendredi 4, à Versailles. — Le roi alla l'après-dînée se promener à Trianon ; les bâtiments qu'il y fait faire s'avancent fort. — Les dernières nouvelles qu'on a de Nice sont du 28 ; on a poussé un boyau qui va depuis la gauche de nos batteries, qui sont au-dessous de Montalban, jusques à la plage ; nos batteries ne sont pas encore prêtes. — Le roi a donné une pension de 500 écus à Marsillac, colonel de cavalerie, qui a été estropié en Italie cette campagne. — M. de la Feuillade a envoyé ici M. de Mauroy, qui est officier général dans son armée et inspecteur de la cavalerie, qui vient représenter ici le besoin que les capitaines de cavalerie ont que le roi leur donne quelque gratification pour rétablir leurs compagnies ; ils ont perdu beaucoup de chevaux dans les dernières marches. Le détachement de cette armée qui doit aller joindre M. de Vendôme a été longtemps arrêté en chemin par le débordement des rivières. M. de Vendôme a passé la Chiesa à Azola. Le prince Eugène rentre dans ses montagnes ; il avoit dans son armée trois régiments de l'électeur de Brandebourg, qui sont rappelés par leur maître, dont le traité d'alliance est conclu et ratifié avec le roi de Suède.

Samedi 5, à Versailles. — Pendant que le roi étoit au conseil de finance, le major du régiment de la Fare, dont le colonel commande au blocus de Montmélian, arriva ici et porta ses lettres à M. de Chamillart. Le gouverneur de Montmélian, qui est le comte Tanne, frère de Santenas, qui mourut à la Trappe, a demandé à capituler. Il y a près de deux ans que la place est bloquée, et la garnison est réduite par la famine aux dernières extrémités ; cependant ils demandent par la capitulation à ne sortir de la place que le 1er de janvier, et cela même n'est qu'en cas qu'ils ne soient point secourus jusqu'à ce temps-là. Le roi a renvoyé ce major sur-le-champ avec ordre à M. de la Fare de faire dire à la garnison qu'il n'y avoit point de capitulation à espérer s'ils ne se rendoient en deux fois vingt-quatre heures. Les sept bataillons et le régiment de dragons qui sont au blocus de cette place sont destinés à marcher en Roussillon, et l'on croit que l'on fera sauter Montmélian. — Le roi dîna de bonne heure et alla se promener dans la forêt de Marly, où il y a des toiles tendues pour prendre beaucoup de daims et de cerfs, parce qu'il y en a trop dans ce parc, et on les envoie dans le parc de Boulogne.

Dimanche 6, à Versailles. — Le roi, au sortir du conseil, entretint quelque temps M. le duc d'Orléans, et ce prince, en sortant d'avec le roi, parla à M. de Chamillart assez longtemps; on commence à assurer que ce prince n'ira point en Espagne. Le roi alla tirer l'après-dînée; il n'y eut point de sermon; il est remis à la Notre-Dame, qui sera mardi. — Les ennemis en Flandre font beaucoup travailler à Tongres et à Leauw, dont ils prétendent faire une bonne place en faisant un ouvrage à corne sur la hauteur du côté de Tongres. — On mande de plusieurs endroits d'Allemagne que l'empereur a perdu toute espérance d'accommodement avec les Hongrois, et que les ministres de Hollande et d'Angleterre sont de retour de Tirnau, et ont eu de grandes conférences à Vienne avec milord Marlborough, qui y est encore. On mande aussi que les peuples de Bavière, qui ont pris les armes contre l'empereur, qui les accabloit d'impositions extraordinaires, se renforcent tous les jours; on assure même qu'ils se sont rendus maîtres de Straubing sur le Danube et de Braunau sur l'Inn.

Lundi 7, à Versailles. — Le roi dîna à onze heures; il n'y eut point de conseil; il alla après son dîner se promener dans la forêt de Marly. Monseigneur alla dîner à Meudon avec madame la Duchesse et revint ici pour la comédie, qui fut si longue que quand Monseigneur et madame la duchesse de Bourgogne remontèrent ils trouvèrent le roi à table avec monseigneur le duc de Bourgogne. — Le détachement de l'armée de M. de la Feuillade a joint M. de Médavy, qui, avec les troupes que lui avoit laissées M. de Vendôme sur le haut de l'Oglio, aura seize ou dix-sept bataillons et autant d'escadrons; il joindra M. de Vendôme sur la Chiesa, si ce prince croit en avoir besoin, ou, avec ce corps séparé, il pourra incommoder les ennemis sur les derrières et troubler leur communication avec Brescia. — Madame la princesse d'Épinoy a acheté le comté de Saint-Paul en Artois; elle l'a au denier vingt; c'est une des plus nobles terres du royaume, et la principale terre de la maison d'Épinoy en relève; le roi lui a donné les lods et ventes. — M. le prince de Conty, qui a acheté la terre de Beaumont sur Oise de madame la maréchale de la Mothe, en est allé prendre possession; cette terre est du domaine, mais elle touche à l'Ile-Adam et par là convenoit à M. le prince de Conty.

Mardi 8, *à Versailles.* — Le roi et toute la maison royale entendirent l'après-dînée le sermon et vêpres. Madame la duchesse de Bourgogne, qui étoit un peu incommodée, l'entendit de la tribune; après vêpres le roi alla se promener à Trianon. Monseigneur le duc de Bourgogne et madame la duchesse de Bourgogne revinrent au salut. — M. de Surville est à la Bastille depuis quelques jours; il y a été conduit par un exempt de la connétablie, qui l'étoit allé prendre à Arras. Le roi n'a point voulu juger l'affaire, comme on espéroit qu'il feroit; il l'a laissée au jugement des maréchaux de France, qui en sont très-affligés, parce qu'il faudra qu'ils jugent selon la sévérité des ordonnances. — Le chevalier de Villeneuve, enseigne des gardes du corps de la compagnie de Boufflers, ne pouvant plus servir à cause de ses incommodités, se retire; le roi lui donne 4,000 francs de pension. Vernassal, aide-major de la compagnie, aura l'enseigne, et l'aide-majorité est donnée à la Billarderie, ancien exempt de la compagnie, et le bâton d'exempt est donné au chevalier d'Oppède, capitaine de cavalerie dans la colonelle générale.

Mercredi 9, *à Versailles.* — Le roi prit médecine et travailla le soir avec M. de Chamillart. Monseigneur alla dîner à Meudon après avoir couru le loup; il ne reviendra que lundi, et ira droit à Marly. — Trente compagnies de grenadiers de l'armée que commandoit M. de Villars sont en marche pour aller à Auxonne, où elles s'embarqueront sur la Saône et le Rhône; leur ordre est d'aller à Antibes. — L'abbé de Chamilly, qu'on avoit dit mort, ne l'est pas. — Il y a un grand différend dans la basse Allemagne pour l'évêché de Lubeck : pendant la vie du dernier évêque, une partie des chanoines avoient élu pour coadjuteur le prince administrateur de Holstein-Gottorp; l'autre partie avoit élu le prince Charles, frère du roi de Danemark; à la mort de l'évêque, l'administrateur se saisit d'Eutin, capitale de l'évêché; les troupes que le roi de Danemark a données à son frère se sont saisies de la ville d'Eutin, et l'administrateur est maître du château. On croit que le roi de Suède fait marcher les troupes qu'il a dans le duché de Brême et de Poméranie pour soutenir les intérêts de l'administrateur, et que le roi de Danemark, pour soutenir ceux de son frère, sera obligé de rappeler les troupes qu'il a au service des Hollandois.

Jeudi 10, à Versailles. — Le roi tint le matin conseil qu'il n'avoit pas tenu hier; Monseigneur y vint de Meudon, où il s'en retourna dîner. — Il arriva le matin un courrier de M. de Vendôme, ses lettres sont du 1er de ce mois. Il date du camp auprès de Lonato. Le prince Eugène est campé entre Calcinato et la ville de Lonato; il a même mis son infanterie dans les fossés de cette place et sa gauche s'étend quasi jusqu'au lac de Garde. M. de Vendôme occupe toutes les hauteurs au-dessus de Lonato et a fait entrer des dragons dans le faubourg de Desenzano, dont les ennemis se vouloient saisir; mais nous les avons prévenus par notre diligence. Les armées se canonnent, et comme nous avons la hauteur sur les ennemis, notre canon fait plus d'effet que le leur; leurs déserteurs, qui viennent en grand nombre, assurent qu'en un jour on leur a tué plus de deux cents hommes; M. de Vendôme espère de les faire sortir bientôt d'où ils sont. On compte dans l'armée des ennemis que le prince Eugène ira faire un tour à Vienne et que le comte de Staremberg commandera en sa place. Ce colonel a eu ordre de l'empereur de se séparer de M. de Savoie pour aller commander ailleurs, et on croit qu'il ira en Hongrie quand le prince Eugène sera de retour de Vienne. — Le roi donna le matin audience à M. de Roquelaure* dans son cabinet, dont ce duc sortit fort content, étant pleinement justifié des accusations qu'on avoit faites contre lui, la campagne passée, quand Marlborough entra dans nos lignes.

* Roquelaure avoit besoin de toute la puissance de l'orviétan (1) pour se tirer de l'état où sa fuite des lignes et le désordre qui s'en étoit suivi l'avoit précipité. Il y trempa longtemps, et y trempe encore aux yeux du monde, et n'a pas servi depuis ; mais le roi, anciennement épris des charmes de mademoiselle de Laval, qui entra fille d'honneur de madame la dauphine de Bavière sans avoir de chausses, la maria à Biron, fils de Roquelaure, duc à brevet, et lui donna un brevet de duc en mariage. On n'oubliera guère le mot qu'il dit en pleine et nombreuse compagnie, à la couche de sa femme, qui ne se fit rien moins qu'attendre et dont est venue la princesse de Léon : « Soyez la bienvenue, mademoiselle, lui dit Roquelaure, je ne vous attendois pas sitôt. » C'étoit un plaisant de profession, et, comme l'on voit ici, jusque sur soi-même, qui, à travers de beaucoup de bas comique, en disoit quelquefois d'assez bonnes. Le roi eut toujours de la considération et de la distinction pour madame de Roquelaure, née aussi plus que personne pour cheminer dans une cour, et ne put enfin résister à ses peines sur la situation de son mari. Nous le verrons bientôt récompensé du commandement de Languedoc, pour le tirer moins honteusement du service, et il y demeura bien au delà de la vie du roi. Il est immense, les biens que le crédit et l'art de cette femme sut acquérir, qui fit de sa maison une des plus riches de France, elle qui n'y avoit rien apporté et qui l'avoit trouvée fort obérée ; mais la beauté

---

(1) Voyez dans le second acte de *l'Amour médecin* la chanson du charlatan qui se termine par ce refrain :

O grande puissance
De l'orviétan !

Ces mots étaient probablement passés en proverbe.

heureuse étoit, sous le feu roi, la dot des dots, dont madame de Soubise est bien un autre exemple ; celle-ci pourtant fit si bien avec son Languedoc et son industrie que longtemps après la mort du roi, et en 1724, elle fit encore son mari maréchal de France, dans cette rare promotion qu'en fit M. le Duc, alors premier ministre.

Vendredi 11, à Versailles. — Le roi dîna à onze heures et alla se promener dans le parc de Marly pour voir les cerfs, les biches et les daims que M. d'Ecquevilliers a fait enfermer dans les toiles. — Le duc de Noailles fut enfermé avec le roi dans son cabinet au sortir de la messe, et nous sûmes après l'audience que le roi l'envoyoit dans son gouvernement de Roussillon, où il souhaitoit fort d'aller depuis que sa santé est rétablie ; quand les troupes que nous envoyons de ce côté-là seront jointes à l'armée du roi d'Espagne, il servira de maréchal de camp sous le roi d'Espagne. — Noblet, qui faisoit la charge de secrétaire des commandements de monseigneur le duc de Bourgogne, est mort depuis quelques jours ; le roi fera faire cette fonction-là par M. de Charmont, secrétaire du cabinet, et c'est au secrétaire du cabinet que cette fonction doit appartenir naturellement. On ne lui donne aucune augmentation d'appointements pour cela. — Un troisième fils de M. de Saint-Germain-Beaupré, qui avoit servi en Espagne et qui avoit une commission de colonel, est mort à Paris de la petite vérole, qui est fort dangereuse cette année (1).

Samedi 12, à Versailles. — Le roi, après le conseil de finances, entretint encore M. de Chamillart assez longtemps, et après dîner il retourna encore dans le parc de Marly, où il vit prendre cent trente cerfs, biches ou daims ; on les prit dans des panneaux, on les mena sur

---

(1) « Le pourpre et la petite vérole sont tellement à Versailles que dans le grand commun il y meurt tous les jours bien des gens, et on a fait dire aux maîtres d'hôtel et officiers du roi de se loger dans la ville aux maisons les plus saines. » (*Lettre de la marquise d'Huxelles*, du 11 décembre.)

l'heure dans le bois de Boulogne, et il n'y en a eu que cinq qui se soient tués. Madame la duchesse de Bourgogne voulut les aller voir prendre, quoiqu'il fît un assez vilain temps; elle se promena même longtemps à pied et en fut un peu incommodée le soir. — On eut des lettres de Madrid du 4; le roi d'Espagne a fait la revue de quelques régiments françois qui ont passé là auprès, venant d'Estramadure, et continuent à marcher en Aragon. La flotte ennemie qui étoit devant Barcelone a débarqué à Alicante le marquis d'Ayetonne, que le roi d'Espagne a fait colonel de ses gardes; on dit aussi qu'ils ont débarqué à Malaga M. de Velasco et les prisonniers qu'ils avoient faits à Barcelone. — M. Ducasse, qui revenoit de Madrid pour recevoir ici les ordres du roi sur le départ des galions, est tombé en chemin, et a été obligé de rester à Amboise.

Dimanche 13, *à Versailles.* — Le roi, après avoir entendu le sermon avec toute la maison royale, vouloit aller se promener à la Ménagerie; mais le vilain temps l'en empêcha; il entra de fort bonne heure chez madame de Maintenon et travailla longtemps avec M. de Chamillart. M. le duc de Bourgogne, après le sermon, entendit vêpres, et retourna encore au salut. Madame la duchesse de Bourgogne et monseigneur le duc de Berry allèrent au salut. Monseigneur entendit à Meudon un musicien de M. l'électeur de Bavière, qu'on trouva qui chantoit très-bien; c'étoit dans la chambre de madame la princesse de Conty, qui étoit partie d'ici après la messe pour aller dîner à Meudon avec Monseigneur. — Pendant que le roi étoit au conseil le matin, il arriva un courrier de Montmélian, et le roi nous dit à son dîner que le gouverneur de cette place s'étoit ravisé, et qu'il étoit enfin convenu de nous livrer la porte de Montmélian le 12, et que la garnison en sortiroit le 17. On fait partir des mineurs en poste pour faire sauter cette place de manière qu'on ne puisse la raccommoder à l'avenir.

Lundi 14, *à Marly*. — Le roi dina à onze heures à Versailles et puis vint courre le cerf ici ; après la chasse il se promena dans ses jardins jusqu'à la nuit, et travailla ensuite chez madame de Maintenon avec M. Pelletier. Monseigneur revint ici le soir de Meudon. Madame la duchesse de Bourgogne fut incommodée toute la journée ; elle n'alla point à la messe ; elle garda le lit à Versailles jusqu'à six heures et puis elle monta en carrosse pour venir ici, où elle se coucha en arrivant. Madame n'est point de ce voyage, elle s'est donné une entorse qui l'a obligée de demeurer à Versailles ; il n'y a pas beaucoup de dames à ce voyage. Le roi a amené beaucoup d'officiers généraux de ses armées ; il y en a même quelques-uns qui n'étoient jamais venus ici (1). — L'électeur de Bavière et le maréchal de Villeroy ont reçu des lettres de Hollande des gens qui ont accoutumé de leur mander des nouvelles sûres ; ces lettres portent que l'augmentation des troupes proposée pour la campagne qui vient ne se fera point. Les Anglois vouloient obliger les Hollandois à n'avoir aucun commerce avec la France, pas même par lettres, et les Hollandois ne l'ont pas jugé à propos, cela leur étant trop préjudiciable et à leurs États.

Mardi 15, *à Marly*. — Le roi se promena tout le matin et toute l'après-dînée dans ses jardins. Madame la duchesse de Bourgogne ne souffre plus de sa migraine. — On reçut des lettres du siége de Nice du 7. Notre canon devoit tirer le 8 au matin, et nous avons plus de soixante-dix pièces de gros canon en batterie. M. de Laval, colonel du régiment de Bourbon, a été dangereusement blessé. — On a eu nouvelle que M. de Staremberg est arrivé à l'armée du prince Eugène, qu'il commandera en l'absence de ce prince, qui va faire un tour à Vienne. — On mande

---

(1) « Sa Majesté va demain à Marly. La bougie, les écritoires, le chocolat, thé et café y sont retranchés, et les dames n'y mèneront que chacune une femme. » (*Lettre de la marquise d'Huxelles*, du 13 décembre.)

de Catalogne que les peuples de ce pays-là commencent à être fort dégoûtés de l'archiduc ; il fait de grosses impositions sur la campagne et sur les villes, particulièrement dans Barcelone ; il a pris deux églises de la ville pour les donner aux Anglois et aux Hollandois, qui y prêcheront présentement ; il a ôté l'inquisition, et tout cela déplaît fort aux habitants, même à ceux qui lui sont le plus affectionnés.

Mercredi 16, *à Marly*. — Le roi tint conseil le matin comme à son ordinaire et se promena l'après-dînée dans ses jardins. Madame la duchesse de Bourgogne alla à Saint-Germain voir la reine d'Angleterre, qui a la fièvre depuis quelques jours ; elle est même fort abattue. — La brigade des carabiniers vacante par la mort d'Imécourt a été donnée à Rouvray, mestre de camp de cavalerie, et on lui donne permission de vendre son régiment ; c'est M. du Maine qui l'a proposé au roi. — On mande de plusieurs endroits d'Allemagne que les Bavarois, las des oppressions des troupes de l'empereur, se sont assemblés au nombre de vingt mille, que leur nombre augmente tous les jours, qu'ils ont plusieurs officiers à leur tête, et que depuis peu de jours ils ont encore pris Scharding et Wasserbourg, qui sont sur l'Inn ; on savoit déjà qu'ils avoient pris Braunau sur la même rivière et Straubing, qui est sur le Danube.

Jeudi 17, *à Versailles*. — Le roi, après la messe, alla courre le cerf ; Monseigneur et monseigneur le duc de Berry étoient à la chasse. — Il arriva un courrier de M. Amelot, notre ambassadeur à Madrid ; l'armée de M. de Tessé marche toujours en Aragon ; mais on craint de ne pas trouver en ce pays-là tout ce qui seroit nécessaire pour la subsistance des troupes. Les lettres venues par ce courrier sont du 10, et l'on disoit toujours que le roi d'Espagne partiroit à la fin du mois. — On mande de Hollande que, le 7 de ce mois, le vaisseau hollandois que montoit le sieur Vander-Dussen, revenant de Catalogne, avoit péri à l'entrée de la Meuse, auprès de Gorée; ce vaisseau étoit de quatre-vingt-dix pièces de canon et la plus grande partie canon de bronze. — Le duc de Noailles vint ici prendre congé du roi.

Vendredi 18, *à Marly.* — Le roi alla l'après-dînée à Saint-Germain voir le roi et la reine d'Angleterre, qui se portent mieux. — On eut des lettres du siége de Nice du 9; voici une copie de la lettre du duc de Berwick : Hier, notre artillerie commença à tirer et s'occupa tout le jour à ruiner les parapets et démonter les canons des ennemis, lesquels firent aussi de leur côté un très-grand feu. Les déserteurs arrivés cette nuit assurent qu'ils ont eu quatre pièces de démontées et plus de cinquante hommes tués; nous en avons perdu une vingtaine tant tués que blessés, parmi lesquels se trouve malheureusement M. Filley, chef de nos ingénieurs, qui a été tué d'un même coup avec M. de Charmont, brigadier d'ingénieurs; c'est une perte pour le roi que le premier, car il étoit homme très-sage et très-capable. Aujourd'hui partie de notre bat en brèche, et partie continue à ruiner les défenses et les parapets.

Samedi 19, *à Versailles.* — Le roi, après la messe, alla courre le cerf et, malgré le vilain temps, il fit la plus belle chasse du monde; Monseigneur et monseigneur le duc de Berry y étoient. Après le dîner le roi se promena dans ses jardins jusqu'à quatre heures et puis partit pour revenir ici. Madame la duchesse de Bourgogne en partit un peu avant lui, et en arrivant ici elle alla chez Madame. Le roi travailla le soir chez madame de Maintenon avec M. de Chamillart. — Le maréchal de Villars arriva après avoir visité les places de la Sarre. — On parle fort du mariage de mademoiselle de Mailly avec M. le marquis de Listenois et de celui du comte d'Uzès avec madame Hamelin. — Madame la duchesse de Savoie est accouchée d'un troisième prince, qu'on appellera le duc de Chablais; M. de Savoie a donné part au roi de sa naissance. — Le roi, depuis quelques jours, a fait brigadier le marquis de Sillery, qui sert en Espagne; il est colonel d'un régiment qui porte son nom et qu'il avoit acheté du maréchal de Catinat.

Dimanche 20, *à Versailles.* — Le roi, après avoir entendu le sermon, où toute la maison royale étoit avec lui, alla se promener à Trianon. — Il arriva le matin un courrier de M. de Vendôme; ce prince mande au roi qu'il a séparé ses troupes en différents quartiers, où elles sont fort à leur aise, et qu'il s'est saisi de Desenzano, où il a laissé six bataillons et quelques régiments de dragons; le prince Eugène a séparé ses troupes aussi, et nos quartiers seront fort près de ceux des ennemis. — Le roi nous dit à son petit coucher (il n'y en a plus de grands depuis Pâques*) que la garnison étoit sortie de Montmélian le 17, comme on en étoit convenu. On a trouvé dans la place beaucoup d'artillerie et trois cent quarante milliers de poudre, dont on emploiera une partie à faire sauter les fortifications; les mineurs y travaillent déjà. — Le roi a fait réponse au duc de Savoie sur la naissance du duc de Chablais.

* La longue goutte que le roi avoit eue avoit accoutumé à n'avoir point de grand coucher, et cette habitude, qui lui fut commode, ne lui permit pas de le rétablir.

Lundi 21, *à Versailles.* — Le roi alla l'après-dînée se promener à la Ménagerie par le plus vilain temps du monde, car il ne fit que pleuvoir et neiger. Madame la duchesse du Maine joua une comédie à Clagny, où étoient M. le duc d'Orléans, madame la princesse de Conty et beaucoup de gens de la cour*. — On avoit débité à Vienne la nouvelle que les mécontents de Hongrie avoient été entièrement défaits en Transylvanie, que le comte Forgatsch avoit été tué et que le prince Ragotzki avoit eu le bras emporté d'un coup de canon; mais la nouvelle s'est trouvée fausse. — Les dernières lettres d'Espagne nous apprennent que S. M. C. ne doit partir de Madrid que le 12 du mois qui vient; la reine demeurera régente en son absence; tous les ministres demeureront auprès d'elle; l'ambassadeur de France y demeurera aussi. — Le prince de la Mirandole, qui est dans le parti de la France, a fait demander en mariage mademoiselle d'Elbeuf, sœur de la duchesse de Mantoue; c'est M. et madame de Vaudemont qui ont négocié cette affaire, qui se conclura ce printemps; elle aura 400,000 francs, et on compte qu'il aura 100,000 écus de rente.

*¡Madame du Maine avoit depuis longtemps secoué le joug de la contrainte, et ne s'embarrassoit pas plus du roi ni de M. le Prince, son père, que de M. du Maine, qu'elle avoit subjugué. Elle s'étoit fait craindre à lui par beaucoup de hauteur, qui lui faisoit sentir l'inégalité de son mariage, et par une humeur qui l'inquiéta sur sa tête, et qui le détermina, pour avoir plus tôt fait, de la laisser entièrement la maîtresse; et le roi, complaisant pour M. du Maine, ferma les yeux à tout; au moyen de quoi, M. le Prince n'eût pas été bien reçu à contrarier. Elle se lâcha donc à tout ce qui lui plut, en fêtes, en bals, en feux d'artifices, et s'adonna tellement à jouer des comédies en public à Clagny, maison bâtie superbement, presque dans Versailles, pour madame de Montespan, et qui étoit venue d'elle à M. du Maine, que pendant bien des années elle ne fit presque plus autre chose.

Mardi 22, à Versailles. — Le roi, pour raccommoder la cavalerie d'Allemagne, qui a extrêmement souffert cette année, n'oblige les capitaines qu'à mettre huit chevaux nouveaux dans leurs compagnies, et le roi leur donnera 100 écus par chaque cheval qui leur manquera de plus; toute la cavalerie de cette armée-là a presque autant perdu que l'année passée. — On travaille en Flandre à un échange pour les prisonniers, et on compte que cela sera réglé avant la fin du mois. — M. le cardinal de Coislin est revenu ici de son évêché d'Orléans pour les fêtes de Noël; il a parlé au roi sur une affaire qu'un chevau-léger de la garde a voulu faire à M. l'évêque de Metz*, son neveu. Le roi avoit ordonné à M. de Chamillart, qui a Metz dans son département, d'écrire à l'intendant de la province d'assoupir et de finir cette affaire ; mais comme elle a fait beaucoup de bruit et que c'étoit une méchanceté atroce qu'on vouloit faire à M. l'évêque de Metz, le cardinal de Coislin a supplié le roi, de sa part et de celle de son neveu, que l'affaire fût éclaircie et qu'on punisse ceux qui méritoient de l'être, ajoutant que, si M. l'évêque de Metz avoit tort, il falloit lui ôter son évêché et sa charge, mais qu'il étoit juste aussi que, s'il étoit entièrement innocent, que la réparation de la calomnie fût publique et fût proportionnée à la méchanceté qu'on lui a voulu faire.

* Jamais aventure si éclatante, si ridicule, ni avec un si léger fondement : un enfant de chœur de la cathédrale de Metz, fils d'un chevau-léger de la garde, sortit pleurant et s'enfuyant de l'appartement de M. de Metz, tandis que tout le domestique dînoit, et s'alla plaindre à sa mère que M. de Metz l'avoit cruellement fouetté. De ce fouet fort indiscret, s'il fut vrai, et fort peu du métier et de la dignité d'un évêque, des gens charitables voulurent faire entendre pis. La plainte du fouet seulement fut portée au roi, et le reste lui fut jeté en soupçon, tellement que cela fit un vacarme épouvantable, qui s'en alla tôt après en fumée. Le rare est que M. de Metz s'étoit fait prêtre, de concert avec son oncle, malgré son père, qui le vouloit marier, voyant le marquis de Coislin impuissant plus que reconnu depuis son mariage ; que l'abbé de Coislin dit pour ses raisons qu'en quittant sa survivance de premier aumônier, son abbaye et ses espérances ecclésiastiques, il mourroit de faim, tant que son aîné, qui ne l'étoit de guère, vivroit, et on crut que, se sentant impuissant lui-même, il ne voulut pas s'exposer au mariage comme avoit fait son frère. La vérité est qu'il n'avoit ni peu ni point de barbe, et quoique sa vie n'eût jamais été ni dévote ni bien mesurée, on n'avoit jamais pu attaquer ses mœurs. La suite de sa vie, qui a duré jusqu'en 1733 et qui a été infiniment réglée, appliquée à son diocèse et toute éclatante des plus grandes et des meilleures œuvres en tout genre, a magnifiquement démenti ou l'imprudence, ou le guet-apens dont son oncle et lui pensèrent mourir de douleur, et dont la santé du cardinal, qui étoit la vertu, la pureté et l'honneur même, ne s'est jamais bien rétablie.

Mercredi 23, *à Versailles.* — Le roi fut enfermé toute l'après-dînée avec le P. de la Chaise, comme il s'y enferme toujours la veille des jours qu'il doit faire ses dévotions. Le roi travailla le soir avec M. de Chamillart, et le bruit se répand fort qu'on songe plus que jamais à faire le siége de Turin au commencement du printemps. Quelques régiments de cavalerie, qui ont servi cette campagne dans l'armée du maréchal de Villars, sont arrivés en Savoie; on les a mis dans de bons quartiers. Les trente-deux compagnies de grenadiers de cette armée-là qu'on fait marcher à Nice et qu'on vouloit embarquer sur la Saône continuent leur marche par terre, parce que les rivières sont débordées; elles ne pourront arriver à Nice que le 10 de janvier. — Il arriva un courrier de M. Amelot, parti le 15 de Madrid. Cet ambassadeur mande au roi qu'un régiment de cavalerie espagnole, qui étoit au blocus du château de Denia, dans le royaume de Valence, que le roi d'Espagne vouloit reprendre, s'étoit révolté en se déclarant pour l'archiduc, qu'ils s'étoient encore emparés de deux petites villes en ce pays-là, et qu'ils avoient arrêté un officier général qui commandoit au blocus; ce régiment-là étoit presque tout composé de Catalans.

Jeudi 24, *à Versailles.* — Le roi, Monseigneur, monseigneur le duc de Bourgogne et madame la duchesse de Bourgogne firent leurs dévotions; ils allèrent à vêpres et au salut. Entre vêpres et le salut le roi fit la distribution des bénéfices. L'évêché de Rieux est donné à l'abbé de Ruthie, grand vicaire de Cominges; il étoit de la dernière assemblée du clergé. L'abbaye de Lezat, diocèse de Rieux et qui vaquoit par la mort du dernier évêque, est donnée à l'abbé d'Uzès, frère du duc; il est chanoine de Strasbourg; cette abbaye vaut 5,000 francs. L'abbaye de la Capelle, diocèse de Toulouse, est donnée à l'abbé de Montlezun, frère de celui qui est exempt des gardes du corps. L'abbaye de Saint-Polycarpe, diocèse de Narbonne, est donnée à l'abbé Maria. — Milord Marlborough est revenu à la Haye, et doit repasser incessamment en Angleterre; il a obtenu peu de choses de l'électeur de Brandebourg dans le voyage qu'il a fait à Berlin. — Le roi soupa à neuf heures, et en sortant de table il alla avec toute la famille royale dans la tribune, où il entendit matines et les trois messes de minuit. Le maréchal de Villeroy arriva pendant qu'on chantoit matines ; le roi le vit de loin, il lui fit une mine très-gracieuse, et ce maréchal lui fit la révérence au sortir de la chapelle, et le roi l'embrassa ; on ne peut pas avoir été reçu plus agréablement.

Vendredi 25, jour de Noël, à Versailles. — Le roi et toute la famille royale entendirent la grand'messe, et l'après-dînée le sermon et vêpres. Le soir le roi donna une longue audience au maréchal de Villeroy chez madame de Maintenon. — On eut des nouvelles de Nice par l'ordinaire, et comme il y avoit deux ordinaires qu'il n'en étoit point venu, à cause du débordement des rivières, les lettres sont du 12, du 14 et du 16. La tranchée fut ouverte le 11. Nos batteries sont servies à merveille ; nous avons un mineur attaché qui a trouvé une langue de terre et qui fait espérer qu'on verra bientôt un grand effet de sa mine. — M. de Bouzoles a vendu le régiment royal de Piémont 91,000 francs à M. de Manicamp, fils du vieux Montataire et demi-frère de Lassay. M. de Broglio a vendu le régiment du roi de cavalerie à M. de Saint-Privas 93,000 francs. — On a eu des lettres de Schaffouse de M. de Plancy, lieutenant de la gendarmerie, qui s'est sauvé d'Ulm, où il étoit retenu prisonnier fort injustement, sous prétexte que M. de Blainville devoit aux magistrats de la ville une somme d'argent assez considérable. Le pauvre d'Argelos, colonel du régiment de Languedoc, y est encore retenu sous le même prétexte. — Le roi donna le soir audience au maréchal de Villars chez madame de Maintenon ; il n'en avoit point eu depuis son retour.

Samedi 26, à Versailles. — Le roi alla l'après-dînée se promener à Trianon, où il y a beaucoup à travailler pour les bâtiments, parce qu'on a trouvé toutes les poutres pourries. Monseigneur alla dîner à Meudon, où il demeurera jusqu'à mercredi ; il y a mené vingt-deux courtisans parmi lesquels il y a deux ou trois jeunes gens qui n'y

32.

avoient jamais été. Monseigneur le duc de Bourgogne et madame la duchesse de Bourgogne allèrent à vêpres. — Nous avons huit gros vaisseaux à Toulon prêts à mettre à la voile pour aller à Barcelone empêcher qu'il n'y entre par mer aucun convoi de vivres ni de munitions et tâcher de combattre les six vaisseaux que les ennemis y ont laissés. On a reçu des lettres de Saragosse du 13; Puységur et l'intendant de l'armée y étoient arrivés du 8. La tête de nos troupes y devoit arriver le 15, et tout sera assemblé dans la fin du mois. Le maréchal de Tessé doit être parti de Madrid du 15 pour s'y rendre; cette armée sera composée de dix-huit bataillons françois, de deux bataillons du régiment des gardes espagnoles et de quelques milices de Navarre qui feront deux bataillons. Nous y aurons quinze escadrons françois et quinze espagnols. Ces troupes suffiroient, à ce qu'on mande, pour reprendre Lérida, Tortose et Taragone; mais, par malheur, on manque de tout en Aragon; il n'y a ni canon ni poudre; les troupes auront bien de la peine à y subsister.

Dimanche 27, *à Versailles.* — Le roi vouloit aller tirer l'après-dînée, mais le vilain temps l'en empêcha; il entra de bonne heure chez madame de Maintenon et l'envoya querir à Saint-Cyr, où elle étoit allée dès le matin, comme elle y va presque tous les jours. Monseigneur le Dauphin, monseigneur le duc de Bourgogne, madame la duchesse de Bourgogne et monseigneur le duc de Berry allèrent à vêpres et au salut. — On eut par l'ordinaire des lettres du duc de Berwick du 19. Il mande que nous perdons peu de monde au siége, que les batteries qui sont sous Montalban ont fait brèche à l'ouvrage à corne et à la face du bastion neuf qui couvre la tour qui regarde Montalban. On a logé deux mineurs dans le glacis pour aller chercher les galeries que les assiégés ont sous le chemin couvert. La grande parallèle au pied de la rampe du château est entièrement achevée; elle prend depuis la ville jusqu'à la mer, et une autre parallèle que l'on a tirée le long de la Limpia. Les assiégés n'ont point fait de sorties; ils se contentent de rouler des bombes, des grenades et des pierres; les déserteurs, qui viennent toujours en grand nombre, assurent qu'il y a déjà eu trois cents hommes tués dans la place. On mande de Madrid que le duc de Medina-Sidonia, grand écuyer, avoit voulu remettre sa charge au roi, qui n'a pas voulu recevoir sa démission. Le roi d'Espagne dit toujours qu'il partira le 12; mais on commence à douter de son voyage.

Lundi 28, *à Versailles.* — Le roi alla tirer l'après-dînée. Monseigneur le duc de Bourgogne et madame la duchesse de Bourgogne allèrent à vêpres, parce qu'il étoit encore fête tout le jour ici. Le roi travailla avec M. Pelletier chez madame de Maintenon. Monseigneur vint hier ici de Meudon pour le conseil et s'y en retourna dîner. — Il arriva un courrier de M. de Vendôme, les lettres sont du 20. Il ne parle point de revenir ici; cependant il avoit témoigné souhaiter d'y venir faire un tour pour quelques jours, et le roi lui avoit mandé qu'il étoit le maître d'y venir en cas qu'il jugeât que son absence ne pût pas préjudicier aux affaires. Il est toujours dans les mêmes quartiers, et les ennemis dans les leurs. Le prince Eugène ne va point à Vienne; c'est M. de Staremberg qui y va, et on croit que l'empereur veut l'envoyer commander son armée de Hongrie. La cavalerie ennemie souffre fort dans les quartiers où elle est, et on assure qu'on lui va faire repasser les montagnes pour l'envoyer sur l'Adige.

Mardi 29, *à Versailles.* — Le roi alla l'après-dînée se promener à Marly. Monseigneur le duc de Bourgogne, madame la duchesse de Bourgogne, monseigneur le duc de Berry et madame la princesse de Conty allèrent dîner à Meudon, et l'après-dînée monseigneur le duc de Bourgogne revint ici. Monseigneur mena madame la duchesse de Bourgogne, monseigneur le duc de Berry et madame la princesse de Conty à l'opéra. Après l'opéra Monseigneur retourna à Meudon, et madame la duchesse de Bourgogne, monseigneur le duc de Berry et madame la princesse de Conty arrivèrent ici. — Le mariage de M. de Duras est conclu avec mademoiselle de Bournonville, qui aura 100,000 écus de la succession de M. son père, et le roi lui donne à vendre un guidon des gendarmes, dont on croit qu'elle tirera après de 100,000 francs; la noce se fera ici la veille des Rois chez madame de Noailles. — On a eu, par l'ordinaire, des lettres de Nice du 21. Le duc de Berwick mande que le siége continue; il vient toujours des déserteurs en nombre qui assurent qu'il n'y a plus que neuf cents hommes dans la place; il y en avoit près de seize cents au commencement du siége; il en a déserté plus de trois cent cinquante, et ils en ont eu presque autant de blessés ou de tués.

Mercredi 30, *à Versailles.* — Le roi alla l'après-dînée à Trianon. Monseigneur le duc de Bourgogne se trouva mal le soir et se mit au lit à neuf heures. — On eut des lettres de Madrid du 18; le roi d'Espagne compte toujours de partir le 12, mais on en doute là comme ici. Le maréchal de Tessé partit le 15 de Madrid et devoit arriver à Saragosse deux jours après; il y a eu deux ou trois petites affaires sur les frontières d'Aragon, et les soulevés ont toujours été battus. — Le mariage de mademoiselle de Mailly est signé avec M. de Listenois; elle aura 50,000 écus en mariage, dont le roi en donne 20,000 sur la maison de ville; la mère en promet 30,000 autres et en payera les intérêts; en attendant, S. M. donne 2,000 écus de pension à M. de Listenois. — On mande d'Allemagne que le nombre des soulevés de Bavière augmente tous les jours; les ministres qui sont à la diète de Ratisbonne en font transporter leurs meilleurs effets et parlent de se retirer tout à fait si l'empereur n'envoie promptement des troupes pour les mettre en sûreté.

Jeudi 31, *à Versailles.* — Le roi alla tirer l'après-dînée. Monseigneur le duc de Bourgogne fut saigné le matin; madame la duchesse de Bourgogne fit porter son dîner chez lui. Monseigneur le duc de Bourgogne se releva à une heure et passa le reste de la journée chez madame de Maintenon. Monseigneur revint de Meudon, où il avoit couru le loup le matin. — Monseigneur le duc de Berry, qui est dans sa vingtième année depuis quatre mois, n'aura plus de gouverneur ni de sous-gouverneur; on avoit accoutumé même de les ôter de meilleure heure aux autres princes. On leur conserve leurs appointements et leurs logements, comme cela s'est toujours fait, et au retour de Marly il n'y aura plus qu'un lit dans sa chambre; on ôtera celui du sous-gouverneur; on ne parle pas encore de faire sa maison. — M. le marquis de Brancas, maréchal de camp de l'hiver passé, n'avoit point encore vendu le régiment d'Orléans dont il est colonel. M. de Villemenu, gentilhomme de Bretagne et lieutenant au régiment des gardes, l'achète 55,000 francs et donne outre cela un pot de vin à la marquise de Brancas. M. le duc d'Orléans l'a agréé et en demandera l'agrément au roi.

Pendant tout le cours de l'année le roi a tenu le conseil d'État les dimanches, les mercredis et les jeudis, et de quinze jours en quinze jours le lundi. Ce conseil est composé du roi, de monseigneur le Dauphin, de monseigneur le duc de Bourgogne et des quatre ministres d'État, qui sont : M. de Beauvilliers, M. le chancelier, M. de Torcy et M. de Chamillart. Les mardis et les samedis le roi tient le conseil de finance, qu'on appelle le conseil royal, qui est composé du roi, du chancelier comme chancelier, de M. de Beauvilliers comme chef du conseil des finances, des deux conseillers du conseil royal qui sont MM. Pelletier et Daguesseau, de M. de Chamillart, qui est conseiller de ce conseil-là, comme contrôleur général, des deux directeurs des finances qui sont créés depuis peu et qui sont d'Armenonville et Desmaretz; outre cela, on fait entrer quelquefois dans ce conseil quelques conseillers d'État et un maître des requêtes pour rapporter les affaires difficiles. Monseigneur et monseigneur le duc de Bourgogne n'assistent guères à ce conseil. Le lundi, de quinze jours en quinze jours, il y a conseil de dépêches pour les affaires particulières des provinces. A ce conseil assistent le roi, Monseigneur, monseigneur le duc de Bourgogne, M. de Beauvilliers, le chancelier et les quatre secrétaires d'État, et à ce conseil M. de Torcy et M. de Chamillart y sont debout, quoiqu'ils soient assis à tous les autres conseils; mais ils ne sont regardés à celui-ci que comme secrétaires d'État. A ce conseil chacun des secrétaires donne au roi un cahier qui contient la liste de toutes les expéditions qu'ils ont signées au nom du roi et contresignées depuis le conseil précédent. Les vendredis, le roi travaille avec le P. de la Chaise le matin; et les mercredis, avant le conseil d'État, il travaille avec le cardinal de Noailles comme archevêque de Paris. Les dimanches et les mercredis au soir le roi travaille chez madame de Maintenon avec M. de Chamillart; les mardis avec M. de Pontchartrain pour les affaires de la marine; les lundis avec M. Pelletier pour les fortifications et pour les ingénieurs. Outre cela, le roi travaille encore souvent à des affaires extraordinaires, surtout quand il arrive des courriers.

FIN DU TOME DIXIÈME.

www.ingramcontent.com/pod-product-compliance
Lightning Source LLC
Chambersburg PA
CBHW071719230426
4367OCB00008B/1057